XVIIIe

1700 — 1750 — 1800

...triche	Louis XIV (1661-1715)	Régence de Philippe d'Orléans (1715-1723)	Louis XV (1723-1774)	Louis XVI (1774-1792)	Ire République, Directoire et Consulat (1792-1804)

1664 Condamnation de Foucquet

1682 Installation de Louis XIV à Versailles

1716 Système financier de Law

1720 Effondrement du système de Law

1762 Affaire Calas

1766 Affaire du chevalier de La Barre

1793 Exécution de Louis XVI

1741-1748 Guerre coloniale avec l'Angleterre

1795 Directoire

1668 Paix d'Aix-la-Chapelle

1678 Paix de Nimègue

1717 Triple Alliance

1719 Guerre entre la France et l'Espagne

1756-1763 Guerre de Sept Ans

1799 Coup d'État du 18-Brumaire

1686-1794 Guerre de la ligue d'Augsbourg

1659 Traité des Pyrénées fin de la guerre France/Espagne

1701-1714 Guerre de Succession d'Espagne

1748 Traité d'Aix-la-Chapelle

1681 Dragonnades contre les protestants

...39 ...VOLUTION

1702-1705 Révolte des Camisards

1724 Édit contre les protestants

...e ...nce ...les ...testants

1685 Révocation de l'édit de Nantes

1713 Excommunication des Jansénistes

...yage de Bougainville

1768-1779 Voyages de Cook

1666 Création de l'Académie des sciences de Paris

1681 Halley étudie la comète qui portera son nom

1687 Newton, *Principes mathématiques de philosophie naturelle*

1736 Confirmation des principes de Newton par le calcul du méridien terrestre

1765 Invention de la machine à vapeur

1774 Grand téléscope de Herschel

1783 Lavoisier, analyse de l'eau

1800 Volta, pile électrique

1661 Début de la construction du château de Versailles

1710 Destruction de l'abbaye de Port-Royal des-Champs

1717 Watteau, *L'Embarquement pour Cythère*

1748 Fouilles de Pompéi

1766 Fragonard, *Les Hasards heureux de l'escarpolette*

1793 David, *Marat expirant*

1662 Philippe de Champaigne *Ex-voto*

1662 Vermeer, *La Jeune Fille à la perle*

1721 Bach, *Six Concertos brandebourgeois*

1742 Haendel, *Le Messie*

1787 Mozart, *Don Giovanni*

Classicisme — **Philosophie des Lumières**

P. Marivaux 1688-1763

Montesquieu 1689-1755

Voltaire 1694-1778

J.-J. Rousseau 1712-1778

D. Diderot 1713-1784

J. D'Alembert 1717-1788

J. Cazotte 1719-1792

P. de Beaumarchais 1732-1799

Mme de Sévigné 1626-1696

L.-S. Mercier 1740-1814

C. Perrault 1628-1703

Mme de la Fayette 1634-1693

C. de Laclos 1741-1803

N. Boileau 1636-1711

J. Racine 1639-1699

J. de La Bruyère 1645-1696

F.-R. de Chateaubriand 1768-1848

Avant-propos

Le français méthodique au lycée est un manuel de méthode adapté aux différents objets d'étude des classes de Seconde et de Première et préparant aux exercices de l'Épreuve Anticipée de Français. Il comporte trois grandes parties qui « fonctionnent » en complémentarité et qui sont conçues selon une **démarche inductive**. La première est consacrée aux **outils d'analyse**, la deuxième aux **objets d'étude**, la troisième aux **exercices de l'examen**.
Sans modifier l'esprit du manuel, la version 2008 intègre les **modifications de programme** (ajouts et suppressions d'objets d'étude) mises en application à partir de **2007**.

Une méthode d'analyse

La première partie du manuel regroupe, sous forme **d'exercices progressifs** de découverte, et de synthèses regroupant les savoirs, un ensemble de **connaissances linguistiques** nécessaires à la lecture analytique et au commentaire des textes littéraires. Les supports des exercices sont des textes littéraires choisis en fonction des objets d'étude du programme.

Les spécificités des objets d'étude

La deuxième partie est consacrée à la totalité des **objets d'étude** de Seconde et de Première, dont les caractéristiques génériques et problématiques sont découvertes et analysées grâce à des exercices variés. Cette partie comporte, comme la première, des **fiches de synthèse**, auxquelles s'ajoutent des éléments **d'histoire littéraire**. De cette manière, les objets d'étude s'inscrivent dans différents contextes historiques.

Les exercices de l'Épreuve Anticipée de Français (E.A.F.)

Leur apprentissage est abordé dans la troisième partie, qui propose une méthode décomposée et progressive, de l'observation des sujets à la rédaction du devoir. Chacun des exercices de l'E.A.F. (questions sur un corpus de textes, dissertation, commentaire – séries technologiques et séries générales –, écriture d'invention et oral) est traité dans un chapitre.
Cette partie trouve des échos dans les exercices « **Vers le bac** » proposés dans les deux premières parties.

Une méthode inductive

Dans les trois parties, la démarche suivie est celle qui va de l'observation à l'identification des phénomènes d'écriture, puis de l'identification à l'application et à l'interprétation. Cette démarche permet d'aborder les difficultés de manière progressive.

Le traitement de l'image

L'image bénéficie d'un traitement privilégié :

- le chapitre 2 lui est entièrement consacré ; il propose une méthode d'analyse à partir des spécificités de différents types d'images fixes, photos, tableaux, publicités, dessin de presse, affiches... ;
- chaque chapitre des parties 1 et 2 s'ouvre sur un grand document iconographique qui propose une approche par l'image de la problématique traitée. Cette approche est relayée à l'intérieur même des chapitres par des exercices construits autour d'images ;
- enfin, l'image figure dans un certain nombre de corpus proposés à la fin des chapitres sur les objets d'étude.

Nous souhaitons que, par le caractère progressif de ses approches pédagogiques, ce manuel réponde aux attentes des professeurs et des élèves et qu'il soit pour eux un guide efficace et agréable dans l'approche de la littérature.

Hélène Sabbah

PARTIE 1

Les outils d'analyse

A Analyser un texte et une image

1 La lecture analytique 14

2 La lecture d'image 20

1. Image et réalité 21
2. Structure et composition de l'image 25
3. La couleur 30
4. Image et texte 35
5. Image et mouvement : le cinéma 38

B Autour du texte

3 Des signes au sens 42

1. Signe, signifiant, signifié 43
2. Les éléments de la communication 46
3. Les fonctions du langage 50

4 Texte et paratexte 54

1. Le paratexte d'un extrait 55
2. Le paratexte d'une édition 59

C Les instruments de l'analyse littéraire

5 Les instruments lexicaux 62

1. Polysémie et champ sémantique 63
2. Le champ lexical 66
3. Dénotation et connotation 69

Vers le bac 73

6 Les outils grammaticaux 74

1. La ponctuation 75
2. Nature et structure des phrases 78
3. Pronoms et indices personnels 82
4. Les modes verbaux 86
5. Les temps verbaux 90

Vers le bac 95

7 Les figures de rhétorique 96
1. Les figures d'analogie et de substitution 97
2. Les figures d'opposition 102
3. Les figures d'atténuation et d'amplification 106
4. Les figures du signifiant 110
Vers le bac 113

8 Le système de l'énonciation 114
1. L'énonciation 115
2. Récit et discours 119
3. Les paroles rapportées 123
4. Point de vue (ou focalisation) 127
Vers le bac 131

9 Métrique, rythme et versification 132
1. Nature et rythme des vers 133
2. Les rimes et les sons 136
3. Les formes fixes 139
4. Du vers rimé au vers libre 144
5. Le poème en prose 148
Vers le bac 151

D Les modalités d'écriture

10 Les formes de discours 152
1. Le discours descriptif 153
2. Le discours narratif 157
3. Le discours informatif et explicatif 161
4. Le discours injonctif 164
5. Le discours argumentatif 167
Vers le bac 171

11 Les différents registres 172
1. Le registre lyrique 174
2. Le registre pathétique 177
3. Le registre épique 180
4. Le registre comique 183
5. Le registre ironique 188
6. Le registre polémique 191
7. Le registre satirique 194
8. Le registre tragique 197
9. Le registre fantastique 201
Vers le bac 205

PARTIE 2
Les objets d'étude

A Genres et registres

12 Le roman et la nouvelle ... 208
Repères : pour analyser le roman et la nouvelle ... 210
Histoire d'un genre : la nouvelle ... 212
Vers le bac ... 216

13 Roman, personnage et société ... 218
Repères : pour étudier le roman, ses personnages et la société ... 220
Histoire d'un genre : le roman ... 222
Vers le bac ... 231

14 Le théâtre ... 234
Repères : pour analyser un texte de théâtre ... 236
Histoire d'un genre : le théâtre ... 237
Vers le bac ... 243

15 La poésie ... 246
Repères : pour analyser un texte poétique ... 248
Histoire d'un genre : la poésie ... 249
Vers le bac ... 256

16 L'autobiographie ... 258
Repères : pour analyser un texte autobiographique ... 260
Histoire d'un genre : l'autobiographie ... 261
Vers le bac ... 266

B L'argumentation

17 La fable ... 268
Repères : pour analyser une fable ... 270
Histoire d'un genre : la fable ... 271
Vers le bac ... 274

18 Le conte philosophique 276

Repères : pour analyser un conte philosophique 278
Histoire d'un genre : le conte philosophique 279
Vers le bac 283

19 L'essai 286

Repères : pour analyser un extrait d'essai 288
Histoire d'un genre : l'essai 289
Vers le bac 293

20 Démontrer, convaincre, persuader, délibérer 296

Repères : pour analyser différentes formes d'argumentation 298
Vers le bac 303

21 L'éloge et le blâme 306

Repères : pour analyser l'éloge et le blâme 308
Vers le bac 314

C Production et singularité des textes

22 Le travail de l'écriture 316

Repères : pour analyser le travail de l'écriture 318
Vers le bac 324

23 Les réécritures 326

Repères : pour analyser les formes de réécriture 328
Vers le bac 333

24 Écrire, publier, lire 336

Repères : pour analyser les conditions de publication des œuvres 338
Vers le bac 342

D Histoire littéraire

25 La notion de courant culturel 344

Repères : pour analyser la notion de courant culturel 346
Vers le bac 352

PARTIE 3
Les épreuves du bac

A L'écrit

26 Le travail sur un corpus de textes 356

27 Le commentaire 366

1. Le commentaire à l'E.A.F. dans les séries technologiques 367
2. Le commentaire à l'E.A.F. dans les séries générales 375
3. La rédaction du commentaire : séries technologiques et séries générales 383

28 La dissertation 390

1. De l'analyse des sujets à l'élaboration du plan 391
2. Le travail de rédaction 400

29 L'écriture d'invention 406

1. De l'observation des sujets à l'élaboration du texte 407
2. La rédaction des textes d'écriture d'invention 416

B L'oral

30 L'oral à l'Épreuve Anticipée de Français 422

Index des auteurs et des œuvres 428

Index des notions 430

Les perspectives et les objets d'étude au programme

En classe de Seconde

(B.O. n° 41, 7 novembre 2002)

Les perspectives d'étude

- L'approche de l'histoire littéraire et culturelle.
- L'étude des genres et des registres.
- La réflexion sur la production et la singularité des textes.
- L'étude de l'argumentation et des effets sur les destinataires.

Les objets d'étude

- Un mouvement littéraire et culturel du XIXe ou du XXe siècle.
- Le récit : le roman ou la nouvelle.
- Le théâtre : les genres et registres (le comique et le tragique).
- Le travail de l'écriture.
- Démontrer, convaincre et persuader.
- Écrire, publier, lire.
- L'éloge et le blâme.

En classe de Première

(B.O. n° 40, 2 novembre 2006)

Les perspectives d'étude

- L'étude de l'histoire littéraire et culturelle.
- L'étude des genres et des registres.
- L'étude de l'argumentation et des effets sur les destinataires.
- L'étude de l'intertextualité et de la singularité des textes.

Les objets d'étude

- Le roman et ses personnages : visions de l'homme et du monde.
- La poésie.
- Le théâtre : textes et représentation.
- L'argumentation : convaincre, persuader et délibérer.
- Les différentes formes de l'essai, de la fable et du conte philosophique.
- Un mouvement littéraire et culturel du XVIe au XVIIIe siècle.
- L'autobiographie.
- Les réécritures.

A. Boetti (1940-1994), *Sans titre* (XXe siècle), broderie, 111 x 109 cm (Neue Galerie, Kassel).

PARTIE 1

Les outils d'analyse

A Analyser un texte et une image

1.	La lecture analytique	14
2.	La lecture d'image	20

B Autour du texte

3.	Des signes au sens	42
4.	Texte et paratexte	54

C Les instruments de l'analyse littéraire

5.	Les instruments lexicaux	62
6.	Les outils grammaticaux	74
7.	Les figures de rhétorique	96
8.	Le système de l'énonciation	114
9.	Métrique, rythme et versification	132

D Les modalités d'écriture

10.	Les formes de discours	152
11.	Les différents registres	172

1 La lecture analytique

R. Queneau, *Exercices de style*, illustré par Massin, © Gallimard, 1947 (rééd. 1995).

LIRE L'IMAGE

1. Que représentent les textes courts par rapport au texte intitulé « Récit » ?

2. Quelles correspondances pouvez-vous observer entre les trois textes courts et l'indication qui les accompagne ? Quelles relations apparaissent entre cette indication et le graphisme employé ?

3. À partir des réponses aux questions 1, 2 et 3, définissez la notion d'« exercice de style » et dites en quoi ces textes et ce qui les accompagne se rattachent à la notion de « lecture analytique ».

OBSERVATION

EX. 1 Définir l'exercice à partir du texte officiel

TEXTE 1

1. D'après ce texte, quelles sont les deux étapes successives de la lecture analytique d'un texte ?

2. Comment comprenez-vous l'expression *examen méthodique* ? À quel domaine renvoie-t-elle ?

3. La lecture analytique est-elle limitée à une seule et unique forme d'exercice ?

4. Que désigne-t-on par *éléments constitutifs des textes* ? Donnez quelques exemples.

EX. 2 Expliciter la définition de l'exercice à partir du texte officiel

TEXTE 1

1. Expliquez comment vous comprenez l'expression *hypothèses de sens*.

2. Qu'appelle-t-on *caractéristiques du texte* ? Donnez des exemples.

EX. 3 Identifier des composantes de la lecture analytique

TEXTE 2

Le texte ci-contre est accompagné d'une liste de termes et d'expressions. Identifiez dans ces données des *éléments constitutifs du texte*, des *caractéristiques du texte* et des *hypothèses de sens*.

TEXTE 1

[**La lecture analytique**] a pour but l'**examen méthodique** des textes et constitue un travail d'**observation** des éléments constitutifs de ceux-ci, suivi d'un travail d'**interprétation**. Elle permet aux élèves de s'approprier progressivement les perspectives d'étude et de distinguer celles qui sont les plus pertinentes selon les textes étudiés. La lecture analytique est une **démarche**, c'est-à-dire qu'elle peut se réaliser sous la forme d'exercices divers : aussi bien ceux qui ont pu être appelés précédemment **explication de textes** ou **lecture méthodique**, que l'étude d'œuvres intégrales. Les élèves doivent apprendre à y formuler des **hypothèses de sens** et les confronter aux **caractéristiques du texte**.

Documents d'accompagnement des programmes, 2007.

TEXTE 2

Iphis voit à l'église un soulier d'une nouvelle mode, il regarde le sien et en rougit ; il ne se croit plus habillé. Il était venu à la messe pour s'y montrer, et il se cache ; le voilà retenu par le pied dans sa chambre tout le reste du jour ; il a la main douce et il l'entretient avec une pâte de senteur ; il a soin de rire pour montrer ses dents ; il fait la petite bouche, et il n'y a guère de moment où il ne veuille sourire ; il regarde ses jambes, et se voit au miroir : l'on ne peut pas être plus content de personne qu'il l'est de lui-même ; il s'est acquis une voix claire et délicate, et heureusement il parle gras ; il a un mouvement de tête, et je ne sais quel adoucissement dans les yeux, dont il n'oublie pas de s'embellir ; il a une démarche molle et le plus joli maintien qu'il est capable de se procurer, il met du rouge, mais rarement, il n'en fait pas habitude. Il est vrai aussi qu'il porte des chausses[1] et un chapeau, et qu'il n'a ni boucles d'oreilles ni collier de perles ; aussi ne l'ai-je pas mis dans le chapitre des femmes.

J. de La Bruyère, *Les Caractères*, chapitre XIII : « De la mode », 1698.

1. Sorte de pantalon.

LISTE DE COMPOSANTES

- Un texte descriptif et narratif à la fois.
- La présence d'une chute inattendue.
- L'insistance sur le naturel et sur ce qui est acquis et développé.
- Une relation ambiguë entre le premier et le dernier mot du texte.
- Un portrait qui souligne la fragilité des apparences.
- Un portrait qui suggère qu'un homme et une femme se différencient seulement par les bijoux qu'ils portent ?
- La récurrence du pronom personnel *il*.
- La présence d'oppositions comme *s'y montrer / il se cache*.
- Une présentation qui s'interroge sur ce qui est naturel et ce qui est culturel.
- Des termes désignant des vêtements et des bijoux (*soulier, chausses, chapeau*...).

APPLICATION

EX. 4 Identifier ce qu'est, ou n'est pas, une lecture analytique

Répondez par « vrai » ou « faux » aux propositions suivantes. Faire la lecture analytique d'un texte consiste à :

- raconter sous une autre forme ce que dit le texte .... V F
- reprendre ce qui est donné dans le texte en commençant par « L'auteur nous dit que… » ..... V F
- donner ses impressions personnelles et des jugements sur ce que fait l'auteur : « Il montre bien… », « Il a tout à fait raison de… » .... V F
- résumer le texte .... V F
- exposer, à l'occasion du texte, tout ce que l'on sait sur son auteur, son époque, son œuvre .... V F
- observer un texte pour faire apparaître ses spécificités de structure et d'écriture, et à travers elles, son sens et son importance .... V F
- vérifier, par l'analyse des formes observées, que le sens initialement perçu est justifié .... V F
- utiliser des « instruments d'analyse » pour mettre en relief un sens à partir de l'observation des procédés d'écriture .... V F

EX. 5 Identifier des erreurs de démarche dans l'étude d'un extrait

TEXTE 3

Le texte ci-contre est accompagné de deux paragraphes regroupant des erreurs relevées dans des copies d'élèves : il s'agit d'erreurs de démarche. Observez ces paragraphes et dites en quoi consistent les erreurs. Font-elles partie des démarches erronées que signalent les propositions de l'exercice 4 ?

TEXTE 3

Oh ! non, je n'ose pas dire ce qui arriva, personne ne me croirait, et l'on me prendrait pour un fou. Les bougies s'allumèrent toutes seules ; le soufflet, sans qu'aucun être visible lui imprimât le mouvement, se prit à souffler le feu, en râlant comme un vieillard asthmatique, pendant que les pincettes fourgonnaient dans les tisons et que la pelle relevait les cendres.

Ensuite une cafetière se jeta en bas d'une table où elle était posée, et se dirigea, clopin-clopant, vers le foyer, où elle se plaça entre les tisons.

Quelques instants après, les fauteuils commencèrent à s'ébranler, et, agitant leurs pieds tortillés d'une manière surprenante, vinrent se ranger autour de la cheminée.

T. Gautier, *Récits fantastiques*, « La Cafetière » (extrait), 1831.

COPIE 1

Théophile Gautier nous dit qu'il n'ose pas raconter ce qu'il a vu, mais il raconte quand même que les bougies et la cafetière bougent « les bougies s'allumèrent », « une cafetière se jeta », ce qui est impossible puisque les objets sont immobiles. On voit bien qu'il ne veut pas être pris pour un fou, il le dit au début. Après, il compare le soufflet à un vieil homme qui ne peut plus respirer. Dans l'avant-dernier paragraphe, la cafetière entre en jeu et dans le dernier, ce sont les fauteuils qui commencent à bouger pour finalement se placer autour de la cheminée.

COPIE 2

On voit bien que le texte est composé de quatre paragraphes, ce qui en donne le plan. Dans le premier paragraphe il y a une exclamation : l'auteur s'exclame. C'est l'introduction. Dans le second il parle des bougies, ce qui fait bien apparaître la différence avec le premier. Dans le troisième, on passe à une autre idée, ce qui montre bien que l'on doit avoir un autre paragraphe. Le quatrième est la conclusion puisque c'est le dernier.

EX. 6 Comprendre la démarche de lecture analytique à partir d'un modèle

Voici la lecture analytique du texte 3. Elle présente tout d'abord, sous forme de brèves notations, des observations et des interprétations (TEXTE 4) suivies d'un modèle rédigé (TEXTE 5).

1. Montrez en quoi cette façon de procéder correspond à la définition officielle (TEXTE 1).

2. Comment les citations du texte s'intègrent-elles à l'analyse rédigée ?

EX. 7 Identifier les composantes de la lecture analytique

TEXTE 5

Dans les différentes étapes de la lecture analytique ci-contre, retrouvez des *éléments constitutifs du texte*, des *caractéristiques* et les *hypothèses* de sens (définis dans les exercices 1 et 2).

EX. 8 Exposer une démarche

À votre façon, expliquez en quoi consiste la démarche de la lecture analytique et dites quelles sont les étapes successives par lesquelles il faut passer pour analyser un texte.

TEXTE 4

De l'observation des éléments constitutifs et des caractéristiques à l'élaboration du sens

- Observation de la présence de « je », sujet, et de « me », complément → présence dans le texte du narrateur, qui est aussi témoin d'un phénomène.
- Observation d'un champ lexical du feu : « bougies », « soufflet », « feu », « pincettes », « pelle », « cendres », « tisons », « cheminée » → insistance sur certains objets et sur un lieu, peut-être sur un moment (la nuit).
- Constatation que les objets relatifs au feu, ainsi qu'une cafetière et que les fauteuils, sont sujets grammaticaux de verbes d'action à la voix pronominale : « s'allumèrent », « se prit à souffler », « se jeta », « se dirigea », « se plaça », « commencèrent à s'ébranler », « vinrent se ranger » → mise en évidence d'une animation et d'une autonomie des objets, qui se déplacent en dehors de toute action humaine.
- Observation de la présence de quatre paragraphes dont les deux derniers commencent par des indications de temps : « Ensuite, Quelques instants après » → indication d'étapes chronologiques dans le déroulement du phénomène, les objets se mettant en mouvement de manière successive sans que l'origine du phénomène soit connue.
- Observation d'une phrase d'annonce (premier paragraphe) contenant des négations ; le verbe « oser » à la forme négative et une référence à la folie → expression de l'hésitation.

TEXTE 5 : LECTURE ANALYTIQUE RÉDIGÉE

Dans un extrait de « La cafetière », de Théophile Gautier, l'utilisation des pronoms personnels de la première personne, « je » et « me » (l. 1, 2), indique que le narrateur, présent dans le texte, rapporte des incidents qui lui sont arrivés et dont il a été le témoin. L'emploi du passé simple et des mots ou expressions comme « Ensuite » (l. 8), « Quelques instants après » (l. 11), indicateurs de temps qui ouvrent les paragraphes 3 et 4, définissent les étapes d'un récit.
Il s'agit d'une scène au cours de laquelle des objets associés au feu et identifiables à la présence des éléments d'un champ lexical composé des mots « bougies », « soufflet », « pincettes », « pelle », « tisons », « cafetière », « fauteuils », semblent animés d'une vie autonome, comme des êtres humains.
Cette impression de vie est justifiée par l'emploi de verbes d'action : « s'allumèrent » (l. 2), « souffler » (l. 4), « en râlant » (l. 4), « fourgonnaient » (l. 6), « relevait » (l. 6), « se jeta » (l. 8), « se dirigea » (l. 9), « se plaça » (l. 10), « s'ébranler » (l. 12), dont les sujets grammaticaux sont des éléments de vaisselle ou de mobilier, inanimés par nature. Une comparaison située à la ligne 5, « comme un vieillard asthmatique », les expressions « toutes seules », « clopin-clopant », ainsi que l'emploi de la voix pronominale pour certains verbes, « s'allumèrent », « se prit », « se jeta », « se dirigea », « s'ébranler », « se ranger », font penser que les objets sont autonomes et prennent des initiatives par eux-mêmes, ce qui est contraire à leur nature d'objets sans vie.
Le lecteur est ainsi conduit à penser que le narrateur expose des faits incroyables, justifiant l'idée de folie, allusion qui figure dans la première phrase, faits inexplicables dont il se souvient puisqu'il les rapporte après coup, et dont, peut-être, il va chercher l'origine. Le lecteur est aussi conduit à attendre des explications concernant la cafetière, qui donne son titre à la nouvelle, et concernant la notion de « fantastique » qui apparaît dans le titre du recueil.

EX. 9 Vérifier la pertinence d'une démarche

TEXTE 6

Le texte ci-contre est accompagné d'un paragraphe d'analyse menée selon le principe de la lecture analytique. Retrouvez la démarche dans les paragraphes en distinguant :
– les observations / repérages ;
– l'utilisation des outils d'analyse ;
– l'interprétation.

TEXTE 6

Les lianes et les orchidées, en un envahissement monstrueux, surnaturel, enserraient toute la forêt et en faisaient une masse compacte aussi inviolable et étouffante qu'une profondeur marine. Des lianes de plusieurs centaines de mètres de long amarraient les arbres entre eux, et à leurs cimes, dans l'épanouissement le plus libre qui se puisse imaginer, d'immenses « bassins » d'orchidées, face au ciel, éjectaient de somptueuses floraisons dont on n'apercevait que les bords parfois. La forêt reposait sous une vaste ramification de bassins d'orchidées pleins de pluie et dans lesquels on trouvait ces mêmes poissons des marigots[1] de la plaine.

M. Duras, *Un barrage contre le Pacifique*, © Gallimard, 1950.

1. Mare d'eau stagnante.

LECTURE ANALYTIQUE RÉDIGÉE

À la lecture du texte, on observe un important champ lexical de la végétation tropicale et exotique : « lianes » (l. 1, 4), « orchidées » (l. 1, 7, 10), « forêt » (l. 2, 9), « floraisons » (l. 8). Ces termes, qui situent les lieux, participent à leur description. Par toute une série d'adjectifs comme « monstrueux » (l. 1-2), « surnaturel » (l. 2), « compacte », « inviolable », « étouffante » (l. 3), « immenses » (l. 7), « somptueuses » (l. 8), « vaste » (l. 9), le narrateur insiste sur la taille, les formes et les caractéristiques des différentes composantes du paysage, soulignant leur aspect gigantesque et impressionnant pour l'homme. Ces adjectifs constituent, dans bien des cas, des hyperboles. Par ailleurs, la comparaison qui termine la première phrase, assimilant la forêt envahie à des fonds marins, se retrouve dans les mots suivants : « amarraient » (l. 5), « bassins » (l. 7, 10), « pluie » (l. 10), « poissons » (l. 11). Tous associés à l'eau, ils prolongent l'image d'une végétation/mer dans laquelle les arbres font figure de navires. Il s'agit donc d'un monde où semblent se confondre les différents éléments naturels.

SYNTHÈSE

La lecture analytique

Une démarche de découverte et de vérification

L'acte de lecture consiste à déchiffrer des signes linguistiques pour prendre connaissance d'un message. La **lecture analytique** d'un texte, exercice scolaire, a pour objectif d'observer et d'identifier des procédés d'écriture et de composition à partir desquels le **sens** que l'on a perçu, ou que l'on cherche, peut être justifié ou trouvé. Une première lecture fait réagir le lecteur et provoque chez lui des impressions, tout en lui apportant la connaissance d'un contenu. Comme le souligne la définition donnée dans l'exercice 1 (→ p. 15), la démarche de la lecture analytique consiste ensuite à :

– justifier ses impressions et ses réactions à partir de l'**écriture** du texte. Il s'agit là de trouver et d'identifier les **éléments constitutifs** du texte, champs lexicaux, modes et temps des verbes, emploi des pronoms personnels, figures de rhétorique, nature des phrases… (→ exercices 3, 6 et 9) ;

– faire apparaître les **caractéristiques** du texte : structure, forme de discours, registre, appartenance à un genre littéraire…(→ exercices 3, 6 et 9) ;

– vérifier la pertinence du ou des **sens** envisagés sous forme d'**hypothèses** (→ exercices 3, 6 et 9). Cette démarche met en jeu les **implicites** du texte – ce qui n'apparaît pas à la première lecture – et conduit à déterminer ses **enjeux**, c'est-à-dire son importance, sa portée, son influence, en relation avec des domaines plus larges qui touchent à l'histoire, à la littérature, aux courants artistiques…

Lecture analytique et histoire littéraire

Tout texte possède des spécificités d'écriture, de thème et de structure que l'on ne peut dissocier d'un contexte dont il est à la fois le reflet et le produit, et avec lequel il entretient des relations de réciprocité (→ exercice 6).

En soulignant les relations étroites qui existent entre un texte et son contexte, le schéma ci-dessous attire l'attention sur le fait que la lecture analytique est inséparable de l'**histoire littéraire** et des différents **« objets d'étude »** qui s'y rattachent : comprendre un texte, c'est saisir les liens qui le rattachent aux conditions de sa production, conditions qui peuvent déterminer son genre, son registre, son appartenance à un courant, sa publication. Ainsi, le portrait d'Iphis (→ exercice 3), qui fait réfléchir sur la nature des êtres, s'inscrit dans une volonté d'imiter les Anciens et d'utiliser la littérature à des fins morales, ce qui est une caractéristique à la fois du Siècle classique et de l'Antiquité.

Lecture analytique et épreuve anticipée de français

La lecture analytique, mode de lecture consciente et réfléchie, doit être maîtrisée dans le cadre de l'E.A.F. Il faut en effet savoir construire une lecture analytique pour composer un commentaire de texte. À l'oral, l'étude d'un extrait représentatif d'un objet d'étude se fait également de manière analytique et méthodique, à partir de l'observation des procédés d'écriture et en relation avec une question qui guide l'interprétation.

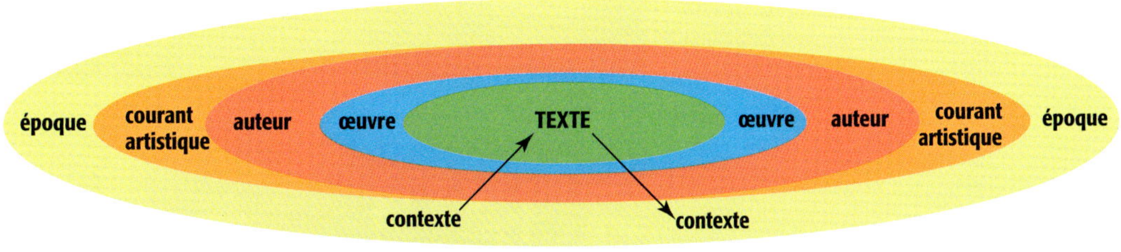

Le texte est le produit des éléments du contexte, et le texte permet de découvrir le contexte.

2 La lecture d'image

1 Image et réalité

OBSERVATION

EX. 1 Observer deux images proches

DOCUMENTS 1 ET 2

1. Observez les deux images sans lire la légende et cherchez en quoi elles se ressemblent.
À quel domaine renvoient-elles ?

2. Lisez ensuite la légende : que vous apprend-elle sur le rapport entre chaque image et la réalité ? En quoi peut-on parler d'éloignement de la réalité historique dans le document 2 ?

3. Le lecteur d'une photo peut-il toujours faire confiance à ce qu'il voit ?

DOCUMENTS 1 ET 2

« Trois générations de mineurs dans une ville du pays de Galles», photo de W. E. Smith (1918-1978).

Reportage sur le tournage du film *Germinal* (1993) de Claude Berri, photo de D. Crasnault.

EX. 2 Identifier le référent d'une photo

DOCUMENT 3

1. Sans lire la légende, décrivez la photo ci-contre.

2. Selon vous cette photo représente :
– des parents regardant ce que font leurs enfants dans la cour d'une école ?
– des touristes observant un chantier de rénovation d'un monument ?
– des resquilleurs cherchant à voir le déroulement d'un match derrière le mur d'un stade ?
– des habitants d'un pays regardant de l'autre côté de la frontière ?

3. Cherchez ce qui, dans une image, peut orienter la lecture et fausser l'interprétation.

DOCUMENT 3

Des Berlinois de l'Ouest risquant un coup d'œil à travers le mur de Berlin, vers le secteur Est, près de Check-Point-Charlie, 1966.

EX. 3 Observer le caractère polysémique d'une image

DOCUMENT 4

1. Sans lire la légende, décrivez objectivement l'image ci-dessous et dites vers quelle(s) interprétation(s) la scène présentée oriente le lecteur. Justifiez votre réponse.

2. Lisez ensuite la légende et expliquez votre éventuelle erreur.

DOCUMENT 4

Enfants cirant des chaussures en vue de collecter de l'argent pour la construction d'une « Maison des jeunes » à Londres, 1961.

EX. 4 Observer diverses formes de représentation d'un lieu

DOCUMENTS 5 ET 6

Les deux images suivantes représentent le même lieu. Comparez les deux représentations pour faire apparaître les similitudes et les différences.

DOCUMENT 5

Paris, photographie de la tour Eiffel, 1997.

DOCUMENT 6

R. Delaunay (1885-1941), *Champs de Mars : La Tour Rouge*, peinture (Art Institute of Chicago, Chicago).

EX. 5 Observer différentes représentations d'une personne

DOCUMENTS 7 ET 8

Les deux images représentent la même personne. Observez-les pour noter les similitudes et les différences.

DOCUMENT 7

Photomaton d'É.-M. Walter, la grand-mère de Maya Picasso.

DOCUMENT 8

P. Picasso (1881-1973), *Portrait d'Émilie-Marguerite Walter (Mémé)* (1939), crayon sur papier, 41 x 33 cm (coll. Maya Ruiz-Picasso).

APPLICATION

EX. 6 Analyser le trucage d'une photo historique

DOCUMENTS 9 ET 10

Il s'agit de la même photo mais, sur la seconde, trois personnages ont disparu : Trotsky 1, Khalatov 2, et Kamenev 3, condamnés ou exécutés par le régime stalinien. Tout se passe comme s'ils n'avaient jamais fait partie du groupe représenté.

1. Comparez les deux photos pour déterminer en quoi consiste le trucage. Quelles en sont les explications ?

2. En quoi peut-on parler de modification de la réalité historique ?

DOCUMENTS 9 ET 10

Photo originale prise en 1919.

Photo retouchée sous le régime de Staline.

EX. 7 **S'interroger sur la fiabilité des photos**

À partir des photos des exercices 1, 2, 3 et 6 recherchez les raisons expliquant pourquoi on ne peut pas toujours se fier à une photographie. Classez ces raisons selon qu'elles dépendent de la photo, du photographe, du spectateur ou de celui qui exploite la photo.

EX. 8 **Cherchez les raisons d'une lecture subjective de l'image**

À partir des exercices 2 et 3, expliquez pourquoi celui qui regarde une photo peut y voir des significations personnelles et l'interpréter de manière subjective. Le même phénomène intervient-il lors de la lecture d'un texte ?

EX. 9 **Tirer des conclusions sur les représentations du réel**

À partir des exercices 1, 2, 3, 6, dressez une liste de tous les éléments, qui, dans les photos, peuvent fausser notre perception du réel et nous induire en erreur. Dans le cas de la représentation picturale, quels éléments transforment, chez l'artiste, sa vision des êtres ou des choses ?

ÉCRITURE

EX. 10 **Décrire une image**

Décrivez ce que vous voyez sur l'une des images des exercices 1 à 6, d'abord objectivement, puis subjectivement.

EX. 11 **Raconter à partir d'une image**

Racontez la scène rapportée sur la photo de l'exercice 2 selon l'une des modalités suivantes :
- vous êtes un des deux personnages regardant derrière le mur ;
- vous êtes la passante au sac à main ;
- vous êtes un témoin extérieur ;
- vous êtes un narrateur omniscient.

EX. 12 **Argumenter sur la fiabilité de l'image**

À partir de l'observation de différents types d'images, trouvez des arguments et des exemples pour étayer, puis pour réfuter la thèse selon laquelle « l'image ne ment pas ».

SYNTHÈSE

Image et réalité

Nous vivons dans un monde rempli d'**images**, celles de la publicité, de la télévision, des cédéroms, d'Internet, de la presse, celles de l'art, du cinéma. Ce monde nous confronte au **réel** et à ses **représentations**, que notre œil capte sans toujours avoir les moyens de vérifier la fiabilité. Ainsi, comment avoir la certitude que ce que nous prenons, sur une photo, pour une authentique représentation de personnes, de situations ou de lieux, n'est pas un montage, un trucage, ou bien encore une image de film, c'est-à-dire une reconstitution avec des acteurs jouant un rôle (→ exercice 1) ?

EXEMPLE : la photo d'une queue devant un magasin peut être interprétée différemment par quelqu'un vivant dans un pays marqué par la pénurie, et par quelqu'un vivant dans un pays riche où la scène évoque des périodes de fêtes ou de soldes.

Notons également que la représentation picturale du réel, portraits, scènes ou paysages, est modifiée par des choix relevant des époques, des mouvements esthétiques, des croyances religieuses, des théories philosophiques, des modes...

EXEMPLE : les représentations cubistes sont différentes des portraits classiques par exemple, qui eux-mêmes diffèrent des représentations de l'art égyptien ancien.

2 Structure et composition de l'image

OBSERVATION

EX. 13 Observer les lignes et les plans d'une photo

DOCUMENT 11

1. Observez les grandes lignes de la photo : vers quoi convergent-elles ? Où se trouve attiré le regard du « lecteur » ?

2. Comment les lignes découpent-elles l'espace ? Combien de plans définissent-elles ?

3. Quel vous semble être le rôle des deux seuls éléments vivants de l'image ?

DOCUMENT 11

« New-York », États-Unis (1947), photo de H. CARTIER-BRESSON (1908-2004).

EX. 14 Observer les lignes et les plans d'un tableau

DOCUMENT 12

1. Observez les grandes lignes du tableau de Gustave Caillebotte. Que délimitent-elles ? Comment l'espace se trouve-t-il ainsi « découpé » ?

2. Sur quels éléments différents ces grandes lignes attirent-elles l'attention de celui qui regarde ? Où se situe ce dernier ?

3. Repérez tous les contrastes provoqués par l'ensemble des lignes.

DOCUMENT 12

G. CAILLEBOTTE (1848-1894), *Le Pont de l'Europe* (1976), huile sur toile, 124,7 x 180,6 cm (ancienne coll. Brame et Lorenceau, Inv : 46, Petit-Palais, Genève).

EX. 15 Observer la structure et les lignes d'un tableau

DOCUMENT 13

1. Observez les lignes de composition du tableau de Fernand Léger : avec quoi se confondent-elles ? Quel est l'effet créé ?

2. Comparez cette représentation avec celle de l'exercice 13. Que remarquez-vous ? Les lignes observées ont-elles la même fonction ? Y voyez-vous une inspiration commune ?

EX. 16 Observer des images pour faire surgir des significations

DOCUMENTS 12 ET 13

Dans le tableau de Caillebotte et dans celui de Fernand Léger, sur quel aspect du monde urbain la représentation des lignes met-elle l'accent ? De quoi l'image fait-elle l'éloge ?

DOCUMENT 13

F. LÉGER (1881-1955), *Les Constructeurs* (état définitif, 1950), huile sur toile, 300 x 220 cm (musée Fernand Léger, Biot).

APPLICATION

EX. 17 Observer des images pour faire surgir des significations

DOCUMENTS 14 ET 15

1. Décrivez les deux images en faisant apparaître leurs éléments communs (lignes, niveaux, contrastes, formes…) et leurs différences. D'où les escaliers sont-ils vus dans les deux cas ?

2. Interrogez-vous sur le choix des escaliers. Que met en relief chacun des deux auteurs ? Lequel insiste sur une signification angoissante ? Par quels moyens ?

3. Que vous inspire, de manière subjective, le dessin de M. C. Escher ? Quel est le sens du titre ?

DOCUMENT 14

M. C. Escher (1898-1972), *Relativité*, 1953.

DOCUMENT 15

« Hyères », Var (1932), photo de H. Cartier-Bresson (1908-2004).

EX. 18 Analyser l'effet produit par des lignes et par une structure

DOCUMENT 16

1. Décrivez précisément le tableau ci-contre, en insistant sur les lignes et sur les différents plans qu'elles délimitent. Quel vous semble être le sens de cette représentation ?

2. Quelle est l'importance de la fenêtre ? Quel peut être la fonction du personnage ?

DOCUMENT 16

C. D. FRIEDRICH (1774-1840), *Femme à la fenêtre* (1822), huile sur toile, 44 x 37 cm (SMPK, Nationalgalerie, Berlin).

EX. 19 Analyser l'effet produit par des lignes

DOCUMENT 17

1. Observez le tableau d'U. Boccioni : de quoi est-il composé ? D'où vient précisément l'impression de mouvement ? En quoi peut-on parler de violence ?

2. Quelles relations peut-on établir entre la représentation et son titre ?

EX. 20 Comparer deux représentation picturales

DOCUMENTS 16 ET 17

Comparez l'utilisation des lignes dans les tableaux de Friedrich et de Boccioni : à quels univers différents et à quelles manières de rendre compte de la réalité ces lignes renvoient-elles ?

DOCUMENT 17

U. BOCCIONI (1882-1916), *États d'âme, ceux qui partent* (1911), peinture (Galleria d'Arte Moderna, Milan).

ÉCRITURE

EX. 21 Inventer un court récit à partir d'une image

En prenant appui soit sur le dessin de M. C. Escher, soit sur le tableau de Friedrich, soit sur celui de Boccioni, composez un court récit (30 à 50 lignes). L'image peut en être le thème ou le décor.

EX. 22 Composer un début de roman à partir d'une image

Considérez que le cadre urbain représenté sur la photo de H. Cartier-Bresson (→ p. 25) est le décor d'un début de roman. Rédigez cet incipit en y intégrant le personnage, le chat, les bâtiments et l'atmosphère qui s'en dégage.

SYNTHÈSE

Structure et composition de l'image

L'analyse de l'image passe par l'observation des grandes **lignes** qui structurent ses éléments et qui jouent le rôle de limites. Ces lignes sont indissociables de la notion de **perspective**, puisque la représentation de l'espace en trois dimensions se fait sur une surface plane, en deux dimensions. Les lignes obliques indiquent la profondeur et l'éloignement, divisant ce qui est vu en **premier plan** et en **arrière-plan**. Les **diagonales** séparent des zones d'opposition, les courbes marquent l'absence de rupture, des contrastes moins nets. L'intersection des **lignes de force** (axes qui divisent l'image) attire le regard vers les points essentiels de l'image.

EXEMPLE : dans la photo du paysage new-yorkais d'Henri Cartier-Bresson, les verticales des immeubles dominent, insistant sur le caractère géométrique des lieux. Les obliques attirent le regard vers les points de fuite de l'image, à travers plusieurs plans alternant ombre et lumière (→ exercice 13).

Certains éléments de la représentation sont soulignés par le **cadrage** (→ exercice 18), qui limite l'espace, valorisant ce qui fait partie du champ de vision, et par la **position** de celui qui regarde, ce qui répond à des techniques de **plongée** (de haut en bas) ou de **contre-plongée** (de bas en haut). La composition de l'image repose aussi sur la manière dont sont disposés les éléments qui la constituent, avec des effets de **forme**, des oppositions de **volumes**, des contrastes de **luminosité**, des jeux de **regards**.

EXEMPLES : la composition triangulaire du tableau de Caillebotte (→ exercice 14) à partir des structures métalliques du pont (diagonale) et de l'orientation de la route, les mouvements des promeneurs et du chien, contrastes d'ombre et de lumière ; l'enchevêtrement de lignes dans le tableau de Boccioni, la construction en spirale des escaliers photographiés par Cartier-Bresson (→ exercice 17) ; l'enchaînement impossible des plans et des niveaux dans le dessin d'Escher (→ exercice 17) conduisant à une impression générale de confusion, de vertige et d'angoisse.

Les **proportions** des différents éléments jouent également un rôle dans l'analyse, en relativisant leur importance ou en leur donnant une **valeur symbolique** : êtres humains par rapport au monde environnant, objets par rapport à l'espace ou à la distance… Le regard du spectateur est attiré par les formes que dessinent les lignes et par les jeux d'opposition, mais il se « raccroche » toujours à ce qui lui semble identifiable. Pour analyser une image, il doit tenir compte de cette composition, qui relève moins du réel lui-même que de la façon de le représenter et de le « cadrer ».

3 La couleur

OBSERVATION

EX. 23 Observer des utilisations différentes de la couleur

DOCUMENTS 18 ET 19

1. Observez et comparez les deux œuvres picturales suivantes, qui représentent l'une et l'autre un paysage.
Que remarquez-vous en ce qui concerne l'utilisation de la couleur ?

2. Quelles impressions différentes ces deux représentations font-elles naître chez le spectateur ?

DOCUMENT 18

P. CÉZANNE ((1839-1906), *La Montagne Sainte-Victoire* (1902-1906), huile sur toile, 65 x 81,3 cm (Nelson Gallery - Atkins Museum, Kansas City).

DOCUMENT 19

N. DE STAËL (1914-1955), *Agrigente* (1953), huile sur toile, 73 x 100 cm (Kunsthaus, Association zurichoise des Amis des arts, Zurich).

EX. 24 Observer des contrastes de couleurs

DOCUMENTS 20 ET 21

1. Les deux tableaux suivants ont été peints l'un et l'autre par Van Gogh. Comparez leurs couleurs. Que remarquez-vous ?

2. Quelles impressions différentes se dégagent des deux tableaux ? Comment la couleur rend-elle dans les deux cas une atmosphère que vous préciserez ?

DOCUMENT 20

V. VAN GOGH (1853-1890), *Les Mangeurs de pommes de terre* (1885), huile sur toile, 81,5 x 114,5 cm (Van Gogh Museum, Vincent Van Gogh Foundation, Amsterdam).

DOCUMENT 21

V. VAN GOGH (1853-1890), *Arles, Le café la nuit* (septembre 1888), huile sur toile, 70 x 89 cm (Yale University Art Gallery / Archives Snark, New Haven).

APPLICATION

EX. 25 Analyser des utilisations différentes de la couleur

DOCUMENTS 22 ET 23

1. Quelles sont les couleurs dominantes dans les deux tableaux ?
Quelles impressions produisent-elles ?

2. Qu'est-ce qui différencie les deux manières de peindre ?
Quelle représentation chaque peintre semble-t-il donner ainsi du réel ?
Le monde apparaît-il morcelé ou unifié ?

3. Lequel de ces deux tableaux vous semble le plus harmonieux ?
Lequel préférez-vous ? Pourquoi ?

DOCUMENT 22

G. Klimt (1862-1918), *Unterach sur l'Attersee* (1915), huile sur toile, 110 x 110 cm (Residenzgalerie, Salzbourg).

DOCUMENT 23

F. Vallotton (1865-1925), *Les Blés* (1900), huile sur carton, 27 x 46 cm (collection privée).

EX. 26 Étudier et interpréter les couleurs et les lignes d'une publicité

DOCUMENT 24

1. Dans la publicité pour Dior ci-contre, étudiez les effets produits par les contrastes, les reprises et les combinaisons de couleurs. Étudiez aussi les lignes et la disposition d'ensemble.

2. Les couleurs ont-elles ici un sens symbolique ?

3. Quel effet produit sur vous cette publicité ? Dites si vous la trouvez belle et pourquoi.

DOCUMENT 24

Publicité pour Dior et son parfum «Eau sauvage», dessin de Gruau.

EX. 27 Analyser les couleurs, les lignes et les formes d'une affiche et leurs effets

DOCUMENT 25

1. Décrivez ce que vous voyez sur cette affiche en insistant sur les couleurs et sur les formes.

2. Expliquez en quoi les choix de Folon (composantes, lignes, couleurs) contribuent, par leur registre (que vous préciserez) à rendre efficaces l'affiche et la prise de position qu'elle exprime.

DOCUMENT 25

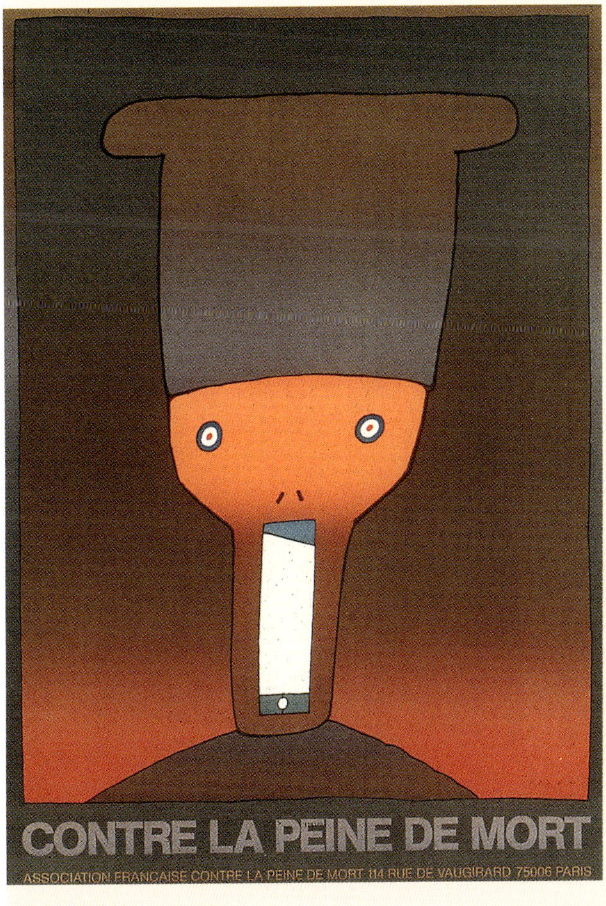

J.-M. Folon (né en 1934), affiche, *Contre la peine de mort* (1978), 101 x 72 cm (Association française contre la peine de mort, Paris).

ÉCRITURE

EX. 28 Décrire des formes et des couleurs

Faites la présentation, pour un catalogue d'exposition, des deux paysages de l'exercice 25 (G. Klimt et F. Vallotton) en insistant sur les couleurs et sur la manière dont elles sont utilisées et disposées.

SYNTHÈSE

La couleur

Dans l'analyse de l'image, les **couleurs** jouent un rôle important, sur le double plan de la fidélité au réel et des **significations symboliques**.

Les couleurs sont des sensations que produisent sur l'œil les radiations de la lumière, absorbées et réfléchies par les corps. On distingue les couleurs dites **primaires**, le jaune, le bleu et le rouge, les couleurs **complémentaires**, le vert, l'orange et le violet. Les couleurs sont classées en couleurs **chaudes** (rouge, brun, orange) et couleurs **froides** (bleu, vert). Elles se combinent pour donner un grand nombre de nuances dont les choix correspondent, dans la représentation picturale, à la volonté de transmettre le réel, mais surtout à des perceptions qui varient en fonction de nombreux paramètres. On considère en effet que les couleurs ont en elles-mêmes une signification : les couleurs **lumineuses** suggèrent la joie de vivre, les couleurs **sombres** le chagrin ou la douleur.

EXEMPLE : les deux tableaux de Van Gogh (→ exercice 24) représentent deux scènes bien différentes, peints à des moments différents de sa vie : à l'obscurité synonyme de misère des paysans hollandais, représentation sombre et fermée, s'opposent la lumière et la couleur rouge du café, qui expriment une autre forme de vie, dont la violence, présente, est différente.

La publicité joue particulièrement sur la **valeur symbolique** des couleurs, associant le rouge à la passion (→ exercice 26) ou au sang (→ exercice 27), le vert tendre à l'enfance, à la fraîcheur, à l'innocence ou aux jardins printaniers, le blanc à la pureté, le noir au deuil et à la tristesse. Les correspondances sensibles (ou « synesthésies »), analysées par Baudelaire, montrent que l'on passe facilement, dans le domaine sensoriel, d'une perception à une autre : les couleurs évoquent des sons et des parfums ; elles ont aussi une force incitative.

Les couleurs et leurs nuances sont en relation avec l'**imaginaire** du peintre, non seulement par leur nature mais par la technique utilisée

EXEMPLE : les grands à-plats de N. de Staël ne rendent pas le même effet que la fragmentation des couleurs chez Klimt ; il s'agit de deux conceptions de représentation différentes, et sans doute de deux conceptions du monde représenté.

La combinaison des **formes**, des **grandes lignes** et des **couleur** permet, lorsqu'on la perçoit, d'analyser plus facilement le contenu et peut-être le « message » d'une œuvre d'art, grâce à « l'herméneutique » du peintre, c'est-à-dire son univers et sa perception personnelle du monde.

4 Image et texte

OBSERVATION

EX. 29 Observer des textes de bande dessinée et leur relation avec l'image

DOCUMENT 26

1. Voici les quatre premières vignettes d'une bande dessinée. Que remarquez-vous en ce qui concerne le texte : où se trouve-t-il ? Quelles formes prend-il dans chaque vignette ?

2. Que donne-t-il comme informations ? En quoi celles-ci sont-elles suffisantes pour comprendre le texte ? Qu'est-ce qui est donné par l'image ?

3. Caractérisez le graphisme du dessinateur.

DOCUMENT 26

O. Reynaud et F. Brichau, *Maigret chez les Flamands*, © Jean Arthur, 1994 (d'après l'œuvre de G. Simenon).

EX. 30 Observer l'association du texte et de l'image dans une publicité

DOCUMENT 27

1. Décrivez la publicité (image, textes, disposition, typographie…).

2. Qu'évoquent les deux objets représentés ? Qu'ont-ils ici de tout à fait particulier dans leur représentation ?

3. Quelles relations unissent la représentation et les deux textes ?

EX. 31 Analyser le sens d'une publicité

DOCUMENT 27

1. Sur quels référents et sur quels symboles repose cette publicité ? Quelle est sa signification ?

2. En quoi peut-on parler de détournement et de provocation à propos de cette publicité ?

DOCUMENT 27

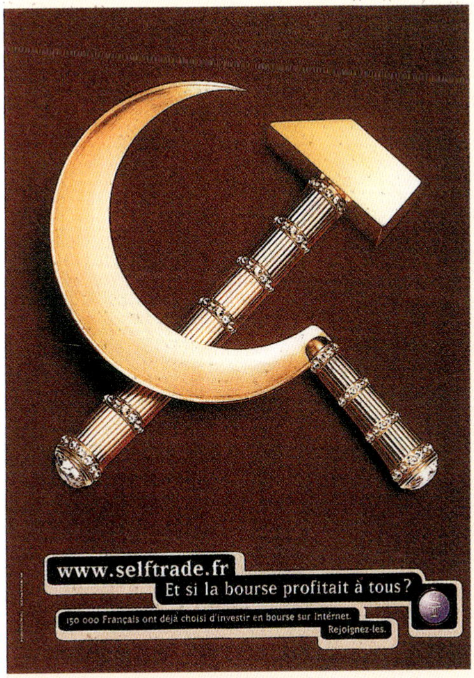

Publicité pour Selftrade, *Et si la bourse profitait à tous ? 150 000 Français ont déjà choisi d'investir en bourse sur Internet. Rejoignez-les.* (1999). (La marque Selftrade appartient à Boursorama depuis le 01/10/03, date de fusion des deux sociétés.)

APPLICATION

EX. 32 Analyser l'association du texte et de l'image dans un dessin de presse

DOCUMENT 28

1. Décrivez ce que vous voyez sur le dessin en soulignant sa structure et ses grandes lignes. De quoi la position des deux personnages est-elle révélatrice ?

2. Expliquez pourquoi le texte est indispensable à la compréhension de la scène.

3. Dégagez le sens de l'ensemble et expliquez d'où vient la force satirique de l'alliance dessin/texte.

EX. 33 Observer l'association du texte et de l'image sur une affiche

DOCUMENTS 29 ET 30

1. Dans les affiches suivantes, créées en mai 1968, dites de quoi se compose le texte et en quoi il complète ou précise l'image. Celle-ci serait-elle compréhensible sans le texte ?

2. À quoi renvoient les éléments dessinés (fronton triangulaire, drapeau tricolore, formes diverses, panneau, micro) ?

3. De quels éléments naît la signification du message ? D'où vient l'efficacité de ces affiches ?

DOCUMENT 28

Dessin de PLANTU.

DOCUMENTS 29 ET 30

Affiche de mai 1968, « Assemblée nationale ».

Affiche de mai 1968, « La radio ment ».

ÉCRITURE

EX. 34 **Rédiger un début de roman à partir d'une bande dessinée**

Écrivez le début du roman *Maigret chez les Flamands*, à partir des images données dans l'exercice 29.

EX. 35 **Comparer texte et image**

Composez un texte argumentatif d'une trentaine de lignes dans lequel vous exposerez d'où vient la force de l'image et en quoi elle peut être aussi efficace que le texte.

SYNTHÈSE

Image et texte

Certaines images sont accompagnées de **textes** : c'est le cas de la bande dessinée, du roman-photo, des dessins de presse, des affiches, de la publicité. Dans ces différents cas, il existe une relation très étroite entre le dessin et le texte. Ainsi, dans la **bande dessinée** (→ exercice 29), l'image représente des lieux et des personnages, et évite ainsi la description ou le portrait qui figureraient dans un roman. La succession des vignettes prend une forme narrative pour montrer les personnages en action. Il est cependant nécessaire que le texte vienne apporter quelques informations, il prend alors la forme de paroles des personnages ou de récit du narrateur. Les significations viennent de ce qui est représenté graphiquement, des paroles, mais aussi du **graphisme**, capable de créer une atmosphère propre à une histoire ou à un dessinateur.

EXEMPLE : les dessins de Jean Tardi, qui illustrent les romans de Léo Malet, sont différents de ceux d'Enki Bilal.

La relation sens/image n'est pas exactement la même dans le **dessin de presse** ou dans l'**affiche** politique, et même dans la **publicité**, dont les objectifs ne sont pas de raconter, mais d'informer, de convaincre ou de faire réagir en choquant.

On observe souvent des effets de **décalage** entre le texte et l'image, et ce sont précisément ces oppositions, passant par des **procédés rhétoriques**, qui frappent parce qu'elles sont inattendues : deux domaines se trouvent rapprochés de manière métaphorique, la politique et le jeu (→ exercice 33) ; la mise en scène fait que le dessin deviendrait incompréhensible si le texte n'était pas là (→ exercice 32) : il explicite et confirme une signification partiellement trouvée par le lecteur, qui doit la vérifier. Ces dessins accompagnés de texte sont nettement **connotés** et font appel à des référents qui ne sont pas ambigus, comme la faucille et le marteau de l'image de l'exercice 30. Les textes qui accompagnent les images fonctionnent eux-mêmes souvent sur des jeux de mots (allitérations, assonances, paronomases, formules frappantes, slogans courts et faciles à retenir…). L'image publicitaire comme l'image politique peuvent difficilement se passer de texte, et leur force vient de la relation établie entre les deux types de messages. On peut en général vérifier que plus le message est sobre, plus l'ensemble image / texte a d'efficacité.

5 Image et mouvement : le cinéma

OBSERVATION

EX. 36 Observer les informations données par le découpage d'un film

TEXTE 1

L'extrait ci-contre provient du découpage, plan par plan, du film de Louis Malle, *Au revoir, les enfants* (1987).

1. À quoi correspondent les différences typographiques dans le texte ? À quel genre littéraire vous font-elles penser ?

2. À partir de la première réponse et du contenu du texte, déterminez ce qu'est un plan dans le langage cinématographique. Les plans sont-ils nombreux ? À quoi le voyez-vous ? Sont-ils tous similaires ? Pourquoi est-il important qu'ils soient numérotés ?

3. Repérez, dans le texte en italique, les termes qui désignent des mouvements, des changements de lieu, des gestes. Que désigne le pronom indéfini « on » employé à plusieurs reprises ?

4. Grâce à quelles techniques le spectateur peut-il « suivre » un mouvement ?

EX. 37 Repérer et définir les termes du langage cinématographique

TEXTE 1

1. Relevez tous les termes qui appartiennent au langage cinématographique et donnez leur signification.

2. À qui sont destinées les informations données en italique ?

3. Pourquoi ces informations sont-elles aussi précises ? Qui en est l'auteur ?

4. À partir des réponses aux questions précédentes, mettez en parallèle un texte de découpage cinématographique et un extrait de pièce de théâtre. Qu'observez-vous de similaire ? de différent ?

TEXTE 1

Salle de classe – intérieur jour

418. *Plan moyen : Guibourg*[1] *est devant sa carte, à côté de la porte-fenêtre donnant sur la cour. Devant lui, six élèves.*
GUIBOURG. En Italie, par contre, les Américains et les Anglais continuent de ne pas avancer d'un pouce devant le mont Cassin. *(Il revient à son bureau, on suit son mouvement.)* Prenez vos cahiers, nous allons faire un exercice d'algèbre.
(Il met ses lunettes. Un garçon pète. Murmures.) Il s'agit du produit de deux monômes. Le premier… *(Il est sur le point d'écrire au tableau.)*
SAGARD[2]. Je peux sortir, Monsieur ? C'est la soupe du collège…
GUIBOURG *(se tournant vers lui)*. Il faut toujours que ce soit vous, Sagard. Allez. *(Sagard court vers la porte. On suit son mouvement vers la droite.)*
Le premier monôme est 2*a* 3*b*…
Par la porte restée ouverte apparaît Sagard, qui marche à reculons repoussé par un soldat allemand. Le soldat lui ordonne, (en allemand) de retourner s'asseoir. L'enfant, pris de panique, obéit.)

419. *Plan serré : Julien*[2]*, parmi les autres, jette un regard angoissé à Bonnet*[3]*, hors-champ.*

420. *Plan moyen : le soldat se plante devant la porte, tenant sa mitraillette. On entend une autre porte qu'on ouvre violemment. Les enfants se tournent vers l'arrière de la classe.*

L'Avant-scène du Cinéma, n°373, juillet 1988.

1. La scène se passe pendant l'Occupation, en 1944, dans une institution religieuse. Guibourg est un des professeurs. **2.** Deux élèves de la classe. **3.** Un autre élève, arrivé plus récemment et qui est juif.

EX. 38 Faire coïncider le texte du découpage et les images

DOCUMENTS 31 ET 32

1. Retrouvez, dans le photogramme du plan 414, des éléments qui figurent encore dans celui du plan 418 ; repérez aussi ce qui n'y figure plus.

2. Mettez en parallèle le descriptif du plan 418 (exercice 36) et l'image donnée : que manque-t-il sur l'image par rapport au texte ? Qu'en déduisez-vous en ce qui concerne la notion de « plan » ? Un plan correspond-il à une seule image ?

3. Comment vous représentez-vous le contenu des images intermédiaires entre les plans 414 et 418 ? entre les plans 418 et 420 d'après les indications du découpage (exercice 36) ?

EX. 39 Observer des éléments techniques

DOCUMENTS 31 ET 32

1. Quelles différences pouvez-vous percevoir entre les deux images en ce qui concerne la manière de voir les personnages (taille, proximité, nombre…) ? D'où et comment sont-ils vus ? Quels sont les effets produits ?

2. Sur quoi le cinéaste met-il ainsi l'accent ?

EX. 40 Observer la mise en place du récit à travers les images

DOCUMENT 33

1. Dans l'image ci-contre, que retrouvez-vous qui figure déjà sur les images précédentes ? En quoi ces éléments déjà présents sont-ils cependant différents ? Qu'y a-t-il de nouveau ?

2. L'élément nouveau était-il prévisible dans ce qui précède ? Relisez l'extrait du découpage (exercice 36) pour répondre.

DOCUMENT 31

Plan 414. Guibourg marque sur une carte de l'Europe les positions des armées.

DOCUMENT 32

Plan 418. Le soldat ordonne à Sagard de rejoindre sa place.

DOCUMENT 33

Plan 421. Muller se présente : *Muller, Doktor Muller*.
Au revoir, les enfants, film français de L. Malle, 1987, avec M. Bellot, R Lebœuf, P. Fritz.

EX. 41 Observer des angles de vue

DOCUMENT 34

L'image ci-contre appartient au film *Le Cuirassé Potemkine*, du cinéaste russe S. M. Eisenstein (1925). La scène se situe en 1905, dans la ville d'Odessa, en plein soulèvement révolutionnaire : l'armée tsariste tire sur la foule, qui s'enfuit en descendant un grand escalier. La scène, qui montre un landau abandonné avec un enfant à l'intérieur, correspond à une recherche très précise du cinéaste, rendue par les schémas qui suivent.

1. En tenant compte des flèches, dites d'où est vue la scène pour chaque schéma. Dites lequel de ces schémas vous semble correspondre à l'image donnée : où se situe le regard du spectateur ?

2. Précisez où doit se trouver la caméra dans la situation signalée par chaque schéma.

3. Quels peuvent être, d'après vous, les effets produits par ces changements de direction ?

DOCUMENT 34

« Le landau dévalant les marches », photo du film soviétique de S. M. EISENSTEIN, *Le Cuirassé Potemkine* (1925).

Plans		
980	Descente vers la gauche selon la diagonale du cadre (PA).	
983 984 988	Descente vers la droite (PM).	
991	Détail inférieur du landau descendant selon l'autre diagonale du cadre (PA).	
994	Le landau descend en roulant vers le fond (PA).	
996	Détail du landau (PA).	
997	Gros plan du bébé en plongée.	
998	Détail du landau (PA).	
999	Comme 997, avec une obliquité moindre.	
1002	Le landau se renverse (PGE).	

B. AMENGUAL, *Le Cuirassé Potemkine*, © Nathan, coll. « Synopsis », 1992.

ÉCRITURE

EX. 42 Transposer en texte une histoire racontée en images

En prenant appui sur les plans 418 et 421, (**DOCUMENTS 32 ET 33**) faites le récit de la scène mettant en présence le professeur, l'élève malade, le soldat allemand et l'arrivée de Muller.

EX. 43 Rédiger un texte à partir d'une scène

Transposez en mots la scène du landau dévalant les marches dans *Le Cuirassé Potemkine*, en donnant à votre texte successivement une tonalité épique, pathétique, lyrique.

SYNTHÈSE

Image et mouvement : le cinéma

Septième art inventé par les frères Lumière en 1895, le **cinéma** combine l'image, le mouvement, le texte parlé et la musique. Il met le spectateur en état de croire à tout ce qu'il voit et entend, puisqu'un film recompose une réalité, avec des acteurs vivant des situations réelles.

Le scénario

Le point de départ d'un film est un **scénario**, c'est-à-dire une histoire dont il faut faire comprendre l'évolution narrative uniquement à travers des images et des paroles, les images se succédant à un certain rythme et constituant une continuité, les paroles intervenant à chaque fois qu'il y a dialogue entre des personnages.

Le story-board

La réalisation passe par une première esquisse, qui met en place le travail : le « story-board ». De nombreux points y sont consignés : nature des décors, emplacements et déplacements des acteurs, mouvements de la caméra, point de vue choisi, nature du plan… Les metteurs en scène peuvent dessiner schématiquement les détails des mouvements de certaines scènes, comme S. M. Eisenstein pour *Le Cuirassé Potemkine* (→ exercice 41). Le récit cinématographique s'inscrit dans des lieux et dans le temps.

Le montage

Le **montage**, comme la structure d'un roman, permet les retours en arrière, appelés « **flash-back** », compréhensibles à condition que figurent des points de repère : l'apparence des personnages ou des éléments du décor permettent au spectateur de se repérer dans le temps du récit. Celui-ci progresse en fonction de **séquences** qui regroupent plusieurs plans : le **plan** correspond à une prise de vue filmée en continu et restituée sans coupure au montage. Les plans sont numérotés et c'est leur succession, décidée au cours du montage, qui compose le film.

Un même plan peut présenter différentes échelles, du **plan général**, ou **plan d'ensemble** (paysage, décor…), au **gros plan** (visage) ou **très gros plan** (détail), en passant par le **plan de demi-ensemble** (personnage dans son décor), **plan moyen** (personnage en pied), **plan américain** (personnage cadré à mi-cuisse), **plan rapproché** (personnage cadré à la ceinture ou à la poitrine).

L'organisation des différents plans assure la cohérence de la narration, avec de temps à autre des enchaînements (« **fondu** » qui fait disparaître progressivement un plan) ou des ruptures, lorsqu'on quitte un personnage pour se trouver brusquement, ailleurs, avec un autre. L'absence d'information temporelle constitue ce que l'on appelle une « **ellipse** ».

EXEMPLE : l'exercice 38 donne ainsi deux photogrammes, extraits d'une même prise de vue, qui ne sont pas tout à fait successifs ; entre eux en figurent d'autres, qui permettent au spectateur de comprendre la continuité de l'histoire.

Le champ et le hors-champ

Le spectateur voit ce que le metteur en scène a décidé de lui montrer et qui définit le **champ**, l'espace visible à l'écran. Au montage, l'alternance avec le **contrechamp**, l'espace exactement opposé au champ, est souvent exploitée dans les dialogues pour montrer les réactions des interlocuteurs. Le **hors-champ**, l'espace contigu au champ, permet d'« imaginer » ce que voit ou entend un personnage, sans que cela soit vu à l'écran. Le cinéma, art des images en mouvement, joue aussi sur les mouvements de caméra. Elle se déplace en fonction des « **travellings** », déplacements horizontaux ou verticaux grâce à un chariot ou à un treuil (pour suivre la marche d'un personnage ou pour décrire un paysage). Elle bouge aussi en **panoramique**, autour d'un axe, latéralement ou verticalement. La caméra permet aussi ce que l'on appelle un **zoom** (ou travelling optique, avant ou arrière) qui permet, sans déplacer l'appareil, d'obtenir des effets de rapprochement ou d'éloignement du sujet filmé.

L'analyse filmique

Elle s'intéresse à tous les éléments qui composent le film : histoire, manière de la mettre en scène, qualité des images, importance de la lumière, nature et originalité des prises de vue, effets dus au montage, jeu des acteurs, effets spéciaux… La manière d'utiliser les différentes techniques, de se les approprier, de les combiner, de les enrichir, de les rendre plus originales, est en relation étroite avec une certaine conception du cinéma. Les grands metteurs en scène sont ceux qui, comme les grands écrivains, créent des œuvres durables, dont la réussite vient d'un **langage** cinématographique personnel, d'une volonté de transmettre une réflexion sur l'homme et sur le monde. Quelle que soit leur nature, les images ont plusieurs fonctions : elles sont informatives, illustratives, persuasives… Leur force et leur capacité de s'imposer à notre sensibilité, à notre esprit et à notre mémoire font qu'il est important de savoir les analyser pour mieux les comprendre.

3 Des signes au sens

R. Magritte (1898-1967),
Ceci n'est pas une pomme (1964),
huile sur toile, 142 x 100 cm
(collection privée).

LIRE L'IMAGE

1. À quoi fait penser ce tableau ? Répondez en vous appuyant sur la présentation : graphie de la formule, cadre doré, disposition de la pomme avec ses feuilles. Qu'attendrait-on à la place de la formule négative ?
2. Comment peut se justifier la formule *Ceci n'est pas une pomme* ? En quoi cette formule met-elle en cause la transcription du réel en mots (signes linguistiques) et en représentations picturales ? Quelle autre formule suggéreriez-vous

1 Signe, signifiant, signifié

OBSERVATION

EX. 1 Découvrir le sens de différents signes

DOCUMENT 1

1. Comprenez-vous le sens des signes ci-contre ?

2. De quoi avez-vous besoin pour les déchiffrer ?

3. Quelles remarques pouvez-vous faire en rapprochant chaque signe et son sens ?

EX. 2 Observer des éléments associés aux signes linguistiques

DOCUMENT 2

1. Dans les exemples ci-contre, les éléments cités ont été regroupés par trois : quel est le principe de regroupement ?

2. Des trois éléments, lequel pourrait être désigné par l'expression « signifié » ? par l'expression « signifiant oral » ? par l'expression « signifiant écrit » ?

EX. 3 Réfléchir sur la relation entre signifiant et signifié

DOCUMENT 3

Voici une série de signifiés correspondant à des signifiants écrits différents, venus de langues différentes. Observez le phénomène mis en relief : dans chaque série, existe-t-il une relation logique entre le signifié et chaque signifiant ?

EX. 4 Identifier des compétences nécessaires à la lecture et à la compréhension

TEXTES 1 ET 2

1. Dans ces extraits, déterminez ce qui peut gêner la compréhension du message.

2. De quelle nature sont les compétences dont doit faire preuve le lecteur ?

DOCUMENT 1

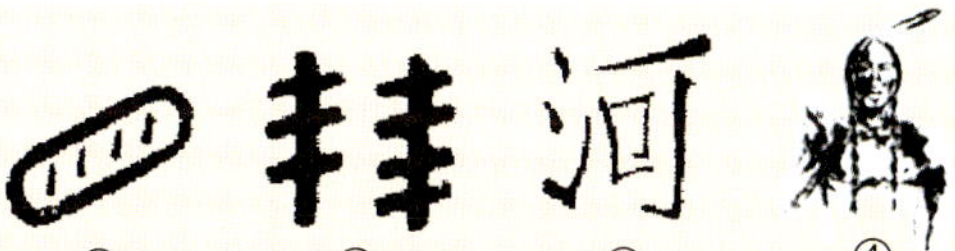

① ② ③ ④

① On reçoit à manger (signes des trimardeurs[1]).
② Gare aux gendarmes (signes des trimardeurs[1]).
③ Rivière (chinois).
④ Ami (langage indien).

1. Ouvriers allant de village en village pour trouver du travail.

DOCUMENT 2

1. Courlis / [kurli] / oiseau échassier à long bec arqué vers le bas, qui vit près des eaux douces et sur les côtes.
2. Suroît / [syrwa] / vent soufflant du sud-ouest.
3. Zani / [dzani] / serviteur bouffon dans la *commedia dell'arte.*

DOCUMENT 3

1. Signifié : « agglomération relativement importante et dont les habitants ont des activités professionnelles diversifiées, notamment dans le domaine tertiaire ».
Signifiants : ville, *town, cita, ciudad, urbs, Stadt.*
2. Signifié : « bâtiment construit pour servir d'habitation aux personnes ».
Signifiants : maison, *house, casa, casa, domus, Haus.*
3. Signifié : « être humain considéré par rapport à son espèce et aux autres espèces animales ».
Signifiants : homme, *man, uomo, hombre, vir, Mensch.*

TEXTE 1

1. Montrez le caractère théâtral de la fable en comparant la part accordée au discours et celle du récit. Soulignez les différences existant entre le discours de la souris et celui du chat.
2. Soulignez, dans le plaidoyer de la souris, un effet rythmique et un effet phonique. Quelle est la stratégie argumentative de la souris ?

Extrait d'un sujet à l'E.A.F., 1997.

TEXTE 2

Les Invertébrés benthiques sont ceux qui vivent au niveau du fond de la rivière. Leur récolte peut s'effectuer à l'aide d'un matériel aussi simple qu'un filet troubleau et d'un tamis pour ceux qui vivent dans les graviers et les limons ou encore à l'aide d'un pinceau pour ceux qui vivent sous les pierres.

Sciences de la Vie et de la Terre 2de, © Hatier, 1993.

APPLICATION

EX. 5 Identifier et interpréter différents jeux portant sur le signifiant et sur le signifié

TEXTES 3 ET 4

1. Expliquez comment les six définitions du texte 3 et le texte de Robert Desnos jouent sur le signifiant et le signifié des mots.

2. Quel en est le résultat et quelles conclusions le lecteur peut-il tirer ?

EX. 6 Chercher l'origine des confusions de sens

TEXTE 5

1. En prenant appui sur les notions de signifiant et de signifié, dites en quoi consistent les confusions de sens perceptibles dans l'extrait ci-contre.

2. Quels sont les effets produits ?

ÉCRITURE

EX. 7 Rapprocher des signifiants

À la manière de Robert Desnos (TEXTE 4), composez un texte dans lequel vous utiliserez des signifiants sonores similaires correspondant à des signifiés différents.

TEXTE 3

Cauchemar : cache-mort.
Prison : elle vous prive d'horizon, prise horrible !
Privilège : à vil prix l'ai-je ?
Schizophrénie : ciseau effréné, qui isole et désunit.
Solidarité : solaire et torride idée.
Velléitaire : il veut, mais cela vite se fêle et va à terre.

M. Leiris, *Langage Tangage ou ce que les mots me disent*, © Gallimard, 1985.

TEXTE 4

21 heures le 26-11-22

En attendant
en nattant l'attente.
Sous quelle tente
mes tantes
ont-elles engendré
les neveux silencieux
que nul ne veut sous les cieux
appeler ses cousins ?
En nattant les cheveux du silence
six lances
percent mes pensées en attendant.

R. Desnos, *Corps et biens*, « L'Aumonyme », © Gallimard, 1930.

TEXTE 5

Bric à brac

J'avais un peu d'argent, je dis :
« Tiens ! Je vais me faire construire une petite maison. »
Je vois un entrepreneur de béton armé. Je lui dis :
« Ça va me coûter combien ?
– Quinze briques !
– Bon ! Je vais me renseigner... »
Je vais voir un copain qui est du bâtiment. Je lui dis :
« Une brique... combien ça vaut ?
– Deux thunes ! »
Je retourne voir l'entrepreneur de béton armé. Je lui dis :
« Pour une thune, qu'est-ce que je peux avoir ?
– Des clous ! »
Je retourne voir mon copain. Je lui dis :
« Dis donc, il veut me faire payer les clous !
– Il n'a pas le droit ! »
Je refonce voir l'entrepreneur de béton armé... Je lui dis :
« Je veux bien payer, mais pas pour des clous !
– Vous n'êtes pas obligé de payer comptant...
– Content ou pas content, je suis obligé de payer ? »

R. Devos, *Ça n'a pas de sens*, © Denoël, 1981.

SYNTHÈSE

Signe, signifiant, signifié

Signes linguistiques et signes non linguistiques

Depuis les panneaux routiers jusqu'aux pictogrammes des lieux publics, en passant par les enseignes publicitaires, nous sommes environnés de signes. Certains, comme les pictogrammes, sont en général immédiatement compréhensibles. Pour les autres, la « lecture » et la compréhension se font par l'association entre ce qui est perçu, visuellement ou auditivement, et une signification connue grâce à un **code** : on passe au feu vert, on s'arrête au feu rouge.

La compréhension des signes linguistiques que sont les mots implique de savoir substituer des sons aux assemblages de lettres et associer les signes à des sens. Celui qui lit prend en effet connaissance des mots de manière visuelle et de manière auditive.

Ces deux aspects du signe linguistique, l'**aspect auditif** (phonique, sonore) et l'**aspect visuel** (matériel, perceptible par le regard), constituent ce que l'on appelle le **signifiant** du mot. Le signifiant est le double aspect sonore et visible du signe.

Son sens, sa signification, les notions et les concepts qu'il représente, sa définition, constituent son **signifié**.

EXEMPLE : le mot *aigle* est un signe linguistique qui a pour signifiant « aigle » (aspect visuel) et [ɛgl] (aspect sonore sous la forme d'une transcription phonétique utilisant l'alphabet phonétique international). Il a pour signifié la définition que donne le dictionnaire : *oiseau rapace diurne de grande taille*.

L'arbitraire du signe

Si l'image d'un pictogramme donne directement un sens, parce qu'elle est une représentation, en revanche il n'y a aucun lien logique entre le signifiant et le signifié d'un mot. On appelle ce phénomène l'**arbitraire du signe**, perceptible au fait qu'un même signifié prend des formes différentes dans des langues différentes (→ exercice 3).

EXEMPLE : à la notion de *chien* (le signifié), correspondent les signifiants suivants *canis* (en latin), *dog* (en anglais), *perro* (en espagnol), *cane* (en italien), *Hund* (en allemand).

Pour que la communication soit claire entre les utilisateurs des signes linguistiques, il est donc impératif que, de manière conventionnelle, ces utilisateurs soient d'accord sur la signification à accorder aux signes qu'ils emploient : ainsi, il est important que tous ceux qui utilisent la langue française donnent le même sens au mot *chien* et que tous les anglophones s'entendent sur le fait que le mot *dog* désigne le même animal.

Obstacles et dysfonctionnements

En faisant coïncider le signifiant et le signifié d'un mot, puis d'un groupe de mots dans une langue donnée, le lecteur accède au sens d'un message par une opération appelée **décodage**. Mais, même s'il sait bien lire, il se peut qu'il soit gêné dans cette opération par des obstacles divers :

– le message est écrit dans une langue dont l'alphabet n'est pas connu ;

– le message est mal écrit, à moitié effacé, incomplet, illisible ;

– le message est écrit dans une langue dont la syntaxe ou le vocabulaire sont inconnus ;

– le message écrit dans une langue connue comporte des mots et / ou des structures difficiles ;

– malgré la connaissance de la langue, le sens général du message reste obscur…

Dans tous ces cas, la lecture est rendue difficile, incomplète, impossible : la communication connaît des **dysfonctionnements**.

La lecture et la compréhension d'un message écrit sont donc rendues possibles pour le lecteur :

– par la connaissance de la langue et de l'alphabet utilisés, qui constituent le **code** ;

– par la netteté et la lisibilité des signes graphiques connus, par la qualité du mode de transmission du message : ce qui est en cause ici est le support, le **canal**.

La lecture et la compréhension claire du texte (le **message**) dépendent aussi de celui qui lit ce message, et de ses compétences de lecteur. Il comprendra plus facilement un message si le thème (le **référent**) lui est familier : la lecture met en effet en jeu des connaissances, une culture.

La relation signifiant/signifié est aussi à l'origine de toutes sortes de jeux de mots qui viennent, par exemple, du fait qu'un même signifiant sonore peut correspondre à plusieurs signifiés : *comptant* et *content* (→ texte 5). Les confusions sont génératrices de situations comiques, ou de réflexions sur le fonctionnement de la langue.

2 Les éléments de la communication

OBSERVATION

EX. 8 Observer ce qui permet de déterminer l'origine d'un message

TEXTE 6

Que désigne le terme souligné par rapport au message mis en italique ?

EX. 9 Repérer la présence d'un destinataire

TEXTE 7

Que désignent les termes soulignés par rapport à chaque message en italique ?

EX. 10 Identifier le thème d'un message

TEXTES 8 ET 9

Quel est le thème des deux messages ? Justifiez votre réponse en prenant appui sur le lexique.

EX. 11 Identifier ce qui gêne la compréhension d'un message

TEXTE 10

Dites en quoi le message du texte est incompréhensible. Qu'est-ce qui permettrait de le comprendre ?

EX. 12 Récapituler les éléments de la communication

EXERCICES 8 À 11

Les exercices portent sur les différents éléments d'une situation de communication : message, émetteur, destinataire, référent, canal, code. Retrouvez-en des exemples précis montrant que ces différents éléments répondent aux questions : *Qui parle ? À qui ? De quoi ? Comment ? Avec quel code ?*

TEXTE 6

Le percepteur des contributions avait entonné une chanson royaliste. Pendant le tapage du refrain, chanté en chœur : *Voilà donc*, se disait la conscience de Julien, *la sale fortune à laquelle tu parviendras, et tu n'en jouiras qu'à cette condition et en pareille compagnie !*

STENDHAL, *Le Rouge et le Noir*, I, 22, 1830.

TEXTE 7

ARNOLPHE. – *Hé bien ! faisons la paix ; va, petite traîtresse,*
Je te pardonne tout, et te rends ma tendresse.
Considère par là l'amour que j'ai pour toi,
Et, me voyant si bon, en revanche aime-moi.

AGNÈS. – *Du meilleur de mon cœur je voudrais vous complaire.*
Que me coûterait-il, si je le pouvais faire ?

MOLIÈRE, *L'École des femmes*, Acte V, scène 4 (extrait), 1662.

TEXTE 8

Je forme une entreprise qui n'eut jamais d'exemple et dont l'exécution n'aura point d'imitateur. Je veux montrer à mes semblables un homme dans toute la vérité de la nature ; et cet homme, ce sera moi.

J.-J. ROUSSEAU, *Les Confessions* (incipit), 1782.

TEXTE 9

L'huître, de la grosseur d'un galet moyen, est d'une apparence plus rugueuse, d'une couleur moins unie, brillamment blanchâtre. C'est un monde opiniâtrement clos.

F. PONGE, *Le Parti pris des choses*, « L'huître » (extrait), © Gallimard, 1942.

TEXTE 10

La cimaise ayant chaponné tout l'éternueur
se tuba fort dépurative quand la bixacée fut verdie :
pas un sexué pétrographique morio de mouffette ou de verrat.

R. QUENEAU, *Oulipo, la littérature potentielle*, © Gallimard, 1973.

APPLICATION

EX. 13 Analyser les difficultés de lecture d'un début de roman

TEXTES 11 À 14

Ces extraits sont tous les premières lignes de romans ou de nouvelles. Le lecteur ne sait donc rien lorsqu'il commence sa lecture.

1. Vous êtes ce lecteur : dites pourquoi il vous est difficile d'identifier émetteurs et destinataires des différents messages.

2. Qu'est-ce qui vous aide dans votre recherche ?

TEXTE 11

Il arriva chez nous un dimanche de novembre 189... Je continue à dire « chez nous », bien que la maison ne nous appartienne plus. Nous avons quitté le pays depuis bientôt quinze ans et nous n'y reviendrons certainement jamais. Nous habitions les bâtiments du Cours supérieur de Sainte-Agathe. Mon père, que j'appelais M. Seurel, comme les autres élèves, y dirigeait à la fois le Cours supérieur, où l'on préparait le brevet d'instituteurs et le Cours moyen. Ma mère faisait la petite classe.

Alain-Fournier, *Le Grand Meaulnes*, © Fayard, 1913.

TEXTE 12

La neige, qui n'a pas cessé de tomber depuis trois jours, bloque les routes. Je n'ai pu me rendre à R... où j'ai coutume depuis quinze ans de célébrer le culte deux fois par mois. Ce matin trente fidèles seulement se sont rassemblés dans la chapelle de la Brévine. Je profiterai des loisirs que me vaut cette claustration forcée, pour revenir en arrière et raconter comment je fus amené à m'occuper de Gertrude.

A. Gide, *La Symphonie pastorale*, © Gallimard, 1925.

TEXTE 13

Longtemps, j'ai cru m'en tirer sans éclats. J'appartenais à cette génération heureuse qui aura eu vingt ans pour la fin du monde civilisé. On nous aura donné le plus beau cadeau de la terre : une époque où nos ennemis, qui sont presque toutes les grandes personnes, comptent pour du beurre. Votre confort, vos progrès, nous vous conseillons de les appliquer aux meilleurs systèmes d'enterrements collectifs. Je vous assure que vous en aurez grand besoin.

R. Nimier, *Le Hussard bleu*, © Gallimard, 1950.

TEXTE 14

Aujourd'hui, maman est morte. Ou peut-être hier, je ne sais pas. J'ai reçu un télégramme de l'asile : « Mère décédée. Enterrement demain. Sentiments distingués. » Cela ne veut rien dire. C'était peut-être hier.
L'asile de vieillards est à Marengo, à quatre-vingts kilomètres d'Alger. Je prendrai l'autobus à deux heures et j'arriverai dans l'après-midi. Ainsi, je pourrai veiller et je rentrerai demain soir.

A. Camus, *L'Étranger*, © Gallimard, 1942.

RÉPONSE RÉDIGÉE : TEXTE 11

1. Le texte d'Alain-Fournier, incipit du roman *Le Grand Meaulnes*, est écrit à la première personne, comme on peut le voir à la présence de « je » (l. 1 et 6), des adjectifs possessifs « mon » et « ma »

(l. 6 et 8) et du pronom personnel pluriel « nous » très fréquent dans le passage (l. 1, 2, 3, 4, 5). Le narrateur est donc présent dans le texte. Le lecteur peut savoir qu'il est le fils de M. Seurel, un instituteur / directeur, par une information de la ligne 6, et qu'au moment des faits racontés, il est élève et donc probablement adolescent. On peut encore préciser que ce narrateur / émetteur du message n'est pas l'auteur de l'œuvre : il y a en effet une différence de nom. L'un est le fils de M. Seurel, l'autre s'appelle Alain-Fournier.
Pour ce qui est du destinataire, le lecteur n'a aucune information : au moment où commence l'histoire, celui qui parle pourrait s'adresser à un interlocuteur dévoilé par la suite. Dans le cas contraire, le message s'adresse aux lecteurs. Il faut donc attendre la suite du texte pour connaître exactement la situation d'énonciation.
2. Comme le montre le début de la réponse, des éléments permettent d'avoir quelques détails : certains se trouvent à l'intérieur du texte, par exemple les pronoms personnels, d'autres peuvent être déduits de la lecture du paratexte.

EX. 14 Analyser des difficultés de lecture

TEXTE 15

1. En l'absence d'informations précises données par le paratexte ou par le contexte, dites en quoi ce début de lettre est difficile à comprendre.

2. Quelles sont les informations qui manquent dans le schéma de la communication ?

EX. 15 Identifier les éléments de la communication

Voici plusieurs situations de communication évoquées ou racontées : dites à chaque fois quels sont l'émetteur, le destinataire, le contenu du message, son support (le canal) et ce qui permet de le comprendre (le code). Dites aussi quels sont les éléments manquants.

ÉCRITURE

EX. 16 Composer un début de roman ou de nouvelle

Écrivez dix à vingt lignes qui pourraient constituer un début de roman. Vous pouvez prendre modèle sur des débuts que vous connaissez. Faites en sorte que votre lecteur puisse identifier l'émetteur (le narrateur), le destinataire et le référent du message

EX. 17 Rédiger un dialogue

Composez un bref dialogue entre deux interlocuteurs. Le premier annonce qu'il a l'intention d'écrire ses mémoires ; l'autre tente de l'en dissuader.

TEXTE 15

La Présidente de Tourvel à Madame de Rosemonde

Le voile est déchiré, Madame, sur lequel était peinte l'illusion de mon bonheur. La funeste vérité m'éclaire, et ne me laisse voir qu'une mort assurée et prochaine, dont la route m'est tracée entre la honte et le remords. Je la suivrai... je chérirai mes tourments s'ils abrègent mon existence. Je vous envoie la lettre que j'ai reçue hier ; je n'y joindrai aucune réflexion, elle les porte avec elle. Ce n'est plus le temps de se plaindre, il n'y a plus qu'à souffrir. Ce n'est pas de pitié que j'ai besoin, c'est de force.
Recevez, Madame, le seul adieu que je ferai, et exaucez ma dernière prière ; c'est de me laisser à mon sort, de m'oublier entièrement, de ne plus me compter sur la terre.

P. Choderlos de Laclos, *Les Liaisons dangereuses*, extrait de la lettre 143, 1782.

SITUATIONS DE COMMUNICATION

1. Un détective trouve sur son répondeur téléphonique un message contenant seulement ces mots : « Rendez-vous sur la passerelle des Arts aujourd'hui à 18 heures. »
2. Un papier décoloré découvert dans une bouteille sur une plage porte les traces suivantes « pirates, 30° latitude... morts... ».
3. Une fois l'assistance installée et silencieuse, le conférencier commença : « Mes chers collègues, l'exposé d'aujourd'hui a pour thème... », mais il fut interrompu par un énorme vacarme venu des couloirs.
4. Brusquement, alors qu'ils cherchaient à découvrir ce qui se passait de l'autre côté de la ligne des arbres, une pluie de papiers vint gêner leur vue, mais il était impossible de savoir d'où venaient ces messages. Aucun bruit ne signalait la présence d'un avion. Claude en attrapa un au vol et vit seulement l'inscription XWS OO 9. Cela n'évoquait rien pour lui.

SYNTHÈSE

Les éléments de la communication

Les éléments de la communication selon Jakobson

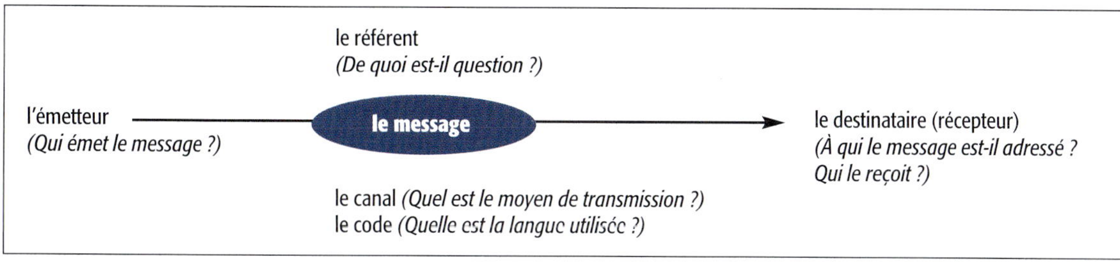

La lecture, l'écriture, la parole sont des formes de communication qui mettent en jeu des éléments déterminés. Selon la théorie du linguiste contemporain R. Jakobson, créateur de la phonologie (étude des sons d'une langue) et auteur des *Essais de linguistique générale* (1970), toute communication fait intervenir six composantes.

L'émetteur (ou destinateur)

L'émetteur **produit le message** et procède à son encodage (mise en code).

EXEMPLE : l'émetteur est l'auteur d'une lettre, d'un œuvre, le signataire d'un article de presse. Dans le cas d'un message oral, c'est lui qui parle.

Le récepteur (ou destinataire)

Le récepteur **reçoit le message** et le décode. Dans la conversation il est l'interlocuteur. Il est aussi le destinataire d'une lettre, le lecteur d'un journal. Lecteur d'une œuvre littéraire, il n'est pas nécessairement celui à qui l'œuvre était destinée au moment où elle a été publiée : on parle alors de « communication différée ».

EXEMPLE : les romans de Balzac ou ceux de Stendhal étaient destinés aux lecteurs contemporains de ces auteurs. Les lecteurs du XXIe siècle sont aussi des récepteurs de ces romans, mais pas dans les mêmes conditions : ils ne vivent pas, ne parlent pas de la même façon, ils n'ont pas la même connaissance du contexte.

Le référent

Le référent est le **thème du message**, ce dont il est question, le domaine abordé, ce à quoi renvoie le message dans la réalité.

EXEMPLE : dans le texte 2 (→ p. 43), le référent est les invertébrés benthiques.

Le canal

Le canal désigne le **mode de transmission du message**, son support. Dans le cas d'un message écrit, le canal est la feuille de papier.

EXEMPLE : une lettre, une page de livre ou de journal, une affiche publicitaire peuvent servir de canal écrit. Dans le cas d'un message oral, le canal est constitué par la voix et les ondes sonores, le téléphone...

Le code

Le code désigne la **nature des signes** utilisés et leur **signification.** C'est grâce au code que l'on peut déchiffrer un message, en faisant coïncider chaque signe et son sens.

EXEMPLE : le code peut être une langue composée de signes linguistiques, de signaux lumineux ou sonores (morse), de gestes dans le langage des sourds-muets, de points dans l'alphabet Braille, d'idéogrammes dans les langues orientales...

Le message

Le message est l'**information**, le texte, le discours transmis.

EXEMPLE : une lettre, une conversation téléphonique, un slogan publicitaire, un article de presse, une œuvre littéraire, un discours, des signaux lumineux constituent des messages.

3 Les fonctions du langage

OBSERVATION

EX. 18 **Classer des éléments prédominants de la communication**

TEXTES 16 À 19

Lisez ces quatre extraits, puis indiquez pour chacun quel élément de la communication est mis en avant.

TEXTE 16

Cette salle entièrement boisée, fut jadis peinte en une couleur indistincte aujourd'hui, qui forme un fond sur lequel la crasse a imprimé ses couches de manière à y dessiner des figures bizarres. Elle est plaquée de buffets gluants sur lesquels sont des carafes échancrées, ternies, des ronds de moiré métallique, des piles d'assiettes en porcelaine épaisse, à bords bleus, fabriqués à Tournai. Dans un angle est placé une boîte à cases numérotées qui sert à garder les serviettes, ou tachées ou vineuses, de chaque pensionnaire.

H. DE BALZAC, *Le Père Goriot*, 1835.

TEXTE 17

Soirs de Paris ivres du gin
Flambant de l'électricité
Les tramways feux verts sur l'échine
Musiquent au long des portées
De rails leur folie de machines

G. APOLLINAIRE, *Alcools*, « La chanson du mal-aimé » (extrait), © Gallimard, 1913.

TEXTE 18

C'était le même soleil que le jour où j'avais enterré maman et, comme alors, le front surtout me faisait mal et toutes ses veines battaient ensemble sous la peau. À cause de cette brûlure que je ne pouvais plus supporter, j'ai fait un mouvement en avant. Je savais que c'était stupide, que je ne me débarrasserais pas du soleil en me déplaçant d'un pas. Mais j'ai fait un pas, un seul pas en avant.

A. CAMUS, *L'Étranger*, © Gallimard, 1942.

TEXTE 19

Les registres de langue

Des termes différents peuvent exprimer la même réalité sans être utilisés dans les mêmes situations : *bouffer, manger, prendre un repas* appartiennent à des registres (ou niveaux) de langue différents.

Littérature, textes et méthode 2de, © Hatier, 1996.

APPLICATION

EX. 19 Identifier certaines fonctions du langage et les interpréter

TEXTES 20 À 23

1. En prenant appui sur la prédominance de certains éléments de la communication et sur le tableau ci-dessous, dites quelle(s) est (sont) la (les) principale(s) fonction(s) du langage mises en jeu dans les extraits suivants.

2. Que traduisent-elles ?

TEXTE 20

PYRRHUS, *continue*. – Madame, demeurez.
On peut vous rendre encor ce fils que vous pleurez.
Oui, je sens à regret qu'en excitant vos larmes
Je ne fais contre moi que vous donner des armes.
Je croyais apporter plus de haine en ces lieux.
Mais, Madame, du moins tournez vers moi les yeux :
Voyez si mes regards sont d'un juge sévère,
S'ils sont d'un ennemi qui cherche à vous déplaire.

J. RACINE, *Andromaque*, Acte III, scène 7 (extrait), 1667.

TEXTE 21

HARPAGON. – [...] Ah ! c'est moi. Mon esprit est troublé, et j'ignore où je suis, qui je suis, et ce que je fais. Hélas ! mon pauvre argent, mon pauvre argent, mon cher ami ! on m'a privé de toi ; et puisque tu m'es enlevé, j'ai perdu mon support, ma consolation, ma joie ; tout est fini pour moi, et je n'ai plus que faire au monde : sans toi, il m'est impossible de vivre. C'en est fait, je n'en puis plus ; je me meurs, je suis mort, je suis enterré.

MOLIÈRE, *L'Avare*, Acte IV, scène 7 (extrait), 1668.

TEXTE 22

Cessez-le-feu – expression qui transmet un espoir fragile – possède en lui-même quelques motifs de faiblesse. D'abord, le terme provient d'un ordre militaire qui s'adresse aux troupes que l'on commande, et non pas à l'ennemi. *Cessez-le-feu* !, avec cet impératif rassurant, enjoint aux soldats d'interrompre le tir. L'ennemi, par définition, n'y obéit pas, et il faut vraiment la certitude de la victoire ou l'assurance d'un arrêt des combats, pour que cesse la tuerie.

A. REY, *Le Réveille-mots*, © Le Seuil, 1996.

TEXTE 23

Faites le tour du Tour.
Un bistrot ivre de livres

Titres d'articles parus dans *Télérama*, 2-8 août 1997.

élément prédominant	émetteur (ou destinataire)	récepteur	référent	canal	code	message
fonction du langage mise en jeu	fonction expressive	fonction impressive (ou conative)	fonction référentielle	fonction phatique (ou de contact)	fonction métalinguistique	fonction poétique
texte 20						
texte 21						
texte 22						
texte 23						

EX. 20

Identifier et interpréter une fonction dominante du langage

TEXTES 24 À 26

Les trois textes ci-contre ont le même thème, mais chacun est caractérisé par une fonction particulière du langage. Identifiez cette fonction et ce qu'elle révèle dans les textes 25 et 26.

TEXTE 24

Café : 1. Graine du caféier, graine originaire de l'Arabie et qui, infusée, fournit une boisson excitante et tonique [...].
2. Boisson obtenue par infusion des grains de café torréfiés et moulus [...].
3. Lieu public où l'on consomme des boissons.

Le Grand Robert, 2001, © Le Robert, 2001.

TEXTE 25

Le café est très en usage à Paris : il y a un grand nombre de maisons publiques où on le distribue. Dans quelques-unes de ces maisons, on dit des nouvelles ; dans d'autres, on joue aux échecs. Il y en a une où l'on apprête le café de telle manière qu'il donne de l'esprit à ceux qui en prennent : au moins, de tous ceux qui en sortent, il n'y a personne qui ne croie qu'il en a quatre fois plus que lorsqu'il y est entré.

MONTESQUIEU, *Lettres persanes*, XXXVI (extrait), 1721.

TEXTE 26

Pluie sauvage sur la haute lande

Le café rural n'est pas moins isolé dans la nuit qu'un phare à l'extrémité du monde. Le vent y souffle. La mer s'entend comme si elle était à la porte. Sous les poutres et la lampe de verre dépoli recouverte de chiures de mouches, des hommes rouges tiennent des cartes dans leurs mains de bois. L'eau mauvaise tape aux fenêtres et ravage les fougères. La forêt bouge. Elle resserre son étreinte autour d'eux.

P. VEILLETET, *Mots et merveilles*, © Arléa, 1998.

ÉCRITURE

EX. 21

Mettre en jeu les fonctions du langage

À partir des éléments donnés, rédigez plusieurs messages courts utilisant de manière prépondérante les fonctions du langage suggérées.

1. Recommandations adressées à un ami qui part en voyage *(fonction impressive, fonction référentielle)*.

2. Expression d'émotions et de jugements ressentis lors de la projection d'un film, ou lorsque vous avez assisté à un spectacle autre *(fonction expressive, fonction référentielle)*.

3. Explication concernant les différents sens d'un même mot *(fonction métalinguistique)*.

4. Publicité pour une collection de livres à deux euros *(fonction impressive et fonction poétique)*.

EX. 22

Mettre en jeu les fonctions du langage

Traitez au choix deux des consignes suivantes, chacune en un paragraphe d'une dizaine de lignes.

1. Expliquez le titre d'une œuvre littéraire ou d'un film *(fonction métalinguistique)*.

2. Rédigez un message d'information et de publicité à l'occasion d'un concert organisé par le foyer du lycée *(fonction référentielle, fonction expressive, fonction poétique)*.

3. À la manière de Michel Leiris (TEXTE 3, P. 44), donnez une définition brève de termes au choix *(fonction métalinguistique, fonction poétique)*.

4. Composez une formule persuasive à afficher dans un lycée, pour inciter les élèves à ne pas fumer *(fonction impressive, fonction poétique)*.

5. Rédigez une courte biographie d'un auteur figurant dans ce chapitre *(fonction référentielle)*.

SYNTHÈSE

Les fonctions du langage

D'après les théories de R. Jakobson, aux six éléments de la communication correspondent six fonctions différentes du langage. Celui qui émet un message utilise ces fonctions selon l'importance qu'il accorde à tel ou tel élément de la communication, avec des intentions ou des objectifs particuliers destinés au récepteur du message. Recevant le message, ce dernier est sensible aux différents choix faits par l'émetteur. S'il les perçoit clairement, il peut les analyser.

La fonction référentielle

La fonction référentielle est prédominante lorsque l'élément essentiel du message concerne le référent, l'**information** à laquelle il renvoie.

EXEMPLE : « La terre a tremblé au Japon le 23 janvier 1995 » se limite à une information qui ne dépend ni de l'émetteur ni du destinataire.

La fonction expressive

La fonction expressive est reconnaissable au fait que dans le message, l'accent est mis sur l'**émetteur**, sa subjectivité, ses sentiments, ses opinions, ses émotions. Cette fonction est perceptible à la prédominance de la première personne à travers les pronoms personnels et les adjectifs et pronoms possessifs (« je », « moi », « mon ») Cette fonction est particulièrement présente dans les textes autobiographiques (→ p. 260).

EXEMPLE : « Ainsi disant, je marchais à grands pas, le visage enflammé, le vent sifflant dans ma chevelure, ne sentant ni pluie, ni frimas, enchanté, tourmenté, et comme possédé par le démon de mon cœur ».

F-R. DE CHATEAUBRIAND, *René*, 1802.

La fonction impressive (ou conative)

On parle de fonction impressive ou conative lorsque, dans le message, se trouve mise en relief la **présence du destinataire** (ou récepteur) du message, que l'émetteur cherche à toucher, à convaincre, à persuader. L'emploi de la seconde personne (« tu », « te », « toi », « vous ») souligne l'interpellation du destinataire et la volonté de l'atteindre à travers le message. On peut observer cette fonction dans des textes argumentatifs et dans des dialogues où figurent des verbes à l'impératif.

EXEMPLE : « Oh ! fuis ! détourne-toi de mon chemin fatal, Hélas ! sans le vouloir, je te ferais du mal ! »

V. HUGO, *Hernani*, Acte III scène 4, 1830.

La fonction phatique (ou de contact)

Avec la fonction phatique, l'accent est mis sur le canal et sur tout ce qui peut éviter à la communication d'être rompue. Cette fonction est particulièrement reconnaissable à la présence de petits mots utilisés pour maintenir le **contact**, à la ponctuation, aux articulations logiques et chronologiques de la langue écrite, aux interjections de la langue orale.

EXEMPLE : « Allo », « Ben », « Heu », « Bon », « Allez », « Je veux dire... », « Eh bien », « Alors », « En fait »...

La fonction métalinguistique

La fonction métalinguistique est présente lorsque l'accent est mis sur le code et que l'émetteur se donne pour objectif d'analyser ce **code**. Ainsi, le dictionnaire ou des ouvrages de grammaire notamment, qui emploient la langue française pour analyser cette langue, illustrent la fonction métalinguistique du langage.

EXEMPLE : MAÎTRE DE PHILOSOPHIE. – « [...] Et là-dessus j'ai à vous dire que les lettres sont divisées en voyelles, ainsi dites voyelles parce qu'elles expriment les voix ; et en consonnes, ainsi appelées consonnes parce qu'elles sonnent avec les voyelles et ne font que marquer les diverses articulations des voix. »

MOLIÈRE, *Le Bourgeois gentilhomme*, Acte II, scène 4, 1670.

La fonction poétique

La fonction poétique intervient lorsque, dans l'élaboration d'un message, c'est le **message** lui-même qui est valorisé dans sa forme, devenant ainsi un « **objet esthétique** » que l'on cherche à rendre original, riche, beau, travaillé. Il faut être attentif au fait que la fonction poétique n'est pas spécifiquement liée au genre ou à la notion de « poésie ». Cette fonction est illustrée par certains slogans publicitaires, titres ou formules utilisant différents jeux sur le signifié et sur le signifiant des mots.

EXEMPLE : « C'est ici que Cyrano est nez » ; « Omo est là et crapoto basta ! »

Un message **cumule** en général plusieurs fonctions du langage, en exploitant plus particulièrement l'une ou l'autre. Toute analyse implique donc de tenir compte des six fonctions pour déterminer celles qui sont utilisées et celles qui prédominent.

4 Texte et paratexte

A. Camus, *L'Étranger*, © Gallimard, coll. « Folio », première de couverture de l'édition 1978 et de l'édition 2003.
Illustration de l'édition 1978 : Alexis Oussesko.
Illustration de l'édition 2003 : N. de Staël (1914-1955), *Figures au bord de la mer* (1952) (Kuntsammlung Nordrhein Westfalen, Düsseldorf).

LIRE L'IMAGE

1. Observez les deux couvertures du même roman (même collection, même éditeur) : de quoi chacune se compose-t-elle ? Indépendamment de l'illustration, quelles différences notez-vous ?
2. Que représente la première illustration, conçue spécialement pour cette édition ? Percevez-vous une relation avec le titre du roman ? Que peut suggérer l'image au lecteur ? Si vous avez lu ce roman, pouvez-vous expliquer ce choix ?
3. La seconde illustration est empruntée au peintre N. de Staël et a pour titre Figures au bord de la mer. Est-il possible d'établir une relation avec le titre ? Si vous avez lu le roman, pouvez-vous expliquer ce choix ?

1 Le paratexte d'un extrait

OBSERVATION

EX. 1 Observer et identifier des éléments de paratexte

TEXTE 1

Dans le texte ci-contre, extrait d'un ouvrage scolaire, identifiez les différents éléments de paratexte signalés par un numéro.

EX. 2 Définir la nature et l'utilité du paratexte

TEXTE 1

1. Précisez la nature des informations apportées par l'élément 5 et dites en quoi elles peuvent aider à la compréhension du texte. Qui est l'auteur de cet élément ?

2. Quelle est l'utilité des notes lexicales (élément 7) ?

3. À quoi cela sert-il de numéroter les lignes d'un texte (élément 8) ?

4. Que permet l'indication donnée dans l'élément 4 ?

5. À quoi sert l'élément 3 ?

6. Quelle information historique importante l'élément 5 aurait-il pu donner ?

→ OBJET D'ÉTUDE Le roman, p. 210
Le registre épique, p. 182

TEXTE 1

(5) *Le roman de* Victor (1) Hugo, Quatrevingt (2) -Treize, *met en scène la Terreur révolutionnaire qui cherche à anéantir les derniers partisans de l'Ancien régime. Dans cet extrait, les deux forces s'affrontent : les Blancs qui comptent 6 000 paysans vendéens viennent se rallier à Dol où ils bivouaquent avant de reprendre leur route ; les Bleus surgissent tout à coup dans la ville ensommeillée.*

Le premier moment fut terrible. Rien de tragique comme le fourmillement d'une foule foudroyée. Ils se jetèrent sur leurs armes. On criait, on courait, beaucoup tombaient. Les gars, assaillis, ne savaient plus ce qu'ils faisaient et s'arquebusaient[1] les uns les autres. (6) Il y avait des gens ahuris qui sortaient des maisons, qui y rentraient, qui sortaient encore, et qui erraient dans la bagarre, éperdus. Des familles s'appelaient. Combat lugubre, mêlé de femmes et d'enfants. Les balles sifflantes rayaient l'obscurité. La fusillade partait de tous les coins noirs. Tout était fumée et tumulte. L'enchevêtrement des fourgons et des charrois s'y ajoutait. Les chevaux ruaient. On marchait sur des blessés. On entendait à terre des hurlements. Horreur de ceux-ci, stupeur de ceux-là. Les soldats et les officiers se cherchaient. Au milieu de tout cela, de sombres indifférences. Une femme allaitait son nouveau-né, assise contre un pan de mur auquel était adossé son mari qui avait la jambe cassée et qui, pendant que son sang coulait, chargeait tranquillement sa carabine et tirait au hasard, tuant devant lui dans l'ombre. Des hommes à plat ventre tiraient à travers les roues des charrettes. Par moments il s'élevait un hourvari[2] de clameurs. La grosse voix du canon couvrait tout. C'était épouvantable. Ce fut comme un abattis d'arbres ; tous tombaient les uns sur les autres.

(8) (8)

VICTOR HUGO (1), *Quatrevingt-Treize* (2) (1874) (3), partie III, livre 2, chapitre 3 (4).

(7) **1.** *Arquebuser* : tirer sur quelqu'un à coup d'arquebuse. **2.** *Hourvari* : grand tumulte. À l'origine, terme servant à désigner les cris des chasseurs et les sonneries de trompes pour ramener les chiens.

APPLICATION

EX. 3 Savoir exploiter le paratexte

TEXTE 2

1. Identifiez tous les éléments du paratexte qui accompagnent le poème ci-contre, extrait d'un manuel, et expliquez en quoi certains d'entre eux sont indispensables à la compréhension du texte.

2. Quels termes resteraient ambigus sans la phrase de présentation ?

→ OBJET D'ÉTUDE La poésie, le lyrisme p. 248

TEXTE 2

« Demain, dès l'aube… » (1)

Pour comprendre ce poème, le lecteur doit être attentif à la date indiquée, 3 septembre 1847, veille du quatrième anniversaire de la mort de Léopoldine, fille du poète. (2)

Demain, dès l'aube, à l'heure où blanchit la campagne,
Je partirai. Vois-tu, je sais que tu m'attends.
J'irai par la forêt, j'irai par la montagne.
Je ne puis demeurer loin de toi plus longtemps.

Je marcherai les yeux fixés sur mes pensées,
Sans rien voir au-dehors, sans entendre aucun bruit,
Seul, inconnu, les dos courbé, les mains croisées,
Triste, et le jour pour moi sera comme la nuit.

Je ne regarderai ni l'or du soir qui tombe,
Ni les voiles au loin descendant vers Harfleur[1], (3)
Et quand j'arriverai, je mettrai sur ta tombe
Un bouquet de houx vert et de bruyère en fleur.

V. HUGO (4), *Les Contemplations* (5), « Aujourd'hui » (6), IV, 14 (7), 1856 (8).

1. Petit port à l'embouchure de la Seine. (9)

EX. 4 Déduire des informations précises du paratexte

Voici quelques formules extraites de différents paratextes. Quelles informations ces formules donnent-elles au lecteur ?

- Ce texte constitue l'incipit du roman.
- Épilogue
- Publication posthume
- In *Lire*, n° 255, mai 1997
- Au début de *Si le grain ne meurt*, œuvre autobiographique…
- *Le Monde*, 27 septembre 1997
- Acte III, scène 4 (intégrale)
- Acte I, scène 1, extrait
- Début du poème
- J. Racine, *Iphigénie*, 1674, Acte IV, scène 4, vers 1174-1220.

EX. 5 Savoir comprendre et exploiter le paratexte

Quelles informations les éléments de paratexte suivants donnent-ils au lecteur ? Ils sont tous extraits de sujets de l'E.A.F. et précèdent les textes.

1. Monsieur A et Madame B, personnages quelconques, mais pleins d'élan (comme s'ils étaient toujours sur le point de dire quelque chose d'explicite) se rencontrent dans une rue quelconque, devant la terrasse d'un café.

2. Deux clochards, Vladimir et Estragon, attendent en vain un énigmatique personnage du nom de Godot.

3. Créon, qui dirige Thèbes, a édicté un décret interdisant que l'on enterre Polynice, frère d'Antigone et d'Ismène, parce qu'il a porté les armes contre sa cité. Antigone a transgressé cette loi.

4. Le poète Saint-John-Perse, dans son recueil *Images à Crusoé*, imagine Robinson retourné à la civilisation et méditant sur son séjour dans l'île.

EX. 6 Savoir différencier texte et paratexte

TEXTE 3

1. Voici une lettre intégrale tirée de l'œuvre de Montesquieu, *Lettres persanes*. Identifiez tous les éléments qui entourent le texte en précisant quels sont ceux qui viennent de l'auteur lui-même.

2. Quelle est leur importance pour la compréhension du texte ?

3. De qui sont les autres éléments et quelle est leur utilité ?

TEXTE 3

Dans le roman épistolaire des Lettres persanes, *des Persans en voyage en France écrivent à des amis restés en Perse. Ils leur présentent, à leur façon, les mœurs et les institutions françaises.*

Rica à Ibben, À ***

Je me trouvai l'autre jour dans une compagnie où je vis un homme bien content de lui. Dans un quart d'heure, il décida trois questions de morale, quatre problèmes historiques et cinq points de physique. Je n'ai jamais vu un décisionnaire si universel : son esprit ne fut jamais suspendu par le moindre doute. On laissa les sciences ; on parla des nouvelles du temps : il décida sur les nouvelles du temps. Je voulus l'attraper, et je dis en moi-même : « Il faut que je me mette dans mon fort ; je vais me réfugier dans mon pays. » Je lui parlai de la Perse. Mais, à peine lui eus-je dit quatre mots, qu'il me donna deux démentis, fondés sur l'autorité de MM. Tavernier et Chardin[1]. « Ah ! bon Dieu ! dis-je en moi-même, quel homme est-ce là ? Il connaîtra tout à l'heure les rues d'Ispahan mieux que moi ! » Mon parti fut bientôt pris : je me tus, je le laissai aller, et il décide encore.

De Paris, le 8 de la lune de Zilcadé, 1715.

MONTESQUIEU, *Lettres persanes*, 1721, lettre 72 (intégrale).

1. Voyageurs ayant écrit des récits de voyage en Perse dont Montesquieu s'est inspiré.

ÉCRITURE

EX. 7 Trouver et formuler des éléments de paratexte

Le texte suivant est le tout début d'un roman de Mérimée, *La Double méprise*. Cherchez quelques éléments de documentation d'histoire littéraire et biographique pour « entourer » le texte de la manière suivante : un titre pour le passage, quelques lignes d'introduction, le nom de l'auteur et ses dates, la date de publication de l'œuvre, la position de l'extrait dans l'œuvre.

Julie de Chaverny était mariée depuis six ans environ, et depuis à peu près cinq ans et six mois elle avait reconnu non seulement l'impossibilité d'aimer son mari, mais encore la difficulté d'avoir pour lui quelque estime. Ce mari n'était point un malhonnête homme ; ce n'était pas une bête ni un sot. Peut-être cependant y avait-il bien en lui quelque chose de tout cela. En consultant ses souvenirs, elle aurait pu se rappeler qu'elle l'avait trouvé aimable autrefois ; mais maintenant il l'ennuyait. Elle trouvait tout en lui repoussant. Sa manière de manger, de prendre du café, de parler, lui donnait des crispations nerveuses. Ils ne se voyaient et ne se parlaient guère qu'à table ; mais ils dînaient ensemble plusieurs fois par semaine, et c'en était assez pour entretenir l'aversion de Julie.

P. MÉRIMÉE, *La Double Méprise (incipit)*, 1833.

EX. 8 Rédiger le paratexte d'un extrait d'œuvre intégrale étudiée en classe

Choisissez un passage intéressant dans une œuvre intégrale étudiée et présentez-le en donnant, dans le paratexte, tous les éléments que vous jugez utiles. En particulier, faites en sorte que votre lecteur puisse comprendre comment se situe le passage par rapport à l'ensemble.

EX. 9 Rédiger le paratexte d'un extrait d'œuvre librement choisie

Sélectionnez un extrait dans une œuvre de votre choix. Donnez à votre lecteur tous les éléments lui permettant de comprendre l'extrait. N'oubliez ni sa situation dans l'œuvre, ni les précisions concernant l'auteur.

SYNTHÈSE

Le paratexte d'un extrait

Qu'appelle-t-on « paratexte » ?

Les textes qui figurent dans les manuels et dans le sujets d'examen sont accompagnés d'éléments dont l'ensemble constitue le **paratexte**.
On trouve ainsi le nom de l'**auteur**, le titre de l'**œuvre**, la **position** de l'extrait dans l'œuvre (chapitre, partie, début – incipit – ou fin – épilogue). Se trouvent souvent indiquées la date de publication de l'œuvre et les dates de l'auteur. Pour les dates, il convient d'être attentif au fait que la **date d'écriture** d'un extrait peut être différente de celle de la publication de l'œuvre (texte 2 → p. 56).

Le « chapeau » du texte

Les textes sont souvent précédés de quelques lignes, en général écrites en italique, qui constituent une **présentation** : ce sont de brèves **introductions**, encore appelées « **chapeaux** ». Ces chapeaux ne sont pas écrits par les auteurs des textes mais par les auteurs des manuels.

La signature du texte

Lorsque l'œuvre n'est pas encore tombée dans le domaine public, c'est-à-dire si moins de soixante-dix ans se sont écoulés depuis la mort de l'auteur, la loi impose d'indiquer le nom de l'**éditeur**. Dans le cas de textes traduits, figurent le nom du ou des **traducteurs**, avec la date de traduction.

Les autres indications

On trouve également des **numéros en marge**, marquant les lignes ou les vers de cinq en cinq. Cette indication permet de préciser les références textuelles lors d'une étude. Dans le cas des vers, il faut être très vigilant : au théâtre, ils peuvent être découpés en plusieurs répliques dont certaines très brèves. On observe ce phénomène dans le théâtre romantique.
D'autres numéros figurent en graphie plus petite à l'intérieur des textes : ce sont des **appels de notes** ; ils renvoient à des **explications** situées soit en marge soit en bas de page.

Paratexte et typographie

Les différents extraits donnés dans ce chapitre révèlent l'utilisation de caractères et d'indices typographiques différents.

L'usage de l'italique

Dans le texte de Victor Hugo (texte 1 → p. 55), la présentation est en italique, tout comme les mots extraits du texte (dans les notes) et le titre de l'œuvre. Ce choix correspond à des conventions éditoriales qu'il faut respecter.
Ainsi, dans un texte dactylographié, on utilise l'italique :
– pour indiquer les **titres** des œuvres : *Quatrevingt-Treize*, *L'Assommoir*, *Lettres persanes*, *Les Contemplations*, *Les Châtiments* ;
– pour des **citations** (surtout dans la presse) ;
– pour indiquer qu'un mot ou une expression ont un **statut particulier** par rapport à un autre.
On met ainsi en italique un chapeau de présentation – qui n'a pas le même auteur que le texte ou des commentaires qui accompagnent un texte. Dans ce cas, on peut aussi choisir des caractères typographiques plus petits ou plus grands que ceux du texte.

L'usage des guillemets

Dans un texte dactylographié, on utilise les guillemets :
– pour les **citations** ;
– pour signaler le titre de **parties d'œuvres** : nouvelles, par exemple « La Cafetière », chapitres, regroupement de poèmes, poèmes eux-mêmes, tels « Spleen », « L'Invitation au voyage ».
Dans un texte **manuscrit**, on souligne conventionnellement les titres d'œuvres et l'on utilise les guillemets pour les titres d'extraits et pour les citations. Toute différence de graphie signale un élément particulier.

2 Le paratexte d'une édition

OBSERVATION

EX. 10 Observer et comparer deux pages de titre

Les deux pages de titre ci-contre appartiennent à deux éditions différentes du roman de Balzac, *Le Colonel Chabert*. Identifiez tous les éléments numérotés. Mettez en évidence les similitudes et les différences que vous pouvez observer.

→ OBJET D'ÉTUDE Écrire, publier, lire p. 338

EX. 11 Observer une quatrième de couverture

Voici la quatrième de couverture du même roman :

1. Observez les composantes de cette couverture et identifiez les éléments immédiatement déchiffrables. Quels sont ceux qui posent des problèmes de « lecture » ?

2. Quels éléments de la page de titre retrouve-t-on sur la quatrième de couverture ?

→ OBJET D'ÉTUDE Écrire, publier, lire p. 338

EX. 12 Retrouver des éléments sur une quatrième de couverture

Voici le nom des éléments qui peuvent poser un problème d'identification. Retrouvez-les sur cette quatrième de couverture : code-barre indiquant le prix, numéro de catégorie dans la collection, déterminant le prix en fonction de la taille, numéro d'inscription à la Bibliothèque Nationale, date de dépôt légal.

④ *Collection dirigée par Michel Simonin*

HONORÉ DE BALZAC ①

Le Colonel Chabert ②

INTRODUCTION, NOTES, COMMENTAIRES ET DOSSIER DE STÉPHANE VACHON ③

⑥

LE LIVRE DE POCHE
classique
⑤

Page de titre du *Colonel Chabert*, © Le Livre de poche, 1999.

⑤

POCKET CLASSIQUES

collection dirigée par Claude AZIZA
④

HONORÉ DE BALZAC ①

LE COLONEL CHABERT ②

Préface et commentaires de Jeannine GUICHARDET ③

⑥

POCKET

Page de titre du *Colonel Chabert*, © Presses Pocket, 2003.

Enfant trouvé fasciné par la carrière des armes, Hyacinthe dit Chabert s'est illustré aux premiers rangs de la Grande Armée. Laissé pour mort à Eylau, puis miraculeusement sauvé, il tentera quelques années plus tard de retrouver sa place dans une France bourgeoise qui veut oublier ses héros, auprès d'une femme qui lui doit tout, qui l'a dépouillé et qui le rejette.

Nul destin, peut-être, n'éclaire mieux que le sien l'envers de la « comédie humaine », dans cette tragédie domestique doublée d'un drame social où le sublime côtoie constamment le sordide.

« Nous n'oublierons jamais l'entrée pitoyable de Chabert à l'étude Derville éclairée au gaz le matin, avec le déjeuner réchauffé sur la cheminée, des clercs, des clercs rieurs, insolents et clabaudeurs, Chabert avec ses rides blanches, son vieux carrick, Chabert méprisé, aliéné de cette patrie et de cette femme qu'il continue à aimer, dénoncé de cette société où, bien qu'enfant trouvé, il s'était, si difficilement, fait un nom... Chabert a sa place dans toutes les mémoires, à côté du cousin Pons et du père Goriot, et sur le même rang.

Le Colonel Chabert, *admirable histoire de revenant.*

Paul MORAND.

Introduction et notes de Stéphane Vachon.

Texte intégral.

9 782253 098041 30/3107/7 Code prix **LP3**

Dépôt légal Impr. 4459D Édit. 8576 - 11/1999

Couverture d'après l'affiche 18 Mars. Photos Benoît Barbier.

Quatrième de couverture du *Colonel Chabert*, © Le Livre de poche, 1999.

APPLICATION

EX. 13 Interpréter les informations du paratexte (page de titre)

Qu'indique la page de titre (**EXERCICE 10**) en ce qui concerne les collaborateurs de l'édition ? Donnez leur nom et précisez leurs fonctions. En quoi a consisté leur travail ?

EX. 14 Interpréter les informations de la quatrième de couverture

Analysez les deux textes de la quatrième de couverture du Livre de Poche (**EXERCICE 11**) : que contiennent-ils précisément, quelle est la fonction de chacun d'entre eux ? À qui sont-ils destinés ? Qui est leur auteur ? Que manque-t-il pour que l'information soit complète ?

ÉCRITURE

EX. 15 Réaliser une page de titre et une quatrième de couverture

Un éditeur vous demande de concevoir une page de titre et une quatrième de couverture pour une édition scolaire de *Candide*.

1. La page de titre devra faire apparaître les informations suivantes : l'auteur, le titre avec son sous-titre, l'auteur des notes et commentaire, Jacques Van den Heuven, le nom de celui qui a établi le texte, Frédéric Deloffre, le nom de l'éditeur, Gallimard, et celui de la collection, « Folio classique ».

2. La quatrième de couverture comportera, selon votre choix, un ou deux textes : un extrait de l'œuvre et un commentaire composé par vous, ou un jugement emprunté à un auteur et un extrait de l'œuvre, ou encore une présentation de l'œuvre faite par vous. La page devra aussi comporter tous les autres éléments indispensables signalés dans les exercices 11 et 12 (→ p. 59). N'oubliez pas la reprise de certaines informations de la page de titre.

EX. 16 Réaliser la couverture et la page de titre d'une édition

Réalisez la couverture, la page de titre, le sommaire et la quatrième de couverture d'un recueil de nouvelles fantastiques que vous aurez choisies vous-même. Veillez à faire apparaître tous les éléments indispensables du paratexte. Trouvez une illustration pour la couverture et une autre, éventuellement, pour la quatrième de couverture.

SYNTHÈSE

Le paratexte d'une page de titre et d'une quatrième de couverture

La page de titre

Elle comporte le **titre de la collection**, avec parfois le nom du **directeur de collection**, personne qui a conçu une collection et qui en supervise la composition. Viennent ensuite, dans une graphie plus grosse, le **nom de l'auteur** et le **titre de l'œuvre**. Dans le cas d'éditions scolaires et universitaires, se trouve précisé le nom de la personne qui a **établi le texte**, à partir des manuscrits d'origine. Cette personne est souvent l'auteur des notes et commentaires qui accompagnent l'édition. En bas de page figure l'indication de l'éditeur. La mise en page de ces informations dépend de l'**éditeur**, mais on remarque que les éditions de poche, comme Folio, Le Livre de Poche ou Presses Pocket présentent de grandes similitudes.

La quatrième de couverture

Elle regroupe des éléments dont certains sont informatifs et d'autres argumentatifs.

– **Informations** : l'auteur des commentaires, de l'introduction et des notes (élément repris de la page de titre), la formule « texte intégral », le **code-barre** indiquant le prix, la **catégorie** dans laquelle est classé le livre – par exemple LP3 ou « Catégorie 3 » (→ p. 59) – et qui détermine le prix, la **date de dépôt légal** (qui peut aussi se trouver à l'intérieur), la **date d'inscription à la Bibliothèque Nationale** (ISBN). On peut avoir également la légende de l'illustration de couverture (auteur, date, lieu d'exposition).

– **Argumentation** : les éléments argumentatifs sont constitués par un ou deux textes qui prennent des formes différentes : publicité pour la collection, présentation du contenu, commentaire mêlé à du résumé, ou jugement d'un auteur connu (texte de Paul Morand pour le Livre de Poche). On peut enfin avoir simplement un extrait représentatif de l'œuvre.

L'illustration de la quatrième de couverture peut être la reprise de la couverture ou une reproduction illustrant le thème de l'œuvre.

Les fonctions du paratexte

Le paratexte d'un extrait, ou celui qui annonce un corpus de textes, a une **fonction informative**.

Situation historique et biographique

Le paratexte permet l'identification d'un texte. L'auteur, la date et le titre, certaines notes, déterminent une appartenance **historique**, **littéraire**, **culturelle** et **biographique**. Par exemple, il est important de situer historiquement – grâce à une date – la composition et la publication du recueil *Les Châtiments* (1853) : cette connaissance éclaire le sens de l'opposition politique de son auteur.

Appartenance à un genre, éléments thématiques

Le paratexte donne des informations sur le genre, par des termes comme « correspondance », « lettre du... », « préface », « début de roman », « œuvre autobiographique ».
Il en donne aussi sur le thème commun à plusieurs textes d'un corpus. Ces informations thématiques font naître une attente de lecture mais aussi des relations avec d'autres textes, dans une démarche d'intertextualité.

Position dans l'œuvre

Le chapeau de présentation permet de situer un passage dans une œuvre (texte 1 → p. 55), rendant ainsi l'extrait compréhensible au lecteur. Les informations du chapeau servent aussi à situer le lieu et le moment où se déroule un épisode. Il signale parfois une **problématique d'écriture**.

Dans le travail de lecture analytique ou de commentaire, dans la confrontation ou le rapprochement des textes d'un corpus, l'observation attentive du paratexte est une **démarche fondamentale** : elle permet parfois de déterminer le sens même du regroupement ; elle est une aide précieuse pour situer un texte dans un contexte et éviter ainsi les erreurs et les contresens.

5 Les instruments lexicaux

A. Kertész (1894-1983), *Budapest* (1914), photographie.

LIRE L'IMAGE

1. Décrivez ce que vous voyez sur cette image, en insistant sur les effets de contraste.
2. En l'absence de toute information, diriez-vous que cette représentation est une image de film, une photographie, un tableau, un décor de théâtre ?
3. Quelles significations donnez-vous à la présence du personnage et de son ombre, à la lumière qui n'éclaire que le mur, à l'obscurité de la ruelle qui se trouve à gauche ?
4. Faites quelques remarques sur la difficulté de donner le sens d'une représentation : en quoi peut-on parler ici de « polysémie » de l'image ?

1 Polysémie et champ sémantique

OBSERVATION

EX. 1 S'interroger sur le sens des mots

TEXTE 1 ET DÉFINITIONS

1. Quel sens vous vient immédiatement à l'esprit pour chacun des trois mots soulignés ?

2. Cherchez le sens qui convient parmi les définitions données à la suite du texte.

3. Que vous apprend cette recherche en ce qui concerne le sens de certains mots ?

EX. 2 Retrouver le sens d'un mot

TEXTE 1

Dans ce texte, qu'est-ce qui peut vous aider à retrouver le sens des mots soulignés ?

1. Le personnage est ici désigné par le vêtement qu'il porte, sorte de grand manteau démodé d'origine anglaise, qui signe son appartenance à une époque révolue. **2.** Copie d'assignation exprimant les exigences du demandeur. **3.** Terme familier pour désigner le monde de la justice.

→ OBJET D'ÉTUDE **Le roman et la nouvelle, p. 210**
Roman, personnage et société, p. 220

TEXTE 1

« Allons ! encore notre vieux carrick[1] ! »

Cette exclamation échappait à un <u>clerc</u> appartenant au genre de ceux qu'on appelle dans les études des *saute-ruisseaux*, et qui mordait en ce moment de fort bon appétit dans un morceau de pain ; il en arracha un peu de mie pour faire une boulette et la lança railleusement par le vasistas d'une fenêtre sur laquelle il s'appuyait. Bien dirigée, la boulette rebondit presque à la hauteur de la croisée, après avoir frappé le chapeau d'un inconnu qui traversait la cour d'une maison située rue Vivienne, où demeurait maître Derville, avoué.

« Allons, Simonnin, ne faites donc pas de sottises aux gens, ou je vous mets à la porte. Quelque pauvre que soit un client, c'est toujours un homme, que diable ! », dit le Maître clerc en interrompant l'addition d'un <u>mémoire</u> de frais.

Le saute-ruisseau est généralement, comme était Simonnin, un garçon de treize à quatorze ans, qui dans toutes les études se trouve sous la domination spéciale du principal clerc, dont les commissions et les billets doux l'occupent tout en allant porter des exploits chez les huissiers et les placets[2] au <u>Palais</u>. Il tient au gamin de Paris par ses mœurs, et à la chicane[3] par sa destinée.

H. DE BALZAC, *Le Colonel Chabert* (incipit), 1835.

DÉFINITIONS

Clerc : 1. Celui qui est entré dans l'état ecclésiastique, se consacrant au service d'une Église. **2.** *litt.*, veilli. Lettré, savant [...]. **3.** Employé d'une étude d'officier public ou ministériel.

Mémoire (*terme masculin*) **: 1.** Écrit sommaire exposant des faits et des idées. **2.** Exposé scientifique ou littéraire en vue d'un examen, d'une communication dans une société savante. **3.** Relevé des sommes dues à un fournisseur. **4.** DR. Acte de procédure contenant les prétentions et arguments de parties, devant certaines juridictions. ◆ pl. (Avec une majuscule) Relation écrite des évènements marquant d'une période par quelqu'un qui en a été le témoin ou l'un des acteurs. *Les Mémoires de Saint-Simon*.

Palais : 1. Vaste et somptueuse résidence d'un chef d'État, d'un personnage important, d'un riche particulier. **2.** Vaste édifice public destiné à un usage d'intérêt général. *Palais des Sports*. **3.** *Palais de justice* ou ellipt. *Le Palais :* bâtiment départemental où siègent les tribunaux.

Le Petit Larousse Illustré 2007, © Larousse, 2006.

APPLICATION

EX. 3 Déterminer le sens exact d'un mot

1. Quel sens doit-on donner au mot « chute » dans chacune de ces phrases ? Aidez-vous, pour répondre, de la définition extraite du dictionnaire.

2. Dans quels cas le sens est-il difficile à déterminer ? Pourquoi ?

3. Qu'ont en commun tous ces sens ?

PHRASES

1. « Cette allée nous a fait souvenir de la chute que vous y fîtes un jour. » (Mme DE SÉVIGNÉ)

2. La chute du cours du dollar a eu des répercussions sur les marchés financiers.

3. Avant même la chute du rideau, le public s'était levé, enthousiaste.

4. En novembre 1989, le monde entier a assisté à la chute du mur de Berlin.

5. Un sonnet se termine par une chute, ou pointe, qui, bien souvent, précise son sens général.

6. Elle avait réussi à récupérer quelques chutes de tissu, trésor rare par ces temps de pénurie.

7. La chute d'eau faisait entendre un fracas assourdissant.

8. *La Chute* est le titre d'un roman de Camus. Parmi d'autres titres comportant le mot « chute », on trouve aussi *Plus dure sera la chute*, *La Chute d'un ange*.

9. À la chute du jour, les animaux des marais commençaient un concert nocturne qui ne se finissait jamais avant les toutes premières heures de l'aube.

DÉFINITION

Chute n. f. (de *chu*, p. passé de *choir*).
1. Fait de tomber, de se détacher de son support. *Faire une chute. Chute des cheveux.* – *Angle de chute* : angle que fait la trajectoire d'un projectile avec le terrain au point d'impact. SYN. – *angle d'impact. Point de chute* : point, lieu ou qqch tombe, s'abat ; fig., lieu d'arrivée. *Chute d'eau* : masse d'eau qui tombe d'une certain hauteur et qui est intermédiaire entre la cascade et la cataracte. *Chute du jour*, moment où le jour fait place à la nuit. **2.** *Fig.* **a.** Fait de s'écrouler, ruine, effondrement. *La chute d'un gouvernement.* **b.** *Litt.* Le fait de commettre une faute, de tomber dans la déchéance. CHRIST. *La chute* : le péché originel. **3.** Ce par quoi une chose qui s'abaisse se termine. *La chute des reins* : le bas du dos. – *Chute d'une voile*, sa hauteur, quand elle est étarquée. *Chute d'un toit*, sa pente. *Chute d'ornements, de festons* : guirlande pendante de fleurs ou de fruits. **4.** STYL. Trait de l'esprit par lequel un texte s'achève. **5.** Ce qui reste d'une matière (papier, tissu, bois, etc.) après une coupe. **6.** Aux cartes, ensemble des levées annoncées qui n'ont pas été faites.

Le Petit Larousse Illustré 2007, © Larousse, 2006.

EX. 4 Définir la polysémie

À partir des exemples des exercices 1 à 3, donnez une définition du mot « polysémie ».

EX. 5 Faire apparaître la polysémie à travers les contraires ou les synonymes

Voici un certain nombre de mots polysémiques : *dur, propre, pertinent, pitoyable, grand, profond, soumis, heureux, fin, léger, large, favorable, curieux.*
Mettez cette polysémie en évidence en montrant que chacun d'entre eux peut avoir plusieurs synonymes et plusieurs contraires.
Exemple : les synonymes de *dur* peuvent être *résistant* (un matériau), *difficile* (un exercice), *insensible* (un être vivant) ; les contraires seront alors *mou*, *facile* et *sensible*.

EX. 6 Identifier et analyser des jeux sur la polysémie

TEXTE 2

Dans l'extrait ci-contre, étudiez comment la polysémie de certains termes crée des rapprochements inattendus et permet la construction d'une histoire à la fois logique et insolite.

TEXTE 2

En dernier ressort

Je connaissais un sportif qui prétendait
avoir plus de ressort que sa montre.
Pour le prouver, il a fait la course contre
sa montre.
Il a remonté sa montre,
il s'est mis à marcher en même temps qu'elle.
Lorsque le ressort de la montre est arrivé en bout
de course, la montre s'est arrêtée.
Lui a continué,
et il a prétendu avoir gagné
en dernier ressort !

R. Devos, *Sens dessus dessous*, © Stock, 1976.

ÉCRITURE

EX. 7 Recomposer le champ sémantique d'un mot

En prenant modèle sur les différents articles de dictionnaire donnés dans ce chapitre, composez et rédigez le champ sémantique du mot « cours ». Trouvez vous-même des exemples. Comparez ensuite votre travail avec ce que donne le dictionnaire.

EX. 8 Jouer sur le sens propre des mots

Prenez modèle sur le texte de Raymond Devos (ci-dessus) pour composer un texte court construit sur des mots ou expressions pris dans leur sens propre.

SYNTHÈSE

Polysémie et champ sémantique

Les mots sont composés d'un **signifiant** et d'un **signifié** (→ p. 45). Lorsqu'à un même signifiant correspondent plusieurs signifiés, on dit que le mot est **polysémique**. La plupart des termes de la langue française sont polysémiques. L'ensemble des sens donnés par le dictionnaire pour un même mot est appelé **champ sémantique**.

EXEMPLE : champ sémantique du mot « table » :
1. Meuble composé d'un plateau horizontal posé sur un ou deux pieds. [...] **4.** Plateau, plaque en matière quelconque de forme plane. [...] **6.** Ensemble de données numériques présentées de façon à être facilement consultées. [...] **9.** *Les Tables de la Loi* : les plaques de pierre que Dieu, selon la Bible, remit à Moïse et sur lesquelles étaient gravés les dix commandements.

Le Petit Larousse Illustré 2007, © Larousse, 2006.

Identifier le sens précis des mots évite les contresens : dans le texte 1 (→ p. 63), *étude*, *mémoire*, *maître* pourraient renvoyer à l'école, *exploits* et *Palais* à un conte de fée, alors qu'il s'agit de la justice.
La polysémie favorise les jeux de mots, les quiproquos et les ambiguïtés. Jouer sur le **sens propre** et sur le **sens figuré** d'un même terme conduit souvent à des effets inattendus et comiques, comme dans le texte de Raymond Devos (→ texte 2). De nombreux quiproquos du théâtre comique sont construits sur des confusions de sens des mots.

2 Le champ lexical

OBSERVATION

EX. 9 Repérer des termes renvoyant à une même notion

TEXTE 3

Dans l'extrait ci-contre, qui constitue le début (l'incipit) du roman *Une vie*, un mot de la première phrase se trouve repris par divers termes tout au long du texte.

1. Repérez-le, puis regroupez tous les termes qui pourraient être rassemblés autour de cette notion.

2. Dites ensuite sur quelle idée cet ensemble de termes met l'accent.

→ OBJET D'ÉTUDE Le roman et la nouvelle, p. 210

EX. 10 Repérer des termes renvoyant à deux notions

TEXTE 4

1. Dans ce texte, plusieurs termes ont été soulignés. Regroupez-les et dites à quelle notion commune ils renvoient.

2. Trouvez ensuite dans le texte, à partir du mot *piétinée* (l. 2), d'autres termes que l'on pourrait rassembler pour constituer un autre ensemble lexical.

3. Sur quoi le texte attire-t-il l'attention du lecteur ?

→ OBJET D'ÉTUDE Le roman et la nouvelle, p. 210
Roman, personnage et société, p. 220

TEXTE 3

Jeanne, ayant fini ses malles, s'approcha de la fenêtre, mais la pluie ne cessait pas.

L'averse, toute la nuit, avait sonné contre les carreaux et les toits. Le ciel bas et chargé d'eau semblait crevé, se vidant sur la terre, la délayant en bouillie, la fondant comme du sucre. Des rafales passaient pleines d'une chaleur lourde. Le ronflement des ruisseaux débordés emplissait les rues désertes où les maisons, comme des éponges, buvaient l'humidité qui pénétrait au-dedans et faisait suer les murs de la cave au grenier.

Jeanne, sortie la veille du couvent, libre enfin pour toujours, prête à saisir tous les bonheurs de la vie dont elle rêvait depuis si longtemps, craignait que son père hésitât à partir si le temps ne s'éclaircissait pas ; et pour la centième fois depuis le matin elle interrogeait l'horizon.

G. DE MAUPASSANT, *Une vie* (incipit), 1883.

TEXTE 4

Et bientôt l'on fut en plein <u>bois</u> de Vincennes.

D'étroits <u>sentiers</u>, à la <u>terre</u> piétinée, talée[1] et durcie, pleins de traces, se croisaient dans tous les sens. Dans l'intervalle de tous ces petits <u>chemins</u>, il s'étendait, par places, de l'<u>herbe</u>, mais une herbe écrasée, desséchée, jaunie et morte, éparpillée comme une litière, et dont les <u>brins</u>, couleur de paille, s'emmêlaient de tous côtés aux <u>broussailles</u>, entre le <u>vert</u> triste des <u>orties</u>. On reconnaissait là un de ces lieux <u>champêtres</u> où vont se vautrer les dimanches des grands faubourgs, et qui restent comme un <u>gazon</u> piétiné par une foule après un feu d'artifice. Des <u>arbres</u> s'espaçaient, tordus et mal venus, de petits <u>ormes</u> au tronc gris, tachés d'une lèpre jaune, ébranchés jusqu'à hauteur d'homme, des <u>chênes</u> malingres, mangés de <u>chenilles</u> et n'ayant plus que la dentelle de leurs <u>feuilles</u>. La <u>verdure</u> était pauvre, souffrante, et toute à jour, le <u>feuillage</u> en l'air se voyait tout mince ; les <u>frondaisons</u> rabougries, fripées et brûlées, ne faisaient que persiller le ciel. De volantes poussières de grandes routes enveloppaient de gris les fonds. Tout avait la misère et la maigreur d'une <u>végétation</u> foulée et qui ne respire pas, la tristesse de la <u>verdure</u> à la barrière[2] : la <u>Nature</u> semblait y sortir des pavés. Point de chant dans les <u>branches</u>, point d'insecte sur le sol battu ; le bruit des tapissières[3] étourdissait l'oiseau ; l'orgue faisait taire le silence et le frisson du <u>bois</u>.

E. ET J. DE GONCOURT, *Germinie Lacerteux*, 1865.

1. Aplatie. **2.** Limite et porte d'une ville. **3.** Sorte d'omnibus tiré par des chevaux.

APPLICATION

EX. 11 Repérer et analyser plusieurs champs lexicaux pour comprendre un texte

TEXTE 5

Dans la première phrase, deux termes ont été mis en valeur par la couleur.

1. Retrouvez, dans la suite du texte, les mots ou expressions qui reprennent ces deux notions, les développent, les prolongent.

2. Quels liens pouvez-vous établir entre les deux ? Quels termes mettent en évidence ces liens ?

→ OBJET D'ÉTUDE **Le roman et la nouvelle, p. 210**
Roman, personnage et société, p. 220

EX. 12 Repérer et identifier des champs lexicaux pour comprendre un texte

TEXTE 6

1. Déterminez un premier champ lexical à partir de la première phrase et précisez son rôle dans le texte.

2. Repérez ensuite deux autres champs lexicaux importants. De quels termes se composent-ils ? Sur quoi mettent-ils l'accent dans le texte ?

3. En quoi ces champs lexicaux permettent-ils de déterminer la situation du narrateur ?

→ OBJET D'ÉTUDE **Le roman et la nouvelle, p. 210**
Roman, personnage et société, p. 220

EX. 13 Trouver le sens d'un texte à partir des champs lexicaux

TEXTE 7

1. Déterminez, à partir des deux mots soulignés, le thème abordé dans le texte.

2. En quoi le sens se dégage-t-il du rapprochement des deux mots et des verbes qui les accompagnent ?

TEXTE 5

C'est le quartier où habite la populace de Paris, la plus pauvre, la plus remuante et la plus indisciplinable. Il y a plus d'argent dans une seule maison du faubourg Saint-Honoré que dans tout le faubourg Saint-Marcel, ou Saint-Marceau, pris collectivement. C'est dans ces habitations éloignées du mouvement central de la ville que se cachent les hommes ruinés, les misanthropes, les alchimistes, les maniaques, les rentiers bornés, et aussi quelques sages fastidieux, qui cherchent réellement la solitude et qui veulent vivre absolument ignorés et séparés des quartiers bruyants des spectacles. Jamais personne n'ira les chercher à cette extrémité de la ville : si l'on fait un voyage dans ce pays-là, c'est par curiosité ; rien ne vous y appelle ; il n'y a pas un seul monument à y voir ; c'est un peuple qui n'a aucun rapport avec les Parisiens, habitants polis des bords de la Seine.

L. S. MERCIER, *Le Tableau de Paris*, 1788.

TEXTE 6

Ma chambre donne sur la rue principale du faubourg. L'après-midi était beau. Cependant, le pavé était gras, les gens rares et pressés encore. C'étaient d'abord des familles allant en promenade, deux petits garçons en costume marin, la culotte au-dessous du genou, un peu empêtrés dans leurs vêtements raides, et une petite fille avec un gros nœud rose et des souliers noirs vernis. Derrière eux, une mère énorme, en robe de soie marron, et le père, un petit homme assez frêle que je connais de vue. Il avait un canotier, un nœud papillon et une canne à la main. En le voyant avec sa femme, j'ai compris pourquoi dans le quartier on disait de lui qu'il était distingué. Un peu plus tard passèrent les jeunes gens du faubourg, cheveux laqués et cravate rouge, le veston très cintré, avec une pochette brodée et des souliers à bouts carrés. J'ai pensé qu'ils allaient aux cinémas du centre. C'était pourquoi ils partaient si tôt et se dépêchaient vers le tram en riant très fort.

A. CAMUS, *L'Étranger*, © Gallimard, 1942.

TEXTE 7

Il y avait un banc de pierre dans un coin, une ou deux statues moisies, quelques treillages décloués par le temps pourrissant sur le mur ; du reste plus d'allées ni de gazon ; du chiendent partout. Le <u>jardinage</u> était parti, et la <u>nature</u> était revenue. Les mauvaises herbes abondaient, aventure admirable pour un pauvre coin de terre. La fête des giroflées y était superbe. Rien dans ce jardin ne contrariait l'effort sacré des choses vers la vie ; la croissance vénérable était là chez elle. Les arbres s'étaient baissés vers les ronces, les ronces étaient montées

EX. 14 Retrouver dans un tableau des éléments définissant le thème traité

1. Observez ce tableau puis regroupez tous les éléments qui correspondent au titre et qui permettent de déterminer le thème.

2. Que remarquez-vous lorsque vous énumérez les noms des différents éléments ?

3. En quoi peut-on parler de champ lexical pour regrouper tous les termes trouvés ?

vers les arbres, la plante avait grimpé, la ronce avait fléchi, ce qui rampe sur la terre avait été trouver ce qui s'épanouit dans l'air, ce qui flotte au vent s'était penché vers ce qui se traîne dans la mousse : tronc, rameaux, feuilles, fibres, touffes, vrilles, sarments, épines s'étaient mêlés, traversés, mariés, confondus. La végétation, dans un embrassement étroit, avait célébré et accompli, là, sous l'œil satisfait du créateur, en cet enclos de trois cents pieds carrés, le saint mystère de sa fraternité, symbole de la fraternité humaine.

V. Hugo, *Les Misérables*, IVe partie, livre III, chapitre III, 1862.

CL.-J. Vernet (1714-1789), *La Tempête* (1752), huile sur toile, 72,7 x 98,4 cm (collection privée).

ÉCRITURE

EX. 15 Composer un texte à partir de champs lexicaux

Voici trois champs lexicaux. Utilisez le maximum de ces termes pour composer un texte de trois courts paragraphes, auquel vous donnerez un titre.

- Pain, mie friable, four, bouche, consommation ;
- Surface, panoramique, Alpes, Vallées, crêtes, Cordillère des Andes, ondulations, crevasses, plans ;
- Durcissant, rassis, faner, se rétrécir, se détacher, briser.

SYNTHÈSE

Le champ lexical

On détermine le thème d'un texte à partir de termes se rattachant à une même notion. Un tel ensemble, qui regroupe des noms, des adjectifs, des verbes, des adverbes, s'appelle un **champ lexical**.

EXEMPLE : champ lexical de la nature : *bois, sentier, terre, herbe, vert, champêtre...*

Le repérage des champs lexicaux d'un texte est une démarche importante dans la **lecture analytique** (→ p. 19) et dans le **commentaire** (→ p. 387). Le plus souvent, un texte est construit à partir de plusieurs champs lexicaux imbriqués et entremêlés, mettant en relation différentes notions.

EXEMPLE : dans le texte 5 (→ p. 67), l'imbrication du champ lexical de la ville (quartier, faubourgs) avec celui de ses habitants (métiers, classes sociales...) révèle une réalité historique.

3 Dénotation et connotation

OBSERVATION

EX. 16 Comparer deux textes

TEXTE 8

1. Voici la définition que le dictionnaire Larousse donne du mot «drapeau» :
« Pièce d'étoffe » attachée à une hampe, portant l'emblème, les couleurs d'une nation, d'une unité militaire, etc. [...] Signe de ralliement d'un groupe, d'un organisme. » (© Larousse 2006)
Quelles informations cette définition donne-t-elle ?

2. Repérez dans le texte 8 les termes qui, sans définir le mot « drapeau », sont associés à son sens. À quels domaines font-ils référence ?

TEXTE 8

La fréquence de certains mots dans le discours des politiques exprime une bonne part de leurs attitudes idéologiques. Quelques vocables, en effet, sont des signaux, des repères, et pour ainsi dire des drapeaux. Précisément, le mot drapeau est destiné à célébrer des valeurs patriotiques ou révolutionnaires, parfois historiques et guerrières. Il est chargé de puissance symbolique, de symboles d'ailleurs contradictoires, car à chaque famille d'idées son drapeau : sans insister sur certaines nostalgies du *drapeau blanc* et plus encore du drapeau rouge, le drapeau des Français est ce drapeau tricolore, où le blanc et le rouge furent mariés au bleu. Mariage étrange et sans doute très chaste, car le bleu symbolise, outre le ciel pur et sans nuage, la Vierge Marie.

A. Rey, *Le Réveille-mots*, © Le Seuil, 1996.

TEXTE 9

Les jardins publics diffèrent un peu des jardins particuliers. Ils contiennent plus d'allées ; celles-ci sont plus larges, afin de suffire à la circulation, en sens inverse, d'un grand nombre de personnes ; enfin leur tracé est plus divergent, parce que l'accès d'une promenade a presque toujours lieu par plusieurs issues. Il est également utile de ménager, entre les plantations des espaces plus étendus, pour que la vue soit peu masquée ; car il faut compter, parmi les agréments d'un parc, l'animation que produisent les groupes de promeneurs.

A. Alphand (1817-1891), *Les Promenades de Paris*, 1867, chapitre XIV, « Parcs et promenades des villes ».

EX. 17 Repérer des notions de dénotation et de connotation à partir de deux textes

TEXTES 9 ET 10

1. Les deux extraits sont consacrés l'un aux jardins publics, l'autre au parc de Versailles. Lequel des deux laisse passer le point de vue personnel de celui qui parle ? À travers quels termes ?

2. Quelles sont les deux images de Versailles données par le texte 10 ?

TEXTE 10

Depuis qu'Adam, ce cruel homme,
A perdu son fameux jardin,
Où sa femme, autour d'une pomme,
Gambadait sans vertugadin[1],
Je ne crois pas que sur la terre
Il soit un lieu d'arbres planté
Plus célébré, plus visité,
Mieux fait, plus joli, mieux hanté,
Mieux exercé dans l'art de plaire,
Plus examiné, plus vanté,
Plus décrit, plus lu, plus chanté,
Que l'ennuyeux parc de Versailles.

A. de Musset, *Poésies nouvelles*, « Sur trois marches de marbre rose », 1852.

1. Bourrelet destiné à donner de l'ampleur aux jupes.

APPLICATION

EX. 18 Trouver et formuler des connotations

1. À quoi (souvenirs, domaines, images, faits…) vous font penser, personnellement, les noms de lieux ou de personnages suivants ? *D'Artagnan – Cyrano de Bergerac – Don Quichotte – Rome – Versailles – Londres – Varsovie – La place Tien An Men – Harlem – Prague – Monsieur Jourdain – Pierrot et Colombine – Berlin – Galilée – Archimède.*

2. Voici quelques titres d'œuvres (littérature, cinéma, peinture). À quoi vous font-ils penser, de manière spontanée ? *L'Ère du soupçon – Les Gommes – La Jalousie – Le Sixième Jour – Le Huitième Jour – L'Anguille – La Place de l'Étoile – La Ronde de nuit – La Ligne d'ombre – L'Attrape-Cœur – Le pays où l'on n'arrive jamais – La Neige était sale – Guernica.*

EX. 19 Repérer des connotations et identifier leur sens

TEXTE 11

1. Quel champ lexical peut-on repérer dans les lignes 1 à 6 à partir du mot souligné ? Que connotent ces termes ?

2. En quoi les connotations des lignes 6 à 13 sont-elles différentes ?

TEXTE 11

Il[1] était dans une petite cour formée par des bâtiments des dépendances. Tout y paraissait vieux et <u>ruiné</u>. Les ouvertures au bas des escaliers étaient béantes, car les portes depuis longtemps avaient été enlevées ; on n'avait pas non plus remplacé les carreaux des fenêtres qui faisaient des trous noirs dans les murs. Et pourtant toutes ces bâtisses avaient un mystérieux air de fête. Une sorte de reflet coloré flottait dans les chambres basses où l'on avait dû allumer aussi, du côté de la campagne, des lanternes. Enfin, en prêtant l'oreille, Meaulnes crut entendre comme un chant, comme des voix d'enfants et de jeunes filles, là-bas, vers les bâtiments confus où le vent secouait des branches devant les ouvertures roses, vertes et bleues des fenêtres.

ALAIN FOURNIER, *Le Grand Meaulnes*, 1913 © Fayard, 1986.

1. Il s'agit de Meaulnes, héros de l'histoire, qui donne son nom au roman.

EX. 20 Repérer et interpréter des connotations

TEXTE 12

1. Les deux paragraphes évoquent le même paysage à deux moments de l'année, en *mai* et à *l'automne*. Si ces deux mots n'étaient pas présents dans le texte, à travers quels termes pourriez-vous identifier la saison ?

2. À quel mot du texte les termes *flambaient* et *rayonnaient* (l. 4 et 5) sont-ils associés ? À quels autres termes pourraient-ils aussi être associés ?

3. Le verbe *saigner* (l. 4) a-t-il comme connotation la douleur, la blessure, la couleur ?

4. Dans le second paragraphe, que connote l'automne à travers les termes soulignés ?

TEXTE 12

Étaient-ce la même campagne, la même herbe, les mêmes arbres qu'au mois de mai ? Qu'étaient donc devenues la gaieté ensoleillée des feuilles, et la poésie verte du gazon où flambaient les pissenlits, où saignaient les coquelicots, où rayonnaient les marguerites, où frétillaient, comme au bout de fils invisibles, les fantasques papillons jaunes ? Et cette griserie de l'air chargé de vie, d'arômes, d'atomes fécondants n'existait plus.

Les avenues détrempées par les continuelles averses d'automne s'allongeaient, couvertes d'un épais tapis de feuilles <u>mortes</u>, sous la <u>maigreur</u> grelottante des peupliers presque <u>nus</u>. Les branches <u>grêles</u> tremblaient au vent, agitaient encore quelque feuillage prêt à s'égrener dans l'espace. Et sans cesse, tout le long du jour, comme une pluie incessante et triste à faire pleurer, ces dernières feuilles, toutes jaunes maintenant, pareilles à de larges sous d'or, <u>se détachaient</u>, tournoyaient, voltigeaient et <u>tombaient</u>.

G. DE MAUPASSANT, *Une vie*, 1883.

P. Cézanne (1839-1906), *La Montagne Sainte-Victoire* (1900), huile sur toile, 78 x 99 cm (musée de l'Hermitage, Saint-Pétersbourg).

Photographie de La Montagne Sainte-Victoire.

EX. 21 Trouver des connotations dans un tableau

1. Observez les deux images ci-dessus, dont l'une est une photographie et l'autre une représentation picturale du même lieu. Faites apparaître les ressemblances, puis cherchez ce qui appartient à la sensibilité du peintre : sur quoi a-t-il insisté (couleurs, formes, mouvements) ?

2. En quoi peut-on parler de vision personnelle ? Que connotent ses choix ?

EX. 22 Identifier et interpréter des connotations

TEXTE 13

1. À quel domaine, non mentionné, les termes soulignés renvoient-ils tous ?

2. Quelle valeur, quel rôle et quel pouvoir cette connotation confère-t-elle aux livres, pour celui qui parle ?

→ OBJET D'ÉTUDE **Écrire, publier, lire / être un lecteur, p. 338**
L'autobiographie, p. 260

TEXTE 13

J'ai commencé ma vie comme je la finirai sans doute : au milieu des livres. Dans le bureau de mon grand-père, il y en avait partout ; défense était faite de les épousseter sauf une fois l'an, avant la rentrée d'octobre. Je ne savais pas encore lire que, déjà, je les révérais, ces pierres levées : droites ou penchées, serrées comme des briques sur les rayons de la bibliothèque ou noblement espacées en allées de menhirs, je sentais que la prospérité de notre famille en dépendait. Elles se ressemblaient toutes, je m'ébattais dans un minuscule sanctuaire, entouré de monuments trapus, antiques qui m'avaient vu naître, qui me verraient mourir et dont la permanence me garantissait un avenir aussi calme que le passé. Je les touchais en cachette pour honorer mes mains de leur poussière mais je ne savais trop qu'en faire et j'assistais chaque jour à des cérémonies dont le sens m'échappait : mon grand-père – si maladroit, d'habitude, que ma mère lui boutonnait ses gants – maniait ces objets culturels avec une dextérité d'officiant.

J.-P. Sartre, *Les Mots*, © Gallimard, 1964.

ÉCRITURE

EX. 23 Composer un texte dénotatif et un texte connotatif

En prenant pour thème un personnage, un lieu, une œuvre de votre choix, composez successivement deux textes. Le premier sera dénotatif et comportera seulement des informations. Le second, chargé de connotations, exprimera de manière subjective ce que vous inspire le thème choisi. Vous pouvez prendre pour modèles les textes des exercices 16 et 17 (→ p. 69).

EX. 24 Composer deux textes à partir de deux images

Présentez chacune des deux images de l'exercice 21 (→ p. 71) : votre première présentation sera dénotative, la seconde sera connotative.

SYNTHÈSE

Le champ lexical

Le sens dénoté

Pour tout mot, le dictionnaire donne un premier sens, suivi d'autres, dont l'ensemble constitue le **champ sémantique** (→ p. 65) : il s'agit du (ou des) sens propre(s) et des sens dits figurés. Ces sens sont admis par tous, de manière conventionnelle. La définition officielle d'un mot constitue ce que l'on appelle son **sens dénoté**.

Les connotations

Mais les mots sont placés dans un **contexte** (le texte environnant) qui peut jouer sur leur sens et le modifier. Il se peut aussi qu'ils soient chargés, par celui qui les utilise, d'un poids affectif, culturel ou idéologique particulier. Ils peuvent renvoyer à des souvenirs personnels, à des événements, à des stéréotypes.

EXEMPLE : le mot « rose » dénote la fleur du rosier, qui a certaines particularités botaniques, mais il est associé, traditionnellement, à la beauté, à la fragilité, au printemps ; il peut aussi évoquer un parc parisien où l'on cultive des roses (le parc de Bagatelle), la poésie de Ronsard (qui prend la rose comme symbole de l'amour et du temps qui passe), la passion (à cause des symboles qui se rattachent aux roses rouges), une jeune fille (à cause du prénom), un film (*La guerre des deux roses*) : ces différentes associations se nomment « connotations ».

Le mot « **connotation** » désigne ainsi l'ensemble des significations qui s'ajoutent au sens dénoté d'un mot et qui l'enrichissent, en fonction de la sensibilité et de la culture de l'émetteur, du destinataire / récepteur, de l'environnement lexical (contexte) et du sens général d'un texte. Certaines connotations sont dites « valorisantes » ou « appréciatives », « mélioratives », « positives » lorsqu'elles soulignent et accentuent la valeur d'une notion. Dans le cas contraire, elles sont dites « dévalorisantes », « péjoratives », « négatives » ou « dépréciatives ».

EXEMPLE : le mot « Noël » a des connotations :
- religieuses : naissance du Christ, fête chrétienne, récit fait dans le Nouveau Testament, célébration, prière, espoir...
- sociales et culturelles : fête, vacances, réunions familiales, échange de cadeaux, père Noël, sapins et vitrines décorés...
- géographiques : froid, neige, montagne, ski, paysages blancs sur les cartes de vœux...
- personnelles : les souvenirs de chacun associés à Noël...

Par leurs résonances particulières et parfois inattendues, par leur diversité, les connotations conduisent à des lectures multiples et souvent très riches des textes littéraires.

1 Analyser un texte

Une bourrade remit Julien dans le droit chemin. Il suivit l'ordonnance de cet univers concentrationnaire[1] dont il connaissait la mécanique, les mouvements secrets et l'odeur puissante, inimitable. Noyé dans la masse il parcourut un couloir formé de deux grilles aux barreaux massifs. Un haut-parleur aboya des ordres incompréhensibles entremêlés d'informes chiffres. Le troupeau défila entre deux cages d'acier et de verre dans lesquelles deux hommes en uniforme posaient un regard attentif sur les dos voûtés qui glissaient devant eux. Puis ce furent un escalier, un autre couloir sombre, sans issue, dans lequel résonnait le sourd tumulte de milliers de pas. Partout des écriteaux : Défense de... Il est interdit de... Sous peine de... Dans la grande cour la lumière était cruelle. Là encore, il y avait des grilles, des murs noirs ; mais au-dessus de leurs perspectives obliques un grand pan de ciel bleu laissait déchiffrer la promesse vaine d'une belle journée.

P. Guimard, *Rue du Havre*, © Denoël, 1957.

1. Le héros de l'histoire, Julien, se trouve dans une gare.

➜ OBJET D'ÉTUDE **Le roman et la nouvelle, p. 210**
Roman, personnage et société, p. 220

Lecture analytique

1. À travers quels éléments lexicaux le lecteur a-t-il une information sur les lieux ? Est-il possible de déterminer qu'il s'agit d'une gare ?
2. Le texte comporte des connotations qui renvoient toutes au même genre de lieu fermé. Retrouvez ces connotations et définissez les lieux suggérés.
3. À travers quels termes le lecteur peut-il avoir une image des êtres qui vivent dans le monde évoqué par le texte ?
4. Ce texte est-il globalement élogieux ou critique à l'égard du lieu ? Utilisez les champs lexicaux et les connotations pour répondre à cette question.

Écriture

À votre tour, décrivez un lieu – sans le nommer – à travers des caractéristiques qui en évoquent un autre.

2 Commenter un texte

L'île d'Utopie, en sa partie moyenne, et c'est là qu'elle est le plus large, s'étend sur deux cents milles, puis se rétrécit progressivement et symétriquement pour finir en pointe aux deux bouts. Ceux-ci, qui ont l'air tracés au compas sur une longueur de cinq cents milles, donnent à toute l'île l'aspect d'un croissant de lune. Un bras de mer d'onze milles environ sépare les deux cornes. Bien qu'il communique avec le large, comme deux promontoires le protègent des vents, le golfe ressemble plutôt à un grand lac aux eaux calmes qu'à une mer agitée. Il constitue un bassin où, pour le plus grand avantage des habitants, les navires peuvent largement circuler. Mais l'entrée du port est périlleuse, à cause des bancs de sable d'un côté et des écueils de l'autre. À mi-distance environ, se dresse un rocher, trop visible pour être dangereux, sur lequel on a élevé une tour de garde. D'autres se cachent insidieusement sous l'eau. Les gens du pays sont seuls à connaître les passes, si bien qu'un étranger pourrait difficilement pénétrer dans le port à moins qu'un homme du pays ne lui serve de pilote. Eux-mêmes ne s'y risquent guère, sinon à l'aide de signaux qui, de la côte leur indiquent le bon chemin. Il suffirait de brouiller ces signaux pour conduire à sa perdition une flotte ennemie, si importante fût-elle. Sur le rivage opposé se trouvent des criques assez fréquentées. Mais partout un débarquement a été rendu si difficile, soit par la nature, soit par l'art, qu'une poignée de défenseurs suffirait à tenir en respect des envahisseurs très nombreux.

Th. More, *Utopia*, Livre second, 1516, traduction M. Delcourt, © GF-Flammarion, 1987.

➜ OBJET D'ÉTUDE **L'argumentation, p. 298 ; un courant littéraire : l'humanisme, p. 346**

Vers le commentaire

1. En prenant appui sur un champ lexical dominant, déterminez les particularités géographiques de l'île.
2. Repérez les termes de connotation valorisante : sur quelles caractéristiques de l'île insistent-ils ?
3. À partir des deux premières réponses, dites en quoi l'île mérite son nom d'Utopie (lieu imaginaire)

6 Les outils grammaticaux

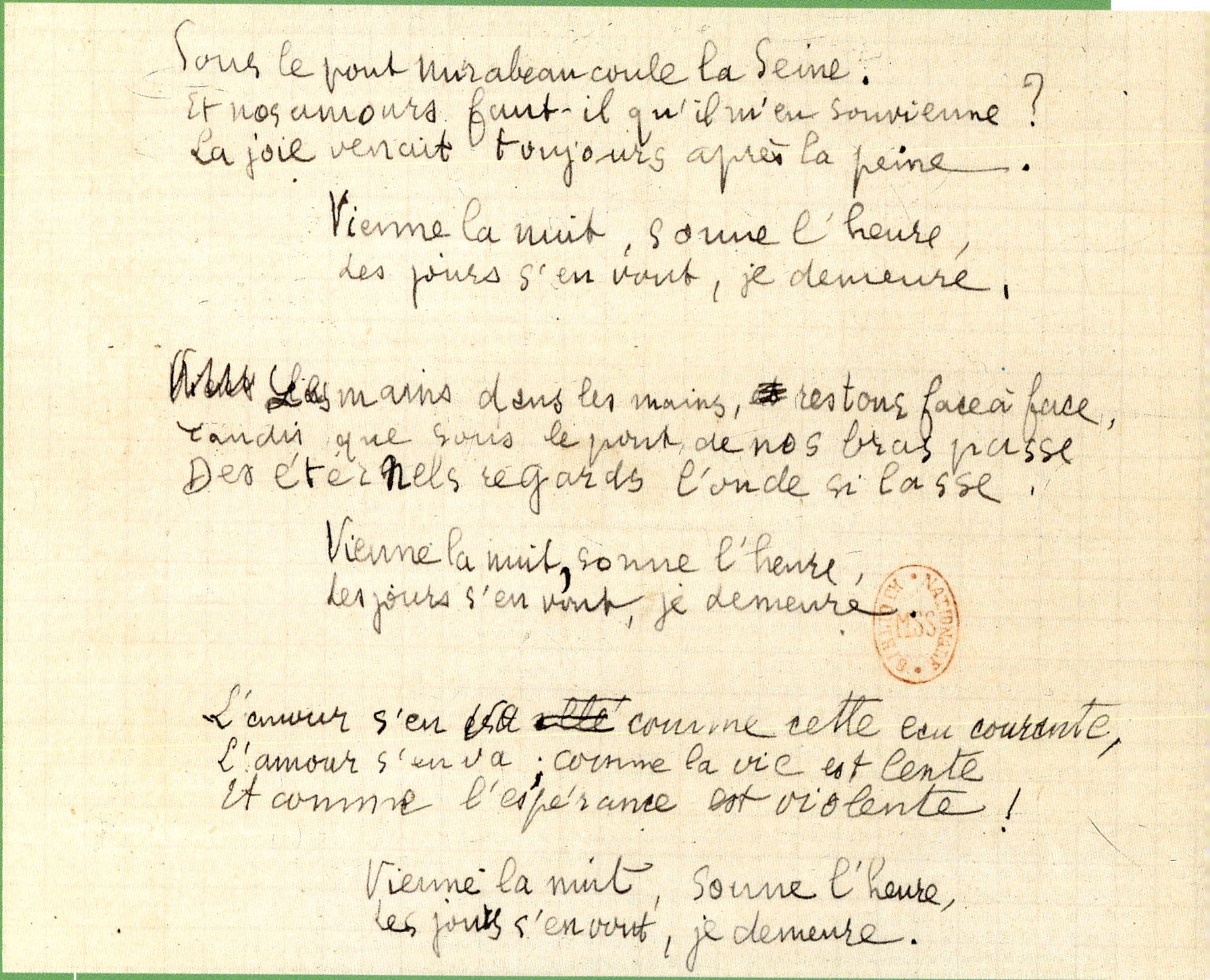
Sous le pont Mirabeau coule la Seine.
Et nos amours faut-il qu'il m'en souvienne ?
La joie venait toujours après la peine.

Vienne la nuit, sonne l'heure,
Les jours s'en vont, je demeure.

Les mains dans les mains, restons face à face,
Tandis que sous le pont de nos bras passe
Des éternels regards l'onde si lasse.

Vienne la nuit, sonne l'heure,
Les jours s'en vont, je demeure.

L'amour s'en comme cette eau courante,
L'amour s'en va ; comme la vie est lente
Et comme l'espérance est violente !

Vienne la nuit, sonne l'heure,
Les jours s'en vont, je demeure.

G. Apollinaire (1880-1918), « Le Pont Mirabeau », poème d'*Alcools*, manuscrit original (BnF, Paris).

LIRE LE DOCUMENT

1. Mettez en parallèle la version manuscrite du poème « Le Pont Mirabeau » et la version définitive, qui figure p. 76 : que remarquez-vous concernant, d'une part, la répartition et la disposition des strophes et des vers, d'autre part la ponctuation ?

2. Expliquez, à partir de la première strophe, en quoi la répartition définitive des vers et la suppression de la ponctuation rendent le texte à la fois plus harmonieux, plus musical, et plus ambigu en ce qui concerne son sens. Poursuivez ensuite l'analyse sur le reste du texte.

3. Quelles remarques vous inspire le choix d'Apollinaire de supprimer la ponctuation dans tous les poèmes d'*Alcools* ?

1 La ponctuation

OBSERVATION

EX. 1 Repérer des phénomènes de ponctuation et s'interroger sur leur fonction

TEXTES 1 À 3

1. Dans les extraits ci-contre, observez la ponctuation : quelles sont ses caractéristiques (signes utilisés, fréquence, position…) ? Observez aussi la présence des majuscules.

2. Précisez à quels éléments lexicaux ou grammaticaux la ponctuation se trouve parfois étroitement associée.

3. En l'absence de toute information sur le contexte, dites ce que cette ponctuation peut signifier. Que met-elle en évidence concernant les situations et les personnages évoqués, leurs sentiments, leurs réactions… ?

EX. 2 Récapituler et classer des signes de ponctuation

TEXTES 1 À 3

1. Récapitulez tous les signes de ponctuation trouvés et, sous forme de tableau, indiquez ce qu'ils révèlent (exclamation, interrogation, ordre, hésitation, indignation, mise en relief d'un mot ou d'une expression…).

2. Sur quoi attirent-ils l'attention ?

EX. 3 Proposer une ponctuation

TEXTE 4

Proposez une ponctuation pour ce poème d'Apollinaire.

TEXTE 1

SYLVIA. – Moi, j'y entends finesse ! moi, je vous querelle pour lui ! j'ai bonne opinion de lui ! Vous me manquez de respect jusque-là ! Bonne opinion, juste ciel ! bonne opinion ! Que faut-il que je réponde à cela ? Qu'est-ce que cela veut dire ?

MARIVAUX, *Le Jeu de l'amour et du hasard*, Acte II, scène 7 (extrait), 1730.

TEXTE 2

CYRANO. – Ah ! non ! c'est un peu court, jeune homme !
On pouvait dire… Oh ! Dieu !… bien des choses en somme…
En variant le ton, – par exemple, tenez :
Agressif : « Moi, monsieur, si j'avais un tel nez,
Il faudrait sur-le-champ que je me l'amputasse ! »
Amical : « Mais il doit tremper dans votre tasse !
Pour boire, faites-vous fabriquer un hanap[1] ! »
Descriptif : « C'est un roc ! c'est un pic ! c'est un cap !
Que dis-je, c'est un cap ?… C'est une péninsule ! »

E. ROSTAND, *Cyrano de Bergerac*, Acte I, scène 4 (extrait), 1897.

1. Récipient servant à boire, en forme de vase.

TEXTE 3

– Alors, tu vas vraiment faire ça ? « Évoquer tes souvenirs d'enfance »… Comme ces mots te gênent, tu ne les aimes pas. Mais reconnais que ce sont les seuls mots qui conviennent. Tu veux « évoquer tes souvenirs »… il n'y a pas à tortiller, c'est bien ça.

– Oui, je n'y peux rien, ça me tente, je ne sais pas pourquoi…

N. SARRAUTE, *Enfance*, © Gallimard, 1983.

TEXTE 4

Étoile

Je songe à Gaspard ce n'est certainement pas
Son vrai nom il voyage il a quitté la ville
Bleue Lanchi où tant d'enfants l'appelaient papa
Au fond du golfe calme en face des sept îles
Gaspard marche et regrette et le riz et le thé
        La voie lactée
La nuit car naturellement il ne marche
Que la nuit attire souvent ses regards
        Mais Gaspard
Sait bien qu'il ne faut pas la suivre

G. APOLLINAIRE, *Poèmes retrouvés*, © Gallimard, 1926.

APPLICATION

EX. 4 Observer et interpréter l'absence de ponctuation

TEXTE 5

1. Ce poème n'a aucune ponctuation. Après avoir envisagé comment il pourrait être ponctué, cherchez quels sont les effets produits par cette absence.

2. Quelles relations pouvez-vous observer entre ces effets, la structure du poème et son sens général ?

→ OBJET D'ÉTUDE La poésie / le lyrisme, p. 248

EX. 5 Retrouver la ponctuation d'un texte

TEXTE 6

Voici un texte dans lequel les vers ont été mis à la suite, sans ponctuation. Essayez de le lire, puis remettez-le texte sous sa forme initiale et retrouvez la ponctuation.

→ OBJET D'ÉTUDE L'argumentation / la fable, p. 270

ÉCRITURE

EX. 6 Faire parler les signes de ponctuation

Inventez un dialogue dans lequel certains types de ponctuation (point, point-virgule, tiret, points de suspension, points d'interrogation et d'exclamation) expliquent, de manière humoristique et fantaisiste, leur fonction dans un texte.

TEXTE 5

Le pont Mirabeau

Sous le pont Mirabeau coule la Seine
Et nos amours
Faut-il qu'il m'en souvienne
La joie venait toujours après la peine

Vienne la nuit sonne l'heure
Les jours s'en vont je demeure

Les mains dans les mains restons face à face
Tandis que sous
Le pont de nos bras passe
Des éternels regards l'onde si lasse

Vienne la nuit sonne l'heure
Les jours s'en vont je demeure

L'amour s'en va comme cette eau courante
L'amour s'en va
Comme la vie est lente
Et comme l'Espérance est violente

Vienne la nuit sonne l'heure
Les jours s'en vont je demeure

Passent les jours et passent les semaines
Ni temps passé
Ni les amours reviennent
Sous le pont Mirabeau coule la Seine

Vienne la nuit sonne l'heure
Les jours s'en vont je demeure

G. APOLLINAIRE, *Alcools*, © Gallimard, 1913.

TEXTE 6

Mortellement atteint d'une flèche empennée[1] un Oiseau déplorait sa triste destinée et disait, en souffrant un surcroît de douleur faut-il contribuer à son propre malheur cruels humains vous tirez de nos ailes de quoi faire voler ces machines mortelles mais ne vous moquez point engeance sans pitié souvent il vous arrive un sort comme le nôtre des enfants de Japet[2] toujours une moitié fournira des armes à l'autre.

D'après Jean DE LA FONTAINE, *Fables*, II, 6, « L'Oiseau blessé d'une flèche », 1668.

1. Garnie d'une plume. **2.** Père de Prométhée, créateur du genre humain.

SYNTHÈSE

La ponctuation

Dans un texte, l'organisation des mots est signalée par des **signes typographiques** qui constituent la ponctuation : ils séparent les groupes, attirent l'attention sur le ton, soulignent le rythme des phrases. La présence ou l'absence de ponctuation peut modifier le sens d'un énoncé.

Points, virgules, points-virgules et deux-points

Les virgules, les points-virgules et les points ont pour fonction de **marquer des pauses**. Les points délimitent les phrases, les points-virgules séparent des propositions. La ponctuation joue ainsi un rôle dans la construction syntaxique, en faisant apparaître, par exemple, la brièveté des phrases nominales (exercice 1 → p. 75), la longueur des phrases complexes (exercice 2 → p. 75).
Les deux-points constituent une pause qui « annonce » autre chose : un développement, une énumération, une explication, une parole rapportée au discours direct.

EXEMPLE : « Comme tout le monde, je n'ai à mon service que trois moyens d'évaluer l'existence humaine : l'étude de soi, la plus difficile et la plus dangereuse, mais aussi la plus féconde des méthodes ; l'observation des hommes, qui s'arrangent le plus souvent pour cacher leurs secrets ou pour nous faire croire qu'ils en ont ; les livres, avec les erreurs particulières de perspective qui naissent entre leurs lignes. »

M. Yourcenar, *Mémoires d'Hadrien*, © Gallimard, 1951.

Points d'exclamation et points d'interrogation

D'autres signes se trouvent associés à des **manières de s'exprimer**. L'exclamation et l'interrogation, signalées par des adjectifs, des pronoms, des adverbes ou des interjections, sont marquées à l'écrit par des points d'exclamation et d'interrogation.
Ce type de ponctuation entraîne des ruptures dans les groupes syntaxiques et traduit des états émotionnels variés (inquiétude, indignation, crainte obsessionnelle, urgence, précipitation…).

EXEMPLE : « Valère. – Hé quoi ? charmante Élise, vous devenez mélancolique, après les obligeantes assurances que vous avez eu la bonté de me donner de votre foi ? Je vous vois soupirer, hélas ! au milieu de ma joie ! »

Molière, *L'Avare*, Acte I, scène 1 (extrait), 1668.

Tirets et points de suspension

D'autres signes sont utilisés pour suggérer des **ruptures**, des pauses, des attentes.

- Le **tiret**, qui intervient dans les dialogues pour marquer le début d'une intervention, figure aussi dans les récits ou les textes d'idées pour en souligner les étapes comme passage d'une situation ou d'une idée à une autre. Placé avant et après une expression, il la distingue du reste du texte, la met en incise pour des raisons diverses : commentaire, correction, insistance….

EXEMPLE :
« Sauve qui peut ! – affront ! horreur ! – toutes
les bouches
Criaient ; à travers champs, fous, éperdus, farouches »

V. Hugo, *Châtiments*, V, 13, 1853.

- Les **points de suspension** marquent l'inachèvement, l'attente, l'incertitude, l'hésitation, la crainte de parler, la difficulté de dire certaines choses, de trouver les mots qui conviennent. L'utilisation des points de suspension conduit à de nombreuses interprétations, confirmées ou non par le contexte.

EXEMPLE : « Malheur à l'homme ! Il est venu, le… le… comment se nomme-t-il… le… il semble qu'il me crie son nom, et je ne l'entends pas… le… oui… il le crie… J'écoute… Je ne peux pas… répète… le… Horla… »

G. de Maupassant, *Le Horla*, 1887.

L'absence de ponctuation

Certains textes, en poésie notamment, ne possèdent aucune ponctuation (exercices 3 et 4 → p. 75-76). Cette absence peut « brouiller » le **sens**, car il est difficile de retrouver la structure syntaxique que la ponctuation délimite habituellement. Les incertitudes qui en découlent permettent parfois d'envisager **plusieurs significations** et **interprétations.**
Dans certains textes, la présence de blancs importants entre les mots peut remplacer la ponctuation.

EXEMPLE :
« le même espace   le même soleil
     le même temps
Tout se tient   D'accord
Mais tout est pourtant   assez différent »

Cl. Roy, *À la lisière du temps*, © Gallimard, 1984.

2 Nature et structure des phrases

OBSERVATION

EX. 7 Repérer des phrases verbales et des phrases non verbales

TEXTE 7

1. Qu'ont en commun les phrases soulignées ?

2. Comment les appelle-t-on ?

→ OBJET D'ÉTUDE Le théâtre, p. 236

TEXTE 7

GEORGE DANDIN. – Bonjour.
LUBIN. – Serviteur.
GEORGE DANDIN. – Vous n'êtes pas d'ici, que je crois ?
LUBIN. – Non, je n'y suis venu que pour voir la fête de demain.
GEORGE DANDIN. – Hé ! dites-moi un peu, s'il vous plaît ? Vous venez de là-dedans ?
LUBIN. – Chut !
GEORGE DANDIN. – Comment ?
LUBIN. – Paix !

MOLIÈRE, *George Dandin*, Acte I, scène 2 (extrait), 1668.

EX. 8 Identifier des types de phrases

TEXTES 8 ET 9

À quel type de phrase (déclaratif, interrogatif, exclamatif, injonctif) appartiennent les phrases soulignées dans ces extraits ?

TEXTE 8

OCTAVE.– Ô Cœlio ! fou que tu es ! tu as un pied[1] de blanc sur les joues ! D'où te vient ce large habit noir ? N'as-tu pas de honte en plein carnaval ?

A. DE MUSSET, *Les Caprices de Marianne*, Acte I, scène 1 (extrait), 1833.

1. Terme désignant une mesure.

TEXTE 9

RUY BLAS, *toujours à genoux*.
N'ayez pas peur. Je n'approcherai point.
À Votre Majesté je vais de point en point
Tout dire. Oh ! croyez-moi, je n'ai pas l'âme vile ! –
Aujourd'hui tout le jour j'ai couru par la ville
Comme un fou. Bien souvent même on m'a regardé.

V. HUGO, *Ruy Blas*, Acte V, scène 4 (extrait), 1838.

EX. 9 Identifier des phrases simples, des phrases composées et des phrases complexes

TEXTE 10

1. Observez la ponctuation et délimitez les phrases.

2. Les phrases sont-elles simples, composées, complexes ?

TEXTE 10

L'an dernier, en ce même pays, j'ai souvent suivi Claude Monet à la recherche d'impressions. Ce n'était plus un peintre, en vérité, mais un chasseur. Il allait, suivi d'enfants qui portaient ses toiles, cinq ou six toiles représentant le même sujet à des heures diverses et avec des effets différents.

Il les prenait et les quittait tour à tour, suivant les changements du ciel. Et le peintre, en face du sujet, attendait, guettait le soleil et les ombres, cueillait en quelques coups de pinceau le rayon qui tombe ou le nuage qui passe, et, dédaigneux du faux et du convenu, les posait sur sa toile avec rapidité.

G. de MAUPASSANT, *La Vie d'un paysagiste*, 1886.

APPLICATION

EX. 10 Observer et interpréter l'organisation de phrases complexes

TEXTES 11 ET 12

1. En prenant appui sur la ponctuation et sur les reprises de mots, dites ce que vous remarquez de particulier dans les deux phrases complexes ci-contre.

2. Qu'est-ce qui se trouve mis en relief dans chacune d'elles ?

TEXTE 11

Distrait, inattentif, ennuyé, je ne m'apercevais point de l'impression que je produisais, et je partageais mon temps entre des études que j'interrompais souvent, des projets que je n'exécutais pas, des plaisirs qui ne m'intéressaient guère, lorsqu'une circonstance très frivole en apparence produisit dans ma disposition une révolution importante.

B. CONSTANT, *Adolphe*, 1816.

TEXTE 12

Chaque flot est un ondin[1] qui nage dans le courant, chaque courant est un sentier qui serpente vers mon palais, et mon palais est bâti fluide, au fond du lac, dans le triangle du feu, de la terre et de l'air.

A. BERTRAND, *Gaspard de la Nuit* (extrait), 1842.

1. Divinité des eaux.

EX. 11 Observer et interpréter l'organisation de phrases complexes

TEXTE 13

1. Dans la partie entre crochets, déterminez, en prenant appui sur la ponctuation et sur les reprises de termes, la succession des propositions subordonnées. Quel est l'effet produit ?

2. Quelle démarche se trouve mise en relief chez celui qui parle ?

TEXTE 13

Et Pangloss disait quelquefois à Candide : [« Tous les événements sont enchaînés dans le meilleur des mondes possibles : car enfin si vous n'aviez pas été chassé d'un beau château à grands coups de pied dans le derrière pour l'amour de Mademoiselle Cunégonde, si vous n'aviez pas été mis à l'Inquisition[1], si vous n'aviez pas couru l'Amérique à pied, si vous n'aviez pas donné un bon coup d'épée au baron, si vous n'aviez pas perdu tous vos moutons du bon pays d'Eldorado[2], vous ne mangeriez pas ici des cédrats confits et des pistaches.]
– Cela est bien dit, répondit Candide, mais il faut cultiver notre jardin. »

VOLTAIRE, *Candide*, XXX (extrait), 1759.

1. Tribunal religieux. **2.** Tout ce qui est cité ici renvoie à différents épisodes du conte.

EX. 12 Déterminer la structure d'une phrase complexe et l'interpréter

TEXTE 14

Ce passage est composé d'une seule phrase complexe. Mettez en évidence les propositions qui la constituent : quelle(s) relation(s) peut-on établir entre cette structure complexe et le thème traité ?

TEXTE 14

Et dès que j'eus reconnu le goût du morceau de madeleine trempé dans le tilleul que me donnait ma tante (quoique je ne susse pas encore et dusse remettre à bien plus tard de découvrir pourquoi ce souvenir me rendait si heureux), aussitôt la vieille maison grise sur la rue, où était sa chambre, vint comme un décor de théâtre, s'appliquer au petit pavillon donnant sur le jardin, qu'on avait construit pour mes parents sur ses derrières (ce pan tronqué que seul j'avais revu jusque-là) ; et avec la maison, la ville, depuis le matin jusqu'au soir et par tous les temps, la Place où on m'envoyait avant déjeuner, les rues où j'allais faire des courses, les chemins qu'on prenait si le temps était beau.

M. PROUST, *Du côté de chez Swann*, 1913.

→ OBJET D'ÉTUDE Roman, personnage et société, p. 220

EX. 13 Analyser les effets produits par le choix de certains types de phrase

TEXTE 15

1. Dans le texte de Julien Gracq, identifiez les différentes phrases utilisées et dites quels sont les effets produits.

2. À quel genre littéraire peut faire penser cette manière d'écrire ?

3. Quelle est la forme de discours utilisée ?

TEXTE 15

Villages d'Amérique : lotissements gazonnés, ombreux et verdoyants, où le bornage remplace la clôture ; maisonnettes de bois éparses sous les branches et posées sur le sol précairement. Rien n'est enraciné : c'est une maquette de « village fleuri » comme on en voit dans les vitrines des agences ; si on soufflait dessus, tout s'envolerait, il ne resterait que les arbres, plus vieux que les murs qu'ils ont fournis. Petites églises blanches et neuves, non plus le cœur du village ainsi que chez nous, mais plutôt une dépendance fonctionnelle analogue à la poste ou au silo de maïs, casées à l'écart, n'importe où, comme une église de plantation au coin d'un champ de canne à sucre.

J. Gracq, *Lettrines*, II, © José Corti, 1974.

ÉCRITURE

EX. 14 Faire en une phrase complexe le résumé d'un roman

À la manière de Pangloss, dans l'extrait de *Candide* (TEXTE 13, P. 79), composez l'épilogue d'un roman, d'un conte ou d'une histoire vécue, en le présentant comme le résultat logique d'un enchaînement de situations constituant les différents épisodes (faites apparaître les liens logiques).

EX. 15 Composer un ensemble de phrases suivies à partir d'un télégramme

L'image ci-dessous est celle d'un télégramme présentant une série de faits sous une forme « télégraphique ». Prenez appui sur ces éléments pour construire, en un paragraphe d'une dizaine de lignes, une histoire courte composée de phrases diverses et ponctuées.

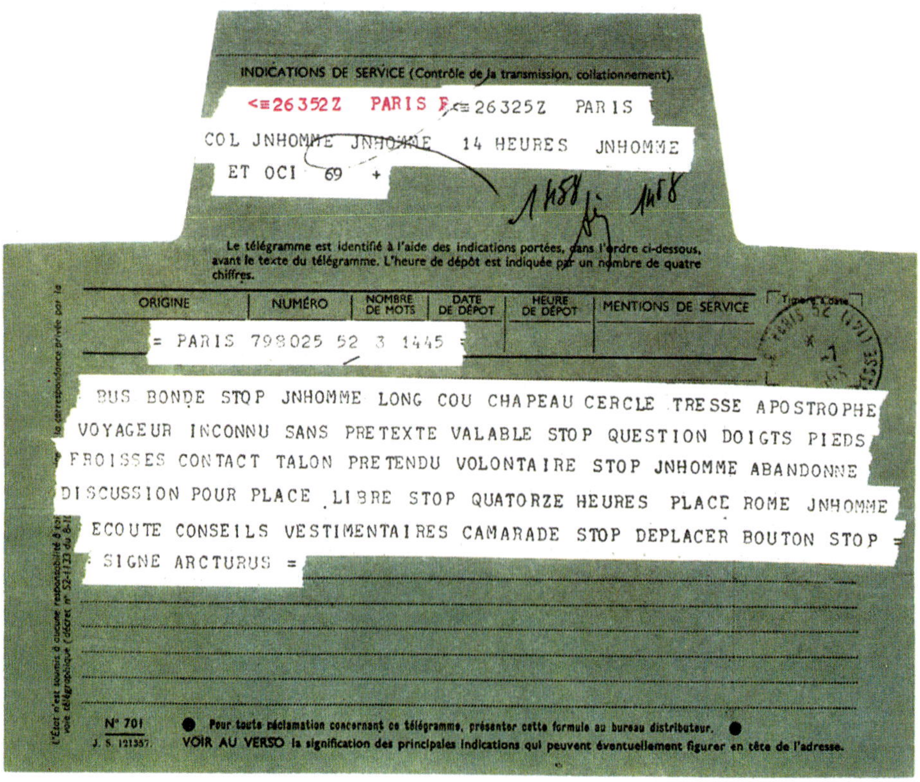

INDICATIONS DE SERVICE (Contrôle de la transmission, collationnement).

<≡26352Z PARIS F<≡26325Z PARIS

COL JNHOMME JNHOMME 14 HEURES JNHOMME

ET OCI 69 +

Le télégramme est identifié à l'aide des indications portées, dans l'ordre ci-dessous, avant le texte du télégramme. L'heure de dépôt est indiquée par un nombre de quatre chiffres.

ORIGINE	NUMÉRO	NOMBRE DE MOTS	DATE DE DÉPOT	HEURE DE DÉPOT	MENTIONS DE SERVICE
= PARIS	798025	52	3	1445 =	

BUS BONDE STOP JNHOMME LONG COU CHAPEAU CERCLE TRESSE APOSTROPHE VOYAGEUR INCONNU SANS PRETEXTE VALABLE STOP QUESTION DOIGTS PIEDS FROISSES CONTACT TALON PRETENDU VOLONTAIRE STOP JNHOMME ABANDONNE DISCUSSION POUR PLACE LIBRE STOP QUATORZE HEURES PLACE ROME JNHOMME ECOUTE CONSEILS VESTIMENTAIRES CAMARADE STOP DEPLACER BOUTON STOP = SIGNE ARCTURUS =

N° 701
J. S. 121357.

Pour toute réclamation concernant ce télégramme, présenter cette formule au bureau distributeur.
VOIR AU VERSO la signification des principales indications qui peuvent éventuellement figurer en tête de l'adresse.

« Télégraphique », extrait des *Exercices de style* de R. Queneau, avec 33 exercices de style parallèles, dessinés, peints et sculptés par Carelman et 99 exercices de style typographiques de Massin, © Gallimard, 1947 (rééd. 1995).

SYNTHÈSE

Nature et structure des phrases

Les mots constituent des **phrases** qu'on peut caractériser en fonction de leur composition. Observer la nature, la structure des phrases et leur organisation dans un texte permet de faire des **déductions** ou de confirmer des **hypothèses** : des phrases brèves et simplement juxtaposées créent un effet de rapidité ou d'accumulation, tandis que des phrases complexes, longues et très articulées soulignent le caractère construit et les étapes d'un raisonnement ou d'une analyse.

Phrases verbales, phrases non verbales

Toute phrase comportant un ou plusieurs verbes est appelée **verbale**.
Si elle n'a aucun verbe conjugué, une phrase est dite **non verbale**. Les phrases **nominales** sont celles qui sont construites autour d'un groupe nominal : brèves en général, elles permettent des notations rapides, en « style télégraphique » (exercices 13 et 15 → p. 80). L'absence de verbe fait disparaître les notions de personne, de temps et de chronologie. Ces phrases sont très souvent utilisées dans les articles de presse, dans les titres, dans les dialogues. On en trouve aussi dans les didascalies théâtrales.

EXEMPLE : « Le salon de Danaé dans le palais du roi, à Madrid. Ameublement magnifique dans le goût demi-flamand du temps de Philippe IV. À gauche, une grande fenêtre à châssis dorés et à petits carreaux. Des deux côtés, sur un pan coupé, une porte basse donnant dans quelque appartement intérieur. »

V. HUGO, décor de *Ruy Blas*, 1838.

Phrases simples, composées, complexes

On appelle **phrase simple** un groupe comportant un verbe, son sujet et un ou des compléments. La phrase simple ne comporte qu'une proposition.
Une **phrase composée** regroupe plusieurs propositions indépendantes, qui peuvent être juxtaposées, et donc séparées par un signe de ponctuation ou coordonnées par l'utilisation d'une conjonction de coordination.

Une **phrase complexe** comporte une proposition principale et des propositions subordonnées qui peuvent être de différentes natures : subordonnées relatives, conjonctives ou interrogatives. Les phrases composées et les phrases complexes sont plus longues que les phrases simples.

EXEMPLE : « L'être que j'appelle moi vint au monde un certain lundi 8 juin 1903, vers les 8 heures du matin, à Bruxelles, et naissait d'un Français appartenant à une vieille famille du Nord, et d'une Belge dont les ascendants avaient été durant quelques siècles établis à Liège, puis s'étaient fixés dans le Hainaut. »

M. YOURCENAR, *Souvenirs pieux*, © Gallimard, 1974.

Certaines phrases complexes comportant de nombreuses subordonnées constituent ce que l'on appelle des **périodes** : elles développent en plusieurs étapes très nettement articulées par les mots de subordination la progression d'une démonstration, d'un discours ou d'un récit. On les trouve en particulier dans les **textes argumentatifs** (→ p. 298), mais aussi dans des **narrations** ou **descriptions**, notamment lorsqu'il s'agit de présenter et d'analyser des états psychologiques.

Phrases déclaratives, interrogatives, exclamatives, injonctives

On appelle phrase **déclarative** une phrase dans laquelle figure une assertion, à la forme affirmative ou à la forme négative : « Il vient », « Il ne vient pas ».
Une phrase est **interrogative** quand elle pose une question : « Vient-il ? », même si l'interrogation passe simplement par le ton. On parle d'« **interrogation oratoire** » lorsque la question n'appelle pas directement de réponse ou ne s'adresse à personne en particulier.
Une phrase est **exclamative** si elle exprime une exclamation : « Il vient ! », « Quel temps magnifique ! », « Quelle horreur ! »
On parle de phrase **injonctive** ou **impérative** si elle comporte l'expression d'un ordre ou d'une défense (ordre négatif), soit au mode impératif : « Viens ! », soit au mode subjonctif : « Qu'il vienne ! ».

3 Pronoms et indices personnels

OBSERVATION

EX. 16 Identifier des personnes désignées par des pronoms personnels

TEXTES 16 À 18

1. Voici quelques exemples d'emploi de pronoms personnels. Qui est désigné par les pronoms soulignés ? Quels indices ont permis cette identification ?

2. Dites pourquoi, dans certains cas, l'identification reste incertaine.

EX. 17 Différencier les emplois du pronom indéfini « on »

TEXTES 19 ET 20

1. Que désigne le pronom indéfini « on » dans ces extraits : un groupe, les hommes en général, un individu seul ?

2. Précisez si « je » est inclus dans « on ».

EX. 18 Récapituler différents emplois du pronom de la première personne

Établissez une classification des différents emplois de « je » en fonction des genres littéraires.

EX. 19 Classer les différents emplois du pronom de la seconde personne

Classez les différents emplois du pronom personnel de la seconde personne du singulier et du pluriel.
Tenez compte des différents genres littéraires (théâtre, lettre, roman…).

TEXTE 16

Lettre XX de Julie

Je reçois à la fois vos deux lettres ; et je vois, par l'inquiétude que vous marquez dans la seconde sur le sort de l'autre, que, quand l'imagination prend les devants, la raison ne se hâte pas comme elle, et souvent la laisse aller seule.

J.-J. ROUSSEAU, *La Nouvelle Héloïse*, 1761.

TEXTE 17

Hâtez-vous lentement, et, sans perdre courage,
Vingt fois sur le métier remettez votre ouvrage :
Polissez-le sans cesse et le repolissez ;
Ajoutez quelquefois, et souvent effacez.

N. BOILEAU, *Art poétique*, 1674.

TEXTE 18

Nous ne pensons presque point au présent, et si nous y pensons, ce n'est que pour prendre la lumière pour disposer de l'avenir. Le présent n'est jamais notre fin. Le passé et le présent sont nos moyens, le seul avenir est notre fin. Ainsi nous ne vivons jamais, mais nous espérons de vivre, et nous disposant toujours à être heureux, il est inévitable que nous ne le soyons jamais.

B. PASCAL, *Pensées*, 1669-1670.

TEXTE 19

DON JUAN. – Quoi ? tu veux qu'on se lie à demeurer au premier objet qui nous prend, qu'on renonce au monde pour lui, et qu'on n'ait plus d'yeux pour personne ?

MOLIÈRE, *Dom Juan*, Acte I, scène 2 (extrait), 1665.

TEXTE 20

TARTUFFE. – On m'a dit qu'en ce lieu vous me vouliez parler.
ELMIRE. – Oui, l'on a des secrets à vous y révéler.
Mais tirez cette porte avant qu'on vous les dise,
Et regardez partout de crainte de surprise.

MOLIÈRE, *Tartuffe*, Acte IV, scène 5 (extrait), 1669.

APPLICATION

EX. 20 Repérer, identifier et interpréter des pronoms personnels

TEXTE 21

Celui qui parle rapporte une situation inattendue : il ne se reconnaît plus en se regardant dans un miroir.

1. Retrouvez toutes les marques de la première personne. Peut-on déduire de ce repérage qui parle, de qui il est question, quel est le genre du texte ? Pourquoi ?

2. Quelles informations supplémentaires (venues du contexte ou du paratexte) permettraient d'identifier clairement celui qui parle ?

3. À partir de repérages lexicaux, faites apparaître le thème du passage et ce que met en relief le portrait. (Les mots soulignés vous mettent sur la voie.)

EX. 21 Identifier et interpréter la présence de pronoms personnels

TEXTE 22

1. Repérez dans le texte toutes les marques de la première personne. Pouvez-vous, à partir de ce repérage, identifier qui parle et à quel genre littéraires appartient le texte ?

2. Quelles informations venues du paratexte pourraient éviter au lecteur certaines erreurs ?

3. Certains termes ont été mis en relief par deux couleurs différentes ; d'autres ont été soulignés : identifiez-les, puis poursuivez le repérage en précisant quel est le rôle de ces termes dans le texte.

4. Que désignent les deux pronoms « on », l. 10 et 22 ?

→ OBJET D'ÉTUDE **L'autobiographie, p. 260**

TEXTE 21

Après m'avoir servi, le garçon me laissa seul et, tout à loisir, je pus m'examiner dans la glace. Il n'y avait pas un trait, dans mon nouveau visage qui rappelât l'ancien. Je pris l'une des photos d'identité pour apprécier plus exactement ma transformation. Il me fallut convenir que j'avais beaucoup gagné en jeunesse et en séduction. Je me voyais maintenant sous l'aspect d'un homme de trente ans tout au plus, au visage fin et gracieux, d'un dessin noble, d'un modelé à la fois ferme et fondu, propre aux personnes bien nourries et d'une vie élégante, et qui fait ordinairement grande impression sur les femmes. Mes yeux, d'un gris bleu très clair, avaient un éclat d'une douceur charmante et mes cheveux, autrefois noirs, étaient devenus châtains et, il me sembla, plus fournis et plus souples. Il ne restait rien de mon vrai visage, pas même une expression et ce ne fut pas le moindre de mes étonnements.

M. Aymé, *La Belle Image*, © Gallimard, 1941.

TEXTE 22

Je suis d'une **taille** médiocre[1], libre et **bien** proportionnée. J'ai le **teint** brun mais **assez** uni, le **front** élevé et d'une raisonnable grandeur, les **yeux** noirs, petits et enfoncés, et les **sourcils** noirs et épais, mais bien tournés. Je serais fort empêché à dire de quelle sorte j'ai le nez fait, car il n'est ni camus ni aquilin, ni gros, ni pointu, au moins à ce que je crois. Tout ce que je sais, c'est qu'il est **plutôt** grand que petit, et qu'il descend un peu **trop** bas. J'ai la bouche grande, et les lèvres assez rouges d'ordinaire, et ni bien ni mal taillées. J'ai les dents blanches, et passablement bien rangées. On m'a dit autrefois que j'avais un peu trop de menton : je viens de me tâter et de me regarder dans le miroir pour savoir ce qui en est, et je ne sais pas trop bien qu'en juger. Pour le tour du visage, je l'ai ou carré ou en ovale ; lequel des deux, il me serait fort difficile de le dire. J'ai les cheveux noirs, naturellement frisés, et avec cela assez épais et assez longs pour pouvoir prétendre en belle tête. J'ai quelque chose de chagrin et de fier dans la mine ; cela fait croire à la plupart des gens que je suis méprisant, quoique je ne le sois point du tout. J'ai l'action fort aisée, et même un peu trop, et jusques à faire beaucoup de gestes en parlant. Voilà naïvement comme je pense que je suis fait au-dehors, et l'on trouvera, je crois, que ce que je pense de moi là-dessus n'est pas fort éloigné de ce qui en est.

La Rochefoucauld, *Recueil des portraits et éloges*, 1659.

1. Moyenne.

EX. 22 Rapprocher et comparer deux textes

TEXTES 21 ET 22 (P. 83)

1. Que peut déduire le lecteur lorsque, dans un texte, celui qui parle est « je » et qu'il fait une présentation descriptive de lui-même (« me ») ?

2. De quoi le lecteur a-t-il besoin pour être certain de l'identité de la première personne et du genre littéraire concerné ?

3. Dans le cas précis des deux textes étudiés, quelle est la différence essentielle entre les deux locuteurs qui s'expriment à la première personne ?

4. Existe-t-il un élément concret qui permettrait au lecteur de vérifier les affirmations du texte de La Rochefoucauld ? Ce même élément existe-t-il pour le texte de Marcel Aymé ?

ÉCRITURE

EX. 23 Rédiger un paratexte explicatif

Rédigez quelques lignes de paratexte permettant d'identifier les pronoms personnels soulignés dans les textes 16 et 17 (→ p. 82).

EX. 24 Rédiger un paratexte explicatif

Rédigez quelques lignes de paratexte permettant d'identifier les pronoms personnels soulignés des textes 19 et 20 (→ p. 82).

EX. 25 Faire le portrait d'un personnage de fiction

Présentez, en vous mettant à la place d'un narrateur utilisant la première personne, un personnage fictif que vous inventerez ou que vous emprunterez à la littérature, au cinéma, à la bande dessinée…

EX. 26 Composer un autoportrait à partir d'une image

Le peintre, devant sa toile, se décrit et met en relief – à la première personne – les difficultés qu'il rencontre à faire son autoportrait.
Vous êtes le peintre : partez de ce que vous voyez sur la toile pour faire cet autoportrait.

P. CÉZANNE (1839-1906), *Autoportrait avec une palette* (1885-1887), huile sur toile, 92 x 73 cm (Collection Bührle, Suisse).

SYNTHÈSE

Pronoms et indices personnels

Les **pronoms personnels**, complétés par les **adjectifs** et **pronoms possessifs**, renvoient aux trois personnes du discours : « je » désigne celui qui parle, « tu » celui à qui l'on s'adresse et « il/elle » celui ou celle dont on parle. La présence de « nous », de « vous » et de « on » conduit le lecteur à s'interroger sur le nombre de personnes mises en cause par ces pronoms.
La compréhension d'un texte passe par une **identification** des personnes désignées par les pronoms personnels. Il est essentiel de savoir répondre aux questions « Qui parle ? À qui ? » et de déterminer qui prend à son compte les paroles prononcées, les idées émises : un narrateur fictif, l'auteur lui-même, un personnage de fiction... Ces repérages sont indispensables pour définir le système de l'**énonciation**.

La première personne

Le pronom personnel « **je** » signale dans un texte la présence de **celui qui parle** ou **qui raconte**. Il peut être :
– **le narrateur d'un texte de fiction** (roman, conte). Il est alors distinct de l'auteur et ne doit pas être confondu avec lui ; il est également distinct des personnages ;
– **le narrateur d'un récit de fiction dans lequel la première personne est aussi le personnage principal :** « je » prend « me » pour sujet d'étude. Il s'agit d'un roman à la première personne (*L'Étranger* de Camus) ou d'une autobiographie de fiction (*Les Mémoires d'Hadrien* de Marguerite Yourcenar) ; « je » est dans ce cas distinct de l'auteur ;
– **l'émetteur d'une lettre de fiction dans un roman par lettres** (les *Lettres persanes* de Montesquieu ou *La Nouvelle Héloïse* de Rousseau). Il est donc un personnage ; il est distinct de l'auteur. Dans ce type de roman, qui fait intervenir plusieurs épistoliers, « je » peut désigner alternativement des personnages différents ;
– **le locuteur d'un dialogue** (théâtre ou roman). Il est distinct de l'auteur ; « je » peut alors désigner alternativement chaque locuteur prenant la parole ;
– **le locuteur ou le narrateur d'un texte qui n'appartient pas à la fiction** : correspondance d'un écrivain, journal, discours, autobiographie authentique (*Les Confessions* de Rousseau) ; « je » désigne alors l'auteur en tant que personne réelle et se confond avec lui.

Au pluriel, la première personne « nous » (exercice 16 → p. 82) peut désigner :
– **une personne unique**, équivalant à « je » dans ce que l'on appelle le **pluriel de majesté** (employé par un personnage officiel dans un discours), ou dans le **pluriel de modestie** (employé par les élèves dans leurs devoirs) ;
– un **groupe** composé de plusieurs éléments, englobant « je ». Au problème d'identification de la première personne du singulier s'ajoute donc celui de la composition du groupe. Il arrive aussi fréquemment que « nous » soit utilisé pour désigner **les hommes en général**, **l'espèce humaine**.

La deuxième personne

La seconde personne, « **tu** » ou « **vous** » peut désigner (exercice 16 → p. 82) :
– l'**interlocuteur** unique, ou plusieurs interlocuteurs, **d'un dialogue de théâtre ou de roman** (fiction) ;
– **le(s) lecteur(s)** à qui s'adresse le narrateur ou l'auteur d'une œuvre – ainsi dans l'avis « Au lecteur » de Montaigne dans *Les Essais* – relevant ou non de la fiction ;
– le **destinataire** unique ou plusieurs destinataires **d'une correspondance fictive** : *Les Lettres persanes* de Montesquieu ;
– **le ou les destinataire(s) d'une correspondance réelle** : *Lettres* de Madame de Sévigné ;
– **le destinataire** (l'homme en général ou les hommes) **d'un ensemble de recommandations** ou de règles morales comme dans le *Décalogue* ;
– un interlocuteur qui n'est autre que **le locuteur lui-même** se parlant à lui-même (fiction ou réalité) ;
– **un interlocuteur seul qui se transforme en personnage** et qui peut être le lecteur dans un roman entièrement écrit à la seconde personne du pluriel : *La Modification*, de Michel Butor.

Le pronom indéfini « on »

Correspondant à la troisième personne, le pronom indéfini « on » suscite lui aussi des problèmes d'identification. La première question qui se pose est celle de la présence du « je » à l'intérieur de « on » : **« on » inclut-il ou non celui qui parle ?** On peut ensuite envisager ses emplois (exercice 17 → p. 82) :
– les hommes en général ;
– un groupe limité identifiable par le contexte (une société restreinte, un groupe d'écrivains...) ;
– quelqu'un que l'on cite en référence sans vouloir donner son nom ;
– l'ensemble des lecteurs à qui s'adresse un narrateur.
Il arrive même que ce pronom remplace « je », lorsque la personne qui parle évite de se mettre en cause directement et de manière trop claire (texte 19 → p. 82).

4 Les modes verbaux

OBSERVATION

EX. 27 Identifier des modes verbaux

TEXTES 23 À 27

Identifiez les modes des verbes soulignés dans les extraits ci-contre.

TEXTE 23

Adieu, Silvia, on m'a mise auprès de vous, mais je ne vous desservirai point. Aimez toujours Arlequin, il le mérite ; et vous, Arlequin, quelque chose qu'il arrive, regardez-moi comme une amie, comme une personne qui voudrait pouvoir vous obliger[1], je ne négligerai rien pour cela.

MARIVAUX, *La Double Inconstance*, Acte I, scène 11 (extrait), 1723.

1. Rendre service.

TEXTE 24

Ne montrez jamais rien à l'enfant qu'il ne puisse voir. Tandis que l'humanité lui est presque étrangère, ne pouvant l'élever à l'état d'homme, rabaissez pour lui l'homme à l'état d'enfant. En songeant à ce qui lui peut être utile dans un autre âge, ne lui parlez que de ce dont il voit dès à présent l'utilité.

J.-J. ROUSSEAU, *Émile ou De l'éducation*, 1762.

TEXTE 25

Et monsieur Cassandre de ramasser piteusement sa perruque, et Arlequin de détacher au viédase[1] un coup de pied dans le derrière, et Colombine d'essuyer une larme de fou rire, et Pierrot d'élargir jusqu'aux oreilles une grimace enfarinée.

A. BERTRAND, *Gaspard de la Nuit*,
« La viole de Gamba » (extrait), 1842.

1. Donner à l'idiot.

TEXTE 26

Péri est mort pour ce qui nous fait vivre
Tutoyons-le sa poitrine est trouée
Mais grâce à lui nous nous connaissons mieux
Tutoyons-le son espoir est vivant.

P. ELUARD, *Au rendez-vous allemand*, © Éditions de Minuit, 1944.

TEXTE 27

L'œil, d'abord, glisserait sur la moquette grise d'un long corridor, haut et étroit. Les murs seraient des placards de bois clair, dont les ferrures de cuivre luiraient. Trois gravures représentant l'une Thunderbird, vainqueur à Epsom, l'autre un navire à aube, le Ville-de-Montereau, la troisième une locomotive de Stephenson, mèneraient à une tenture de cuir retenue par de gros anneaux de bois noir veiné, et qu'un simple geste suffirait à faire glisser.

G. PEREC, *Les Choses* (incipit), © Julliard, 1955.

APPLICATION

EX. 28 Identifier plusieurs modes et interpréter leur emploi

TEXTE 28

Identifiez les trois modes utilisés. Comment le lecteur peut-il interpréter ces emplois ?

TEXTE 28

Je n'irais pas me bâtir une ville en campagne, et mettre au fond d'une province les Tuileries devant mon appartement. Sur le penchant de quelque agréable colline bien ombragée, j'aurais une petite maison rustique, une maison blanche avec des contrevents verts ; et quoique une couverture de chaume soit en toute saison la meilleure, je préférerais magnifiquement, non la triste ardoise, mais la tuile, parce qu'elle a l'air plus propre et plus gai que le chaume, qu'on ne couvre pas autrement les maisons dans mon pays, et que cela me rappellerait un peu l'heureux temps de ma jeunesse. J'aurais pour cour une basse-cour, et pour écurie une étable avec des vaches, pour avoir du laitage que j'aime beaucoup. J'aurais un potager pour jardin, et pour parc un joli verger semblable à celui dont il sera parlé ci-après.

J.-J. ROUSSEAU, *Émile ou De l'éducation*, 1762.

EX. 29 Déterminer un mode dominant et l'analyser

TEXTE 29

1. Quel est le mode dominant dans ce sonnet ?

2. Quels effets l'emploi de ce mode impersonnel à la place d'un indicatif produit-il ?

→ OBJET D'ÉTUDE La poésie/le sonnet lyrique, p. 248

TEXTE 29

Marcher d'un grave pas, et d'un grave sourci[1],
Et d'un grave souris[2] à chacun faire fête,
Balancer[3] tous ses mots, répondre de la tête,
Avec un *Messer non* ou bien un *Messer si*[4],

Entremêler souvent un petit *E cosi*[5],
Et d'un *son Servitor*[6] contrefaire l'honnête[7],
Et comme si l'on eût sa part en la conquête,
Discourir sur Florence et sur Naples aussi[8] ;

Seigneuriser[9] chacun d'un baisement de main,
Et suivant la façon du courtisan romain,
Cacher sa pauvreté d'une brave apparence ;

Voilà de cette cour la plus grande vertu,
Dont[10] souvent, mal monté[11], mal sain, et mal vêtu,
Sans barbe[12] et sans argent on s'en retourne en France.

J. DU BELLAY, *Les Regrets*, LXXXVI, 1558.

1. Sourcil. **2.** Sourire. **3.** Peser. **4.** « Non, Monsieur », « Oui, Monsieur ». **5.** C'est ainsi. **6.** « Je suis votre serviteur. » **7.** L'homme honnête. **8.** Allusion aux guerres d'Italie. **9.** Traiter comme un seigneur. **10.** D'où. **11.** Sur un mauvais cheval. **12.** Conséquence d'une maladie rendant imberbe.

EX. 30 Analyser l'emploi de certains modes

TEXTE 30

Le texte ci-contre est un extrait de discours prononcé lors d'une réunion agricole.

1. Identifiez les modes autres que l'indicatif. Qu'expriment-ils ?

2. Quel rôle la ponctuation joue-telle dans l'emploi du mode dominant ?

TEXTE 30

« Continuez ! persévérez ! n'écoutez ni les suggestions de la routine, ni les conseils trop hâtifs d'un empirisme[1] téméraire ! Appliquez-vous surtout à l'amélioration du sol, aux bons engrais, au développement des races chevalines, bovines, ovines et porcines ! Que ces comices[2] soient pour vous comme des arènes pacifiques où le vainqueur, en en sortant, tendra la main au vaincu et fraternisera avec lui, dans l'espoir d'un succès meilleur ! Et vous, vénérables serviteurs, humbles domestiques, dont aucun gouvernement jusqu'à ce jour n'avait pris en considération les pénibles labeurs, venez recevoir la récompense de vos vertus silencieuses, et soyez convaincus que l'État, désormais, a les yeux fixés sur vous, qu'il vous encourage, qu'il vous protège, qu'il fera droit à vos justes réclamations et allégera, autant qu'il est en lui, le fardeau de vos pénibles sacrifices ! »

G. FLAUBERT, *Madame Bovary*, II, 8, 1857.

1. Expérience. **2.** Assemblée d'agriculteurs.

→ OBJET D'ÉTUDE L'argumentation / l'éloge, p. 308

EX. 31 Déterminer et analyser la valeur de certains modes

TEXTE 31

1. Repérez les verbes qui sont à des modes autres que l'indicatif et l'infinitif : quelle est leur valeur ?

2. Observez la ponctuation, la longueur des phrases et les répétitions. Quels sont les effets produits ? Mettez-les en relation avec le titre du passage.

TEXTE 31

Prière à Dieu

[...] Tu ne nous as point donné un cœur pour nous haïr, et des mains pour nous égorger ; fais que nous nous aidions mutuellement à supporter le fardeau d'une vie pénible et passagère ; que les petites différences entre les vêtements qui couvrent nos débiles[1] corps, entre tous nos langages insuffisants, entre tous nos usages ridicules, entre toutes nos lois imparfaites, entre toutes nos opinions insensées, entre toutes nos conditions si disproportionnées à nos yeux, et si égales devant toi ; que toutes ces petites nuances qui distinguent les atomes appelés *hommes* ne soient pas des signaux de haine et de persécution ; que ceux qui allument des cierges en plein midi pour te célébrer supportent ceux qui se contentent de la lumière de ton soleil ; que ceux qui couvrent leur robe d'une toile blanche pour dire qu'il faut t'aimer ne détestent pas ceux qui disent la même chose sous un manteau de laine noire.

VOLTAIRE, *Traité sur la tolérance*, « Prière à Dieu » (extrait), 1763.

1. Faibles.

ÉCRITURE

EX. 32 Composer un texte à l'impératif

Rédigez à l'impératif un texte donnant une « recette » pour composer, au choix : un slogan publicitaire, un sonnet, un texte hyperbolique ou métaphorique, des périphrases ou une chanson.

EX. 33 Composer un texte au conditionnel

En prenant modèle sur le texte de Rousseau (TEXTE 28, P. 87), rédigez au conditionnel un texte qui présente soit un monde idéal, soit un système scolaire rêvé, soit un paysage de science-fiction.

EX. 34 Rédiger des consignes à l'impératif

En prenant modèle sur les extraits suivants de Jean Tardieu, rédigez des parodies de consignes scolaires à l'impératif.

L'espace et le temps

Fixez dans votre esprit, avant de vous endormir, deux points quelconques de l'espace et calculez le temps qu'il faut, en rêve, pour aller de l'un à l'autre.

La géométrie

Imaginez un procédé pour ne pas déchirer vos vêtements à la pointe des troncs de cône.

J. TARDIEU, *Le Professeur Frœppel*, © Gallimard, 1978.

SYNTHÈSE

Les modes verbaux

Noyau de la phrase, le verbe prend des formes diverses selon les personnes, mais aussi selon les modes et les temps. Les **modes verbaux** correspondent à des manières différentes d'envisager les actions : elles sont considérées comme réelles, hypothétiques, potentielles, ou font l'objet d'un constat, d'un ordre ou d'un souhait…
Toute démarche de **lecture analytique** (→ p. 19) doit tenir compte du rôle joué par les modes et par les temps.

L'indicatif

Le mode indicatif, le plus riche en temps, est le mode du **réel**, de la réalisation de l'action, réalisation vérifiable à un moment donné, passé, présent ou futur. Le **futur** exprime des actions non encore réalisées, mais dont la réalisation est envisagée comme quasi certaine.

Le conditionnel

Contrairement à l'indicatif, le mode conditionnel est utilisé pour faire ressortir le caractère **incertain** d'actions, et pour souligner que la réalisation reste soumise à des conditions. Ce qu'il exprime n'appartient donc pas au réel constatable, mais au domaine de l'**hypothèse**, du **possible**, de l'**imaginaire** ou du **souhaité**. Le conditionnel est aussi le mode de l'atténuation.

EXEMPLE : « On devrait connaître le résultat du vote à huit heures. »

Il est important d'établir une distinction entre le conditionnel à valeur de mode et le conditionnel à valeur de temps qui, dans le **discours indirect** (→ p. 126), exprime un futur dans le passé.

EXEMPLES : « On annonce que le chef de l'État parlera à la télévision. » (futur)
« On avait annoncé que le chef de l'État parlerait à la télévision. » (*futur dans le passé*)

L'action soumise à une **condition** peut être, selon le temps choisi :
– présentée comme possible dans l'avenir : « Si demain il rencontrait son homologue, il lui présenterait ses projets » ;
– non réalisée dans le présent : « S'il connaissait d'ores et déjà l'issue du scrutin, il se réjouirait » ;
– ou non réalisée dans le passé : « S'il avait su plus tôt le résultat, il aurait pu réunir ses collaborateurs ».

Le subjonctif

Le mode subjonctif est considéré comme le mode de ce qui n'est pas réalisé, mais souhaité, possible, envisagé. Ce n'est pas le mode du constat, mais celui de la **volonté**, de l'**interprétation** et de la **pensée**. Très fréquent dans certaines propositions subordonnées, le subjonctif insiste sur le caractère attendu, espéré de la réalisation de l'action (exercice 31 → p. 88).

L'impératif

Le mode impératif sert à exprimer l'**ordre** ou la **défense** (ordre négatif). Il est utilisé dans les recommandations, les préceptes, les moralités (dans les fables notamment), les exhortations, les encouragements à agir… À la forme négative, il exprime l'interdiction.

L'infinitif

Le mode infinitif a pour particularité de ne pas avoir de marques personnelles. On ne sait donc pas qui fait l'action d'un verbe à l'infinitif ; l'accent est mis sur l'action qu'il exprime. Il permet de **généraliser** et se trouve très souvent utilisé dans des formules généralisantes et abstraites, sauf lorsqu'il est précédé de la préposition « de » (texte 25 → p. 86) : dans ce cas, il a un sujet et doit être considéré comme l'équivalent d'un indicatif présent ou passé. On l'appelle « infinitif de narration ». L'infinitif est également employé comme équivalent de l'impératif, de manière atténuée, dans les **recommandations** et les **conseils** (recettes, conseils médicaux…).

EXEMPLES : « Consommer avec modération. » « Ne pas dépasser la dose prescrite. »

Le participe

Le mode participe, comme le mode infinitif, est un mode impersonnel. Il équivaut souvent à des adjectifs ou des propositions subordonnées permettant de donner des **précisions** circonstancielles. On distingue le participe passé, qui exprime une action révolue, et le participe présent, qui marque la simultanéité d'une action.

5 Les temps verbaux

OBSERVATION

EX. 35 Identifier les valeurs du présent de l'indicatif

TEXTE 32

Les présents utilisés dans le texte expriment-ils l'actualité, l'habitude, une vérité générale, ou s'agit-il d'un équivalent du passé ?

TEXTE 32

Je rencontrai des dragons[1], et je m'engageai dans le régiment d'Almanza, cavalerie. Les gens de nos montagnes apprennent vite le métier militaire. Je devins bientôt brigadier, et on me promettait de me faire maréchal des logis, quand, pour mon malheur, on me mit de garde à la manufacture de tabacs à Séville. Si vous êtes allé à Séville, vous aurez vu ce grand bâtiment-là, hors des remparts, près du Guadalquivir. Il me semble en voir encore la porte et le corps de garde auprès. Quand ils sont de service, les Espagnols jouent aux cartes, ou dorment ; moi, comme un franc Navarrais, je tâchais toujours de m'occuper. Je faisais une chaîne avec du fil de laiton, pour attacher mon épinglette. Tout d'un coup, les camarades disent : voilà la cloche qui sonne ; les filles vont rentrer à l'ouvrage.

P. Mérimée, *Carmen*, 1845.

1. Soldats.

EX. 36 Identifier la valeur des temps du passé

TEXTES 33 ET 34

Identifiez les temps des verbes soulignés et donnez leur valeur : habitude dans le passé, action passée qui dure, action passée soudaine, action définitivement achevée…

TEXTE 33

Ce fut comme une apparition :

Elle était assise, au milieu du banc, toute seule ; ou du moins il ne distingua personne, dans l'éblouissement que lui envoyèrent ses yeux. En même temps qu'il passait, elle leva la tête ; il fléchit involontairement les épaules ; et, quand il se fut mis plus loin, du même côté, il la regarda. Elle avait un large chapeau de paille, avec des rubans roses qui palpitaient au vent, derrière elle.

G. Flaubert, *L'Éducation sentimentale*, I, 1869.

TEXTE 34

La jetée

Depuis un mois que j'habitais Honfleur, je n'avais pas encore vu la mer, car le médecin me faisait garder la chambre.

Mais hier soir, lassé d'un tel isolement, je construisis, profitant du brouillard, une jetée jusqu'à la mer.

Puis, tout au bout, laissant pendre mes jambes, je regardai la mer, sous moi, qui respirait profondément.

H. Michaux, *La nuit remue*, « Mes propriétés », © Gallimard, 1944.

APPLICATION

EX. 37 Placer des actions sur un axe chronologique

TEXTES 35 À 37

Relevez les verbes employés et placez sur un axe chronologique les actions qu'ils expriment, dans l'ordre où elles se sont déroulées. Prenez appui, pour cela, sur un point de repère que vous définirez en vous fondant sur le texte.

→ OBJET D'ÉTUDE Le roman et la nouvelle, p. 210

EX. 38 Identifier et utiliser les temps verbaux pour interpréter un texte

TEXTE 38

1. Identifiez le temps verbal dominant et dites ce qu'il exprime.

2. Quel est le lien chronologique entre les différentes actions ? Comment pourrait-on les placer sur un axe du temps ?

3. Repérez et classez tous les éléments lexicaux du texte qui vous permettent d'identifier la scène en la situant dans le temps, dans l'espace et dans un contexte familial.

4. Quel effet la division du texte en deux paragraphes produit-elle ? Quels éléments lexicaux et quelles figures de rhétorique contribuent, dans le second paragraphe, à l'effet observé ?

→ OBJET D'ÉTUDE L'autobiographie, p. 248

TEXTE 35

Aussi, à l'heure accoutumée, retourna-t-il le lendemain à son estaminet de la rue de la Monnaie ; mais il eut beau s'envelopper d'un nuage de fumée, nul visage ressemblant à celui du docteur n'apparut au milieu de cette fumée ; mais il eut beau fermer les yeux, nul, lorsqu'il les rouvrit, n'était assis sur le tabouret qu'il avait placé de l'autre côté de la table.

Huit jours s'écoulèrent ainsi.

Le huitième jour, Hoffmann, impatient, quitta l'estaminet de la rue de la Monnaie une heure plus tôt que de coutume, c'est-à-dire vers quatre heures de l'après-midi, et par Saint-Germain-l'Auxerrois et le Louvre gagna machinalement la rue Saint-Honoré.

A. DUMAS, *La Femme au collier de velours*, 1850.

TEXTE 36

Il monta s'habiller. De sa chambre il entendit des pas, des appels, le heurt d'une valise contre une porte – et il se souvint du soir où, marchant dans l'odeur des feux d'herbe vers un chant de guitare, il avait imaginé le départ d'Anne. Il resta un moment debout à sa fenêtre ; le ciel violet sentait la pluie. Il entendit la voix de Pierre : « Ce n'était pas la peine de prendre ce sac-là… »

J.-R. HUGUENIN, *La Côte sauvage*, © Le Seuil, 1960.

TEXTE 37

Le bonhomme regardait la mer autour de lui avec un air satisfait de propriétaire.

C'était un ancien bijoutier parisien qu'un amour immodéré de la navigation et de la pêche avait arraché au comptoir dès qu'il eut assez d'aisance pour vivre modestement de ses rentes. Il se retira donc au Havre, acheta une barque et devint matelot amateur. Ses deux fils, Pierre et Jean, restèrent à Paris pour continuer leurs études et vinrent en congé de temps en temps partager les plaisirs de leur père.

À la sortie du collège, l'aîné, Pierre, de cinq ans plus âgé que Jean, s'était senti successivement de la vocation pour des professions variées, en avait essayé, l'une après l'autre, une demi-douzaine, et, vite dégoûté de chacune, se lançait aussitôt dans de nouvelles espérances.

G. DE MAUPASSANT, *Pierre et Jean*, 1888.

TEXTE 38

Dix heures sonnaient à l'horloge du château[1] : mon père s'arrêtait ; le même ressort, qui avait soulevé le marteau de l'horloge, semblait avoir suspendu ses pas. Il tirait sa montre, la montait[2], prenait un grand flambeau d'argent surmonté d'une grande bougie, entrait un moment dans la petite tour de l'ouest, puis revenait, son flambeau à la main, et s'avançait vers sa chambre à coucher dépendante de la petite tour de l'est. Lucile[3] et moi, nous nous tenions sur son passage ; nous l'embrassions, en lui souhaitant bonne nuit. Il penchait vers nous sa joue sèche et creuse sans nous répondre, continuait sa route et se retirait au fond de la tour, dont nous entendions les portes se refermer sur lui.

Le talisman était brisé ; ma mère, ma sœur et moi, transformés en statues par la présence de mon père, nous recouvrions les fonctions de la vie. Le premier effet de notre désenchantement se manifestait par un débordement de paroles : si le silence nous avait opprimés, il nous le payait cher.

F.-R. DE CHATEAUBRIAND, *Mémoires d'outre-tombe*, 1848.

1. Chateaubriand évoque ici les soirées familiales au château de Combourg. **2.** Remontait. **3.** Lucile est la sœur de Chateaubriand.

EX. 39

Déterminer des temps verbaux et leur importance dans un texte

TEXTE 39

1. Identifiez les temps verbaux utilisés par celui qui parle. Que remarquez-vous ?

2. À quel moment précis le premier temps utilisé correspond-il ? Le lecteur peut-il dater ce qui se déroule au passé ?

3. L'utilisation des temps est-elle accompagnée d'indicateurs temporels ? Si oui, lesquels ?

4. À partir de repérages lexicaux, regroupez les éléments qui se trouvent associés à chacun des deux moments évoqués. Qu'observez-vous ?

5. Qu'a de particulier la structure de l'extrait ? Que pouvez-vous en déduire ?

→ OBJET D'ÉTUDE Le roman et la nouvelle, p. 210
Roman, personnage et société, p. 220

TEXTE 39

Bicêtre[1]

Condamné à mort ! Voilà cinq semaines que j'habite avec cette pensée, toujours seul avec elle, toujours glacé de sa présence, toujours courbé sous son poids ! Autrefois, car il me semble qu'il y a plutôt des années que des semaines, j'étais un homme comme un autre homme. Chaque jour, chaque heure, chaque minute avait son idée. Mon esprit, jeune et riche, était plein de fantaisies. Il s'amusait à me les dérouler les unes après les autres, sans ordre et sans fin, brodant d'inépuisables arabesques cette rude et mince étoffe de la vie. C'étaient des jeunes filles, de splendides chapes[2] d'évêque, des batailles gagnées, des théâtres pleins de bruit et de lumière, et puis encore des jeunes filles et de sombres promenades la nuit sous les larges bras des marronniers. C'était toujours fête dans mon imagination. Je pouvais penser à ce que je voulais, j'étais libre.

Maintenant je suis captif. Mon corps est aux fers dans un cachot, mon esprit est en prison dans une idée. Une horrible, une sanglante, une implacable idée ! Je n'ai plus qu'une pensée, qu'une conviction, qu'une certitude : condamné à mort !

V. HUGO, *Le Dernier Jour d'un condamné* (incipit), 1829.

1. Lieu où se trouve la prison, près de Paris. **2.** Vêtement en forme de grande cape.

ÉCRITURE

EX. 40 Mettre des verbes aux temps qui conviennent

Dans l'extrait suivant, remplacez les pointillés par le verbe qui convient, au temps, au mode et à la voix qui vous semblent corrects. Le récit est fait au passé. Les verbes sont donnés à la suite du texte, dans l'ordre alphabétique.

Quelques jours plus tard, Garou-Garou .... pincer par une ronde de nuit dans une bijouterie de la rue de la Paix. Il .... sa signature sur le comptoir-caisse et .... à chanter une chanson à boire en .... différentes vitrines à l'aide d'un hanap[1] en or massif. Il lui eût été facile de .... dans un mur et d' .... ainsi à la ronde de nuit, mais tout .... à croire qu'il .... être .... et probablement à seule fin de confondre ses collègues dont l'incrédulité l' .... Ceux-ci, en effet, ... bien .... lorsque les journaux du lendemain .... en première page la photographie de Dutilleul. Ils .... amèrement d'avoir méconnu leur génial camarade et lui .... hommage en se laissant pousser une petite barbiche. Certains même, entraînés par le remords et l'admiration, ... de se faire la main sur le portefeuille ou la montre de famille de leurs amis et connaissances.

D'après M. Aymé, *Le Passe-Muraille*, © Gallimard, 1943.

1. Pot servant à boire.

Verbes : *apposer, arrêter, échapper, s'enfoncer, se faire, fracasser, se mettre, mortifier, porter, publier, regretter, rendre, surprendre, tenter, vouloir.*

→ OBJET D'ÉTUDE **Le roman et la nouvelle, p. 210**
Roman, personnage et société, p. 220

EX. 41 Retrouver le temps de certains verbes

Dans le texte suivant, retrouvez le temps, le mode et la voix des verbes mis entre parenthèses, en considérant qu'il s'agit d'un récit au passé.

J'*(étudier)* un jour seul ma leçon dans la chambre contiguë à la cuisine. La servante *(mettre)* à sécher à la plaque les peignes de Mlle Lambercier. Quand elle *(revenir)* les prendre, il s'en *(trouver)* un dont tout un côté de dents *(briser)*. À qui s'en prendre de ce dégât ? Personne d'autre que moi n'*(entrer)* dans la chambre. On m'*(interroger)* : je *(nier)* d'avoir touché le peigne. M. et Mlle Lambercier se *(réunir)*, m'*(exhorter)*, me *(presser)*, me *(menacer)* ; je *(persister)* avec opiniâtreté ; mais la conviction *(être)* trop forte, elle l'*(emporter)* sur toutes mes protestations quoique ce *(être)* la première fois qu'on m'*(trouver)* tant d'audace à mentir. La chose *(prendre)* au sérieux ; elle *(mériter)* de l'être. La méchanceté, le mensonge, l'obstination *(paraître)* également dignes de punition ; mais, pour le coup, ce ne *(être)* pas par Mlle Lambercier qu'elle me *(infliger)*. On *(écrire)* à mon oncle Bernard. Il *(venir)*. Mon pauvre cousin *(charger)* d'un autre délit, non moins grave : nous *(envelopper)* dans la même exécution.

D'après J.-J. Rousseau, *Les Confessions*, I, 1782.

→ OBJET D'ÉTUDE **L'autobiographie, p. 260**

SYNTHÈSE

Les temps verbaux

Les **temps verbaux** inscrivent les actions dans le temps par rapport aux trois grandes divisions que sont le **passé**, le **présent** et le **futur**, en mettant en relief le caractère **achevé** ou **inachevé** des actions, en soulignant éventuellement leur durée, leur soudaineté ou leur répétition.

Le présent

Temps de l'inachevé, le présent marque le caractère immédiat de l'action, le fait qu'elle se réalise au moment même où parle celui qui la rapporte, de manière rapide ou de manière durable. On parle alors du **présent d'énonciation** (→ p. 118).

EXEMPLE : « C'est merveilleux : il pleut. J'écoute
La pluie dont le crépitement
Heurte la vitre goutte à goutte... »

F. CARCO, *Poésies complètes*, © Gallimard, 1939.

Mais le présent a d'autres valeurs (exercice 35 → p. 90). Dans un texte au passé, il actualise un fait, un événement en le présentant comme immédiat : il s'agit alors du **présent historique** ou **de narration**. Il peut avoir la valeur d'un passé récent : « Il sort à l'instant » ou d'un futur proche : « Je reviens dans cinq minutes ». Enfin, le présent peut traduire le caractère général d'un fait, considéré comme une **vérité générale** (moralités et proverbes). Le présent est le temps le plus souvent utilisé dans le discours (→ p. 122).

EXEMPLE :
« On a souvent besoin d'un plus petit que soi. »

J. DE LA FONTAINE, *Fables*, II, 11, 1668.

Le futur

Ce temps exprime la **réalisation à venir** d'une action, présentée comme presque certaine.

EXEMPLE : « Petit poisson deviendra grand,
Pourvu que Dieu lui prête vie »

J. DE LA FONTAINE, *Fables*, V, 3, 1668.

Il est également employé pour exprimer des **injonctions**, des consignes, des recommandations.

EXEMPLE : « Vous répondrez à cette question en dix lignes maximum. »

Dans les textes **historiques**, les biographies notamment, le futur est employé pour exprimer des actions en réalité passées et achevées, mais qui sont présentées comme par anticipation.

EXEMPLE : « En 1843, Hugo apprendra par un journal la mort de sa fille Léopoldine ».

L'imparfait

L'imparfait attire l'attention sur le caractère passé de l'action, mais sans en préciser les limites, soulignant ainsi l'inachèvement dans le passé. Ce temps peut exprimer l'**habitude** ou la **répétition** dans le passé (exercice 36 → p. 90).

EXEMPLE : « À l'époque de Molière, les spectateurs de marque assistaient à la représentation sur la scène. »

Il insiste sur la **durée** de certains faits et se trouve utilisé pour présenter des éléments ayant une certaine permanence dans le passé. C'est un temps fréquemment utilisé dans la **description** (→ p. 156), mais également dans le **récit** pour rapporter des faits passés dont le déroulement n'est pas clairement déterminé.

Le passé simple

Le passé simple exprime lui aussi des actions et des faits passés, mais en mettant en relief leur caractère **soudain** et parfois **rapide**. C'est le temps passé le plus utilisé dans le récit.

EXEMPLE : « Je découpais tranquillement mon pain, quand un bruit très léger me fit lever les yeux. »

CH. BAUDELAIRE, *Petits Poèmes en prose*, « Le Gâteau », 1863.

Les temps composés

Les temps composés sont aussi appelés « **temps relatifs** » parce qu'ils sont utilisés dans un système de relation soit avec le présent, soit avec le passé simple et l'imparfait comme point de référence.
Le **passé composé** indique ainsi des actions antérieures à celles qui sont exprimées au présent, le **plus-que-parfait** des actions antérieures à celles qui sont exprimées à l'imparfait, le **passé antérieur** des actions antérieures à celles qui sont exprimées au passé simple. Leur utilisation dans les textes conduit à s'interroger sur la manière dont les actions se situent les unes par rapport aux autres sur l'axe du temps.

EXEMPLE : « La joie qu'éprouva Robinson en reprenant possession de cette terre qu'il avait crue perdue à jamais était accordée aux rougeoiements du couchant. »

M. TOURNIER, *Vendredi ou les Limbes du Pacifique*, © Gallimard, 1967.

1 Analyser un texte

La scène se déroule en 1843, en plein hiver, à la tombée de la nuit…

On écoute. Père ne tire plus sur sa pipe. Mère tient en suspens la poignée de sel sur la soupe. Ils se regardent. Nous regardent. Père soupire et son soupir emporte un mince petit fil de fumée. Ce qu'il faudrait, c'est que le bruit recommence. On est aux aguets, justement pour le juger tout de suite, dangereux ou pas. Mais, silence maintenant. On ne sait pas. L'indécision. Tout est possible. On ne peut pas juger. Le fil de fumée que père soupire s'allonge, s'allonge indéfiniment. Mère laisse tomber grain à grain son gros sel dans la soupe avec des : floc, floc, floc…
Le fusil était sur la table. Mère approche sa main de la marmite et glisse toute la poignée de sel dans la soupe. Il est cinq heures du soir. Encore dix-sept heures à attendre avant que le petit jour gris réapparaisse. Passe dehors un geste souple… D'habitude on sait que ce sont les longues branches du saule qui se délivrent de leur poids de neige. Serait-ce ?… Est-ce que c'est ?… Oui ? Non ? Non. Volètement doux de la neige qui a recommencé à tomber, frémissements dans le chaume, craquements comme des pas étouffés dans la paille.

J. Giono, *Un roi sans divertissement*, © Gallimard, 1947.

→ OBJET D'ÉTUDE **Le roman et la nouvelle, p. 210**

Lecture analytique

1. Repérez les termes qui expriment l'atmosphère de la scène. En quoi la ponctuation et la nature des phrases contribuent-elles à traduire cette atmosphère ?
2. Observez les pronoms personnels et le pronom indéfini on : que suggère leur alternance et leur remplacement par les mots *Père*, *Mère* ? Quelle est la situation du narrateur ?
3. Comment le lecteur peut-il interpréter l'emploi du présent dans le texte ? Quel est l'intérêt de ce texte ?

2 Commenter un texte

Un jeune révolutionnaire, Enjolras, harangue les insurgés lors de l'insurrection parisienne de 1832…

Citoyens, le dix-neuvième siècle est grand, mais le vingtième siècle sera heureux. Alors plus rien de semblable à la vieille histoire ; on n'aura plus à craindre, comme aujourd'hui, une conquête, une invasion, une usurpation, une rivalité de nations à main armée, une interruption de civilisation dépendant d'un mariage de rois, une naissance dans les tyrannies héréditaires, un partage de peuples par congrès, un démembrement par écroulement de dynastie, un combat de deux religions se rencontrant de front, comme deux boucs de l'ombre, sur le pont de l'infini : on n'aura plus à craindre la famine, l'exploitation, la prostitution par détresse, la mi-sère par chômage, et l'échafaud, et le glaive, et les batailles, et tous les brigandages du hasard dans la forêt des événements. On pourrait presque dire : il n'y aura plus d'événements. On sera heureux. Le genre humain accomplira sa loi comme le globe terrestre accomplit la sienne ; l'harmonie se rétablira entre l'âme et l'astre. L'âme gravitera autour de la vérité comme l'astre autour de la lumière. Amis, l'heure où nous sommes et où je vous parle est une heure sombre ; mais ce sont là les achats terribles de l'avenir. Une révolution est un péage. Oh ! le genre humain sera délivré, relevé et consolé ! Nous le lui affirmons sur cette barricade. D'où poussera-ton le cri d'amour, si ce n'est du haut du sacrifice ?

V. Hugo, *Les Misérables*, V, 1, 5, 1862.

→ OBJET D'ÉTUDE **L'argumentation/démontrer, convaincre, persuader, p. 298**

Commentaire

Commentez ce texte en vous aidant des axes suivants :
1. Les arguments qui soutiennent l'idée que « le vingtième siècle sera heureux ».
2. Les marques de l'éloquence et les procédés stylistiques qui mettent en relief les arguments.
3. Les enjeux du discours sur le plan de l'action politique et révolutionnaire.

7 Les figures de rhétorique

E. Delacroix (1798-1863), *La liberté guidant le peuple le 28 juillet 1830* (1830), huile sur toile, 260 x 325 cm (musée du Louvre, Paris).

LIRE L'IMAGE

1. Quelle figure de rhétorique apparaît à la fois dans le titre du tableau et dans la représentation picturale ? Comment est mis en valeur le personnage central ?
2. Le tableau comporte de nombreux effets de contraste : repérez plusieurs oppositions et cherchez leur sens. Observez la composition de l'ensemble et la manière dont sont rendus les mouvements.
3. À quel(s) registre(s) ce tableau fait-il penser ? Prenez appui sur la représentation de la foule, sur certains effets de disproportion et sur la juxtaposition des plans.
4. D'où vient la force de la représentation ?

1 Les figures d'analogie et de substitution

OBSERVATION

EX. 1 Repérer des rapprochements et des analogies

TEXTE 1

1. Dans ce poème, observez les termes rapprochés deux par deux par des couleurs : sont-ils associés par un mot de liaison ? d'une autre manière ? Si oui, laquelle ?

2. À partir de ce travail, dites ce qui différencie une métaphore d'une comparaison.

3. À quelle figure les mots soulignés renvoient-ils ?

→ OBJET D'ÉTUDE La poésie p. 248

EX. 2 Repérer des procédés de remplacement

TEXTES 2 À 5

Voici des exemples de « techniques » de remplacement de mots par d'autres. Expliquez quel est le sens du mot ou de l'expression souligné(e) et ce qu'il (elle) remplace.

TEXTE 1

Le réveil en voiture

Voici ce que je vis : Les **arbres** sur ma route
Fuyaient mêlés, ainsi qu'une **armée en déroute**,
Et sous moi, comme **ému** par les vents soulevés,
Le sol roulait des flots de glèbe[1] et de pavés !

Des clochers conduisaient parmi les plaines vertes
Leurs hameaux aux **maisons** de plâtre, recouvertes
En tuiles, qui trottaient ainsi que des **troupeaux**
De moutons blancs, marqués en rouge sur le dos !

Et les monts enivrés chancelaient, – **la rivière**
Comme un **serpent boa**, sur la vallée entière
Étendu, s'élançait pour les entortiller...
– J'étais en poste, moi, venant de m'éveiller !

G. DE NERVAL, *L'Almanach des Muses*, 1832.

1. Terre cultivée.

TEXTE 2

Je suis plus que le roi puisque la reine m'aime !
Oh ! cela m'éblouit. Heureux, aimé, vainqueur !
Duc d'Olmedo, – L'Espagne à mes pieds, – J'ai son cœur !

V. HUGO, *Ruy Blas*, Acte III, scène 4 (extrait), 1838.

TEXTE 3

Le Paris-Saint-Germain prend la tête du championnat de football. Marseille revoit ses ambitions à la hausse.

Titres de presse.

TEXTE 4

Autour du toit qui nous vit naître
Un pampre[1] étalait ses rameaux ;
Ses grains dorés vers la fenêtre
Attiraient les petits oiseaux.

A. DE LAMARTINE, *La Vigne et la Maison*, 1857.

1. Branche de vigne grimpante.

TEXTE 5

Expressions empruntées à La Fontaine :
– La gent marécageuse – Un mal qui répand la terreur – L'Écolier d'Hippocrate – L'oiseau de Minerve – Le roi des animaux.

APPLICATION

EX. 3 Analyser la composition et le fonctionnement de comparaisons

TEXTES 6 À 8

1. Dans les extraits ci-contre, précisez pour chaque comparaison :
– l'élément comparé ;
– l'élément comparant, ou élément de référence ;
– l'outil de comparaison ;
– le domaine de rapprochement des éléments comparés.

2. Classez ces éléments dans un tableau.

TEXTE 6

Heureux qui, comme Ulysse, a fait un beau voyage,
Ou comme cestuy-là[1], qui conquit la toison[2],
Et puis est retourné, plein d'usage et raison,
Vivre entre ses parents le reste de son âge !

J. du Bellay, *Les Regrets*, XXXI, 1558.

1. Forme ancienne pour « celui-là ».
2. Désigne Jason, le chef des Argonautes partis à la conquête de la Toison d'or.

TEXTE 7

Et la voix d'une tourterelle, c'est comme si la ménagère râpait dans une casserole, avec une cuiller de bois, un reste de crème brûlée, ou, plutôt, comme si tu ne faisais qu'entrer et sortir pour essayer les gonds d'une porte.

J. Renard, *Journal*, 1927.

TEXTE 8

Dans les nuages noirs pareils à des marées,
Flottent des yeux ardents, des faces effarées,
De vagues cheveux sur des fronts ;
Les vents tumultueux tournent comme des roues ;
On peut voir dans les cieux des gonflements de joues
Ajustés à de grands clairons.

V. Hugo, *La Dernière Gerbe*, 1902 (publication posthume).

EX. 4 Analyser la composition et le fonctionnement de métaphores

TEXTES 9 À 11

1. Dans ces extraits, déterminez pour chaque métaphore quels sont les éléments rapprochés et sur quelles analogies reposent ces rapprochements.

2. De quelle(s) manière(s) ces rapprochements s'expriment-ils ?

TEXTE 9

Ma jeunesse ne fut qu'un ténébreux orage,
Traversé çà et là par de brillants soleils ;
Le tonnerre et la pluie ont fait un tel ravage,
Qu'il reste en mon jardin bien peu de fruits vermeils.

Ch. Baudelaire, *Les Fleurs du mal*, « L'Ennemi » (extrait), 1857.

TEXTE 10

Tout l'automne à la fin n'est plus qu'une tisane froide. Les feuilles mortes de toutes essences macèrent dans la pluie. Pas de fermentation, de création d'alcool : il faut attendre jusqu'au printemps l'effet d'une application de compresses sur une jambe de bois.

F. Ponge, « La fin de l'automne », *Le Parti pris des choses*, © Gallimard, 1942.

TEXTE 11

C'était cet astre fou ce monstre irradiant,
ce puits sempiternel d'horreur et de chaleur
qui hurle dans le ciel au milieu de sa meute,
cet énorme et cruel démon, – dont le souci
est la croissance des jacinthes.

J. Tardieu, *Le Fleuve caché*, © Gallimard, 1968.

EX. 5 Identifier et interpréter une figure dominante

TEXTE 12

1. Ce passage est construit sur un rapprochement entre deux éléments : lesquels ? Quelle est la figure de rhétorique dominante ? Retrouvez, dans l'ensemble du texte, les termes qui composent les deux champs lexicaux associés aux deux éléments rapprochés.

2. Quelles sont les connotations des mots joyeux, tordait, sang ?

3. Sur quoi la figure de rhétorique utilisée met-elle l'accent ?

→ OBJET D'ÉTUDE Le roman et la nouvelle, p. 210
Roman, personnage et société, p. 220

TEXTE 12

Ça a pris au Tonnerre de Dieu[1], là-bas, entre deux villages qui brûlaient des fanes[2] de pommes de terre. La bête souple du feu a bondi d'entre les bruyères comme sonnaient les coups de trois heures du matin. Elle était à ce moment-là dans les pinèdes[3] à faire le diable à quatre. Sur l'instant, on a cru pouvoir la maîtriser sans trop de dégâts ; mais elle a rué si dru, tout le jour et une partie de la nuit suivante, qu'elle a rompu les bras et fatigué les cervelles de tous les gars. Comme l'aube pointait, ils l'ont vue, plus robuste et plus joyeuse que jamais, qui tordait parmi les collines son large corps pareil à un torrent. C'était trop tard.

Depuis elle a poussé sa tête rouge à travers les bois et les landes, son ventre de flammes suit ; sa queue, derrière elle, bat les braises et les cendres. Elle rampe, elle saute, elle avance. Un coup de griffe à droite, un à gauche ; ici elle éventre une chênaie[4] ; là elle dévore d'un seul craquement de gueule vingt chênes blancs et trois pompons de pins ; le dard de sa langue tâte le vent pour prendre la direction. On dirait qu'elle sait où elle va.

Et c'est son mufle dégouttant de sang que Maurras[5] a aperçu dans la combe[6].

J. Giono, *Colline*, © Grasset, 1929.

1. Nom d'un lieu. **2.** Tiges et feuilles. **3.** Forêts de pins. **4.** Forêt de chênes. **5.** Un des héros du roman. **6.** Vallée.

EX. 6 Identifier et interpréter une figure dominante

TEXTE 13

1. Le sonnet ci-contre est construit sur une figure identifiable grâce aux deux mots soulignés. En prenant appui sur ces deux mots et sur les champs lexicaux, retrouvez tous les éléments rapprochés et leur thème.

2. Quel est le sens de ce rapprochement et quels sentiments traduit-il ? Quel enseignement le lecteur peut-il en tirer ?

→ OBJET D'ÉTUDE La poésie, p. 248

TEXTE 13

<u>Comme</u> on voit sur la branche au mois de mai la rose
En sa belle jeunesse, en sa première fleur
Rendre le ciel jaloux de sa vive couleur,
Quand l'Aube de ses pleurs au point du jour l'arrose ;

La Grâce dans sa feuille, et l'Amour se repose,
Embaumant les jardins et les arbres d'odeur ;
Mais battue ou de pluie ou d'excessive ardeur,
Languissante elle meurt feuille à feuille déclose ;

<u>Ainsi</u> en ta première et jeune nouveauté,
Quand la terre et le ciel honoraient ta beauté
La Parque[1] t'a tuée, et cendre tu reposes.

Pour obsèques reçois mes larmes et mes pleurs,
Ce vase plein de lait, ce panier plein de fleurs,
Afin que vif, et mort, ton corps ne soit que roses.

P. de Ronsard, *Le Second Livre des Amours*, CVIII, 1578.

1. Les trois Parques étaient, dans l'Antiquité, des divinités représentant la mort.

EX. 7 Identifier et interpréter différentes figures d'analogie

TEXTE 14

1. Dans ce poème, les expressions soulignées correspondent à des figures d'analogie. Identifiez-les et donnez leurs composantes.

2. Quels sont les champs lexicaux dominants ? Quelle(s) signification(s) se dégagent de l'association des champs lexicaux et des figures d'analogie ?

→ OBJET D'ÉTUDE La poésie, p. 248

EX. 8 Récapituler et classer des instruments de comparaison

TEXTES 1, 6, 7, 8, 14 (P. 97 À 100)

Classez, en les identifiant, tous les mots-outils permettant de construire une comparaison et n'apparaissant pas dans les métaphores.

EX. 9 Analyser des métaphores picturales

1. Identifiez les trois objets qui figurent sur le tableau : qu'évoquent-ils pour vous ? Faites apparaître les analogies qui existent entre eux et les trois notions qu'ils évoquent.

2. En quoi la représentation picturale peut-elle, plus que les notions concernées, toucher la sensibilité de celui qui regarde ?

3. À partir du sens et du titre du tableau, expliquez ce qu'est une « vanité » et quelle est sa fonction.

TEXTE 14

Méditation grisâtre

Sous le ciel pluvieux noyé de brumes sales,
Devant l'Océan blême, assis sur un îlot,
Seul, loin de tout, je songe, au clapotis du flot,
Dans le concert hurlant des mourantes rafales.

Crinière échevelée ainsi que des cavales,
Les vagues se tordant arrivent au galop
et croulent à mes pieds avec de longs sanglots
Qu'emporte la tourmente aux haleines brutales.

Partout le grand ciel gris, le brouillard et la mer,
Rien que l'affolement des vents balayant l'air.
Plus d'heures, plus d'humains, et solitaire, morne,

Je reste là, perdu dans l'horizon lointain
Et songe que l'Espace est sans borne, sans borne,
Et que le Temps n'aura jamais... jamais de fin.

J. LAFORGUE, *Premiers Poèmes*, 1880.

PH. DE CHAMPAIGNE (1602-1674), *Vanité*, huile sur bois, 28,4 x 37,4 cm (musée Tessé, Le Mans).

ÉCRITURE

EX. 10 Inventer des périphrases

Inventez des périphrases pour désigner : *Internet, le roman policier, la photographie, l'Europe, le métro, l'écologie, la science-fiction.*

EX. 11 Inventer des comparaisons

En rapprochant deux caractéristiques comme le fait Paul Eluard lorsqu'il écrit : *La terre est bleue comme une orange*, inventez des comparaisons inattendues, mais cohérentes, pour évoquer le ciel, une ville, un paysage, la mer, des arbres en automne, une montagne enneigée…

EX. 12 Inventer des métaphores

Définissez les mots suivants par des métaphores filées originales : *le temps, la liberté, la jeunesse, chaque saison, la ville, la mer, la vie, la mort, l'amour, l'amitié.*

SYNTHÈSE

Les figures d'analogie et de substitution

Les figures d'analogie et de substitution font partie des figures dites « du signifié » : figures en relation avec le sens des mots. Elles jouent sur des **rapprochements**. Elles se construisent sur l'existence de liens, de points communs, de similitudes, entre des éléments que l'on rapproche. Ces figures sont créatrices et révélatrices d'images.

La personnification

Elle attribue des capacités et des caractéristiques humaines à des animaux ou à des choses. Elle utilise pour cela des mots réservés aux humains, adjectifs ou verbes, et les associe à des objets ou à des animaux.

EXEMPLE : « Les arbres sur ma route fuyaient »

G. DE NERVAL (→ p. 97).

La comparaison

Cette figure consiste aussi à rapprocher, mais en utilisant un mot-outil. Elle comporte quatre composantes : le **comparé** (*les arbres* dans le texte 1 → p. 97), le **comparant** ou élément de référence (une *armée*), un **outil de comparaison** (*ainsi que*) et le domaine ou le **thème de comparaison** (l'impression de mouvement de fuite et de désordre, suggérée par le verbe *fuyaient*). Les outils sont variés : conjonction (*comme, ainsi que, de la même façon que*...), verbe (*paraître, sembler, ressembler à*...), adjectif (*semblable, pareil, comparable à*...), comparatif (*plus... que*...), adverbe (*autant, plus, moins*...).

La comparaison explicite ou illustre un énoncé, le rend plus clair et plus vivant, parfois plus convaincant, en faisant appel à des références connues.

La métaphore

Plus complexe, cette figure est une **comparaison incomplète**. Le comparé est donné ainsi que le comparant (parfois juste suggéré), mais il n'y a pas d'outil de comparaison. Il appartient alors au lecteur de retrouver les analogies qui ont permis le rapprochement : couleur, forme, apparence, activité, caractéristiques...

EXEMPLE : « Ce fut la mer, la mer des céréales »

É. ZOLA (→ p. 113).

Ici, la plaine est assimilée à la mer parce que l'on peut rapprocher certains éléments, tels le mouvement des blés et celui des vagues, le caractère infini de l'étendue...

On parle de **métaphore filée** lorsqu'une métaphore se trouve développée à travers une succession de termes (strophe du texte 1 → p. 97) : de la plaine on passe à la mer, puis on évoque des voiles, ou la couleur bleue...

La métaphore est une **image** qui enrichit un énoncé par son originalité, son caractère inattendu. Elle crée ou révèle des **analogies** et des rapports entre des domaines différents, et donne souvent une vision complexe, avec des ramifications insolites, qui se prolongent dans le cas des métaphores filées.

La métonymie

Cette figure consiste à remplacer un mot par un autre ayant avec lui une relation de contiguïté (proximité), ou une relation logique (contenant/contenu, cause/effet, lieu/personne...).

EXEMPLE : dans « Paris s'éveille », le nom de la ville désigne ses habitants ; « une fine lame » pour désigner un escrimeur habile.

La synecdoque

Proche de la métonymie, la synecdoque consiste à remplacer un terme par un autre ayant avec le premier une relation d'inclusion (partie/tout).

EXEMPLE : « une voile » peut désigner un navire.

Métonymie et synecdoque permettent des raccourcis d'expression, souvent imagés parce qu'elles utilisent des éléments concrets.

La périphrase

Elle remplace un mot par une expression équivalente, mais qui évite de nommer directement une notion, une chose ou un être.

EXEMPLE : Rome est désignée par « la Ville éternelle », le XVIIIe siècle par « le siècle des Lumières ».

Le choix d'une périphrase peut correspondre à la volonté de préciser une notion, de l'illustrer, ou bien au désir de ne pas se faire comprendre de tout le monde.

L'allégorie

Elle représente une idée abstraite, une notion, un concept, sous la forme d'une personne qui l'incarne.

EXEMPLE : l'allégorie de la justice est une statue de femme, les yeux bandés, tenant d'une main une balance et de l'autre un glaive.

Cette figure a une valeur symbolique et un pouvoir fédérateur.

2 Les figures d'opposition

OBSERVATION

EX. 13 Repérer des oppositions

TEXTES 15 À 17

1. Dans ces extraits, des mots ont été soulignés parce qu'ils ont des sens opposés. En quoi ces oppositions consistent-elles ?

2. Trouvez d'autres mots opposés que l'on pourrait également souligner.

EX. 14 Observer différentes formulations d'opposition

TEXTE 18

L'extrait ci-contre est construit sur des oppositions : de quelles manières celles-ci sont-elles exprimées ?

EX. 15 Définir des oppositions

TEXTES 15 À 18

1. Donnez une définition du mot « opposition » à partir des textes.

2. Comment cette figure se met-elle en place dans chacune des phrases ?

→ OBJET D'ÉTUDE La poésie, p. 248

TEXTE 15

Plaisir n'ai plus, mais vis en déconfort.
Fortune m'a remis en grand douleur.
L'heur[1] que j'avais est tourné en malheur,
Malheureux est qui n'a aucun confort.

Cl. MAROT, *Œuvres poétiques*, 1538.

1. Bonheur.

TEXTE 16

Le merveilleux de cette entreprise infernale[1], c'est que chaque chef des meurtriers fait bénir ses drapeaux et invoque Dieu solennellement avant d'aller exterminer son prochain.

VOLTAIRE, *Dictionnaire philosophique*, 1764.

1. Il s'agit de la guerre.

TEXTE 17

Au peuple

Il[1] te ressemble ; il est terrible et pacifique.
Il est sous l'infini le niveau magnifique ;
Il a le mouvement, il a l'immensité.
Apaisé d'un rayon et d'un souffle agité,
Tantôt c'est l'harmonie et tantôt le cri rauque.

V. HUGO, *Châtiments*, VI, 9, 1853.

1. « Il » désigne l'océan.

TEXTE 18

J'ai voulu voyager, à la fin le voyage
M'a fait en ma maison mal content retirer ;
En mon étude seul j'ai voulu demeurer,
Enfin la solitude a causé mon dommage ;

J'ai voulu naviguer, enfin le navigage
Entre vie et trépas m'a fait désespérer ;
J'ai voulu pour plaisir la terre labourer,
Enfin j'ai méprisé l'état de labourage.

J'ai voulu pratiquer la science et les arts,
Enfin je n'ai rien su ; j'ai connu le hasard
Des combats carnassiers, la guerre ore m'offense :

Ô imbécillité de l'esprit curieux
Qui mécontent de tout de tout est désireux,
Et douteux n'a de rien parfaite connaissance.

J.-B. CHASSIGNET, *Le Mépris de la vie et consolation contre la mort*, 1594.

APPLICATION

EX. 16 Identifier et interpréter des figures d'opposition

TEXTES 19 ET 20

1. Repérez dans les deux poèmes tous les termes qui expriment des oppositions et classez-les (noms, verbes, adverbes, adjectifs…). Expliquez en quoi il y a opposition.

2. Quelle conclusion tirez-vous de ce classement : les deux textes évoquent-ils des situations similaires et peuvent-ils se prêter à la même interprétation ? Qu'est-ce qui diffère ?

→ OBJET D'ÉTUDE La poésie, p. 248

TEXTE 19

Je vis, je meurs ; je me brûle et me noie.
J'ai chaud extrême en endurant froidure ;
La vie m'est et trop molle et trop dure.
J'ai grands ennuis entremêlés de joie.

Tout à un coup je ris et je larmoie,
Et en plaisir maint grief[1] tourment j'endure ;
Mon bien s'en va, et à jamais il dure ;
Tout en un coup, je sèche et je verdoie.

Ainsi Amour inconstamment me mène.
Et quand je pense avoir plus de douleur,
Sans y penser je me trouve hors de peine.

Puis quand je crois ma joie être certaine,
Et être en haut de mon désiré heur[2],
Il me remet en mon premier malheur.

L. Labé, *Sonnets*, VII, 1555.

1. Grave. **2.** Ma chance.

TEXTE 20

Un jour qu'il faisait nuit

Il s'envola au fond de la rivière.
Les pierres en bois d'ébène les fils de fer en or et la croix sans branche.
Tout rien.
Je la hais d'amour comme tout un chacun.
Le mort respirait de grandes bouffées de vide.
Le compas traçait des carrés et des triangles à cinq côtés.
Après cela il descendit au grenier.
Les étoiles de midi resplendissaient.
Le chasseur revenait carnassière pleine de poissons sur la rive au milieu de la Seine.

R. Desnos, *Corps et biens*, © Gallimard, 1930.

→ OBJET D'ÉTUDE La poésie, p. 248

EX. 17 Analyser des oppositions

TEXTE 21

1. Repérez toutes les oppositions lexicales.

2. Précisez ce qu'elles opposent et classez-les selon qu'elles se rattachent à l'un ou à l'autre des deux mots composant le titre.

3. Quelle image du monde le texte révèle-t-il ? Appuyez-vous, pour répondre, sur les diverses connotations des deux termes du titre.

TEXTE 21

Nix et Nox[1]

Ce qui caractérise la tempête de neige, c'est qu'elle est noire. L'aspect habituel de la nature dans l'orage, terre ou mer obscure, ciel blême, est renversé : le ciel est noir, l'océan est blanc. En bas écume, en haut ténèbres. Un horizon muré de fumée, un zénith plafonné de crêpe. La tempête ressemble à l'intérieur d'une cathédrale tendue de deuil. Mais aucun luminaire dans cette cathédrale. Pas de feux Saint-Elme[2] aux pointes des vagues ; pas de flammèches, pas de phosphores : rien qu'une immense ombre. Le cyclone polaire diffère du cyclone tropical en ceci que l'un allume toutes les lumières et que l'autre les éteint toutes. Le monde devient subitement une voûte de cave. De cette nuit tombe une

1. En latin : neige et nuit. **2.** Étincelles produites par l'électricité atmosphérique.

poussière de taches pâles qui hésitent entre ce ciel et cette mer. Ces taches, qui sont les flocons de neige, glissent, errent et flottent. C'est quelque chose comme les larmes d'un suaire qui se mettraient à vivre et entreraient en mouvement. À cet ensemencement se mêle une bise forcenée. Une noirceur émiettée en blancheurs, le furieux dans l'obscur, tout le tumulte dont est capable le sépulcre[3], un ouragan sous un catafalque[4], telle est la tempête de neige.

V. HUGO, *L'Homme qui rit*, I, 2, 8, 1869.

3. Tombeau. **4.** Décoration d'un cercueil.

→ OBJET D'ÉTUDE Le roman et la nouvelle, p. 210

EX. 18 Observer des oppositions à l'intérieur d'un tableau

1. Repérez différentes oppositions visuelles dans le tableau de Rembrandt et exprimez-les à l'aide de mots eux-mêmes antithétiques.

2. Comment les oppositions visuelles sont-elles rendues picturalement ?

3. En quoi le titre du tableau aide-t-il le spectateur à mieux comprendre les différentes oppositions ?

H. VAN RIJN REMBRANDT (1606-1669), *Le Philosophe en méditation* (1632), huile sur bois, 28 x 34 cm (musée du Louvre, Paris).

EX. 19 Étudier des oppositions dans un texte d'idées

TEXTE 22

1. Dans cet extrait, un terme a été souligné au début du second paragraphe. À partir de ce terme, repérez tout ce qui s'oppose d'un paragraphe à l'autre à travers deux champs lexicaux différents.

2. À partir de ces oppositions, déterminez quelles sont les deux grandes idées contraires exprimées dans le texte. À qui chacune appartient-elle ?

3. Sur quelle figure d'analogie repose le second paragraphe ? Quels sont les deux éléments rapprochés ? Quels sont les points communs mis en relief ?

TEXTE 22

Le monde actuel est complexe, changeant. L'idée du législateur semble être qu'il faut donc faire à ces complexités et à ces changements la plus grande place possible, afin d'y habituer les jeunes en leur enseignant les données : les données sociales, en premier lieu, évidemment, et aussi les données politiques, techniques – en bref, l'actualité. Cela leur plaira plus, les intéressera plus, dans la mesure où l'enseignement rejoindra la presse, la télévision, les débats de la table familiale ou du groupe syndical. Ils ne seront pas désorientés, parce qu'ils seront immédiatement insérés, jetés dans le bain.

Je voudrais plaider, de toute mon âme, pour une démarche exactement <u>inverse</u>. Je crois que la force de tout enseignement par rapport aux « événements qui font l'histoire du monde » est d'imposer aux esprits un détour. Si l'on veut s'orienter convenablement, dans une promenade au cours de laquelle on doit retrouver son chemin, il faut prendre, en pensée, du recul. Il faut se retourner, voir d'où vient le chemin que l'on est en train de parcourir et où sont les repères, recourir à une carte, sur laquelle le paysage confus, masqué de buissons et d'arbres, d'ombres et de creux, se ramène à un tracé schématique, couvrant un horizon bien plus étendu et qui soudain rend compte du paysage. Il en va de même dans les choses de l'esprit.

J. DE ROMILLY, *L'Enseignement en détresse*, 1984,
in *Écrits sur l'enseignement*, © De Fallois, 1991.

→ OBJET D'ÉTUDE **Démontrer, convaincre, persuader, p. 298**

ÉCRITURE

EX. 20 Composer un texte avec des figures d'opposition

En utilisant diverses formes d'oppositions, faites le portrait d'un personnage changeant, qui accumule les incohérences et les contradictions dans des circonstances que vous préciserez.

EX. 21 Composer un texte à partir d'oppositions

À la manière de Louise Labé ou de Robert Desnos (TEXTES 19 ET 20, P. 103), composez un court texte poétique exprimant des contradictions affectives, ou des réalités et des actions en apparence peu cohérentes.

SYNTHÈSE

Les figures d'opposition

Les figures d'opposition, figures du signifié, expriment ce qu'il y a de **paradoxal**, de contradictoire entre des situations, des comportements, des êtres, des idées… Elles sont associées au **raisonnement** et sont souvent liées à la présence d'articulations logiques exprimant l'objection, l'opposition, la concession.

L'antithèse

Cette figure fait apparaître le caractère contradictoire, opposé, du sens de certains mots. On parle d'antithèse lorsque, dans un énoncé (phrase, texte, paragraphe, discours), des notions s'opposent.

EXEMPLE : le passé et le présent, le passé et l'avenir, le bien et le mal, la vertu et le vice, la jeunesse et la vieillesse, l'amour et la haine, la guerre et la paix…

L'oxymore

Il réunit dans une même expression deux termes nettement opposés, antinomiques, en un raccourci saisissant sur le plan du raisonnement et sur celui de l'imagination.

EXEMPLE : « cette obscure clarté » (CORNEILLE)
« le Soleil noir de la Mélancolie » (G. DE NERVAL)

Le chiasme

Figure complexe, le chiasme repose sur une organisation de la phrase dans laquelle deux éléments opposés entrent dans une construction inversée.

EXEMPLE :
« Et l'on voit de la flamme aux yeux des jeunes gens
Mais dans l'œil du vieillard on voit de la lumière. »

V. HUGO, *La Légende des siècles*, 1869-1877.

À partir de deux éléments opposés (ici *jeunes gens* et *vieillard*), le **chiasme** établit un parallélisme dans lequel les quatre éléments en jeu sont croisés.

L'antiphrase

c'est l'expression d'une idée par son contraire ; le ton utilisé et le contexte signalent que les mots ont un sens opposé à leur sens dénoté.

EXEMPLE : « C'est du joli » ou « C'est du propre » pour caractériser une action condamnable, une sottise.

L'antiphrase est une figure caractéristique du registre ironique (→ p. 190) : « l'harmonie des canons » (dans *Candide*, de Voltaire) est une antiphrase qui dénonce le faux caractère esthétique de la guerre.

3 Les figures d'atténuation et d'amplification

OBSERVATION

EX. 22 Repérer des figures d'atténuation ou d'amplification

TEXTES 23 À 26

Lisez attentivement ces extraits et dites si les expressions soulignées servent à amplifier ou à atténuer certaines idées, certaines situations.

EX. 23 Observer des procédés et leurs effets

TEXTES 23 À 25

Qu'est-ce qui est mis en relief dans ces trois textes ? par quels moyens ? Quels sont les effets produits sur le lecteur ?

TEXTE 26

Quel phénomène l'auteur souligne-t-il ? Quel effet le remplacement d'un terme par un groupe de mots produit-il ?

TEXTE 23

Le temps s'en va, le temps s'en va, ma Dame ;
Las ! le temps non, mais nous nous en allons,
Et tôt serons étendus sous la lame[1].

P. de Ronsard, *Continuation des Amours*, 1556.

1. Pierre tombale.

TEXTE 24

Je ne veux point fouiller au sein de la nature,
Je ne veux point chercher l'esprit de l'univers,
Je ne veux point sonder les abîmes couverts,
Ni dessiner du ciel la belle architecture.

J. du Bellay, *Les Regrets*, I, 1558.

TEXTE 25

Je m'en vais vous mander la chose la plus étonnante, la plus surprenante, la plus merveilleuse, la plus miraculeuse, la plus triomphante, la plus étourdissante, la plus inouïe, la plus singulière, la plus extraordinaire, la plus incroyable, la plus imprévue, la plus grande, la plus petite, la plus rare, la plus commune, la plus éclatante, la plus secrète jusqu'aujourd'hui, la plus brillante, la plus digne d'envie.

Mme de Sévigné, *Lettres*, 1670.

TEXTE 26

Finis les sourds, les aveugles, les culs-de-jatte, c'est l'âge des malentendants, des non-voyants, des handicapés ; les vieux sont devenus des personnes du troisième ou quatrième âge, les bonnes des employées de maison, les prolétaires des partenaires sociaux, les filles mères des mères célibataires. Les cancres sont des enfants à problèmes ou des cas sociaux, l'avortement est une interruption volontaire de grossesse.

G. Lipovetsky, *L'Ère du vide*, © Gallimard, 1983.

APPLICATION

EX. 24 Identifier et interpréter une figure d'amplification

TEXTE 27

Ce texte rapporte une situation de théâtre dans laquelle le diable joue son propre rôle. Repérez les mots qui expriment (ou qui créent) un effet d'amplification, d'exagération. Que mettent-ils en relief ?

→ OBJET D'ÉTUDE Le roman et la nouvelle / le registre fantastique, p. 210

EX. 25 Identifier et interpréter une figure d'amplification

TEXTE 28

1. Quelle figure peut-on observer dans l'extrait ? Quels effets produit-elle ?

2. Que met-elle particulièrement en relief ?

EX. 26 Repérer et interpréter des procédés d'amplification

TEXTE 29

1. Dans l'extrait suivant, qui retrace le combat de deux chevaliers, repérez tous les procédés d'amplification : quels effets produisent-ils ?

2. Que mettent-ils en relief ?

EX. 27 Récapituler et classer différents procédés d'amplification

En prenant appui sur certains textes de l'exercice 22 et sur les textes des exercices 24, 25, 26, établissez un tableau récapitulatif des différentes formes que peut prendre la figure de l'hyperbole

TEXTE 27

Ce qui produisait surtout un grand effet, c'était ce ricanement aigre comme le grincement d'une scie, ce rire de damné blasphémant les joies du paradis. Jamais acteur n'était arrivé à une telle puissance de sarcasme, à une telle profondeur de scélératesse : on riait et on tremblait. Toute la salle haletait d'émotion, des étincelles phosphoriques jaillissaient sous les doigts du redoutable acteur ; des traînées de flamme étincelaient à ses pieds ; les lumières du lustre pâlissaient, la rampe jetait des éclairs rougeâtres et verdâtres ; je ne sais quelle odeur sulfureuse régnait dans la salle ; les spectateurs étaient comme en délire, et des tonnerres d'applaudissements frénétiques ponctuaient chaque phrase du merveilleux Méphistophélès[1], qui souvent substituait des vers de son invention à ceux du poète, substitution toujours heureuse et acceptée avec transport.

TH. GAUTIER, *Récits fantastiques*, « Deux acteurs pour un rôle », 1841.

1. Nom du diable.

TEXTE 28

Liberté

Sur mes cahiers d'écolier
Sur mon pupitre et les arbres
Sur le sable sur la neige
J'écris ton nom

Sur toutes les pages lues
Sur toutes les pages blanches
Pierre sang papier ou cendre
J'écris ton nom

Sur les images dorées
Sur les armes des guerriers
Sur la couronne des rois
J'écris ton nom [...]

Et par le pouvoir d'un mot
Je recommence ma vie
Je suis né pour te connaître
Pour te nommer
Liberté.

P. ELUARD, *Poésie et vérité*, © Minuit, 1942.

TEXTE 29

Plus d'épée en leurs mains, plus de casque à leurs têtes.
Ils luttent maintenant, sourds, effarés, béants,
À grands coups de troncs d'arbre, ainsi que des géants.
Pour la cinquième fois, voici que la nuit tombe.
Tout à coup Olivier, aigle aux yeux de colombe,

S'arrête et dit :
– « Roland, nous n'en finirons point.
Tant qu'il nous restera quelque tronçon au poing,
Nous lutterons ainsi que lions et panthères.
Ne vaudrait-il pas mieux que nous devinssions frères ? »

V. Hugo, *La Légende des siècles*, première partie, X : « Le mariage de Roland », 1883.

EX. 28 Étudier une hyperbole dans une image

1. Observez le tableau de Picasso et dites d'où vient l'impression de gigantisme. Par quels moyens techniques cette impression est-elle créée ?

2. Qu'est-ce que ce tableau suggère d'autre que le gigantisme ?

3. Quels adjectifs pourriez-vous utiliser pour caractériser les deux femmes représentées ?

4. Quelles significations pourrait-on donner à ce tableau ?

P. Picasso (1881-1973), *Deux femmes courant sur la plage* ou *La Course* (1922), gouache sur contreplaqué, 32,9 x 41,5 cm (musée Picasso, Paris).

ÉCRITURE

EX. 29 Rédiger un texte comportant des figures d'accentuation ou d'atténuation

1. Réécrivez le « récit » de Raymond Queneau, extrait des *Exercices de style*, en remplaçant ou en accompagnant par des hyperboles les mots et expressions soulignés.

2. Reprenez ensuite le texte et remplacez une dizaine de mots ou d'expressions par des euphémismes.

3. Composez un texte personnel comportant de nombreuses figures d'atténuation.

Récit

Un jour vers midi du côté du parc Monceau, sur la plate-forme arrière d'un autobus à peu près complet de la ligne S [aujourd'hui 84], j'aperçus un personnage au cou fort long qui portait un feutre mou entouré d'un galon tressé au lieu de ruban. Cet individu interpella tout à coup son voisin en prétendant que celui-ci faisait exprès de lui marcher sur les pieds chaque fois qu'il montait ou descendait des voyageurs. Il abandonna d'ailleurs rapidement la discussion pour se jeter sur une place devenue libre.
Deux heures plus tard, je le revis devant la gare Saint-Lazare en grande conversation avec un ami qui lui conseillait de diminuer l'échancrure de son pardessus en en faisant remonter le bouton supérieur par quelque tailleur compétent.

R. Queneau, *Exercices de style*, © Gallimard, 1947.

SYNTHÈSE

Les figures d'amplification et d'atténuation

Les figures d'**amplification** et d'**atténuation**, figures du signifié, ont pour effet d'attirer l'attention par des exagérations, ou au contraire de minimiser certains faits ou certains états.

L'anaphore

Cette figure est la **répétition** d'un même mot ou d'une même expression en début de phrases, de propositions, de vers, ou de paragraphes qui se suivent.

EXEMPLE : « Rome, l'unique objet de mon ressentiment !
Rome, à qui vient ton bras d'immoler mon amant !
Rome qui t'a vu naître, et que ton cœur adore !
Rome enfin, que je hais parce qu'elle t'honore ! »

P. Corneille, *Horace*, IV, 5, 1640.

Une telle reprise a pour effet de rappeler sans cesse la même idée, et d'exprimer une persistance obsessionnelle.

L'hyperbole

Procédé qui exagère, l'hyperbole amplifie jusqu'au **paroxysme** l'expression d'une idée, d'une action, d'un sentiment. Tout devient gigantesque (ou minuscule). L'hyperbole se reconnaît aux superlatifs d'adjectifs et d'adverbes, au pluriel, aux termes collectifs, aux énumérations et accumulations.

EXEMPLE : « Et les hommes déboulèrent ensuite, deux mille furieux, des galibots, des haveurs, des raccommodeurs, une masse compacte qui roulait d'un seul bloc serrée, confondue. »

É. Zola, *Germinal*, 1885.

L'euphémisme

Cette figure permet d'**atténuer** la violence, le caractère cru, la force de certains mots ou de certaines notions. Proche parfois de la périphrase, parce qu'il « contourne » les termes pour les atténuer, l'euphémisme fait disparaître les connotations gênantes ou dévalorisantes qui s'attachent à certains termes.

EXEMPLE : « s'en aller », « disparaître » employés à la place de « mourir ».

La litote

Elle consiste à exprimer, indirectement et sous une forme négative (« ce n'est pas mal », « ce n'est pas impossible »), quelque chose d'affirmatif mais que l'on ne veut pas dire de manière catégorique.

EXEMPLE : « Va, je ne te hais point. »

P. Corneille, *Le Cid*.

La litote est ainsi une figure qui tient à la fois de l'atténuation, par l'apparence, et de l'insistance, par ce qu'elle dit réellement.

4 Les figures du signifiant

OBSERVATION

EX. 30 Repérer et observer des phénomènes sonores dans les textes

TEXTES 30 À 33

1. Dans les extraits ci-contre, repérez les effets de répétitions de sons : s'agit-il de sons vocaliques ou de sons consonantiques ?

2. Signalez d'autres phénomènes si vous en remarquez.

TEXTE 30

En m'ébattant je fais rondeaux en rime,
Et en rimant bien souvent je m'enrime ;
Bref, c'est pitié d'entre nous rimailleurs,
Car vous trouvez assez de rimes ailleurs,
Et quand vous plaît, mieux que moi rimassez.
Des biens avez et de la rime assez.

CL. MAROT, *Petite Épître au Roi*, 1519.

TEXTE 31

Et la mer et l'amour ont l'amer pour partage,
Et la mer est amère, et l'amour est amer,
L'on s'abîme en l'amour aussi bien qu'en la mer,
Car la mer et l'amour ne sont point sans orage.

P. DE MARBEUF, *Le Miracle d'Amour* (1596-1635).

TEXTE 32

Le plus beau vers de la langue française
« Le geai gélatineux geignait dans le jasmin »
Voici, mes zinfints,
Sans en avoir l'air
Le plus beau vers
De la langue française.

Ai, eu, ai, in
Le geai gélatineux geignait dans le jasmin…

Le poite aurait pu dire
Tout à son aise :
« Le geai volumineux picorait des pois fins »
Eh bien ! non, mes zinfints.
Le poite qui a du génie
Jusque dans son délire
D'une main moite
A écrit :
« C'était l'heure divine où, sous le ciel gamin,
LE GEAI GÉLATINEUX GEIGNAIT DANS LE JASMIN.

R. DE OBALDIA, *Innocentines*, © Grasset, 1969.

TEXTE 33

Nous étions faits pour être libres
Nous étions faits pour être heureux
Comme la vitre pour le givre
Et les vêpres pour les aveux
Comme la grive pour être ivre
Le printemps pour être amoureux

L. ARAGON, *Elsa*, « Un homme passe sous la fenêtre et chante » © Gallimard, 1959.

APPLICATION

EX. 31 Identifier et interpréter des phénomènes sonores

TEXTE 34

1. Repérez toutes les figures du signifiant (assonances, allitérations, paronomases). Quels effets sont ainsi créés ?

2. Sur quoi ces phénomènes sonores mettent-ils l'accent ?

→ OBJET D'ÉTUDE La poésie, p. 248

TEXTE 34

Avenue du Maine

Les manèges déménagent.
Manèges, ménageries, où ?... et pour quels voyages ?
Moi qui suis en ménage
Depuis... ah ! y a bel âge !
De vous goûter, manèges,
Je n'ai plus... que n'ai-je ?...
L'âge.
Les manèges déménagent.
Ménager manager
De l'avenue du Maine
Qui ton manège mène
Pour mener ton ménage !
Ménage ton manège
Manège ton manège.
Manège ton ménage
Mets des ménagements
Au déménagement.
Les manèges déménagent
Ah ! vers quels mirages ?
Dites pour quels voyages
Les manèges déménagent.

M. Jacob, « Les Œuvres burlesques et mystiques de frère Matorel », in *Saint Matorel*, © Gallimard, 1912.

EX. 32 Analyser des jeux sur les sonorités

TEXTE 35

1. Observez la rime unique sur laquelle est construit le poème suivant : quelle est sa relation avec le titre ?

2. À partir de ce constat, expliquez ce qu'a fait le poète et ce qu'il met en relief dans le poème. Tenez compte non seulement des figures du signifiant, mais aussi des métaphores.

3. Compte tenu des circonstances de composition, déterminez la visée du texte. En quoi les choix d'écriture sont-ils efficaces ?

→ OBJET D'ÉTUDE La poésie, p. 248

TEXTE 35

C

J'ai traversé les ponts de Cé[1]
C'est là que tout a commencé

Une chanson des temps passés
Parle d'un chevalier blessé

D'une rose sur la chaussée
Et d'un corsage délacé

Du château d'un duc insensé
Et des cygnes dans les fossés

De la prairie où vient danser
Une éternelle fiancée

Et j'ai bu comme un lait glacé
Le long lai[2] des gloires faussées

La Loire emporte mes pensées
Avec les voitures versées

Et les armes désamorcées
Et les larmes mal effacées

Ô ma France ô ma délaissée
J'ai traversé les ponts de Cé

L. Aragon, *Les Yeux d'Elsa*, © Seghers, 1945.

1. Lieu de passage des troupes françaises fuyant l'invasion allemande de 1940. **2.** Petit poème lyrique du Moyen Âge.

ÉCRITURE

EX. 33

Inventer un texte avec des paronomases

En prenant pour modèle le poème de Max Jacob (TEXTE 34, P. 111), composez un texte qui accumule des paronomases. Vous pouvez également jouer sur les assonances et sur les allitérations.

EX. 34

Jouer avec les sonorités des mots

En prenant comme modèle ce poème de Robert Desnos, inventez une histoire utilisant un grand nombre de mots écrits phonétiquement.

– Sœur Anne, ma sœur Anne, que vois-tu venir
vers Sainte-Anne ?
– Je vois les Pan C
– Je vois les crânes KC
– Je vois les mains DCD
– Je les M
– Je vois les pensées BC et les femmes ME
et les poumons qui en ont AC de l'RLO
poumons noyés des ponts NMI.
Mais la minute précédente est déjà trop AG.
– Nous sommes les arborescences qui fleurissent
sur les déserts des jardins cérébraux.

R. Desnos, *Corps et biens*, « P'Oasis », © Gallimard, 1930.

SYNTHÈSE

Les figures d'opposition

Certaines figures ne jouent pas directement sur le sens des mots, mais sur leur forme ou **signifiant** sonore, en répétant certains sons ou en combinant des lettres ; on les nomme « figures du signifiant ».

L'assonance

Elle se définit par la **répétition** d'un même son vocalique à l'intérieur d'un même groupe de mots, d'une phrase à l'autre, toujours de manière proche. Cette reprise d'un son, comme une **note de musique répétée**, attire l'attention sur les mots : une sorte de ligne sonore se dégage de cette répétition d'un même son. Certains mots, et leurs signifiés, se trouvent ainsi rapprochés et mis en relief.

EXEMPLE : « Il pleure dans mon cœur
Comme il pleut sur la ville ;
Quelle est cette langueur
Qui pénètre mon cœur ? »

P. Verlaine, *Romances sans paroles*, 1874.

L'allitération

Elle se définit comme la **reprise** de sons consonantiques, à l'intérieur d'un même groupe de mots ou d'une phrase à l'autre.

EXEMPLE : « Pour qui sont ces serpents qui sifflent sur vos têtes ? »

J. Racine, *Andromaque*, Acte V, scène 5, 1667.

La répétition de la même consonne attire l'attention par un **effet musical** sur certains mots, qui parfois imitent un son (ici le sifflement du serpent), créent une mélodie, ou accumulent les sonorités rudes [g, k, t, d]. En mettant en relief des mots par leur signifiant, cette figure attire l'attention sur leur signifié.

La paronomase

Elle consiste à rapprocher des **paronymes**, c'est-à-dire des termes qui sont eux-mêmes très proches par leurs sonorités.

EXEMPLE :
« La mère de l'amour eut la mer pour berceau. »

(Marbeuf → p. 110)

« Ménage ton manège » (M. Jacob → p. 111)

Particulièrement révélatrice de la richesse du langage et des mots, la paronomase fait surgir, comme la métaphore, des **rapprochements insolites.**

1 Analyser un extrait romanesque

C'était l'époque où la Beauce est belle de sa jeunesse, ainsi vêtue de printemps, unie et fraîche à l'œil, en sa monotonie. Les tiges grandirent encore, et ce fut la mer, la mer des céréales, roulante, profonde, sans bornes. Le matin, par les beaux temps, un brouillard rose s'envolait. À mesure que montait le soleil, dans l'air limpide, une brise soufflait par grandes haleines régulières, creusant les champs d'une houle, qui partait de l'horizon, se prolongeait, allait mourir à l'autre bout. Un vacillement pâlissait les teintes, des moires de vieil or couraient le long des blés, les avoines bleuissaient, tandis que les seigles frémissants avaient des reflets violâtres. Continuellement, une ondulation succédait à une autre, l'éternel flux battait sous le vent du large. Quand le soir tombait, des façades lointaines, vivement éclairées, étaient comme des voiles blanches, des clochers émergeant plantaient des mâts, derrière des plis de terrain. Il faisait froid, les ténèbres élargissaient cette sensation humide et murmurante de pleine mer, un bois lointain s'évanouissait, pareil à la tache perdue d'un continent.

É. Zola, *La Terre*, III, 1887.

→ OBJET D'ÉTUDE **Le roman et la nouvelle, p. 210**
Roman, personnage et société, p. 220

Lecture analytique

1. Dans l'extrait proposé, deux éléments se trouvent rapprochés : lesquels ? À travers quels champs lexicaux (au nombre de deux) les rapprochements se font-ils ?
2. Déterminez tous les points communs et identifiez les deux figures de rhétorique dominantes.
3. Quelle image le narrateur donne-t-il de la Beauce et sur quelles caractéristiques du paysage met-il l'accent par l'utilisation de ces deux figures ?

2 Commenter un texte poétique

Passage d'un poète

Le poète est passé : un remous dans l'argile
se dresse en monument,
avec soudain le bras qui se profile,
la lèvre et l'œil aimants.

Le poète est passé : le ruisseau qui hésite,
devient fleuve royal ;
il n'a plus de repos ni de limites :
il ressemble au cheval.

Le poète est passé ; au milieu du silence
s'organise un concert,
comme un lilas ; une pensée se pense,
le monde s'est ouvert.

Le poète est passé ; un océan consume
ses bateaux endormis.
La plage est d'or et tous les ors s'allument
pour s'offrir aux amis.

Le poète est passé : il n'est plus de délire
qui ne soit œuvre d'art.
Le vieux corbeau devient un oiseau-lyre.
Il n'est jamais trop tard

pour vivre quinze fois : si le poète hirsute
repasse avant l'été,
consultez-le car de chaque minute
il fait l'éternité.

A. Bosquet, *Un jour après la vie*, © Gallimard, 1984.

→ OBJET D'ÉTUDE **La poésie, p. 248**

Commentaire

Construisez et rédigez un commentaire en vous aidant des axes suivants:
1. Une anaphore qui structure le poème et l'évocation de domaines différents.
2. Le « passage » du poète et ses conséquences.
3. Le pouvoir du poète et ce qui le différencie des autres hommes.

8 Le système de l'énonciation

G. Caillebotte (1848-1894),
Au Café, Rouen (1880),
huile sur toile, 153 x 114 cm
(musée des Beaux-Arts, Rouen).

LIRE L'IMAGE

1. Repérez les éléments qui permettent d'identifier le lieu représenté. À quoi est-il possible de déterminer l'époque ?
2. Observez la composition du tableau à partir de ses lignes : que délimitent les verticales et les horizontales ? Comment est rendu l'effet de profondeur ? En quoi peut-on parler de plans successifs ?
3. Où se trouve le peintre ? Que voit chacun des personnages représentés ? Qu'est-ce qui vous paraît important dans cette représentation ?

1 L'énonciation

OBSERVATION

EX. 1 Repérer les indices de la présence du locuteur

TEXTE 1

1. À quels indices remarquez- vous la présence de celui qui parle ? Quelles indications les termes soulignés donnent-ils sur sa situation ?

2. À quel moment précis renvoie le présent des verbes en *italique* ?

TEXTE 1

En traçant ces derniers mots, ce 16 novembre 1841, ma fenêtre, qui donne à l'ouest sur les jardins des Missions Étrangères, est ouverte : il est six heures du matin ; *j'aperçois* la lune pâle et élargie ; elle *s'abaisse* sur la flèche des Invalides à peine révélée par le premier rayon de l'Orient. On croirait que l'ancien monde *finit*, et que le nouveau *commence*. Je *vois* les reflets d'une aurore dont je ne verrai pas se lever le soleil. Il ne me *reste* qu'à m'asseoir au bord de ma fosse : après quoi je descendrai hardiment, le crucifix à la main, dans l'éternité.

F.-R. DE CHATEAUBRIAND, *Mémoires d'outre-tombe*, 1848.

EX. 2 Déterminer l'origine de prises de position énoncées dans un texte

TEXTE 2

Dans l'extrait ci-contre, dites à qui appartiennent les idées, les constats soulignés : celui qui parle les partage-t-il ou s'en détache-t-il ? Précisez à partir de quels indices vous avez pu répondre.

TEXTE 2

L'on a prétendu que M. de Chateaubriand s'était décrit dans *René* ; et la femme la plus spirituelle de notre siècle, en même temps qu'elle est la meilleure, Mme de Staël, a été soupçonnée non seulement de s'être peinte dans *Delphine* et dans *Corinne*, mais d'avoir tracé de quelques-unes de ses connaissances des portraits sévères ; imputations bien peu méritées ; car, assurément, le génie qui créa *Corinne* n'avait pas besoin des ressources de la méchanceté, et toute perfidie sociale est incompatible avec le caractère de Mme de Staël, ce caractère si noble, si courageux dans la persécution, si fidèle dans l'amitié, si généreux dans le dévouement.

B. CONSTANT, préface de la seconde édition d'*Adolphe*, 1816.

EX. 3 Déterminer les marques de l'adhésion du locuteur aux idées énoncées

TEXTE 3

Quels termes signalent au lecteur que le locuteur adhère aux idées soulignées, ou bien qu'il s'en détache et les critique ?

TEXTE 3

Mais, pour étudier les hommes, faut-il parcourir la terre entière ? Faut-il aller au Japon observer les Européens ? Pour connaître l'espèce, faut-il connaître tous les individus ? Non ; il y a des hommes qui se ressemblent si fort, que ce n'est pas la peine de les étudier séparément. Qui a vu dix Français les a tous vus. Quoiqu'on n'en puisse pas dire autant des Anglais et de quelques autres peuples, il est pourtant certain que chaque nation a son caractère propre et spécifique, qui se tire par induction, non de l'observation d'un seul de ses membres, mais de plusieurs.

J.-J. ROUSSEAU, *Émile* ou *De l'éducation*, V, 1762.

APPLICATION

EX. 4 Identifier une situation d'énonciation particulière et l'interpréter

TEXTE 4

1. À quels termes percevez-vous la présence du locuteur ? Dans quelle situation se place-t-il pour donner son point de vue ?

2. Que pouvez-vous déduire de cette situation en ce qui concerne le point de vue énoncé ?

3. Qu'ont de particulier les raisonnements présentés ? Déterminez l'opinion du locuteur vis-à-vis de ce qu'il énonce.

EX. 5 Identifier des changements dans la situation d'énonciation

TEXTE 5

1. Identifiez les personnages désignés par « je » et par « vous » en tenant compte à la fois du paratexte et du texte.
a. Que se passe-t-il à partir de la ligne 6 ?
b. Qu'est-ce qui, dans le texte, vous permet d'identifier le « vous » qui figure de la ligne 6 à la fin ?
c. Quelle est l'utilité de cette modification de la situation d'énonciation pour celui qui parle ? pour le véritable interlocuteur ? pour le lecteur / spectateur ?

2. Quelle est la fonction des deux passages entre parenthèses ?

→ OBJET D'ÉTUDE **Genres et registres / la comédie, p. 236**

EX. 6 Comparer deux situations d'énonciation

Le texte de Montesquieu (TEXTE 4) et celui de Molière (TEXTE 5) reposent sur un procédé particulier sur le plan de l'énonciation : lequel ? Quelle est l'importance du mode verbal utilisé ?

TEXTE 4

Si j'avais à soutenir le droit que nous avons eu de rendre les nègres esclaves, voici ce que je dirais :

Les peuples d'Europe ayant exterminé ceux de l'Amérique, ils ont dû mettre en esclavage ceux de l'Afrique, pour s'en servir à défricher tant de terres. [...]

On peut juger de la couleur de la peau par celle des cheveux, qui, chez les Égyptiens, les meilleurs philosophes du monde, était d'une si grande conséquence[1], qu'ils faisaient mourir tous les hommes roux qui leur tombaient entre les mains.

Une preuve que les nègres n'ont pas le sens commun, c'est qu'ils font plus de cas d'un collier de verre que de l'or, qui, chez les nations policées[2], est d'une si grande conséquence.

Il est impossible que nous supposions que ces gens-là soient des hommes ; parce que, si nous les supposions des hommes, on commencerait à croire que nous ne sommes pas nous-mêmes chrétiens.

MONTESQUIEU, *De l'esprit des lois*, XV, 5, 1748.

1. Importance. **2.** Civilisées.

TEXTE 5

Sganarelle, valet de Don Juan, s'adresse à son maître qui vient de lui exposer les charmes de ses entreprises de séduction.

SGANARELLE. – Je ne parle pas aussi[1] à vous, Dieu m'en garde ! Vous savez ce que vous faites, vous, et, si vous ne croyez rien, vous avez vos raisons ; mais il y a de certains petits impertinents dans le monde qui sont libertins[2] sans savoir pourquoi, qui font les esprits forts, parce qu'ils croient que cela leur sied bien ; et, si j'avais un maître comme cela, je lui <u>dirais</u> fort nettement, le regardant en face : « Osez-vous bien ainsi vous jouer au[3] Ciel, et ne tremblez-vous point de vous moquer comme vous faites des choses les plus saintes ? C'est bien à vous, petit ver de terre, petit mirmidon[4] que vous êtes (je parle au maître que j'ai dit), c'est bien à vous à vouloir vous mêler de tourner en raillerie ce que tous les hommes révèrent. Pensez-vous que, pour[5] être de qualité, pour[5] avoir une perruque blonde et bien frisée, des plumes à votre chapeau, un habit bien doré, et des rubans couleur de feu (ce n'est pas à vous que je parle, c'est à l'autre), pensez-vous, dis-je, que vous en soyez plus habile homme, que tout vous soit permis, et qu'on n'ose vous dire vos vérités ? Apprenez de moi, qui suis votre valet, que le Ciel punit tôt ou tard les impies, qu'une méchante vie amène une méchante mort, et que... »

MOLIÈRE, *Dom Juan*, Acte I, scène 2 (extrait), 1665.

1. Non plus. **2.** Personnes qui ne croient ni à la morale religieuse, ni à la morale de la société. **3.** Vous moquer du ciel. **4.** Homme insignifiant. **5.** Parce que.

EX. 7 Identifier l'origine de prises de position différentes pour comprendre un texte

TEXTE 6

1. En prenant appui sur le lexique, dites en quoi consiste la « conception » du monde dont il est question dans les lignes 1 à 8. À qui appartient-elle ? À quel mode verbal est-elle exprimée ?

2. À quels indices pouvez-vous percevoir que le second paragraphe ne reprend pas le point de vue du premier ? À qui appartient la seconde conception ?

3. Dans le second paragraphe, quels termes mettent en relief les oppositions ?

TEXTE 6

Une certaine conception du monde place dans le passé l'âge d'or de l'humanité. Tout aurait été donné gratuitement à l'homme dans le paradis terrestre, et tout serait au contraire pénible et vicié de nos jours. Jean-Jacques Rousseau a donné une couleur populaire et révolutionnaire à cette croyance, qui est restée vive au cœur de l'homme moyen : ainsi l'on entend parler de la vertu des produits « naturels » et bien des Français croient que la vie d'autrefois était plus « saine » qu'aujourd'hui.

En réalité, tous les progrès actuels de l'histoire et de la préhistoire confirment que la nature naturelle est une dure marâtre pour l'humanité. Le lait « naturel » des vaches « naturelles » donne la tuberculose, et la vie « saine » d'autrefois faisait mourir un enfant sur trois avant son premier anniversaire. Et des deux qui restaient, dans les classes pauvres, un seul dépassait, en France encore et vers 1800, l'âge de 25 ans. À une humanité sans travail et sans technique, le globe terrestre ne donne qu'une vie limitée et végétative : quelques centaines de millions d'individus subsistant animalement dans quelques régions subtropicales.

J. Fourastié, *Pourquoi nous travaillons*, 1959, © PUF, coll. Que sais-je ?, 1984.

ÉCRITURE

EX. 8 Faire varier l'énonciation

Voici un bref énoncé que l'on doit au philosophe Alain : « Le bonheur de lire est tellement imprévisible qu'un lecteur exercé s'en étonne lui-même. » (*Propos*, 1906)

En ajoutant des termes et en changeant la formulation, transformez successivement la phrase de manière à faire comprendre que :

– cette idée vous appartient ;
– elle n'est pas de vous, mais que vous la partagez totalement ;
– vous n'êtes pas tout à fait d'accord avec ce point de vue et que vous vous interrogez sur son bien-fondé ;
– vous avez été d'accord avec cette idée, mais que vous ne la partagez plus ;
– d'autres sont d'accord avec cette idée, mais pas vous ;
– tout le monde adhère à cette idée ;
– personne ne partage l'idée du philosophe ;
– le philosophe Alain et d'autres, mais pas vous, partagent cette idée.

EX. 9 Faire varier l'énonciation d'une fable

Voici une fable de La Fontaine. Conservez le fil conducteur de l'histoire, mais modifiez-la pour faire comprendre que :

– vous êtes témoin et narrateur ;
– c'est l'âne qui raconte ;
– vous êtes le fabuliste présentant sa fable juste avant le début du récit ;
– vous présentez la fable en commençant ainsi : « Dans "L'Âne portant des reliques", La Fontaine met en scène… », puis vous racontez l'histoire.

L'Âne portant des reliques

Un Baudet, chargé de reliques,
S'imagina qu'on l'adorait.
Dans ce penser il se carrait[1],
Recevant comme siens l'encens et les cantiques.
Quelqu'un vit l'erreur et lui dit :
« Maître Baudet, ôtez-vous de l'esprit
Une vanité si folle.
Ce n'est pas vous, c'est l'idole
À qui cet honneur se rend,
Et que[2] la gloire en est due. »
D'un magistrat ignorant
C'est la robe qu'on salue.

J. de La Fontaine, *Fables*, V, 17, 1668.

1. Marchait avec orgueil. **2.** Et à qui…

SYNTHÈSE

L'énonciation

Tout texte est un énoncé émis par un émetteur à destination d'un récepteur (ou destinataire). On désigne par **énonciation** l'ensemble des conditions dans lesquelles l'énoncé est produit : **présence** de celui qui parle, **manière** dont il prend ou non à son compte ce qui est dit ou écrit, émotions, **points de vue**, jugements, **temps et lieu**, **présence** du destinataire.

L'émetteur

Le premier indice de la présence de celui qui parle est l'utilisation de la **première personne** du singulier (« je ») ou du pluriel (« nous »), qu'il faut alors savoir identifier exactement. Celui qui parle peut être aussi inclus dans le pronom indéfini « on », mais ce n'est pas toujours le cas. L'émetteur d'un énoncé cite parfois les paroles d'autres locuteurs : le passage d'un locuteur à l'autre est perceptible à la **ponctuation**, qui souligne la présence de paroles rapportées par des tirets, deux-points ou des guillemets. Il arrive aussi qu'un locuteur exprime dans son propre discours des idées auxquelles il n'adhère pas, et qu'il ne reprend pas à son compte. Les différences et les oppositions entre les idées, certaines articulations logiques, l'expression de la **subjectivité** font comprendre à qui appartiennent les prises de position. On le voit particulièrement dans les textes des exercices 1 à 3.

La subjectivité de celui qui parle s'exprime par des **modalisateurs** : parmi ceux-ci on peut citer les adverbes « peut-être, certainement, sans doute, certes »... et certains **modes** comme le conditionnel ou le subjonctif (→ p. 89). Les **connotations** valorisantes ou dépréciatives (→ p. 72), certaines **figures de rhétorique** (→ p. 105), certains **registres** comme l'ironie (→ pp. 101, 105, 109), certains **signes typographiques** comme les guillemets ou l'italique (→ p. 77) peuvent jouer le même rôle.

Le récepteur (ou destinataire)

Le récepteur (ou destinataire) est repérable à la présence de la **seconde personne** (« tu » ou « vous »). Connaître le destinataire (correspondant dans le cas d'une lettre, interlocuteur dans une conversation rapportée, lecteur contemporain d'une œuvre littéraire...) est une donnée importante pour celui qui lit un énoncé. C'est souvent le **contexte** qui permet son identification.

EXEMPLE : l'ordre « Frappez fort ! » n'aura pas le même sens selon qu'il est adressé aux visiteurs éventuels d'un bureau, à des publicitaires pour le lancement d'un produit ou à des boxeurs avant un match...

Le temps et le lieu de l'énonciation

On désigne par **temps de l'énonciation** le moment où le message est produit. Ce moment se reconnaît à l'emploi du **présent d'énonciation**, pris comme référence. C'est par exemple le moment où l'on écrit une lettre : les indications de temps, comme les adverbes « aujourd'hui, demain, hier, après-demain », ainsi que certains verbes au présent de l'indicatif renvoient à ce présent d'énonciation, **moment de l'écriture** (exercice 1 → p. 115).

Le **lieu de l'énonciation** est également important pour la compréhension d'un message : dans la phrase « Je suis ici », l'adverbe « ici » renvoie au lieu où se trouve le locuteur au moment où il parle (exercice 1 → p. 115).

Il est essentiel de savoir correctement identifier la **situation d'énonciation** (Qui parle ? à qui ? quand ? où ?) :
– pour ne pas se tromper sur l'identité du locuteur et l'origine des paroles qu'il rapporte éventuellement (exercices 4, 5, 7 → p. 116-117) ;
– pour bien comprendre à qui appartiennent les différentes prises de position ;
– pour mesurer l'adhésion du locuteur aux idées qu'il énonce et son implication personnelle dans la production des énoncés (exercices 1, 3, 4 → p. 115-116).

EXEMPLE : « D'ailleurs, qu'est-ce qu'un critique ? Un créateur raté et plein d'aigreur. S'il possédait un vrai talent, il composerait une œuvre personnelle et s'y consacrerait entièrement au lieu de commenter les livres des autres. Les critiques vivent en parasites de la littérature. On peut penser différemment. »

J. BRENNER, *Histoire de la littérature française de 1940 à aujourd'hui*, © Fayard, 1977.

La dernière phrase, séparée du paragraphe précédent, signale que l'émetteur du message ne prend pas à son compte le jugement négatif sur les critiques.

2 Récit et discours

OBSERVATION

EX. 10 Différencier ce qui appartient au récit et ce qui appartient au discours

TEXTES 7 À 9

Quelles différences pouvez-vous observer, dans chacun des extraits, entre la partie en couleurs et la partie mise entre crochets ? Comparez les temps des verbes, repérez les marques de la présence de celui qui parle (ou qui raconte).

EX. 11 Récapituler et classer des caractéristiques

TEXTES 7 À 9

À partir des trois extraits étudiés, récapitulez et classez les caractéristiques du récit et celles du discours.

TEXTE 7

C'était peut-être pour avoir des victimes un peu plus amusantes que ses grands-parents, que l'académicien et les cinq ou six autres subalternes qui leur faisaient la cour, qu'elle avait donné des espérances au marquis de Croisenois, au comte de Caylus et deux ou trois autres jeunes gens de la première distinction. Ils n'étaient pour elle que de nouveaux objets d'épigramme[1]. [Nous avouerons avec peine, car nous aimons Mathilde, qu'elle avait reçu des lettres de plusieurs d'entre eux, et leur avait quelque fois répondu. Nous nous hâtons d'ajouter que ce personnage fait exception aux mœurs du siècle. Ce n'est pas en général le manque de prudence que l'on reproche aux élèves du couvent du Sacré-Cœur.]

STENDHAL, *Le Rouge et le Noir*, 1830.

1. Court texte spirituel et piquant, écrit pour se moquer de quelqu'un.

TEXTE 8

Par un phénomène constant, son besoin de créer allait ainsi plus vite que ses doigts, il[1] ne travaillait jamais à une toile, sans concevoir la toile suivante. Une seule hâte lui restait, se débarrasser du travail en train, dont il agonisait ; sans doute, ça ne vaudrait rien encore, il en était aux concessions fatales, aux tricheries, à tout ce qu'un artiste doit abandonner de sa conscience ; mais ce qu'il ferait ensuite, ah ! ce qu'il ferait, il le voyait superbe et héroïque, inattaquable, indestructible. [Perpétuel mirage qui fouette le courage des damnés de l'art, mensonge de tendresse et de pitié, sans lequel la production serait impossible, pour tous ceux qui se meurent de ne pouvoir faire de la vie.]

É. ZOLA, *L'Œuvre*, 1885.

1. Il s'agit de Claude Lantier, qui est peintre.

TEXTE 9

Au Moyen Âge et dans les siècles qui suivirent, quand les paysans construisaient le Château pour les seigneurs, les paysans pouvaient se réfugier derrière son enceinte lorsque les armées étrangères, les pillards ou les Turcs les rançonnaient. [Où peuvent-ils se réfugier aujourd'hui ? Qui les protégera ? Je me le suis demandé ce matin après la messe, en découvrant, à demi effacé, dans la cour des chevaux, un aigle peint sur le mur, la tête altière, les ailes noires largement déployées, les serres ouvertes, prêtes à enlever ses proies et à les déchiqueter.]

BAPTISTE-MARREY, *Le Maître de Stammholz* (incipit),
© François Bourin, 1992.

APPLICATION

EX. 12 Différencier récit et discours dans le roman

TEXTE 10

1. Dans l'extrait ci-contre, différenciez ce qui appartient au récit et ce qui relève du discours.

2. De quelle manière le discours vous semble-t-il intervenir dans le récit ?

3. Quelle semble être l'étendue des connaissances et du pouvoir du narrateur ?

4. Quelles relations le narrateur instaure-t-il avec son lecteur ?

EX. 13 Différencier récit et discours dans le roman

TEXTE 11

Le texte ci-contre, extrait d'un roman écrit à la première personne, est composé de récit et de discours.

1. Distinguez ce qui relève de l'un et de l'autre, et précisez grâce à quels indices vous avez repéré cette double présence.

2. À quoi cette double présence correspond-elle dans le texte (contenu, époques et thèmes abordés, objectifs du narrateur...) ?

EX. 14 Différencier récit et discours dans l'autobiographie

TEXTE 12

1. Dans l'extrait suivant des *Confessions*, différenciez le récit et le discours : prenez appui sur les temps et sur l'ancrage dans la situation d'énonciation.

2. Que révèle, dans l'écriture autobiographique, l'alternance récit/discours ?

3. À quels moments de la vie du narrateur renvoient l'une et l'autre de ces modalités ? Qui raconte, et qui analyse ?

→ OBJET D'ÉTUDE **L'autobiographie, p. 260**

TEXTE 10

Le chirurgien s'étant approché du lit de Jacques, celui-ci ne lui laissa pas le temps de parler. J'ai tout entendu, lui dit-il... Puis, s'adressant à son maître, il ajouta... Il allait ajouter, lorsque son maître l'arrêta. Il était las de marcher ; il s'assit sur le bord du chemin, la tête tournée vers un voyageur qui s'avançait de leur côté, à pied, la bride de son cheval, qui le suivait, passée dans son bras.

Vous allez croire, lecteur, que ce cheval est celui qu'on a volé au maître de Jacques : et vous vous tromperez. C'est ainsi que cela arriverait dans un roman, un peu plus tôt ou un peu plus tard, de cette manière ou autrement ; mais ceci n'est point un roman, je vous l'ai déjà dit, je crois, et je vous le répète encore.

D. DIDEROT, *Jacques le Fataliste et son maître*, 1778-1780.

TEXTE 11

Je[1] ne sentais aucun besoin de société. Je jouissais même de mon isolement. Rome et mon âme me suffisaient. Je passai ainsi tout un long hiver ; depuis le mois d'octobre jusqu'au mois d'avril suivant, sans un jour de lassitude ou d'ennui. C'est au souvenir de ces impressions que dix ans après j'écrivis des vers sur Tibur[2].

VI

Maintenant, quand je recherche bien dans ma pensée toutes mes impressions de Rome, je n'en trouve que deux qui effacent, ou qui, du moins, dominent toutes les autres : le Colisée, cet ouvrage du peuple romain ; Saint-Pierre, ce chef-d'œuvre du catholicisme.

A. DE LAMARTINE, *Graziella*, 1852.

1. Le narrateur est un jeune homme voyageant en Italie. **2.** Ville près de Rome.

TEXTE 12

On ne put m'arracher l'aveu[1] qu'on exigeait. Repris à plusieurs fois et mis dans l'état le plus affreux, je fus inébranlable. J'aurais souffert la mort, et j'y étais assez résolu. Il fallut que la force même cédât au diabolique entêtement d'un enfant, car on n'appela pas autrement ma constance. Enfin je sortis de cette cruelle épreuve en pièces, mais triomphant.

Il y a maintenant plus de cinquante ans de cette aventure, et je n'ai pas peur d'être aujourd'hui puni derechef pour le même fait ; eh bien, je déclare à la face du Ciel que j'en étais innocent, que je n'avais ni cassé, ni touché le peigne, que je n'avais pas approché de la plaque, et que je n'y avais même pas songé. Qu'on ne me demande pas comment ce dégât se fit : je l'ignore et ne puis le comprendre. Ce que je sais très certainement, c'est que j'en étais innocent.

J.-J. ROUSSEAU, *Les Confessions*, Livre I, 1782 (1re publication posthume).

1. Le jeune Jean-Jacques, enfant, a été accusé d'avoir cassé un peigne. Le récit qu'il fait de cet épisode est ici démesurément exagéré.

EX. 15 Différencier récit et discours dans l'apologue

TEXTE 13

1. Dans cette fable, différenciez le discours et le récit en précisant les indices qui ont permis cette distinction.

2. Expliquez à quoi correspond, dans un apologue, cette double présence de récit et de discours, par rapport à la nature et à la fonction de ce genre littéraire.

→ OBJET D'ÉTUDE La fable, p. 270

TEXTE 13

La Poule aux œufs d'or

L'Avarice perd tout en voulant tout gagner.
Je ne veux pour le témoigner
Que celui dont la Poule, à ce que dit la fable,
Pondait tous les jours un œuf d'or.
Il crut que dans son corps elle avait un trésor.
Il la tua, l'ouvrit, et la trouva semblable
À celles dont les œufs ne lui rapportaient rien,
S'étant lui-même ôté le plus beau de son bien.
Belle leçon pour les gens chiches :
Pendant ces derniers temps, combien en a-t-on vus
Qui du soir au matin sont pauvres devenus
Pour vouloir trop tôt être riches ?

J. de La Fontaine, *Fables*, V, XIII, 1668.

EX. 16 Identifiez le récit et le discours dans un incipit de roman

TEXTE 14

1. Distinguez ce qui appartient d'une part au récit, d'autre part au discours. Précisez quels indices vous ont permis de faire cette distinction.

2. À partir de repérages lexicaux, définissez le thème du texte, le lieu de l'action et les relations entre les deux. Quelles informations sont données respectivement par le discours, le récit et les paroles rapportées ?

3. Observez la ponctuation du troisième paragraphe (l. 10-25) : sur quoi attire-t-elle l'attention du lecteur ? Dans quelle situation celui-ci est-il placé ?

→ OBJET D'ÉTUDE Roman, personnage et société, p. 220

TEXTE 14

Vers la fin du mois d'octobre dernier, un jeune homme entra dans le Palais-Royal au moment où les maisons de jeu s'ouvraient, conformément à la loi qui protège une passion essentiellement imposable. Sans trop hésiter, il monta l'escalier du tripot désigné sous le nom de numéro 36.

– Monsieur, votre chapeau, s'il vous plaît ? lui cria d'une voix sèche et grondeuse un petit vieillard blême, accroupi dans l'ombre, protégé par une barricade, et qui se leva soudain en montrant une figure moulée sur un type ignoble.

Quand vous entrez dans une maison de jeu, la loi commence par vous dépouiller de votre chapeau. Est-ce une parabole[1] évangélique et providentielle ? N'est-ce pas plutôt une manière de conclure un contrat infernal avec vous en exigeant je ne sais quel gage ? Serait-ce pour vous obliger à garder un maintien respectueux devant ceux qui vont gagner votre argent ? Est-ce la police, tapie dans les égouts sociaux, qui tient à savoir le nom de votre chapelier ou le vôtre, et si vous l'avez inscrit sur la coiffe ? Est-ce, enfin, pour prendre la mesure de votre crâne et dresser une statistique instructive sur la capacité cérébrale des joueurs ? Sur ce point l'administration garde un silence complet. Mais, sachez-le bien, à peine avez-vous fait un pas vers le tapis vert, déjà votre chapeau ne vous appartient pas plus que vous ne vous appartenez à vous-même : vous êtes au jeu, vous, votre fortune, votre coiffe, votre canne et votre manteau.

H. de Balzac, *La Peau de chagrin* (incipit), 1831.

1. Petit récit imagé servant à transmettre un enseignement moral.

ÉCRITURE

EX. 17 Composer un texte mêlant discours et récit

Reprenez le texte de Queneau qui sert de base aux *Exercices de style* (exercice 29 → p. 108). Développez le récit et complétez-le par un passage de discours adressé au lecteur et relatif à l'autobus, à la gare Saint-Lazare, au bouton du pardessus ou au personnage mis en scène.

EX. 18 Composer un texte autobiographique mêlant récit et discours

Composez un court texte d'autobiographie de fiction (il ne s'agit donc pas de votre vécu personnel) dans lequel un passage de récit sera suivi d'une analyse sous forme de discours, faite avec un décalage temporel important. Récit et discours seront à la première personne.

SYNTHÈSE

Récit et discours

La situation d'énonciation permet de classer traditionnellement les énoncés en deux grandes catégories, le **récit** et le **discours**.

Le récit

On désigne par **récit** les énoncés – le plus souvent à la **troisième personne** et au **passé** – dans lesquels le locuteur (ou narrateur) a tendance à s'effacer, à ne pas signaler sa subjectivité. On parle d'**énoncé « coupé » de la situation d'énonciation**.

Le temps et le lieu s'expriment de manière absolue (« à Paris », « un beau dimanche »...) et non en fonction du moment où est produit l'énoncé. Le présent joue le rôle d'un passé (présent de narration) ou exprime une vérité générale.

EXEMPLE : « Mais le cheval de Jacques fut d'un autre avis : le voilà qui prend tout à coup le mors aux dents et qui se précipite dans une fondrière. »

D. DIDEROT, *Jacques le Fataliste et son maître*, 1778-1780.

Le discours

Le terme **discours** – qu'il ne faut pas prendre dans le sens de paroles prononcées – désigne tout énoncé **« ancré » dans la situation d'énonciation** : celui qui émet un énoncé donne des indices de sa présence à travers des **pronoms personnels** (« je, on, nous, tu, vous »), et fait référence à la réalité immédiate en utilisant des **démonstratifs** (« ce matin »...), des **adverbes** de temps et de lieu comme « aujourd'hui, demain, ici, là » qui font référence au présent immédiat.

Le temps privilégié du discours est le **présent** à valeur immédiate ou le **passé composé**. Un texte d'idées dans lequel un locuteur exprime sa pensée appartient au discours, tout comme une lettre ou un journal intime dans lesquels figurent des références au moment et au lieu de l'écriture (exercices 12 et 13 → p. 120).

EXEMPLE : « 6 juillet. Je deviens fou. On a encore bu toute ma carafe cette nuit : ou plutôt, je l'ai bue ! »

G. DE MAUPASSANT, *Le Horla*, 1887.

Le récit et le discours peuvent coexister dans les textes. Le **passage de l'un à l'autre** est fréquent. On peut trouver la **présence de la première personne** (indice du discours) dans des énoncés que l'on identifiera comme du **récit** (dans l'autobiographie, par exemple), lorsque celui qui parle ne fait aucune référence au temps de l'énonciation et ne donne pas de marques de sa subjectivité.

EXEMPLE : « Ce ruban seul me tenta, je le volai et comme je ne le cachais guère, on me le trouva bientôt. On voulut savoir où je l'avais pris. »

J.-J. ROUSSEAU, *Les Confessions*, II, 1782.

3 Les paroles rapportées

OBSERVATION

EX. 19 Observer et identifier des paroles rapportées

TEXTES 15 À 18

1. Dans les quatre extraits, des passages ont été mis en valeur par la couleur. Repérez et identifiez tous les éléments qui permettent de déterminer qu'il s'agit de paroles rapportées.

2. Est-il toujours possible de préciser à qui appartiennent ces paroles ?

EX. 20 Identifier différentes manières de rapporter des paroles

TEXTES 15 À 18

1. Les paroles sont rapportées de manière différente dans ces textes. Indiquez les trois modalités qui permettent de rapporter des paroles à l'intérieur d'un énoncé et donnez leurs caractéristiques.

2. Expliquez pourquoi les paroles rapportées de manière indirecte libre sont difficiles à identifier.

TEXTE 15

Le mouvement perpétuel était dans ses petits bras et la clameur perpétuelle dans ses petits poumons : « Hardi ! encore des pavés ! encore des tonneaux ! encore des machins ! où y en a-t-il ? Une hottée de plâtras pour me boucher ce trou-là. C'est tout petit, votre barricade. Il faut que ça monte. Mettez-y tout, flanquez-y tout, fichez-y tout. Cassez la maison. »

V. Hugo, *Les Misérables*, IV, 12, 4, 1862.

TEXTE 16

En entrant dans le jardin, je vis sa chambre éclairée, et une pensée douteuse me traversa l'esprit. – Elle ne m'attend pas à cette heure, me dis-je ; qui sait ce qu'elle fait ? Je l'ai laissée en larmes hier ; je vais peut-être la retrouver en train de chanter, et ne se souciant pas plus de moi que si je n'existais pas. Elle est peut-être à sa toilette comme *l'autre*. Il faut que j'entre doucement et que je sache à quoi m'en tenir.
Je m'avançai sur la pointe du pied, et, la porte se trouvant par hasard entrouverte, je pus voir Brigitte sans être vu.

A. de Musset, *La Confession d'un enfant du siècle*, 1836.

TEXTE 17

Puis est venu le tour de Raymond, qui était le dernier témoin. Raymond m'a fait un petit signe et a dit tout de suite que j'étais innocent. Mais le président lui a dit qu'on ne demandait pas des appréciations mais des faits. Il l'a invité à attendre des questions pour répondre. On lui a fait préciser ses relations avec la victime. Raymond en a profité pour dire que c'était lui que cette dernière haïssait depuis qu'il avait giflé sa sœur.

A. Camus, *L'Étranger*, © Gallimard, 1942.

TEXTE 18

Ce blagueur[1] qui aimait rigoler des pattes cassées, les jours de verglas, était très vexé de son accident. Il manquait de philosophie. Il avait passé ces deux mois dans le lit, à jurer, à faire enrager le monde. Ce n'était pas une existence, vraiment, de vivre sur le dos, avec une quille ficelée et raide comme un saucisson. Ah ! il connaîtrait le plafond, par exemple ; il y avait une fente, au coin de l'alcôve, qu'il aurait dessinée les yeux fermés. Puis, quand il s'installa dans le fauteuil, ce fut une autre histoire. Est-ce qu'il resterait longtemps cloué là, pareil à une momie ?

É. Zola, *L'Assommoir*, 1877.

1. Il s'agit de Coupeau, tombé d'un toit pendant son travail.

APPLICATION

EX. 21 Identifier différents types de paroles rapportées pour interpréter un texte

TEXTE 19

1. Dans le texte de Zola, repérez les paroles rapportées au discours direct et précisez quels en sont les indices. Quels sont les effets de cette manière de rapporter les paroles ?

2. Délimitez des passages de récit et des passages de discours indirect libre ; précisez à partir de quels indices vous avez pu faire cette distinction.
En quoi chacune des deux modalités choisie est-elle adaptée au thème traité ?

3. a. En quoi est-il important de différencier le style indirect libre du récit ?
b. Qui raconte ?
c. À qui appartiennent les paroles rapportées ?
d. Dans quelle situation se trouve le narrateur qui utilise du discours indirect libre ?

→ OBJET D'ÉTUDE Roman, personnage et société, p. 220
L'argumentation, p. 298

TEXTE 19

Et, brusquement, il[1] conclut, sans hausser le ton.
– C'est dans ces circonstances, camarades, que vous devez prendre une décision ce soir. Voulez-vous la continuation de la grève ? et, en ce cas, que comptez-vous faire pour triompher de la Compagnie[2] ?
Un silence profond tomba du ciel étoilé. La foule, qu'on ne voyait pas, se taisait dans la nuit, sous cette parole qui lui étouffait le cœur ; et l'on n'entendait que son souffle désespéré, au travers des arbres.
Mais Étienne, déjà, continuait d'une voix changée. Ce n'était plus le secrétaire de l'association qui parlait, c'était le chef de bande, l'apôtre apportant la vérité. Est-ce qu'il se trouverait des lâches pour manquer à leur parole ? Quoi ! depuis un mois, on aurait souffert inutilement, on retournerait aux fosses, la tête basse, et l'éternelle misère recommencerait ! Ne valait-il pas mieux mourir tout de suite, en essayant de détruire cette tyrannie du capital qui affamait le travailleur ? Toujours se soumettre devant la faim jusqu'au moment où la faim, de nouveau, jetait les plus calmes à la révolte, n'était-ce pas un jeu stupide qui ne pouvait durer davantage ? Et il montrait les mineurs exploités, supportant à eux seuls les désastres des crises, réduits à ne plus manger, dès que les nécessités de la concurrence abaissaient le prix de revient. Non ! le tarif de boisage[3] n'était pas acceptable, il n'y avait là qu'une économie déguisée, on voulait voler à chaque homme une heure de son travail par jour. C'était trop cette fois, le temps venait où les misérables, poussés à bout, feraient justice. Il resta les bras en l'air. La foule, à ce mot de justice, secouée d'un long frisson, éclata en applaudissements, qui roulaient avec un bruit de feuilles sèches.

É. ZOLA, *Germinal*, IV, 7, 1885.

1. Étienne Lantier, à l'origine de la grève, tente de persuader les mineurs de ne pas reprendre le travail. **2.** La compagnie minière, propriétaire de la mine. **3.** Travail consistant à soutenir les galeries par des pièces de bois.

EX. 22 Identifier différents types de paroles rapportées

TEXTE 20

1. Dans le texte de Maupassant, distinguez, d'une part, les paroles rapportées au style direct ou indirect libre, et d'autre part, le récit. Qui raconte ? À qui appartiennent les paroles rapportées ?

2. Faites apparaître les étapes de la réflexion du personnage.
Le contenu de cette réflexion vous semble-t-il différent selon qu'il s'agit de récit ou de paroles rapportées directement ou indirectement ?

TEXTE 20

Mais une idée soudain l'assaillit : – Cette fortune[1] qu'il avait reçue, un honnête homme la garderait-il ? Il se répondit : « Non », d'abord, et se décida à la donner aux pauvres. C'était dur, tant pis. Il vendrait son mobilier et travaillerait comme un autre, comme travaillent tous ceux qui débutent. Cette résolution virile et douloureuse fouettant son courage, il se leva et vint poser son front contre les vitres. Il avait été pauvre, il redeviendrait pauvre. Il n'en mourrait pas, après tout. Ses yeux regardaient le bec de gaz qui brûlait en face de lui, de l'autre côté de la rue. Or, comme une femme attardée passait sur le trottoir, il songea brusquement à Mme Rosémilly[2], et il reçut au cœur la secousse des émotions profondes nées en nous d'une pensée cruelle. Toutes les conséquences désespérantes de sa décision lui apparurent en même temps. Il devrait renoncer à épouser cette femme, renoncer au bonheur, renoncer à tout. Pouvait-il agir ainsi, maintenant qu'il s'était engagé vis-à-vis d'elle ? Elle l'avait accepté le sachant riche. Pauvre, elle l'accepterait encore, mais avait-il le droit de lui demander, de lui imposer ce sacrifice ? Ne valait-il pas mieux garder cet argent comme un dépôt qu'il restituerait plus tard aux indigents ? Et dans son âme où l'égoïsme prenait des masques honnêtes, tous les intérêts déguisés luttaient et se combattaient. Les scrupules premiers cédaient la place aux raisonnements ingénieux, puis reparaissaient, puis s'effaçaient de nouveau.

G. DE MAUPASSANT, *Pierre et Jean*, VIII, 1888.

1. Jean, le héros, a reçu un héritage inattendu d'un ami de la famille et cet héritage est une cause de perturbation : il révèle en effet l'adultère commis par la mère. **2.** La femme qu'il doit épouser.

→ OBJET D'ÉTUDE **Roman, personnage et société, p. 220**
L'argumentation, p. 298

ÉCRITURE

EX. 23 Reconstituer un récit mêlé de paroles rapportées

À partir de cette planche de bande dessinée, reconstituez un récit fait à la troisième personne et insérez dans ce récit des éléments de discours indirect ou indirect libre correspondant aux paroles qui figurent dans les bulles.

Vous pouvez ajouter des éléments de monologue intérieur dans les vignettes 1 et 2.

Votre récit tiendra compte des lieux et permettra à un lecteur de comprendre une situation comme s'il n'avait pas les images sous les yeux.

Pour vous aider voici quelques éléments du récit : Nestor Burma est suivi, dans le métro, par une gitane dont il ne sait rien, mais dont la présence l'intrigue.

LÉO MALET - TARDI, *Brouillard au pont de Tolbiac*, © Casterman, 1982.

SYNTHÈSE

Les paroles rapportées

Rapporter des paroles prononcées peut se faire selon trois modalités : le style (ou discours) **direct**, le style **indirect** et le style **indirect libre**.

Le style (ou discours) direct

Annoncé ou non par un **verbe de parole** (« dire, répondre, affirmer, reprendre »...), le style direct est signalé par des **indices typographiques** : guillemets, tirets, deux-points, points d'exclamation et d'interrogation (exercices 19 et 20 → p. 123). Les paroles sont rapportées telles qu'elles ont été réellement prononcées, **sans changement de personne ni de temps**. Ces paroles prennent parfois la forme de monologue et se trouvent insérées dans le récit avec la disparition de certains indices, les guillemets notamment.

Le recours au style direct donne de la vivacité au texte, actualise les paroles et les restitue dans leur spontanéité, leur authenticité. Il met le lecteur en situation d'entendre, comme au théâtre, un dialogue « en temps réel », perçu directement, sans intermédiaire.

Le style (ou discours) indirect

Le style indirect insère, syntaxiquement, les paroles dans le texte environnant. Un **verbe introducteur** est alors suivi d'une ou de plusieurs **propositions subordonnées**, formant une phrase complexe. Les marques du style indirect sont l'absence de ponctuation significative des paroles rapportées directement, la présence d'une subordination, ainsi que la modification des pronoms, des adverbes de lieu et de temps et des temps verbaux.

EXEMPLE : « Comment avez-vous retrouvé ma trace ? » demandai-je. (*style direct*)
→ Je lui demandai comment il(s) avai(en)t retrouvé ma trace. (*style indirect*)

Les modifications imposées par le style indirect suppriment la spontanéité et atténuent l'impression d'authenticité des paroles, qui semblent mises à distance dans le temps et dans l'espace.

Le style (ou discours) indirect libre

Le style indirect libre est une manière de rapporter les paroles qui mêle le style direct et le style indirect. Les paroles ou les pensées d'un personnage sont données **sans subordination** : elles ne sont pas syntaxiquement rattachées à un verbe de parole ou de pensée, qui est souvent implicite. Elles s'intègrent au récit, avec les **modifications de temps** et **de personnes** du style indirect, mais en restituant le niveau de langue, le lexique et la ponctuation expressive des paroles originales.

EXEMPLE : Il regarda l'échelle et la hauteur du mur, et se dit : « Je n'y arriverai sans doute pas ! » (*style direct*)
→ Il regarda l'échelle et la hauteur du mur, et se dit que sans doute il n'y arriverait pas. (*style indirect*)
→ Il regarda l'échelle et la hauteur du mur : il n'y arriverait sans doute pas ! (*style indirect libre*)

Le style indirect libre est difficilement dissociable du **récit** : on ne peut pas toujours bien déterminer qui en est réellement le **locuteur**. Si le contenu des paroles relève du récit, celui qui les prononce est le **narrateur**. Au contraire, si le contenu des paroles est à attribuer, non au narrateur, mais au **personnage**, le lecteur devient l'interlocuteur direct du personnage et non celui du narrateur. Quant au narrateur, il semble devenir un simple porte-parole et n'a en aucun cas la responsabilité des paroles et des pensées du personnage.

EXEMPLE : dans le texte de Zola (texte 19 → p. 124), l'expression « Ne valait-il pas mieux mourir tout de suite ? » (l. 15-16) n'a pas le même sens, ni le même poids selon qu'on l'attribue au narrateur ou au personnage.

Si c'est le narrateur qui parle, il suggère lui-même ce que devraient faire les grévistes et se substitue à eux sans leur laisser la liberté de choisir leur destin. Si c'est le personnage, Étienne Lantier qui parle, le lecteur peut se rendre compte qu'il utilise cette suggestion comme un argument soulignant que le fait de subir la situation équivaut à la mort. Venues du personnage, les paroles ont une grande force : il s'agit bien de **son** discours et il montre ainsi sa conviction et ses qualités d'orateur.

4 Point de vue (ou focalisation)

OBSERVATION

EX. 24 Déterminer la situation et le pouvoir du narrateur

TEXTE 21

1. Repérez les indices montrant que le narrateur sait ce qui va se passer ou ce qui s'est passé, qu'il connaît les pensées et les sentiments de ses personnages.

2. Précisez et classez les informations qu'il détient.

TEXTE 21

Suzanne et Joseph étaient nés dans les deux premières années de leur arrivée à la colonie[1]. Après la naissance de Suzanne, la mère abandonna l'enseignement d'État. Elle ne donna plus que des leçons particulières de français. Son mari avait été nommé directeur d'une école indigène et, disait-elle, ils avaient vécu très largement malgré la charge de leurs enfants. Ces années-là furent sans conteste les meilleures de sa vie, des années de bonheur. Du moins c'était ce qu'elle disait.

M. Duras, *Un barrage contre le Pacifique*, © Gallimard, 1950.

1. Leurs parents se sont expatriés en Indochine, alors colonie française.

EX. 25 Définir un « angle de vue »

TEXTE 22

Dans l'extrait suivant, à travers le regard et la sensibilité de qui la présentation du jeune homme est-elle faite ? (Les termes soulignés vous mettent sur la voie.)

TEXTE 22

Sa présence d'esprit lui revint bientôt, et elle le regarda à son tour avec ce regard à la fois distrait et observateur que les gens du monde prennent quand ils veulent. C'était un grand jeune homme pâle, et dont les traits exprimaient le calme, mais un calme qui semblait provenir moins d'un état habituel de l'âme que de l'empire qu'elle était parvenue à prendre sur l'expression de la physionomie. Des rides déjà marquées sillonnaient son front. Ses yeux étaient enfoncés, les coins de sa bouche affaissés, et ses tempes commençaient à se dégarnir de cheveux. Cependant il n'avait pas plus de trente ans. Darcy était très simplement habillé, mais avec cette élégance qui indique les habitudes de la bonne compagnie et l'indifférence sur un sujet qui occupe les méditations de tant de jeunes gens. Julie fit toutes ces observations avec plaisir.

P. Mérimée, *La Double Méprise*, 1833.

EX. 26 Déterminer la position et le pouvoir du narrateur

TEXTE 23

Où est placé le narrateur par rapport à ce qu'il décrit ? Que décrit-il ?

TEXTE 23

La citadelle de Machaerous se dressait à l'orient de la mer Morte, sur un pic de basalte ayant la forme d'un cône. Quatre vallées profondes l'entouraient, deux vers les flancs, une en face, la quatrième au-delà. Des maisons se tassaient contre sa base, dans le cercle d'un mur qui ondulait suivant les inégalités du terrain ; et, par un chemin en zigzag tailladant le rocher, la ville se reliait à la forteresse, dont les murailles étaient hautes de cent vingt coudées, avec des angles nombreux, des créneaux sur le bord, et, çà et là, des tours qui faisaient comme des fleurons à cette couronne de pierres, suspendues au-dessus de l'abîme.

G. Flaubert, *Salammbô*, 1862.

EX. 27 Comparer trois extraits

TEXTES 21 À 23

Quelles différences remarquez-vous concernant :
– la position du narrateur par rapport aux scènes et aux éléments présentés ?
– sa situation par rapport au lecteur ?

APPLICATION

EX. 28 Identifier différents points de vue dans un texte

TEXTE 24

1. Dans le texte de Zola, identifiez les différents points de vue mis en jeu. Récapitulez et classez les indices qui permettent cette identification. Est-il toujours facile de distinguer ces points de vue avec certitude ? Pourquoi ?

2. En prenant appui sur le lexique, dites de quoi se compose le portrait et quelles en sont les connotations dominantes.

3. Qu'apportent au lecteur les variations de points de vue lorsqu'il s'agit, comme ici, d'un portrait inséré dans un récit ?

→ OBJET D'ÉTUDE Roman, personnage et société, p. 220

TEXTE 24

La demie sonna. Roubaud[1] marchait de long en large, tournant, au moindre bruit, l'oreille vers l'escalier. Dans son attente désœuvrée, en passant devant la glace, il s'arrêta, se regarda. Il ne vieillissait point, la quarantaine approchait, sans que le roux ardent de ses cheveux frisés eût pâli. Sa barbe, qu'il portait entière, restait drue, elle aussi, d'un blond de soleil. Et, de taille moyenne, mais d'une extraordinaire vigueur, il se plaisait à sa personne, satisfait de sa tête un peu plate, au front bas, à la nuque épaisse, de sa face ronde et sanguine, éclairée de deux gros yeux vifs. Ses sourcils se rejoignaient, embroussaillant son front de la barre des jaloux. Comme il avait épousé une femme plus jeune que lui de quinze années, ces coups d'œil fréquents, donnés aux glaces, le rassuraient.

Il y eut un bruit de pas, Roubaud courut entrebâiller la porte. Mais c'était une marchande de journaux de la gare, qui rentrait chez elle, à côté.

É. Zola, *La Bête humaine*, 1888.

1. Le personnage, dans son appartement, attend le retour de sa jeune femme, très en retard pour le dîner.

EX. 29 Identifier les variations de points de vue dans un texte

TEXTE 25

1. Identifiez les différents points de vue mis en jeu dans ce texte de Flaubert. À qui appartient la vision de Paris rapportée par le narrateur ? Précisez à partir de quels indices vous avez pu faire cette identification.

2. À partir des repérages lexicaux et des connotations, analysez ce qui est évoqué et sur quel ton.

3. Déduisez des réponses précédentes :
– les caractéristiques de la ville évoquée ;
– le caractère et l'état d'esprit d'Emma.

4. Le narrateur intervient parfois pour commenter, non plus pour raconter : relevez des indices de ces interventions (vocabulaire subjectif, figures de rhétorique, ponctuation...). Dans quelle situation le lecteur est-il placé par ces choix narratifs ?

→ OBJET D'ÉTUDE Roman, personnage et société, p. 220

TEXTE 25

Paris, plus vague que l'Océan, miroitait donc aux yeux d'Emma dans une atmosphère vermeille. La vie nombreuse qui s'agitait en ce tumulte y était cependant divisée par parties, classée en tableaux distincts. Emma[1] n'en apercevait que deux ou trois qui lui cachaient tous les autres, et représentaient à eux seuls l'humanité complète. Le monde des ambassadeurs marchait sur des parquets luisants, dans des salons lambrissés[2] de miroirs, autour de tables ovales couvertes d'un tapis de velours à crépines[3] d'or. Il y avait là des robes à queue, de grands mystères, des angoisses dissimulées sous des sourires. Venait ensuite la société des duchesses ; on y était pâle ; on se levait à quatre heures ; les femmes, pauvres anges ! portaient du point d'Angleterre[4] au bas de leur jupon, et les hommes, capacités méconnues sous des dehors futiles, crevaient leurs chevaux par partie de plaisir, allaient passer à Bade[5] la saison d'été, et, vers la quarantaine enfin, épousaient des héritières. Dans les cabinets de restaurants où l'on soupe après minuit, riait, à la clarté des bougies, la foule bigarrée des gens de lettres et des actrices. Ils étaient, ceux-là, prodigues comme des rois, pleins d'ambitions idéales et de délires fantastiques.

G. Flaubert, *Madame Bovary*, I, 9, 1857.

1. L'héroïne du roman vit en province et rêve d'aller à Paris, qu'elle imagine sans y être jamais allée. **2.** Dont les murs sont recouverts de miroirs. **3.** Sorte de frange ouvragée servant en décoration. **4.** Type de broderie. **5.** Ville d'Allemagne.

EX. 30 Étudier le jeu des points de vue et des regards dans un tableau

1. Que peut voir le personnage en regardant dans le miroir ? En particulier, imaginez quel peut être son champ de vision dans la profondeur du miroir.

2. Quelles sont les limites du champ de vision du spectateur qui regarde le tableau ? Dites où il est. Décrivez ce qu'il voit, ce qu'il peut imaginer. Quel pouvoir lui donne la présence du miroir ? Dans quelle situation se trouve-t-il par rapport à la scène représentée ?

3. La jeune femme peut-elle apercevoir le spectateur du tableau ? Répondez en donnant des justifications.

N. Rénier (1590-1667), *Jeune femme à sa toilette* (1626), huile sur toile, 130 x 105 cm (musée des Beaux-Arts, Lyon).

→ OBJET D'ÉTUDE **L'autobiographie, p. 260**

ÉCRITURE

EX. 31 Faire varier les narrateurs et les points de vue

Voici un texte rapportant une scène vécue par le narrateur. Récrivez le passage, au choix :

• *à la première personne :*
– le narrateur étant un des autres enfants ;
– la narratrice étant la mère du jeune Sartre ;

• *à la troisième personne :*
– en adoptant un point de vue omniscient (ajoutez des éléments de votre choix) ;
– en adoptant le point de vue du jeune Sartre ;
– en adoptant le point de vue d'un des autres enfants ;
– en adoptant le point de vue de la mère ;
– en adoptant le point de vue d'un témoin extérieur à la scène, neutre et objectif.

Il y avait une autre vérité. Sur les terrasses du Luxembourg[1], des enfants jouaient, je m'approchais d'eux, ils me frôlaient sans me voir, je les regardais avec des yeux de pauvre : comme ils étaient forts et rapides ! comme ils étaient beaux ! Devant ces héros de chair et d'os, je perdais mon intelligence prodigieuse, mon savoir universel, ma musculature athlétique, mon adresse spadassine[2] ; je m'accotais à un arbre, j'attendais. Sur un mot du chef de la bande, brutalement jeté : « Avance, Pardaillan[3], c'est toi qui feras le prisonnier », j'aurais abandonné mes privilèges. Même un rôle muet m'eût comblé ; j'aurais accepté dans l'enthousiasme de faire un blessé sur une civière, un mort. L'occasion ne m'en fut pas donnée : j'avais rencontré mes vrais juges, mes contemporains, mes pairs, et leur indifférence me condamnait. Je n'en revenais pas de me découvrir par eux : ni merveille ni méduse, un gringalet qui n'intéressait personne. Ma mère cachait mal son indignation : cette grande et belle femme s'arrangeait fort bien de ma courte taille, elle n'y voyait rien que de naturel : les Schweitzer[4] sont grands et les Sartre petits, je tenais de mon père, voilà tout.

J.-P. Sartre, *Les Mots*, © Gallimard, 1964.

1. Jardin public parisien. **2.** Comparable à celle d'un tueur à gage. **3.** Héros de romans de cape et d'épée. **4.** Nom de famille de la mère de Jean-Paul Sartre.

SYNTHÈSE

Narrateur et point de vue (ou focalisation)

Le récit d'une scène, la présentation d'un lieu ou d'une personne impliquent la présence de celui qui raconte ou qui voit, le **narrateur**, et le lecteur peut se demander comment ce narrateur présente les faits qu'il rapporte.

Trois situations sont envisageables dans le récit à la troisième personne :

– le point de vue d'un narrateur qui sait tout et voit tout ;
– le point de vue d'un personnage ;
– le point de vue extérieur d'un témoin assistant à la scène sans en connaître les circonstances, et s'en tenant à ce qu'il voit.

Ces trois façons de voir et de rapporter ce qui est vu correspondent à ce que l'on appelle la question des **points de vue** ou de la **focalisation**.

Le point de vue omniscient (focalisation zéro)

Certaines scènes sont rapportées par un narrateur qui **sait tout**, non seulement ce qui se passe, mais ce qui s'est passé avant, et tout ce qui concerne les différents éléments mis en jeu dans la scène : il est au courant des antécédents des personnages, il peut expliquer leur conduite, donner des précisions sur leur caractère, leurs pensées, leurs sentiments : on dit de ce narrateur qu'il est **omniscient** (exercice 24 → p. 127).

EXEMPLE : « Ce jeune homme, ce n'était ni un poète, ni un peintre, ni un musicien ; c'était un composé de tout cela ; c'était la peinture, la musique et la poésie réunies ; c'était un tout bizarre, fantasque, bon et mauvais, brave et timide, actif et paresseux : ce jeune homme, enfin, c'était Ernest-Théodore-Guillaume Hoffmann. »

A. DUMAS, *La Femme au collier de velours*, 1850.

Le point de vue (ou focalisation) interne

La seconde situation du narrateur est celle qui consiste à ne donner au lecteur que ce qu'un **personnage** voit. La scène rapportée est en quelque sorte « filtrée » par le **regard** et par la **sensibilité** de ce personnage.

Le narrateur ne dispose pas d'un angle de vision plus large que celui du personnage, n'a pas de connaissance supplémentaire. Il y a alors **coïncidence** exacte entre ce que voit le personnage et ce que dit le narrateur (exercice 25 → p. 127).

L'intérêt d'une telle situation est que le narrateur semble s'effacer et adopter une sensibilité qui n'est pas la sienne. On identifie cette situation à la présence de **verbes de perception** (« regarder, voir, entendre, sentir »…), dont le sujet grammatical est en général le personnage.

EXEMPLE : « Elle descendit au salon. Il était sombre derrière ses volets fermés et elle fut quelque temps avant d'y rien distinguer ; puis, son regard s'habituant à l'obscurité, elle reconnut peu à peu les hautes tapisseries où se promenaient des oiseaux. Deux fauteuils étaient restés devant la cheminée comme si on venait de les quitter. »

G. DE MAUPASSANT, *Une vie*, 1883.

Le point de vue (ou focalisation) externe

La troisième situation est celle du narrateur **témoin extérieur** de la scène rapportée, qui n'en saisit que ce qui est perceptible de façon **auditive** et **visuelle**. Le lecteur est alors mis exactement dans la même situation que le narrateur, qui ne sait rien de plus que lui et qui se limite à raconter ce qui se passe « devant » lui (exercice 26 → p. 127). Le narrateur n'a pas d'informations sur ce qui s'est passé avant, il semble découvrir les événements au moment même où ils se déroulent…

Cette situation n'est pas très fréquente. On la trouve plus particulièrement dans les **débuts de romans** et de **nouvelles**. Son intérêt romanesque est de susciter la curiosité du lecteur.

EXEMPLE : « Et le fiacre n'eut qu'à tourner, la maison se trouvait la seconde, une grande maison de quatre étages, dont la pierre gardait une pâleur à peine roussie, au milieu du plâtre rouillé des vieilles façades voisines. »

É. ZOLA, *Pot-Bouille*, 1882.

Il est intéressant d'identifier le point de vue selon lequel une scène est présentée : la modalité choisie est révélatrice des **relations** instaurées entre le narrateur, ses personnages et ses lecteurs. Dans un même texte, on peut passer d'un point de vue à un autre (exercices 28 et 29 → p. 128) : les **variations de points de vue** sont significatives de l'étendue des connaissances du narrateur, ou de sa volonté de restreindre le champ de vision du lecteur pour rendre perceptible la subjectivité à travers laquelle une scène est vue.

1 Commenter un texte poétique

La scène se passe en 1871, lors de la Commune, insurrection populaire.

Sur une barricade, au milieu des pavés
Souillés d'un sang coupable et d'un sang pur lavés,
Un enfant de douze ans est pris avec des hommes.
– Es-tu de ceux-là, toi ! – L'enfant dit : Nous en sommes.
– C'est bon, dit l'officier, on va te fusiller.
Attends ton tour. – L'enfant voit des éclairs briller,
Et tous ses compagnons tomber sous la muraille.
Il dit à l'officier : Permettez-vous que j'aille
Rapporter cette montre à ma mère chez nous ?
– Tu veux t'enfuir ? – Je vais revenir. – Ces voyous
Ont peur ! Où loges-tu ? – Là, près de la fontaine.
Et je vais revenir, monsieur le capitaine.
– Va-t'en, drôle ! – L'enfant s'en va. – Piège grossier !
Et les soldats riaient avec leur officier,
Et les mourants mêlaient à ce rire leur râle ;
Mais le rire cessa, car soudain l'enfant pâle,
Brusquement reparu, fier comme Viala[1],
Vint s'adosser au mur et leur dit : Me voilà.
La mort stupide eut honte, et l'officier fit grâce.
[...]

V. Hugo, *L'Année terrible*, juin 1871.

1. Jeune héros tué en 1793 dans un combat contre les royalistes.

→ OBJET D'ÉTUDE **La poésie, p. 248**

Commentaire

Construisez et rédigez un commentaire à partir des axes suivants : **1.** Une scène rapportée à travers l'alternance récit/discours. **2.** L'importance des paroles rapportées directement et des différents locuteurs. **3.** La leçon d'une scène de guerre à travers le jeu des oppositions.

2 Commenter un extrait de roman

Neuilly-sur-Seine était composée d'une douzaine de maisons en rondins. De vraies isbas[1] avec des toits recouverts de minces lattes argentées par les intempéries d'hiver, avec des fenêtres dans des cadres en bois joliment ciselés, des haies sur lesquelles séchait le linge. Des jeunes femmes portaient sur une palanche[2] des seaux pleins qui laissaient tomber quelques gouttes sur la poussière de la grand'rue. Des hommes chargeaient de lourds sacs de blé sur une télègue[3]. Un troupeau, dans une lenteur paresseuse, coulait vers l'étable. Nous entendions le son sourd des clochettes, le chant enroué d'un coq. La senteur agréable d'un feu de bois – l'odeur du dîner tout proche – planait dans l'air. Car notre grand-mère nous avait dit un jour en parlant de sa ville natale :

– Oh ! Neuilly à l'époque était un simple village… Elle l'avait dit en français, mais nous, nous ne connaissions que les villages russes. Et le village, en Russie, est nécessairement un chapelet d'isbas – le mot même *dérevnia* vient de *dérévno* l'arbre, le bois. La confusion fut tenace malgré les éclaircissements que les récits de Charlotte[4] apporteraient par la suite. Au nom de « Neuilly », c'est le village avec ses maisons de bois, son troupeau et son coq qui surgissait tout de suite. Et quand, l'été suivant, Charlotte nous parla pour la première fois d'un certain Marcel Proust, « à propos, on le voyait jouer au tennis à Neuilly, sur le boulevard Bineau », nous imaginâmes ce dandy aux grands yeux langoureux (elle nous avait montré sa photo) – au milieu des isbas !

A. Makine, *Le Testament français*, © Mercure de France, 1995.

1. Maison traditionnelle russe. **2.** Morceau de bois servant à porter deux seaux ou deux charges. **3.** Voiture tirée par des chevaux, utilisée en Russie. **4.** Charlotte est la grand-mère du narrateur.

→ OBJET D'ÉTUDE **Le roman et la nouvelle, p. 210**
Le récit biographique, p. 248

Commentaire

Construisez et rédigez un commentaire à partir des axes suivants : **1.** Une image originale de Neuilly. **2.** Les explications permettant de comprendre cette image. **3.** Le rôle du narrateur dans un récit autobiographique.

9 Métrique, rythme et versification

G. Balla (1871-1958), *Vitesse d'automobile* (1913), huile sur toile, 84 x 109 cm (musée d'Art moderne, Stockholm).

LIRE L'IMAGE

1. Observez la composition du tableau à partir de ses lignes (verticales, obliques, courbes) : que remarquez-vous ?
2. Identifiez les couleurs et définissez la manière dont elles sont disposées : quelles sont les relations entre la disposition des couleurs et les lignes ?
3. Rapprochez le tableau et son titre : en quoi peut-on parler de vitesse, de rythme, de mouvement ? Quels rapports pouvez-vous établir entre cette représentation et la notion de versification ?

1 Nature et rythme des vers

OBSERVATION

EX. 1 Identifier des vers

TEXTE 1

1. Observez les chiffres placés sous les mots : à quoi correspondent-ils ?

2. Donnez, si vous les connaissez, les noms des vers utilisés.

3. Comment appelle-t-on le fait de prononcer le mot « lion » en deux syllabes ?

EX. 2 Observer les syllabes accentuées

TEXTE 1

1. Lisez le texte à voix haute : que remarquez-vous en ce qui concerne les mots et les chiffres indiqués ?

2. Que pouvez-vous en déduire sur la manière dont se prononcent, en poésie, certaines syllabes ?

EX. 3 Percevoir le rythme d'un vers

TEXTE 2

Lisez le texte à voix haute et dites à quoi correspondent, dans la lecture, les accents mis au-dessus de certaines syllabes et les barres obliques. Que signalent les doubles barres ?

EX. 4 Observer des phénomènes particuliers dans les vers

TEXTES 3 ET 4

Lisez à voix haute les deux extraits en tenant compte de la ponctuation. Que remarquez-vous à la fin et au début de certains vers, en ce qui concerne la structure grammaticale et l'enchaînement des mots ? (Les mots soulignés vous mettent sur la voie.)

TEXTE 1

« Va-t-en, chétif Insecte, excrément de la terre. »
1 2 3 4 5 6 7 8 9 10 11 12
C'est en ces mots que le lion
1 2 3 4 5 6 7 8
Parlait un jour au moucheron.
1 2 3 4 5 6 7 8

J. de La Fontaine, *Fables*, II, 9 (extrait), 1668.

TEXTE 2

/ / /
Seigneur, / je ne saurais regarder d'un bon œil/
/ /
Ces vieux singes de cour, // qui ne savent rien faire, /
/ /
Sinon en leur marcher / les princes contrefaire, /
/ / /
Et se vêtir, / comme eux, // d'un pompeux appareil. /

J. du Bellay, *Les Regrets*, CL (extrait), 1558.

TEXTE 3

Hernani. – Hélas ! j'ai blasphémé ! Si j'étais à ta place,
Doña Sol, j'en aurais assez, je serais lasse
<u>De ce fou furieux</u>, de ce sombre insensé
<u>Qui ne sait</u> caresser qu'après qu'il a blessé.

V. Hugo, *Hernani*, Acte III, scène 4 (extrait), 1830.

TEXTE 4

C'est un trou de verdure où chante une rivière
<u>Accrochant</u> follement aux herbes des haillons
<u>D'argent</u> ; où le soleil, de la montagne fière,
<u>Luit</u> : c'est un petit val qui mousse de rayons.

A. Rimbaud, *Poésies*, « Le dormeur du val » (extrait), 1870.

APPLICATION

EX. 5 Numéroter les syllabes et identifier les vers

TEXTE 5

1. Dans l'extrait ci-contre, faites vous-même le travail de numérotation des syllabes. Quelles difficultés rencontrez-vous ?

2. Donnez le nom des vers.

EX. 6 Trouver et interpréter le rythme des vers

TEXTES 6 ET 7

1. Lisez à voix haute les deux extraits et faites apparaître le rythme des vers, en plaçant vous-même les barres obliques, les doubles barres et les accents.
a. Quelles sont les caractéristiques du rythme dans chacun des deux extraits ?
b. Quels sont les effets produits ?

2. Rapprochez le texte 7 du texte 6 : quelles différences de rythme percevez-vous ?

EX. 7 Observer et interpréter une utilisation particulière de l'alexandrin

TEXTE 8

1. Concernant l'alexandrin, quel phénomène pouvez-vous observer dans cet extrait théâtral ?

2. Quel est l'effet produit ?

EX. 8 Étudier l'effet produit par les enjambements

TEXTE 9

1. Observez les phénomènes d'enjambement et dites quel effet ils produisent.

2. Qu'est-ce qui, dans le texte, contribue à la mise en valeur des mots *aux*, *ô* et *son* ?

ÉCRITURE

EX. 9 Reprendre la structure métrique d'un texte

Composez un sizain versifié en prenant comme modèle le texte 7 : respectez exactement la structure métrique et la structure grammaticale, mais changez de thème.

TEXTE 5

J'étais insoucieux de tous les équipages,
Porteur de blés flamands ou de cotons anglais.
Quand avec mes haleurs ont fini ces tapages,
Les Fleuves m'ont laissé descendre où je voulais.

A. RIMBAUD, *Poésies*, « Le bateau ivre » (extrait), 1870.

TEXTE 6

La lune était sereine et jouait sur les flots.
La fenêtre enfin libre est ouverte à la brise,
La sultane regarde, et la mer qui se brise,
Là-bas, d'un flot d'argent brode les noirs îlots.

V. HUGO, *Les Orientales*, « Clair de lune » (extrait), 1829.

TEXTE 7

Le papillon, fleur sans tige,
Qui voltige,
Que l'on cueille en un réseau ;
Dans la nature infinie,
Harmonie
Entre la plante et l'oiseau !...

G. DE NERVAL, *Odelettes rythmiques et lyriques*, « Les papillons » (extrait), 1853.

TEXTE 8

DOÑA JOSEFA. – Moi vous cacher !
DON CARLOS. – Ici.
DOÑA JOSEFA. – Jamais !
DON CARLOS, *tirant de sa ceinture une bourse et un poignard.*
Daignez, madame,
Choisir de cette bourse ou bien de cette lame.

V. HUGO, *Hernani*, Acte I, scène 1 (v. 19-20), 1830.

TEXTE 9

Douces colonnes, aux
Chapeaux garnis de jour,
Ornés de vrais oiseaux
Qui marchent sur le tour,

Douces colonnes, ô
L'orchestre de fuseaux !
Chacun immole son
Silence à l'unisson.

P. VALÉRY, *Charmes*, « Cantique des colonnes » (extrait), © Gallimard, 1922.

SYNTHÈSE

Nature et rythme des vers

La **poésie versifiée** repose sur plusieurs éléments qui se combinent : les vers, les rythmes, les rimes et les sons. Le système de versification propre à une langue s'appelle la **métrique**.

Nature et mesure des vers

Les vers sont identifiables de manière visuelle et graphique : on s'arrête pour aller à la ligne, après un nombre défini de syllabes. Ils sont également repérables de manière auditive, par le retour régulier du nombre de syllabes prononcées.

EXEMPLE :

« Le vent court à brise abattue
1 2 3 4 5 6 7 8 (octosyllabe)
il court il court à perdre haleine »
1 2 3 4 5 6 7 8 (octosyllabe)

Cl. Roy, *Poésies*, © Gallimard, 1970

En fonction du nombre de syllabes, les vers sont appelés **monosyllabes** (1), **dissyllabes** (2), **trisyllabes** (3), **tétrasyllabes** (4), **pentasyllabes** (5), **hexasyllabes** (6), **heptasyllabes** (7), **octosyllabes** (8), **ennéasyllabes** (9), **décasyllabes** (10), **hendécasyllabes** (11), **alexandrins** (12). Les vers de plus de douze syllabes sont très rares.
Le décompte des syllabes d'un vers pose le problème du *e* muet. Il faut également tenir compte des phénomènes de diérèse, de synérèse et de hiatus.

- **Le e muet** : à l'intérieur du vers, le *e* habituellement muet qui termine un mot se prononce si le mot suivant commence par une consonne ou par un *h* aspiré.

EXEMPLE :

« Grand ange qui portez sur votre fier visag(e) »

(Ch. Baudelaire)

Si le mot suivant commence par une voyelle ou par un *h* muet, le *e* est muet, ne se prononce pas et ne compte donc pas comme une syllabe. On dit qu'il y a **élision**.

EXEMPLE :

« Horloge ! dieu sinistr(e), effrayant, impassibl(e) »

(Ch. Baudelaire)

Lorsque le *e* est suivi d'un *s* marquant le pluriel, et que le mot suivant commence par une voyelle ou par un *h* muet, le *s* se prononce dans la liaison et le *e* compte alors comme une syllabe prononcée. À la fin du vers, le *e* muet ne compte jamais.

EXEMPLE :

« Telles vous cheminez, stoïques et sans plaint(es) »

(Ch. Baudelaire)

- **Synérèse et diérèse** : dans la langue courante, deux voyelles successives se prononcent souvent en une seule syllabe (comme dans les mots « lion », « dieu », « rien »). Cette prononciation constitue une **synérèse**.
La prononciation du même mot en deux syllabes s'appelle une **diérèse**.

- **Hiatus** : ce terme désigne la rencontre de deux voyelles autres que le *e* muet (comme dans « j'ai eu » ou « j'ai été ») ; chaque voyelle compte alors pour une syllabe.

Rythme des vers

La nature même des vers est à l'origine d'un rythme régulier qui peut être modifié par le regroupement des syllabes. Ainsi, dans un **alexandrin**, on peut avoir deux groupes de six syllabes séparés par une forte pause, ou quatre groupes de trois syllabes (**tétramètre**), ou trois groupes de quatre syllabes (**trimètre**).

- En français, l'**accent tonique** porte sur la dernière syllabe prononcée d'un mot (mais jamais sur un *e* muet). Dans les groupes grammaticaux, les mots perdent leur accent individuel : l'accent tonique frappe la dernière syllabe prononcée du dernier mot de chaque groupe.

- Les éléments rythmiques sont séparés par des **pauses**, ou **coupes**, qui suivent les syllabes accentuées. La **césure** figure souvent au centre du vers, qu'elle partage en deux **hémistiches** égaux.

- Le rythme lié au nombre de syllabes peut encore être modifié lorsque la proposition ou la phrase ne se termine pas en même temps que le vers. Une phrase commencée dans un vers peut se poursuivre dans le vers suivant, obligeant le lecteur à ne pas interrompre sa lecture à la fin du vers. Ce phénomène est un **enjambement** (exercice 4 → p. 133).

- Le **rejet** désigne la brève partie de phrase qui se trouve reportée dans le vers suivant (exercice 4 → p. 133). Le **contre-rejet** est un bref début de phrase placé en fin de vers.

Rejet et contre-rejet ont pour effet d'attirer l'attention sur des mots ou des expressions importants, en les mettant **en relief** en fin ou en début de vers.

2 Les rimes et les sons

OBSERVATION

EX. 10 Retrouver la structure d'un poème et ses rimes

TEXTE 10

Un sonnet – de Baudelaire – est ici présenté sous forme prosaïque, avec des mots manquant à la rime. Reconstruisez-le en tenant compte des contraintes de forme du sonnet.

EX. 11 Repérer des phénomènes sonores

TEXTES 11 À 14

Observez les rimes, leur nature, leur disposition, puis repérez des phénomènes sonores à l'intérieur des vers. Désignez-les par leurs noms si vous les connaissez.

1. Se prononce « Wèbre ».

TEXTE 10

Ma jeunesse ne fut qu'un ténébreux orage, traversé çà et là par de brillants ... ; le tonnerre et la pluie ont fait un tel ravage, qu'il reste en mon jardin bien peu de fruits vermeils. Voilà que j'ai touché l'automne des idées, et qu'il faut employer la pelle et les râteaux pour rassembler à neuf les terres ..., où l'eau creuse des trous grands comme des ... Et qui sait si les fleurs nouvelles dont je rêve trouveront dans ce sol lavé comme une... le mystique aliment qui ferait leur vigueur ? – Ô douleur, ô douleur, ! Le Temps mange la vie, et l'obscur Ennemi qui nous ronge le cœur du sang que nous perdons croît et se fortifie !

TEXTE 11

Hé bien ! filles d'enfer, vos mains sont-elles prêtes ?
Pour qui sont ces serpents qui sifflent sur vos têtes ?

J. Racine, *Andromaque*, Acte V, scène 5 (extrait), 1667.

TEXTE 12

Il est un air pour qui je donnerais
Tout Rossini, tout Mozart, et tout Weber[1]
Un air très vieux, languissant et funèbre,
Qui pour moi seul a des charmes secrets ! [...]

G. de Nerval, *Odelettes rythmiques et lyriques*, « Fantaisie » (extrait) , 1853.

TEXTE 13

Voici venir les temps où vibrant sur sa tige
Chaque fleur s'évapore ainsi qu'un encensoir ;
Les sons et les parfums tournent dans l'air du soir ;
Valse mélancolique et langoureux vertige ! [...]

Ch. Baudelaire, *Les Fleurs du mal*, « Harmonie du soir » (extrait), 1857.

TEXTE 14

Une aube affaiblie
Verse par les champs
La mélancolie
Des soleils couchants.

La mélancolie
Berce de doux chants
Mon cœur qui s'oublie
Aux soleils couchants. [...]

P. Verlaine, *Poèmes saturniens*, « Soleils couchants » (extrait), 1866.

APPLICATION

EX. 12 Repérer des phénomènes sonores et interpréter leurs effets

TEXTES 15 ET 16

1. Repérez dans les extraits ci-contre tous les phénomènes sonores, à la rime et à l'intérieur des vers.

2. Donnez le nom des vers et caractérisez leur rythme.

3. Explicitez les relations qui existent entre les phénomènes sonores et le sens. Qu'est-ce qui est mis en valeur par le choix des rimes et la reprise des sonorités ?

TEXTE 15

Si[1] vous supplie, qu'à ce jeune rimeur
Fassiez[2] avoir un jour par sa rime heur[3].
Afin qu'on die[4], en prose ou en rimant :
« Ce rimailleur, qui s'allait enrimant,
Tant rimassa, rima et rimonna,
Qu'il a connu quel bien par rime on a. »

CL. MAROT, *Petite Épître au roi* (extrait), 1519.

1. Ainsi. **2.** Marot s'adresse au roi pour attirer son attention sur la condition des poètes. **3.** Du bonheur. **4.** Qu'on dise.

TEXTE 16

La nuit. La pluie. Un ciel blafard que déchiquette
De flèches et de tours à jour la silhouette
D'une ville gothique éteinte au lointain gris.
La plaine. Un gibet plein de pendus rabougris
Secoués par le bec avide des corneilles
Et dansant dans l'air noir des gigues nonpareilles,
Tandis que leurs pieds sont la pâture des loups.

P. VERLAINE, *Poèmes saturniens*, « Effet de nuit » (extrait), 1856.

EX. 13 Expliquer une association

TEXTE 17

On associe souvent la poésie versifiée (et les vers de Racine) à de la musique. Cherchez sur quoi repose ce rapprochement : d'où vient l'harmonie des vers, qu'est-ce qui évoque des rythmes musicaux ? Prenez appui sur les vers suivants pour illustrer votre réponse.

TEXTE 17

Pour jamais ! Ah ! Seigneur, songez-vous en vous-même
Combien ce mot cruel est affreux quand on aime ?
Dans un mois, dans un an, comment souffrirons-nous,
Seigneur, que tant de mers me séparent de vous ?
Que le jour recommence et que le jour finisse
Sans que jamais Titus puisse voir Bérénice,
Sans que de tout le jour je puisse voir Titus ?

J. RACINE, *Bérénice*, Acte IV, scène 5 (extrait), 1670.

ÉCRITURE

EX. 14 Composer des strophes à partir de vers et de rimes

En prenant les vers suivants pour point de départ, composez des strophes de quatre vers dont les rimes seront suivies, alternées ou embrassées. Respectez le nombre de syllabes de chacun des vers donnés, ainsi que l'alternance entre rimes féminines et rimes masculines.

1. *Il faut laisser maison et vergers et jardins* (P. DE RONSARD)
2. *Je te donne ces vers afin que si mon nom* (CH. BAUDELAIRE)
3. *J'ai longtemps cru la vie comme un brouillard d'automne* (M. JACOB)
4. *Les armes du sommeil ont creusé dans la nuit* (P. ELUARD)
5. *Au moment où s'ouvre la maison* (P. REVERDY)

SYNTHÈSE

Les rimes et les sons

La poésie versifiée repose aussi sur les **rimes**, retour, en fin de vers, du même son vocalique, accompagné ou non de consonnes environnantes. Les rimes ont une nature, des qualités et des dispositions différentes, qu'il faut savoir identifier.

Nature des rimes

- On appelle **rime féminine** toute rime terminée par un e muet (« -age », « -ienne », « -ure », « -ague », « -ide »...).
- On appelle **rime masculine** toute forme de rime qui n'est pas terminée par un *e* muet ou qui est terminée par une consonne (« -oux », « -ent », « -ons », « -oint », « -ché »).

Dans la poésie classique, jusqu'à la fin du XIXe siècle, la règle est de faire alterner régulièrement rimes féminines et rimes masculines.

Qualité des rimes

Les rimes sont considérées comme **pauvres, suffisantes** ou **riches** selon le nombre de phonèmes (sonorités) mis en jeu.

- **Rimes pauvres :** un seul phonème commun (« chanté » et « retiré », « couteau » et « troupeau »...).
- **Rimes suffisantes :** deux phonèmes communs (« têtu » et « sois-tu », « maudit » et « dit »...).
- **Rimes riches :** trois ou plus de trois phonèmes (« glaive » et « lève », « ivrogne » et « charogne », « prunelles » et « fraternelles »...).

Il faut distinguer les rimes dites pour l'oreille (« paraître » et « maître ») des rimes dites pour l'œil (« maître » et « mettre ») : on peut trouver comme rimes, pour ce dernier cas, « pareil » et « œil ».

Disposition des rimes

- On parle de **rimes suivies** ou **plates** lorsque deux rimes se suivent dans deux vers consécutifs (*aa*) ; on a ainsi la suite *aabb ccdd*...
- Les rimes sont dites **croisées** ou **alternées** lorsque l'on a la disposition *abab cdcd*.
- On utilise enfin le mot **embrassées** pour désigner les rimes disposées selon le schéma *abba cddc*.

Les rimes font revenir, à intervalles réguliers, des sons similaires ; elles ont une **fonction musicale**, comme la répétition d'une note dans un morceau de musique. Elles ponctuent les vers et signalent leur fin, doublant ainsi sur le plan auditif ce qui apparaît sur le plan rythmique. Leur rôle sonore peut également être complété des **assonances** et des **allitérations** (→ p. 112). Ce rôle peut enfin être rendu plus complexe et plus savant par l'utilisation de la même rime tout au long d'un poème (texte 35 → p. 111), la présence de la rime d'un vers à l'hémistiche du vers suivant (**rime intérieure**), ou le recours aux vers **holorimes**, qui reprennent intégralement les mêmes sonorités.

EXEMPLE :

« Dans ces meubles laqués, rideaux et dais moroses
Danse, aime, bleu laquais, ris d'oser des mots roses »
(attribué à TH. DE BANVILLE).

Associées aux mots qu'elles mettent en relief par la répétition sonore, les rimes, les assonances, les allitérations et les paronomases (→ p.112) ne doivent pas être étudiées pour elles-mêmes, mais toujours en relation avec ce qu'est le texte poétique : un énoncé mis en forme de manière **rythmée** et **musicale**.

3 Les formes fixes

OBSERVATION

EX. 15 Observer et définir la forme du rondeau

TEXTE 18

Voici un rondeau, forme poétique définie par des règles précises.

1. Lisez-le à haute voix puis donnez ses caractéristiques : longueur des vers, disposition et nature des rimes, nature des strophes, phénomènes particuliers.

2. À partir de cette observation, donnez une définition du rondeau.

→ OBJET D'ÉTUDE La poésie /les formes fixes, p. 248

TEXTE 18

Le temps a laissé son manteau
De vent, de froidure et de pluie,
Et s'est vêtu de broderie,
De soleil luisant, clair et beau.

Il n'y a bête ni oiseau
Qu'en son jargon ne chante ou crie :
Le temps a laissé son manteau !

Rivière, fontaine et ruisseau
Portent, en livrée[1] jolie,
Gouttes d'argent d'orfèvrerie,
Chacun s'habille de nouveau :
Le temps a laissé son manteau.

CH. D'ORLÉANS, *Rondeaux*, XXXI, 1462.

1. Distinction vestimentaire soulignant l'appartenance à un seigneur.

EX. 16 Observer et définir la forme fixe de la ballade

TEXTE 19

Voici une ballade, forme fixe différente du rondeau.

1. Lisez-la à haute voix et repérez ses éléments spécifiques : nature et organisation des vers, nombre, nature et organisation des strophes et rimes, phénomènes de reprise…

2. Récapitulez ces éléments pour donner une définition de la ballade.

→ OBJET D'ÉTUDE La poésie /les formes fixes / le lyrisme, p. 248

TEXTE 19

Chant de Mai et de Vertu

Volontiers en ce mois ici[1]
La terre mue et renouvelle.
Maints amoureux en font ainsi,
Sujets à faire amour nouvelle
Par légèreté de cervelle,
Ou pour être ailleurs plus contents.
Ma façon d'aimer n'est pas telle :
Mes amours durent en tout temps.

N'y a si belle dame aussi
De qui la beauté ne chancelle[2] :
Par temps, maladie ou souci
Laideur les tire en sa nacelle[3].
Mais rien ne peut enlaidir celle
Que servir sans fin je prétends,
Et pour[4] ce qu'elle est toujours belle
Mes amours durent en tout temps.

Celle dont je dis tout ceci,
C'est Vertu, la nymphe éternelle,
Qui au mont d'honneur éclairci
Tous les vrais amoureux appelle :
« Venez, amants, venez, dit-elle,
Venez à moi, je vous attends ;
Venez, ce dit la jouvencelle,
Mes amours durent en tout temps. »

ENVOI
Prince, fais amie immortelle
Et à la bien aimer entends[5],
Lors pourras dire sans cautelle[6] :
Mes amours durent en tout temps.

CL. MAROT, *Œuvres poétiques*, 1538.

1. Ce mois-ci. **2.** Mais aussi il n'y a pas de dame si belle que sa beauté ne diminue. **3.** Barque. **4.** Parce que. **5.** Fais attention à. **6.** Hypocrisie.

EX. 17 Observer et définir la forme fixe du sonnet

TEXTES 20 ET 21

Les deux textes ci-contre sont des sonnets, autre sorte de forme fixe. Mettez-les en parallèle pour déterminer leurs points communs en matière de nombre, nature et disposition des vers et des rimes. Observez aussi la ponctuation, des effets de rythme et de sonorités.
Construisez votre étude sous forme de tableau.

→ OBJET D'ÉTUDE La poésie /le lyrisme, p. 248

EX. 18 Définir des contraintes

1. Quelles contraintes se trouvent imposées par la présence du refrain dans un rondeau et dans une ballade (**TEXTES 18 ET 19**) ?

2. Quelles sont les contraintes de rimes imposées par le sonnet (**TEXTES 20 ET 21**) ?

3. En quoi ces contraintes constituent-elles des difficultés de composition ?

→ OBJET D'ÉTUDE La poésie /le lyrisme, p. 248

TEXTE 20

Quand vous serez bien vieille, au soir, à la chandelle,
Assise auprès du feu, dévidant et filant,
Direz, chantant mes vers, en vous émerveillant :
« Ronsard me célébrait du temps que j'étais belle ! »

Lors vous n'aurez servante oyant telle nouvelle,
Déjà sous le labeur à demi sommeillant,
Qui au bruit de mon nom ne s'aille réveillant,
Bénissant votre nom de louange immortelle.

Je serai sous la terre, et fantôme sans os
Par les ombres myrteux je prendrai mon repos ;
Vous serez au foyer une vieille accroupie,

Regrettant mon amour et votre fier dédain.
Vivez, si m'en croyez, n'attendez à demain :
Cueillez dès aujourd'hui les roses de la vie.

P. DE RONSARD, *Le Second Livre des sonnets pour Hélène*, XLIII, 1578.

TEXTE 21

À une passante

La rue assourdissante autour de moi hurlait.
Longue, mince, en grand deuil, douleur majestueuse,
Une femme passa, d'une main fastueuse
Soulevant, balançant le feston et l'ourlet ;

Agile et noble, avec sa jambe de statue.
Moi, je buvais, crispé comme un extravagant,
Dans son œil, ciel livide où germe l'ouragan,
La douceur qui fascine et le plaisir qui tue.

Un éclair… puis la nuit ! – Fugitive beauté
Dont le regard m'a fait soudainement renaître,
Ne te verrai-je plus que dans l'éternité ?

Ailleurs, bien loin d'ici ! trop tard ! *jamais* peut-être !
Car j'ignore où tu fuis, tu ne sais où je vais,
Ô toi que j'eusse aimée, ô toi qui le savais !

CH. BAUDELAIRE, *Les Fleurs du mal*, « Tableaux parisiens », 1857.

APPLICATION

EX. 19 Analyser les effets des contraintes dans la ballade

TEXTE 22

1. Dans chaque strophe, étudiez les liens thématiques qui existent entre le contenu de la strophe et le refrain qui la termine. Rattachez ces liens thématiques au titre.

2. En quoi peut-on parler d'une aggravation d'une strophe à l'autre ?

3. Quel est l'effet produit par le refrain ? Que précise l'envoi ?

4. Expliquez en quoi le choix de la ballade, forme médiévale, peut orienter le sens du poème et son interprétation.

5. Rapprochez cette ballade de celle de l'exercice 16. Quelles sont les similitudes de forme ? Laquelle des deux vous semble la plus travaillée ?

→ OBJET D'ÉTUDE La poésie / les formes fixes / le lyrisme, p. 248

TEXTE 22

Ballade du dernier amour

Mes souvenirs sont si nombreux
Que ma raison n'y peut suffire.
Pourtant je ne vis que par eux,
Eux seuls me font pleurer et rire.
Le présent est sanglant et noir ;
Dans l'avenir qu'ai-je à poursuivre ?
Calme frais des tombeaux, le soir !...
Je me suis trop hâté de vivre.

Amours heureux ou malheureux,
Lourds regrets, satiété pire,
Yeux noirs veloutés, clairs yeux bleus,
Aux regards qu'on ne peut pas dire,
Cheveux noyant le démêloir
Couleur d'or, d'ébène ou de cuivre,
J'ai voulu tout voir, tout avoir.
Je me suis trop hâté de vivre.

Je suis las. Plus d'amour. Je veux
Vivre seul, pour moi seul décrire
Jusqu'à l'odeur de tes cheveux,
Jusqu'à l'éclair de ton sourire,
Dire ton royal nonchaloir,
T'évoquer entière en un livre
Pur et vrai comme ton miroir.
Je me suis trop hâté de vivre.

ENVOI

Ma chanson, vapeur d'encensoir,
Chère envolée, ira te suivre.
En tes bras j'espérais pouvoir
Attendre l'heure qui délivre ;
Tu m'as pris mon tour. Au revoir.
Je me suis trop hâté de vivre.

CH. CROS, *Le Coffret de santal*, 1874.

APPLICATION

EX. 20 Analyser un sonnet particulier

TEXTE 23

1. Lisez attentivement le texte de Corbière : en quoi respecte-t-il les contraintes du sonnet ?

2. Prenez appui sur le lexique et sur les images pour faire apparaître la notion de « fabrication » et les différentes analogies établies entre le sonnet et d'autres domaines.

3. Quelle est l'originalité de ce texte ?

→ OBJET D'ÉTUDE La poésie / les formes fixes, p. 248

TEXTE 23

I Sonnet

Avec la manière de s'en servir
Réglons notre papier et formons bien nos lettres ;

Vers filés à la main et d'un pied uniforme,
Emboîtant bien le pas, par quatre en peloton ;
Qu'en marquant la césure, un des quatre s'endorme...
Ça peut dormir debout comme soldats de plomb.

Sur le *railway* du Pinde[1] est la ligne, la forme ;
Aux fils du télégraphe : – on en suit quatre, en long ;
À chaque pieu, la rime – exemple : *chloroforme*.
– Chaque vers est un fil et la rime un jalon.

– Télégramme sacré – 20 mots – Vite à mon aide...
(Sonnet – c'est un sonnet –) ô Muse d'Archimède[2] !
– La preuve d'un sonnet est par l'addition :

– Je pose 4 et 4 = 8 ! Alors je procède,
En posant 3 et 3 ! – Tenons Pégase[3] raide :
« Ô lyre ! Ô délire ! Ô... » – Sonnet – Attention !

Pic de la Maladetta, août.
T. CORBIÈRE, *Les Amours jaunes*, 1873.

1. Montagne de Grèce consacrée à Apollon et aux Muses. **2.** Savant grec (IIIe s. av. J.-C.). **3.** Cheval ailé de la mythologie, symbole de l'inspiration poétique.

EX. 21 Observer et interpréter des variations par rapport à un sonnet classique

TEXTE 24

Le poème ci-contre est un sonnet.

1. Dites précisément à quoi vous pouvez identifier cette forme fixe.

2. Repérez et classez les différences perceptibles par rapport aux sonnets de l'exercice 17 (→ p. 140). Sur quoi les irrégularités observées mettent-elles l'accent ? Déterminez le thème traité, la situation d'énonciation et l'originalité du texte, en tenant compte, notamment, des enjambements.

→ OBJET D'ÉTUDE La poésie / les formes fixes, p. 248

TEXTE 24

« Sois tranquille, cela viendra... »

Sois tranquille, cela viendra ! Tu te rapproches,
tu brûles ! Car le mot qui sera à la fin
du poème, plus que le premier sera proche
de ta mort, qui ne s'arrête pas en chemin.

Ne crois pas qu'elle aille s'endormir sous des branches
ou reprendre souffle pendant que tu écris.
Même quand tu bois à la bouche qui étanche
la pire soif, la douce bouche avec ses cris

doux, même quand tu serres avec force le nœud
de vos quatre bras pour être bien immobiles
dans la brûlante obscurité de vos cheveux,

elle vient, Dieu sait par quels détours, vers vous deux,
de très loin ou déjà tout près, mais sois tranquille,
elle vient : d'un à l'autre mot tu es plus vieux.

PH. JACCOTTET, *L'Effraie et autres poèmes*, © Gallimard, 1953.

ÉCRITURE

EX. 22 Composer un rondeau

En prenant modèle sur le texte de l'exercice 15, composez un rondeau respectant les règles de composition de ce poème à forme fixe. Vous pouvez choisir comme premiers vers (et refrain) deux des vers suivants, empruntés à Charles d'Orléans :

1. *Plus penser que dire*
   Me convient souvent
2. *Je ne suis pas de ces gens-là*
   À qui Fortune plaît et rit

EX. 23 Reconstruire un sonnet

Les vers du poème suivant ont été mélangés. Retrouvez sa structure, sachant qu'il s'agit d'un sonnet écrit en octosyllabes. (Le premier vers est souligné.)

L'homme ivre d'une ombre qui passe <u>sous les ifs noirs qui les abritent</u> sans remuer ils se tiendront les hiboux se tiennent rangés leur attitude au sage enseigne le tumulte et le mouvement dardant leur œil rouge ils méditent ainsi que des dieux étrangers où poussant le soleil oblique les ténèbres s'établiront jusqu'à l'heure mélancolique d'avoir voulu changer de place porte toujours le châtiment qu'il faut en ce monde qu'il craigne.

SYNTHÈSE

Les formes fixes

Tout en répondant aux règles contraignantes de la versification, certains poèmes, appelés **poèmes à forme fixe**, rondeau, ballade et sonnet, doivent se conformer à des régles très précises en ce qui concerne les rimes, la nature et la disposition des vers et des strophes.

Le rondeau

Le rondeau remonte au Moyen Âge. Il comporte quinze, treize ou douze vers construits sur **deux rimes** seulement et répartis en strophes imposées.

EXEMPLE : dans le texte 18 (→ p. 139), le rondeau comporte un ***quatrain*** (quatre vers), un ***tercet*** (trois vers), un ***quintil*** (cinq vers). Le premier vers est repris sous forme de ***refrain*** à la fin des deuxième et troisième strophes. La combinaison des rimes est soit *abba aba abbaa*, soit *cdcd dcc dcdcc*.
Les vers peuvent être des octosyllabes.

La ballade

Forme médiévale comme le rondeau, la ballade comporte en général trois strophes de huit octosyllabes ou décasyllabes (**huitains**), plus une demi-strophe (soit un quatrain), appelée **envoi**. L'ensemble, composé de vingt-huit vers (parfois trente), est construit sur **trois rimes** seulement. Le schéma des rimes est le suivant : *ababbcbc* avec, pour l'envoi, *bcbc*. Chaque strophe se termine par un même vers, le refrain, qui doit s'intégrer, par son sens et par sa syntaxe, à chaque fin de strophe.

EXEMPLES : c'est le cas de la ballade de Clément Marot (texte 19 → p. 139). La ballade de Charles Cros (texte 22 → p. 141) est construite, elle, sur quatre rimes, dont deux sont proches (« -ivre » et « -ire ») et son envoi comporte six vers : c'est un sizain, et non un quatrain.

Dans une ballade, traditionnellement, l'envoi désigne, en l'interpellant, le destinataire du poème.

Le sonnet

Inspiré de la poésie provençale et italienne antérieure au XVIe siècle, le sonnet est une forme fixe de quatorze vers, composée de **deux quatrains** et de **deux tercets** obligatoirement disposés dans cet ordre. Les rimes sont **embrassées** et **semblables** dans les deux quatrains (*abba abba*). Dans les tercets, apparaissent trois rimes nouvelles, dont la répartition est variable, soit *ccd ede*, soit *ccd eed*. Le sonnet est en général composé d'octosyllabes ou de décasyllabes.
Sa structure d'ensemble se prête à l'exposé d'une **double thématique**. Le dernier vers constitue la **chute** ou **pointe**, en relation logique de sens avec le reste du poème ou, parfois, inattendue. La **lecture analytique** d'un poème à forme fixe doit tenir compte de ses particularités : il y a toujours une étroite adaptation entre le sens et la forme.

4 Du vers rimé au vers libre

OBSERVATION

EX. 24 Observer une catégorie particulière de vers

TEXTES 25 À 27

Observez les extraits ci-contre : que remarquez-vous concernant la disposition des vers, leur longueur, leur rythme et leurs sonorités ?

EX. 25 Classer des caractéristiques

TEXTES 25 À 27

1. Établissez, à partir des quatre textes, une liste des caractéristiques de ce que l'on appelle le vers libre.

2. À quoi se rattache la notion de « liberté » ?

EX. 26 Analyser des spécificités

TEXTES 25 À 27

1. Cherchez sur quoi repose la longueur des vers dans les quatre extraits. Quels effets de rythme peut-on observer ?

2. Quels effets sonores attirent l'attention du lecteur ?

EX. 27 Trouver des relations entre les effets de structure et de son et le sens d'un texte

TEXTES 25 À 27

Étudiez les relations qui existent entre la structure du texte, les rythmes et les sons d'une part, les thèmes évoqués d'autre part. Qu'est-ce qui se trouve mis en relief dans chacun des extraits ?

TEXTE 25

Marine

Les chars d'argent et de cuivre
– Les proues d'acier et d'argent –
Battent l'écume, –
Soulèvent les souches des ronces –
Les courants de la lande,
Et les ornières immenses du reflux,
Filent circulairement vers l'est,
Vers les piliers de la forêt,
– Vers les fûts de la jetée,
Dont l'angle est heurté par des tourbillons de lumière.

A. RIMBAUD, *Illuminations*, 1886.

TEXTE 26

Prête-moi ton grand bruit, ta grande allure si douce,
Ton glissement nocturne à travers l'Europe illuminée,
Ô train de luxe ! et l'angoissante musique
Qui bruit le long de tes couloirs de cuir doré,
Tandis que derrière les portes laquées, aux loquets de cuivre lourd,
Dorment les millionnaires.

V. LARBAUD, *Les Poésies de A. O. Barnabooth*, « Ode » (extrait), © Gallimard, 1923.

TEXTE 27

Je vous écris d'un pays pesant

Aussi belle que la main de l'aimée
sur la mer.
Aussi seule.

J'écris pour vous. La douleur est un coquillage. On y écoute perler le cœur.

J'écris pour vous, au seuil de l'idylle, pour la plante aux feuilles d'eau, aux épines de flammes, pour la rose d'amour. J'écris pour rien, pour les mots luisants que trace ma mort, pour l'instant de vie éternellement dû.

Aussi belle que la main de l'aimée
sur le signe.
Aussi seule. […]

E. JABÈS, *L'Écorce du monde*, © Gallimard, 1955.

APPLICATION

EX. 28 Analyser un poème en vers libres

TEXTE 28

1. À partir du lexique, déterminez le thème du poème ci-contre ; puis précisez quelle est sa forme en observant la longueur et la disposition des rimes.

2. Établissez une liste de ce qui est mis en relief grâce à la disposition et à la longueur des vers.

3. En quoi le choix du vers libre peut-il paraître ici plus adapté au thème traité que le choix d'une versification classique ?

→ OBJET D'ÉTUDE La poésie / le vers libre, p. 248

TEXTE 28

J'ai été...

J'ai été professeur.

Il y a les savants qui enseignent.
Il y a les bons professeurs.
Et des tas d'autres : des outres pleines
Avec un tout petit trop-plein qu'ils déversent.
Un peu au-dessus,
Pas trop,
De leurs élèves.

J'ai rempli l'outre.
J'en ai mangé des manuels,
Des dictionnaires,
Des textes,
J'ai fait des résumés,
Épucé des bibliographies.

J'ai même essayé de comprendre,
D'aimer,
De faire aimer.
Et, quand les élèves bâillaient,
De faire rire.
Pédagogie : démagogie !
J'ai mis à l'outre des grelots.

Outre d'Éole[1], pleine de bagarres.
J'en ai tant fourré dans sa panse
De poètes qui s'entrenient,
D'acrobates qui se mystifient,
De techniques qui s'entredétruisent,
De mosaïques, de ciselures,
Et de surréelles visions,
Que les volées illuminées
Tombées des baisers des nuages
Des cils et des signes des nuits,
Montées des choses et des êtres,
Ont rebroussé leur chemin,
Et que le ruisseau de poèmes
Qui coulait de mon innocence
S'est desséché, a tari.

A. Spire, *Poèmes d'hier et d'aujourd'hui*, © José Corti, 1953.

1. Dieu des vents dans la mythologie grecque.

EX. 29 Analyser un poème en vers libres

TEXTE 29

1. Observez la disposition des vers du poème ci-contre et leur longueur : à quelle sorte de versification le texte semble-t-il appartenir ?

2. Peut-on parler de rimes, de rythme régulier, de vers semblables ?

3. Déterminez le thème du poème et rapprochez-le de la forme choisie : que remarquez-vous ?

EX. 30 Rapprocher deux textes

TEXTES 28 ET 29

En prenant appui sur les deux textes, expliquez la force du vers libre et la manière dont il permet, par la liberté qu'il procure, de rendre plus efficace l'expression des thèmes choisis et des prises de position.

EX. 31 Rapprocher les vers libres d'une représentation picturale

Le vers libre laisse au poète une liberté de création par rapport aux règles de la versification. Observez ce portrait et dites en quoi il se démarque d'une représentation conventionnelle : qu'a-t-il d'inattendu ? Comment s'expriment la liberté et la fantaisie du peintre ?

TEXTE 29

L'enfant qui battait la campagne

Vous me copierez deux cents fois le verbe :
Je n'écoute pas. Je bats la campagne.

Je bats la campagne, tu bats la campagne,
Il bat la campagne à coups de bâton.

La campagne ? Pourquoi la battre ?
Elle ne m'a jamais rien fait.

C'est ma seule amie, la campagne.
Je baye aux corneilles, je cours la campagne.

Il ne faut jamais battre la campagne :
on pourrait casser un nid et ses œufs.

On pourrait briser un iris, une herbe,
On pourrait fêler le cristal de l'eau.

Je n'écouterai pas la leçon.
Je ne battrai pas la campagne.

CL. ROY, *Enfantasques*, © Gallimard, 1974.

P. PICASSO (1881-1973), *Portrait d'un homme* (1967), huile sur toile, 91 x 72 cm (coll. privée).

ÉCRITURE

EX. 32 **Composer un texte en vers libres**

En vous inspirant des textes 25 à 27, composez un court poème en vers libres évoquant un voyage, un paysage ou un événement. Mettez en relief des effets de rupture ou de décalage, ainsi que des similitudes.

EX. 33 **Composer un poème à partir d'une phrase**

À partir de la phrase suivante, empruntée au poète Claude Roy, composez un bref poème en vers libres sur le thème de la nuit :
Elle est venue la nuit de plus loin que la nuit.

SYNTHÈSE

Du vers rimé au vers libre

S'opposant aux contraintes de la versification classique, certains poètes du XIXe puis du XXe siècle ont écrit de la poésie en vers dits « libres ». Ces vers n'ont pas de longueur régulière et ne riment pas ; ils n'ont pas non plus de coupe régulière. Leur caractère poétique naît de plusieurs éléments.

Un rythme particulier et imprévisible

Dans les vers libres, le rythme vient essentiellement de l'adaptation de la **longueur** du vers à la structure de la phrase, ou inversement. Un vers peut ainsi se trouver réduit à un seul mot, mis en relief parce qu'il occupe une ligne à lui tout seul et qu'il attire ainsi l'attention.

Une disposition typographique originale

La disposition dans la page du poème en vers libres n'obéit à aucun impératif ; elle dépend des seuls choix du poète. La disposition peut être liée à la présence de **répétitions** qui font débuter plusieurs vers de la même manière. Elle peut être associée à l'**alternance** de vers courts et de vers longs, à la volonté d'accentuer le rythme par une série de vers très courts, ou de rallonger les phrases en les inscrivant dans des vers longs. Elle peut aussi être liée à des effets sonores qui, sans être des rimes, créent des **échos** d'un vers à l'autre.
En l'absence de règles, le poète utilise la liberté qui lui est donnée de créer sa propre mise en page.

EXEMPLE : le texte de Valéry Larbaud (texte 26 → p. 144) peut évoquer, par des vers plus longs, l'image du train et suggérer son allure.

Des figures de rhétorique

La poésie non rimée repose, comme la poésie traditionnelle, sur des **images**, des **analogies**, des rapprochements inattendus, des **oppositions**, des procédés d'**amplification** ou d'**atténuation**, des jeux sur les **sonorités**, autant de figures de rhétorique qui se combinent parfois avec des niveaux de langue variés…

EXEMPLE :

Pas vu la comète
Pas vu la belle étoile
Pas vu tout ça

Pas vu la mer en flacon
Pas vu la montagne à l'envers
Pas vu tant que ça

Mais vu deux beaux yeux
Vu une belle bouche éclatante
Vu bien mieux que ça

R. DESNOS, *Destinée arbitraire*, « Pas vu ça »,
© Gallimard, 1930-1939.

Les poèmes en vers libres sont souvent difficiles à analyser et à interpréter, par manque de repères. On peut cependant procéder de la même manière que pour les autres poèmes, en cherchant les **éléments lexicaux**, les **effets sonores**, les **images** et les **rythmes**, qui ne sont pas donnés d'emblée par une forme conventionnelle.

5 Le poème en prose

OBSERVATION

EX. 34 Repérer et observer des éléments caractéristiques

TEXTE 30

Le texte ci-contre est défini par son auteur comme un « poème en prose ».

1. Observez sa structure, le type des phrases qui le composent, les répétitions, les rythmes, les sonorités, les choix lexicaux, les images, la ponctuation…

2. Qu'est-ce qui est propre à la prose ? Qu'est-ce qui s'apparente à la poésie ?

→ OBJET D'ÉTUDE La poésie / le poème en prose, p. 248

TEXTE 30

Le port

Un port est un séjour charmant pour une âme fatiguée des luttes de la vie. L'ampleur du ciel, l'architecture mobile des nuages, les colorations changeantes de la mer, le scintillement des phares, sont un prisme merveilleusement propre à amuser les yeux sans jamais les lasser. Les formes élancées des navires, au gréement compliqué, auxquels la houle imprime des oscillations harmonieuses, servent à entretenir dans l'âme le goût du rythme et de la beauté. Et puis, surtout, il y a une sorte de plaisir mystérieux et aristocratique pour celui qui n'a ni curiosité ni ambition, à contempler, couché dans le belvédère ou accoudé sur le môle[1], tous ces mouvements de ceux qui partent et de ceux qui reviennent, de ceux qui ont encore la force de vouloir, le désir de voyager ou de s'enrichir.

CH. BAUDELAIRE, *Petits poèmes en prose*, 1869.

1. Jetée.

EX. 35 Repérer et observer des éléments caractéristiques

TEXTE 31

Ce texte est un poème en prose sur le même thème que le précédent.

1. Observez sa structure, le type des phrases, les rythmes, les sonorités, les images, la « chute » finale.

2. Déterminez ce qui appartient à la prose et ce qui évoque la poésie.

→ OBJET D'ÉTUDE La poésie / le poème en prose, p. 248

TEXTE 31

Port

La longue avenue, le ciel gris et les derniers étages, avec des têtes plus pâles qui montent le long du parapet. La petite maison figure assez bien le cottage. La rue s'enfonce entre les murs profonds et au bout du pont tourne le phare. La jetée arrondit son bras autour de l'eau. La lune avale lentement les étoiles. Et l'écume avec ses rayons.

La sirène des bateaux du fleuve déchire les rideaux devant l'hôtel qui ouvre ses fenêtres et tous les voyageurs attendent le départ. Quelques marins dansent avec les réverbères. On entend la musique dans les rochers du port. Peu après le gouffre se déplace. Et la voile triangulaire avance en déployant le jour.

P. REVERDY, *La Balle au bond*, © Mercure de France, 1928.

APPLICATION

EX. 36 Identifier et interpréter des éléments caractéristiques

TEXTE 32

1. Dans ce texte, repérez les éléments lexicaux définissant le thème (que vous préciserez), les articulations logiques ou chronologiques, les répétitions, les figures de rhétorique.
a. Parmi tous ces éléments, lesquels vous semblent relever davantage de la prose ? de la poésie ?
b. Quels sont leurs effets ?

2. Déterminez le thème de chaque paragraphe. Par quels procédés se trouve-t-il mis en relief ?

3. Quelle remarque pouvez-vous faire quant à la disposition du texte ? En quoi peut-on parler ici de « poème en prose » ?

➜ OBJET D'ÉTUDE La poésie / le poème en prose, p. 248

EX. 37 Analyser et interpréter un poème en prose

TEXTE 33

1. Étudiez la manière dont le titre est repris à l'intérieur du poème : en quoi peut-on parler de description ? Prenez appui sur les différents champs lexicaux pour répondre.

2. Architecture, musique, peinture : comment l'évocation de ces trois arts se mêle-t-elle ? Quel domaine vient s'y ajouter dans la dernière phrase ?

3. Observez la structure d'ensemble du poème et la manière dont sont reliées les phrases : que remarquez-vous ? Quels sont les effets produits ?

4. Quels éléments permettent ici de parler de « poème en prose » ?

➜ OBJET D'ÉTUDE La poésie / le poème en prose, p. 248

TEXTE 32

Octobre

Adieu, derniers beaux jours
A. DE LAMARTINE, « L'automne »

Les petits Savoyards sont de retour, et déjà leur cri interroge l'écho sonore du quartier ; comme les hirondelles suivent le printemps, ils précèdent l'hiver.

Octobre, le courrier de l'hiver heurte à la porte de nos demeures. Une pluie intermittente inonde la vitre offusquée, et le vent jonche des feuilles mortes du platane le perron solitaire.

Voici venir les veillées de famille, si délicieuses quand tout au dehors est neige, verglas et brouillard, et que les jacinthes fleurissent sur la cheminée, à la tiède atmosphère du salon.

Voici venir la Saint-Martin et ses brandons, Noël et ses bougies, le jour de l'an et ses joujoux, les Rois et leur fève, le carnaval et sa marotte.

Et Pasques, enfin, Pasques aux hymnes matinales et joyeuses, Pasques dont les jeunes filles reçoivent la blanche hostie et les œufs rouges !

Alors un peu de cendre aura effacé de nos fronts l'ennui de six mois d'hiver, et les petits Savoyards salueront du haut de la colline le hameau natal.

A. BERTRAND, *Gaspard de la nuit*, 1842.

TEXTE 33

Les ponts

Des ciels gris de cristal. Un bizarre dessin de ponts, ceux-ci droits, ceux-là bombés, d'autres descendant ou obliquant en angles sur les premiers, et ces figures se renouvelant dans les autres circuits éclairés du canal, mais tous tellement longs et légers que les rives chargées de dômes s'abaissent et s'amoindrissent. Quelques-uns de ces ponts sont encore chargés de masures. D'autres soutiennent des mâts, des signaux, de frêles parapets. Des accords mineurs se croisent, et filent, des cordes montent des berges. On distingue une veste rouge, peut-être d'autres costumes et des instruments de musique. Sont-ce des airs populaires, des bouts de concerts seigneuriaux, des restants d'hymnes publics ? L'eau est grise et bleue, large comme un bras de mer. – Un rayon blanc, tombant du haut du ciel, anéantit cette comédie.

A. RIMBAUD, *Illuminations*, 1886.

ÉCRITURE

EX. 38 Composer un poème en prose à partir d'une phrase

Voici plusieurs débuts de textes. Choisissez-en un et construisez un poème en prose en prenant modèle sur les textes 30 à 33 (→ pp. 148-149).

1. *J'avais autrefois un royaume tellement grand qu'il faisait le tour presque complet de la terre.* (H. MICHAUX)
2. *Bon dieu de bon dieu que j'ai envie d'écrire un petit poème.* (R. QUENEAU)
3. *Aujourd'hui je suis peut-être l'homme le plus heureux du monde.* (B. CENDRARS)
4. *Cet orage, il l'écouta toute la nuit. Le tonnerre était un batteur génial...* (R. DETAMBEL)
5. *Secouant sa charge de gravats, la carriole cahotait le long de la route agricole.* (A. CHÉDID)

EX. 39 Composer trois textes de genres différents sur un même thème

En prenant pour thème le livre ou l'image, composez un court texte d'idées pour l'évoquer ou le célébrer, puis un poème versifié, puis un poème en prose.

EX. 40 Composer un poème en prose à partir d'un tableau

En vous inspirant des poèmes en prose de ce chapitre qui évoquent un port ou des ponts, composez, à partir de l'image ci-dessous, un texte que l'on puisse identifier comme un poème en prose.

G. COURBET (1819-1877), *La Falaise d'Étretat après l'orage* (1870), huile sur toile, 133 x 162 cm (musée d'Orsay, Paris).

SYNTHÈSE

Le poème en prose

Proche de la prose et de la poésie à la fois, le poème en prose, apparu au milieu du XIXe siècle, est difficile à définir.

Du côté de la prose

Il appartient **visiblement** à la prose puisqu'il ne comporte ni retour à la ligne, ni rimes, ni rythme régulier. Sa disposition dans la page est celle de la prose.

Du côté de la poésie

Certaines caractéristiques le rapprochent pourtant de la poésie. Chaque poème est un **texte autonome**, comportant une **unité**, une structure originale, et bien souvent une **chute** qui fait penser à celle du sonnet. Les textes sont souvent composés de **paragraphes** qui peuvent évoquer des strophes séparées par des blancs, chez Aloysius Bertrand, notamment. Ils ont une **structure** interne qui repose sur des reprises, des oppositions, des symétries, des parallélismes, aussi bien dans les idées que dans les images, dans la syntaxe des phrases ou dans les sonorités. Les différents paragraphes/strophes commencent souvent par des **articulations logiques** ou **chronologiques** qui soulignent une progression dans le récit, la description ou l'évocation, jusqu'à la conclusion, qui clôt le texte en supprimant, le plus souvent, toute possibilité de suite : le poème en prose se suffit à lui-même, comme les poèmes à forme fixe.

La **lecture analytique** d'un poème en prose doit s'attacher à ce qui fait la spécificité d'un tel poème, les effets de répétition, de structure et de rythme, à l'intérieur d'une unité de sens (aussi → p. 248).

1 Commenter un poème

Gabriel Péri

Un homme est mort qui n'avait pour défense
Que ses bras ouverts à la vie
Un homme est mort qui n'avait d'autre route
Que celle où l'on hait les fusils
Un homme est mort qui continue la lutte
Contre la mort contre l'oubli

Car tout ce qu'il voulait
Nous le voulions aussi
Nous le voulons aujourd'hui
Que le bonheur soit la lumière
Au fond des yeux au fond du cœur
Et la justice sur la terre

Il y a des mots qui font vivre
Et ce sont des mots innocents
Le mot chaleur le mot confiance
Amour justice et le mot liberté
Le mot enfant et le mot gentillesse
Et certains noms de fleurs et certains noms de fruits
Le mot courage et le mot découvrir
Et le mot frère et le mot camarade
Et certains noms de pays de villages
Et certains noms de femmes et d'amis
Ajoutons-y Péri
Péri est mort pour ce qui nous fait vivre
Tutoyons-le sa poitrine est trouée
Mais grâce à lui nous nous connaissons mieux
Tutoyons-nous son espoir est vivant.

P. ELUARD, *Au rendez-vous allemand*, © Minuit, 1945.

→ OBJET D'ÉTUDE **L'argumentation/l'éloge, p. 308**
La poésie engagée, p. 248

Commentaire

Construisez et rédigez le commentaire de texte à partir des axes suivants :
1. Une structure originale, de la mort à la vie.
2. Un éloge fondé sur des valeurs reconnues et partagées.
3. Fonctions et pouvoirs de la poésie : célébrer, fédérer, donner espoir.

2 Commenter un texte

Arbres dans la nuit et le jour

Candélabres de la noirceur,
Hauts-commissaires des ténèbres,
Malgré votre grandeur funèbre
Arbres, mes frères et mes sœurs,
Nous sommes de même famille,
L'étrangeté se pousse en nous
Jusqu'aux veinules, aux ramilles
Et nous comble de bout en bout.

À vous la sève, à moi le sang,
À vous la force, à moi l'accent
Mais nuit et jour nous ressemblant,
Régis par le suc du mystère,
Offerts à la mort, au tonnerre,
Vivant grand et petitement,
L'infini qui nous désaltère
Nous fait un même firmament.

Nos racines sont souterraines,
Notre front dans le ciel se perd
Mais, tronc de bois ou cœur de chair,
Nous n'avançons que dans nous-mêmes.
L'angoisse nourrit notre histoire
Et c'est un même bûcheron
Qui, nous couchant de notre long,
Viendra nous couper la mémoire. [...]

J. SUPERVIELLE, *1939-1945* in *Œuvres poétiques complètes*, Bibliothèque de la Pléiade, 1946, © Gallimard.

→ OBJET D'ÉTUDE **La poésie, p. 248**

Commentaire

Construisez et rédigez un commentaire à partir des axes suivants :
1. Deux règnes en présence, l'humain et le végétal.
2. L'expression de multiples analogies, d'une nature et d'un destin communs.
3. Les fonctions de la poésie : exprimer en images et en figures pour mieux aider à comprendre les mystères du monde et les dédramatiser.

10 Les formes de discours

E. VON LAERMANS (1864-1940), *Le soir de la grève* (1893), huile sur toile, 106 x 115 cm (Musées royaux des Beaux-Arts, Bruxelles).

LIRE L'IMAGE

1. Décrivez ce que vous voyez sur cette image en insistant sur la manière dont sont rendus les personnages, les constructions, le contexte. Quels éléments précis permettent de deviner le thème ?
2. Expliquez en quoi le titre du tableau ainsi que sa composition permettent au « spectateur » d'imaginer un récit et une situation en évolution.
3. Quelle(s) thèse(s) pourrait-on dégager de cette représentation ?

1 Le discours descriptif

OBSERVATION

EX. 1 Lire et observer des extraits qui présentent des lieux

TEXTES 1 ET 2

1. Observez la manière dont commencent ces extraits : qu'ont en commun ces débuts de texte ? Quelle relation pouvez-vous établir entre le premier mot et la suite de chaque extrait ?

2. Certains mots sont soulignés : poursuivez le repérage dans chaque extrait. Identifiez ces mots et expressions : quel est leur rôle ?

3. Quelle perception se trouve mise en jeu par chacun des extraits ?

EX. 2 Faire un tableau comparatif

TEXTES 1 ET 2

Établissez un tableau comparatif des deux extraits et faites apparaître ce qu'ils ont en commun concernant :
– ce qui est évoqué ;
– la présentation des éléments constitutifs, de leur nature, de leur nombre, de leur disposition.

EX. 3 Observer un extrait présentant une personne

TEXTE 3

1. Comment commence le texte ? Quelle indication ce début donne-t-il en ce qui concerne ce qui est représenté ?

2. Quelles sont les composantes de la présentation ?

3. Est-il possible ici de dire qui voit les personnages ?

EX. 4 Récapituler les caractéristiques de la description

TEXTES 1 À 3

En prenant appui sur ces extraits, trouvez et récapitulez les caractères propres à la description : structure, composantes, sens et temps des verbes, figures récurrentes, perceptions mises en jeu, question du point de vue (« Qui voit ? »), fonctions de la description...

TEXTE 1

L'atelier[1] où ceci se passait était une salle oblongue, un long parallélogramme percé de fenêtres sur ses deux grands côtés, et de deux portes qui se regardaient à ses deux extrémités. Les métiers avec leurs bancs étaient rangés de chaque côté près des fenêtres, les bancs touchant le mur à angle droit, et l'espace resté libre entre les deux rangées de métiers formait une sorte de longue voie qui allait en ligne droite de l'une des portes à l'autre et traversait ainsi toute la salle. C'était cette longue voie, assez étroite, que le directeur avait à parcourir en faisant son inspection.

V. HUGO, *Le Dernier Jour d'un condamné*, 1829.

1. Il s'agit d'un atelier de prison dans lequel travaillent des condamnés.

TEXTE 2

Le château d'Amboise[1], dominant la ville qui semble jetée à ses pieds comme un tas de petits cailloux au bas d'un rocher, a une noble et imposante figure de château fort, avec ses grandes et grosses tours percées de longues fenêtres étroites, à plein cintre ; sa galerie arcade qui va de l'une à l'autre, et la couleur fauve de ses murs rendue plus sombre par les fleurs qui pendent d'en haut, comme un panache joyeux sur le front bronzé d'un vieux soudard[2].

G. FLAUBERT, *Voyage en Bretagne*, 1847.

1. Château visité par Flaubert et son ami Maxime du Camp au cours d'un voyage.
2. Terme familier pour désigner un soldat.

TEXTE 3

C'était un homme grand, mince, félin, un peu voûté. Il n'avait pas bonne mine et ne devait pas peser son poids. Il paraissait très las, voire souffrant. Son teint était mat, le blanc de l'œil était injecté : Galmot[1] devait souffrir du foie. Une certaine timidité paysanne se dégageait de toute sa personne. Sa parole était aussi sobre que son complet de cheviotte[2] bleu marine, un peu négligé, mais sortant de chez le bon faiseur[3]. Il parlait avec beaucoup de détachement. Ses gestes étaient rares et s'arrêtaient, hésitants, à mi-course. Le poil, comme l'œil, était noir. Mais ce qui me frappa le plus dès cette première entrevue, ce fut son regard. Galmot avait le regard insistant, souriant, palpitant et pur d'un enfant...

B. CENDRARS, *Rhum*, 1930, © Denoël, 2001.

1. Le héros du roman de Cendrars, J. Galmot, a réellement existé. **2.** Tissu. **3.** Un bon tailleur.

APPLICATION

EX. 5 Interpréter les caractéristiques d'un texte descriptif

TEXTE 4

1. Repérez les éléments physiques présentés dans le portrait ci-contre : selon quelle structure est-il construit ?

2. Au moment où le personnage est présenté dans le roman, le lecteur sait qu'il est une sorte de « mort vivant ». Par quels moyens stylistiques et linguistiques cet état est-il rendu dans le portrait ?

3. Quelle est l'importance de la première personne (*je*), de la deuxième (*vous*) et de la référence à un homme d'imagination ?

4. Quelles remarques pouvez-vous faire sur la dernière proposition du texte (soulignée) ?

→ OBJET D'ÉTUDE **Roman, personnage et société, p. 220**

TEXTE 4

Le vieux soldat[1] était sec et maigre. Son front, volontairement caché sous les cheveux de sa perruque lisse, lui donnait quelque chose de mystérieux. Ses yeux paraissaient couverts d'une taie[2] transparente : vous eussiez dit de la nacre sale dont les reflets bleuâtres chatoyaient à la lueur des bougies. Le visage, pâle, livide, et en lame de couteau, s'il est permis d'emprunter cette expression vulgaire, semblait mort. Le cou était serré par une mauvaise cravate de soie noire. L'ombre cachait si bien le corps à partir de la ligne brune que décrivait ce haillon, qu'un homme d'imagination aurait pu prendre cette vieille tête pour quelque silhouette due au hasard, ou pour un portrait de Rembrandt[3] sans cadre. Les bords du chapeau qui couvrait le front du vieillard projetaient un sillon noir sur le haut du visage. Cet effet bizarre, quoique naturel, faisait ressortir, par la brusquerie du contraste, les rides blanches, les sinuosités froides, le sentiment décoloré de cette physionomie cadavéreuse. Enfin l'absence de tout mouvement dans le corps, de toute chaleur dans le regard, s'accordait avec une certaine expression de démence triste, avec les dégradants symptômes par lesquels se caractérise l'idiotisme, pour faire de cette figure je ne sais quoi de funeste qu'<u>aucune parole humaine ne pourrait exprimer</u>.

H. DE BALZAC, *Le Colonel Chabert*, 1835.

1. Il s'agit d'un officier napoléonien, le colonel Chabert, qui réapparaît soudain en 1817 alors qu'il est considéré comme officiellement mort à la bataille d'Eylau, en 1807. **2.** Sorte de membrane. **3.** Peintre hollandais du XVIIe siècle, célèbre pour ses portraits.

EX. 6 Analyser et interpréter une description pour déterminer sa fonction

TEXTE 5

1. Qu'est-ce qui est montré dans le texte ? Retrouvez, tout au long du passage, les termes qui reprennent les objets présentés dans la première phrase.

2. Repérez les connotations et les figures d'analogie : que soulignent-elles ? Rapprochez les contenus de la première et de la dernière phrase.

3. Le texte permet-il de répondre aux questions « Qui parle ? », « Qui voit ? » ? Quelles informations le paratexte vous donne-t-il cependant pour trouver une réponse ? Que suggère-t-il ?

4. Quelle peut être alors la fonction de cette description ?

TEXTE 5

Au milieu du chantier[1] se dressaient trois tas de charbon, de taille égale, séparés les uns des autres, malgré les éboulements qui brisaient la pointe de leurs sommets et tentaient de rapprocher leurs bases en les élargissant. Tous trois renvoyaient avec force la lumière qui les inondait ; une muraille de plâtre n'eût pas paru plus blanche que le versant qu'ils exposaient à la lune, mais alors que le plâtre est terne, les facettes diamantées du minerai brillaient comme une eau qui s'agite et chatoie. Cette espèce de ruissellement immobile donnait aux masses de houille et d'anthracite un caractère étrange ; elles semblaient palpiter ainsi que des êtres à qui l'astre magique accordait pour quelques heures une vie mystérieuse et terrifiante. L'une d'elles portait au flanc une longue déchirure horizontale qui formait un sillon où la lumière ne parvenait pas, et cette ligne noire faisait songer à un rire silencieux dans une face de métal. Derrière elles, leurs ombres se rejoignaient presque, creusant des abîmes triangulaires d'où elles paraissaient être montées jusqu'à la surface du sol comme d'un enfer. La manière fortuite dont elles étaient

→ OBJET D'ÉTUDE Roman, personnage et société, p. 220

1. Le héros du roman, Guéret, a commis un assassinat et s'est caché dans la cour d'un chantier de charbon. À minuit, il se réveille d'un cauchemar et découvre les lieux.

posées, telles trois personnes qui s'assemblent pour délibérer, les revêtait d'une grandeur sinistre.

À les regarder longtemps, dans le silence de minuit, sous un ciel noir au fond duquel la lune semblait fixée pour toujours, elles devenaient aussi effroyables que des dieux spectateurs d'une tragédie où le sort même de la création se jouerait.

J. GREEN, *Léviathan*, 1928, © Librairie Arthème Fayard, 1993.

ÉCRITURE

EX. 7 Décrire un paysage pictural de deux manières différentes

1. Décrivez le tableau de Courbet qui se trouve p. 150 (→ chapitre 9) comme si vous rédigiez une présentation pour un catalogue d'exposition : énumérez les éléments du paysage et situez-les les uns par rapport aux autres ; insistez sur les couleurs et sur l'impression dominante, en relation avec le titre. Ne manifestez aucune subjectivité.

2. Réécrivez votre description en cherchant à faire apparaître des relations entre le titre du tableau et la représentation du paysage.

EX. 8 Réécrire une description

1. Réécrivez la description des trois tas de charbon (TEXTE 5) de manière strictement objective et technique, en faisant disparaître tout ce qui relève de la subjectivité du personnage.

2. Expliquez alors ce que perd le texte.

EX. 9 Composer une description à partir d'une image

Décrivez les éléments qui composent le tableau de Chardin. N'oubliez pas de les situer les uns par rapport aux autres, et de préciser les caractéristiques de chacun. Faites sentir à travers votre description que vous mettez en valeur la beauté des lignes et des couleurs de simples objets de la vie courante.

J.-B. CHARDIN (1699-1779), *Le Gobelet d'argent* (vers 1768), huile sur toile, 33 x 41 cm (musée du Louvre, Paris).

SYNTHÈSE

Le discours descriptif

Tout texte est la forme sous laquelle se présente un énoncé linguistique utilisant le langage oral ou écrit.
L'**énonciateur**, celui qui produit un énoncé, peut avoir diverses intentions quand il transmet un message à un **destinataire** : décrire, raconter, informer ou expliquer, ordonner, convaincre ou persuader… L'énoncé produit peut alors prendre la forme de l'une des cinq formes de discours suivantes : **description, narration, information / explication, injonction et argumentation**.

La description

Le discours descriptif vise à présenter une personne, un lieu ou un objet en les **donnant à voir**. Le mot « description », qui désigne à la fois l'action de décrire et le résultat de cette action, met en jeu un narrateur / présentateur, des perceptions visuelles et les différentes composantes de ce qui est décrit. La description s'intègre à un récit et constitue une pause, une sorte d'« arrêt sur image ».

L'importance des éléments visuels

La description, souvent associée au **champ lexical du regard** et de la vue, attire l'attention du lecteur sur ce qui est perceptible visuellement : l'aspect physique d'un être, la forme, la taille, la composition, l'apparence, la couleur d'un objet, l'aspect général d'un lieu, ses composantes, son étendue (exercices 5 et 6 → p. 154).

EXEMPLE : « Ses maisons blanches, avec leurs toits pointus de tuiles rouges… ».

STENDHAL, *Le Rouge et le Noir*, 1830.

L'ordre de présentation

Ne pouvant donner tous les éléments d'un seul coup comme le fait l'image (exercices 7 et 9 → p. 155), la description procède de manière successive. La succession des notations constitue la **structure** du texte. La description va de l'ensemble au détail, ou à l'inverse, présente les éléments selon un ordre prévisible ou les fait découvrir de manière imprévue. Parfois, le narrateur semble découvrir ce qu'il décrit ; parfois, il présente un lieu, un être ou un objet qu'il connaît déjà. Le lecteur, lui, est en situation de découverte. Les **indications spatiales**, « à côté », « plus loin », « au milieu… » permettent de situer les éléments décrits (textes 1 et 2 → p. 153).

La temporalité

Le temps utilisé dans la description est justifié par le fait qu'elle énumère des éléments qui coexistent simultanément. Intégrée au récit d'actions passées, elle est le plus souvent à l'**imparfait**, et l'antériorité est exprimée au **plus-que-parfait**. Il en est de même lorsqu'il s'agit d'un portrait dans un récit au passé (exercice 5 → p. 154). Mais si une description donne à voir un lieu au moment où il est découvert dans le présent, ou si elle met en relief sa permanence, elle utilise le **présent**.

EXEMPLE : « Dans le jardin, au milieu des lilas et des touffes d'arbustes, s'élève la chapelle ».

G. FLAUBERT, *Voyage en Bretagne*, 1847

Le narrateur et le point de vue

L'importance des perceptions visuelles conduit le lecteur à se poser les questions : « Qui voit ? D'où est vu ce qui est décrit ? À travers quel regard ? » (→ p. 130).
Chercher qui voit met en cause le narrateur, qui peut tout savoir (**point de vue omniscient)**, être extérieur à la scène (**point de vue externe**) ou bien adopter la position d'un personnage (**point de vue interne**).
Le point de vue souligne la présence ou l'absence de la subjectivité de celui qui voit ou qui présente : la description peut être neutre, élogieuse ou dépréciative, ou encore prendre une tonalité ironique.

EXEMPLE: la présentation des trois tas de charbon (texte 5 → p. 154) est faite à travers le regard et la sensibilité du personnage.

Les fonctions de la description

Une description a comme premier rôle d'**informer** le lecteur en lui permettant de voir un personnage, un lieu ou un objet. La description combine cette **fonction documentaire** avec d'autres, plus complexes. Elle permet au lecteur de mieux comprendre ce qui se passe : la disposition des lieux peut être en étroite relation avec l'action romanesque ; l'aspect d'un personnage est indissociable de son expérience (exercice 5 → p. 154) et peut trahir son caractère, ce qu'il est, ce qu'il ressent. Il s'agit là de **fonction explicative**.
Il arrive aussi que la perception d'un lieu soit révélatrice de l'état de conscience de celui qui voit, ou encore d'une idéologie, de certaines conceptions religieuses ou politiques : on parle alors de **fonction symbolique** de la description (exercices 5 et 6 → p. 154).

EXEMPLE : dans le texte de Balzac (*Le Colonel Chabert* → p. 154) le portrait du vieux soldat met l'accent sur son aspect de « mort vivant ».

2 Le discours narratif

OBSERVATION

EX. 10 Observer des extraits qui rapportent des faits et des actions

TEXTES 6 À 8

1. Faites apparaître ce que les extraits ci-contre ont en commun en ce qui concerne :
– la présence d'actions ;
– les indications de temps ;
– les indications de lieu ;
– la présence de personnages accomplissant les actions ;
– l'évolution de chaque scène rapportée.

2. Qui raconte ?

EX. 11 Identifier le narrateur

TEXTES 7 ET 8

Qu'ont en commun ces extraits en ce qui concerne le narrateur ? Est-il possible d'identifier celui-ci de façon certaine ?

EX. 12 Mettre en relation discours narratif et genre littéraire

TEXTES 6 À 8

Identifiez les genres littéraires auxquels appartiennent les extraits. Qu'en déduisez-vous concernant la relation entre discours narratif et genre littéraire ?

EX. 13 Récapituler et classer des caractéristiques

TEXTES 6 À 8

1. En prenant appui sur les extraits étudiés, construisez un tableau récapitulatif des caractéristiques du discours narratif et de ce qu'il met en jeu.

2. Quelles sont ses particularités dans les autobiographies ?

TEXTE 6

La nuit vint, et il s'éleva un grand vent qui leur[1] faisait des peurs épouvantables. Ils croyaient n'entendre de tous côtés que des hurlements de loups qui venaient à eux pour les manger. Ils n'osaient presque se parler ni tourner la tête. Il survint une grosse pluie qui les perça jusqu'aux os ; ils glissaient à chaque pas et tombaient dans la boue, d'où ils se relevaient tout crottés, ne sachant que faire de leurs mains. Le petit Poucet grimpa en haut d'un arbre pour voir s'il ne découvrirait rien ; ayant tourné la tête de tous côtés, il vit une petite lueur comme une chandelle, mais qui était bien loin par-delà la forêt.

Ch. Perrault, *Contes du temps passé*, « Le Petit Poucet », 1697.

1. Il s'agit des enfants abandonnés dans la forêt par leurs parents.

TEXTE 7

Arrivé là, j'[1] entrai dans un cabaret, je me reposai, je me rafraîchis. Le jour commençait à baisser, et je me disposais à regagner le gîte lorsque, de la maison où j'étais, j'entendis une femme qui poussait les cris les plus aigus. Je sortis ; on s'était attroupé autour d'elle. Elle était à terre, elle s'arrachait les cheveux ; elle disait, en montrant les débris d'une grande cruche : « Je suis ruinée, je suis ruinée pour un mois ; pendant ce temps, qui est-ce qui nourrira mes pauvres enfants ? »

D. Diderot, *Jacques le Fataliste et son maître*, 1778-1780.

1. Désigne Jacques, le personnage principal du roman.

TEXTE 8

Un souvenir qui me[1] fait frémir encore et rire tout à la fois est celui d'une chasse aux pommes qui me coûta cher. Ces pommes étaient au fond d'une dépense[2], qui, par une jalousie[3] élevée, recevait du jour de la cuisine. Un jour que j'étais seul dans la maison, je montai sur la may[4] pour regarder dans le jardin des Hespérides[5] ce précieux fruit dont je ne pouvais approcher. J'allai chercher la broche pour voir si elle y pourrait atteindre : elle était trop courte. Je l'allongeai par une autre petite broche qui servait pour le menu gibier ; car mon maître aimait la chasse. Je piquai plusieurs fois sans succès ; enfin je sentis avec transport que j'amenais une pomme.

J.-J. Rousseau, *Les Confessions*, 1782.

1. Désigne J.-J. Rousseau. **2.** Pièce dans laquelle on entrepose des provisions et du linge de maison. **3.** Petite fenêtre. **4.** Terme dialectal : huche à pain, coffre. **5.** Allusion au jardin où se trouvaient, selon la mythologie gréco-latine, des pommes d'or. La « récolte » de ces pommes est un des douze travaux d'Hercule.

APPLICATION

EX. 14 Observer et interpréter une forme de discours

TEXTE 9

1. Repérez tous les éléments qui conduisent à identifier ce texte comme un récit.

2. Énumérez la succession d'étapes en soulignant leur rapidité.

3. Quelles sont les fonctions du récit par rapport aux deux dernières lignes du texte ? Quels sont ici les deux rôles du narrateur ?

→ OBJET D'ÉTUDE La fable, p. 270

TEXTE 9

Le renard et le bûcheron

Un renard traqué par des chasseurs, apercevant un bûcheron, le supplia de lui fournir une cachette. Le bûcheron l'invita à se glisser dans sa cabane pour s'y dissimuler. Peu après survinrent les chasseurs, qui demandèrent au bûcheron s'ils n'avaient pas vu un renard passer par là. Le bûcheron répondit à voix haute que non, tout en indiquant la cachette d'un geste de la main. Mais les chasseurs, sans remarquer son geste, se fièrent à ses paroles. Quand le renard les vit partis, il sortit et s'éloigna sans souffler mot. Comme le bûcheron lui reprochait de ne pas lui adresser ne fût-ce qu'un mot de gratitude, alors qu'il lui devait son salut, « Je t'aurais dit merci », dit le renard, « si tes gestes et tes façons de faire répondaient à tes discours ! » Cette fable pourrait s'appliquer aux hommes qui protestent hautement de leur honnêteté, mais qui en fait se conduisent bassement.

ÉSOPE, *Fables*, VIe s. av. J.-C., traduction D. Loayza, © GF-Flammarion, 1995.

EX. 15 Analyser et interpréter un texte narratif de fiction romanesque

TEXTE 10

1. Observez les pronoms personnels (genre, fonction), ainsi que les noms propres et les verbes : quelles informations donnent-ils sur les personnages, leur nombre, leur situation les uns par rapport aux autres, leurs actions ?

2. À partir des indications de temps et du temps des verbes, faites apparaître les étapes du déroulement de la scène. Quelles actions sont successives ? Lesquelles sont simultanées ?

3. Repérez les indications de lieu. Que remarquez-vous ?

4. Quelle perception joue un rôle essentiel dans cette scène ?

→ OBJET D'ÉTUDE Roman, personnage et société, p. 220

TEXTE 10

Le lendemain qu'elle[1] fut arrivée, elle alla pour assortir des pierreries chez un Italien qui en trafiquait par tout le monde. Cet homme était venu de Florence avec la reine et s'était tellement enrichi dans son trafic que sa maison paraissait plutôt celle d'un grand seigneur que d'un marchand. Comme elle y était, le prince de Clèves y arriva. Il fut tellement surpris de sa beauté qu'il ne put cacher sa surprise ; et Mlle de Chartres ne put s'empêcher de rougir en voyant l'étonnement qu'elle lui avait donné. Elle se remit néanmoins, sans témoigner d'autre attention aux actions de ce prince que celle que la civilité lui devait donner pour un homme tel qu'il paraissait. M. de Clèves la regardait avec admiration, et il ne pouvait comprendre qui était cette belle personne qu'il ne connaissait point. Il voyait bien par son air, et par tout ce qui était à sa suite, qu'elle devait être d'une grande qualité[2]. Sa jeunesse lui faisait croire que c'était une fille[3], mais, ne lui voyant point de mère, et l'Italien qui ne la connaissait point l'appelant Madame, il ne savait que penser, et il la regardait toujours avec étonnement. Il s'aperçut que ses regards l'embarrassaient, contre l'ordinaire des jeunes personnes qui voient toujours avec plaisir l'effet de leur beauté ; il lui parut même qu'il était cause qu'elle avait de l'impatience de s'en aller et en effet elle sortit assez promptement. M. de Clèves se consola de la perdre de vue dans l'espérance de savoir qui elle était ; mais il fut bien surpris quand il sut qu'on ne la connaissait point.

Mme DE LA FAYETTE, *La Princesse de Clèves*, 1678.

1. Il s'agit de Mlle de Chartres, jeune aristocrate héroïne du roman. **2.** De naissance noble. **3.** Qu'elle n'était pas mariée.

ÉCRITURE

EX. 16 Faire le compte rendu narratif d'une activité

1. Vous avez fait une visite, une sortie, vous avez participé à une activité dans le cadre de la classe : faites-en un compte rendu journalistique, objectif, prenant la forme d'une narration à la troisième personne (30 lignes).

2. Reprenez ensuite le même fait et racontez-le en laissant passer vos impressions et vos jugements personnels.

EX. 17 Développer une « brève » de journal

Voici deux « brèves » journalistiques empruntées au quotidien *Le Monde*. Développez-les sous forme narrative, en tenant compte des consignes suivantes.

1. Vous êtes journaliste et vous racontez l'événement sans prendre parti (5 à 10 lignes).

2. Vous êtes un témoin direct de l'événement et vous le rapportez dans une lettre, en donnant votre avis (20 à 30 lignes).

3. Vous êtes la personne concernée par la « brève » et vous racontez à quelqu'un qui vous interroge (journaliste, parent, ami…) ce qui vous est arrivé (20 à 30 lignes).

TEXTE A

Julia Hill, vingt-quatre ans, « éco-guerrière » californienne, qui, depuis le 10 décembre 1997, s'est réfugiée dans un séquoia millénaire de la forêt de Headwaters menacée par les bûcherons, n'a pas l'intention d'en descendre avant la fin de la concession forestière, en l'an 2000.

Article paru dans *Le Monde*, 15 mai 1998.

TEXTE B

V. M., élève de l'école Marguerite-de-Lajemmerais, à Montréal, a été suspendue de cours pour avoir teint ses cheveux en bleu, conformément au code de conduite de l'établissement catholique, qui n'interdit pas le piercing.

Article paru dans *Le Monde*, 15 mai 1998.

EX. 18 Déterminer le caractère narratif d'un tableau et raconter ce qu'il met en scène

Expliquez en quoi le tableau peut s'inscrire dans une continuité narrative, avec un ou plusieurs épisodes antérieurs. Racontez cet (ou ces) épisode(s) aboutissant à la scène vue et complétez-le par un fait survenant de manière inattendue (20 à 30 lignes). Utilisez toutes les données du tableau.

J. H. Fragonard (1732-1806), *Le Baiser à la dérobée* (vers 1788), huile sur toile, 45 x 55cm (musée de l'Ermitage, Saint-Pétersbourg).

SYNTHÈSE

Le discours narratif

Le discours narratif rapporte, par la voix d'un narrateur, des **faits** ou des **actions** accomplies par des personnages. Ces actions et ces faits s'inscrivent dans le temps et se situent dans des lieux, ont un début et une fin. La narration s'étudie à partir de ses éléments caractéristiques (exercices 10 à 13 → p. 157).

Les faits, les actions et les personnages

Les **verbes** expriment des faits et des actes auxquels sont associés les personnages (alors **sujet** ou **objet** grammatical des verbes). Ceux-ci peuvent avoir différentes fonctions dans la narration : accomplir les actions (héros), les subir ou en être l'objet, les avoir commandées (destinateur) ou en bénéficier (destinataire), apporter une aide (adjuvant) ou s'y opposer (opposant).

Le temps et le lieu

La narration rapporte des actions **successives**, qui s'inscrivent dans la **durée**. Il est important de situer ces différentes actions les unes par rapport aux autres grâce aux **temps verbaux** et aux **indicateurs temporels** (exercices 14 et 15 → p. 158).

La narration ne rend pas toujours compte de manière chronologique du déroulement des faits et des actions. Il arrive aussi qu'elle accorde beaucoup de temps (dans le récit) à un fait qui s'est déroulé rapidement et qu'elle passe vite sur un épisode qui a duré très longtemps. La distorsion entre le temps des actions et le temps mis à les raconter fait intervenir la notion de rythme : on parle alors de **vitesse du récit**.

EXEMPLE : « Aussi, pour ne pas abuser de tes oreilles, te ferai-je grâce des dix-sept premières années de ma vie ».

H. DE BALZAC, *La Peau de chagrin*, 1830

Les lieux sont également importants : le lecteur les distingue dans le texte grâce à des **indicateurs spatiaux** et découvre leurs caractéristiques de manière détaillée dans les descriptions. Ces lieux constituent les décors de l'action. Ils peuvent ainsi avoir une portée explicative ou symbolique dont rendent compte les descriptions intégrées au récit.

Le narrateur et le point de vue

Le récit est fait par un **narrateur** qu'il faut distinguer de l'**auteur**, sauf dans le cas des autobiographies (texte 8 → p. 157) et des correspondances authentiques ; le narrateur et l'auteur sont également confondus dans le récit journalistique d'un fait divers, par exemple. La présence de « je » dans un récit indique clairement la présence du narrateur, qui est parfois un des personnages.

En l'absence de « je », le narrateur peut cependant marquer sa présence par des prises de position, des jugements, des commentaires, ce qui apparaît dans la présence de **modalisateurs**, de **connotations**, l'utilisation de « on » ou de « nous ». Ces interventions rappellent qu'il est important de bien identifier le **système énonciatif** d'un texte ; une des difficultés réside dans le repérage du discours indirect libre (→ p. 126).

Il est également important de reconnaître par qui un épisode est perçu : il s'agit là de la notion de **point de vue** ou **focalisation**. Un narrateur omniscient sait tout et peut tout expliquer ; le narrateur peut aussi ne raconter que ce qui est vu par un personnage (point de vue **interne**), en modifiant l'angle de vision et la manière dont la scène est perçue. Il peut enfin raconter comme un témoin extérieur (point de vue **externe**).

Le discours narratif est prépondérant dans les contes (texte 6 → p. 157) et dans les **romans** et **nouvelles** (texte 10 → p. 158) ; on le trouve aussi au **théâtre**, sous la forme de tirades et en poésie, notamment dans les récits de la poésie épique, ainsi que dans les **fables** (texte 9 → p. 158).

3 Le discours informatif et explicatif

OBSERVATION

EX. 19 Repérer, identifier et classer des caractéristiques

TEXTES 11 ET 12

1. Quelles sont les caractéristiques communes aux deux extraits (temps verbaux, thèmes, paratexte, marque de la présence de celui qui parle, objectifs…) ?

2. Qu'apportent-ils au lecteur ?

EX. 20 Observer des structures

TEXTES 11 ET 12

1. Observez le lexique et les articulations logiques ou chronologiques : comment l'exposé progresse-t-il ?

2. À partir du paratexte, précisez si ces extraits appartiennent ou non à la fiction.

EX. 21 Observer la structure d'un extrait appartenant à la fiction

TEXTE 13

1. Le texte ci-contre appartient à la fiction romanesque. En tenant compte du paratexte, déterminez, dans la mesure du possible, sa fonction par rapport au contexte de l'œuvre.

2. Quelle peut être son utilité pour le lecteur ?

EX. 22 Situer une information par rapport à un genre

TEXTE 13

Lisez l'extrait en faisant abstraction du contexte : dans quelles sortes d'ouvrages pourrait-il figurer, en dehors de la fiction ?

EX. 23 Regrouper des caractéristiques communes

TEXTES 11 À 13

Regroupez toutes les caractéristiques communes aux trois extraits étudiés en ce qui concerne l'émetteur, les temps verbaux, la structure, la présence ou non des destinataires.

TEXTE 11

L'ouvrage que nous commençons (et que nous désirons de finir) a deux objets : comme *Encyclopédie*, il doit exposer autant qu'il est possible, l'ordre et l'enchaînement des connaissances humaines ; comme *Dictionnaire raisonné des sciences, des arts et des métiers*, il doit contenir sur chaque science et sur chaque art, soit libéral, soit mécanique, des principes généraux qui sont la base, et les détails les plus essentiels qui en font le corps et la substance. Ces deux points de vue, d'*Encyclopédie et de Dictionnaire raisonné*, formeront donc le plan et la division de notre *Discours préliminaire*.

D'ALEMBERT, *Discours préliminaire de l'Encyclopédie*, 1751.

TEXTE 12

Depuis ses débuts avec la tragédie grecque jusqu'à l'époque contemporaine, voici une brève histoire du roman policier. Un panorama à la fois chronologique et thématique rythmé par de gros plans sur Edgar Allan Poe, Agatha Christie ou Georges Simenon. Ce genre littéraire, qui semble ne devoir jamais disparaître, se renouvelle sans cesse ; ses personnages, ses thèmes, les situations qu'il met en scène offrent des combinaisons inépuisables que l'auteur démêle ici avec une extrême facilité.

S. DULOUT, *Le Roman policier* (quatrième de couverture), coll. « Les Essentiels », © Milan, 1996.

TEXTE 13

La petite ville de Verrières[1] peut passer pour l'une des plus jolies de la Franche-Comté. Ses maisons blanches avec leurs toits pointus de tuiles rouges s'étendent sur la pente d'une colline, dont les touffes de vigoureux châtaigniers marquent les moindres sinuosités. Le Doubs coule à quelques centaines de pieds au-dessous de ses fortifications, bâties jadis par les Espagnols, et maintenant ruinées.
Verrières est abritée du côté du nord par une haute montagne, c'est une des branches du Jura. Les cimes brisées du Verra se couvrent de neige dès les premiers froids d'octobre. Un torrent, qui se précipite de la montagne, traverse Verrières avant de se jeter dans le Doubs, et donne le mouvement à un grand nombre de scies à bois ; c'est une industrie fort simple et qui procure un certain bien-être à la majeure partie des habitants plus paysans que bourgeois.

STENDHAL, *Le Rouge et le Noir*, I, 1 (incipit), 1830.

1. La ville de Verrières sert de cadre à la première grande partie du roman.

APPLICATION

EX. 24 Analyser et interpréter un texte explicatif

TEXTE 14

1. Observez les temps verbaux, le lexique, la structure, la modalité de parole : en quoi permettent-ils de définir un texte explicatif ? Qu'apprend le lecteur en le lisant ?

2. Dans quel genre d'ouvrage ce texte pourrait-il se trouver ? Dans quelles circonstances ces paroles pourraient-elles être prononcées ?

TEXTE 14

– Mon cher[1], vous arrivez au milieu d'une bataille acharnée, il faut vous décider promptement. La littérature est partagée d'abord en plusieurs zones ; mais nos grands hommes sont divisés en deux camps. Les Royalistes sont romantiques, les Libéraux[2] sont classiques. La divergence des opinions littéraires se joint à la divergence des opinions politiques, et il s'ensuit une guerre à toutes armes, encre à torrents, bons mots à fer aiguisé, calomnies pointues, sobriquets à outrance, entre les gloires naissantes et les gloires déchues. Par une singulière bizarrerie, les Royalistes romantiques demandent la liberté littéraire et la révocation des lois qui donnent des formes convenues à notre littérature ; tandis que les Libéraux veulent maintenir les unités, l'allure de l'alexandrin et le Thème[3] classique.

H. de Balzac, *Illusions perdues*, II, 1843.

1. Lousteau, journaliste, s'adresse à Rubempré, un jeune poète. **2.** Partisans d'un régime politique moins strict que la monarchie. **3.** L'inspiration.

EX. 25 Observer et interpréter les caractéristiques d'un texte

TEXTE 15

1. Donnez le thème de cet extrait, puis précisez de quoi il est plus précisément question dans chacun des paragraphes. Comment s'articulent-ils les uns aux autres ?

2. Observez les temps et les modes des verbes : que suggère l'emploi du conditionnel ? Comment peut-on interpréter l'alternance du présent et du passé ?

3. Quelles sont les différentes fonctions d'un tel texte ? En quoi peut-on dire qu'il mêle différentes formes de discours ?

TEXTE 15

C'est un texte tardif, la *Souda*, lexique du Xe siècle après J.-C., qui évoque la construction du Phare et fixe le début des travaux en 297 av. J.-C.. Selon une autre source, ils se seraient déroulés durant une quinzaine d'années, s'achevant au tout début du règne de Ptolémée II, en 283. Si ces dates, difficiles à vérifier dans leur précision, sont exactes, elles témoignent d'une efficacité remarquable, comparable à la construction du Parthénon qui n'a duré que seize ans alors que certains temples de Haute-Égypte ont nécessité plusieurs siècles de travaux, faute de moyens pécuniaires dans la plupart des cas. Pourtant la construction du Phare ne fut pas une mince affaire financière, et le prix du monument, exceptionnel, à la mesure de sa taille, est rappelé quatre siècles plus tard par Pline l'Ancien (Ier siècle ap. J.-C.) : le Phare a coûté à Ptolémée 800 talents[1]. L'abondance d'argent et l'efficacité des ingénieurs ont permis de mener à bien le chantier dans un délai remarquable, mais il ne put être fini à temps pour être inauguré par son initiateur : là encore, il s'agit d'un monument commencé par Ptolémée Ier et terminé par son fils.

Le prestige a certainement joué un rôle primordial dans la construction de la tour. Il s'agissait de réaliser une œuvre monumentale qui frappe les imaginations, à l'image des autres bâtiments de la ville et à l'échelle même de la cité. La réussite dépassa toutes les espérances, puisque la tour allait être considérée comme le phare des phares et donner son nom à tous les phares du monde : le toponyme de l'île de Pharos est devenu *Pharus* en latin, puis a été adopté comme un nom commun dans toutes les langues latines.

J.-Y. Empereur, *Le Phare d'Alexandrie*, © Gallimard, coll. « Gallimard Découvertes », 1998.

1. Nom d'une monnaie antique.

EX. 26

Analyser une image explicative

1. Que représente cette succession d'images ? En tenant compte de ce qui est représenté et du titre, expliquez en quoi on peut parler d'image explicative.

2. Quelles est la supériorité de l'image sur le texte en matière d'explication ? En quoi le texte est-il cependant indispensable ?

Planche d'escrime (XVIIIe siècle), gravure de BÉNARD (bibliothèque des Arts décoratifs, Paris).

ÉCRITURE

EX. 27

Rédiger des informations à partir d'un modèle

TEXTE 15

En prenant pour modèle le texte 15, présentez des informations concernant un monument de votre choix, en suivant la même structure (nombre de paragraphes, contenu, articulations).

SYNTHÈSE

Le discours informatif/explicatif

Le discours **informatif**, ou **explicatif** (ou encore d'**exposition**), apporte des informations sur un thème ou une question, dans le domaine de la fiction ou dans celui de la réalité. Ces informations, ou explications, peuvent prendre des formes diverses : exposé d'un fonctionnement, mode d'emploi technique, différents sens d'un mot (article de dictionnaire), résumé et présentation d'un roman, exposé tiré d'un ouvrage scolaire… Le discours informatif a une fonction documentaire : il apporte au lecteur des connaissances, des savoirs (→ exercice 25). L'analyse du discours informatif se fait à partir de ses caractéristiques.

Le thème et sa progression

Le thème traité se manifeste à travers les **champs lexicaux**. Le discours informatif ayant une vocation documentaire, sa structure est importante. Elle est analysable grâce à la présence d'**articulations chronologiques** comme « depuis, jusqu'à, d'abord, ensuite… » ou de termes qui soulignent la **progression du thème** traité : progression à thème constant qui développe différentes informations sur un même thème ; progression linéaire qui approche successivement plusieurs thèmes ; progression à thème éclaté qui développe plusieurs axes ou orientations d'un thème général.

Faible présence de l'émetteur et du destinataire, absence de subjectivité

Dans le discours informatif ou explicatif, l'**émetteur** (ou locuteur) ne signale pas sa présence de manière nette, sauf parfois dans la fiction romanesque (texte 13 → p. 161). Les informations ou explications sont données **sans marques de subjectivité**. Le lexique est objectif, sans verbes d'opinion, sans modalisateurs…

Très souvent, le **destinataire** n'apparaît pas, bien qu'il soit constamment **implicite** : tel extrait de manuel scolaire ou de dictionnaire est rédigé pour un certain public. Le destinataire peut cependant être présent dans le texte (→ exercice 24), ce qui rend parfois difficile la distinction entre discours informatif ou explicatif et discours argumentatif.

EXEMPLE : « Les mots en *cyber* dont nous commençons à faire grand usage par imitation des États-Unis ont une origine grecque déjà exploitée dans cybernétique. »

A. REY, *Le Réveille-mots*, © Le Seuil, 1997

4 Le discours injonctif

OBSERVATION

EX. 28 Observer des textes et identifier des caractéristiques

TEXTES 16 ET 17

1. Déterminez les thèmes des deux extraits ci-contre, puis classez et identifiez leurs caractéristiques communes.

2. Quelle est la fonction de ces différents messages ?

TEXTE 16

Ne pas utiliser de façon prolongée sans avis médical.
Ne pas excéder une semaine de traitement.
Ne pas dépasser les doses indiquées et consulter rapidement un médecin en cas de surdosage accidentel.
L'absorption d'alcool est formellement déconseillée pendant le traitement.

Précautions d'emploi d'un médicament.

TEXTE 17

Faire cuire, dans le beurre, l'oignon haché, ainsi que les tomates coupées en morceaux. Mettre les poissons préparés et coupés en morceaux. Assaisonner avec sel, poivre, bouquet garni, ail, échalote. Mouiller avec le vin blanc et laisser cuire trente minutes. Lier le jus de cuisson avec trente grammes de farine, ajouter du persil haché et un jus de citron. Servir les poissons coupés en morceaux dans la sauce.

G. Mathiot, *Je sais cuisiner*, © Albin Michel, 1990.

EX. 29 Mettre des extraits en parallèle

TEXTE 18

Mettez ce texte en parallèle avec les textes 16 et 17.

1. Quels points communs observez-vous dans la situation de communication, dans l'emploi des temps et des modes verbaux, des pronoms personnels ?

2. Quel est le sens des expressions soulignées ?

3. Quelles sont les différences ? Utilisez le paratexte pour répondre.

TEXTE 18

Harpagon[1]. – Allons, venez çà tous, que je vous distribue mes ordres pour tantôt et règle à chacun son emploi. Approchez, dame Claude. Commençons par vous (*Elle tient un balai*). Bon, vous voilà les armes à la main. Je vous commets au soin de nettoyer partout, et surtout prenez garde de ne point frotter les meubles trop fort, de peur de les user. Outre cela, je vous constitue, pendant le souper, au gouvernement des bouteilles ; et, s'il s'en écarte quelqu'une et qu'il se casse quelque chose, je m'en prendrai à vous et le rabattrai sur vos gages.

Maître Jacques, *à part*. – Châtiment politique...

Harpagon. – Allez... Vous, Brindavoine, et vous, La Merluche, je vous établis dans la charge de rincer les verres et de donner à boire, mais seulement lorsqu'on aura soif, et non selon la coutume de certains impertinents de laquais qui viennent provoquer les gens et les faire aviser de boire lorsqu'on n'y songe pas. Attendez qu'on vous en demande plus d'une fois, et vous ressouvenez de porter toujours beaucoup d'eau.

Molière, *L'Avare*, Acte III, scène 1 (extrait), 1668.

1. Le maître de maison, Harpagon, un vieil avare, donne à ses domestiques des recommandations en vue d'un souper.

EX. 30 Chercher le sens d'un mot

TEXTES 16 À 18

Dans un dictionnaire, cherchez le sens des mots « injonctif » et « injonction », puis expliquez en quoi les textes 16 à 18 peuvent être qualifiés d'injonctifs.

APPLICATION

EX. 31 Observer et interpréter les caractéristiques d'un texte

TEXTE 19

1. Dans l'extrait ci-contre, observez les verbes et déterminez leur mode, leur temps, leur personne.
Qu'en concluez-vous en ce qui concerne la nature et la fonction du message ?

2. Quels sont les domaines de la vie abordés ?

3. Sans indication du contexte, est-il facile de déterminer qui parle, à qui, dans quelles circonstances ? Quelles informations le paratexte apporte-t-il ?

EX. 32 Analyser et interpréter un texte injonctif

TEXTE 20

1. Lisez le texte de Queneau : à quoi fait-il penser immédiatement ?

2. Citez tous les procédés qui relèvent de l'injonction. En quoi peut-on parler d'art poétique ? de recette de cuisine ? D'où vient l'humour du texte ?

3. Le texte est écrit en vers : qu'est-ce que cela ajoute à son originalité ?

→ OBJET D'ÉTUDE **L'écriture, p. 318, La poésie, p. 248**

EX. 33 Analyser et interpréter un texte injonctif

TEXTE 21

1. À quels indices le lecteur peut-il percevoir la notion de « conseils » ? Comment sont-ils structurés ?

2. Repérez et classez tous les éléments qui évoquent l'idée de « voyage ».

3. En prenant appui sur les figures d'opposition, dites ce qu'ont en commun les différents conseils.

TEXTE 19

Le respect des faibles[1]

Tu ne rapporteras pas de rumeur sans fondement. Ne prends pas le parti d'un coupable par un faux témoignage. Tu ne suivras pas une majorité qui veut le mal et tu n'interviendras pas dans un procès en t'inclinant devant une majorité partiale. Tu ne favoriseras pas un faible dans un procès. Quand tu tomberas sur le bœuf de ton ennemi, ou sur son âne, égarés, tu les lui ramèneras. Quand tu verras l'âne de celui qui t'en veut, gisant sous son fardeau, loin de l'abandonner, tu l'aideras à ordonner la charge. Tu ne fausseras pas le droit de ton pauvre[2] dans un procès. Tu te tiendras éloigné d'une cause mensongère. Ne tue pas un innocent ni un juste, car je ne justifie pas un coupable. Tu n'accepteras pas de cadeau, car le cadeau aveugle les clairvoyants et compromet la cause des justes.

La Bible, *Ancien Testament*, « Exode », 23, 1-8, © Livre de Poche.

1. Selon la Bible, après les « dix commandements », Dieu transmet à Moïse un ensemble de lois constituant le « Code de l'Alliance ». **2.** Celui dont tu t'occupes spécialement.

TEXTE 20

Pour un art poétique (suite)

Prenez un mot prenez en deux
faites-les cuir' comme des œufs
prenez un petit bout de sens
puis un grand morceau d'innocence
faites chauffer à petit feu
au petit feu de la technique
versez la sauce énigmatique
saupoudrez de quelques étoiles
poivrez et puis mettez les voiles

où voulez-vous en venir ?
À écrire
          Vraiment ? à écrire ??

R. Queneau, *Le Chien à la mandoline*, © Gallimard, 1965.

TEXTE 21

Conseils au bon voyageur

Ville au bout de la route et route prolongeant la ville : ne choisis donc pas l'une ou l'autre, mais l'une et l'autre bien alternées.

Montagne encerclant ton regard le rabat et le contient que la plaine ronde libère. Aime à sauter roches et marches ; mais caresse les dalles où le pied pose bien à plat.

Repose-toi du son dans le silence, et, du silence, daigne revenir au son. Seul si tu peux, si tu sais être seul, déverse-toi parfois jusqu'à la foule.

Garde bien d'élire un asile. Ne crois pas à la vertu d'une vertu durable : romps-la de quelque forte épice qui brûle et morde et donne un goût même à la fadeur.

Ainsi, sans arrêt ni faux pas, sans licol et sans étable, sans mérites ni peines, tu parviendras, non point, ami, au marais des joies immortelles,

Mais aux remous pleins d'ivresses du grand fleuve Diversité.

V. SEGALEN, *Stèles*, 1912, © Mercure de France, 1982.

→ OBJET D'ÉTUDE La poésie / Le poème en prose, p. 248

SYNTHÈSE

Le discours injonctif

Le **discours injonctif** consiste à exprimer des conseils, des recommandations, des ordres, des prescriptions… Il est reconnaissable à certaines caractéristiques, touchant aux **modes verbaux** employés et à la présence du ou des **destinataires**.

Les modes verbaux et les destinataires

Quatre modes sont utilisés pour exprimer l'**ordre**, la **défense** (ordre négatif) ou les recommandations.

– On trouve d'abord l'**impératif** qui est le plus catégorique. Il désigne directement le destinataire à la seconde personne du singulier ou du pluriel. Avec l'impératif, il n'y a aucun doute sur la nature du message : il donne un ordre, ordonne de faire ou de ne pas faire.

EXEMPLE : « Insérez le CD-ROM dans votre lecteur. »

– L'**infinitif** exprime plutôt le conseil et la recommandation (→ exercice 28). Mode impersonnel, il ne fait pas apparaître de destinataire précis, ni d'idée de temporalité ; les recommandations s'inscrivent dans un temps non défini.

– L'**indicatif** peut être utilisé au présent et au futur, à la seconde personne, parfois à la troisième ; mais la notion d'injonction, plutôt du registre du conseil, est alors associée au contexte et ne s'exprime pas uniquement par le verbe.

EXEMPLE : « Pour réussir ton exercice, tu lis attentivement chaque question… ».

Le futur, que l'on observe dans les commandements religieux (→ exercice 31), renvoie l'action dans l'avenir, avec une réalisation projetée, et non immédiate. La nature injonctive d'un message peut aussi venir du sens de certains verbes à l'indicatif comme « recommander, ordonner… » suivis d'un infinitif.

– L'ordre peut être enfin exprimé au **subjonctif** et à la troisième personne, l'absence de communication directe établit une distance entre l'émetteur et les destinataires.

EXEMPLE : « Qu'aucun n'entre ici ! »

Les fonctions du discours injonctif

Dans le discours injonctif, l'émetteur vise à agir sur le destinataire en lui exprimant des conseils ou des recommandations, en lui exposant des manières de procéder, en l'aidant à réaliser des actions… Il met en œuvre la **fonction impressive** du langage (→ p. 53).

Le discours injonctif, qui explique comment se comporter, s'inscrit dans le cadre d'une **morale** (→ exercice 31). S'il expose la manière d'écrire un texte littéraire, il s'inscrit dans une perspective **esthétique**. Lorsqu'il exprime des prescriptions d'ordre **pratique**, il met en évidence une manière de vivre.

5 Le discours argumentatif

OBSERVATION

EX. 34 Retrouver les arguments qui étayent une thèse

TEXTES 22 ET 23

Voici les thèses figurant dans les deux extraits. Retrouvez les arguments (les idées successives qui soutiennent, justifient ou expliquent chaque thèse) ; puis reformulez-les.
– Une petite feuille journalistique est nécessairement remplie de fadaises.
– La liberté de la presse ne peut être totale, pas plus que son objectivité.

EX. 35 Rapprocher une définition et une démarche

TEXTES 22 ET 23

Le dictionnaire *Le Petit Larousse* (© Larousse 1998) définit l'argumentation comme « l'action de raisonner pour prouver ou réfuter une proposition, une théorie ». En quoi peut-on parler d'argumentation dans les extraits étudiés ?

EX. 36 Récapituler des caractéristiques

TEXTES 22 ET 23

Citez et regroupez les caractéristiques communes aux deux extraits dans les domaines suivants :
– expression d'un ou de plusieurs points de vue, relation logique entre ces points de vue ;
– indices permettant de déterminer à qui appartiennent les points de vue ;
– temps et modes verbaux ;
– présence ou non de liaisons logiques.

→ OBJET D'ÉTUDE L'argumentation, p. 298

TEXTE 22

Je m'amusais l'autre jour dans la boutique d'un libraire, à regarder des livres ; il y vint un homme âgé, qui, à la mine, me parut homme d'esprit grave ; il demanda au libraire, mais d'un air de bon connaisseur, s'il n'avait rien de nouveau. J'ai *Le Spectateur*, lui répondit le libraire. Là-dessus, mon homme mit la main sur un gros livre, dont la reliure était *neuve*, et lui dit : Est-ce cela ? Non, Monsieur, reprit le libraire, *Le Spectateur* ne paraît que par feuille, et le voilà. Fi ! repartit l'autre, que voulez-vous qu'on fasse de ces feuilles-là ? Cela ne peut être rempli que de fadaises, et vous êtes bien de loisir d'imprimer de pareilles choses.

L'avez-vous lu, ce *Spectateur* ? lui dit le libraire. Moi ! le lire, répondit-il ; non, je ne lis que du bon, du raisonnable, de l'instructif, et ce qu'il me faut n'est pas dans vos feuilles. Ce ne sont ordinairement que de petits ouvrages de jeunes gens qui ont quelque vivacité d'écolier, quelques saillies plus étourdies que brillantes, et qui prennent les mauvaises contorsions de leur esprit pour des façons de penser légères, délicates et cavalières. Je n'en veux point, mon cher ; je ne suis point curieux d'*originalités* puériles.

MARIVAUX, *Le Spectateur français*, 1721-1724.

TEXTE 23

Le contrat tacite entre le public et la presse veut qu'en échange de leur liberté les journaux fournissent une information objective. Ce contrat n'est qu'un leurre. De même que la liberté de la presse est déformée jusqu'à la rendre méconnaissable par une foule de contraintes, de même l'objectivité ne peut qu'être théorique. Il est certes souhaitable que les journalistes fassent un effort d'objectivité pour prendre en considération des opinions différentes et des témoignages contradictoires. Mais leur environnement et leurs méthodes de travail affectent inévitablement leurs articles, et rendent l'objectivité absolue un but impossible à atteindre. Les lecteurs du journal constituent pour le rédacteur sa majorité silencieuse dont il doit tenir compte. Leurs opinions, leurs préjugés lui établissent une marge de manœuvre étroite. On ne défend pas l'avortement dans *Femme d'aujourd'hui*, ni la limitation de vitesse dans *L'Auto-Journal*, ni l'impôt sur le capital dans *Les Échos*.

Ne serait-ce que par omission on ne sert aux lecteurs qu'un menu à leur goût et qui ne peut être objectif.

J.-L. SERVAN-SCHREIBER, *Le Pouvoir d'informer*, © Robert Laffont, 1972.

APPLICATION

EX. 37 Analyser un dialogue argumentatif de fiction

TEXTE 24

1. Donnez le thème de ce passage et déterminez la prise de position de chacun des interlocuteurs. En quoi y a-t-il opposition ?

2. Quels sont les arguments de Joseph ? Comment sont-ils organisés ? À quels domaines font-ils référence ?

3. Quelle est l'utilité des passages du texte qui ne sont pas argumentatifs ?

TEXTE 24

Papa grondait[1].

« Si ce n'est pas de la paresse pure et simple, donne tes raisons. »

Joseph ne refusait pas de s'expliquer :

« Des raisons, j'en ai beaucoup. D'abord, je ne suis pas fait pour les études. Oh ! je ne suis pas plus bête qu'un autre, mais toutes ces histoires ne me disent rien du tout. Ce n'est pas mon genre. Et je suis même sûr que les trois quarts de ce qu'on apprend, c'est parfaitement inutile, au moins pour ce que je veux faire. Et puis, il faut toujours acheter des livres et des fournitures, même dans cette école où j'étais. Nous n'avons pas les moyens d'acheter tant de choses.

– C'est une mauvaise raison, dit le père avec amertume. Si tu avais vraiment la moindre envie de t'instruire, tu les volerais plutôt, les livres...

– Ram, s'écria Maman, ne lui donne pas, même en riant, un conseil de cette espèce.

– Il sait bien ce que ça veut dire. Des livres ! Des livres ! On les ferait sortir de terre, quand on en a vraiment besoin. »

Mon père tirait sur sa moustache. Il avait l'air profondément déçu. Alors qu'il se préparait à donner, lui-même, pour l'ascension de la tribu, le plus grand effort de sa vie, voilà que déjà, l'équipe de relève manifestait des signes de fatigue. Il dit enfin : « Que veux-tu faire ? »

Joseph tenta de se justifier.

« Si je poursuis mes études, je resterai bien huit ou dix ans sans gagner d'argent. Tandis que si je commence tout de suite, dans le commerce... »

G. Duhamel, *Le Notaire du Havre*, © Mercure de France, 1933.

1. Joseph, le frère du narrateur, vient d'annoncer à ses parents qu'il ne veut pas poursuivre ses études.

EX. 38 Analyser et interpréter un monologue argumentatif de fiction

TEXTE 25

1. À partir de la première ligne du texte, dites qui est le locuteur, qui est le premier destinataire. N'y a-t-il pas d'autres destinataires possibles ?

2. En vous appuyant sur des repérages lexicaux, sur la ponctuation, sur les mots de liaison, précisez quel est l'objet du débat, quelles sont ses deux orientations et les raisons avancées dans les deux cas.

3. Quelles remarques pouvez-vous faire sur l'organisation du texte et sur la manière dont s'agencent les questions et leurs réponses ?

TEXTE 25

Je[1] me suis dit :

– Puisque j'ai le moyen d'écrire, pourquoi ne le ferai-je pas ? mais quoi écrire ? Pris entre quatre murailles de pierre nue et froide, sans liberté pour mes pas, sans horizon pour mes yeux, pour unique distraction machinalement occupé tout le jour à suivre la marche lente de ce carré blanchâtre que le judas de ma porte découpe vis-à-vis sur le mur sombre, et, comme je le disais tout à l'heure, seul à seul avec une idée, une idée de crime et de châtiment, de meurtre et de mort ! est-ce que je puis avoir quelque chose à dire moi qui n'ai plus rien à faire dans ce monde ? Et que trouverai-je dans ce cerveau flétri et vide qui vaille la peine d'être écrit ?

Pourquoi non ? Si tout, autour de moi, est monotone et décoloré, n'y a-t-il pas en moi une tempête, une lutte, une tragédie ? Cette idée fixe qui me possède ne se présente-t-elle pas à moi à chaque heure, à chaque instant, sous une nouvelle forme, toujours plus hideuse et plus ensanglantée à mesure que le terme approche ? Pourquoi n'essaierais-je pas de me dire à moi-même tout ce que j'éprouve de violent et d'inconnu dans la situation abandonnée où me voilà ? Certes, la matière est riche ; et, si abrégée que soit ma vie, il y aura bien encore dans les angoisses, dans les terreurs, dans les tortures qui la rempliront, de cette heure à la dernière, de quoi user cette plume et tarir cet encrier. – D'ailleurs, ces angoisses, le seul moyen d'en moins souffrir, c'est de les observer, et les peindre m'en distraira. Et puis, ce que j'écrirai ainsi ne sera peut-être pas inutile.

V. HUGO, *Le Dernier Jour d'un condamné*, chap. 6, 1829.

1. Celui qui parle est un condamné à mort enfermé dans sa cellule.

→ OBJET D'ÉTUDE **Roman, personnage et société, p. 220**
L'argumentation/la délibération, p. 298

EX. 39 Analyser et interpréter un texte d'idées argumentatif

TEXTE 26

1. Dans le texte ci-contre, à qui renvoient les pronoms de la première et de la seconde personne ? Qui sont les véritables destinataires du message ?

2. Repérez tous les termes qui permettent de déterminer le thème général de l'extrait.

3. Classez les termes connotés positivement et ceux qui sont connotés négativement : que pouvez-vous conclure en ce qui concerne les voyages, les pays lointains et leur évolution ?

4. Quelle est la thèse soutenue par celui qui parle ? Quels sont ses arguments ?

TEXTE 26

Voyages, coffrets magiques aux promesses rêveuses, vous ne livrerez plus vos trésors intacts. Une civilisation proliférante et surexcitée trouble à jamais le silence des mers. Les parfums des tropiques et la fraîcheur des êtres sont viciés par une fermentation aux relents suspects, qui mortifie nos désirs et nous voue à cueillir des souvenirs à demi corrompus. Aujourd'hui où des îles polynésiennes noyées de béton sont transformées en porte-avions pesamment ancrés au fond des mers du Sud, où l'Asie tout entière prend le visage d'une zone maladive, où les bidonvilles rongent l'Afrique, où l'aviation militaire et commerciale flétrit la candeur de la forêt américaine ou mélanésienne avant même d'en pouvoir détruire la virginité, comment la prétendue évasion du voyage pourrait-elle réussir autre chose que nous confronter aux formes les plus malheureuses de notre existence historique ? Cette grande civilisation occidentale, créatrice des merveilles dont nous jouissons, elle n'a certes pas réussi à les produire sans contrepartie. Comme son œuvre la plus fameuse, pile où s'élaborent des architectures d'une complexité inconnue, l'ordre et l'harmonie de l'Occident exigent l'élimination de sous-produits maléfiques dont la terre est aujourd'hui infectée. Ce que d'abord vous nous montrez, voyages, c'est notre ordure lancée au visage de l'humanité.

CL. LÉVI-STRAUSS, *Tristes Tropiques*, © Plon, 1955.

→ OBJET D'ÉTUDE **L'argumentation / le blâme, p. 308**

ÉCRITURE

EX. 40 Composer une argumentation en suivant un modèle

En prenant pour modèle le texte de Georges Duhamel (TEXTE 24), construisez un dialogue dans lequel un adolescent expose à ses parents les raisons pour lesquelles il ne veut pas pratiquer un sport d'équipe. Conservez le nombre et la structure des répliques pour rester le plus près possible du texte initial.

EX. 41 Adopter un point de vue différent et l'exposer

Claude Lévi-Strauss (TEXTE 26) s'adresse aux voyages pour déplorer la disparition de leur magie. Vous rédigerez un texte également adressé aux voyages pour montrer que cette magie subsiste toujours, qu'ils conservent leur charme et qu'ils sont à l'origine de multiples découvertes.

SYNTHÈSE

Le discours argumentatif

Le **discours argumentatif** expose une prise de position (une idée, une opinion, un jugement, une théorie) soutenue par un locuteur, qui cherche à en faire reconnaître la validité, le bien-fondé, et qui souhaite par là en **convaincre** un interlocuteur / destinataire, présent ou non, identifiable ou non. L'adjectif « argumentatif » insiste sur la présence d'un raisonnement structuré, prenant appui sur des idées pour construire, soutenir, étayer la théorie exposée. Ces différentes caractéristiques permettent d'analyser cette forme de discours.

La ou les thèse(s)

La thèse est l'idée, la **théorie** que soutient celui qui parle. Elle lui est personnelle (« les feuilles journalistiques n'ont pas de valeur ») ou se trouve partagée par d'autres (« on ne peut pas parler d'objectivité de la presse »). Elle peut s'opposer à un point de vue contraire, exprimé ou non. Il arrive qu'une thèse ne soit pas énoncée directement. Elle est alors implicite, sous-jacente.

Les arguments et les exemples

On désigne par **arguments** les idées qui soutiennent une thèse et en prouvent la véracité, le bien-fondé. Ils peuvent être empruntés à des domaines divers. Il existe ainsi des arguments fondés sur la tradition, d'autres tirés de l'expérience. Certains proviennent des travaux de spécialistes ; d'autres encore appartiennent à différents domaines du savoir. Ils sont illustrés par des exemples, éléments concrets venus de la vie de tous les jours.

EXEMPLE : les images du texte de Cl. Lévi-Strauss (texte 26 → p. 169) constituent les exemples illustrant la dégradation de la terre.

Les **articulations logiques** soulignent la manière dont sont mis en place les arguments, les exemples et les **procédés** éventuellement utilisés pour convaincre ou persuader plus facilement et plus efficacement. Parmi eux figurent les modes de raisonnement.

Les modes de raisonnement

Le raisonnement **dialectique** fait dialoguer deux thèses qui s'opposent (exercice 37 → p. 168). Le raisonnement **concessif** admet provisoirement et partiellement la thèse opposée pour ensuite la contrer. Il se construit sur les articulations « bien que, quoique… cependant ».
Outre le raisonnement par analogie, fondé sur des comparaisons, et le raisonnement par l'absurde, on peut citer le raisonnement **inductif**, qui part de plusieurs constats pour aboutir à une généralisation, et le raisonnement **déductif**, qui part d'une loi pour aboutir à une conclusion qui en découle logiquement : le syllogisme en est une illustration.

EXEMPLE : « Tous les hommes sont mortels, Socrate est un homme, donc Socrate est mortel ».

En cherchant à **convaincre un destinataire**, l'émetteur d'une argumentation s'efforce de modifier ce que pense ou croit son interlocuteur. En cela, il s'oppose à la thèse de cet interlocuteur supposé ou réel (ou à certaines idées admises de manière générale), et vise à la **réfuter**. Le discours argumentatif repose ainsi sur une sorte de dialogue, explicite ou implicite, entre un émetteur et un destinataire, ou entre deux thèses énoncées par le même émetteur (ou locuteur).
Le discours argumentatif ne figure pas seulement dans les essais, les articles de presse, les proclamations politiques ou les plaidoiries d'avocats. On le trouve dans **tous les genres littéraires**, dès lors qu'il s'agit de convaincre : au **théâtre**, dans des **dialogues**, des **monologues** ou des **tirades** ; dans la **poésie**, qu'elle soit amoureuse ou engagée ; dans le **roman** enfin, comme par exemple dans l'extrait du *Dernier Jour d'un condamné* (texte 25 → p. 168).

1 Analyser un texte

Nous sommes dans une période où l'histoire s'accélère, où les découvertes de la Science et les progrès de ses applications sont si rapides que les conditions de la vie matérielle et de la vie intellectuelle elle-même sont sans cesse en prompte et constante évolution. De plus, l'Europe occidentale et méditerranéenne a peu à peu cessé d'être le centre de la civilisation humaine. Celle-ci s'étend lentement à la terre entière, et, dans tous les domaines, le rapport des forces en présence s'en est trouvé modifié. La langue française a subi et subit chaque jour davantage les conséquences de cette situation. Envahie par des mots étrangers qu'on ne cherche même pas à assimiler en les « francisant », défigurée par toute sorte d'expressions ou de locutions mal formées, introduites hâtivement et sans esprit critique par la presse, la radio ou des écrivains sans scrupule, la langue française court aujourd'hui un grand danger et risque de se détériorer rapidement : beaucoup d'esprits clairvoyants l'ont signalé et cherchent à éviter une si regrettable déchéance. Il est certain qu'à notre époque, plus qu'à toute autre, une langue doit évoluer et qu'elle doit même s'enrichir rapidement de mots nouveaux permettant de traduire l'accroissement rapide de nos connaissances et de nos possibilités d'action : tout purisme excessif qui tenterait de s'opposer à cette conséquence inéluctable du progrès de la civilisation ne pourrait que venir se briser contre la force d'un courant qu'il ne pourrait remonter et, en se refusant de tenter de le guider, il ferait finalement plus de mal que de bien.

Mais l'enrichissement du français, s'il est à la fois souhaitable et inévitable, doit se faire de façon rationnelle préservant l'autonomie de la langue et restant conforme à ses origines et à son génie. Le français doit, certes, se transformer et s'accroître, mais il doit le faire sans perdre les qualités essentielles de précision et de cohérence qui ont assuré dans le passé le succès de son emploi dans le monde et la diffusion des idées dont il était l'interprète. [...]

Dans le domaine scientifique plus que dans tout autre, la langue française est appelée chaque jour à se transformer et à s'accroître parce que la Science a chaque jour besoin de mots nouveaux pour désigner les conceptions qu'elle introduit, les phénomènes qu'elle découvre, les instruments qu'elle invente. Il serait aussi nuisible que vain de vouloir empêcher le langage scientifique de proliférer puisque cette prolifération est la conséquence nécessaire d'un besoin sans cesse plus pressant de termes nouveaux pour désigner des idées nouvelles.

L. de Broglie, *Sur les sentiers de la science*,
© Albin Michel, 1960.

→ OBJET D'ÉTUDE **L'argumentation / l'essai, p. 278**

Lecture analytique

1. En prenant appui sur les champs lexicaux, déterminez le thème abordé par Louis de Broglie. Quelle est la problématique ? Déterminez-la en tenant compte du domaine auquel s'intéresse l'auteur du texte.
2. Observez les articulations logiques : comment structurent-elles le texte ?
3. Quelle est la thèse soutenue par Louis de Broglie ? Sur quels arguments prend-il appui ? Précisez le domaine de chacun d'entre eux.
4. Quelles conditions sont présentées comme nécessaires à la réalisation de la thèse proposée ?
5. Analysez la structure du texte et cherchez ce qui rend les propos de l'auteur convaincants : qu'est-ce qui donne de la force à ses arguments ?

11 Les différents registres

Th. Géricault (1791-1824),
Le Radeau de la Méduse (1819),
huile sur toile, 491 x 716 cm
(musée du Louvre, Paris).

LIRE L'IMAGE

1. Que représente le tableau ? Énumérez les éléments qui composent la scène représentée.
2. Par quels procédés (couleurs, formes, composition d'ensemble, détails des physionomies et des gestes) le peintre a-t-il rendu l'horreur de la situation ?
3. À quel(s) registre(s) le tableau renvoie-t-il ?
4. Quelle est l'impression dominante ?

1 Qu'appelle-ton « registre » ?

OBSERVATION

EX. 1 Observer des caractéristiques

TEXTES 1 À 3

Les extraits ci-contre ont tous pour thème la guerre. Classez-les en fonction des caractéristiques suivantes :
– celui qui parle exprime son émotion ;
– celui qui raconte amplifie les faits rapportés ;
– celui qui raconte introduit des termes en décalage avec la situation évoquée.

TEXTE 1

Rien n'était si beau, si leste, si brillant, si bien ordonné que les deux armées. Les trompettes, les fifres, les hautbois, les tambours, les canons, formaient une harmonie telle qu'il n'y en eut jamais qu'en enfer. Les canons renversèrent d'abord à peu près six mille hommes de chaque côté ; ensuite la mousqueterie ôta du meilleur des mondes environ neuf à dix mille coquins qui en infectaient la surface. La baïonnette fut aussi la raison suffisante de la mort de quelques milliers d'hommes.

VOLTAIRE, *Candide*, III, 1759.

TEXTE 2

Les carrés, rongés par cette cavalerie forcenée, se rétrécissaient sans broncher. Inépuisables en mitraille, ils faisaient explosion au milieu des assaillants. La figure de ce combat était monstrueuse. Ces carrés n'étaient plus des bataillons, c'étaient des cratères ; ces cuirassiers n'étaient plus une cavalerie, c'était une tempête. Chaque carré était un volcan attaqué par un nuage ; la lave combattait la foudre.

V. HUGO, *Les Misérables*, II, 1, 10, 1862.

TEXTE 3

Je tiens une certitude[1]. Je marche plus vite. Sa bouche est entrouverte. C'est le soir. Il a pensé à moi avant de mourir. La douleur est telle, elle étouffe, elle n'a plus d'air. La douleur a besoin de place. Il y a beaucoup trop de monde dans les rues, je voudrais avancer dans une grande plaine, seule. Juste avant de mourir, il a dû dire mon nom. Tout le long de toutes les routes d'Allemagne, il y en a qui sont allongés dans des poses semblables à la sienne. Des dizaines et des dizaines de milliers, et lui.

M. DURAS, *La Douleur*, © P.O.L., 1985.

1. En 1945, l'auteur ignore si son ex-mari, déporté à Buchenwald, est vivant.

Qu'appelle-t-on « registre ? »

Certains textes expriment, du côté du locuteur, et provoquent, chez le lecteur, des **émotions** diverses : joie, chagrin, compassion, enthousiasme, admiration, frayeur, angoisse, amusement, regret... Toutes ces réactions sont associées au thème et à des **caractéristiques d'écriture** du texte (agencement des mots et des phrases, figures de rhétorique...) qui renvoient à la notion de **registre**. Le registre ne dépend pas spécifiquement du **genre** auquel appartient le texte, même si les deux notions sont liées : ainsi, quand on parle de « comique », il n'est pas nécessairement question de la comédie ; tel poème ou tel passage de roman peut aussi être comique.

2 Le registre lyrique

OBSERVATION

EX. 2 Identifier et classer des éléments communs

TEXTES 4 À 7

1. Identifiez les éléments soulignés dans les extraits ci-contre.

2. Classez-les en faisant apparaître ce qu'ils ont de commun sur le plan du lexique, de l'énonciation, des connotations, de la ponctuation, des figures de rhétorique.

EX. 3 Mettre en relation une définition et des extraits

TEXTES 4 À 7

Voici la définition du lyrisme donnée par le dictionnaire *Grand Robert* : « Lyrisme : manière exaltée d'éprouver, d'exprimer ses sentiments. » Quelles relations pouvez-vous établir entre les éléments de cette définition et les trois extraits ?

TEXTE 4

Las ! et nous cependant nous consumons notre âge
Sur le bord inconnu d'un étrange[1] rivage,
Où le malheur nous fait ces tristes vers chanter,

Comme on voit quelquefois, quand la mort les appelle,
Arrangés[2] flanc à flanc parmi l'herbe nouvelle,
Bien loin sur un étang trois cygnes lamenter[3].

J. DU BELLAY, *Les Regrets*, XVI (extrait), 1558.

1. Étranger. **2.** Placés. **3.** Allusion à une légende selon laquelle le cygne émet un chant très beau au moment de sa mort.

TEXTE 5

BÉRÉNICE. – Vous m'aimez, vous me le soutenez,
Et cependant je[1] pars, et vous me l'ordonnez !
Quoi ! dans mon désespoir trouvez-vous tant de charmes ?
Craignez-vous que mes yeux versent trop peu de larmes ?
Que me sert de ce cœur l'inutile retour ?
Ah ! cruel ! par pitié, montrez-moi moins d'amour.

J. RACINE, *Bérénice*, Acte V, scène 5 (extrait), 1670.

1. La reine Bérénice s'adresse à l'empereur romain Titus : ils s'aiment, mais doivent, selon les lois romaines, se séparer.

TEXTE 6

Honte à toi qui la première
M'a appris la trahison,
Et d'horreur et de colère
M'as fait perdre la raison !
Honte à toi, femme à l'œil sombre,
Dont les funestes amours
Ont enseveli dans l'ombre
Mon printemps et mes beaux jours !

A. DE MUSSET, *Les Nuits* (extrait), 1835-1837.

TEXTE 7

La courbe de tes yeux fait le tour de mon cœur,
Un rond de danse et de douceur,
Auréole du temps, berceau nocturne et sûr,
Et si je ne sais plus tout ce que j'ai vécu
C'est que tes yeux ne m'ont pas toujours vu.

P. ELUARD, *Capitale de la douleur*, © Gallimard, 1926.

APPLICATION

EX. 4 Identifier et interpréter le registre d'un texte poétique

TEXTE 8

1. Lisez le poème et identifiez sa forme.

2. Quel est le thème traité ? Quels sont et comment s'expriment les émotions et les sentiments du poète ?

Appuyez-vous, pour répondre, sur les repérages lexicaux et grammaticaux ainsi que sur la versification.

→ OBJET D'ÉTUDE La poésie

TEXTE 8

Las, où est maintenant ce mépris de Fortune ?
Où est ce cœur vainqueur de toute adversité,
Cet honnête désir de l'immortalité,
Et cette honnête flamme au peuple non commune[1] ?

Où sont ces doux plaisirs, qu'au soir sous la nuit brune
Les Muses me donnaient, alors qu'en liberté
Dessus le vert tapis d'un rivage écarté
Je les menais danser aux rayons de la lune ?

Maintenant la Fortune est maîtresse de moi,
Et mon cœur, qui soulait[2] être maître de soi,
Est serf[3] de mille maux et regrets qui m'ennuient.

De la postérité je n'ai plus de souci,
Cette divine ardeur, je ne l'ai plus aussi[4],
Et les Muses de moi, comme étranges[5], s'enfuient.

J. du Bellay, *Les Regrets*, VI, 1558.

1. Qui n'appartient pas au peuple **2.** Avait l'habitude **3.** Esclave. **4.** Je ne l'ai plus non plus. **5.** Étrangères.

EX. 5 Identifier et interpréter le registre d'un texte de théâtre

TEXTE 9

1. À quels indices le registre de cet extrait est-il perceptible ?

2. Quelles émotions et quels sentiments se trouvent exprimés ? Par quels moyens ?

TEXTE 9

Ruy Blas, *seul.*
(Il est comme absorbé dans une contemplation angélique)
Devant mes yeux c'est le ciel que je voi[1] !
De ma vie, ô mon Dieu, cette heure est la première.
Devant moi tout un monde, un monde de lumière,
Comme ces paradis qu'en songe nous voyons,
S'entrouvre en m'inondant de vie et de rayons !
Partout en moi, hors moi, joie, extase et mystère,
Et l'ivresse et l'orgueil et ce qui, sur la terre
Se rapproche le plus de la divinité,
L'amour dans la puissance et dans la majesté !
La reine m'aime ! ô Dieu ! c'est bien vrai, c'est moi-même !
Je suis plus que le roi puisque la reine m'aime !

V. Hugo, *Ruy Blas*, Acte III, scène 4 (extrait), 1838.

1. Orthographe voulue par la rime précédente.

ÉCRITURE

EX. 6 Composer un rondeau lyrique

En partant des deux vers suivants que vous prendrez comme refrain, composez un rondeau (→ p. 143) de registre lyrique. La première personne peut vous désigner ou désigner quelqu'un à qui vous donnez la parole.

En verrai-je jamais la fin
De vos œuvres, Mélancolie ?

Ch. d'Orléans, *Rondeaux*, 1462

EX. 7 Composer un texte lyrique

Composez, à la première personne (qui peut désigner quelqu'un d'autre que vous), en vers ou en prose, un texte lyrique exprimant l'admiration, l'enthousiasme, la joie, l'émerveillement ou au contraire le regret, la nostalgie, la mélancolie, la tristesse, le chagrin.

EX. 8 **Étudier l'expression du lyrisme en peinture**

1. Observez le motif choisi pour ce tableau, les couleurs, les effets de lumière, le mouvement, l'impression d'ensemble : quelle est la saison évoquée ?

2. En quoi peut-on parler d'« exaltation » ? Quels sont les sentiments exprimés ?

G. KLIMT (1862-1918), *Jardin fleuri* (1905-1906), huile sur toile, 110 x 110 cm (Narodni Galerie, Prague).

SYNTHÈSE

Le registre lyrique

L'adjectif **lyrique** est formé sur le mot « lyre ». Cet instrument est associé au poète et musicien de la mythologie grecque, **Orphée**, dont la légende raconte qu'il était capable, par sa poésie et par ses chants, de charmer les bêtes sauvages. Le sens du mot « lyrique » a évolué : il s'appliquait initialement à tout ce qui pouvait être chanté. Depuis le XIXe siècle, il est utilisé pour caractériser l'expression des **sentiments** et des **émotions**. On dira ainsi d'un poème qu'il est lyrique s'il traduit ce que ressent celui qui parle : joie, bonheur, espoir, ou chagrin, amertume, douleur, regret.

Les procédés

Le registre lyrique est caractérisé par des procédés liés à l'expression des sentiments : **lexique de l'affectivité** et utilisation fréquente de la **première personne**. Celui qui parle exprime ce qu'il éprouve. La **ponctuation** souligne les élans et les mouvements de la sensibilité : exclamations, interjections, interrogations, points de suspension (textes 5 et 6 → p. 174).

Le **rythme** des vers ou des phrases souligne souvent l'intensité et l'évolution des sentiments ressentis et exprimés.

De nombreuses figures de rhétorique participent à l'expression lyrique : les **comparaisons** et les **métaphores** soulignent des **analogies** ; l'**anaphore** marque le caractère obsessionnel de certains états de la sensibilité ; les **antithèses** expriment les contradictions ; les **hyperboles** révèlent la violence de certains états émotionnels.

Les thèmes et les genres

On parle de **poésie lyrique** au Moyen Âge, au XVIe, au XIXe, au XXe siècle. Ce registre figure aussi au théâtre, dans les romans, dans l'écriture autobiographique et dans les lettres, en relation avec les grands **thèmes** que sont l'amour, la mort, le temps, l'enfance, la mémoire, le bonheur, le sentiment religieux et les interrogations sur la condition humaine.

Lorsque le lyrisme est l'expression de la tristesse, de la nostalgie, des regrets, de la douleur du passé, on parle de **lyrisme élégiaque**, très présent dans la poésie romantique.

EXEMPLE :

Que le vent qui gémit, le roseau qui soupire,
Que les parfums légers de ton air embaumé,
Que tout ce qu'on entend, l'on voit ou l'on respire,
Tout dise : « Ils ont aimé ! »

A. DE LAMARTINE, *Méditations poétiques*, « Le Lac », 1820

3 Le registre pathétique

OBSERVATION

EX. 9 Observer des réactions de lecture

TEXTES 10 ET 11

1. Quelles sont vos premières réactions à la lecture de chacun des textes ? Qu'éprouvez-vous ?

2. Existe-t-il des relations entre ce qui est souligné dans les textes et vos réactions ?

3. Identifiez et classez les éléments soulignés.

EX. 10 Regrouper des éléments

TEXTES 10 ET 11

Faites apparaître, à partir des deux textes, ce qu'il y a de récurrent dans le vocabulaire des situations pathétiques, dans les situations elles-mêmes et dans les émotions ressenties par le lecteur.

EX. 11 Mettre en relation une définition et des extraits

TEXTES 10 ET 11

Voici la définition du mot pathétique telle qu'elle est donnée par le dictionnaire *Le Petit Larousse* (© Larousse, 2006) : « Qui touche profondément, qui suscite une vive émotion par son caractère douloureux ou dramatique. » En quoi les extraits étudiés vous semblent-ils correspondre à cette définition ? Quels sentiments inspirent-ils au lecteur ?

TEXTE 10

Où vont tous ces enfants dont pas un seul ne rit ?
Ces doux êtres pensifs que la fièvre maigrit ?
Ces filles de huit ans qu'on voit cheminer seules ?
Ils s'en vont travailler quinze heures sous des meules[1] ;
Ils vont, de l'aube au soir, faire éternellement
Dans la même prison le même mouvement.
Accroupis sous les dents d'une machine sombre,
Monstre hideux, qui mâche on ne sait quoi dans l'ombre,
Innocents dans un bagne, anges dans un enfer,
Ils travaillent. Tout est d'airain, tout est de fer,
Jamais on ne s'arrête et jamais on ne joue.
Aussi quelle pâleur ! La cendre est sur leur joue.
Il fait à peine jour, ils sont déjà bien las.
Ils ne comprennent rien à leur destin, hélas !
Ils semblent dire à Dieu : « Petits comme nous sommes,
Notre père, voyez ce que nous font les hommes ! »

V. Hugo, *Les Contemplations*, III, 2, 1856.

1. Machines servant à broyer.

TEXTE 11

Une balle pourtant, mieux ajustée ou plus traître que les autres, finit par atteindre l'enfant feu follet. On vit Gavroche chanceler, puis il s'affaissa. Toute la barricade poussa un cri ; mais il y avait de l'Antée[1] dans ce pygmée ; pour le gamin toucher le pavé, c'est comme pour le géant toucher la terre ; Gavroche n'était tombé que pour se redresser ; il resta assis sur son séant, un long filet de sang rayait son visage, il éleva ses deux bras en l'air, regarda du côté d'où était venu le coup, et se mit à chanter :

Je suis tombé par terre,
C'est la faute à Voltaire,
Le nez dans le ruisseau,
C'est la faute à...

Il n'acheva point. Une seconde balle du même tireur l'arrêta court. Cette fois il s'abattit la face contre le pavé, et ne remua plus. Cette petite grande âme venait de s'envoler.

V. Hugo, *Les Misérables*, V, 1, 15, 1862.

1. Géant de la mythologie grecque.

APPLICATION

EX. 12 Mettre en évidence et interpréter le registre d'un texte

TEXTE 12

Quelles émotions l'extrait fait-il naître chez vous ? Cherchez ce qui est à l'origine de ces réactions en repérant les éléments lexicaux qui expriment des sentiments, qui définissent la situation, l'attitude des personnages, les variations de point de vue.

→ OBJET D'ÉTUDE Le roman et la nouvelle / le registre pathétique, p. 210

TEXTE 12

Quand madame Bufferand, qui était très vieille et toute ridée, les vit tous les deux[1], elle croisa ses mains sur la poitrine et dit « Mon Dieu !... ».

Papa dit : « Oui, voilà », et ils entrèrent. Et alors, quand ils furent dans le petit salon qui sentait la cannelle le petit garçon ne résista plus et il se coucha sur le tapis.

Il n'entendit plus très bien ce qu'on disait. Il faisait trop noir pour pouvoir écouter. Madame Bufferand parlait, parlait, d'une petite voix cassée, il l'entendait comme dans un rêve. Papa souleva le petit garçon et le porta sur un lit. Il lui caressa les cheveux, longtemps, et il l'embrassa très fort et longtemps, plus fort et plus longtemps que le soir d'habitude. Et puis madame Bufferand lui donna une valise, et il embrassa madame Bufferand, et il sortit. Et madame Bufferand vint s'occuper du petit garçon, elle lui mit un mouchoir mouillé sur la tête, elle lui prépara de la camomille. Il vit bien qu'elle pleurait, elle essuyait ses larmes au fur et à mesure, mais ça se voyait quand même.

VERCORS, « Ce jour-là » (extrait), 1943, in *Le Silence de la mer*, © Albin Michel, 1951.

1. Il s'agit d'un père et de son petit garçon. La scène se passe pendant l'Occupation. En rentrant chez lui, le père a vu un signe qui lui fait comprendre que sa femme a été arrêtée. Il conduit alors son petit garçon chez une voisine amie, madame Bufferand, qui, en le gardant auprès d'elle, le sauvera.

EX. 13 Analyser le registre d'un extrait de roman

TEXTE 13

1. Sur quoi repose le pathétique de la situation donnée ici ? Utilisez la note 1 pour répondre.

2. À travers quels procédés d'écriture s'exprime-t-il ?

→ OBJET D'ÉTUDE Le roman et la nouvelle / le registre pathétique, p. 210

TEXTE 13

Sur le trottoir où Jacques[1] aborda, un couple allait se séparer. L'homme et la femme se regardaient une dernière fois. Autour de la mère, l'enfant, un petit gars de quatre ans, s'amusait : agrippé à la jupe, il sautillait sur un pied, en chantonnant. L'homme se pencha, empoigna le bambin, l'éleva et l'embrassa ; si rudement, que le gamin se débattit, furieux. L'homme reposa l'enfant à terre. La femme ne bougeait pas, ne disait rien : debout, en tablier de ménage, les cheveux défaits, les joues souillées d'avoir pleuré, elle dévisageait son homme avec des yeux fous. Alors, comme s'il eût craint qu'elle se jetât sur lui et qu'il ne pût plus s'arracher d'elle, au lieu de la prendre dans ses bras, il recula, sans la quitter des yeux ; puis, se retournant soudain, il s'élança vers la gare. Et elle, au lieu de le rappeler, au lieu de le suivre du regard, elle fit un brusque demi-tour, et se sauva. Le gosse, qu'elle traînait derrière elle, butait, manquait de tomber ; elle finit par le soulever du bout du bras et le hisser sur son épaule, sans s'arrêter, pour fuir plus vite, pour arriver plus tôt, sans doute, dans son logis vide, où seule, et la porte close, elle pourrait sangloter tout son saoul.

R. MARTIN du GARD, *Les Thibault*, © Gallimard, 1936.

1. Jacques est le héros du roman ; il se trouve ici à Paris, le jour de la mobilisation générale, en août 1914.

EX. 14 Travail sur un corpus de textes

TEXTES 10 À 13

Ces extraits ont en commun un registre pathétique.

1. À partir de ces textes, faites une récapitulation des situations et des faits qui peuvent susciter la pitié, la compassion et l'émotion chez le lecteur.

2. Classez aussi certains procédés d'écriture récurrents.

EX. 15

Observer un registre dans une photo

1. Que représente cette photo ? Quelle est la situation des personnes qui y figurent ?

2. Qu'y a-t-il de pathétique dans cette situation ? Comment ce registre se marque-t-il sur la photo ?

3. Expliquez en quoi l'émotion du spectateur est due à ce qu'il voit, mais également à tout ce qu'il peut imaginer autour de la photo : ce qui précède, ce qui suit…

R. CAPA (1913-1954), photo de la guerre civile espagnole : les civils fuient vers la France devant l'avance de l'armée franquiste (25-27 janvier 1939).

ÉCRITURE

EX. 16

Composer un texte de registre pathétique

TEXTES 10 À 13

En vous inspirant d'un des extraits donnés, composez un texte susceptible de provoquer la pitié et les larmes du lecteur. Soyez attentif au fait qu'il ne suffit pas que la situation évoquée soit elle-même triste et les héros malheureux : c'est aussi l'écriture, la manière de raconter qui provoquent l'émotion (mise en scène de la situation, choix lexicaux…).

SYNTHÈSE

Le registre pathétique

Tout être humain peut se remémorer une situation dans laquelle il a été bouleversé jusqu'aux larmes par une scène vue ou lue. Ainsi, l'évocation par V. Hugo des enfants ouvriers du XIXe siècle (texte 10 → p. 177) ou celle de l'enfant séparé de ses parents dans des circonstances tragiques dans la nouvelle de Vercors (→ texte 12) ne laisse personne indifférent. Ces extraits présentent des situations dites **pathétiques**, parce qu'elles suscitent chez celui qui en prend connaissance l'émotion, la pitié, la sympathie.

L'adjectif « pathétique » a pour origine le mot grec *pathos*, qui signifie « souffrance ». On parle de registre pathétique lorsque la **souffrance d'un héros** est présentée d'une façon telle qu'elle bouleverse celui qui en est témoin, à travers des images ou des mots.

Le registre pathétique, qui se reconnaît à sa capacité d'inspirer au lecteur une **émotion** forte, est difficile à analyser, parce qu'il n'existe pas d'éléments spécifiques d'écriture pour susciter l'émotion et les larmes. Le pathétique naît plutôt de situations dans lesquelles un individu désarmé est confronté à des faits qui viennent détériorer une situation heureuse et contre lesquels il ne peut rien : la guerre qui sépare et qui tue, le sort qui fait naître dans la misère et empêche d'en sortir, l'injustice sous toutes ses formes, qui révèle la faiblesse et l'impuissance des êtres…

Il y a toujours, à la base du pathétique ressenti par le lecteur, quelque chose de dramatique, de douloureux, de bouleversant, de poignant.

4 Le registre épique

OBSERVATION

EX. 17 Identifier des éléments soulignés

TEXTES 14 ET 15

Dans les extraits ci-contre, identifiez les différents éléments soulignés. Quels effets produisent-ils en ce qui concerne la situation évoquée, les héros mis en scène, les actions accomplies ?

EX. 18 Répertorier les différents procédés d'amplification

TEXTES 14 ET 15

Établissez, à partir des deux extraits, une classification des différents procédés d'écriture qui contribuent à exprimer ou à créer des phénomènes de grandissement, de multiplication et d'exagération.

EX. 19 Repérer et identifier les procédés d'amplification

TEXTE 16

Dans l'extrait suivant, repérez, identifiez et classez les procédés d'amplification qui permettent de parler de registre épique.

EX. 20 Mettre en relation une définition et des extraits

TEXTES 14 À 16

Voici la définition du mot « épopée » donnée par le dictionnaire *Le Petit Larousse* (© Larousse, 2003) : « Récit poétique en vers ou en prose, qui raconte les exploits d'un héros et où intervient le merveilleux. Suite d'actions réelles, mais très extraordinaires ou héroïques. » Trouvez dans les extraits étudiés tous les éléments qui peuvent conduire à cette définition.

TEXTE 14

<u>Grandes</u> sont <u>les armées</u>[1] et farouches <u>les troupes</u>.
<u>Toutes</u> les compagnies sont aux prises,
Et les païens frappent des coups <u>prodigieux</u>.
<u>Dieu ! combien de</u> hampes brisées en deux
De boucliers <u>en pièces</u>, de cuirasses <u>démaillées</u> !
Là vous en auriez vu la terre <u>si jonchée</u>
Que l'herbe du champ, <u>si</u> verte, <u>si</u> tendre,
Du sang qui coule devient <u>toute vermeille</u>.

La Chanson de Roland (extrait), XIIe siècle,
© GF-Flammarion (édition bilingue), 1993.

1. Il s'agit d'un combat entre les Sarrasins et l'armée de Charlemagne.

TEXTE 15

Les Russes[1] descendaient avec la rapidité de l'incendie. <u>Hommes, femmes, enfants, chevaux, tout</u> marcha sur le pont. Heureusement le major et la comtesse se trouvaient encore éloignés de la rive. Le général Éblé venait de mettre le feu aux chevalets de l'autre bord. Malgré les avertissements donnés à ceux qui envahissaient cette planche de salut, personne ne voulut reculer. Non seulement le pont <u>s'abîma</u> chargé de monde ; mais l'<u>impétuosité</u> du <u>flot d'hommes</u> lancés sur cette fatale berge était si furieuse, qu'une <u>masse humaine</u> fut précipitée dans <u>les eaux comme une avalanche</u>. On n'entendit pas un cri, mais le bruit sourd d'une pierre qui tombe à l'eau ; puis la Bérézina <u>fut couverte</u> de cadavres.

H. de Balzac, *Adieu !*, 1830.

1. L'épisode rapporté est le passage de la Bérézina par les troupes napoléoniennes en déroute, en 1812, face à l'armée russe.

TEXTE 16

Théramène[1]. – Un effroyable cri, sorti du fond des flots,
Des airs en ce moment a troublé le repos ;
Et du sein de la terre une voix formidable[2]
Répond en gémissant à ce cri redoutable.
Jusqu'au fond de nos cœurs notre sang s'est glacé ;
Des coursiers attentifs le crin s'est hérissé.
Cependant, sur le dos de la plaine liquide[3],
S'élève à gros bouillons une montagne humide ;
L'onde approche, se brise, et vomit à nos yeux,
Parmi des flots d'écume, un monstre furieux.

J. Racine, *Phèdre*, Acte V, scène 6 (extrait), 1677.

1. Théramène, gouverneur d'Hippolyte, fait le récit de la mort du jeune homme, au bord de la mer. 2. Qui inspire la peur. 3. Désigne la mer.

APPLICATION

EX. 21 Repérer, identifier et interpréter des procédés d'amplification en poésie

TEXTE 17

Lisez le poème, puis repérez et classez, en les identifiant, les procédés (d'ordre lexical, grammatical, rhétorique et métrique) qui traduisent ou créent des effets d'amplification, d'intensification. Sur quoi mettent-ils l'accent dans cette évocation d'un « soir de bataille » ?

➜ OBJET D'ÉTUDE La poésie / le registre épique, p. 248

TEXTE 17

Soir de bataille[1]

Le choc avait été très rude. Les tribuns[2]
Et les centurions[2], ralliant les cohortes[3],
Humaient encore, dans l'air où vibraient leurs voix fortes,
La chaleur du carnage et ses âcres parfums.

D'un œil morne, comptant leurs compagnons défunts,
Les soldats regardaient, comme des feuilles mortes,
Au loin tourbillonner les archers de Phraortes[4] ;
Et la sueur coulait de leurs visages bruns.

C'est alors qu'apparut, tout hérissé de flèches,
Rouge du flux vermeil de ses blessures fraîches,
Sous la pourpre flottante et l'airain rutilant,

Au fracas des buccins[5] qui sonnaient leur fanfare,
Superbe, maîtrisant son cheval qui s'effare,
Sur le ciel enflammé, l'Impérator sanglant.

J.-M. DE HEREDIA, *Les Trophées*, 1893.

1. La bataille évoquée est celle que mena Marc Antoine (≈ 83-30 av. J.-C.), général en chef romain (*imperator*) contre les Parthes, un peuple vivant sur les bords du Danube. **2.** Noms d'officiers romains. **3.** Divisions de l'armée romaine. **4.** Nom d'une dynastie de rois mèdes. **5.** Instruments à vent semblables à des trompettes.

EX. 22 Analyser et interpréter le registre d'un texte théâtral

TEXTE 18

1. Quel est le registre de cet extrait ?

2. Par quels procédés ce registre est-il mis en œuvre et reconnaissable ?

3. Quels sont les effets produits dans la présentation que le personnage fait de lui-même ?

TEXTE 18

MATAMORE[1]
Mon armée ? Ah, poltron, ah, traître ! pour leur mort
Tu crois donc que ce bras ne soit pas assez fort ?
Le seul bruit de mon nom renverse les murailles,
Défait les escadrons, et gagne les batailles,
Mon courage invaincu contre les empereurs
N'arme que la moitié de ses moindres fureurs ;
D'un seul commandement que je fais aux trois Parques,
Je dépeuple l'État des plus heureux monarques ;
La foudre est mon canon, les Destins mes soldats :
Je couche d'un revers mille ennemis à bas.
D'un souffle je réduis leurs projets en fumée,
Et tu m'oses parler cependant d'une armée !

P. CORNEILLE, *L'Illusion comique*, Acte II, scène 2 (v. 231-252), 1635-1636.

1. Matamore est un personnage dont la caractéristique est la vantardise.

ÉCRITURE

EX. 23 Composer un texte de registre épique

Sous le titre « La magie olympique a une nouvelle fois rassemblé les peuples » (publicité parue dans *Le Monde*), composez un texte célébrant, dans un registre épique, le caractère fédérateur des Jeux olympiques et les qualités exceptionnelles des athlètes.

EX. 24 Analyser le registre d'une représentation picturale

1. Qu'est-ce qui se trouve à l'arrière-plan du tableau ? De quelles connotations se trouvent chargés les lieux indiqués dans le titre ? Comment ces connotations se trouvent-elles mises en évidence dans la représentation ?

2. Qu'est-ce qui occupe le premier plan ? Décrivez le personnage et son cheval en insistant sur ce que suggère la position de l'un et de l'autre.

3. À partir des réponses aux questions précédentes et des effets de disproportion, identifiez le registre de ce tableau et ses visées.

J. L. DAVID (1748-1825), *Bonaparte franchissant les Alpes au col du Grand-Saint-Bernard, 20 mai 1800* (1803), huile sur toile, 271 x 232 cm (musée du Château de Versailles).

SYNTHÈSE

Le registre épique

L'**épopée** est un genre littéraire dans lequel se trouvent mis en scène des héros hors du commun aux prises avec des situations extraordinaires : tout y est grandi, exagéré, poussé à son paroxysme, aussi bien les qualités (bravoure, courage…) que les défauts (couardise, lâcheté, mensonge…).

Le **registre épique** renvoie à ce genre, illustré par les chansons de geste du Moyen Âge, comme la *Chanson de Roland*, et par les grandes épopées de l'Antiquité, comme l'*Iliade* d'Homère ou l'*Énéide* de Virgile, ou celles de l'époque moderne, comme *La Légende des siècles* de Victor Hugo.

Les procédés

Le registre épique utilise les figures d'amplification comme l'**hyperbole** qui permettent de présenter une situation, des actions, des personnages de façon déformée, portée à un degré élevé. On peut noter l'utilisation fréquente du **pluriel**, l'insistance sur le **nombre**, l'emploi de **termes collectifs** comme « peuple, nation, armée… », de **superlatifs**, « le plus, très… », d'**adverbes d'intensité**, « beaucoup, terriblement, si »…

Les **comparaisons** et les **métaphores** favorisent le passage de la réalité à une représentation dramatisée, surdimensionnée. Les **anaphores** mettent l'accent sur des éléments répétés. Une autre caractéristique de l'écriture épique est la **schématisation** et la **simplification** des situations et des personnages, souvent stéréotypés.

Les genres

Le registre épique déborde le cadre de l'épopée. Initialement associé à la **poésie**, il figure aussi dans le **roman** et au **théâtre** (texte 18 → p. 181). Le registre épique peut se mettre au service de l'apologie (l'éloge) ou de la dénonciation (le blâme).

EXEMPLE :

« Il te ressemble ; il est terrible et pacifique
Il est sous l'infini le niveau magnifique ;
Il a le mouvement, il a l'immensité. »

V. HUGO, *Les Châtiments*, VI, IX : « Au peuple », 1853.

5 Le registre comique

OBSERVATION

EX. 25 Repérer différents éléments qui font rire

TEXTES 19 À 21

Lisez les extraits ci-contre : vous ont-ils fait rire, sourire ? Si votre réponse est affirmative, essayez de trouver ce qui a déclenché votre réaction. Précisez à chaque fois s'il s'agit des mots utilisés, des situations mises en scène, d'effets de décalage, de répétition, de fausse logique, d'éléments inattendus…

EX. 26 Identifier des procédés comiques

TEXTES 19 À 21

Les trois extraits ne font pas rire à partir des mêmes éléments. Établissez une typologie de ces éléments.

→ OBJET D'ÉTUDE Le théâtre / la comédie et le comique, p. 236

TEXTE 19

Un Américain et un Japonais se promènent dans la jungle. Un lion affamé fonce sur eux. Le Japonais s'assied et enfile ses chaussures de course.

« Si vous croyez que vous pouvez courir plus vite qu'un lion affamé, s'esclaffe l'Américain, vous êtes fou.

– Il ne s'agit pas de courir plus vite qu'un lion affamé, répond le Japonais, mais de courir plus vite que vous. »

BT2, n° 246 « Pourquoi rions-nous ? »

TEXTE 20

Un jeune homme rencontre chez la marieuse une jeune fille dont on lui a dit grand bien, et qu'il pourrait peut-être épouser. Mais à peine l'a-t-il aperçue qu'il se plaint à voix basse : « On m'a menti, dit-il ; on m'avait annoncé une jeune beauté élégante et gracieuse, et celle-ci est grosse, laide et peu soignée… »

« Tu peux parler plus fort, dit la marieuse, elle est sourde. »

D'après M.-A. OUAKNIN et D. ROTNEMER, *La Bible de l'humour juif*, © Ramsay, 1996.

TEXTE 21

SGANARELLE[1]. – Vous avez l'âme bien mécréante. Cependant vous voyez depuis un temps que le vin émétique[2] fait bruire ses fuseaux[3]. Ses miracles ont converti les plus incrédules esprits, et il n'y a pas trois semaines que j'en ai vu, moi qui vous parle, un merveilleux effet.

DOM JUAN. – Et quel ?

SGANARELLE. – Il y avait un homme qui depuis six jours était à l'agonie ; on ne savait plus que lui ordonner, et tous les remèdes ne faisaient rien ; on s'avisa à la fin de lui donner de l'émétique.

DOM JUAN. – Il réchappa, n'est-ce pas ?

SGANARELLE. – Non, il mourut.

DOM JUAN. – L'effet est admirable.

SGANARELLE. – Comment ? Il y avait six jours entiers qu'il ne pouvait mourir, et cela le fit mourir tout d'un coup. Voulez-vous rien de plus efficace ?

MOLIÈRE, *Dom Juan*, Acte III, scène 1 (extrait), 1665.

1. Sganarelle est le valet de Dom Juan. Déguisé en médecin, il vante les mérites de certains médicaments. **2.** Médicament pour faire vomir. **3.** Fait parler de lui.

APPLICATION

EX. 27 Interpréter des éléments comiques dans un dialogue de théâtre

TEXTE 22

1. Dans l'extrait ci-contre, quels éléments (situation, procédés d'écriture…) contribuent à faire naître le comique : de quoi et pourquoi riez-vous ? Ne répondez pas en racontant le texte : cherchez l'origine du rire.

2. Sur quoi la scène met-elle l'accent ? Sur quoi fait-elle réfléchir le lecteur ou le spectateur ?

→ OBJET D'ÉTUDE **Le théâtre / la comédie et le comique, p. 236**

TEXTE 22

CÉSAR[1], *grave*. – Écoutez-moi bien. Il y a une question que je veux vous poser. Et une question très grave. (*Lentement.*) Est-ce que vraiment je suis coléreux ?

LE DOCTEUR. – Hum…

CÉSAR. – Quoi, hum ?

LE DOCTEUR. – Hum… je fais : hum…

CÉSAR, *à Escartefigue*. – Et toi, pourquoi tu ne réponds pas ?

ESCARTEFIGUE. – Mon cher, je ne suis pas bon juge. Depuis soixante-cinq ans que tu es au monde, tu dois bien savoir ce que tu es…

M. BRUN. – Ça, ce n'est pas prouvé.

CÉSAR. – On ne sait pas toujours ce qu'on est. Il y en a qui sont cocus et qui ne le savent pas.

ESCARTEFIGUE, *vexé*. – À moins que leurs amis ne le leur disent dix fois par jour.

CÉSAR, *indigné*. – Dix fois par jour ! C'est la première fois que je t'en parle depuis une semaine ! Mais réponds à ma question : depuis tout à l'heure je me demande avec angoisse si je n'ai pas commis de graves erreurs, si je n'ai pas été injuste, si je ne suis pas en somme une vieille bête. Et si tout cela ne viendrait pas d'une tendance maladive à me mettre en colère. Réponds franchement.

ESCARTEFIGUE, *prudent*. – Tu as dit « maladive ». Par conséquent, ça regarde le docteur. Allons, docteur, réponds-lui.

CÉSAR. – Et toi, tu ne peux pas me répondre ?

ESCARTEFIGUE, *avec finesse*. – Je craindrais de me tromper. (*Il rit.*)

CÉSAR. – Et tu ris comme un imbécile. (*Il commence une colère qui va grandir.*) Comment ? Un ami de trente ans vient te poser une question grave, une question venue du cœur, et tu réponds par des ricanements !

ESCARTEFIGUE. – César !

CÉSAR, *avec une grande violence*. – Qu'est-ce que ça veut dire, ce rire ? Ca veut dire que je suis une vieille bourrique, comme, par ton refus de me répondre, tu fais semblant de dire, sans le dire, que je suis coléreux et que tu as peur de ma colère ! Et vous aussi, monsieur Brun. Vous ne répondez rien, mais vous faites semblant d'en penser le double ! Quant à « Hum » (*Il montre le docteur*) avec son air supérieur, je me fous de ce qu'il ne dit pas et de sa coqueluche des vieillards ! Qu'est-ce que ça veut dire, à la fin ? Depuis trente ans vous venez chez moi tous les jours et vous dites que je suis coléreux ? Je supporte la stupidité d'Escartefigue, je supporte les lyonnaiseries[2] de M. Brun, je supporte le silence de ce médecin des chèvres, je supporte la présence de ce petit macaque (*Il montre le chauffeur*) qui ne paie jamais ses consommations, et qui, de plus, ne boit jamais rien, et vous dites que je suis coléreux ?

M. BRUN, *très calme*. – Non, il n'est certainement pas coléreux. Et il nous le prouve.

Tous éclatent d'un rire joyeux. César désarçonné les regarde et il change de ton brusquement.
CÉSAR. – C'est vrai, au fond, que je suis coléreux. Ou plutôt, je le *parais*, car je ne suis pas du tout en colère.
ESCARTEFIGUE. – Dis donc, alors, qu'est-ce qu'il te faut ?
CÉSAR. – Mais non, Félix, mais non... Vois-tu, je crie, je me lance... comme ça... parce que ça me fait du bien...

M. PAGNOL, *César*, 1936, © Bernard de Fallois, 1988.
Site : marcel.pagnol.com.

1. Quatre amis sont installés à la terrasse d'un café à Marseille : M. Brun, le docteur, le chauffeur et Escartefigue. César, le patron du café, bien connu pour ses violentes colères, vient les rejoindre. **2.** M. Brun, par son accent et ses plaisanteries, s'exprime d'une façon qui rappelle qu'il est originaire de Lyon.

EX. 28 Repérer, identifier et interpréter le comique d'un texte

TEXTE 23

1. Lisez l'extrait ci-contre et observez vos réactions : qu'est-ce qui vous fait rire ?

2. Repérez, identifiez et classez les éléments générateurs de comique, puis demandez-vous sur quoi ce comique attire l'attention du lecteur.

→ OBJET D'ÉTUDE Le théâtre / la comédie et le comique, p. 236

TEXTE 23

LE LOGICIEN, *au Vieux Monsieur*. – Voici donc un syllogisme[1] exemplaire. « Le chat a quatre pattes. Isidore et Fricot ont chacun quatre pattes. Donc Isidore et Fricot sont chats. »
LE VIEUX MONSIEUR, *au Logicien*. – Mon chien aussi a quatre pattes.
LE LOGICIEN, *au Vieux Monsieur*. – Alors, c'est un chat.
BÉRENGER, *à Jean*. – Moi, j'ai à peine la force de vivre. Je n'en ai plus envie, peut-être.
LE VIEUX MONSIEUR, *au Logicien après avoir longuement réfléchi*. – Donc, logiquement, mon chien serait un chat.
LE LOGICIEN, *au Vieux Monsieur*. – Logiquement, oui. Mais le contraire est aussi vrai.
BÉRENGER, *à Jean*. – La solitude me pèse. La société aussi.
JEAN, *à Bérenger*. – Vous vous contredisez. Est-ce la solitude qui pèse, ou est-ce la multitude ? Vous vous prenez pour un penseur et vous n'avez aucune logique.
LE VIEUX MONSIEUR, *au Logicien*. – C'est très beau, la logique.
LE LOGICIEN, *au Vieux Monsieur*. – À condition de ne pas en abuser.
BÉRENGER, *à Jean*. – C'est une chose anormale de vivre.
JEAN. – Au contraire. Rien de plus naturel. La preuve : tout le monde vit.
BÉRENGER. – Les morts sont plus nombreux que les vivants. Leur nombre augmente. Les vivants sont rares.
JEAN. – Les morts, ça n'existe pas, c'est le cas de le dire !... Ah ! Ah !... (*Gros rire*). Ceux-là aussi vous pèsent ? Comment peuvent peser des choses qui n'existent pas ?
BÉRENGER. – Je me demande moi-même si j'existe !
JEAN, *à Bérenger*. – Vous n'existez pas, mon cher, parce que vous ne pensez pas ! Pensez, et vous serez.
LE LOGICIEN, *au Vieux Monsieur*. – Autre syllogisme : Tous les chats sont mortels. Socrate est mortel. Donc Socrate est un chat.
LE VIEUX MONSIEUR. – Et il a quatre pattes. C'est vrai, j'ai un chat qui s'appelle Socrate.
LE LOGICIEN. – Vous voyez...

E. IONESCO, *Rhinocéros*, © Gallimard, 1959.

1. *Syllogisme* : figure logique. Le plus célèbre est : « Tous les hommes sont mortels, Socrate est un homme, donc Socrate est mortel. »

RÉPONSE RÉDIGÉE (EX. 28, P. 185, QUESTION 2)

Il y a dans le texte plusieurs éléments générateurs de comique.

• **La fausse logique du syllogisme :** présenter comme « exemplaire » un syllogisme faux déclenche le rire parce qu'on a à l'esprit, à propos de syllogisme, celui qui met en cause Socrate, et non des chats désignés par leur nom, « Isidore », « Fricot ».
La conclusion absurde qui permet de démontrer qu'un chien est un chat (ou l'inverse !) fait également rire.
On remarque que le procédé apparaît deux fois, la seconde se situant à la fin du texte, concernant Socrate et reprenant le premier syllogisme pour, en quelque sorte, l'aggraver par l'absurdité de la double conclusion : Socrate est un chat et il a quatre pattes.

• **Les formulations jouant sur les mots :** on observe à plusieurs reprises des phrases qui jouent sur la logique du langage. Il ne s'agit plus de raisonnements, mais d'associations de termes : « Les morts, ça n'existe pas. »

• **Les conversations croisées :** un second élément générateur de comique est la manière dont les deux conversations des quatre personnages se « rencontrent » et entrent en interférence : on observe un mélange de termes, les chats et la vie (l. 6), puis un rapprochement autour du mot « logique » (l. 15).

Chat kespeare

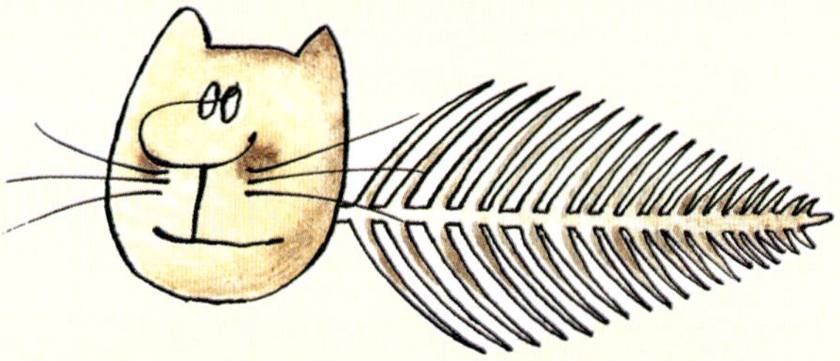

Chat rête

Chat luthier

SINÉ, *Les chats*, © Siné, 1982.

EX. 29 Étudier le registre comique dans une représentation picturale

1. Qu'y a-t-il de drôle dans les trois représentations ci-contre ? Expliquez le rapprochement entre le signifiant, le dessin et le signifié des trois mots.

2. Sur quel procédé identique les trois dessins reposent-ils ?

3. À votre tour, évoquez trois « chats » différents entrant dans un jeu de mot conduisant à une image inattendue.

ÉCRITURE

EX. 30 **Réécrire une histoire drôle**

Retrouvez une histoire drôle que vous connaissez oralement et réécrivez-la. Demandez-vous alors pourquoi elle fait rire. Au cours de votre rédaction, réfléchissez sur les procédés à employer pour accentuer les effets comiques, créer une attente…

EX. 31 **Écrire un texte comique « à la manière de… »**

Prenez pour modèle un des textes de R. Devos (« Bric à brac » → p. 44 ; « En dernier ressort », → p. 65) et composez un texte comique à partir d'une succession de jeux de mots. Utilisez pour cela la polysémie et les homophonies des mots.

EX. 32 **Composer un dialogue**

En vous inspirant de l'extrait de théâtre 22, composez un dialogue comique construit sur un effet de répétition, d'antithèse, de fausse logique, ou sur une situation semblable à celles que met en scène Marcel Pagnol.

EX. 33 **Rédiger un paragraphe argumenté sur le comique**

En prenant appui sur certains textes comiques donnés dans les exercices qui précèdent et en vous interrogeant sur vos propres réactions, répondez à l'une des questions suivantes :
– Ce qui est présenté comme comique fait-il toujours rire ?
– Le comique a-t-il pour seule fonction de faire rire ?

SYNTHÈSE

Le registre comique

Le mot « comique » se trouve lié à deux notions. D'une part, on parle de comique par référence au genre de la **comédie** ; d'autre part, on l'associe au rire : est dit comique ce qui déclenche le rire, tandis que la comédie ne fait pas toujours **rire**. Le registre comique dont nous parlons ici correspond au second sens, même si certains extraits qui l'illustrent sont issus du théâtre.

Les procédés

Analyser les raisons pour lesquelles rient l'auditeur d'une histoire drôle, le lecteur d'un texte humoristique, le spectateur d'un sketch est une tâche difficile : parfois, ce qui fait rire les uns ne fait pas du tout rire les autres… On peut cependant identifier et classer ce qui déclenche – en général – l'hilarité : voir quelqu'un rater une marche et tomber fait rire, parce que c'est là un événement inattendu par rapport à un fonctionnement mécanique déjà anticipé. Le comique vient alors de la **surprise** et d'un **décalage**.

EXEMPLE : dans certains textes de l'exercice 25 → p. 183, on observe un décalage entre ce que le lecteur pouvait attendre et ce que donne l'histoire elle-même. Le rire vient aussi de l'**imagination**, qui crée des images et anticipe sur la suite.

Plusieurs autres éléments sont propres à provoquer le rire : dans le **quiproquo** ou le **malentendu**, deux interlocuteurs ne s'entendent pas sur le sens des mots, ou utilisent les mêmes mots dans des sens différents, ou n'ont pas la même connaissance de l'identité d'une personne, du sens de sa présence, de la nature de ses fonctions… Il s'agit là de **comique de mot** ou de **comique de situation**.

Ces comiques peuvent être complétés par le **comique de répétition** (répétition de mots, d'expressions ou de situations). On parle de **comique de caractère** et de **comique de geste** lorsque se trouve évoqué ou mis en scène un personnage dont l'aspect et le comportement prêtent à rire (clown grimaçant ou habillé de manière outrée, Pierrot à la figure enfarinée, Arlequin malicieux…).

Dans les textes écrits, le comique tient souvent à plusieurs de ces éléments : le comique peut venir de **ce qui est présenté** (personnages, actions…), de la **manière** dont est présenté un personnage ou de ses **propres paroles** (exercice 27 → p. 184). Enfin, le comique vient parfois plus de la manière de raconter que du contenu d'une histoire : chacun sait par expérience qu'une histoire peut faire rire ou non, selon la manière dont elle est dite.

EXEMPLE : dans une scène de *L'Avare* (Acte V, scène 3), Harpagon et son fils parlent chacun de quelqu'un désigné par « elle », mais le père parle de sa cassette, tandis que le fils parle de la jeune fille qu'il aime. La confusion produit un effet comique.

6 Le registre ironique

OBSERVATION

EX. 34 Observer des effets de décalage

TEXTES 24 À 26

1. Dans les textes ci-contre, les mots ou expressions qui sont soulignés et qui se suivent ont-ils une relation logique ?

2. À quoi servent les termes mis à la couleur ?

EX. 35 Expliciter une définition

TEXTES 24 À 26

1. Voici la définition de l'ironie donnée par le dictionnaire *Le Petit Larousse* (© Larousse, 2007) : « Raillerie consistant à ne pas donner aux mots leur valeur réelle ou complète, ou à faire entendre le contraire de ce qu'on dit. » Expliquez en quoi on peut parler de registre ironique à propos des extraits étudiés.

2. Dites ensuite sur quelles figures de rhétorique repose l'ironie.

EX. 36 Repérer le registre ironique et analyser ses procédés

TEXTE 27

1. D'où vient l'ironie de l'extrait ? Répondez en prenant appui sur les figures de rhétorique, le lexique, la structure des phrases et du texte.

2. Quelle est l'utilité de l'ironie dans cette présentation de Louis XIV ?

EX. 37 Récapituler les éléments constitutifs du registre ironique

TEXTES 24 À 27

À partir des extraits étudiés, établissez une classification des différents procédés d'écriture qui concourent à créer ou à traduire le registre ironique.

TEXTE 24

J'avais un jour un valet de Gascogne,
Gourmand, ivrogne, et assuré menteur,
Pipeur[1], larron, jureur, blasphémateur,
Sentant la hart[2] de cent pas à la ronde,
Au demeurant, le meilleur fils du monde.

CL. MAROT, *Épîtres*, 1532.

1. Trompeur. **2.** La corde (pour le pendre).

TEXTE 25

Si j'avais à soutenir le droit que nous avons eu de rendre les nègres esclaves, voici ce que je dirais : les peuples d'Europe ayant exterminé ceux de l'Amérique, ils ont dû mettre en esclavage ceux de l'Afrique, pour s'en servir à défricher tant de terres. Le sucre serait trop cher **si** l'on ne faisait travailler la plante qui le produit par des esclaves. Ceux dont il s'agit sont noirs depuis les pieds jusqu'à la tête ; et ils ont le nez si écrasé, **qu'**il est presque impossible de les plaindre. […]

MONTESQUIEU, *De l'Esprit des lois*, XV, 5, 1748.

TEXTE 26

Remarquez bien que les nez ont été faits pour porter des lunettes, **aussi** avons-nous des lunettes. Les jambes sont visiblement instituées pour être chaussées, **et** nous avons des chausses. Les pierres ont été formées pour être taillées, et pour en faire des châteaux, **aussi** monseigneur a un très beau château ; le plus grand baron de la province doit être le mieux logé.

VOLTAIRE, *Candide*, I, 1759.

TEXTE 27

D'ailleurs, ce roi[1] est un grand magicien : il exerce son empire sur l'esprit même de ses sujets ; il les fait penser comme il veut. S'il n'a qu'un million d'écus dans son trésor, et qu'il en ait besoin de deux, il n'a qu'à leur persuader qu'un écu en vaut deux ; et ils le croient. S'il a une guerre difficile à soutenir, et qu'il n'ait point d'argent, il n'a qu'à leur mettre dans la tête qu'un morceau de papier est de l'argent ; et ils en sont aussitôt convaincus. Il va même jusqu'à leur faire croire qu'il les guérit de toutes sortes de maux, en les touchant, tant est grande la force et la puissance qu'il a sur les esprits.

MONTESQUIEU, *Lettres persanes*, lettre XXIX (extrait), 1721.

1. Désigne Louis XIV (1643-1715). Rica, un Persan en voyage en France, présente à son ami Ibben l'image qu'il a du roi de France..

APPLICATION

EX. 38 Interpréter le registre ironique dans un conte philosophique

TEXTE 28

1. Quels sont les indices permettant de parler de registre ironique dans ce texte ? En quoi consiste cette ironie ? À quoi s'applique-t-elle ?

2. Quelle est l'utilité de ce registre par rapport au thème traité, que vous préciserez ?

→ OBJET D'ÉTUDE L'argumentation/le conte, p. 278

TEXTE 28

Après le tremblement de terre[1] qui avait détruit les trois quarts de Lisbonne, les sages du pays n'avaient pas trouvé un moyen plus efficace pour prévenir une ruine totale que de donner au peuple un bel autodafé ; il était décidé par l'université de Coïmbre que le spectacle de quelques personnes brûlées à petit feu, en grande cérémonie, est un secret infaillible pour empêcher la terre de trembler.

On avait en conséquence saisi un Biscayen convaincu d'avoir épousé sa commère[2], et deux Portugais qui en mangeant un poulet en avaient arraché le lard[3] ; on vint lier après le dîner le docteur Pangloss et son disciple Candide, l'un pour avoir parlé, et l'autre pour avoir écouté avec un air d'approbation : tous deux furent menés séparément dans des appartements d'une extrême fraîcheur[4], dans lesquels on n'était jamais incommodé du soleil : huit jours après, ils furent tous deux revêtus d'un *san-benito*[5], et on orna leurs têtes de mitres de papier : la mitre et le san-benito de Candide étaient peints de flammes renversées et de diables qui n'avaient ni queues ni griffes ; mais les diables de Pangloss portaient griffes et queues, et les flammes étaient droites. Ils marchèrent en procession ainsi vêtus, et entendirent un sermon très pathétique, suivi d'une belle musique en faux bourdon. Candide fut fessé en cadence, pendant qu'on chantait ; le Biscayen et les deux hommes qui n'avaient point voulu manger le lard furent brûlés, et Pangloss fut pendu, quoique ce ne soit pas la coutume. Le même jour la terre trembla de nouveau avec un fracas épouvantable.

VOLTAIRE, *Candide*, VI, 1759.

1. Le héros, Candide, est ici placé dans un contexte historique réel : un tremblement de terre eut lieu à Lisbonne en 1755. **2.** Le mariage entre parrain et marraine est interdit par l'Église ; un Biscayen est une personne originaire de la province de Biscaye. **3.** Le refus de manger du lard est le signe que ces deux Portugais n'ont pas totalement abjuré leur religion, le judaïsme. **4.** Périphrase pour désigner un cachot. **5.** Tunique dont la couleur et les motifs désignent le châtiment encouru.

EX. 39 Interpréter le registre ironique dans un texte d'idées

TEXTE 29

1. Lisez l'extrait ci-contre, puis repérez, identifiez et classez les éléments qui permettent de parler de registre ironique.

2. À partir du lexique, précisez le thème traité : quelle est l'utilité du registre adopté par rapport à ce thème ? En quoi le registre sert-il la démarche et les prises de position de celui qui parle ?

TEXTE 29

Un artiste habile en cette partie, un massacreur de génie, M. de Moltke[1], a répondu voici deux ans aux délégués de la paix les étranges paroles que voici :

« La guerre est sainte, d'inspiration divine. Elle entretient chez les hommes tous les grands, les nobles sentiments, l'honneur, le désintéressement, la vertu, le courage, et les empêche en un mot de tomber dans le plus hideux matérialisme. »

Ainsi se réunir en troupeaux de quatre cent mille hommes, marcher jour et nuit, sans repos, ne penser à rien, ne rien étudier, ne rien apprendre, ne rien lire, n'être utile à personne, pourrir de saleté, coucher dans la fange, vivre comme des brutes dans un hébétement continu, piller les villes, brûler les villages, ruiner les peuples, puis rencontrer une autre agglomération de viande humaine, se ruer dessus, faire des lacs de sang, des plaines de chair pilée mêlée à de la terre boueuse et rougie, des monceaux de cadavres, avoir les bras et les jambes emportés, la cervelle écrabouillée sans profit pour personne et crever au coin d'un champ, tandis que vos vieux parents, votre femme et vos enfants meurent de faim : voilà ce qu'on appelle ne pas tomber dans le plus hideux matérialisme.

G. DE MAUPASSANT, *Sur l'eau*, 1888.

1. Principal réorganisateur de l'armée prussienne, artisan de la victoire de l'Allemagne sur la France en 1870-1871.

→ OBJET D'ÉTUDE L'argumentation / le blâme, p. 308

ÉCRITURE

EX. 40 **Composer un texte de registre ironique**

TEXTES 27 À 29

En prenant modèle sur un des extraits étudiés, composez, sur un thème de votre choix, un texte ironique reposant sur des effets de décalage et d'exagération. Ce texte peut avoir une portée critique comme ceux de Montesquieu, Voltaire, Maupassant.

SYNTHÈSE

Le registre ironique

L'ironie se définit comme le fait d'exprimer, par raillerie, le **contraire** de ce que l'on veut faire comprendre : il y a un phénomène de **distorsion** entre ce qui est exprimé et ce qui est signifié. Ainsi, s'exclamer « C'est du joli ! » devant une situation désastreuse relève de l'ironie.

Les indices

Cette distorsion est perceptible à certains **indices**, qui figurent le plus souvent dans l'environnement textuel, dans le **contexte**.

EXEMPLE : parler de *merveilleux* à propos de la guerre (VOLTAIRE), en l'associant à l'expression *entreprise infernale* met l'accent sur un décalage qui permet au lecteur d'identifier quelle est la position de Voltaire par rapport à la guerre. Il ne fait pas l'éloge du « merveilleux », mais la critique sévère de ce qui évoque les « enfers ».

L'ironie nécessite certains indices pour être comprise et reconnue (exercice 39 → p. 189) : elle est associée à des figures de rhétorique. Les oppositions entre ce qui est dit et ce que l'on veut réellement faire comprendre sont soulignées par les **antithèses, oxymores, antiphrases**, qui rapprochent des notions **antinomiques**. Ces oppositions s'expriment aussi à travers des raisonnements dont la logique est apparente mais dont le fonctionnement est incohérent, absurde.

Les fonctions

L'ironie a plusieurs fonctions : reposant sur des effets de distorsion, elle fait **réagir** et s'interroger le lecteur. Très utilisée dans les textes critiques, elle s'associe à d'autres registres, comme le registre polémique, pour **dénoncer**. On la trouve beaucoup dans les textes d'idées à vocation critique et satirique, notamment au XVIIIe siècle, parce qu'elle constitue un instrument de prise de conscience. Elle est efficace dans l'argumentation et figure souvent dans les dialogues de théâtre.

EXEMPLE : dire que « nous portons des lunettes » parce que « les nez ont été faits pour porter des lunettes » est ironique (texte 26 → p. 188) et permet à Voltaire de dénoncer la façon de raisonner simpliste et faussement logique de Pangloss.

7 Le registre polémique

OBSERVATION

EX. 41 Repérer des procédés d'écriture évoquant un combat verbal

TEXTES 30 ET 31

1. Dans les deux extraits ci-contre, quels éléments laissent penser au lecteur que le texte traduit un affrontement ?

2. D'où vient la violence ? Les mots soulignés vous mettent sur la voie.

EX. 42 Récapituler et classer des procédés d'écriture

TEXTES 30 ET 31

Établissez, à partir des deux textes, une classification des différents procédés et figures qui permettent de définir le registre polémique, en relation avec l'étymologie du mot.

→ OBJET D'ÉTUDE La poésie engagée, p. 248

TEXTE 30

ORGON[1]. – Cessez de m'interrompre, et songez à vous taire,
Sans mettre votre nez où vous n'avez que faire.
DORINE. – Je n'en parle, Monsieur, que pour votre intérêt.
Elle l'interrompt toujours au moment qu'il se retourne pour parler à sa fille.
ORGON. – C'est prendre trop de soin : taisez-vous s'il vous plaît.
DORINE. – Si l'on ne vous aimait…
ORGON. – Je ne veux pas qu'on m'aime.
DORINE. – Et je veux vous aimer, Monsieur, malgré vous-même.
ORGON. – Ah !
DORINE. – Votre honneur m'est cher, et je ne puis souffrir
Qu'aux brocards[2] d'un chacun vous alliez vous offrir.
ORGON. – Vous ne vous tairez point ?
DORINE. – C'est une conscience[3]
Que de vous laisser faire une telle alliance.
ORGON. – Te tairas-tu, serpent, dont les traits effrontés… ?
DORINE. – Ah ! vous êtes dévot, et vous vous emportez ?

MOLIÈRE, *Tartuffe*, Acte II, scène 2 (v. 541-552), 1669.

1. Orgon, maître de maison et Dorine, la servante, s'affrontent sur la question du mariage de Marianne, jeune fille de la maison et de Tartuffe, « protégé » d'Orgon. **2.** Moqueries. **3.** C'est un cas de conscience.

TEXTE 31

Confrontations[1]

Ô cadavres, parlez ! quels sont vos assassins ?
Quelles mains ont plongé ces stylets dans vos seins ?
Toi d'abord, que je vois dans cette ombre apparaître,
Ton nom ? – Religion. – Ton meurtrier ? – Le prêtre.
– Vous, vos noms ? Probité, Pudeur, Raison, Vertu.
– Et qui vous égorgea ? – L'Église. – Toi, qu'es-tu ?
– Je suis la Foi publique. – Et qui t'a poignardée ?
– Le Serment. – Toi, qui dors dans ton sang inondée ?
– Mon nom était Justice. – Et quel est ton bourreau ?
– Le juge. – Et toi, géant, sans glaive en ton fourreau,
Et dont la boue éteint l'auréole enflammée ?
– Je m'appelle Austerlitz. – Qui t'a tué ? – L'armée.

V. HUGO, *Les Châtiments*, I, XV (poème intégral), 1853.

1. Dans *Les Châtiments*, Victor Hugo s'en prend violemment à Napoléon III et au régime du Second Empire.

APPLICATION

EX. 43 Identifier et analyser le registre d'une lettre

TEXTE 32

1. À quels éléments lexicaux et rhétoriques le lecteur perçoit-il, à travers ce qu'écrit Voltaire à Rousseau, qu'il y a un véritable affrontement entre les deux écrivains ?

2. Comment l'auteur de la lettre atténue-t-il, en apparence, la violence de sa critique ? Sur quoi porte-t-elle ?

3. Quel autre registre se révèle dans le texte, rendant plus efficace la critique ?

TEXTE 32

Aux Délices, près de Genève (30 août 1755)

J'ai reçu, Monsieur, votre nouveau livre[1] contre le genre humain ; je vous en remercie ; vous plairez aux hommes à qui vous dites leurs vérités, et vous ne les corrigerez pas. Vous peignez avec des couleurs bien vraies les horreurs de la société humaine dont l'ignorance et la faiblesse se promettent tant de douceurs. On n'a jamais tant employé d'esprit à vouloir nous rendre bêtes.

Il prend envie de marcher à quatre pattes quand on lit votre ouvrage. Cependant comme il y a plus de soixante ans que l'en ai perdu l'habitude, je sens malheureusement qu'il m'est impossible de la reprendre. Et je laisse cette allure naturelle à ceux qui en sont plus dignes que moi. Je ne peux non plus m'embarquer pour aller trouver les sauvages du Canada, premièrement parce que les maladies auxquelles je suis condamné me rendent un médecin d'Europe nécessaire, secondement parce que la guerre est portée dans ce pays-là, et que les exemples de nos nations ont rendu les sauvages presque aussi méchants que nous. Je me borne à être un sauvage paisible dans la solitude que j'ai choisie auprès de votre patrie[2] où vous devriez être. [...]

VOLTAIRE, *Correspondance*, 1755.

1. Voltaire écrit à Rousseau à l'occasion de la publication de son ouvrage *Discours sur l'origine de l'inégalité parmi les hommes* (1755), dans lequel il fait l'éloge de l'homme sauvage, le « bon sauvage » face au civilisé. **2.** Voltaire vit à Ferney, près de Genève et Rousseau est originaire de cette ville.

EX. 44 Analyser et interpréter le registre d'une lettre

TEXTE 33

1. Quel est le thème abordé dans le texte ? En quoi ce thème est-il en lui-même sujet à débat ? Différenciez clairement ce qui appartient au locuteur et ce qui appartient à d'autres.

2. Par quels procédés celui qui parle met-il en relief sa position ? Qu'est-ce qui donne une force combative à ses propos ?

TEXTE 33

On vous[1] a dit que les vieilles valeurs morales ont rejoint les vieilles lunes. C'est faux. Si vous décapez l'humanité présente des mots qui la masquent, vous retrouverez l'homme éternel. Des écrivains nous annoncent la fin des civilisations classiques. « Il faut bien se rendre à l'évidence, disent-ils ; ce XXe siècle met le point final à une période de cinq mille ans d'humanité – l'Ère des grandes civilisations classiques – et nous allons entrer dans une autre... Ce qui va venir n'aura plus aucune analogie avec ce groupe ; ce n'est pas une nouvelle variante de l'âme qui doit s'accomplir dans un corps historiquement préfiguré ; c'est une âme nouvelle dans un corps nouveau ». Une âme nouvelle dans un corps nouveau ? Je n'en crois rien. Il n'est pas vrai que le corps soit nouveau. N'avons-nous pas un cœur, un foie, des artères, des nerfs comme les hommes de Cro-Magnon ? Quant à l'âme, les valeurs morales n'ont pas été inventées gratuitement par des moralistes séniles. Elles sont des valeurs parce que sans elles, ni une société, ni un bonheur ne peuvent survivre.

A. MAUROIS, *Lettre ouverte à un jeune homme*, © Albin Michel, 1966.

1. Désigne le jeune homme à qui s'adresse A. Maurois.

EX. 45 Étudier des procédés de la polémique dans une image

1. Que représente cette affiche du peintre Toulouse-lautrec ? Énumérez tous les éléments qui la composent.

2. Par quels procédés le peintre a-t-il rendu la violence et l'horreur de la scène ?

3. Quelle prise de position du peintre révèle cette représentation ? En quoi peut-on parler de polémique ?

H. DE TOULOUSE-LAUTREC (1864-1901), affiche publicitaire commandée par le journal *Le Matin* : « Au pied de l'échafaud, mémoires de l'abbé Faure » (1893) (musée de la Publicité, Paris).

SYNTHÈSE

Le registre polémique

Le terme « polémique », nom et adjectif, vient du grec *polemos* qui désigne le combat. On utilise l'adjectif pour caractériser, dans le cas d'un registre littéraire, des **propos** écrits ou oraux qui joueraient le rôle d'**armes** dans une **confrontation**. Il y a **polémique** lorsque s'opposent violemment des points de vue. On voit par là que les textes de registre polémique sont souvent des textes argumentatifs.

Les procédés

Le caractère belliqueux, combatif, des propos se perçoit à différents procédés et à l'utilisation d'autres registres, satirique et ironique notamment. Les procédés qui marquent la violence du ton sont l'utilisation d'**assertions catégoriques**, parfois intensifiées par des adverbes, l'interpellation directe de l'interlocuteur, à l'aide de la seconde personne, l'emploi d'**impératifs** d'ordre ou de défense. Dans des phrases souvent courtes et martelées, aux formules acérées – au théâtre ce genre de dialogue s'appelle des **stichomythies** (texte 30 → p. 191) – les termes sont souvent connotés de manière très dévalorisée ou très valorisée. **Comparaisons**, **hyperboles** et **métaphores** sont souvent utilisées pour leur force imagée. Les **anaphores** servent à marteler, les **antithèses** à souligner les oppositions. L'utilisation de la **première** et de la **seconde personne** rappelle la présence très marquée des locuteurs et leurs prises de position personnelles.

Les emplois

Le registre polémique donne de la force aux idées énoncées, il fait des textes des « **instruments de bataille** » et se trouve donc utilisé lorsque la littérature se met au service de causes qui nécessitent des engagements : **débats d'idées**, **dénonciation** des guerres civiles et religieuses au XVIe siècle, opposition aux injustices et aux inégalités au siècle des Lumières, par exemple à l'esclavage, appel à la vérité, comme le « J'accuse » de Zola. Les polémiques sont souvent violentes – notamment en politique, Hugo contre Napoléon III par exemple – mais leur existence est la preuve d'une certaine liberté d'expression.

EXEMPLE : « Le procès du tyran, c'est l'insurrection ; son jugement, c'est la chute de sa puissance ; sa peine, celle qu'exige la liberté du peuple. »

M. DE ROBESPIERRE, *Discours à la Convention* du 3 décembre 1792.

8 Le registre satirique

OBSERVATION

EX. 46 Observer les caractéristiques d'une démarche

TEXTES 34 À 36

1. Quels sont les thèmes abordés dans chacun des extraits ? Qu'a de commun la démarche mise en jeu ?

2. Quel est, à chaque fois, l'effet produit ? Les mots soulignés vous mettent sur la voie.

EX. 47 Rapprocher une définition et des caractéristiques

TEXTES 34 À 36

Le mot « satire » est défini de la manière suivante : « Pamphlet, discours, écrit, dessin qui s'attaque aux mœurs publiques ou privées, ou qui tourne quelqu'un ou quelque chose en ridicule. » (Dictionnaire *Le Petit Larousse*, © Larousse, 2006)

1. Quels éléments des textes étudiés permettent de parler de satire, ou de registre satirique ?

2. Qu'est-ce qui est critiqué dans chacun des trois extraits ?

TEXTE 34

En quelque endroit[1] que j'aille, il faut fendre la presse
D'un peuple d'importuns qui fourmillent sans cesse.
L'un me heurte d'un ais[2], dont je suis tout froissé ;
Je vois d'un autre coup mon chapeau renversé ;
Là d'un enterrement la funeste ordonnance
D'un pas lugubre et lent vers l'église s'avance
Et plus loin des laquais, l'un l'autre s'agaçants[3]
Font aboyer les chiens et jurer les passants.

N. BOILEAU, *Satire* VI (v. 31-38), 1660.

1. Il s'agit de Paris. **2.** Pièce de bois. **3.** Accord au pluriel autorisé au XVIIe s.

TEXTE 35

Je trouve les caprices de la mode, chez les Français, étonnants. Ils ont oublié comment ils étaient habillés cet été ; ils ignorent encore comment ils le seront cet hiver. Mais, surtout, on ne saurait croire combien il en coûte à un mari pour mettre sa femme à la mode.

Que me servirait de te faire une description exacte de leur habillement et de leurs parures ? Une mode nouvelle viendrait détruire tout mon ouvrage, comme celui de leurs ouvriers, et, avant que tu eusses reçu ma lettre, tout serait changé.

Une femme qui quitte Paris pour aller passer six mois à la campagne en revient aussi antique que si elle s'y était oubliée trente ans. Le fils méconnaît le portrait de sa mère, tant l'habit avec lequel elle est peinte lui paraît étranger.

MONTESQUIEU, *Lettres persanes*, Lettre XCIX (extrait), 1721.

TEXTE 36

[...] Si un chef a eu le bonheur de faire égorger deux ou trois mille hommes, il n'en remercie point Dieu ; mais lorsqu'il y en a eu environ dix mille d'exterminés par le feu et par le fer et que, par comble de grâce, quelque ville a été détruite de fond en comble, alors on chante à quatre parties[1] une chanson assez longue, composée dans une langue inconnue[2] à tous ceux qui ont combattu, et de plus toute farcie de barbarismes[3]. La même chanson sert pour les mariages et pour les naissances ainsi que pour les meurtres : ce qui n'est pas pardonnable, surtout dans la nation la plus renommée pour les chansons nouvelles [...].

VOLTAIRE, *Dictionnaire philosophique*, article « Guerre », 1764.

1. À quatre voix ; la « chanson » est un *Te Deum*, chant de remerciement. **2.** Le latin. **3.** Erreur consistant à mal utiliser un mot..

APPLICATION

EX. 48 Identifier et analyser le registre d'un portrait

TEXTE 37

1. À partir de l'observation des négations et des éléments affirmatifs du texte, précisez comment est construit ce portrait.

2. Par quels procédés les comportements inacceptables du personnage présenté sont-ils mis en évidence ?

3. Quel est le rôle de *je* dans le texte ?

4. En quoi ce portrait correspond-il à la définition de la satire ?

→ OBJET D'ÉTUDE L'argumentation / éloge et blâme, p. 308

TEXTE 37

J'entends *Théodecte* de l'antichambre ; il grossit sa voix à mesure qu'il s'approche ; le voilà entré : il rit, il crie, il éclate ; on bouche ses oreilles, c'est un tonnerre ; il n'est pas moins redoutable par les choses qu'il dit que par le ton dont il parle ; il ne s'apaise, et il ne revient de ce grand fracas que pour bredouiller des vanités et des sottises : il a si peu d'égard au temps, aux personnes, aux bienséances[1], que chacun a son fait sans qu'il ait eu l'intention de le lui donner ; il n'est pas encore assis qu'il a, à son insu, désobligé[2] toute l'assemblée. A-t-on servi, il se met le premier à table et dans la première place ; les femmes sont à sa droite et à sa gauche ; il mange, il boit, il conte, il plaisante, il interrompt tout à la fois : il n'a nul discernement des personnes, ni du maître, ni des conviés ; il abuse de la folle déférence[3] qu'on a pour lui ; est-ce lui, est-ce *Euthydème* qui donne le repas ? Il rappelle à soi toute l'autorité de la table ; et il y a un moindre inconvénient à la lui laisser entière qu'à la lui disputer. Le vin et les viandes n'ajoutent rien à son caractère. Si l'on joue, il gagne au jeu ; il veut railler celui qui perd, et il l'offense ; les rieurs sont pour lui : il n'y a sorte de fatuités[4] qu'on ne lui passe. Je cède enfin et je disparais, incapable de souffrir plus longtemps Théodecte, et ceux qui le souffrent[5].

J. de La Bruyère, *Les Caractères*, V, 12 (texte intégral), 1698.

1. Règles qui régissent les comportements en société. **2.** Contrarié. **3.** Respect. **4.** Vanité, prétention. **5.** Supportent.

EX. 49 Analyser la portée satirique d'un dessin

1. À partir de l'observation de l'environnement, du personnage et de ses paroles, déterminez quel est le thème traité par le dessinateur.

2. Sur quoi l'ensemble des éléments qui composent le dessin mettent-ils l'accent ? Sur quoi porte la critique ?

3. Quels procédés particuliers rendent cette critique efficace ? Que provoque l'image sur le lecteur ? Sur quoi le fait-elle réfléchir ?

G. Matthieu, dessin paru dans *Alternatives Économiques*, Hors série pratique n° 29, mai 2007.

ÉCRITURE

EX. 50

Rédiger un portrait satirique

En prenant modèle sur la manière d'écrire de La Bruyère (TEXTE 37, P. 195) – phrases courtes et juxtaposées énumérant des actions exprimées au présent, succession d'affirmations et de négations... – composez un portrait satirique :
- soit d'un personnage de théâtre issu d'une pièce que vous avez lue ou étudiée ;
- soit d'un personnage de fable dont vous développerez la présentation sous forme de satire à partir du modèle initial (La Fontaine, Ésope).

EX. 51

Composer une satire à partir d'une image

Prenez pour support l'image ci-contre pour composer, en une vingtaine de lignes, la présentation satirique d'un personnage satisfait de lui-même et narcissique.

H. DAUMIER (1808-1879), caricature : *Le Narcisse (mondain)*, lithographie (musée Carnavalet, Paris).

SYNTHÈSE

Le registre satirique

Satire ou polémique ?

La définition du mot « satire » attire l'attention sur des rapprochements possibles avec le registre polémique : il s'agit en effet de **combattre** et de **dénoncer** des comportements. On parle de registre satirique lorsqu'un texte ou une œuvre iconographique donnent à voir, sous une forme **critique**, des manières d'être, d'agir, ou de penser qui sont celle d'un groupe social ou d'une société entière. Dans *Les Caractères,* La Bruyère dresse un tableau critique de la société de son temps à travers des **portraits** qui ne sont pas ceux d'individus spécifiques, mais de catégories. Beaumarchais utilise son théâtre pour dépeindre des tares et des dysfonctionnements sociaux. On peut également parler de satire sociale dans le cas des **fables.**

Comment fonctionne la satire ?

Elle présente, décrit, met en scène, donne à voir des institutions à travers différentes **formes de discours**. La critique passe par le choix de **termes dévalorisants**, avec un jeu constant sur les **connotations**. L'**ironie** est souvent une aide précieuse pour l'écriture satirique, parce qu'elle fait ressortir les décalages. Certaines figures comme l'**hyperbole**, qui grossit les traits, les **antithèses** qui soulignent les contrastes et les oppositions sont nombreuses dans ce registre. Son efficacité essentielle vient de son **caractère imagé**, de la justesse de ses « piques » et des qualités d'**observation** de celui qui écrit.

EXEMPLES : dans la satire de la mode (texte 35 → p. 195), Montesquieu donne des exemples qui soulignent une très grande rapidité de changement tout en faisant appel à l'imagination du lecteur. Boileau fait de même dans son évocation des embarras et des bruits de Paris (texte 34 → p. 195).

Le registre satirique est parfois proche du **comique**, qu'il utilise pour rendre son action dénonciatrice plus efficace. Il caractérise particulièrement le **dessin de presse** et la **caricature**, qui simplifient les représentations tout en amplifiant certains détails pour mieux en faire sentir la complexité et l'importance.

EXEMPLE : « Donc c'est fait. Dût rugir de honte le canon,
Te voilà, nain immonde accroupi sur ce nom ! »

V. HUGO, *Les Châtiments*, VI, 1, 1853

Dans ces vers, Hugo donne une image satirique de Napoléon III, dévalorisé par rapport à Napoléon Ier.

9 Le registre tragique

OBSERVATION

EX. 52 Repérer des éléments caractéristiques

TEXTES 38 ET 39

Utilisez les termes soulignés dans ces extraits pour faire apparaître des caractéristiques communes figurant dans le thème et dans l'écriture.

EX. 53 Faire coïncider une définition et des caractéristiques

TEXTE 40

Rapprochez les textes 38 et 39 de la définition ci-contre : qu'y voyez-vous de commun concernant le registre tragique ?

TEXTE 38

Ô ciel[1] ! Œnone est morte, et Phèdre veut mourir ?
Qu'on rappelle mon fils, qu'il vienne se défendre !
Qu'il vienne me parler, je suis prêt à l'entendre.
Ne précipite point tes funestes bienfaits,
Neptune ; j'aime mieux n'être exaucé jamais.
J'ai peut-être trop cru des témoins peu fidèles,
Et j'ai trop tôt vers toi levé mes mains cruelles.
Ah ! de que désespoir mes vœux seront suivis !

J. Racine, *Phèdre*, Acte V, scène 5 (v. 1480-1487), 1677.

1. C'est Thésée qui parle, au moment où son fils est déjà mort.

TEXTE 39

L'escarpolette grinçait, comme elle aussi énervée. *Défense de se balancer à deux* ; un écriteau accroché au portique. Ils[1] semblaient monter toujours. Le fiancé, les jarrets tendus, redoublait de vigueur. La maladroite, ses efforts contrariaient plutôt ceux de l'homme. Ils montaient toujours. Le rire devenait plus grinçant, plus énervé – tout à coup se changea en cri. La balançoire était toujours en haut, presque verticale à la barre du portique, mais le jeune homme était seul. Atroce image de l'amour en bas sur le sol, sur le gravier une fille en robe blanche, inanimée, la gorge ouverte, saignante, et entraîné par l'élan, le fiancé qui la voit en bas, à ses pieds, ne pouvant s'arrêter tout de suite, devant attendre pour sauter que l'élan se ralentisse. Secondes atroces. [...] De telles façons, de tels exemples nous ordonnent de penser à la fatalité.

R. Radiguet, *Carnets*, 1927 (publication posthume).

1. Il s'agit d'un couple de fiancés sur une balançoire.

TEXTE 40

Le vrai tragique, ainsi qu'on le pressent dans la tragédie, est toujours au-delà du fait lui-même, si horrible soit-il ; toujours lié à un « plus », à cet événement mystérieux, à cet agrandissement métaphysique qui réalise une transsubstantiation[1] des caractères et des sentiments, et confère à l'événement une signification sans commune mesure avec la quantité de larmes et de sang qu'elle provoque. Le tragique nous introduit à un domaine où nos catégories habituelles sont défiées : c'est à la fois souffrance et joie, esclavage et liberté, prière et impiété, grâce et damnation [...].

J.-M. Domenach, *Le Retour du tragique*, © Le Seuil, 1967, coll. Points Essais, 1973.

1. Un transfert de substance, une transformation vers un sens philosophique.

APPLICATION

EX. 54 Analyser et interpréter le registre d'un texte de théâtre

TEXTE 41

1. Repérez dans le texte les termes et formulations évoquant la souffrance, la mort, l'horreur.

2. Quelles expressions laissent entendre qu'Œdipe est à la fois victime et coupable ?

3. Rapprochez cet extrait du texte de J.-M. Domenach (**TEXTE 40**) : que remarquez-vous ?

→ OBJET D'ÉTUDE Le théâtre / la tragédie, p. 220

TEXTE 41

[...] Le malheureux à ce spectacle[1] pousse un gémissement affreux. Il détache la corde qui pend, et le pauvre corps tombe à terre... C'est un spectacle alors atroce à voir. Arrachant les agrafes d'or qui servaient à draper ses vêtements sur elle, il les lève en l'air et il se met à en frapper ses yeux dans leurs orbites. « Ainsi ne verront-ils plus, dit-il, ni le mal que j'ai subi, ni celui que j'ai causé ; ainsi les ténèbres leur défendront-elles de voir désormais ceux que je n'eusse pas dû voir, ceux que, malgré tout, j'eusse voulu connaître ! » Et tout en clamant ces mots, sans répit, les bras levés, il se frappait les yeux, et leurs globes en sang coulaient sur sa barbe... ce n'étaient pas un suintement de gouttes rouges, mais une noire averse de grêle et de sang inondant son visage !... Le désastre a éclaté, non par sa seule faute, mais par le fait de tous deux à la fois : c'est le commun désastre de la femme et de l'homme. Leur bonheur d'autrefois était hier encore un bonheur au vrai sens du mot : aujourd'hui, au contraire, sanglots, désastre, mort et ignominie, toute tristesse ayant un nom se rencontre ici désormais ; pas une qui manque à l'appel !

SOPHOCLE, *Œdipe Roi*, Ve s. av. J.-C., traduction P. Mazon,
© Les Belles Lettres, 1958.

1. Jocaste, femme d'Œdipe, vient de se pendre en apprenant le double crime d'inceste et de parricide d'Œdipe. C'est le messager qui parle.

EX. 55 Analyser et interpréter le registre d'un texte théâtral

TEXTE 42

1. Repérez toutes les formulations qui font référence au destin, à une force dominante.

2. Quelles expressions, quels mots, quelles tournures révèlent l'idée que l'héroïne n'est pas responsable de la passion qui l'anime ?

3. Comment ses différentes tentatives pour échapper à son destin se trouvent-elles exprimées ?

4. Comment l'idée d'une mort inéluctable apparaît-elle progressivement ?

TEXTE 42

ŒNONE. – Voyage infortuné ! Rivage malheureux
Fallait-il approcher de tes bords dangereux ?
PHÈDRE. – Mon mal vient de plus loin. À peine au fils d'Égée
Sous les lois de l'hymen je m'étais engagée,
Mon repos, mon bonheur semblait être affermi,
Athènes me montra mon superbe ennemi.
Je le vis, je rougis, je pâlis à sa vue ;
Un trouble s'éleva dans mon âme éperdue ;
Mes yeux ne voyaient plus, je ne pouvais parler ;
Je sentis tout mon corps et transir et brûler.
Je reconnus Vénus et ses feux redoutables,
D'un sang qu'elle poursuit, tourments inévitables.
Par des vœux assidus je crus les détourner :
Je lui bâtis un temple, et pris soin de l'orner ;
De victimes moi-même à toute heure entourée,
Je cherchais dans leurs flancs ma raison égarée.
D'un incurable amour remèdes impuissants !
En vain sur les autels ma main brûlait l'encens :
Quand ma bouche implorait le nom de la déesse,
J'adorais Hippolyte, et le voyant sans cesse,
Même au pied des autels que je faisais fumer,
J'offrais tout à ce Dieu que je n'osais nommer.
Je l'évitais partout. Ô comble de misère !
Mes yeux le retrouvaient dans les traits de son père.

Contre moi-même enfin j'osai me révolter :
J'excitai mon courage à le persécuter.
Pour bannir l'ennemi dont j'étais idolâtre,
J'affectai les chagrins d'une injuste marâtre ;
Je pressai son exil, et mes cris éternels
L'arrachèrent du sein et des bras paternels.
Je respirais, Œnone ; et depuis son absence,
Mes jours moins agités coulaient dans l'innocence.
Soumise à mon époux, et cachant mes ennuis,
De son fatal hymen je cultivais les fruits.
Vaines précautions ! Cruelle destinée !
Par mon époux lui-même à Trézène amenée,
J'ai revu l'ennemi que j'avais éloigné :
Ma blessure trop vive aussitôt a saigné.
Ce n'est plus une ardeur dans mes veines cachée :
C'est Vénus tout entière à sa proie attachée.
J'ai conçu pour mon crime une juste terreur.
J'ai pris la vie en haine et ma flamme en horreur.

J. Racine, *Phèdre*, Acte I, scène 3 (v. 267-308), 1677.

→ OBJET D'ÉTUDE Le théâtre/la tragédie, p. 220

EX. 56 Analyser le registre d'une image

1. Que représente l'image ? Faites-en une description précise et dites à quelle(s) situation(s) l'ensemble des lieux et des personnages peut faire penser.

2. Retrouvez dans l'image tous les éléments qui renvoient au registre tragique. Aidez-vous de la définition de J.-M. Domenach (**TEXTE 40 P. 197**).

E. Pignon Ernest, *Expulsion, Paris et banlieue*, photographie : images sérigraphiées et collées sur un mur du quartier Montparnasse à Paris (1977).

ÉCRITURE

EX. 57 ### Composer un texte pour cerner une notion

Dans un exposé construit, expliquez comment vous comprenez la définition qui suit. Illustrez-la par des exemples littéraires.

« Le tragique vient d'un conflit qui oppose l'être humain à une puissance supérieure. L'être humain est vaincu, ce qui pose la question de sa responsabilité, par suite d'une faute, d'une erreur ou d'un défaut. »

D'après le *Dictionnaire des Littératures*, © Larousse, 1985.

EX. 58 ### Proposer des situations répondant à certaines caractéristiques

Donnez des exemples de situations de la vie qui s'apparentent au tragique tel qu'il est défini dans la définition ci-contre et expliquez pourquoi on peut parler de tragique.

EX. 59 ### Mettre en relation une définition et un extrait

Expliquez en quoi la situation d'œdipe et son histoire (TEXTE 41, P. 198) illustrent exactement la définition donnée ci-contre du registre tragique.

SYNTHÈSE

Le registre tragique

Registre tragique et tragédie

Le mot « tragique » définit un genre littéraire théâtral, la tragédie, mais il s'applique aussi à des situations qui présentent des **caractéristiques communes**. On parle de tragique lorsque l'être humain se trouve confronté à des **forces** qui le dépassent, s'opposent à lui et le conduisent à sa perte, quels que soient ses efforts pour y échapper. Pis encore : les efforts déployés ont souvent pour effet de précipiter la fin. La nature des forces destructrices est diverse : elles sont extérieures – le **destin**, les **dieux**, **la fatalité**, **l'action des autres**, **un concours de circonstances malheureu**x – ou intérieures – les **passions**. Leur résultat est toujours la mort à l'issue d'une lutte inégale et souvent désespérée. Cette confrontation mortelle de l'homme à ce qui le dépasse a pour conséquence une interrogation philosophique, ou la révèle : qu'est-ce qui peut expliquer de telles situations ? L'homme est-il *a priori* coupable, et de quoi ? Quelle faute a-t-il commise pour être ainsi châtié ?

Les procédés

Le registre tragique est toujours associé à la **mort**, à la **souffrance** et au sentiment d'une **injustice**, ce qui le fait reconnaître à la présence d'un lexique particulier : horreur, désespoir, destruction, sang, mort, **innocence et culpabilité**. On le reconnaît aussi à certaines formulations soulignant à la fois **l'absence de responsabilité** (un être est poussé vers son destin sans pouvoir réagir) et la volonté de maîtriser ce qui lui arrive. L'alternance de verbes à la **voix active** et à la **voix passive** souligne cet état de fait ; on le voit à la fois dans la tirade de Phèdre (texte 42 → p. 198) et dans les propos du messager (texte 41 → p. 198). Toutes les formes d'insistance sur l'impossibilité de sortir d'une situation **porteuse de mort** caractérisent le registre tragique. Ce registre est à la fois une manière d'écrire et de caractériser des situations de la vie et la traduction d'une donnée fondamentale de l'existence humaine, puisque tous les êtres sont appelés à voir leur vie se terminer.

EXEMPLE : dans le texte de R. Radiguet (texte 39 → p. 197), le tragique vient du passage brutal et inattendu, à un moment précis, de la vie heureuse à la mort affreuse, sans aucune explication acceptable. Le jeune homme est incapable d'agir pour aider la jeune fille, du fait du mouvement de la balançoire, instrument de plaisir et de mort...

10 Le registre fantastique

OBSERVATION

EX. 60 S'interroger sur la nature de certains phénomènes

TEXTES 43 À 45

Lisez les extraits ci-contre et dites quelles sont les caractéristiques des phénomènes rapportés. Qu'ont-ils de commun ?

EX. 61 Expliciter une définition

TEXTES 43 À 45

P. Castex définit le fantastique de la manière suivante : « Il se caractérise […] par une intrusion brutale du mystère dans le cadre de la vie réelle ; il est lié généralement aux états morbides de la conscience, qui, dans les phénomènes de cauchemar ou de délire, projette devant elle des images de ses angoisses et de ses terreurs » (*Le Conte fantastique en France, de Nodier à Maupassant* © J. Corti, 1951).
En vous appuyant sur les extraits étudiés, dites quelles relations vous pouvez établir entre les situations qui y sont rapportées et cette définition.

TEXTE 43

Ce ruisseau remonte en sa source,
Un bœuf gravit sur un clocher,
Le sang coule de ce rocher,
Un aspic s'accouple d'une ourse.
Sur le haut d'une vieille tour
Un serpent déchire un vautour,
Le feu brûle dedans la glace,
Le Soleil est devenu noir,
Je vois la Lune qui va choir,
Cet arbre est sorti de sa place.

TH. DE VIAU, *Ode*, 1621.

TEXTE 44

Un frisson courait dans toutes mes veines[1], et mes cheveux se hérissaient sur ma tête.
À peine avais-je fini, une fenêtre s'ouvre à deux battants, vis-à-vis de moi, au haut de la voûte : un torrent de lumière plus éblouissante que celle du jour fond par cette ouverture : une tête de chameau horrible autant par sa grosseur que par sa forme, se présente à la fenêtre ; surtout elle avait des oreilles démesurées. L'odieux fantôme ouvre la gueule, et, d'un ton assorti au reste de l'apparition, me répond : *Che vuoi*[2] ?

J. CAZOTTE, *Le Diable amoureux*, 1772.

1. Le héros vient de faire appel au diable. **2.** En italien : « Que veux-tu ? »

TEXTE 45

Il y avait à Montmartre, au troisième étage du 75 bis de la rue d'Orchampt, un excellent homme nommé Dutilleul qui possédait le don singulier de passer à travers les murs sans en être incommodé. Il portait un binocle, une petite barbiche noire et il était employé de troisième classe au ministère de l'Enregistrement. En hiver, il se rendait à son bureau par l'autobus, et, à la belle saison, il faisait le trajet à pied, sous son chapeau melon. Dutilleul venait d'entrer dans sa quarante-troisième année lorsqu'il eut la révélation de son pouvoir. Un soir, une courte panne d'électricité l'ayant surpris dans son petit appartement de célibataire, il tâtonna un moment dans les ténèbres et, le courant revenu, se trouva sur le palier du troisième étage. Comme sa porte d'entrée était fermée à clé de l'intérieur, l'incident lui donna à réfléchir et, malgré les remontrances de sa raison, il se décida à rentrer chez lui comme il en était sorti, en passant à travers la muraille.

M. AYMÉ, *Le Passe-Muraille*, © Gallimard, 1943.

APPLICATION

EX. 62 Identifier des éléments fantastiques et les interpréter

TEXTE 46

1. Dans le texte ci-contre, dites qui raconte. Quelles sont les perceptions mises en jeu ? Quels procédés d'écriture soulignent le caractère incertain de plusieurs de ces perceptions ?

2. Comment le narrateur met-il l'accent, au contraire, sur le caractère indubitable de certains éléments perçus ?

3. Quels phénomènes peuvent, dans ce passage, relever du fantastique tel qu'il est défini dans l'exercice 61 ?

TEXTE 46

Cependant, au bout de quelques instants, cet intérieur si calme me parut se troubler[1], les boiseries craquaient furtivement ; la bûche enfouie sous la cendre lançait tout à coup un jet de gaz bleu, et les disques des patères[2] semblaient des yeux de métal attentifs comme moi aux choses qui allaient se passer.

Ma vue se porta par hasard vers la table sur laquelle j'avais posé le pied de la princesse Hermonthis.

Au lieu d'être immobile comme il convient à un pied embaumé depuis quatre mille ans, il s'agitait, se contractait et sautillait sur les papiers comme une grenouille effarée : on l'aurait cru en contact avec une pile voltaïque[3] ; j'entendais fort distinctement le bruit sec que produisait son petit talon, dur comme un sabot de gazelle.

J'étais assez mécontent de mon acquisition, aimant les presse-papiers sédentaires et trouvant peu naturel de voir les pieds se promener sans jambe, et je commençais à éprouver quelque chose qui ressemblait fort à de la frayeur.

Tout à coup je vis remuer le pli d'un de mes rideaux, et j'entendis un piétinement comme d'une personne qui sauterait à cloche-pied. Je dois avouer que j'eus chaud et froid alternativement, que je sentis un vent inconnu me souffler dans le dos, et que mes cheveux firent sauter, en se redressant, ma coiffure de nuit à deux ou trois pas. Les rideaux s'entr'ouvrirent, et je vis s'avancer la figure la plus étrange qu'on puisse imaginer.

TH. GAUTIER, *Le Pied de momie*, 1840.

1. Le narrateur a acheté à un vieil antiquaire un presse-papier constitué par un pied de momie. Il s'agit d'une princesse égyptienne, Hermonthis. De retour chez lui, après un dîner avec des amis, il s'endort et a l'impression d'assister à une série de phénomènes curieux. **2.** Support fixé à un mur pour accrocher des vêtements, des rideaux. **3.** Pile électrique.

EX. 63 Repérer des éléments fantastiques et les interpréter

TEXTE 47

1. Dans l'extrait ci-contre, repérez tout ce qui souligne le caractère incertain des perceptions.

2. À partir du lexique (noms, verbes, adjectifs) et de certaines figures de rhétorique (personnifications, comparaisons, métaphores...), expliquez l'emploi du mot « fantastique ».

3. Quel rôle vous semble jouer l'interrogation des lignes 11 et 12 ? Quelle information ces questions vous donnent-elles sur la nature du fantastique ?

TEXTE 47

Moi aussi, je regardais insatiablement cette mer, je la regardais avec haine. N'étant pas en danger réel, je n'en avais que davantage l'ennui et la désolation. Elle était laide, d'affreuse mine. Rien ne rappelait les vains tableaux des poètes. Seulement, par un contraste étrange, moins je me sentais bien vivant, plus elle, elle avait l'air de vivre. Toutes ces vagues électrisées par un si furieux mouvement avaient pris une animation, et comme une âme fantastique. Dans la fureur générale, chacune avait sa fureur. Dans l'uniformité totale (chose vraie, quoique contradictoire), il y avait un diabolique fourmillement. Était-ce la faute de mes yeux et de mon cerveau fatigué ? ou bien en était-il ainsi ? Elles me faisaient l'effet d'un épouvantable mob[1], d'une horrible populace, non d'hommes, mais de chiens aboyants, un million, un milliard de dogues acharnés, ou plutôt fous... Mais que dis-je ?

EX. 64 Comparer deux textes de même registre

TEXTES 46 ET 47

Comparez les textes de Théophile Gautier et de Michelet : classez les différents éléments fantastiques des deux récits, faites l'inventaire des procédés d'écriture qui mettent en évidence ces éléments et dites en quoi on peut, dans ces deux cas, parler de « récits fantastiques ». Référez-vous à la définition de P. Castex (exercice 61 → p. 201).

EX. 65 Analyser le registre d'une représentation picturale

1. Que représente ce tableau ? Décrivez-le en insistant sur l'importance particulière du livre qui figure en bas, à droite. À quoi sert-il ?

2. Qu'y a-t-il d'insolite et d'irrationnel dans ce qui est représenté ? Le titre du tableau vous semble-t-il atténuer ou accentuer le caractère étrange de la situation ? Que signifie-t-il ?

3. À quel registre cette représentation picturale appartient-elle ?

des chiens, des dogues ? ce n'était pas cela encore. C'étaient des apparitions exécrables et innommées, des bêtes sans yeux ni oreilles, n'ayant que des gueules écumantes.
« Monstres, que voulez-vous donc ? N'êtes-vous pas saouls des naufrages que j'apprends de tous côtés ? Que demandez-vous ?
– Ta mort et la mort universelle, la suppression de la terre, et le retour au chaos. »

J. MICHELET, *La Mer*, 1861.

1. Terme anglais désignant, de manière péjorative, la « populace ».

R. MAGRITTE (1898-1967), *La Reproduction interdite* (1937), huile sur toile, 81 x 65 cm (musée Boymans-van Beuningen, Rotterdam).

ÉCRITURE

EX. 66 Composer un texte de critique littéraire

En vous mettant en situation de critique littéraire, expliquez, sous une forme libre (article pour le journal du lycée, par exemple) ce qui fait la spécificité fantastique d'un récit que vous avez lu et les raisons pour lesquelles vous en recommandez la lecture.
N'oubliez pas d'en donner les références exactes : auteur, titre, date de publication et éditeur si c'est un texte publié au XXe ou au XXIe siècle.

EX. 67 Composer un texte ayant pour sujet le fantastique

En vous mettant en situation de critique littéraire, exposez, en prenant appui sur plusieurs œuvres fantastiques, en quoi consiste ce registre et ce qu'apporte la création d'œuvres fantastiques soit à celui qui les écrit, soit à celui qui les lit, soit aux deux.

ÉCRITURE

EX. 68 Inventer une histoire à partir d'un début proposé

Voici cinq débuts d'histoires. À partir de l'un ou de plusieurs d'entre eux, composez un ou plusieurs récits fantastiques en respectant la modalité imposée (première ou troisième personne, présent ou passé).
Longueur : 30 à 100 lignes.

DÉBUT 1
Aujourd'hui, 20 janvier 1909, je me résous, non sans trouble et non sans terreur, à écrire le récit exact de l'aventure. Je m'y résous, parce que, après demain, je serai mort.

DÉBUT 2
Si vous quittez Paris par la route d'Orléans, après avoir traversé les fortifications et tourné à droite, vous vous trouverez dans un endroit un peu sauvage et pas du tout agréable.

DÉBUT 3
*Mon oncle, le chevalier de ***, habitait une petite maison donnant d'un côté sur la triste rue des Tournelles et de l'autre sur le triste boulevard Saint-Antoine.*

DÉBUT 4
Mon Dieu ! Mon Dieu ! Je vais donc écrire ce qui m'est arrivé ! Mais le pourrai-je ? L'oserai-je ? Cela est si bizarre, si inexplicable, si incompréhensible, si fou !

DÉBUT 5
C'était le soir, la veille du jour fixé pour son couronnement, et le jeune roi était assis, seul, dans sa chambre splendide.

SYNTHÈSE

Le registre fantastique

Le **fantastique** est défini par les chercheurs P. Castex et T. Todorov comme « l'intrusion de l'irrationnel, de l'inexplicable dans la vie réelle ».
Le mot « fantastique » renvoie à des œuvres qui racontent des événements irrationnels se produisant sans explication logique. On peut citer les contes de Th. Gautier, Mérimée, Maupassant, Hoffmann, Edgar Poe, Apollinaire, Marcel Aymé… Ces histoires mettent en scène des **objets animés**, agissant seuls, des **apparitions** de monstres, de **fantômes**, d'ombres, la présence de vie impalpable et effrayante : une cafetière devient autonome, des portraits sortent de leur cadre… Les textes qui relèvent du fantastique mettent les lecteurs face à des faits **incompréhensibles** et les conduisent à s'interroger sur les **capacités humaines** et sur la **nature du monde** dans lequel les hommes vivent.

Les procédés

L'écriture fantastique présente plusieurs caractéristiques : **verbes pronominaux** dont les sujets sont des choses, **comparaisons et métaphores** qui permettent de souligner ou de créer des analogies, **personnifications** qui expriment la transformation d'objet ou d'animaux en personnes, **antithèses** qui montrent un renversement de certains faits habituels (exercice 60 → p. 201).
Les situations rapportées par les récits fantastiques rappellent qu'il subsiste toujours des **incertitudes** et que les **perceptions** humaines ne sont pas toujours fiables. Dans ces récits souvent écrits à la **première personne**, celui qui raconte est lui-même témoin ou victime de faits irrationnels, alors qu'il se trouve dans un état second : **maladie, fièvre, ivresse, fatigue**… Il est alors conduit à s'interroger sur son propre état mental, sur sa mémoire, sur ses capacités de perception. Le fantastique est inséparable de la notion d'**hésitation** entre ce qui pourrait être expliqué et ce qui relève de l'irrationnel.

EXEMPLE : le fait de voir des objets s'animer peut provenir d'une illusion d'optique, mais celui qui les a vus ne sait plus où se trouve la réalité, s'il a rêvé ou non, surtout s'il retrouve les objets mis à une place correspondant à ce qu'il a cru voir.

VERS LE BAC

1 Analyser un texte poétique

Les Horloges

La nuit, dans le silence en noir de nos demeures,
Béquilles et bâtons, qui se cognent, là-bas ;
Montant et dévalant les escaliers des heures,
Les horloges, avec leurs pas ;

Émaux naïfs derrière un verre, emblèmes
Et fleurs d'antan, chiffres maigres et vieux ;
Lunes des corridors vides et blêmes,
Les horloges, avec leurs yeux ;

Sons morts, notes de plomb, marteaux et limes,
Boutique en bois de mots sournois
Et le babil des secondes minimes,
Les horloges, avec leurs voix ;

Gaines de chêne et bornes d'ombre,
Cercueils scellés dans le mur froid,
Vieux os du temps que grignote le nombre,
Les horloges et leur effroi ;

Les horloges
Volontaires et vigilantes,
Pareilles aux vieilles servantes
Boitant de leurs sabots ou glissant sur leurs bas,
Les horloges que j'interroge
Serrent ma peur en leur compas.

É. Verhaeren, *Les Bords de la route*, 1895.

Lecture analytique

1. Observez la composition du poème en la mettant en relation avec le titre : quel est le thème mis en relief, à travers quelle figure ? À quelle notion plus large les horloges se trouvent-elles liées ?
2. En prenant appui sur les champs lexicaux dominants et sur certaines figures d'analogie, dites à quoi les horloges sont assimilées. À partir de l'observation des connotations, de la versification et des sonorités, précisez quels effets cette assimilation produit sur celui qui parle et sur le lecteur.
3. Déduisez des réponses à la question 2 le ou les registres du poème. Interrogez-vous sur ses « enjeux » : pourquoi représenter ainsi les horloges ? Pourquoi les « interroger » ?

2 Commenter un texte poétique

Bagatelles

Vous reviendrez me voir, dit-elle
Quand vous serez riche à millions
Quand les roses de Bagatelle,[1]
Sous la neige s'épanouiront.

Lavant le sable des rivières,
Brisant le quartz, ouvrant le tronc
Des caoutchoucs à la lisière
D'un enfer d'arbres aux fûts ronds,

Libérant des nids de pétrole,
Ou labourant les Alaskas,
Quatre-vingts ans, la terre molle
Cacha le trésor des Incas.

Quand il revint, elle était morte,
Il était bête, il était vieux,
Mais les amants de cette sorte
Ne sont pas tellement nombreux.

Que fleurissent à Bagatelle
Les roses de poudre et frimas,
Mais que fleurissent surtout celles
Que l'on aime jusqu'au trépas.

R. Desnos, *Destinée arbitraire*, © Gallimard, 1975 (publication posthume).

1. Château construit en 1779 à Paris, célèbre pour ses roseraies.

Commentaire

Construisez et rédigez un commentaire du texte de Robert Desnos à partir des axes suivants :
1. Une situation d'énonciation originale, liée à une structure particulière du poème.
2. Une parodie de « prouesse » chevaleresque : les conditions d'une promesse.
3. L'ironie d'une « leçon » de vie amoureuse.

J. Béraud (1849-1935), *Sortie du Lycée Condorcet* (1903), huile sur toile, 51 x 65 cm (musée de la Ville de Paris, musée Carnavalet, Paris).

Les objets d'étude

PARTIE 2

Les objets d'étude

A Genres et registres

12. Le roman et la nouvelle 208

13. Roman, personnage et société 218

14. Le théâtre 234

15. La poésie 246

16. L'autobiographie 258

B L'argumentation

17. La fable 268

18. Le conte philosophique 276

19. L'essai 286

20. Démontrer, convaincre, persuader, délibérer 296

21. L'éloge et le blâme 306

22. Le travail de l'écriture 316

23. Les réécritures 326

24. Écrire, publier, lire 336

C Histoire littéraire

25. La notion de courant culturel 344

12 Le roman et la nouvelle

Miniature (XVe s.),
Le Roman de Tristan :
le roi Arthur, le Saint Graal,
la réception d'un chevalier
et la Table ronde
(musée Condé, Chantilly).

LIRE L'IMAGE

1. À quelle œuvre littéraire et à quelle littérature cette miniature renvoie-t-elle ? Qui sont les personnages ? Quelle est la signification des quatre scènes représentées ?
2. En quoi peut-on dire que les quatre images s'inscrivent dans une continuité narrative ? Quelle succession d'images vous semble la plus logique ?
3. Utilisez les quatre images pour composer un récit précisant les lieux, l'époque, les personnages, leur statut et leurs relations : vous inclurez dans ce récit une évolution chronologique des relations et différentes actions.

OBSERVATION

Ce dimanche était le treizième de l'année 1813. Le surlendemain, Napoléon partait pour cette fatale campagne pendant laquelle il allait perdre successivement Bessières et Duroc[1], gagner les mémorables batailles de Lutzen et de Bautzen[2], se voir trahi par l'Autriche, la Saxe, la Bavière, par Bernadotte[3], et disputer la terrible bataille de Leipzig[2]. La magnifique parade commandée par l'empereur devait être la dernière de celles qui excitèrent si longtemps l'admiration des Parisiens et des étrangers. La vieille garde allait exécuter pour la dernière fois les savantes manœuvres dont la pompe et la précision étonnèrent quelquefois jusqu'à ce géant lui-même, qui s'apprêtait alors à son duel avec l'Europe. Un sentiment triste amenait aux Tuileries une brillante et curieuse population. Chacun semblait deviner l'avenir, et pressentait peut-être que plus d'une fois l'imagination aurait à retracer le tableau de cette scène, quand ces temps héroïques de la France contracteraient, comme aujourd'hui, des teintes presque fabuleuses.

Allons donc plus vite, mon père, disait la jeune fille avec un air de lutinerie[4] en entraînant le vieillard. J'entends les tambours.

C'est les troupes qui entrent aux Tuileries, répondit-il. Ⓐ

Ou qui défilent, tout le monde revient ! répliqua-t-elle avec une enfantine amertume qui fit sourire le vieillard.

– La parade ne commence qu'à midi et demi, dit le père qui marchait presque en arrière de son impétueuse fille.

À voir le mouvement qu'elle imprimait à son bras droit, vous eussiez dit qu'elle s'en aidait pour courir. Sa petite main, bien gantée, froissait impatiemment un mouchoir, et ressemblait à la rame d'une barque qui fend les ondes. Le vieillard souriait par moments ; mais parfois aussi des expressions soucieuses attristaient passagèrement sa figure desséchée. Son amour pour cette belle créature lui faisait autant admirer le présent que craindre l'avenir. Il semblait se dire : Elle est heureuse aujourd'hui, le sera-t-elle toujours ?

H. DE BALZAC, *La Femme de trente ans*, 1842.

1. Maréchaux d'Empire.
2. Villes d'Allemagne où se déroulèrent d'importantes batailles.
3. Maréchal d'Empire devenu roi de Suède.
4. Un air d'espièglerie.

Narrateur, lecteur et personnages

1. Définissez le statut du narrateur : est-il présent dans le texte ? Que sait-il ?
2. Nommez les trois personnages dont il est question. À travers quelles modalités le lecteur les découvre-t-il ? Appartiennent-ils à la réalité ou à la fiction ?
3. À quoi sert l'interpellation du lecteur (mot souligné) ?

Lieux et temps dans le récit

4. À partir des différentes indications temporelles (mots surlignés) et des temps verbaux, identifiez les différents moments du temps évoqués. Comment le lecteur sait-il où se situe l'action ?

Thème et registre

5. De quel événement est-il question dans le texte, qui se situe au début du roman ?
6. Dans quel registre sont évoqués les troupes, leurs déplacements, leurs conquêtes (mots surlignés) ?

Récit et paroles rapportées

7. Identifiez les paroles rapportées à l'intérieur du récit Ⓐ : quel est l'effet produit ?

REPÈRES

Pour analyser le roman et la nouvelle

Le roman et la nouvelle appartiennent au genre narratif et relèvent de la fiction. Ils rapportent l'un et l'autre, selon certains **points de vue**, des histoires construites, mettant en jeu un **narrateur**, des **personnages**, des **faits** et des **actions** se déroulant dans le **temps** et dans l'**espace**. Le roman est une œuvre longue ; la nouvelle, plus courte et plus dense, se termine en général sur une « chute » inattendue, implicitement préparée.

1 Narrateur, focalisation et paroles rapportées

Le narrateur

Tout récit est pris en charge par un **narrateur** dont le premier rôle est de raconter. S'il est présent dans le récit, ce qui est perceptible à l'emploi de la première personne, « je » ou « nous » (→ p. 85), il peut être un personnage agissant, parfois le personnage principal, un témoin des faits, quelqu'un qui explique. Si la première personne n'est pas utilisée, le narrateur révèle parfois son existence à travers certains termes, certaines **connotations** (→ p. 72) qui laissent passer son point de vue, sa subjectivité, ses jugements. Il arrive aussi qu'un narrateur prenne en charge un premier récit dans lequel s'emboîte une autre histoire (exercice 1 → p. 213). Il cède alors sa place à un second narrateur pour la reprendre ensuite.

Les trois points de vue (ou focalisation)

Le rôle de « racontant » du narrateur lui confère le pouvoir de présenter les faits, les êtres, les lieux, les situations selon trois points de vue (→ p. 130) :

- Il peut faire comprendre qu'il sait tout, présent, passé, avenir. Il est alors **omniscient**.
- Si le champ de vision adopté est celui d'un personnage, le narrateur s'efface derrière une sensibilité qui n'est pas la sienne. Il permet ainsi au lecteur, par la **focalisation interne**, de découvrir un personnage à travers sa manière de voir, ce qui rapproche lecteur et personnage.
- Il peut enfin présenter les choses comme s'il les découvrait sans les connaître. Il met alors son lecteur, par la **focalisation externe**, dans une situation de découverte partagée.

Ces différentes possibilités – qui se combinent souvent – font varier les relations que le narrateur entretient avec son lecteur. Si ce dernier n'en est pas toujours conscient, il doit savoir que ce qu'il lit, ressent et comprend est le résultat de choix narratifs qui sont tous identifiables.

Les paroles rapportées

Raconteur d'histoire, le narrateur est conduit à mettre en scène les personnages et à rapporter ce qu'ils disent.

- Il peut alors rapporter les paroles telles qu'elles ont été prononcées dans leur authenticité. C'est le **discours direct** (→ p. 126).
- Il peut aussi les rapporter de manière indirecte, dans le cadre d'une subordination, en changeant les temps verbaux et les pronoms personnels. On parle alors de **discours indirect** (→ p. 126).
- Il existe une troisième possibilité, le discours **indirect libre** (→ p. 126), qui se confond, dans sa forme, avec le récit, mais avec une différence importante. Dans le cas du discours, c'est le personnage qui parle. Dans le cas du récit, c'est le narrateur.
- On peut enfin parler du **discours narrativisé**, qui consiste à donner le contenu d'un discours.

2 La temporalité dans le roman et la nouvelle

Temps verbaux, rétrospection, anticipation

La diversité des temps et des modes verbaux permet au narrateur de situer son récit dans le temps et au lecteur de ne pas se perdre dans la succession des faits. Il est d'abord important d'établir des distinctions précises entre plusieurs moments : celui de l'**action**, celui du **récit de l'action**, celui de **l'écriture** et celui de la **publication**. À l'intérieur des deux premiers temps s'inscrivent des **chronologies** que le récit ne respecte pas toujours de manière linéaire. Il n'est en effet pas possible au romancier de raconter plusieurs événements qui se produisent de manière simultanée : il doit les reprendre les uns après les autres.
D'autre part, il arrive souvent que l'évocation d'événements lointains soit indispensable : le récit fait alors des retours en arrière ou anticipe sur des faits à venir. On parle alors

de **rétrospection** (ou récit rétrospectif) et d'**anticipation**. Le jeu sur les temps verbaux (→ p. 94) permet de situer les actions, de les actualiser, les généraliser, d'en souligner le caractère durable, achevé, soudain, habituel ou répétitif.

Rythme et vitesse du récit

Maître du temps, le narrateur peut raconter en peu de lignes des événements longs ou au contraire consacrer beaucoup de place à un événement bref. On parle alors de **vitesse** ou de **rythme** du récit, qui met en valeur certains faits. L'**ellipse** consiste ainsi à passer sous silence un ou des événements dont seules apparaissent les conséquences. L'imagination du lecteur est sollicitée : à lui de retrouver ce qui manque. La manière d'exprimer le temps contribue à l'impression de réalité (effet de réel) qui caractérise le roman, depuis le XVIIIe siècle.

3 Formes de discours et registres

Les formes de discours

Constitués de **discours narratif**, le roman et la nouvelle utilisent en les mêlant toutes les autres formes de discours et exploitent les différents registres.

- La **description** (→ p. 156) donne à voir des lieux, des êtres ou des objets. Les lieux sont le décor de l'action, ou bien ils jouent un rôle prépondérant qui a des effets sur des personnages ou sur les lecteurs : informative, esthétique ou symbolique, la description a toujours une ou des fonctions justifiées. Sa nature (élogieuse, dévalorisante...) est souvent en relation avec la notion de point de vue (→ p. 130).
- Le **discours explicatif** (→ p. 163) se révèle lorsqu'il s'agit moins de raconter que de présenter, d'informer, de faire connaître sur un plan technique : le souci de réalisme de nombreux romanciers les pousse à la précision et à l'exactitude. Balzac et Zola sont des exemples de cette recherche d'authenticité.
- On trouve le **discours injonctif** (→ p. 166) lorsqu'il s'agit de donner des ordres ou de faire des recommandations.
- Le **discours argumentatif** (→ p. 170) est très fréquent parce qu'il est rattaché à l'expression de prises de position et qu'il caractérise les débats et les discussions, les dilemmes et les délibérations. Toute volonté de persuader, de convaincre les autres et de modifier leur position en défendant la sienne propre se traduit par une démarche argumentée. Dans le roman et la nouvelle, cette forme de discours prend la forme de dialogues, de véritable discours rhétorique, ou de monologue intérieur exposant, par exemple, une délibération.

Les différents registres

Le roman et la nouvelle utilisent enfin les différents **registres** (→ p. 172) liés aux émotions humaines : expression **lyrique** (→ p. 176) de la joie ou du chagrin, présentation **pathétique** (→ p. 179) d'une situation propre à susciter les larmes du lecteur, **ironie** (→ p. 190) soulignant les effets d'incohérence. On peut trouver dans le roman et la nouvelle l'**agrandissement épique** (→ p. 182) d'une scène dont on veut souligner la démesure et l'inhumanité, le souci de précision réaliste, des scènes **comiques** (→ p. 187), **tragiques** (→ p. 200) ou **fantastiques** (→ p. 204). Le choix d'un registre rejoint la question du point de vue par la mise en jeu de la subjectivité.

Le rapprochement des différents éléments qui constituent l'écriture romanesque montre la manière très complexe dont ces éléments s'associent. Et c'est leur association qui fait l'originalité d'une écriture : savoir analyser un texte de fiction romanesque demande d'avoir conscience de cette imbrication qui permet de comprendre l'évolution historique et certaines fonctions du roman.

→ Synthèse **Le système de l'énonciation (→ p. 114)**
- L'énonciation
- La focalisation
- Les paroles rapportées

→ Synthèse **Les outils grammaticaux (→ p. 74)**
- Les pronoms personnels
- Les temps verbaux

→ Synthèse **Les formes de discours (→ p. 152)**

Histoire d'un genre / LA NOUVELLE

Genre sans définition stricte, la nouvelle date du Moyen Âge. Elle est brève et, selon André Gide, « faite pour être lue d'un coup, en une fois ».

Les origines du mot « nouvelle »

Le mot « nouvelle » a plusieurs sources en ancien français : d'une part le verbe « noveler » qui signifie « changer » et dont le sens se serait orienté vers l'idée de **raconter** ; d'autre part, le mot « novele » qui désigne un événement à découvrir et qui aurait dévié vers le récit de l'événement. On peut ajouter l'influence des « novellas » italiennes, contes dans la tradition des fabliaux et celle des nouvelles espagnoles, moins satiriques et plus didactiques. Il s'agit toujours d'un **récit court**.

Du Moyen Âge à la Renaissance

Les premières nouvelles françaises, les *Cent Nouvelles Nouvelles* (vers 1455), sont anonymes. On peut les rapprocher du *Décaméron,* de Boccace (1313-1375), dont on retrouve des traces chez Marguerite de Navarre, dans *l'Heptaméron* (1558), œuvre faite de courts récits moralisateurs. La nouvelle, alors, est proche de l'**apologue**, par ses enseignements. Elle est illustrée, en Espagne, par les *Nouvelles exemplaires* (1613) de Cervantès.

De l'époque classique au Siècle des Lumières

Au XVIIe siècle, il est difficile de différencier la nouvelle, parfois très longue, du roman, mais on peut considérer que le succès du genre supposé court, par exemple les *Nouvelles françaises* (1623) de Charles Sorel, tient à l'extrême longueur des romans. Dans la nouvelle, l'**unité de l'intrigue** et son **réalisme**, chez Paul Scarron, notamment, sont plus accessibles que la complexité de certains romans précieux. Au XVIIIe siècle, les nouvelles sont à l'honneur, mais ces récits d'événements sociaux sont fortement concurrencés par les contes philosophiques (→ p. 278).

Les nouvelles modernes

Le XIXe siècle est le siècle de la nouvelle. Le genre est proche du **conte** et certains auteurs utilisent indifféremment l'un ou l'autre terme. Son succès est favorisé par des conditions économiques et socioculturelles : le développement de la presse, des quotidiens comportant des feuilletons, et la naissance de revues favorisent la multiplication des nouvelles de Nodier, Mérimée, Villiers de l'Isle-Adam, et surtout Maupassant, qui s'inspire des **faits divers** des journaux.

La nouvelle est **brève** ; elle se concentre sur un fait. Elle dit beaucoup en peu de mots et sa chute est inattendue, quoique logique. Les *Nouvelles en trois lignes* de F. Fénéon transforment des faits divers tragiques en littérature. La nouvelle française s'enrichit d'influences européennes, celles de Kleist, Hoffmann, Poe, Gogol, Pouchkine, avec deux orientations : **réalisme** et **fantastique**.

Au XXe siècle, du fait de l'éclatement des genres, il est difficile de différencier la nouvelle de certains romans courts. Le genre est vivace dans les littératures anglo-saxonne avec Saki, Virginia Woolf, Faulkner, Fitzgerald, latino-américaine, avec Borgès, Cortázar, Coloane, Neruda, et italienne, avec Buzzati. En France, on peut citer les nouvelles de Camus, et celles, très représentatives, d'Annie Saumont.

« Conservé dans la glace : un vieillard retrouve son père disparu à l'âge de 32 ans », chromotypographie du *Petit Journal Illustré*, 15 septembre 1929.

APPLICATION

EX. 1 Identifier la présence d'un ou de plusieurs narrateurs

TEXTE 1

1. Combien de narrateurs l'extrait ci-contre fait-il intervenir ? Quel est le rôle de chacun ?

2. Quelle structure le lecteur peut-il envisager pour cette nouvelle à partir de ce début ?

TEXTE 1

Un soir d'hiver qu'entre gens de pensée nous prenions le thé, autour d'un bon feu, chez l'un de nos amis, le baron Xavier de la V*** (un pâle jeune homme que d'assez longues fatigues militaires, subies, très jeune encore, en Afrique, avait rendu d'une débilité[1] de tempérament et d'une sauvagerie de mœurs peu communes), la conversation tomba sur un sujet des plus sombres : il était question de la *nature* de ces coïncidences extraordinaires, stupéfiantes, mystérieuses, qui surviennent dans l'existence de quelques personnes.

– Voici une histoire, nous dit-il, que je n'accompagnerai d'aucun commentaire. Elle est véridique. Peut-être la trouverez-vous impressionnante.

VILLIERS DE L'ISLE-ADAM, *Contes cruels*, « L'intersigne », 1867.

1. Faiblesse.

EX. 2 Repérer l'intervention du narrateur

TEXTE 2

Comment le narrateur marque-t-il son intervention dans l'extrait ci-contre ?

TEXTE 2

C'était une de ces jolies et charmantes filles, nées, comme par une erreur du destin, dans une famille d'employés. Elle n'avait pas de dot, pas d'espérances, aucun moyen d'être connue, comprise, aimée, épousée par un homme riche et distingué ; et elle se laissa marier avec un petit commis du ministère de l'Instruction publique.

Elle fut simple ne pouvant être parée ; mais malheureuse comme une déclassée ; car les femmes n'ont point de caste ni de race, leur beauté, leur grâce et leur charme leur servant de naissance et de famille. Leur finesse native, leur instinct d'élégance, leur souplesse d'esprit sont leur seule hiérarchie, et font des filles du peuple les égales des plus grandes dames.

G. DE MAUPASSANT, « La parure », 1884.

EX. 3 Identifier et interpréter un point de vue

TEXTES 3 ET 4

1. Quel est le point de vue adopté dans chacun des deux extraits ?

2. Dans quelle situation est mis le lecteur du texte 3 ?

3. Que révèle du personnage le point de vue choisi dans le texte 4 ?

TEXTE 3

La façade de la pension donne sur un jardinet, en sorte que la maison tombe à angle droit sur la rue Neuve-Sainte-Geneviève, où vous la voyez coupée dans sa profondeur. Le long de cette façade, entre la maison et le jardinet, règne un cailloutis en cuvette, large d'une toise, devant lequel est une allée sablée, bordée de géraniums, de lauriers-roses et de grenadiers plantés dans de grands vases en faïence bleue et blanche. On entre dans cette allée par une porte batarde, surmontée d'un écriteau sur lequel est écrit : MAISON VAUQUER, et dessous : *Pension bourgeoise des deux sexes et autres*. Pendant le jour, une porte à claire-voie, armée d'une sonnette criarde, laisse apercevoir au bout du petit pavé, sur le mur opposé à la rue, une arcade peinte en marbre vert par un artiste du quartier.

H. DE BALZAC, *Le Père Goriot*, 1835.

EX. 4 Identifier et analyser des paroles rapportées

TEXTE 5

1. Le texte ci-contre mêle récit et paroles rapportées : délimitez et identifiez les paroles rapportées en expliquant pourquoi cette délimitation est difficile.

2. Qu'apporte au lecteur le fait de savoir que ces paroles sont celles du personnage ?

EX. 5 Identifier des temps différents dans un roman

TEXTE 6

La présentation du roman *Le Colonel Chabert* met en évidence plusieurs indications de temps. Dites lesquelles, puis identifiez les dates suivantes : date de la bataille d'Eylau, date du retour du personnage, date d'écriture du roman par Balzac et date de publication. Que remarquez-vous alors ?

EX. 6 Identifier et interpréter une forme de discours dans le roman

TEXTE 7

1. À quelle forme de discours appartient cet extrait ?

2. Quelle est son utilité dans un récit de fiction romanesque ?

TEXTE 4

Frédéric fut d'abord ébloui par les lumières ; il n'aperçut que de la soie, du velours, des épaules nues, une masse de couleurs qui se balançait aux sons d'un orchestre caché par des verdures, entre des murailles tendues de soie jaune, avec des portraits au pastel, çà et là, et des torchères de cristal en style Louis XVI. De hautes lampes, dont les globes dépolis ressemblaient à des boules de neige, dominaient des corbeilles de fleurs, posées sur des consoles, dans les coins, et, en face, après une seconde pièce plus petite, on distinguait, dans une troisième, un lit à colonnes torses, ayant une glace de Venise à son chevet.

G. Flaubert, *L'Éducation sentimentale*, 1869.

TEXTE 5

Le docteur se réveilla le lendemain avec la résolution bien arrêtée de faire fortune.

Plusieurs fois déjà il avait pris cette détermination sans en poursuivre la réalité. Au début de toutes ses tentatives de carrière nouvelle, l'espoir de la richesse vite acquise soutenait ses efforts et sa confiance jusqu'au premier obstacle, jusqu'au premier échec qui le jetait dans une voie nouvelle. Enfoncé dans son lit entre ses draps chauds, il méditait. Combien de médecins étaient devenus millionnaires en peu de temps ! Il suffisait d'un grain de savoir-faire, car, dans le cours de ses études, il avait pu apprécier les plus célèbres professeurs, et il les jugeait des ânes. Certes, il valait autant qu'eux, sinon mieux. S'il parvenait par un moyen quelconque à capter la clientèle élégante et riche du Havre, il pouvait gagner cent mille francs par ans avec facilité. Et il calculait, d'une façon précise, les gains assurés.

G. de Maupassant, *Pierre et Jean*, 1888.

TEXTE 6

Enfant trouvé fasciné par la carrière des armes, Hyacinthe, dit Chabert, s'est illustré aux premiers rangs de la grande Armée. Laissé pour mort à Eylau, puis miraculeusement sauvé, il tentera quelques années plus tard de retrouver sa place dans une France bourgeoise qui veut oublier ses héros, auprès d'une femme qui lui doit tout, qui l'a dépouillé et qui le rejette.

H. de Balzac, *Le Colonel Chabert*, quatrième de couverture, © le Livre de poche, coll. « Poche classique », 1994.

TEXTE 7

Le colonel Victor d'Aiglemont à peine âgé de trente ans, était grand, bien fait, svelte ; et ses heureuses proportions ne ressortaient jamais mieux que quand il employait sa force à gouverner un cheval dont le dos élégant et souple paraissait plier sous lui. Sa figure mâle et brune possédait ce charme inexplicable qu'une parfaite régularité de traits communique à de jeunes visages. Son front était large et haut. Ses yeux de feu, ombragés de sourcils épais et bordés de longs cils se dessinaient comme deux ovales blancs entre deux lignes noires.

H. de Balzac, *La Femme de trente ans*, 1842.

EX. 7 Identifier et interpréter le registre d'extraits romanesques

TEXTES 8 À 10

1. À quels registres appartiennent les extraits ci-contre ? Donnez des justifications précises.

2. Sur quels aspects des actions et des situations le registre choisi met-il l'accent ?

TEXTE 8

Alors ce fut effrayant.

Toutes les faces des carrés anglais furent attaquées à la fois. Un tournoiement frénétique les enveloppa. Cette froide infanterie demeura impassible. Le premier rang, genou en terre, recevait les cuirassiers sur les baïonnettes, le second rang les fusillait ; derrière ce second rang, les canonniers chargeaient les pièces, le front du carré s'ouvrait, laissait passer une éruption de mitraille et se refermait. Les cuirassiers répondaient par l'écrasement. Leurs grands chevaux se cabraient, enjambaient les rangs, sautaient par-dessus les baïonnettes et tombaient, gigantesques, au milieu de ces quatre murs vivants.

V. HUGO, *Les Misérables*, 1862.

TEXTE 9

Pauvre petite fille, tu as bon cœur, je le sais ; mais tu ne m'aimes pas, et tu me caches ta figure parce que tu crains de me laisser voir ton déplaisir et ta répugnance. Et moi ! je n'ose pas seulement te serrer la main ! Dans le bois, quand mon fils dormait, et que tu dormais aussi, j'ai failli t'embrasser tout doucement. Mais je serais mort de honte plutôt que de te le demander et j'ai autant souffert cette nuit-là qu'un homme qui brûlerait à petit feu. Depuis ce temps-là j'ai rêvé à toi toutes les nuits. Ah ! comme je t'embrassais, Marie ! Mais toi, pendant ce temps-là, tu dormais sans rêver.

G. SAND, *La Petite Fadette*, 1849.

TEXTE 10

Puis, s'ils[1] se levaient pieds nus, pour calmer leur fièvre, et s'ils venaient soulever un rideau, il restaient effrayés devant la vision du *Bonheur des Dames* flambant au fond des ténèbres, comme une forge colossale où se forgeait leur ruine. Au milieu des murs, à moitié construits, troués de baies vides, les lampes électriques jetaient de larges rayons bleus, d'une intensité aveuglante. Deux heures du matin sonnaient, puis trois heures, puis quatre heures. Et, dans le sommeil pénible du quartier, le chantier agrandi par cette clarté lunaire, devenu colossal et fantastique, grouillait d'ombres noires, d'ouvriers retentissants, dont les profils gesticulaient, sur la blancheur crue des murailles.

É. ZOLA, *Au Bonheur des dames*, 1883.

1. Un couple de petits commerçants assiste, impuissant, à la construction d'un grand magasin qui risque de les ruiner.

VERS LE BAC

Corpus de textes et d'image

- **Texte 1 :** J. Giono, *Le Hussard sur le toit*, 1951.
- **Texte 2 :** N. Châtelet, *Histoires de bouches*, 1986.
- **Texte 3 :** S. Japrisot, *Un long dimanche de fiançailles*, 1991.
- **Texte 4 :** M. Desbordes, *La Demande*, 1998.
- **Document 5 :** première de couverture de *La Demande*, © Gallimard, coll. « Folio », 2001.

Questions portant sur le corpus

Les textes proposés sont des incipit de roman (textes 1, 3 et 4) et de nouvelle (texte 2).

1. Trois extraits peuvent être rapprochés par la mise en relief du même élément romanesque. Identifiez cet élément et étudiez la manière dont il est mis en valeur dans les trois textes. Que représente l'image ?
2. Expliquez ce qui fait la spécificité du texte non classé avec les autres.
3. Dans quelles directions thématiques ces quatre débuts et l'image peuvent-ils orienter le lecteur ? Répondez en considérant le contenu des textes, mais aussi les titres.

Écriture

1. Commentaire (texte 3)

Construisez et rédigez un ou plusieurs des trois axes de commentaire suivants : *des informations données progressivement ; un souci constant de précision ; la mise en place d'une attente déjà marquée par l'émotion.*

2. Vers la dissertation

Dans un ensemble de paragraphes construits, argumentés et illustrés d'exemples pris dans vos lectures, vous expliquerez quelle est l'importance, pour un lecteur, des premières lignes d'un roman ou d'une nouvelle, ainsi que de la couverture, à partir des informations données, du mode d'écriture choisi et des attentes créées dans l'imagination et dans la sensibilité de celui qui lit.

3. Écriture d'invention

Choisissez l'un des quatre incipit proposés et continuez le récit pour en faire une nouvelle de 30 à 60 lignes tenant compte des éléments d'information dont vous disposez ainsi que du mode d'écriture mis en œuvre.

TEXTE 1

L'aube surprit Angelo béat et muet mais réveillé. La hauteur de la colline l'avait préservé du peu de rosée qui tombe dans ces pays en été. Il bouchonna son cheval avec une poignée de bruyère et roula son portemanteau.

Les oiseaux s'éveillaient dans le vallon où il descendit. Il ne faisait pas frais même dans les profondeurs encore couvertes des ténèbres de la nuit. Le ciel était entièrement éclairé d'élancements de lumière grise. Enfin, le soleil rouge, tout écrasé dans de longues herbes de nuages sombres, émergea des forêts.

Malgré la chaleur déjà étouffante, Angelo avait très soif de quelque chose de chaud. Comme il débouchait dans la vallée intermédiaire qui séparait les collines où il avait passé la nuit d'un massif plus haut et plus sauvage, étendu à deux ou trois lieues devant lui et sur lequel les premiers rayons du soleil faisaient luire le bronze de hautes chênaies, il vit une petite métairie au bord de la route et, dans le pré, une femme en jupon rouge qui ramassait le linge qu'elle avait étendu au serein[1].

J. Giono, *Le Hussard sur le toit* (incipit), © Gallimard, 1951.

1. Fraîcheur ou humidité légère qui tombe le soir.

TEXTE 2

Lorsqu'il se met à vouloir faire beau au mois de février à Deauville, un soleil rigoureusement jaune violente la ville de son implacable luminosité.

La mer elle-même en perd le souffle et se contente de lécher la plage en berne[1], de sa vaste langue argentée à peine plus hérissée qu'un lac genevois.

C'est le moment où, désertée par ses habitués et livrée aux éléments qui n'en reviennent pas d'être à nouveau les maîtres, la ville ressemble à un décor bourgeois pour pièce de boulevard, où parfois s'insinue un vent glacé agitant çà et là quelques fanions dérisoires empesés de sel. Deauville a l'air faux à force d'être inutile.

Des milliers de mouettes planent en conquérantes et comblent de leurs appels stridents le vide laissé par les hommes. Ce sont elles qui, provisoirement, règnent sur ce théâtre et jouent les premiers rôles.

Des enfants, une vieille dame, un chien traversent parfois un élément du décor, mais nul ne s'y arrête. Deauville fait relâche. Cependant, rien ne s'oppose à ce que vous, l'étranger, traversiez ce domaine en automobile, mais alors un curieux sentiment de respect mêlé d'humilité vous obligera à vous faire tout petit, roulant au pas, silencieusement, vous sachant toléré, sans plus, car rien de ce qui peut se passer là ne vous concerne ni ne vous regarde.

Paradoxalement, dans ce haut lieu de la civilisation et de la bienséance, la priorité est rendue à mère Nature. Elle seule, pour quelques semaines, gère l'histoire et même la géographie. Ainsi disposé, il vous arrivera peut-être à vous, l'étranger, de surprendre les nouveaux occupants, ces blancs Deauvillois à plumes, dans leurs activités quotidiennes.

N. Châtelet, *Histoires de bouches*, « Mouette à la normande » (incipit), © Mercure de France, 1986.

1. Expression qui signifie qu'un drapeau, en signe de deuil, est à moitié hissé.

TEXTE 3

Il était une fois cinq soldats français qui faisaient la guerre, parce que les choses sont ainsi.

Le premier, jadis aventureux et gai, portait à son cou le matricule 2124 d'un bureau de recrutement de la Seine. Il avait des bottes à ses pieds, prises à un Allemand, et ces bottes s'enfonçaient dans la boue, de tranchée en tranchée, à travers le labyrinthe abandonné de Dieu qui menait aux premières lignes.

L'un suivant l'autre et peinant à chaque pas, ils allaient tous les cinq vers les premières lignes, les bras liés dans le dos. Des hommes avec des fusils les conduisaient, de tranchée en tranchée – floc et floc des bottes dans la boue prises à un Allemand –, vers les grands reflets froids du soir par-delà les premières lignes, par-delà le cheval mort et les caisses de munitions perdues, et toutes ces choses ensevelies sous la neige.

Il y avait beaucoup de neige et c'était le premier mois de 1917 et dans les premiers jours.

S. Japrisot, *Un long dimanche de fiançailles* (incipit), © Denoël, 1991.

TEXTE 4

C'est à peine s'ils la virent en entrant, elle lavait dans les cours, allait et venait le long des murs avec les seaux et les linges mouillés, tordus d'un coup de poignet, petite, tout habillée de gris, seul brillait le blanc de la coiffe, elle jetait l'eau sur les pavés puis repartait au puits tandis que le soleil montait dans le ciel, atteignait le haut des chênes. Elle avait entendu les chevaux sur le chemin, et quand ils passèrent les dernières maisons les aboiements des chiens derrière les murs, les voix à l'approche de la demeure, étrangères, sonores dans le ciel clair de printemps, midi approchait. Elle les attendait depuis longtemps, les attendait chaque jour en vérité, depuis Lyon et Romorantin le message était venu jusqu'ici, ils n'allaient pas tarder, c'était une affaire de jours, ils seraient là pour le dernier dimanche d'avril. Elle avait lavé, dépoussiéré, répandu la bruyère à pleines brassées du sol, organisé et prévu la tâche qui lui revenait, le manoir n'était pas un château mais était assez grand pour qu'on s'y occupât du lever au coucher du soleil et sans doute davantage, cuisine, chambres basses et chambres hautes, cellier, galerie du parc et de l'autre côté des terrasses, l'écurie, les remises et la bûcherie, bois et charbon pour la cuisine, bois de fourrière pour les chambres. Tranquille et patiente elle avait attendu, n'avait rien imaginé du maître qui arrivait ni de ceux qui l'accompagnaient. Depuis plus de vingt ans elle travaillait dans les maisons du fleuve.

M. Desbordes, *La Demande* (incipit), © Verdier, 1998.

DOCUMENT 5

Illustration : P. Janssens, *La Balayeuse* (détail) (musée du Petit-Palais, Paris).

M. Desbordes, *La Demande*, © Gallimard, coll. « Folio », 2001, première de couverture.

13 Roman, personnage et société

G. Boldini (1842-1931), *Le Comte Robert de Montesquiou* (1897), huile sur toile, 160 x 82,5 cm (Paris, musée d'Orsay).

LIRE L'IMAGE

1. Observez le portrait et dites quels mots vous viennent à l'esprit pour traduire les impressions qu'il vous inspire.
2. Expliquez ensuite ce qui, dans l'attitude du personnage, dans son allure générale, dans sa physionomie, dans ses vêtements, peut justifier la ou les premières impressions.
3. Étudiez les couleurs du tableau : vous semblent-elles participer à l'impression d'ensemble ?
4. « Représentation d'un personnage et société » : que dit à ce sujet le portrait du comte Robert de Montesquiou ?

OBSERVATION

Dans Le Côté de Guermantes, *qui fait partie de l'ensemble* À la recherche du temps perdu, *Marcel Proust s'intéresse à la manière de vivre et de se comporter d'une famille aristocratique.*

Tous les Guermantes, de ceux qui l'étaient vraiment, quand on vous présentait à eux, procédaient à une sorte de cérémonie, à peu près comme si le fait qu'ils vous eussent tendu la main eût été aussi considérable que s'il s'était agi de vous sacrer chevalier. Au moment où un Guermantes, n'eût-il que vingt ans, mais marchant déjà sur les traces de ses aînés, entendait votre nom prononcé par le présentateur, il laissait tomber sur vous, comme s'il n'était nullement décidé à vous dire bonjour, un regard généralement bleu, toujours de la froideur d'un acier qu'il semblait prêt à vous plonger dans les plus profonds replis du cœur. C'est du reste ce que les Guermantes croyaient faire en effet, se jugeant tous des psychologues de premier ordre. Ils pensaient de plus accroître par cette inspection l'amabilité du salut qui allait suivre et qui ne vous serait délivré qu'à bon escient. Tout ceci se passait à une distance de vous qui, petite s'il se fût agi d'une passe d'armes, semblait énorme pour une poignée de main et glaçait dans le deuxième cas comme elle eût fait dans le premier, de sorte que quand le Guermantes, après une rapide tournée accomplie dans les dernières cachettes de votre âme et de votre honorabilité, vous avait jugé digne de vous rencontrer désormais avec lui, sa main, dirigée vers vous au bout d'un bras tendu dans toute sa longueur, avait l'air de vous présenter un fleuret pour un combat singulier, et cette main était en somme placée si loin du Guermantes à ce moment-là que, quand il inclinait alors la tête, il était difficile de distinguer si c'était vous ou sa propre main qu'il saluait.

M. Proust, *Le Côté de Guermantes*, 1920-1921.

Le thème et la structure de l'extrait

1. À partir des mots surlignés, déterminez de quoi il est question dans l'extrait et sur quelle idée le narrateur insiste particulièrement.

2. Grâce à quelle figure de rhétorique le thème est-il mis en valeur ? (mots surlignés)

3. Mettez en évidence les différentes étapes de la scène jusqu'à la « chute » : en quoi celle-ci est-elle particulièrement attendue ?

La présence du destinataire

4. Étudiez la présence de la seconde personne dans le texte (mots soulignés) : quel est l'effet produit ? Quel rôle se donne le narrateur par rapport à celui à qui il s'adresse ?

La forme de discours

5. À partir des temps verbaux et des formulations surlignées déterminez la ou les forme(s) de discours utilisée(s) par le narrateur.

Le registre de l'extrait

6. Déterminez le registre de l'extrait et déduisez de cette réponse et de la précédente certaines fonctions du roman par rapport à la vie sociale.

REPÈRES

Pour analyser le roman, ses personnages et la société

Le roman est l'histoire de personnages inséparables d'un **environnement social** avec lequel ils entretiennent des rapports divers. La place qu'ils y occupent, identifiable à leurs actions, à leurs choix et à leurs sentiments, permet de comprendre les **idées**, les **idéologies** et les **valeurs** dont ils sont porteurs.

Les relations personnages/société sont révélées à travers des portraits, des actions, des paroles, des réflexions : on peut alors remarquer à quel point les personnages sont les « **témoins** » et les **reflets** d'une époque.

1 Analyser les composantes du personnage

« Être de papier » appartenant à la **fiction**, le personnage romanesque n'en a pas moins – sauf exception – une **origine familiale et sociale**, un nom, des antécédents. Il ne sort pas du néant et ses caractéristiques donnent au lecteur les éléments d'une première découverte qui s'enrichit ensuite du **récit** de son parcours et de ses actions. Le personnage est également connu grâce à des **portraits**.

L'indication des origines sociales

Parfois déjà présente dans le titre du roman – comme c'est le cas pour *Le Paysan parvenu*, de Marivaux, *La Reine Margot* d'A. Dumas ou *Le Vicomte pourfendu* d'I. Calvino – ou indiquée par le nom, qui peut avoir un caractère populaire ou aristocratique, l'appartenance sociale ainsi révélée enracine le personnage dans une réalité historique et sociale. Celle-ci est parfois précisée et complétée par l'indication de ses ancêtres (textes 1 et 2 → p. 224). Le lecteur peut déduire de ces origines certaines déterminations : le comportement de Julien Sorel dans le roman de Stendhal *Le Rouge et le Noir* peut s'expliquer par les origines sociales du personnage et par ses ambitions, ces deux éléments étant incompatibles dans la société de 1830.
On trouve dans les romans de Balzac de longs passages **narratifs** et **rétrospectifs** qui rapportent le parcours antérieur d'un personnage et son évolution sociale jusqu'au moment de l'action : celui du père Grandet et celui du père Goriot, commerçants enrichis par la Révolution. Dans les romans de Zola, les personnages s'inscrivent dans un arbre généalogique précis et leur nom est significatif de leur position dans une lignée à partir de laquelle le romancier étudie l'hérédité.

Les portraits

Le lecteur peut se représenter physiquement un personnage grâce aux portraits. Des passages relevant du **discours descriptif** (→ p. 156) sont fréquents dans les romans. Ils donnent à voir un aspect, une allure, une image. Ces descriptions ont d'abord une fonction **informative**, mais elles sont souvent **explicatives**.
Chers à Proust comme à Balzac, ces portraits minutieux et parfois caricaturaux ont une portée symbolique et souli-

J. Tissot (1836-1902), *La Demoiselle du magasin* (1883-1885), huile sur toile, 146 x 101 cm, (Art Gallery of Ontario, Toronto).

gnent, au-delà d'un individu, des caractéristiques de classe. Ils mettent en jeu certains **registres**, allant de l'éloge hyperbolique à la satire. Les portraits strictement descriptifs sont complétés par des « portraits en action », qui relèvent de la **narration** (→ p. 160) et qui montrent les personnages en train d'agir, avec certains comportements, en relation avec leur propre caractère et avec l'intrigue (exercices 7 et 8 → p. 227).

Les réflexions et les paroles

Comme les êtres humains qu'ils imitent, les personnages ont des moments de réflexion, rapportés à la troisième personne par le narrateur, ou sous forme de **monologue intérieur**, notamment lorsqu'il s'agit de délibération. Le roman s'attache à rapporter leurs hésitations, leurs interrogations (textes 6 et 8 → p. 227). Il utilise alors les différentes formes de **discours rapporté**.

L'expression de transformations

Le personnage de roman n'est pas un être figé. Pris dans une intrigue, soumis au temps, déterminé par ce qui l'entoure, il se modifie, évolue en fonction de son caractère, de ses aspirations, des personnes et des événements rencontrés. Le lecteur prend connaissance de ces éléments en le voyant agir.
Les **étapes du récit**, des analyses psychologiques faites par le narrateur font état de la manière dont le personnage prend de l'importance, en perd, s'affirme, se développe. Ces **évolutions** sont particulièrement sensibles dans les romans dits d'apprentissage, fréquents au XIXe siècle. Le roman de Flaubert *L'Éducation sentimentale* raconte comment un jeune homme venu de province à Paris y perd successivement toutes ses illusions : ni sa vie amoureuse, ni sa vie professionnelle, ni ses idées politiques ne le conduisent à la réussite.

2 Le personnage pour comprendre la société

Tout ce qui permet de connaître et d'analyser le personnage conduit à remarquer que cet élément fondamental du roman est indissociable de la société dans laquelle il vit, et dont il constitue non seulement un témoin mais une illustration sociale et humaine. Le personnage de roman est le miroir d'une **époque** et d'une **idéologie**.

L'héritage des demi-dieux

Les héros des premiers « romans » de la littérature française, les romans en vers du Moyen Âge consacrés aux chevaliers de la Table ronde, sont les héritiers directs des **demi-dieux** de la mythologie. Ces rois, princes et chevaliers, animés par des idéaux tout empreints de foi chrétienne, mais extrêmement violents, sont les **héros épiques** de récits mi-historiques, mi-légendaires. Guerroyant sans cesse pour imposer **le modèle de société** qu'ils croient juste, ils sont les garants d'une organisation hiérarchisée de la société dont ils incarnent les valeurs : **loyauté, courage, charité**. Avec eux se met en place un archétype, quasiment indestructible, du personnage romanesque, bien présent dans le *Don Quichotte* de Cervantès, et dont les géants de Rabelais – Pantagruel et Gargantua – constituent un avatar. Ces derniers illustrent le gigantesque **appétit de connaissances** et de découvertes qui caractérise la société de la Renaissance. Ils sont des « aventuriers du savoir ».

Héros tragiques et héros bourgeois

Au XVIIe siècle, ces premiers héros laissent place à deux sortes de personnages opposés. D'un côté, l'existence des différents ordres de la société, avec, au sommet, l'aristocratie dominante, maintient la présence de héros qui se singularisent par leurs **engagements**, leurs choix douloureux, leurs **fins tragiques**. Inspirés de l'Antiquité, mais marqués par les idées de leur époque, ils sont les héros des tragédies de Racine que l'on retrouve chez Madame de la Fayette. Leurs valeurs sont l'**honnêteté**, la **fidélité**, le **respect**.
De l'autre, les premiers **héros bourgeois** – création paradoxale – font entendre leur voix dans *Le Roman bourgeois*, de Furetière et dans *Le Roman comique*, de Scarron. Bien ancrés dans le réel, loin de l'Antiquité, ils illustrent, par leur **énergie** et leur travail, une classe sociale qui détient les clés de l'économie tout en demeurant encore écartée du pouvoir.
Actifs tout au long du XVIIIe siècle, et lors de la Révolution, mis en scène par l'Abbé Prévost, Marivaux, Restif de la Bretonne, S. Mercier, ils sont ensuite, avec Balzac, Flaubert, Maupassant, les personnages-clés d'un XIXe siècle tourné vers le développement, le progrès scientifique et le triomphe d'une première forme de libéralisme.
Cette société industrielle produit aussi un autre genre de personnage, l'**ouvrier** – chez Zola – qui représente la classe la plus laborieuse, victime du système économique qu'elle contribue pourtant à développer par son travail. Dès lors, le personnage issu du peuple est installé dans l'univers romanesque : c'est à lui que l'on demande d'accomplir des exploits, mais il a perdu son aura légendaire pour entrer dans la réalité politique et sociale.

3 Le personnage pour expliquer l'homme

Incarnation historique des valeurs et des attentes d'une société, les personnages sont ainsi des « outils » d'analyse sociologique. Mais en tant qu'individus, ils sont l'image de la **diversité humaine**. Les créations romanesques ne seraient-elles donc pas, plus encore, un outil d'analyse de l'être humain, grâce auquel chaque lecteur peut reconnaître un peu de lui-même ? Les ambitions de romanciers comme Balzac, Zola, Flaubert, Villiers de L'Isle-Adam au XIXe, puis Proust, Roger Martin du Gard, Malraux, Camus, Michel Tournier au XXe siècle, sont de **comprendre** les « fonctionnements » humains pour donner aux lecteurs une **meilleure connaissance d'eux-mêmes**. Au travers de leurs personnages, ces romanciers interrogent sur la liberté, sur le déterminisme social ou familial, sur la vie et son sens, sur le destin, sur la morale et sur ce qui justifie l'action politique, jusqu'à l'acceptation de la mort.
Paradoxalement, la fiction permet ainsi d'atteindre les **profondeurs de l'âme**, comme le montrent Victor Hugo dans *Les Misérables*, mais aussi les Russes Tolstoï et Dostoievski, ou l'Américain Henry James : elle permet toutes les audaces et se montre souvent plus vraie que la vie réelle. La rencontre que fait le lecteur avec les personnages romanesques est donc nourrie de découvertes : **histoire**, **mécanismes sociaux** et **comportements humains**. Il y a là toutes les données d'un travail de déchiffrage qui explique l'importance actuelle – du moins en nombre de romans publiés – de la littérature de fiction romanesque.

→ Synthèse **Le système de l'énonciation** **(→ p. 114)**
- L'énonciation
- La focalisation
- Les paroles rapportées

→ Synthèse **Les outils grammaticaux** **(→ p. 74)**
- Pronoms et indices personnels
- Les temps verbaux

→ Synthèse **Les formes de discours** **(→ p. 152)**

→ Synthèse **Les registres** **(→ p. 172)**

Histoire d'un genre / LE ROMAN

Genre de fiction dont la vocation est d'imiter la réalité, le roman n'a pas connu les mêmes succès et n'a pas eu les mêmes fonctions selon les époques.

Une existence ancienne

Comme la plupart des genres littéraires, le roman existe dans l'Antiquité, mais sous une forme qui n'est pas fixée : en témoigne le *Satyricon*, de Pétrone (Ier siècle av. J.-C.), qui met en scène les tribulations de personnages divers. C'est là, probablement, l'ancêtre du roman picaresque cher au XVIIIe siècle. À l'époque de la littérature de cour, le roman en vers rapporte en les glorifiant les **faits** et **actions d'éclat** des **chevaliers**, notamment ceux de la Table ronde. Le roman est alors très proche de l'**épopée**. Au XVIe siècle, Rabelais prend la suite sur un mode satirique, faisant de la littérature romanesque un instrument d'enseignement et de réflexion sur la **nature humaine**.

Un genre considéré comme mineur

Malgré ses succès et le nombre important des productions, le roman est encore considéré, au XVIIe siècle comme un genre mineur destiné à des lectrices avides d'événements extraordinaires, conventionnels à force de répétition. C'est l'époque des romans-fleuves de Mlle de Scudéry, qui font alterner **épisodes rocambolesques** et longues **analyses psychologiques**, et qui mettent en scène soit des bergers imités de l'antique, soit des personnages au rôle exemplaire. Dans *Le Roman bourgeois*, Antoine Furetière se moque des conventions romanesques en usage, des scènes à la mode qui nourrissent les romans et invite à prendre pour héros des gens appartenant à une humanité commune. C'est le début d'un changement important : un homme commun peut devenir un héros romanesque.

Le roman, tableau d'une réalité sociale

Avec les Lumières, le développement industriel, l'émergence d'une classe avide de participer à la vie politique du pays, le roman connaît un **essor** particulier, même s'il n'est pas encore le genre majeur qu'il deviendra au XIXe siècle. Il témoigne des capacités de réussite des roturiers, à travers le roman dit

« **picaresque** » de Lesage, *Les Aventures de Gil Blas de Santillane*, offre des **récits de vie** proches de la **réalité**, comme *Manon Lescaut* ou *Le Paysan parvenu*, s'intéresse à des formes nouvelles complexes comme le roman épistolaire – les *Lettres persanes*, *Les Liaisons dangereuses*. Il est toujours associé à des **considérations morales**.

Le souci de la réalité sociale trouve son apogée au XIXe siècle avec le **réalisme** et le **naturalisme**, qui théorisent les différentes recherches et interrogations des romanciers : le réalisme, avec Balzac, puis Flaubert et Maupassant, s'efforce de traduire la réalité sans ornements ni subjectivité ; le naturalisme, avec Zola, fait de la littérature romanesque un véritable laboratoire scientifique de la connaissance de l'homme. Mais les deux courants se heurtent assez vite à certaines limites : expression esthétique, le roman passe nécessairement par une écriture littéraire « artiste » (Maupassant, préface de *Pierre et Jean*, 1888). Qui fait des choix ne peut nécessairement pas tout raconter, et, par ses recherches d'effets, modifie l'exacte transcription du réel. Dans le cas du naturalisme, Zola lui-même a dû reconnaître que les sentiments, les passions et les motivations humaines ne constituaient pas l'objet d'une science exacte. Le roman ne peut être considéré comme un instrument scientifique.

Le mélange des genres

Le XXe siècle n'est pas marqué par des courants aussi nettement définis, mais par une **diversité** qui fait disparaître les cloisons entre les genres : en particulier la fiction et la réalité se mêlent dans les œuvres de mémoire ; le récit de vie – biographies et autobiographies publiées en grand nombre – témoigne de l'importance accordée à l'**expérience individuelle**.

Affiche annonçant la publication de *La Bête humaine* d'Émile Zola, dans le journal *La Vie populaire*, lithographie, vers 1890 (musée Carnavalet, Paris).

APPLICATION

EX. 1 Étudier les composantes d'un personnage de roman

TEXTE 1

1. Donnez brièvement le contenu de chaque paragraphe de l'extrait.

2. De quelle nature sont les informations données sur le personnage de Jeanne Le Hardouey ?

3. Le personnage est associé à des éléments qui lui sont extérieurs : trouvez ces éléments. Quelle est leur importance dans un roman ? Sur quels plans peuvent-ils être déterminants ?

TEXTE 1

Le roman L'Ensorcelée *raconte l'histoire d'un prêtre défiguré pendant la Révolution et de l'emprise qu'il exerce sur la femme d'un notable normand, Jeanne Le Hardouey.*

Pour bien comprendre cette préoccupation nouvelle[1], si soudaine et si diabolique, dont elle devait être plus tard la victime, il faut dire ce qu'était alors Jeanne-Madelaine Feuardent[2], femme par mariage de maître Thomas Le Hardouey[2].

C'était une femme dans la fleur mûrie de la jeunesse, active, courageuse, et de ce sens droit, perçant et supérieur, qu'on rencontre dans une grande quantité de femmes de Normandie, la terre classique de cette forte race de ménagères qui entendent si bien le gouvernement du logis[3]. Il fallait qu'elle inspirât beaucoup d'estime dans la contrée, car, quoique riche, et d'une richesse mal acquise par Thomas Le Hardouey, qui passait pour un homme violent et rusé, on ne la haïssait pas.

On savait la distinguer de son mari, quand on en parlait. À elle, on ne lui reprochait rien, si ce n'est un peu de hauteur quand on pensait à son mariage, mais qu'on lui pardonnait quand on pensait à sa naissance. Les Feuardent avaient été une famille puissante.

Des fautes, des malheurs, des passions, cette triple cause de tous les renversements de ce monde, avaient, depuis plusieurs siècles, poussé, de générations en générations, les Feuardent à une ruine complète. Avant que 1789 éclatât, cette ruine était consommée.

J. Barbey d'Aurévilly, *L'Ensorcelée*, chapitre V, 1855.

1. Il s'agit de la curiosité excessive que ressent l'héroïne pour le nouveau prêtre de la paroisse, un inconnu qui cache son visage. **2.** Personnages importants du roman. **3.** La gestion de la maison et des affaires familiales.

EX. 2 Étudier les aspirations et les modèles d'un personnage romanesque

TEXTE 2

1. Indiquez le thème de l'extrait et identifiez le point de vue adopté par le narrateur. Que permet ce choix ?

2. À partir des temps verbaux, dites comment est construit l'extrait. Qu'apprend-il au lecteur ?

3. Qu'apporte au lecteur la connaissance des modèles et des goûts du personnage au début du roman ?

TEXTE 2

Fils du propriétaire d'une scierie, le jeune Julien Sorel est plus intéressé par la lecture que par le travail manuel. Son ambition est avant tout de réussir dans la société, à l'image de ceux qu'il admire.

Tout à coup Julien cessa de parler de Napoléon ; il annonça le projet de se faire prêtre, et on le vit constamment, dans la scie[1] de son père, occupé à apprendre par cœur une bible latine que le curé lui avait prêtée. Ce bon vieillard, émerveillé de ses progrès, passait des soirées entières à lui enseigner la théologie. Julien ne faisait paraître devant lui que des sentiments pieux. Qui eût pu deviner que cette figure de jeune fille, si pâle et si douce, cachait la résolution inébranlable de s'exposer à mille morts plutôt que de ne pas faire fortune ?

Pour Julien, faire fortune, c'était d'abord sortir de Verrières[2] ; il abhorrait sa patrie. Tout ce qu'il y voyait glaçait son imagination.

Dès sa première enfance, il avait eu des moments d'exaltation. Alors il songeait avec délices qu'un jour il serait présenté aux jolies femmes de Paris, il saurait attirer leur attention par quelque action d'éclat. Pourquoi ne serait-il pas aimé de l'une d'elles, comme Bonaparte, pauvre encore, avait été aimé de la brillante madame de Beauharnais[3] ? Depuis bien des années, Julien ne passait peut-être pas une heure de sa vie, sans se dire que Bonaparte, lieutenant obscur et sans fortune, s'était fait le maître du monde avec son épée. Cette idée le consolait de ses malheurs qu'il croyait grands, et redoublait sa joie quand il en avait.

STENDHAL, *Le Rouge et le Noir*, première partie, chapitre V, 1830.

1. Le terme désigne une grande scie à bois très haute, et placée dans un hangar. Julien s'installe sur les poutres de la partie la plus élevée, sous le toit, pour lire tranquillement. **2.** Ville où se déroule la première partie du roman. **3.** Première épouse de Napoléon Ier.

EX. 3 Étudier une conception de la réussite sociale

TEXTE 3

1. Déterminez le thème de l'extrait et étudiez la manière dont l'interlocuteur est mis en cause par celui qui parle. Quels sont les effets de cette manière de procéder ?

2. Différenciez dans le texte ce qui relève du récit de faits passés, de constats généraux et de recommandations.

3. Donnez les grandes lignes des théories de la réussite sociale vue par Vautrin. Comment cherche-t-il à convaincre son interlocuteur de vivre selon l'image qu'il donne de la société ?

TEXTE 3

« Voilà le carrefour de la vie, jeune homme[1], choisissez. Vous avez déjà choisi : vous avez été chez notre cousin de Beauséant, et vous y avez flairé le luxe. Vous avez été chez madame de Restaud, la fille du père Goriot[2] et vous y avez flairé la Parisienne. Ce jour-là vous êtes revenu avec un mot écrit sur votre front, et que j'ai bien su lire : *Parvenir* ! parvenir à tout prix. Bravo ! ai-je dit, voilà un gaillard qui me va. Il vous a fallu de l'argent. Où en prendre ? Vous avez saigné vos sœurs. Tous les frères *flouent*[3] plus ou moins leurs sœurs. Vos quinze cents francs arrachés, Dieu sait comme ! dans un pays où l'on trouve plus de châtaignes que de pièces de cent sous, vont filer comme des soldats à la maraude[4]. Après que ferez-vous ? vous travaillerez ? Le travail, compris comme vous le comprenez en ce moment, donne dans les vieux jours, un appartement chez maman Vauquer, à des gars de la force de Poiret[5]. Une rapide fortune est le problème que se proposent de résoudre en ce moment cinquante mille jeunes gens qui se trouvent tous dans votre position. Vous êtes une unité de ce nombre-là. Jugez des efforts que vous avez à faire et de l'acharnement du combat. Il faut vous manger les uns les autres comme des araignées dans un pot, attendu qu'il n'y a pas cinquante mille bonnes places. Savez-vous comment on fait son chemin ici ? Par l'éclat du génie ou par l'adresse de la corruption. Il faut entrer dans cette masse d'hommes comme un boulet de canon, ou s'y glisser comme une peste. L'honnêteté ne sert à rien. »

H. DE BALZAC, *Le Père Goriot*, 1835.

1. Celui qui parle et qui expose sa théorie de la réussite, Vautrin, s'adresse au jeune Eugène de Rastignac, qui, venu de province, rêve de réussir à Paris. **2.** Vieil homme dépouillé par ses filles et vivant misérablement dans la pension de Mme Vauquer. **3.** En italique dans le texte : escroquent. **4.** Qui vivent de vols et de pillages. **5.** Personnage vivant dans la même pension.

EX. 4

Analyser les qualités d'un personnage

TEXTE 4

1. À partir du lexique, dites quels sont les deux protagonistes de cet extrait et ce qui les réunit.

2. En prenant appui sur ce qui, dans le texte, marque des étapes, expliquez sur quoi se fondent les procédés commerciaux appliqués par Mouret.

3. Récapitulez les qualités dont fait preuve le personnage de Mouret et dites dans quel domaine elles se situent. Quelle semble être l'opinion du narrateur à son sujet ?

EX. 5

Comparer deux types de comportements

TEXTES 3 ET 4

1. Comparez les deux personnages de Vautrin et de Mouret. Expliquez en quoi les paroles de l'un et les actions de l'autre permettent de les caractériser.

2. Dites ensuite en quoi ces paroles et ces actions révèlent, dans les deux cas, une connaissance précise des êtres et de leurs comportements individuels et/ou sociaux.

EX. 6

Analyser les réflexions d'un personnage

TEXTE 5

1. Observez la récurrence de certains termes et la ponctuation de l'extrait : sur quoi portent les réflexions du personnage ? À quoi le lecteur perçoit-il qu'il s'agit d'une sorte de dialogue avec lui-même ?

2. Étudiez la manière dont procède la réflexion et les efforts faits par le personnage pour mettre à jour les vraies raisons de ses choix.

3. De quelles qualités fait preuve celui qui parle dans l'analyse qu'il fait de lui-même ? Quels défauts met-il ainsi à jour ? Vous est-il ou non sympathique ?

TEXTE 4

Dans le roman Au Bonheur des dames, *Émile Zola met en cène un personnage, Octave Mouret, qui a créé à Paris le premier grand magasin. Il y développe avec succès ses théories commerciales.*

Il professait que la femme est sans force contre la réclame[1], qu'elle finit fatalement par aller au bruit[2]. Du reste, il lui tendait des pièges plus savants, il l'analysait en grand moraliste. Ainsi, il avait découvert qu'elle ne résistait pas au bon marché, qu'elle achetait sans besoin, quand elle croyait conclure une affaire avantageuse ; et, sur cette observation, il basait son système des diminutions de prix, il baissait progressivement les articles non vendus, préférant les vendre à perte, fidèle au principe du renouvellement rapide des marchandises. Puis, il avait pénétré plus avant encore dans le cœur de la femme, il venait d'imaginer « les rendus », un chef-d'œuvre de séduction jésuitique[3]. « Prenez toujours, madame : vous nous rendrez l'article, s'il cesse de vous plaire. » Et la femme, qui résistait, trouvait là une dernière excuse, la possibilité de revenir sur une folie : elle prenait, la conscience en règle. Maintenant, les rendus et la baisse des prix entraient dans le fonctionnement classique du nouveau commerce.

E. ZOLA, *Au Bonheur des dames*, chapitre VIII, 1883.

1. La publicité. **2.** Est attirée irrésistiblement par l'agitation et le bruit. **3.** Digne de l'hypocrisie que l'on prête aux religieux de l'ordre des jésuites.

TEXTE 5

En 1832, Angelo, jeune colonel de hussards épris de liberté et de justice se trouve en Provence où sévit une violente épidémie de choléra. Conduit par son sens de l'entraide à aider un jeune médecin, qu'il voit mourir près de lui, il en vient à réfléchir sur ses engagements personnels.

Cette lutte est juste et c'est pour sa justice que je l'ai entreprise. Sa justice... Sa justice pure et simple, ou bien l'estime que j'ai pour moi-même du moment que j'entreprends de combattre pour la justice ? Il est incontestable qu'une cause juste, si je m'y dévoue, sert mon orgueil. Mais je sers les autres. Par surcroît seulement. Tu vois bien que déjà le mot peuple peut être enlevé du débat sans inconvénient. Je pourrais même mettre n'importe quoi à la place du mot liberté à la seule condition que je remplace le mot liberté par un équivalent. Je veux dire un mot qui ait la même valeur générale, aussi noble et *aussi vague*. Alors, la lutte ? Oui, ce mot-là peut rester. La lutte. C'est-à-dire une épreuve de force. Dans laquelle j'espère être le plus fort. Au fond, tout revient à : « Vive moi ! »

J. GIONO, *Le Hussard sur le toit*, chapitre VII, © Gallimard, 1951.

EX. 7 Étudier le récit d'un acte condamnable

TEXTE 6

1. Dans son récit, le narrateur donne des détails qui ne lui sont pas favorables. Retrouvez-les et dites à quoi peut s'apparenter un tel récit.

2. Quels éléments, dans ses propos, laissent penser qu'il cherche à atténuer sa responsabilité ?

3. Peut-on parler de « héros » à propos d'un tel personnage ?

TEXTE 6

Le narrateur et personnage essentiel du récit est un homme qui se dit « juge pénitent ». Il est obsédé par un fait qui a marqué sa vie et qu'il raconte à un interlocuteur rencontré par hasard. Ce fait a eu lieu un jour où il rentrait chez lui, de nuit.

Au bout du pont, je pris les quais en direction de Saint-Michel[1], où je demeurais. J'avais déjà parcouru une cinquantaine de mètres à peu près, lorsque j'entendis le bruit, qui, malgré la distance, me parut formidable dans le silence nocturne, d'un corps qui s'abat sur l'eau. Je m'arrêtai net, mais sans me retourner. Presque aussitôt, j'entendis un cri, plusieurs fois répété, qui descendait lui aussi le fleuve, puis s'éteignit brusquement. Le silence qui suivit, dans la nuit soudain figée, me parut interminable. Je voulus courir et je ne bougeai pas. Je tremblais, je crois, de froid et de saisissement. Je me disais qu'il fallait faire vite et je sentais une faiblesse irrésistible envahir mon corps. J'ai oublié ce que j'ai pensé alors. « Trop tard, trop loin... » ou quelque chose de ce genre. J'écoutais toujours, immobile. Puis, à petit pas, sous la pluie, je m'éloignai. Je ne prévins personne.

A. CAMUS, *La Chute*, © Gallimard, 1956.

1. Le quartier Saint-Michel, à Paris.

EX. 8 Étudier le « mal être » d'un personnage

TEXTE 7

1. Dites quel est le thème du passage et comment il est construit. Comment se situe le narrateur par rapport à son personnage ?

2. Dans l'extrait, différenciez ce qui relève du récit de ce qui relève de l'analyse : que remarquez-vous ?

3. Quels sont, pour le lecteur, les différents intérêts d'un extrait comme celui-ci ?

TEXTE 7

Pierre et Jean sont deux frères. Un héritage dont bénéficie soudain Jean fait naître chez Pierre des doutes : le donateur ne serait-il pas le vrai père de Jean ? Cette pensée, qui le conduit à admettre l'adultère de sa mère, obsède Pierre. Dans le passage qui suit, il vient de quitter brutalement la maison à la fin d'un dîner.

Dès qu'il fut dehors, Pierre se dirigea vers la rue de Paris, la principale rue du Havre, éclairée, animée, bruyante. L'air un peu frais des bords de mer lui caressait la figure, et il marchait lentement, la canne sous le bras, les mains derrière le dos.

Il se sentait mal à l'aise, alourdi, mécontent comme lorsqu'on a reçu quelque fâcheuse nouvelle. Aucune pensée précise ne l'affligeait et il n'aurait su dire tout d'abord d'où lui venait cette pesanteur de l'âme et cet engourdissement du corps. Il avait mal quelque part, sans savoir où ; il portait en lui un petit point douloureux, une de ces presque insensibles meurtrissures dont on ne trouve pas la place, mais qui gênent, fatiguent, attristent, irritent, une souffrance inconnue et légère, quelque chose comme une graine de chagrin.

Lorsqu'il arriva place du Théâtre, il se sentit attiré par les lumières du café Tortoni, et il s'en vint lentement vers la façade illuminée ; mais au moment d'entrer ; il songea qu'il allait trouver là des amis, des connaissances, des gens avec

EX. 9

Analyser l'expression d'une inadaptation sociale

TEXTE 8

1. Quel est le lexique dominant dans le texte ? Sur quels sentiments et sur quels comportements met-il l'accent ?

2. Que met en relief l'extrait, concernant les « normes » de la vie sociale ?

3. Que révèle cet extrait concernant les sentiments de la narratrice à l'égard de son père ?

EX. 10

Comparer des héros de romans

Les personnages de certains extraits de ce chapitre (**TEXTES 1, 3, 4, 5, 6 ET 8**) sont tous des « héros » des romans dans lesquels ils figurent. Établissez une liste de leurs qualités, compétences, capacités. Certains vous semblent-ils devoir rester en dehors de la catégorie des « héros » ? Justifiez votre réponse.

EX. 11

Trouver les valeurs qui motivent les héros

Les personnages de certains extraits de ce chapitre (**TEXTES 3, 4, 5 ET 8**) ont des comportements qu'ils justifient par des motivations diverses. Mettez à jour ces motivations en précisant la nature de celles qui priment.

EX. 12

S'interroger sur la nature des personnages de romans

TEXTE 9

1. D'après celle qui parle, que refusent de nombreux lecteurs de romans concernant les intrigues et les personnages ? Que souhaitent trouver ces lecteurs ?

2. En quoi la présence de ces propos dans cet extrait de roman est-elle particulièrement paradoxale ?

qui il faudrait causer ; et une répugnance brusque l'envahit pour cette banale camaraderie des demi-tasses et des petits verres. Alors, retournant sur ses pas, il revint prendre la rue principale qui le conduisait vers le port.

G. de MAUPASSANT, *Pierre et Jean*, chapitre II, 1888.

TEXTE 8

La peur d'être *déplacé*[1], d'avoir honte. Un jour, il[2] est monté par erreur en première avec un billet de seconde. Le contrôleur lui a fait payer le supplément. Autre souvenir de honte : chez le notaire, il a dû écrire le premier « lu et approuvé », il ne savait pas comment orthographier, il a choisi « à prouver ». Gêne, obsession de cette faute, sur la route du retour. L'ombre de l'indignité.

Dans les films comiques de cette époque, on voyait beaucoup de héros naïfs et paysans se comporter de travers à la ville ou dans les milieux mondains (rôles de Bourvil). On riait aux larmes des bêtises qu'ils disaient, des impairs qu'ils osaient commettre, et qui figuraient ceux qu'on craignait de commettre soi-même. Une fois, j'ai lu que Bécassine[3] en apprentissage, ayant à broder un oiseau sur un bavoir, et sur les autres *idem*, broda *idem* au point de bourdon. Je n'étais pas sûre que je n'aurais pas brodé *idem*.

Devant les personnes qu'il jugeait importantes, il avait une raideur timide, ne posant jamais aucune question. Bref, se comportant avec intelligence. Celle-ci consistait à percevoir notre infériorité et à la refuser en la cachant du mieux possible.

A. ERNAUX, *La Place*, © Gallimard, 1983.

1. Le mot est en italique dans le texte. **2.** *La Place* est un récit consacré au père de la narratrice, épicier dans une petite ville de Normandie. **3.** Personnage naïf d'une bande dessinée datant de 1905.

TEXTE 9

La Vie de Marianne *rapporte, à la première personne, un certain nombre d'épisodes de la vie d'une jeune fille, enfant trouvée, qui cherche à se faire, par ses seules qualités, une place dans la société, et à devenir quelqu'un d'intéressant.*

Dites-moi, ma chère amie[1], ne serait-ce point un peu par compliment que vous paraissez si curieuse de voir la suite de mon histoire ? Je pourrais le soupçonner ; car jusqu'ici tout ce que je vous ai rapporté n'est qu'un tissu d'aventures bien simples, bien communes, d'aventures dont le caractère paraîtrait bas et trivial à beaucoup de lecteurs, si je les faisais imprimer. Je ne suis encore qu'une petite lingère, et cela les dégoûterait.

Il y a des gens dont la vanité se mêle de tout ce qu'ils font, même de leurs factures. Donnez-leur l'histoire du cœur humain dans les grandes conditions, ce devient là pour eux un objet important ; mais ne leur parlez pas des états médiocres, ils ne veulent voir agir que des seigneurs, des princes, des rois, ou du moins des personnes qui aient fait une grande figure. Il n'y a que cela qui existe pour la noblesse de leur goût. Laissez là le reste des hommes : qu'ils vivent, mais qu'il n'en soit pas question. Ils vous diraient volontiers que la nature aurait bien pu se passer de les faire naître, et que les bourgeois la déshonorent.

Oh ! jugez, madame, du dédain que de pareils lecteurs auraient eu pour moi.

P. DE MARIVAUX, *La Vie de Marianne*, IIe partie, 1735.

1. Au moment de commencer la deuxième partie de son récit, la narratrice, Marianne, demande à celle à qui elle raconte sa vie ce qui intéresse les lecteurs.

EX. 13 Étudier des personnages représentatifs d'un groupe social

TEXTE 10

1. À partir du lexique, déterminez le thème de l'extrait.

2. Par quels procédés d'écriture celui qui parle met-il en relief l'idée de similitudes entre les différents membres du groupe ? Déterminez ces différents points communs.

3. En quoi peut-on dire d'un extrait comme celui qui est proposé ici qu'il comporte des informations sur certains aspects de la vie sociale ? Qu'apprend-il au lecteur du XXIe siècle ?

ÉCRITURE

EX. 14 Inventer les questions d'un sondage sur les personnages

Un éditeur vous a demandé de réaliser un sondage sur le thème : « les lycéens et les personnages de roman ». Dans cette perspective, rédigez un ensemble de questions (une dizaine) dont les réponses permettent de déterminer, par exemple, les personnages – ou types de personnages – préférés des lycéens (et pourquoi), ceux qui sont jugés peu intéressants, et ce que les personnages romanesques apportent aux lecteurs adolescents.

TEXTE 10

Dans Les Choses, *roman sous-titré « Une histoire des années soixante », Georges Perec met en scène, pour analyser leurs comportements, un groupe de jeunes adultes au moment où ils entrent dans la vie active. Ces personnages travaillent dans la publicité et dans le domaine des enquêtes d'opinion.*

Ils étaient des « hommes nouveaux », des jeunes cadres n'ayant pas encore percé toutes leurs dents, des technocrates à mi-chemin de la réussite. Ils venaient, presque tous, de la petite-bourgeoisie, et ses valeurs, pensaient-ils, ne leur suffisaient plus : ils lorgnaient avec envie, avec désespoir, vers le confort évident, le luxe, la perfection des grands bourgeois. Ils n'avaient pas de passé, pas de tradition. Ils n'attendaient pas d'héritage. Parmi tous les amis de Jérôme et de Sylvie[1], un seul venait d'une famille riche et solide : des négociants drapiers du Nord ; une fortune cossue et compacte ; des immeubles à Lille, des titres[2], une gentilhommière[3] aux environs de Beauvais, de l'orfèvrerie, des bijoux, des pièces entières de meubles centenaires. Pour tous les autres, l'enfance avait eu pour cadre des salles à manger et des chambres à coucher façon Chipendale[4] ou façon rustique normand, telles qu'on commençait à les concevoir à l'aube des années 30 : des lits de milieu[5] recouverts de taffetas ponceau[6], des armoires à trois portes agrémentées de glaces et de dorures, des tables effroyablement carrées, aux pieds tournés, des porte-manteaux en faux bois de cerf. Là, le soir, sous la lampe familiale, ils avaient fait leurs devoirs. Ils avaient descendu les ordures, ils étaient « allés au lait », ils étaient sortis en claquant la porte. Leurs souvenirs d'enfance se ressemblaient, comme étaient presque identiques les chemins qu'ils avaient suivis, leur lente émergence hors du milieu familial, les perspectives qu'ils semblaient s'être choisies.

G. PEREC, *Les Choses*, © Julliard, 1965.

1. Jérôme et Sylvie sont les héros du roman. **2.** Actions ou parts sociales d'entreprises. **3.** Petit château à la campagne. **4.** Style anglais dont le nom est celui d'un ébéniste du XVIIIe siècle. **5.** Lits placés de telle façon dans une pièce que l'on peut circuler de chaque côté. **6.** De couleur rouge.

EX. 15 Étudier l'image d'une société à travers certains de ses membres

TEXTE 11

1. Expliquez en quoi consiste le projet exposé par celui qui parle. Qu'a-t-il d'original ? Comment est-il né ?

2. Sur quoi cet extrait de roman et son thème font-ils réfléchir le lecteur ?

3. Cherchez des exemples historiques de destruction de livres par le feu ; donnez des précisions concernant le régime politique, et les raisons avancées pour justifier de telles destructions.

EX. 16 Rapprocher des textes qui mettent en scène des groupes sociaux

TEXTES 8 ET 9

Quel est l'intérêt de mettre en scène, dans un roman, des personnages représentatifs de groupes sociaux ?

ÉCRITURE

EX. 17 Chercher dans une image une inspiration romanesque

Expliquez pourquoi la scène et le décor représentés, qui ont inspiré un artiste pictural, pourraient aussi inspirer un romancier. Exposez les différents éléments historiques et humains que ce romancier pourrait y trouver pour construire un récit de guerre.

F. FLAMENG (1856-1923), *Notre-Dame-de-Lorette*, 28 juin 1915 (1915), aquarelle, gouache, papier, H : 58 cm (musée de l'Armée, Paris).

TEXTE 11

Dans Fahrenheit 451*, roman qui a pour titre la température de combustion du papier, le romancier Ray Bradbury imagine une société dans laquelle les livres sont interdits et condamnés au feu. Mais des opposants à ce régime – des dissidents – se sont marginalisés. Ils vivent hors de la ville et apprennent ou ont appris par cœur les œuvres littéraires à sauvegarder.*

– Combien êtes-vous en tout ?[1]

– Des milliers sur les routes, les voies ferrées désaffectées, à l'heure où je vous parle, clochards au-dehors, bibliothèques au-dedans. Rien n'a été prémédité. Chacun avait un livre dont il voulait se souvenir, et y a réussi. Puis, durant une période d'une vingtaine d'années, nous nous sommes rencontrés au cours de nos pérégrinations, nous avons constitué notre vague réseau et élaboré un plan. La seule chose vraiment importante qu'il nous a fallu nous enfoncer dans le crâne, c'est que nous n'avions aucune importance, que nous ne devions pas être pédants ; pas question de se croire supérieur à qui que ce soit. Nous ne sommes que des couvre-livres, rien d'autre. Certains d'entre nous habitent des petites villes. Le chapitre I du *Walden* de Thoreau[2] vit à Green River, le chapitre II à Willow Farm, dans le Maine. Tenez, il y a un patelin dans le Maryland, seulement vingt-sept habitants, aucune bombe n'y tombera jamais, qui constituent les essais complets d'un certain Bertrand Russel[3]. Prenez cette bourgade, à peu de chose près, et tournez les pages, tant de pages par habitant. Et quand la guerre sera finie, un jour, une année viendra où l'on pourra récrire les livres ; les gens seront convoqués, un par un, pour réciter ce qu'ils savent, et on composera tout ça pour le faire imprimer, jusqu'à ce que survienne un nouvel âge des ténèbres qui nous obligera peut-être à tout reprendre à zéro. Mais c'est ce que l'homme a de merveilleux ; il ne se laisse jamais gagner par le découragement ou le dégoût au point de renoncer à se remettre au travail, car il sait très bien que c'est important et que ça en vaut vraiment la peine.

R. BRADBURY, *Fahrenheit 451*, IIIe partie, « L'Éclat de la flamme », traduit de l'américain par J. Chambon et H. Rosillot, © Ray Bradbury 1953, renouvelé en 1981 et © Denoël, 1995 pour la traduction française.

1. Comme les autres pompiers, Montag, le héros, est chargé de brûler les livres. Dans le passage ci-dessus, il interroge ceux qui ont appris par cœur des livres. **2.** Écrivain américain (1817-1862) auteur de *Walden ou la Vie dans les bois* (1854). **3.** Philosophe britannique (1872-1970) connu pour ses engagements humanitaires. Il fondera en 1966 le Tribunal Russell pour juger les crimes de guerre américains au Vietnam.

Corpus de textes et d'images

- **Texte 1 :** H. de Balzac, *Eugénie Grandet*, 1833.
- **Texte 2 :** V. Hugo, *Les Misérables*, 1862.
- **Texte 3 :** R. Martin du Gard, *Les Thibault*, « L'Été 14 », 1936-1964.
- **Documents 4 et 5 :** photos du film *Les Misérables*, de J.-P. Le Chanois (1958), avec Jean Gabin dans le rôle de Jean Valjean.

Questions portant sur le corpus

1. Les trois extraits de roman et les deux images mettent en scène un personnage dans une situation particulière. Qu'y a-t-il de commun aux différentes situations et comment ces similitudes s'expriment-elles ?
2. Quel est le point de vue (focalisation) commun adopté par les trois narrateurs ? Que permet ce choix narratif ?

Écriture

1. Commentaire

Commentez le texte 1 (extrait d'*Eugénie Grandet*), en vous aidant des pistes suivantes : *l'expression et la nature d'une transformation ; les raisons de cette transformation ; les fonctions morales et sociales du narrateur et du roman.*

2. Dissertation

« Les fictions doivent nous expliquer, par nos vertus et nos sentiments, les mystères de notre sort. » Vous expliciterez ce point de vue de Madame de Staël (1766-1817) sur les ouvrages de fiction en montrant comment les romans offrent aux lecteurs une peinture des êtres humains et de leur environnement social de nature à en favoriser la compréhension.

3. Écriture d'invention

« Ce qui fait l'intérêt d'un personnage, c'est son évolution, bonne ou mauvaise. »

Pour une revue littéraire destinée à des lycéens, on vous a demandé d'écrire un article sur le thème ci-dessus. Sans utiliser la première personne, vous rédigerez une cinquantaine de lignes argumentées, en fondant votre réflexion sur des personnages de roman que vous connaissez. Donnez un titre à votre article et éventuellement des intertitres.

TEXTE 1

Charles est le cousin d'Eugénie Grandet, riche héritière d'un père avare et héroïne du roman. Ruiné, le jeune homme est parti faire fortune aux Indes en promettant à sa cousine de l'épouser à son retour.

Pendant que ces choses se passaient à Saumur, Charles faisait fortune aux Indes. Sa pacotille s'était d'abord très bien vendue. Il avait réalisé promptement une somme de six mille dollars. Le baptême de la Ligne[1] lui fit perdre beaucoup de préjugés ; il s'aperçut que le meilleur moyen d'arriver à la fortune était, dans les régions intertropicales, aussi bien qu'en Europe, d'acheter et de vendre des hommes. Il vint donc sur les côtes d'Afrique et fit la traite des nègres, en joignant à son commerce d'hommes celui des marchandises les plus avantageuses à échanger sur les divers marchés où l'amenaient ses intérêts. Il porta dans les affaires une activité qui ne lui laissait aucun moment de libre. Il était dominé par l'idée de reparaître à Paris dans tout l'éclat d'une haute fortune, et de ressaisir une position plus brillante encore que celle d'où il était tombé. À force de rouler à travers les hommes et les pays, d'en observer les coutumes contraires, ses idées se modifièrent et il devint sceptique. Il n'eut plus de notions fixes sur le juste et l'injuste, en voyant taxer de crime dans un pays ce qui était vertu dans un autre. Au contact perpétuel des intérêts, son cœur se refroidit, se contracta, se dessécha. Le sang des Grandet ne faillit point à sa destinée. Charles devint dur, âpre à la curée[2]. Il vendit des Chinois, des Nègres, des nids d'hirondelles, des enfants, des artistes ; il fit l'usure en grand. L'habitude de frauder les droits de douane le rendit moins scrupuleux sur les droits de l'homme.

H. de Balzac, *Eugénie Grandet*, 1833.

1. Passage de l'hémisphère nord à l'hémisphère sud, symbole d'un changement total d'environnement. **2.** Se battant avec énergie pour récupérer de l'argent ou des biens.

TEXTE 2

Ancien bagnard, et de ce fait, exclu de la société, Jean Valjean a rencontré l'évêque de Digne qui l'a accueilli et sauvé d'une nouvelle arrestation. Il lui a fait promettre de se consacrer au bien. Mais sur la route qui l'éloigne de Digne, il vole son argent à un petit Savoyard.

Ce qui était certain, ce dont il ne se doutait pas, c'est qu'il n'était déjà plus le même homme, c'est que tout était changé en lui, c'est qu'il n'était plus en son pouvoir de faire que l'évêque ne lui eût pas parlé et ne l'eût pas touché[1].

Dans cette situation d'esprit, il avait rencontré Petit-Gervais[2] et lui avait volé ses quarante sous. Pourquoi ? Il n'eût assurément pu l'expliquer ; était-ce un dernier effet et comme un suprême effort des mauvaises pensées qu'il avait apportées du bagne, un reste d'impulsion, un résultat de ce qu'on appelle en statique[3] *la force acquise*[4] ? C'était cela, et c'était aussi peut-être moins encore que cela. Disons-le simplement, ce n'était pas lui qui avait volé, ce n'était pas l'homme, c'était la bête qui, par habitude et par instinct, avait stupidement posé le pied sur cet argent, pendant que l'intelligence se débattait au milieu de tant d'obsessions inouïes et nouvelles. Quand l'intelligence se réveilla et vit cette action de la brute, Jean Valjean recula avec angoisse et poussa un cri d'épouvante.

C'est que, phénomène étrange et qui n'était possible que dans la situation où il était, en volant cet argent à cet enfant, il avait fait une chose dont il n'était déjà plus capable.

Quoi qu'il en soit, cette dernière mauvaise action eut sur lui un effet décisif ; elle traversa brusquement ce chaos qu'il avait dans l'intelligence et le dissipa, mit d'un côté les épaisseurs obscures et de l'autre la lumière, et agit sur son âme, dans l'état où elle se trouvait, comme de certains réactifs chimiques agissent sur un mélange trouble en précipitant un élément et en clarifiant l'autre.

Tout d'abord, avant même de s'examiner et de réfléchir, éperdu, comme quelqu'un qui cherche à se sauver, il tâcha de retrouver l'enfant pour lui rendre son argent, puis, quand il reconnut que cela était inutile et impossible, il s'arrêta désespéré.

V. Hugo, *Les Misérables*, première partie, Livre deuxième, chapitre XIII, « Petit Gervais », 1862.

1. En lui parlant et en le touchant, l'évêque l'avait remis sur le chemin du bien. **2.** Nom du petit Savoyard. **3.** Partie de la physique qui a pour objet l'équilibre des systèmes de forces. **4.** Le terme est en italique dans le texte d'origine.

TEXTE 3

L'intrigue de « L'Été 14 » se situe à la veille de la Première Guerre mondiale et met en scène deux frères, Antoine et Jacques Thibault, dont la situation personnelle se modifie avec la mort de leur père.

Jusqu'à la mort de M. Thibault, Antoine avait vécu la vie normale d'un jeune médecin d'avenir. Il avait, un à un, passé ses concours, s'était fait recevoir au Bureau central, et en attendant un poste de titulaire dans le service des Hôpitaux, il avait continué à faire de la clientèle.

Brusquement, l'héritage paternel l'avait investi d'une puissance inattendue : l'argent. Or, il n'était pas homme à négliger cette chance insigne.

Il n'avait aucune charge, aucun vice coûteux. Une seule passion : le travail. Une seule ambition : devenir un maître. L'hôpital, la clientèle, n'étaient, à ses yeux, qu'un exercice. Ce qui comptait, c'étaient ses recherches personnelles de pathologie infantile. Aussi du jour où il s'était senti riche, sa vitalité, déjà puissante, s'était trouvée soudain décuplée. Il n'eut plus qu'une pensée : consacrer sa fortune à accélérer son ascension professionnelle.

Son plan fut vite au point. S'assurer d'abord les facilités d'ordre matériel, par une organisation perfectionnée : des laboratoires ; une bibliothèque, un groupe choisi d'assistants. Avec de l'argent, tout devenait possible, facile. Même d'acheter l'intelligence, le dévouement de quelques jeunes médecins sans ressources, auxquels il assurerait l'aisance, et dont il utiliserait les capacités pour avancer ses recherches et en entreprendre de nouvelles... Tout de suite, il avait pensé à l'ami du docteur Héquet, son ancien camarade Studler, surnommé le Calife, dont il connaissait de longue date l'esprit de méthode, la probité intellectuelle et la force de travail. Puis il avait jeté son dévolu sur deux jeunes : Manuel Roy, un externe qu'il avait eu plusieurs années dans son service ; et René Jousselin, un chimiste, qui s'était déjà fait remarquer par d'importantes études sur les sérums.

En quelques mois, sous la conduite d'un architecte entreprenant, la maison paternelle avait été métamorphosée. L'ancien rez-de-chaussée, relié maintenant au premier étage par un escalier intérieur, avait été aménagé en laboratoires munis de tous les agencements modernes. Rien n'avait été négligé. Dès que surgissait une difficulté d'exécution, Antoine touchait machinalement la poche où il portait son carnet de chèques : « Faites-moi un devis. » La dépense ne lui importait guère. Il tenait fort peu à l'argent, mais beaucoup à la réussite de ses projets. Son notaire, son agent de change s'effrayaient de le voir entamer, avec tant d'appétit, cette fortune lentement acquise et prudemment gérée par deux générations de grands bourgeois. Mais il n'en avait cure, faisait vendre des paquets de titres[1], et riait des timides avertissements de ses hommes d'affaires. D'ailleurs, il avait aussi son plan financier. Ce qui resterait de sa fortune, après ces larges brèches, il avait l'intention de le placer en fonds étrangers et notamment en mines russes, sur les conseils de son ami Rumelles, le diplomate. Il pensait ainsi, même avec un capital très écorné, se procurer des revenus qui, d'après ses calculs, ne devaient pas être sensiblement inférieurs à ceux que M. Thibault, fidèle aux valeurs « sûres » mais de très petit rapport, tirait naguère de la fortune intacte.

R. Martin du Gard, *Les Thibault*, tome II, « L'Été 14 », chap. XIV, © Gallimard, 1936, renouvelé en 1964 pour « L'Été 1914 ».

1. Actions ou parts sociales d'entreprises.

DOCUMENT 4

Les Misérables, film de J.-P. Le Chanois (1958) avec Jean Gabin dans le rôle de Jean Valjean.

DOCUMENT 5

Les Misérables, film de J.-P. Le Chanois (1958) avec Jean Gabin, Bernard Blier et Danielle Delorme.

14 Le théâtre

Phèdre de J. Racine, mise en scène de P. Chéreau, avec P. Greggory, Ch. Cohendy et É. Ruf, théâtre de l'Odéon-Berthier, Paris, 2003.

LIRE L'IMAGE

1. Identifiez tout ce qui évoque, sur la photo, une représentation théâtrale.
2. Qu'est-ce qui fait plus précisément penser à une pièce inspirée de l'Antiquité ?
3. Sachant qu'il s'agit de *Phèdre*, de Racine, quels éléments peuvent étonner ?
4. Quels sont les choix de mise en scène perceptibles sur la photo ?

OBSERVATION

MARIANNE, *sortant de chez elle un livre de messe à la main.*
CIUTA[1] *l'aborde.*

CIUTA. – Ma belle dame, puis-je vous dire un mot ?
MARIANNE. – Que me voulez-vous ?
CIUTA. – Un jeune homme de cette ville est éperdument amoureux de vous ; depuis un mois entier il cherche vainement l'occasion de vous l'apprendre. Son nom est Cœlio ; il est d'une noble famille et d'une figure distinguée.
MARIANNE. – En voilà assez. Dites à celui qui vous envoie qu'il perd son temps et sa peine, et que s'il a l'audace de me faire entendre une seconde fois un pareil langage, j'en instruirai mon mari. *(Elle sort.)*
CŒLIO, *entrant.* – Eh bien ! Ciuta, qu'a-t-elle dit ?
CIUTA. – Plus dévote et plus orgueilleuse que jamais. Elle instruira son mari, dit-elle, si on la poursuit plus longtemps.
CŒLIO. – Ah ! malheureux que je suis, je n'ai plus qu'à mourir. Ah ! la plus cruelle de toutes les femmes ! Et que me conseilles-tu, Ciuta ? quelle ressource puis-je encore trouver ?
CIUTA. – Je vous conseille d'abord de sortir d'ici, car voici son mari qui la suit
(Ils sortent. Entrent Claudio et Tibia.)
CLAUDIO. – Es-tu mon fidèle serviteur ? mon valet de chambre dévoué ? Apprends que j'ai à me venger d'un outrage.
TIBIA. – Vous, Monsieur !
CLAUDIO. – Moi-même, puisque ces impudentes guitares ne cessent de murmurer sous les fenêtres de ma femme. Mais, patience ! tout n'est pas fini. – Écoute un peu de ce côté-ci : voilà du monde qui pourrait nous entendre. Tu m'iras chercher ce soir le spadassin que je t'ai dit.
TIBIA. – Pourquoi faire ?
CLAUDIO. – Je crois que Marianne a des amants.
TIBIA. – Vous croyez, Monsieur ?
CLAUDIO. – Oui ; il y a autour de ma maison une odeur d'amants ; personne ne passe naturellement devant ma porte ; il y pleut des guitares et des entremetteuses.

A. DE MUSSET, *Les Caprices de Marianne*, Acte I, scène 1 (extrait), 1833.

1. Ciuta est le domestique.

Les composantes du texte théâtral

1. Observez les différents types de graphie du texte (mots soulignés) : à quoi correspondent-ils ? Qu'est-ce qui, parmi les éléments identifiés, ne figure pas dans le texte joué ?

Le dialogue et le thème

2. Qu'indique la ponctuation en ce qui concerne la nature des répliques ?
3. Donnez le thème du dialogue à partir du lexique (mots surlignés). Récapitulez les informations reçues par le spectateur et classez-les selon qu'elles renvoient à une situation générale ou à l'action immédiate.

Temps et lieu au théâtre

4. Identifiez les indications de temps et les indications de lieu (mots surlignés) : à quoi renvoient-elles ? Ont-elles une importance par rapport au genre théâtral ?

Intrigue, genre et registre

5. Vers quoi l'intrigue semble-t-elle s'orienter ? Quels sont les liens entre cette intrigue, le genre et le registre de la pièce ?

Les spécificités du théâtre joué

6. Quels éléments le théâtre joué peut-il ajouter au texte ?

REPÈRES

Pour analyser un texte de théâtre

Construite uniquement sur des **échanges de paroles**, une pièce de théâtre met en scène, selon des **genres** et dans des **registres** divers, des situations de crise situées dans le temps et dans l'espace, vécues par des **personnages** et jouées par des comédiens. Le théâtre existe sous deux formes, texte écrit et texte joué. Sa première fonction est le **divertissement** : la tragédie doit « plaire et toucher », selon Racine. Mais son rôle ne s'arrête pas là. La **vocation didactique** du théâtre en fait un instrument de réflexion et de progrès moral. Du côté tragique, la **catharsis** apporte une libération des passions ; du côté comique, c'est par le rire que l'on « corrige les vices des hommes ».

1 La structure d'une pièce de théâtre

L'**action** d'une pièce de théâtre, c'est-à-dire ce qui se passe à partir d'une **intrigue**, repose essentiellement sur les paroles qui expriment et provoquent réactions, sentiments, actes et comportements. Toute pièce est ponctuée par la présence des **scènes**, justifiées par l'entrée et la sortie de personnages, et des **actes**, qui reposent sur des faits importants, parfois sur des changements de lieu. La structure en scènes et en actes donne des informations sur une organisation qui suit une sorte de rituel : **exposition**, développement de l'**intrigue**, **nœud**, **recherche de solutions** ou péripéties, **dénouement**.

2 La parole et ses différentes modalités

Les didascalies

Ce sont les indications en italique qui précisent les gestes, les intonations, les déplacements des personnages. Lorsqu'elles indiquent les lieux – *une rue, un palais* – elles apparaissent sous la forme du décor. Il arrive que les personnages précisent eux-mêmes, dans leur discours, leur état d'esprit et leurs gestes – *je ne puis parler, je suffoque*... : on parle alors de **didascalies internes**.

Les modalités de paroles et la double énonciation

Sur scène, les personnages échangent des paroles, mais ils le font en présence du public, qui en est également le destinataire. C'est la **double énonciation**. parfois, certains propos s'adressent directement aux spectateurs, ce qui crée avec eux une complicité.

Les modalités de parole des personnages sont diverses : **dialogue** faisant intervenir plusieurs voix – **certaines en aparté** – **monologue** dont bénéficie le public alors que le personnage est censé être seul, **tirade** longue et construite, échange très rapide de répliques cinglantes, appelées **stichomythies**.

Ces différentes modalités sont adaptées à des contenus qu'elles mettent en relief : plainte, délibération dans le cas du monologue, récit dans la tirade, polémique et « règlement de compte » dans les stichomythies.

3 Lieu et temps au théâtre

Les différents lieux

L'espace scénique est le lieu conventionnel de la représentation : il prend l'apparence que lui donne le décor, qui situe l'action et donne des informations sur la nature des lieux de l'intrigue, sur l'époque, sur le contexte. Le lieu de l'action, unique dans le théâtre classique, permet souvent de déterminer le genre de la pièce : un palais antique pour la tragédie, une maison bourgeoise pour la comédie, jusqu'au XVIIIe siècle.

Les différents temps

Le théâtre entretient avec le temps des rapports complexes.

- Le **temps de la représentation** (deux à trois heures) est un temps réel, vécu par le public.
- Le **temps de l'action** est la durée nécessaire à la résolution de la crise – Rodrigue épousera-t-il Chimène ? Dans le théâtre classique (XVIIe et XVIIIe), **l'unité de temps** impose une action en douze à vingt-quatre heures.

• Il faut enfin considérer **l'époque où se déroule l'action**, et qui peut être très éloignée : Antiquité pour Racine et Corneille, Renaissance pour Musset ou Claudel, Siècle d'or espagnol pour Hugo, ou période très proche.

4 Les formes de discours et les registres au théâtre

Les formes de discours

Lieu d'échange de paroles, le théâtre utilise toutes les **formes de discours** (→ p. 152).

– **L'information** (→ p. 163) joue un rôle précis dans l'exposition et constitue souvent un moteur de l'action : certaines nouvelles – la mort de Thésée dans Phèdre – sont de nature à modifier les faits et les sentiments.

– La **narration** (→ p. 160) se trouve justifiée par la nécessité de faire des retours en arrière et de rapporter des événements qui ne peuvent pas, ou plus, se dérouler sur scène. Dans la tragédie, la bienséance interdit qu'une action violente se passe en public : seul le récit peut rendre compte des morts et des assassinats.

– **L'argumentation** (→ p. 170) intervient dans les rapports de force entre les personnages, dans les dialogues, et sous forme de délibération dans les monologues, par exemple dans les « stances » du *Cid*.

– **L'injonction** (→ p. 166) est aussi présente pour exprimer les demandes et les ordres, par exemple les ordres d'Harpagon à son intendant.

Les différents registres (→ p. 172)

Le théâtre est le lieu privilégié des émotions, celles des personnages, celles du public. On y retrouve donc tous les registres : **exagération épique** (→ p. 182) dans les récits de bataille, **pathétique** (→ p. 179) des séparations et des passions contrariées, **lyrisme** (→ p. 176) des regrets et du chagrin, mais aussi des attentes et des espoirs, **tragique** (→ p. 200) des héros confrontés à un destin qui les détruit. Les dialogues se prêtent à l'utilisation de **l'ironie** (→ p. 190), surtout lorsque l'amour-propre est en jeu. La **comédie** n'est pas toujours drôle, mais elle est l'occasion de mettre en œuvre différentes formes de **comique** (mots, gestes, situations, quiproquos → p. 187) toujours au service d'une réflexion sur la nature humaine.

→ Synthèse **Les formes de discours (→ p. 152)**
→ Synthèse **Les différents registres (→ p. 172)**
→ Synthèse **Les outils grammaticaux (→ p. 74)**
- Pronoms et indices personnels
- Les modes verbaux
- Les temps verbaux

Histoire d'un genre / LE THÉÂTRE

Né dans l'Antiquité et lié aux croyances religieuses, le théâtre n'a jamais tout à fait perdu son caractère de « cérémonie ».

Une origine religieuse et politique

On associe le théâtre, sous sa forme jouée, au **culte de Dionysos** : les pièces sont représentées lors des fêtes qui célèbrent ce dieu, les Lénéennes. Le théâtre comporte un autel et une place réservée au prêtre, les déplacements des acteurs et les paroles du chœur ont un **aspect rituel**, la structure des pièces renvoie à un **cérémonial**. L'aspect politique et social vient de ce que le théâtre (à Athènes notamment) est considéré comme un lieu de réflexion et d'**éducation civique**. Tragique ou comique, il traite des problèmes de la cité. La tragédie antique connaît son apogée au Ve siècle avant J.-C. avec Sophocle, Euripide et Eschyle. La comédie grecque et la comédie latine sont représentées par Aristophane, Ménandre, Plaute, Térence.

De l'Antiquité à l'époque classique

Le théâtre médiéval a deux formes : la **farce** brocarde les comportements en de courtes pièces qui privilégient le **comique de gestes** ; les **mystères** mettent en scène des épisodes de la vie du Christ. Dans les deux cas, la visée est éducative, d'un côté par le rire, de l'autre par l'exemple. Ce théâtre religieux prend fin en 1548 à la suite d'un décret royal, tandis que la tragédie apparaît, avec Garnier. Mais c'est le XVIIe siècle qui voit le développement des deux genres essentiels, la comédie et la tragédie. Parallèlement, se poursuit le théâtre populaire dit de « tréteaux ».

Le **début du XVIIe siècle** est marqué par l'existence des **pastorales** et des **tragicomédies** influencées par le roman : le théâtre met en scène des bergers ou les aventures de héros qui renvoient à l'époque et à l'idéal chevaleresque. Progressivement s'imposent des règles, qui définissent la **comédie** et la **tragédie**. Histoires bourgeoises d'un côté, conflits historiques et poids du destin de l'autre. Chaque genre a ses spécificités, ses codes hérités des grands arts poétiques, celui d'**Aristote** et celui d'**Horace**, repris par **Boileau** (1674). La règle des trois unités et celle de la bienséance s'imposent. Ce théâtre qui s'inspire de l'Antiquité en conserve les visées didactiques et morales au-delà du divertissement.

Les deux genres essentiels restent représentés au XVIIIe siècle, la comédie avec Marivaux, Lesage et Regnard, la tragédie avec Voltaire, tandis que triomphent les comédiens italiens, héritiers de la tradition populaire et gestuelle de la **Commedia dell'arte** : peu ou pas de texte, des personnages stéréotypés par leur costume, leur nom et leur fonction.

La révolution romantique et l'éclatement des genres

La célèbre « bataille d'*Hernani* » (25 février 1830) oppose les partisans des classiques aux jeunes « révolutionnaires » du théâtre qui, avec Victor Hugo, prônent l'abolition des règles et des codes au nom de la liberté. Tout ce qui était interdit se trouve admis : multiplicité des lieux, extension de la durée de l'action, intrigues secondaires, foisonnement de personnages issus de tous les milieux. Ce souffle libertaire touche aussi la comédie, mais après avoir donné des chefs-d'œuvre chez Hugo, Vigny, Musset, Dumas, ces deux genres ont tendance à disparaître dans la seconde moitié du siècle, au profit du vaudeville, avec Eugène Labiche. On observe une disparition des limites entre les genres comique et dramatique : des pièces de la fin du siècle comme *Ubu Roi* (Alfred Jarry) ou *Cyrano de Bergerac* (Edmond Rostand), certaines pièces de Claudel sont inclassables.

L'ère de la mise en scène

L'atténuation des frontières entre les genres est la caractéristique du XXe siècle, qui se partage entre la reprise de thèmes déjà « utilisés » et la création de pièces renvoyant à tous les genres à la fois. La reprise des thèmes est un phénomène de réécriture de nombreux mythes antiques : Œdipe, Agamemnon, Antigone, la guerre de Troie sont repensés, analysés souvent dans le sens d'une relecture adaptée à l'époque. Oreste devient un héros existentialiste avec Sartre, Orphée un poète fantaisiste avec Cocteau, Antigone une résistante… Beaucoup de textes en prose sont adaptés à la scène : le travail de mise en scène devient alors fondamental. Ce travail est également essentiel lorsque le texte théâtral devient minimaliste – comme témoignage de l'insuffisance des mots chez Nathalie Sarraute, de l'absence de communication chez Beckett – ou se transforme en réflexion sur la langage chez Ionesco ou Jean Tardieu. C'est ce qui peut expliquer **l'importance des didascalies** chez ces deux derniers auteurs.

Le théâtre du XXe siècle, avec B.-M. Koltès, J.-C. Grumberg, Ph. Minyana, s'intéresse à tous les aspects de **la vie sociale et politique**, violence, guerres, maladies, art, en conservant sa double vocation de **plaire** et de **faire réfléchir**.

Anonyme, scène de comédie (détail), École de Fontainebleau, peinture, XVIe siècle (musée Bonnat, Bayonne).

APPLICATION

EX. 1 Identifier les composantes du texte théâtral

TEXTES 1 À 3

1. À partir de la typographie, identifiez les trois éléments qui composent les textes 1 et 2. Quelle est l'utilité de chacun d'entre eux ?

2. Que deviennent ces trois éléments quand on passe du théâtre écrit au théâtre joué ?

3. Qu'a de particulier le texte 3 en ce qui concerne l'expression des réactions du personnage ?

TEXTE 1

DON SALLUSTE. – Ruy Blas, fermez la porte, – ouvrez cette fenêtre.
(Ruy Blas obéit, puis, sur un signe de don Salluste, il sort par la porte du fond ; don Salluste va à la fenêtre.)
Ils dorment encor tous ici. – Le jour va naître.
(Il se tourne brusquement vers Gudiel.)
Ah ! c'est un coup de foudre !... – oui, mon règne est passé,
Gudiel ! – envoyé, disgracié, chassé ! –
Ah ! tout perdre en un jour ! – L'aventure est secrète
Encor. N'en parle pas.

V. HUGO, *Ruy Blas*, Acte I, scène 1 (extrait), 1838.

TEXTE 2

Route à la campagne, avec arbre.
Soir.
Estragon, assis sur une pierre, essaie d'enlever sa chaussure. Il s'y acharne des deux mains, en ahanant. Il s'arrête, à bout de forces, se repose en haletant, recommence. Même jeu.
Entre Vladimir.
ESTRAGON *(renonçant à nouveau)*. – Rien à faire.
VLADIMIR *(s'approchant à petits pas raides, les jambes écartées)*. – Je commence à le croire.

S. BECKETT, *En attendant Godot* (extrait), © Minuit, 1952.

TEXTE 3

ARNOLPHE[1] . – Ouf ! Je ne puis parler, tant je suis prévenu ;
Je suffoque et voudrais me pouvoir mettre nu.
Vous avez donc souffert, ô canaille maudite !
Qu'un homme soit venu... Tu veux prendre la fuite ?
Il faut que sur-le-champ... Si tu bouges !... Je veux
Que vous me disiez... Euh ! Oui, je veux que tous deux...
Quiconque remuera, par la mort je l'assomme.
Comment est-ce que chez moi s'est introduit cet homme ?
Eh ! parlez, dépêchez, vite, promptement, tôt,
Sans rêver. Veut-on dire ?

MOLIÈRE, *L'École des femmes*, Acte II, scène 2 (extrait), 1662.

1. Arnolphe vient de découvrir que sa protégée a reçu la visite d'un jeune homme.

EX. 2 Identifier et analyser des modalités de parole

TEXTES 4 À 6

1. Sous quelle forme s'expriment les personnages dans les trois extraits ? En quoi la modalité choisie est-elle adaptée au contenu ?

2. Au-delà de l'interlocuteur direct, à qui sont adressés ces différents discours ?

TEXTE 4

ORGON. – Ha ! si vous aviez vu comme j'en fis rencontre,
Vous auriez pris pour lui l'amitié que je montre.
Chaque jour à l'église il venait, d'un air doux,
Tout vis-à-vis de moi se mettre à deux genoux.
Il attirait les yeux de l'assemblée entière
Par l'ardeur dont au Ciel il poussait sa prière ;
Il faisait des soupirs, de grands élancements,
Et baisait humblement la terre à tous moments ;
Et lorsque je sortais, il me devançait vite,
Pour m'aller à la porte offrir de l'eau bénite.

MOLIÈRE, *Tartuffe*, Acte I, scène 5 (extrait), 1669.

TEXTE 5

VADIUS. – La ballade pourtant charme beaucoup de gens.
TRISSOTIN. – Cela n'empêche pas qu'elle ne me déplaise.
VADIUS. – Elle n'en reste pas pour cela plus mauvaise.
TRISSOTIN. – Elle a pour les pédants[1] de merveilleux appas.
VADIUS. – Cependant nous voyons qu'elle ne vous plaît pas.
TRISSOTIN. – Vous donnez sottement vos qualités aux autres.
VADIUS. – Fort impertinemment vous me jetez les vôtres.
TRISSOTIN. – Allez, petit grimaud[2], barbouilleur de papier.
VADIUS. – Allez, rimeur de balle[3], opprobre du métier.

MOLIÈRE, *Les Femmes savantes*, Acte III, scène 3 (extrait), 1672.

1. Personnes qui affichent ostensiblement leur savoir. **2.** Ignorant. **3.** Poète sans valeur. La balle désigne ce que transporte le colporteur, marchandise de peu de valeur.

TEXTE 6

SCÈNE PREMIÈRE. – LE COMTE[1], *seul, en grand manteau brun et chapeau rabattu. Il tire sa montre en se promenant.*

Le jour est moins avancé que je ne croyais. L'heure à laquelle elle a coutume de se montrer derrière sa jalousie est encore éloignée. N'importe ; il vaut mieux arriver trop tôt que de manquer l'instant de la voir. Si quelque aimable de la cour pouvait me deviner à cent lieues de Madrid, arrêté tous les matins sous les fenêtres d'une femme à qui je n'ai jamais parlé, il me prendrait pour un Espagnol du temps d'Isabelle... Pourquoi non ? Chacun court après le bonheur. Il est pour moi dans le cœur de Rosine... Mais quoi ! suivre une femme à Séville, quand Madrid et la cour offrent de toutes parts des plaisirs si faciles ?... Et c'est cela même que je fuis. Je suis las des conquêtes que l'intérêt, la convenance ou la vanité nous présentent sans cesse. Il est si doux d'être aimé pour soi-même ! Et si je pouvais m'assurer sous ce déguisement... Au diable l'importun !

BEAUMARCHAIS, *Le Barbier de Séville*, Acte I, scène 1 (extrait), 1773.

1. Le comte Almamiva.

EX. 3 Déterminer des formes de discours au théâtre

TEXTES 7 À 9

1. Quelle est la forme de discours utilisée dans les trois extraits ?

2. Que pouvez-vous en conclure concernant la parole théâtrale et ses différentes fonctions ?

TEXTE 7

NÉRON. – Excité d'un désir curieux,
Cette nuit je l'ai vue arriver en ces lieux,
Triste, levant au ciel ses yeux mouillés de larmes,
Qui brillaient au travers des flambeaux et des armes ;
Belle, sans ornements, dans le simple appareil
D'une beauté qu'on vient d'arracher au sommeil.
Que veux-tu ? Je ne sais si cette négligence,
Les ombres, les flambeaux, les cris et le silence,
Et le farouche aspect de ses fiers ravisseurs,
Relevaient de ses yeux les timides douceurs,
Quoi qu'il en soit, ravi d'une si belle vue,
J'ai voulu lui parler, et ma voix s'est perdue.

J. RACINE, Britannicus, Acte II, scène 1 (extrait), 1669.

TEXTE 8

PERDICAN. – Je voudrais bien savoir si je suis amoureux. D'un côté, cette manière d'interroger est tant soit peu cavalière, pour une fille de dix-huit ans ; d'un autre, les idées que ces nonnes lui ont fourrées dans la tête auront de la peine à se corriger. De plus, elle doit partir aujourd'hui. Diable ! je l'aime, cela est sûr. Après tout, qui sait ? peut-être elle répétait une leçon, et d'ailleurs il est clair qu'elle ne se soucie pas de moi. D'une autre part, elle a beau être jolie, cela n'empêche pas qu'elle n'ait des manières beaucoup trop décidées, et un ton trop brusque. Je n'ai qu'à n'y plus penser ; il est clair que je ne l'aime pas. Cela est certain qu'elle est jolie ; mais pourquoi cette conversation d'hier ne veut-elle pas me sortir de la tête ? En vérité, j'ai passé la nuit à radoter. Où vais-je donc ? – Ah ! je vais au village. *Il sort.*

A. de MUSSET, *On ne badine pas avec l'amour* (extrait), 1834.

TEXTE 9

MERCADET *(bas à sa femme)*. – Voilà comment vous parlez à vos domestiques ? ils vous manqueront de respect demain. *(À Justin.)* Justin, allez à l'instant, chez Monsieur Verdelin, vous le prierez de venir me parler pour une affaire qui ne souffre aucun retard ! Soyez assez mystérieux ! car il faut qu'il vienne. – Vous, Thérèse, retournez chez tous les fournisseurs de Madame Mercadet, dites-leur sèchement d'apporter tout ce qui a été commandé par vos maîtresses, ils seront payés... oui, comptant. Allez !

H. de BALZAC, *Le Faiseur*, Acte I, scène 4 (extrait), 1848.

TEXTE 10

M. DIMANCHE[1]. – Monsieur, je suis votre serviteur. J'étais venu...
DON JUAN. – Allons vite, un siège pour M. Dimanche.
M. DIMANCHE. – Monsieur, je suis bien comme cela.
DON JUAN. – Point, point, je veux que vous soyez assis contre moi.
M. DIMANCHE. – Cela n'est point nécessaire.
DON JUAN. – Ôtez ce pliant, apportez un fauteuil.
M. DIMANCHE. – Monsieur, vous vous moquez, et...
DON JUAN. – Non, non, je sais ce que je vous dois, et je ne veux point qu'on mette de différence entre nous deux.
M. DIMANCHE. – Monsieur...
DON JUAN. – Mettez-vous là, vous dis-je.
M. DIMANCHE. – Non, Monsieur, je suis bien. Je viens pour...
DON JUAN. – Non, je ne vous écoute point si vous n'êtes assis.

MOLIÈRE, *Dom Juan*, Acte IV, scène 3 (extrait), 1665.

1. Don Juan reçoit son tailleur, M. Dimanche, venu lui demander de l'argent.

EX. 4 Identifier différents registres au théâtre

TEXTES 10 À 11

1. Quels sont les registres des deux extraits ? Que pouvez-vous en conclure concernant les relations entre le théâtre et la vie ?

2. Citez d'autres registres présents au théâtre et non représentés ici.

EX. 5 Étudier la manière dont se révèlent les personnages

En prenant appui sur certains extraits de ce chapitre (**TEXTES 4, 6, 7, 8, 10**), récapitulez les moyens dont dispose un auteur de théâtre pour faire connaître les personnages au lecteur et au spectateur.

EX. 6 Étudier la manière dont se révèle une intrigue théâtrale

Comment le thème et l'intrigue d'une pièce de théâtre sont-ils suggérés ou révélés au lecteur ou au spectateur ? Trouvez plusieurs réponses à cette question à partir de certains extraits de ce chapitre (**TEXTES 1, 3, 4, 6, 8**).

EX. 7 Comparer deux genres littéraires

Le texte théâtral se compose uniquement de paroles : expliquez comment une intrigue peut se mettre en place, se développer et trouver sa résolution sans l'aide d'un narrateur qui expose et explique les faits.

TEXTE 11

Cependant sur le dos de la plaine liquide[1]
S'élève à gros bouillons une montagne humide.
L'onde approche, se brise, et vomit à nos yeux,
Parmi des flots d'écume, un monstre furieux.
Son front large est armé de cornes menaçantes ;
Tout son corps est couvert d'écailles jaunissantes ;
Indomptable taureau, dragon impétueux,
Sa croupe se recourbe en replis tortueux,
Ses longs mugissements font trembler le rivage.
Le ciel avec horreur voit ce monstre sauvage ;
La terre s'en émeut, l'air en est infecté ;
Le flot, qui l'apporta, recule épouvanté.

J. Racine, *Phèdre*, Acte V, scène 6 (extrait), 1677.

1. Théramène, son gouverneur, raconte la mort d'Hippolyte, fils de Thésée, victime d'un monstre marin.

ÉCRITURE

EX. 8 Résumer un extrait de scène

Présentez, sous forme de résumé, le contenu de l'extrait des *Caprices de Marianne* (→ p. 235) : vous êtes un narrateur omniscient et vous utilisez la troisième personne.

EX. 9 Transformer une scène d'exposition en incipit de roman

En utilisant toutes les didascalies, réécrivez l'extrait des *Caprices de Marianne* (→ p. 235) sous forme d'incipit narratif, sans aucun dialogue. Vous êtes un narrateur omniscient. Vous écrivez à la troisième personne.

VERS LE BAC

Corpus de textes

- **Texte 1 :** Molière, Tartuffe, Acte I, scène 1 (extrait), 1669.
- **Texte 2 :** J. Racine, Iphigénie, Acte I, scène 1 (extrait), 1674.
- **Texte 3 :** J. Anouilh, Antigone, Prologue (extrait), 1944.

Questions portant sur le corpus

1. Étudiez précisément la manière dont sont présentés les personnages dans les trois extraits du corpus. Tenez compte de l'absence ou de la présence de ces personnages.
2. Dans quelle situation ces différentes manières de procéder mettent-elles le lecteur ? À quoi font-elles appel chez lui ? Qu'a de particulier la situation des personnages et celle du lecteur dans le cas d'*Antigone* ?
3. En quoi le spectateur est-il favorisé par rapport au lecteur en ce qui concerne certains aspects des personnages ?

Écriture

1. Commentaire

Commentez l'extrait d'*Antigone* selon les axes suivants : *une manière originale de concevoir l'exposition ; ce qu'apprend le spectateur et les relations entre ces informations et l'action ; les sens et les enjeux de cette présentation dans le cadre de la reprise d'une pièce antique.*

2. Dissertation

« Toute tragédie était une catastrophe et un dénouement déjà mûr au lever du rideau, qui ne tenait qu'à un fil et n'avait qu'à tomber » (Alfred de Vigny, *Lettre à Lord****, 1829). En quoi peut-on dire que dans la tragédie tout est déjà joué lorsque la pièce commence, qu'il n'y a « rien à faire », comme le dit le Prologue d'*Antigone* ?

3. Écriture d'invention

Transposez l'extrait de la scène d'exposition de Tartuffe en incipit de roman : ce que vous écrivez doit appartenir au récit, sans aucun élément de dialogue, donner des indications de lieu et de temps, et rapporter sous forme narrative la présentation des personnages. Respecter également le registre.

TEXTE 1

Scène 1. – Madame Pernelle et Flipote, sa servante, Elmire, Mariane, Dorine, Damis, Cléante

Madame Pernelle. – Allons, Flipote, allons, que d'eux je me délivre.
Elmire. – Vous marchez d'un tel pas qu'on a peine à vous suivre.
Madame Pernelle. – Laissez, ma bru, laissez, ne venez pas plus loin ;
Ce sont toutes façons dont je n'ai pas besoin.
Elmire. – De ce que l'on vous doit envers vous on s'acquitte.
Mais, ma mère, d'où vient que vous sortez si vite ?
Madame Pernelle. – C'est que je ne puis voir tout ce ménage-ci,
Et que de me complaire on ne prend nul souci.
Oui, je sors de chez vous fort mal édifiée :
Dans toutes mes leçons j'y suis contrariée,
On n'y respecte rien, chacun y parle haut,
Et c'est tout justement la cour du roi Pétaut[1].
Dorine. – Si...
Madame Pernelle. – Vous êtes, mamie, une fille suivante
Un peu trop forte en gueule, et fort impertinente.
Vous vous mêlez sur tout de dire votre avis.
Damis. – Mais...
Madame Pernelle. –Vous êtes un sot en trois lettres, mon fils ;
C'est moi qui vous le dis, qui suis votre grand-mère ;
Et j'ai prédit cent fois à mon fils, votre père,
Que vous preniez tout l'air d'un méchant garnement,
Et ne lui donneriez jamais que du tourment
Mariane. – Je crois...
Madame Pernelle. – Mon Dieu, sa sœur, vous faites la discrette,
Et vous n'y touchez pas, tant vous semblez doucette ;
Mais il n'est, comme on dit, pire eau que l'eau qui dort,
Et vous menez sous chape un train que je hais fort.
Elmire. – Mais, ma mère...
Madame Pernelle. – Ma bru, qu'il ne vous en déplaise,
Votre conduite en tout est tout à fait mauvaise ;

Vous devriez leur mettre un bon exemple aux yeux,
Et leur défunte mère en usait beaucoup mieux.
Vous êtes dépensière ; et cet état me blesse,
Que vous alliez vêtue ainsi qu'une princesse,
Quiconque à son mari veut plaire seulement,
Ma bru, n'a pas besoin de tant d'ajustement.
CLÉANTE. – Mais, Madame, après tout…
MADAME PERNELLE. – Pour vous, Monsieur son frère,
Je vous estime fort, vous aime, et vous révère ;
Mais enfin, si j'étais de mon fils, son époux,
Je vous prierais bien fort de n'entrer point chez nous.
Sans cesse vous prêchez des maximes de vivre
Qui par d'honnêtes gens ne se doivent point suivre.
Je vous parle un peu franc ; mais c'est là mon humeur,
Et je ne mâche point ce que j'ai sur le cœur.
DAMIS. – Votre Monsieur Tartuffe est bien heureux sans doute…

MOLIÈRE, *Tartuffe*, Acte I, scène 1 (v. 1-41), 1669.

1. Lieu de désordre et de confusion.

TEXTE 2

Scène 1 – AGAMEMNON, ARCAS

AGAMEMNON[1]. – Oui, c'est Agamemnon, c'est ton roi qui t'éveille.
Viens, reconnais la voix qui frappe ton oreille.
ARCAS[1]. – C'est vous-même, seigneur ! Quel important besoin
Vous a fait devancer l'aurore de si loin ?
À peine un faible jour vous éclaire et me guide.
Vos yeux seuls et les miens sont ouverts dans l'Aulide[2].
Avez-vous dans les airs entendu quelque bruit ?
Les vents nous auraient-ils exaucés cette nuit ?
Mais tout dort, et l'armée, et les vents, et Neptune.
AGAMEMNON. – Heureux qui satisfait de son humble fortune
Libre du joug[3] superbe où je suis attaché,
Vit dans l'état obscur où les dieux l'ont caché !
Arcas. – Et depuis quand, seigneur, tenez-vous ce langage ?
Comblé de tant d'honneurs, par quel secret outrage
Les dieux, à vos désirs toujours si complaisants,
Vous font-ils méconnaître et haïr leurs présents ?
Roi, père, époux heureux, fils du puissant Atrée
Vous possédez des Grecs la plus riche contrée.
Du sang de Jupiter issu de tous côtés,
L'hymen[4] vous lie encore aux dieux dont vous sortez.
Le jeune Achille enfin vanté par tant d'oracles,
Achille, à qui le ciel promet tant de miracles
Recherche votre fille, et d'un hymen si beau
Veut dans Troie embrasée allumer le flambeau.
Quelle gloire, seigneur, quels triomphes égalent
Le spectacle pompeux que ces bords vous étalent,
Tous ces mille vaisseaux, qui chargés de vingt rois,
N'attendent que les vents pour partir sous vos lois ?
Ce long calme, il est vrai, retarde vos conquêtes ;
Ces vents, depuis trois mois enchaînés sur nos têtes,
D'Ilion trop longtemps vous ferment le chemin.
Mais parmi tant d'honneurs, vous êtes homme enfin :
Tandis que vous vivrez, le sort, qui toujours change,
Ne vous a point promis un bonheur sans mélange.
Bientôt… Mais quels malheurs dans ce billet tracés
Vous arrachent, seigneur, les pleurs que vous versez ?
Votre Oreste[5] au berceau va-t-il finir sa vie ?
Pleurez-vous Clymnestre[5], ou bien Iphigénie[5]?
Qu'est-ce qu'on vous écrit ? Daignez m'en avertir.
AGAMEMNON. – Non, tu ne mourras point, je n'y puis consentir.
ARCAS. – Seigneur…
AGAMEMNON. – Tu vois mon trouble ; apprends ce qui le cause,
Et juge s'il est temps, ami, que je repose.
Tu te souviens du jour qu'en Aulide assemblés
Nos vaisseaux par les vents semblaient être appelés.
Nous partions ; et déjà par mille cris de joie
Nous menacions de loin les rivages de Troie.
Un prodige étonnant fit taire ce transport :
Le vent qui nous flattait nous laissa dans le port.
Il fallut s'arrêter, et la rame inutile
Fatigua vainement une mer immobile.
Ce miracle inouï me fit tourner les yeux

Vers la divinité qu'on adore en ces lieux.
Suivi de Ménélas, de Nestor, et d'Ulysse,
J'offris sur ses autels un secret sacrifice.
Quelle fut sa réponse ! Et quel devins-je, Arcas,
Quand j'entendis ces mots prononcés par Calchas[6] !
Vous armez contre Troie une puissance vaine,
Si dans un sacrifice auguste et solennel
Une fille du sang d'Hélène[7]
De Diane en ces lieux m'ensanglante l'autel.
Pour obtenir les vents que le ciel vous dénie,
Sacrifiez Iphigénie.

J. Racine, *Iphigénie*, Acte I, scène 1 (v. 1-62), 1674.

1. Agamemnon est le chef de l'expédition grecque contre Troie. Arcas est son confident. Achille, Ménélas, Nestor et Ulysse dont des princes grecs qui l'accompagnent. **2.** Région de Grèce d'où doit partir l'expédition. **3.** Agamemnon fait allusion à sa responsabilité de chef d'expédition. **4.** Mariage. **5.** Membres de la famille d'Agamemnon : Oreste est son fils, Clytemnestre sa femme et Iphigénie sa fille **6.** Calchas est un devin chargé d'interpréter les signes des dieux. **7.** Hélène de Troie, cause de la guerre.

TEXTE 3

Un décor neutre. Trois portes semblables. Au lever du rideau, tous les personnages sont en scène. Ils bavardent, tricotent, jouent aux cartes.
Le Prologue se détache et s'avance.

Le prologue. – Voilà. Ces personnages vont vous jouer l'histoire d'Antigone. Antigone, c'est la petite maigre qui est assise là-bas, et qui ne dit rien. Elle regarde droit devant elle. Elle pense. Elle pense qu'elle va être Antigone tout à l'heure, qu'elle va surgir soudain de la maigre jeune fille noiraude et renfermée que personne ne prenait au sérieux dans la famille et se dresser seule face au monde, seule en face de Créon, son oncle, qui est le roi. Elle pense qu'elle va mourir, qu'elle est jeune et qu'elle aussi, elle aurait bien aimé vivre. Mais il n'y a rien à faire. Elle s'appelle Antigone et il va falloir qu'elle joue son rôle jusqu'au bout... Et, depuis que ce rideau s'est levé, elle sent qu'elle s'éloigne à une vitesse vertigineuse de sa sœur Ismène, qui bavarde et rit avec un jeune homme, de nous tous, qui sommes là bien tranquilles à la regarder, de nous qui n'avons pas à mourir ce soir.
Le jeune homme avec qui parle la blonde, la belle, l'heureuse Ismène, c'est Hémon, le fils de Créon. Il est le fiancé d'Antigone. Tout le portait vers Ismène : son goût de la danse et des jeux, son goût du bonheur et de la réussite, sa sensualité aussi, car Ismène est bien plus belle qu'Antigone, et puis un soir, un soir de bal où il n'avait dansé qu'avec Ismène, un soir où Ismène avait été éblouissante dans sa nouvelle robe, il a été trouver Antigone qui rêvait dans un coin, comme en ce moment, ses bras entourant ses genoux, et il lui a demandé d'être sa femme. Personne n'a jamais compris pourquoi. Antigone a levé sans étonnement ses yeux graves sur lui et elle lui a dit « oui » avec un petit sourire triste... L'orchestre attaquait une nouvelle danse, Ismène riait aux éclats, là-bas, au milieu des autres garçons, et voilà, maintenant, lui, il allait être le mari d'Antigone. Il ne savait pas qu'il ne devait jamais exister de mari d'Antigone sur cette terre et que ce titre princier lui donnait seulement le droit de mourir.
Cet homme robuste, aux cheveux blancs, qui médite là, près de son page, c'est Créon. C'est le roi. Il a des rides, il est fatigué. Il joue au jeu difficile de conduire les hommes. Avant, du temps d'Œdipe, quand il n'était que le premier personnage de la cour, il aimait la musique, les belles reliures, les longues flâneries chez les petits antiquaires de Thèbes. Mais Œdipe[1] et ses fils[2] sont morts. Il a laissé ses livres, ses objets, il a retroussé ses manches et il a pris leur place.

J. Anouilh, *Antigone*, Prologue (extrait),
© La Table Ronde, 1944.

1. Ancien roi de Thèbes, père de deux filles, Antigone et Ismène, et de deux fils, Étéocle et Polynice, Œdipe est le beau-frère de Créon. il est le héros de plusieurs tragédies de Sophocle ; il est à l'origine de la malédiction qui pèse sur sa descendance. Sans le savoir, il tue son père et épouse sa mère dont il a ces quatre enfants. **2.** Étéocle et Polynice se sont disputé le trône de Thèbes et se sont entretués.

15 La poésie

N. de Staël (1914-1955), *Barques dans le port* (1955), huile sur toile, 73 x 100 cm (coll. privée).

LIRE L'IMAGE

1. Pour quelles raisons pensez-vous que l'on puisse choisir cette représentation picturale pour évoquer la poésie ?
2. Observez les lignes et les formes : à quoi peuvent-elles faire penser ?
3. Si l'on définit la poésie comme « l'art d'évoquer des images, de suggérer des sensations, des émotions », les relations entre le tableau et la poésie vous semblent-elles plus claires qu'au moment où vous avez répondu à la première question ?

OBSERVATION

En regardant vers le pays de France,
Un jour m'advint, à Douvres sur la mer[1],
Qu'il me souvint de la douce plaisance[2]
Que souloye[3] au dit pays trouver,
Si[4] commençai de cœur à soupirer,
Combien certes que[5] grand bien me faisoit,
De voir France que mon cœur aimer doit.

Je m'avisai que c'était non savance[6]
De tels soupirs dedans mon cœur garder ;
Vu que je vois que la voie[7] commence
De bonne paix, qui tous bien peut donner ;
Pour ce, tournai en confort[8] mon penser.
Mais non pourtant mon cœur ne se lassoit
De voir France que mon cœur aimer doit.

Alors chargeai en la nef d'Espérance
Tous mes souhaits, en leur priant d'aller
Outre la mer[9], sans faire demeurance[10],
Et à France de me recommander.
Or nous doint Dieu[11] bonne paix sans tarder !
Adonc aurai loisir[12], mais qu'ainsi soit[13],
De voir France que mon cœur aimer doit.

Paix est trésor qu'on ne peut trop louer
Je hais guerre, point ne dois la priser ;
Destourbé[14] m'a longtemps soit tort ou droit[15]
De voir France que mon cœur aimer doit.

Ch. D'ORLÉANS, ballade composée en 1433.

1. Fait prisonnier à la bataille d'Azincourt, en 1415, le poète fut retenu pendant vingt-cinq ans en Angleterre.
2. Plaisir.
3. Que j'avais coutume.
4. C'est pourquoi.
5. *Combien que* signifie « bien que ».
6. Erreur.
7. Possibilité.
8. En réconfort.
9. Au-delà.
10. Sans délais.
11. Que Dieu nous donne.
12. Ainsi je pourrai.
13. Qu'il en soit ainsi.
14. Empêché.
15. À tort ou à raison.

Caractéristiques d'une forme fixe

1. Observez la composition du poème : que remarquez-vous concernant les vers et les strophes (nombre, longueur), la structure d'ensemble, le retour de certaines formules ?
2. Sur combien de rimes le poème est-il construit ? Qu'impose la fin de chaque strophe en matière de rime ? Quel est le nom de cette forme fixe ? (→ p.143) ?

Thèmes et registre

3. À partir du réseau de mots surlignés, déterminez la double thématique du poème et les liens entre les deux thèmes. Quelle est l'importance des mots placés à la rime ?
4. À quel registre renvoie cette double thématique ?

Forme de discours

5. En prenant appui sur les indications de temps (mots encadrés), définissez la forme de discours du poème. Quelle correspondance peut-on établir entre les étapes et les strophes ?

Fonction et force de la poésie

6. En quoi l'expression poétique – rythmes, sons, musicalité, structure – sert-elle l'évocation du pays natal et l'expression des sentiments personnels ?

REPÈRES

Pour analyser un texte poétique

La poésie repose sur une combinaison de **sons**, de **rythmes** et de **sens** – ce qui l'apparente à la musique. En formes fixes ou libres, et même en prose, la poésie associe les mots en figures, utilise toutes les **formes de discours** et tous les **registres** : cette exploitation des possibilités du langage lui confère un pouvoir d'expression particulier, traducteur ou générateur d'émotions, de sentiments et d'idées.

1 Spécificités du langage poétique

Rythme, sons et musique

La poésie est identifiable à une **disposition particulière** du texte dans la page, qui attire l'attention sur une organisation des mots et des sons génératrice de **rythme** (→ p. 135). Aller régulièrement à la ligne et retrouver des sons semblables, **rimes finales** ou **internes** (→ p. 138), **assonances** ou **allitérations** (→ p. 112), révèle la présence d'unités régulières, rythmiques et sonores, les **vers** (→ p. 135). Ces rythmes peuvent être interrompus par les **enjambements**, qui rallongent un vers ou le « brisent » avant sa fin normale (→ p. 135). Certaines dispositions (→ exercice 2) remplacent la régularité du vers rimé par l'irrégularité de « morceaux » de vers libres placés de manière inattendue, comme si la réalité évoquée était exprimée avec toutes sortes d'effets de rupture. Dans le **poème en prose** (→ exercice 3), unité de sens et de structure, les rythmes viennent de la structure des phrases et du retour de certains mots ou de certaines formulations (→ p. 150).

Figures et associations de mots

Si la musique est faite de notes, la poésie est faite de mots, qui lui donnent un (ou plusieurs) sens : ces mots se regroupent selon les règles grammaticales, mais leur intégration à une harmonie et à un rythme entraîne des **rapprochements inattendus** : la poésie est le lieu par excellence des **figures créatrices**, qui combinent les mots pour en faire une « sorcellerie évocatoire »[1]. Les **figures d'analogie** (→ p. 101) expriment et révèlent les glissements d'un domaine à un autre, temps et espace, sentiments et nature, réalité et rêve, émotions et idées, images et abstraction, perceptions visuelles et perceptions auditives, lecteur et poète… Un mot en « attire » un autre et le **connote** (→ p. 72) : ainsi, « Le Bateau ivre » de Rimbaud devient, dans son odyssée tumultueuse, le récit métaphorique de l'aventure poétique de son auteur. En poésie, la valeur symbolique des mots compte plus que les sens dénotés car des **significations cachées et mystérieuses** émergent de leurs **rencontres aléatoires.**

Attentif à la musique des mots, le lecteur de poésie entre dans les textes en laissant libre cours à sa sensibilité, à ses perceptions, à son imagination, mais il n'en pas moins guidé par le poète ; et c'est cette **force d'évocation de la parole** qui permet aux textes poétiques, grâce à la diversité des formes de discours et des registres, de répondre à des fonctions diverses d'**expression**, d'**évocation**, mais aussi de **persuasion** et de **dénonciation**.

Formes de discours et registres

Agencés de manière à frapper l'ouïe par les sons, les mots de la poésie ont aussi pour rôle de **raconter, décrire, persuader, informer**. La poésie est le « lieu privilégié » de l'évocation des souvenirs, dans le **registre lyrique** (→ p. 176), et sous une **forme narrative** (→ p. 160) : on a là une caractéristique de la poésie romantique (Lamartine, Hugo, Nerval), qui est épanchement des sentiments. La poésie rapporte aussi, avec force et dans le registre **épique** (→ p. 182), les exploits des héros de l'histoire, des épopées ou des légendes, qu'elle magnifie et célèbre. C'est aussi elle qui sait apitoyer le lecteur sur les détresses, les malheurs et les tragédies de la vie, de manière **pathétique** (→ p. 179). Propre à l'**éloge** sous la forme des odes, elle peut prendre la forme de **pamphlets** acérés et destructeurs lorsqu'elle se fait satirique (→ p. 196) et polémique (Agrippa d'Aubigné dans *Les Tragiques*, Hugo dans *Les Châtiments*, Aragon dans *Le Crève-cœur*). Dans tous ces registres, l'écriture poétique met en jeu les ressources spécifiques dont ne dispose pas la prose : retour régulier des **sons**, mise en relief des mots à la rime (→ p 135), ou à des points « stratégiques » du vers (début, césure, fin), **martèlement** obsessionnel des rythmes ou d'un refrain, effets de **continuité** et de **rupture** dans la succession des vers.

2 Fonctions de la poésie et du poète

Une des fonctions de la poésie est de montrer la réalité du monde sous une forme inattendue. Cocteau dit de la poésie qu'elle nous aide à voir ce que nous ne voyons plus par habitude. Il s'agit donc de réveiller – par la surprise des mots – la **perception visuelle** et de passer au-delà des réalités pour en déterminer la **signification**. C'est le rôle des symboles, en particulier dans la conception poétique de Baudelaire. La poésie est « un langage accessible à tous les sens »[2].
Si la poésie est **révélation du monde**, comme on le voit chez Pierre Reverdy ou René Char, le poète est le médiateur inspiré de cette démarche. Prêtre d'Orphée, comme le dit Du Bellay, le poète a une vocation quasi religieuse d'intercesseur entre l'homme et le monde, puis entre l'homme et le divin : il est, selon Hugo, le **mage**, **prophète** et conducteur de peuples vers la lumière. Révélant, exprimant ou dénonçant, la poésie trouve sa justification dans le besoin qu'a l'être humain d'**extérioriser** ce qu'il ressent face à lui-même et face au monde, sous une forme personnelle et esthétique et dans le plaisir de composer ou de *lire* (d'écouter) une **écriture magique** dans laquelle s'expriment les émotions et les espoirs de tous, donc de chacun.

1. Expression de Théophile Gautier à propos de Baudelaire.
2. In « Alchimie du verbe » extrait d'*Une saison en enfer* de Rimbaud.

→ Synthèse **Les instruments lexicaux (→ p. 62)**
→ Synthèse **Les figures de rhétorique (→ p. 96)**
→ Synthèse **Métrique, rythme et versification (→ p. 132)**
→ Synthèse **Les formes de discours (→ p. 152)**
→ Synthèse **Les différents registres (→ p. 172)**

Histoire d'un genre / LA POÉSIE

La légende raconte qu'Orphée, descendu aux enfers à la recherche d'Eurydice, charmait les monstres grâce au seul pouvoir de sa lyre. Premier des poètes, il rappelle que toutes les formes et les registres poétiques existaient déjà dans l'Antiquité.

La diversité des genres médiévaux

Héritée des épopées antiques, la chanson de geste illustre la **poésie épique** du Moyen Âge : elle magnifie les exploits des croisés, tout en exaltant un idéal d'honneur présent dans les romans en vers de la « matière de Bretagne » (le roi Arthur et la Table ronde). La littérature courtoise met la poésie au service de l'expression de sentiments raffinés et d'amours contrariées, à travers les **poèmes lyriques** appelés « lais », comme ceux de Marie de France. La poésie médiévale connaît aussi les formes fixes de la **ballade** et du **rondeau** (→ p. 143), qui exigent des qualités de virtuosité poétique.

De la Renaissance aux Lumières

La Renaissance voit se développer une **forme fixe** née en Italie (→ p. 143), le **sonnet**, poème adopté et « travaillé » par les poètes savants de La Pléiade, parmi eux Du Bellay et Ronsard. Ces poètes utilisent aussi des formes non fixées, pour composer de longues **odes** versifiées à la gloire de personnages ou de notions, ou des textes violemment dénonciateurs, relatifs aux guerres civiles, comme les *Discours sur les misères de ce temps*, de Ronsard ou *Les*

A. RODIN (1840-1917), *Le Poète et sa Muse* (vers 1905), marbre (musée de l'Hermitage, Saint-Pétersbourg).

Tragiques, d'Agrippa d'Aubigné. Ces deux formes de poésie, sonnet d'un côté, longs poèmes en alexandrins de l'autre, restent les formes dominantes jusqu'à la fin du XVIIIe siècle. Le sonnet favorise la poésie lyrique, mais dans le courant précieux, les thèmes sont parfois conventionnels, et l'écriture obscure à force d'érudition.

Le goût de l'Antiquité, qui marque tout le XVIIe siècle, explique les **fables**, les **épîtres** et les **satires** : c'est en vers que Boileau écrit l'*Art poétique* (1674), qui fixe les règles de composition des différents genres littéraires. Mais le siècle classique et celui des Lumières, tout empreints de raison, ne sont pas des siècles d'épanchement lyrique et la poésie se met d'avantage au service de la **réflexion** et de la **polémique politique** ou littéraire.

L'explosion du lyrisme

Le XIXe siècle est celui de l'expression lyrique, de la célébration du moi, et la poésie se prête à tous les mouvements du cœur et de la passion. Les formes anciennes reviennent : **odes, ballades, épopées**, par goût pour le passé. Les poètes sont les interprètes des problèmes de leur temps : **éloge du progrès** et des révolutions (Lamartine), **dénonciation** de la misère et du sort des pauvres (Hugo), **interrogations** sur le sens d'une époque et sur sa propre identité (Nerval). Le refus des contraintes touche la forme du vers, qui s'assouplit jusqu'à se transformer en **vers libre**, chez Laforgue. Entre-temps, Maurice de Guérin et Aloysius Bertrand « inventent » une forme poétique nouvelle, **le poème en prose**.

Le **sonnet** reste prédominant, notamment chez Baudelaire, pour qui la poésie aide au déchiffrement d'un monde complexe d'idées, sans limites d'ordre moral. L'expérience poétique prend la forme d'une aventure « extrême » avec Rimbaud, qui fait du poète un « voyant » guidé par une recherche de langage total. Peu conformistes, ces recherches isolent les poètes d'un public qui ne les comprend pas.

La poésie du XIXe siècle se révèle comme une recherche d'**explication** de soi et du monde. Mais avec le XXe, le monde change, et il en est de même de l'expression poétique.

Les orientations diverses de la poésie moderne

Les premières modifications se perçoivent avec Apollinaire, Verhaeren, Blaise Cendrars, Valery Larbaud, dont la poésie, en vers libres ou rimés, avec ou sans aucune ponctuation, célèbre avec enthousiasme un univers en pleine transformation. La « révolution surréaliste » révèle une **manière automatique d'écrire**, qui privilégie les mouvements non réfléchis de la conscience, la spontanéité et le caractère créatif du hasard : elle influence des poètes comme Soupault, Supervielle, Desnos, Eluard, Aragon, véritables jongleurs de mots qui, sous l'Occupation, mettent leurs talents au service d'un engagement politique. La poésie devient alors une arme.

Dans la seconde moitié du siècle, la poésie « éclate » en des formes très diverses, donnant des images d'un monde que les conflits, le progrès et le développement des communications rendent paradoxalement peu lisible. La poésie de Ph. Jaccottet, de Cl. Roy, de Reverdy, de René Char, d'Henri Michaux témoigne de cette **complexité** et de nombreux motifs d'**angoisse**. Mais en même temps, certaines de leurs œuvres traduisent une sensibilité originale à la nature, un lyrisme omniprésent, et la volonté de rendre compte de la richesse de toutes les expériences humaines. On peut cependant regretter que la diffusion des œuvres poétiques se réduise à un public limité de lecteurs.

APPLICATION

EX. 1 Déterminer la nature poétique de textes rimés

TEXTES 1 À 3

1. En vous fondant sur la définition qui suit, trouvez les éléments – disposition, rythme, sons, figures – qui permettent de parler de poésie dans les trois textes proposés.
Définition : « la poésie est *l'art de combiner les sonorités, les rythmes, les mots d'une langue pour évoquer des images, suggérer des sensations, des émotions* ». Dictionnaire *Le Petit Larousse* (© Larousse, 2006).

2. Quelles images, sensations et émotions ces éléments expriment-ils, en relation avec les thèmes traités (que vous préciserez) ?

EX. 2 Déterminer le registre de textes poétiques

TEXTES 1 À 3

1. Quel est le registre commun aux trois textes ?

2. Quels éléments de l'écriture poétique concourent à le mettre en relief ?

TEXTE 1

Une allée du Luxembourg

Elle a passé, la jeune fille
Vive et preste comme un oiseau :
À la main une fleur qui brille,
À la bouche un refrain nouveau.

C'est peut-être la seule au monde
Dont le cœur au mien répondrait,
Qui venant dans ma nuit profonde
D'un seul regard l'éclaircirait !

Mais non, – ma jeunesse est finie...
Adieu, doux rayon qui m'as lui, –
Parfum, jeune fille, harmonie...
Le bonheur passait, – il a fui !

G. de Nerval, poème intégral, in *Petits châteaux de Bohème*, *Odelettes*, 1853.

TEXTE 2

Clotilde

L'anémone et l'ancolie
Ont poussé dans le jardin
Où dort la mélancolie
Entre l'amour et le dédain

Il y vient aussi nos ombres
Que la nuit dissipera
Le soleil qui les rend sombres
Avec elles disparaîtra

Les déités des eaux vives
Laissent couler leurs cheveux
Passe il faut que tu poursuives
Cette belle ombre que tu veux

G. Apollinaire, poème intégral, in *Alcools*, © Gallimard, 1913.

TEXTE 3

L'attendue

Je t'attendrai en haut de la plus haute tour
où pleurent nuit et jour les absents dans le vent
Quand les oiseaux fuiront je saurai que le jour
est là marqué des pas de celle que j'attends

Complice du soleil je sens son corps mûrir
de la patience aveugle et laiteuse des fruits
ses froides mains de ciel lentement refleurir
dans le matin léger qui jaillit de la nuit.

Cl. Roy, poème intégral, in *Les Animaux du dedans*, recueilli dans *Poésies*, © Gallimard, 1970.

EX. 3

Déterminer la nature poétique de textes versifiés, mais non rimés

TEXTES 4 À 6

1. En vous fondant sur la définition de la poésie qui figure dans l'exercice 1 (→ p. 251), récapitulez les éléments – disposition, rythme, sons, figures – qui permettent de parler de poésie dans les trois textes ci-contre.

2. Quelles images, sensations et émotions ces éléments expriment-ils ou créent-ils en relation avec les thèmes traités (que vous préciserez) ?

1. Le poète rapporte un long voyage réel ou rêvé à bord du Transsibérien. Il s'adresse à sa compagne, Jehanne.

TEXTE 4

Les inquiétudes
Oublie les inquiétudes[1]
Toutes les gares lézardées obliques sur la route
Les fils télégraphiques auxquels elles pendent
Les poteaux grimaçants qui gesticulent et les étranglent
Le monde s'étire s'allonge et se retire comme un
 accordéon qu'une main sadique tourmente
Dans les déchirures du ciel, les locomotives en furie
S'enfuient
Et dans les trous,
Les roues vertigineuses les bouches les voix
Et les chiens du malheur qui aboient à nos trousses
Les démons sont déchaînés
Ferrailles
Tout est un faux accord

B. CENDRARS, « La Prose du Transsibérien et de la petite Jehanne de France » (extrait), in *Du monde entier au cœur du monde*, 1913, © Denoël, 1947, 1963, 2001 et © Miriam Cendrars, 1961 .

TEXTE 5

Nomade

  La porte qui ne s'ouvre pas
La main qui passe
        Au loin un verre qui se casse
  La lampe fume
Les étincelles qui s'allument
      Le ciel est plus noir
        Sur les toits

Quelques animaux
Sans leur ombre

        Un regard
      Une tache sombre

La maison où l'on n'entre pas

P. REVERDY, poème intégral, in *Plupart du temps*, 1945, © Flammarion.

TEXTE 6

La voix

Qui chante là quand toute voix se tait ? Qui chante
avec cette voix sourde et pure un si beau chant ?
Serait-ce hors de la ville, à Robinson, dans un
jardin couvert de neige ? Ou est-ce là tout près,
quelqu'un qui ne se doutait pas qu'on l'écoutât ?
Ne soyons pas impatients de le savoir
puisque le jour n'est pas autrement précédé
par l'invisible oiseau. Mais faisons seulement
silence. Une voix monte, et comme un vent de mars
aux bois vieillis porte leur force, elle nous vient
sans larmes, souriant plutôt devant la mort.
Qui chantait là quand notre lampe s'est éteinte ?
Nul ne le sait. Mais seul peut entendre le cœur
qui ne cherche la possession ni la victoire.

PH. JACCOTTET, poème intégral, in *L'Ignorant*, © Gallimard, 1958.

EX. 4

Déterminer la nature poétique de textes ne comportant ni vers ni rimes

TEXTES 7 À 9

D'où vient le caractère poétique de ces textes, qui sont définis comme des poèmes en prose ? Appuyez-vous sur la définition de la poésie qui figure dans l'exercice 1 (→ p. 251) pour répondre, en considérant les rythmes, les sons, les images, la structure de ces poèmes, dont vous définirez le thème.

TEXTE 7

L'Étranger

« Qui aimes-tu le mieux, homme énigmatique, dis ? ton père, ta mère, ta sœur ou ton frère ?
– Je n'ai ni père, ni mère, ni sœur, ni frère.
– Tes amis ?
– Vous vous servez là d'une parole dont le sens m'est resté jusqu'à ce jour inconnu.
– Ta patrie ?
– J'ignore sous quelle latitude elle est située.
– La beauté ?
– Je l'aimerais volontiers, déesse et immortelle.
– L'or ?
– Je le hais comme vous haïssez Dieu.
– Eh ! qu'aimes-tu donc, extraordinaire étranger ?
– J'aime les nuages... les nuages qui passent... là-bas... là-bas... les merveilleux nuages ! »

Ch. Baudelaire, poème intégral, in *Petits poèmes en prose*, 1869.

TEXTE 8

Congé au vent

À flancs de coteau du village bivouaquent des champs fournis de mimosas. À l'époque de la cueillette, il arrive que, loin de leur endroit, on fasse la rencontre extrêmement odorante d'une fille dont les bras se sont occupés durant la journée aux fragiles branches. Pareille à une lampe dont l'auréole de clarté serait de parfum, elle s'en va, le dos tourné au soleil couchant.
Il serait sacrilège de lui adresser la parole.
L'espadrille foulant l'herbe, cédez-lui le pas du chemin. Peut-être aurez-vous la chance de distinguer sur ses lèvres la chimère de l'humidité de la Nuit ?

R. Char, poème intégral, in *Fureur et mystère*, © Gallimard, 1948.

TEXTE 9

La bougie

La nuit parfois ravive une plante singulière dont la lueur décompose les chambres meublées en massifs d'ombre.

Sa feuille d'or tient impassible au creux d'une colonnette d'albâtre par un pédoncule très noir.

Les papillons miteux l'assaillent de préférence à la lune trop haute, qui vaporise les bois. Mais brûlés aussitôt ou vannés dans la bagarre, tous frémissent aux bords d'une frénésie voisine de la stupeur.

Cependant la bougie, par le vacillement des clartés sur le livre au brusque dégagement des fumées originales encourage le lecteur, – puis s'incline sur son assiette et se noie dans son aliment.

F. Ponge, poème intégral, in *Le Parti pris des choses*, © Gallimard, 1942.

EX. 5

Déterminer le registre, le sens et les enjeux d'un texte poétique pour trouver les fonctions de la poésie

TEXTE 10

1. Quel est le thème de ce texte ? Quels procédés propres à la versification concourent à mettre ce thème en valeur ?

2. Quelle est la forme de discours utilisée et dans quel registre le poème est-il écrit ? Répondez en prenant appui sur les verbes, les temps, les articulations, le choix de certains termes.

3. À partir du premier vers et du dernier mot du poème, déterminez le sens du texte et la fonction que l'on peut attribuer à la poésie dans le texte.

TEXTE 10

Le pont

J'avais devant les yeux les ténèbres. L'abîme
Qui n'a pas de rivage et qui n'a pas de cime
Était là, morne, immense ; et rien n'y remuait.
Je me sentais perdu dans l'infini muet.
Au fond, à travers l'ombre, impénétrable voile,
On apercevait Dieu comme une sombre étoile.
Je m'écriai : – Mon âme, ô mon âme ! il faudrait,
Pour traverser ce gouffre où nul bord n'apparaît,
Et pour qu'en cette nuit jusqu'à ton Dieu tu marches,
Bâtir un pont géant sur des millions d'arches.
Qui le pourra jamais ? Personne ! ô deuil ! effroi !
Pleure ! – Un fantôme blanc se dressa devant moi
Pendant que je jetais sur l'ombre un œil d'alarme,
Et ce fantôme avait la forme d'une larme ;
C'était un front de vierge avec des mains d'enfant ;
Il ressemblait au lys que la blancheur défend ;
Ses mains en se joignant faisaient de la lumière.
Il me montra l'abîme où va toute poussière,
Si profond, que jamais un écho n'y répond,
Et me dit : – Si tu veux, je bâtirai le pont.
Vers ce pâle inconnu je levai ma paupière.
– Quel est ton nom ? lui dis-je. Il me dit : – La prière.

Jersey, décembre 1852.

V. HUGO, poème intégral, in *Les Contemplations*, Livre VI : « Au bord de l'infini », 1856.

EX. 6

Déterminer les caractéristiques d'un texte poétique pour définir les fonctions de la poésie

TEXTE 11

1. Quel est le thème du poème ? Quels éléments propres à la versification et quelles figures de rhétorique concourent à la mise en relief de ce thème ?

2. Quelles sont et comment sont exprimées les caractéristiques de la beauté ? Quelle situation du poète se trouve définie dans le texte ?

3. Déduisez des réponses précédentes une ou plusieurs fonctions de la poésie.

TEXTE 11

La Beauté

Je suis belle, ô mortels ! comme un rêve de pierre,
Et mon sein, où chacun s'est meurtri tour à tour,
Est fait pour inspirer au poète un amour
Éternel et muet ainsi que la matière.

Je trône dans l'azur comme un sphinx incompris ;
J'unis un cœur de neige à la blancheur des cygnes ;
Je hais le mouvement qui déplace les lignes,
Et jamais je ne pleure et jamais je ne ris.

Les poètes, devant mes grandes attitudes,
Que j'ai l'air d'emprunter aux plus fiers monuments,
Consumeront leurs jours en d'austères études ;

Car j'ai, pour fasciner ces dociles amants,
De purs miroirs qui font toutes choses plus belles :
Mes yeux, mes larges yeux aux clartés éternelles !

CH. BAUDELAIRE, *Les Fleurs du Mal*, « Spleen et Idéal », XVII, 1857.

EX. 7

Analyser un poème en prose pour définir le rôle de la poésie

TEXTE 12

1. Retrouvez le lien entre le titre et le contenu du poème.

2. Par quel processus le poète passe-t-il du réel à une évocation magique ?

3. En quoi la dernière image est-elle à la fois inattendue et logique ?

4. En quoi l'écriture poétique constitue-t-elle ici une transmutation du réel ?

TEXTE 12

Ornières

À droite l'aube d'été éveille les feuilles et les vapeurs et les bruits de ce coin du parc, et les talus de gauche tiennent dans leur ombre violette les mille rapides ornières de la route humide. Défilé de féeries. En effet : des chars chargés d'animaux de bois doré, de mâts et de toiles bariolées, au grand galop de vingt chevaux de cirque tachetés, et les enfants et les hommes sur leurs bêtes les plus étonnantes ; – vingt véhicules, bossés, pavoisés et fleuris comme des carrosses anciens ou de contes, pleins d'enfants attifés pour une pastorale suburbaine. – Même des cercueils sous leur dais de nuit dressant les panaches d'ébène, filant au trot des grandes juments bleues et noires.

A. RIMBAUD, poème intégral, in *Illuminations*, 1873-1875.

ÉCRITURE

EX. 8

Composer un poème en prose à partir de noms donnés

Voici une série de noms : en les utilisant dans l'ordre que vous voulez, composez un poème en prose en vous inspirant d'un de ceux du chapitre. N'hésitez pas à utiliser des figures de rhétorique.
Fraîcheur, boulevard, platanes, écroulement, lumière, petite pluie, vent, nuit, feuillage.

EX. 9

Composer un poème en vers libres à partir de verbes donnés

Voici une série de verbes : en les utilisant dans l'ordre que vous voulez, composez un poème en vers libres disposés de manière originale. Vous pouvez prendre modèle sur certains textes de ce chapitre ou du chapitre 9 (→ p. 132). *Être, perdre, rêver, dormir, passer, trouver, frapper, laisser, s'éteindre.*

EX. 10

Composer un poème à partir d'une image

À la manière de Francis Ponge, rédigez un court poème en prose décrivant le citron représenté par Manet : couleur, forme, disposition sur le plat, allusion éventuelle à son goût acide ou à son utilisation.

É. MANET (1832-1883), *Le Citron* (1880), huile sur toile, 14 x 22 cm (musée d'Orsay, Paris).

VERS LE BAC

Corpus de textes et d'image

- **Texte 1** : A. Rimbaud, *Une saison en enfer*, « Alchimie du verbe », 1873.
- **Texte 2** : É. Verhaeren, *Impressions*, III, 1887.
- **Texte 3** : J. Supervielle, Débarcadères, Gravitations, « La sphère », 1922.
- **Texte 4** : P. Reverdy, *En vrac*, 1929.
- **Document 5** : M. Ernst, *Le monde des naïfs*, 1965.

Questions portant sur le corpus

1. Identifiez le genre littéraire de chacun des textes du corpus. Quel est celui dont l'identification est la plus difficile à établir ? Sur quoi portent les hésitations ?
2. Expliquez les raisons du rapprochement des quatre textes. Quel rôle joue le texte 3 par rapport aux trois autres ? Appuyez votre réponse sur des éléments précis.
3. Observez le tableau de Max Ernst et analysez les relations qui le rattachent à certains des textes, ou à tous les textes. Qu'ajoute-t-il à l'ensemble du corpus ?
4. À partir des textes 1, 2 et 4, formulez en quelques lignes une définition de la démarche poétique : « Écrire de la poésie consiste à… »

Écriture

1. Commentaire

Vous ferez le commentaire du texte de Jules Supervielle. Vous pouvez vous aider des axes suivants : *la confusion des éléments ou une géographie magique ; l'accord du monde et de l'homme ; le rôle révélateur du poète.*

2. Dissertation

Pour Jean Cocteau, la poésie a pour rôle de montrer « nues, sous une lumière qui secoue la torpeur, les choses surprenantes qui nous environnent et que nos sens enregistraient machinalement » (*Le Rappel à l'ordre*, 1926).

En vous appuyant sur les textes du corpus et sur vos lectures, vous développerez et illustrerez ce rôle de la poésie ; puis vous vous demanderez à quoi conduit cette découverte des « choses surprenantes » et si elle recouvre l'ensemble des fonctions que l'on peut attribuer à la poésie.

3. Écriture d'invention

On vous a demandé d'écrire la préface d'une anthologie poétique publiée à l'occasion du « Printemps des poètes » et regroupant des poèmes tous inspirés par l'idée de liberté. Dans un texte d'une cinquantaine de lignes, vous présentez une réflexion sur le thème « poésie et liberté » en montrant en quoi l'écriture poétique est particulièrement indiquée pour défendre et célébrer différentes formes de liberté. Vous pouvez utiliser la première ou la troisième personne. Votre texte doit être convaincant.

TEXTE 1

Alchimie du verbe

À moi. L'histoire d'une de mes folies.

Depuis longtemps je me vantais de posséder tous les paysages possibles, et trouvais dérisoires les célébrités de la peinture et de la poésie moderne.

J'aimais les peintures idiotes, dessus de portes, décors, toiles de saltimbanques, enseignes, enluminures populaires ; la littérature démodée, latin d'église, livres érotiques sans orthographe, romans de nos aïeules, contes de fées, petits livres de l'enfance, opéras vieux, refrains niais, rhythmes naïfs.

Je rêvais croisades, voyages de découvertes dont on n'a pas de relations, républiques sans histoires, guerres de religion étouffées, révolutions de mœurs, déplacements de races et continents : je croyais à tous les enchantements.

J'inventai la couleur des voyelles ! – A noir, E blanc, I rouge, O bleu, U vert. – Je réglai la forme et le mouvement de chaque consonne, et, avec des rhythmes instinctifs, je me flattai d'inventer un verbe poétique accessible, un jour ou l'autre, à tous les sens. Je réservais la traduction.

Ce fut d'abord une étude. J'écrivais des silences, des nuits, je notais l'inexprimable. Je fixais des vertiges.

A. Rimbaud, *Une saison en enfer*, « Délire » (extrait), II, 1873.

TEXTE 2

On part de la chose vue, ouïe, sentie, tâtée, goûtée, pour en faire naître l'évocation et la somme par l'idée. Un poète regarde Paris fourmillant de lumières nocturnes, émietté en une infinité de feux et colossal d'ombre et d'étendue. S'il en donne la vue directe, comme pourrait le faire Zola, c'est-à-dire en le décrivant dans ses rues, ses places, ses monuments, ses rampes de gaz, ses mers nocturnes d'encre, ses agitations fiévreuses sous les astres immobiles, il en présentera certes, une sensation très artistique, mais rien ne sera moins symboliste. Si, par contre, il en dresse pour l'esprit la vision indirecte, évocatoire, s'il prononce : « une immense algèbre dont la clef est perdue », cette phrase nue réalisera, loin de toute description et de toute notation de faits, le Paris lumineux, ténébreux et formidable[1].

É. VERHAEREN, *Impressions*, III, 1887.

1. Générateur de crainte et d'angoisse.

TEXTE 3

La sphère

Roulé dans tes senteurs, belle terre tourneuse,
Je suis enveloppé d'émigrants souvenirs,
Et mon cœur délivré des attaches peureuses
Se propage, gorgé d'aise et de devenir.

Sous l'émerveillement des sources et des grottes
Je me fais un printemps de villes et de monts
Et je passe de l'alouette au goémon,
Comme sur une flûte on va de note en note.

J'azure, fluvial, les gazons de mes jours,
Je narre le neigeux leurre de la Montagne
Aux collines venant à mes pieds de velours
Tandis que les hameaux dévalent des campagnes.

Et comme un éclatant abrégé des saisons,
Mon cœur découvre en soi tropiques et banquises
Voyageant d'île en cap et de port en surprise
Il démêle un intime écheveau d'horizons.

J. SUPERVIELLE, poème intégral, in *Débarcadères, Gravitations*, © Gallimard, 1922.

TEXTE 4

La poésie est une transmutation[1] de valeurs. Tant que cette transmutation n'a pas eu lieu, les choses restent ce qu'elles sont et les mots qui les représentent eux-mêmes restent tout simplement les mots qu'ils sont, de simples signes qui attendent d'entrer en fonction. Seul celui qui est capable de cette opération magique de transmutation a droit au titre de poète – c'est pourquoi de vrais, il n'en existe pas tant. Il n'y a pas de choses, il n'est pas de mots plus poétiques les uns que les autres. Il en est de plus grossiers et de plus fins, mais de plus poétiques, point. Aucune chose, aucun mot ne recèle la moindre parcelle de poésie en soi. Tout est dans l'opération de l'esprit, du cœur du poète, de celui qui justement mérite d'être appelé poète, sur les choses à l'aide des mots et à travers les mots.

P. REVERDY, *En vrac*, © Flammarion, 1929.

1. Transformation d'une matière en une autre, plus précieuse.

DOCUMENT 5

M. ERNST (1891-1976), *Le Monde des naïfs* (1965), huile sur toile, 116,5 x 89,5 cm (Centre Pompidou – MNAM-CCI, Paris).

16 L'autobiographie

P. GAUGUIN (1848-1903), *Bonjour Monsieur Gauguin* (1889), huile sur toile, 75 x 55 cm (Galerie nationale de Prague).

LIRE L'IMAGE

1. Observez le nom du peintre et le titre du tableau : que révèle ce rapprochement concernant le personnage vu de face ? En quoi la réponse à cette question justifie-t-elle le choix de l'image en ouverture d'un chapitre consacré à l'autobiographie ?
2. À partir de la composition du tableau, étudiez la mise en scène du personnage principal. Quel est le rôle du second personnage ? Dites aussi quelle est l'importance des couleurs.
3. Faites une recherche biographique pour savoir où vivait le peintre en 1889 : le tableau en porte-t-il des traces ?

OBSERVATION

Dans La Promesse de l'aube, *Romain Gary raconte sa vie et le rôle essentiel joué par sa mère. L'épisode se situe à Wilno, en Pologne, où Romain, enfant, vit avec elle. En butte aux jalousies des voisins et voisines, qui l'ont accusée de revendre des objets volés, elle réagit en leur montrant « à qui ils ont affaire ».*

Ce qui suivit fut pour moi un des moments les plus pénibles de mon existence – et j'en ai connu quelques-uns.

Ma mère allait de porte en porte, sonnant, frappant et invitant tous les locataires à sortir sur le palier. Les premières insultes à peine échangées – là, ma mère avait toujours et incontestablement le dessus – elle m'attira contre elle et, me désignant à l'assistance, elle annonça, hautement et fièrement, d'une voix qui retentit encore en ce moment à mes oreilles :

– Sales petites punaises bourgeoises ! Vous ne savez pas à qui vous avez l'honneur de parler ! Mon fils sera ambassadeur de France, chevalier de la Légion d'honneur, grand auteur dramatique, Ibsen[1], Gabriele d'Annunzio[2] ! Il...

Elle chercha quelque chose de tout à fait écrasant, une démonstration suprême et définitive de réussite terrestre :

– Il s'habillera à Londres !

J'entends encore le bon gros rire des « punaises bourgeoises » à mes oreilles. Je rougis encore, en écrivant ces lignes. Je les entends clairement et je vois les visages moqueurs, haineux, méprisants – je les vois sans haine : ce sont des visages humains, on connaît ça. Il vaut peut-être mieux dire tout de suite, pour la clarté de ce récit, que je suis aujourd'hui Consul Général de France, compagnon de la Libération, officier de la Légion d'honneur et que si je ne suis devenu ni Ibsen, ni d'Annunzio, ce n'est pas faute d'avoir essayé.

Et qu'on ne s'y trompe pas : je m'habille à Londres. J'ai horreur de la coupe anglaise, mais je n'ai pas le choix.

Je crois qu'aucun événement n'a joué un rôle plus important dans ma vie que cet éclat de rire qui vint se jeter sur moi, dans l'escalier d'un vieil immeuble de Wilno, au n° 16 de la Grande-Pohulanka. Je lui dois ce que je suis : pour le meilleur comme pour le pire, ce rire est devenu moi.

Ma mère se tenait debout sous la bourrasque, la tête haute, me serrant contre elle. Il n'y avait en elle nulle trace de gêne ou d'humiliation. Elle *savait*.

R. Gary, *La Promesse de l'aube*, première partie, chapitre VI, © Gallimard, 1960, 1980 pour l'édition définitive.

1. Écrivain norvégien (1828-1906).
2. Écrivain italien (1863-1938).

Les deux thèmes de l'extrait

1. À partir des mots surlignés, déterminez les deux thèmes principaux de l'extrait.

Formes de discours et temps verbaux

2. Déterminez les différentes formes de discours présentes dans l'extrait puis étudiez l'emploi des temps. Quels rapports peut-on établir entre les temps et les thèmes ?

La présence de la première personne

3. Repérez les indices de la présence de celui qui parle. Quels sont ses différents rôles ? Rattachez ces rôles aux différentes formes de discours.

L'importance de l'extrait

4. Quelles significations de la scène justifient que le narrateur l'ait retenue et la raconte ? En quoi est-elle importante pour lui ?

REPÈRES

Pour analyser un texte autobiographique

Par son étymologie, le mot « autobiographie » désigne l'action, pour un narrateur, de **raconter par écrit sa propre vie** : narrateur, il est donc aussi l'auteur, celui qui signe l'œuvre, et le personnage principal. L'autobiographie désigne aussi le produit de cette action, qui peut prendre des formes diverses, mémoires (le mot est alors au masculin), journaux, confessions, qui présentent des différences importantes. Il existe aussi des **autobiographies de fiction** et des **romans autobiographiques**. Les premières retracent à la première personne l'ensemble du déroulement d'une vie imaginaire, par exemple *La Vie de Marianne* ou *Le Paysan parvenu*, de Marivaux. Les romans autobiographiques sont des récits de fiction s'inspirant de vies réelles, par exemple *René*, de Chateaubriand, ou *La Confession d'un enfant du siècle*, de Musset. Ce qui nous intéresse ici est l'autobiographie authentique, qui retrace les faits, pensées, réflexions, souvenirs d'une vie rapportés par celui ou celle à qui ils appartiennent. En tant que genre littéraire, l'autobiographie pose plusieurs questions essentielles : celle du « je » qui a vécu les faits et qui les rapporte, celle de l'exactitude de ce qui est rapporté, celle des raisons d'écrire, qui conditionnent le contenu, le choix des souvenirs. La question de **l'énonciation** est essentielle dans l'autobiographie.

1 L'écriture de l'autobiographie

Outre le fait que, dans l'autobiographie, « je » prend « me » pour objet, faisant se confondre narrateur, auteur et personnage, l'écriture de ce genre littéraire est étroitement subordonnée à la démarche de **mémorisation** et de « plongée » dans le passé : un **narrateur adulte** retourne dans son passé d'enfant et d'adolescent pour **se raconter**. Ainsi se mettent en place deux **temps** qui coexistent, celui des actes accomplis et racontés (le passé) et celui de l'acte de raconter (le présent d'énonciation → p. 94). Les intentions qui président à la réalisation d'une autobiographie (confession, aveu, compréhension et connaissance de soi, justification) entraînent souvent le narrateur à **analyser**, avec son regard d'adulte, et en connaissant la suite des événements, ce qu'il a fait enfant. Un texte autobiographique comporte donc du **récit** et de l'**analyse**, du passé et du présent, avec des frontières difficiles à établir.

Aux différentes **formes de discours utilisées**, narration, description, information et argumentation – lorsqu'il s'agit de justifier des actes, parfois même toute une vie – s'ajoute une grande diversité de **registres** (→ p. 172) en fonction des visées émotionnelles et argumentatives : en apitoyant son lecteur par ce qu'il raconte dans ses *Confessions*, Rousseau le conduit à prendre sa défense. **Lyrisme** et **pathétique** deviennent des armes de **persuasion**. Le **registre épique** (→ p. 182) traduit le caractère démesuré de certaines situations, démesure due tantôt à la mémoire, qui déforme, tantôt à la volonté de modifier les faits dans des intentions précises. L'utilisation des registres, complexe et difficile à interpréter, est étroitement associée aux finalités de l'autobiographie.

2 Finalités et difficultés de l'autobiographie

Les **finalités** du genre déterminent ses **difficultés**. Tout d'abord, écrire une autobiographie implique des **sources**. Venues de documents et/ou de témoignages elles sont, pour une large part, associées à la **mémoire**, souvent peu fidèle et incapable de conserver les souvenirs de la petite enfance. Il faut ensuite faire des choix : l'autobiographe ne peut pas raconter toute une vie en détail ; donc, que choisir ? Les critères de sélection sont inséparables des **objectifs** : s'il s'agit, comme pour Rousseau, de prouver qu'on n'est pas aussi mauvais que le pensent les autres, il est utile soit de mettre l'accent sur les bonnes actions, soit de trouver des circonstances atténuantes à toutes les mauvaises. Mais ce choix constitue une première distorsion par rapport à un « pacte » de sincérité et d'exactitude, généralement présent dans les textes autobiographiques. Un autre risque de rupture du « pacte » vient de la question : comment traduire la vérité ? L'écriture fixe et fige une image alors que l'autobiographe cherche à capter un être **en devenir** et à faire comprendre une évolution. L'écriture autobiographique est difficile : ce qu'elle exprime est une réalité historique et humaine qui a bien existé, mais qui se révèle difficilement saisissable dans son authenticité. Ainsi tous les auteurs s'interrogent sur la notion de **mensonge** et concluent sur la spécificité d'une écriture dont la vocation est l'expression d'une réalité non pas imaginée et imitée, mais authentique et partiellement disparue.

→ Synthèse **Les formes de discours (→ p. 152)**
→ Synthèse **Les différents registres (→ p. 172)**
→ Synthèse **Les outils grammaticaux (→ p. 74)**
■ Les pronoms personnels ■ Les temps verbaux
→ Synthèse **Le système de l'énonciation (→ p. 114)**
■ L'énonciation ■ Récit et discours

Histoire d'un genre / L'AUTOBIOGRAPHIE

Si les biographies d'hommes illustres forment un genre développé dès l'Antiquité, le genre autobiographique se développe plus tardivement.

De saint Augustin à J.-J. Rousseau : les « confessions »

Il existe très peu d'autobiographies antiques. On peut citer les *Confessions* de saint Augustin (IVe s. apr. J.-C.), qui serviront par la suite de référence. Au XVIe siècle, Montaigne crée, avec les *Essais*, un genre particulier d'« **écriture de soi** » : il ne s'agit pas d'un récit de vie, mais de l'exposé, sans ordre précis, d'expériences diverses : lectures, action, réflexion, vie publique, voyages... expériences communes à tous les hommes. Au XVIIIe siècle, Rousseau inaugure une forme d'écriture autobiographique centrée sur l'**aveu** des fautes et la volonté de leur trouver une explication extérieure.

N. ROCKWELL (1894-1978), *Boy Photographing Self-Portrait* (sept. 1925), peinture (Collection privée).

Le développement de l'écriture du « moi »

L'autobiographie se développe au XIXe siècle avec le goût pour l'introspection et l'extériorisation du « moi » : confessions, mémoires, journaux, histoires d'une vie... Les justifications sont diverses : **se connaître** et **s'expliquer**, **justifier** son rôle historique, laisser de soi une image que l'on a soi-même composée. Telles sont les autobiographies de Chateaubriand, Musset, G. Sand. Le *Journal* des Goncourt tient de la biographie et de l'autobiographie, en construisant un **portrait** des auteurs à travers leur évocation de la vie littéraire.

Un développement intense au XXe siècle

Les découvertes de Freud, d'un côté, le développement de l'individualisme, de l'autre, peuvent expliquer l'**intense développement** du biographique sous toutes ses formes au XXe et au début du XXIe siècle. Le public pense trouver dans l'exposé de la vie privée des éléments de compréhension des autres et de soi – grâce à la vulgarisation de la psychanalyse – mais aussi la **satisfaction** d'une curiosité, et l'idée qu'il est possible de s'**identifier** à ceux qui réussissent, ont du succès et sont connus. Le développement des communications, notamment la télévision, avec les émissions de téléréalité, et Internet, qui donne à chacun la possibilité de s'exprimer en public grâce aux blogs, est pour beaucoup dans cet essor, qui prend des formes parfois contestables : ouvrages d'auto-célébration, récits de vie à tendance scandaleuse, étalage complaisant de sa vie privée. Il existe des autobiographies importantes, dans lesquelles les auteurs cherchent à apporter un témoignage de leur vie dans un contexte troublé comme celle de Simone de Beauvoir. D'autres permettent à leurs auteurs d'expliquer une vocation littéraire – comme le font Gide et Sartre – ou une vie conditionnée par les traumatismes de l'enfance, c'est le cas de M. Leiris. L'idée que toute vie est intéressante conduit à la multiplication des « autofictions ».

APPLICATION

EX. 1 Identifier des spécificités et des intentions

TEXTE 1

1. Quels indices permettent d'identifier ce texte comme un extrait d'autobiographie ?

2. À quoi le lecteur peut-il voir que l'auteur expose des intentions ? Étudiez pour cela les temps verbaux. Quelles caractéristiques George Sand confère-t-elle à son œuvre ? Que refuse-t-elle ?

3. Quelle relation l'auteur établit-elle entre sa manière d'écrire et sa propre nature ? Quelle caractéristique de la nature humaine rappelle-t-elle ici ?

EX. 2 Déterminer certaines particularités d'un journal

TEXTE 2

1. Quels éléments permettent d'identifier un extrait de journal ?

2. Dites ce que rapporte l'extrait, comment il est construit et quelle est la signification des temps verbaux.

3. Quels registres peut-on identifier dans cet extrait ? Que permet ici le journal ?

TEXTE 1

Je ne fais point ici un ouvrage d'art, je m'en défends même, car ces choses ne valent que par la spontanéité et l'abandon, et je ne voudrais pas raconter ma vie comme un roman. La forme emporterait le fond.

Je pourrai donc parler sans ordre et sans suite, tomber même dans beaucoup de contradictions. La nature humaine n'est qu'un tissu d'inconséquences, et je ne crois point du tout (mais du tout) à ceux qui prétendent s'être toujours trouvés d'accord avec le *moi* de la veille.

Mon ouvrage se ressentira donc par la forme de ce laisser-aller de mon esprit, et, pour commencer, je laisserai là l'exposé de ma conviction sur l'utilité de ces *Mémoires*[1], et je le compléterai par l'exemple du fait, au fur et à mesure du récit que je vais commencer.

Qu'aucun de ceux qui m'ont fait du mal ne s'effraie, je ne me souviens pas d'eux ; qu'aucun amateur de scandale ne se réjouisse, je n'écris pas pour lui.

G. Sand, *Histoire de ma vie*, première partie, chapitre I, 1847-1855.

1. L'œuvre de G. Sand prendra finalement le titre d'*Histoire de ma vie*.

TEXTE 2

Gisors[1], 29 septembre[2]

Je suis à Gisors ; et comme une ombre riante, toute ma jeunesse se lève devant moi. Mes beaux souvenirs fanés reprennent vie dans ma tête et dans mon cœur, comme un herbier qui refleurirait ; et chaque chambre et chaque arbre de la maison et du jardin est pour moi rappel, trace, tombe de plaisirs que je ne retrouverai plus. Tous, nous étions jeunes, alors, et ne songions qu'à être jeunes, et c'étaient des vacances remplies à déborder de passe-temps sans déboires et de bonheurs qui avaient des lendemains.

Que de fois ce perron, alors tout mangé de roses – hélas ! les roses sont mortes – nous l'avons descendu en sautant pour bondir sur cette verte pelouse ! Les camps des barres[3] étaient l'un sous ce grand arbre et l'autre à côté de ce massif. Quelle émulation[4] folle et joyeuse ! Quelles courses endiablées ! Que de courbatures guéries par d'autres courbatures ! Que de feu et que d'élan ! Je me rappelle avoir hésité trois minutes à me jeter dans la rivière, au bout du parc, pour n'être pas pris. Et puis mille autres jeux, dont j'ai oublié jusqu'au nom et qui pourtant étaient notre vie et notre fièvre bienheureuse !

E. et J. de Goncourt, *Journal*, I, 1851-1865.

1. Petite ville de l'Eure. **2.** 29 septembre 1855. **3.** Jeu de course poursuite entre des joueurs partagés en deux camps. **4.** Compétition.

EX. 3 Identifier le contenu d'un extrait de journal

TEXTE 3

1. Quels éléments du paratexte permettent d'identifier un journal ? Qu'indique le temps verbal utilisé ?

2. Dites quel est le thème de l'extrait et ce que peut signifier la présence fréquente de phrases interrogatives.

3. À partir du contenu et des caractéristiques de l'écriture, dites quelle est ici la fonction principale de l'écriture autobiographique.

EX. 4 Étudier certaines caractéristiques de l'écriture autobiographique

TEXTE 4

1. À partir de l'observation des temps verbaux et des indications de temps, définissez ce que fait le narrateur dans chacun des deux paragraphes : qu'est-ce qui les différencie ?

2. Quel est le registre du premier paragraphe ? Sur quoi celui qui parle met-il l'accent ?

3. Quel est le rapport entre cet extrait et le titre de l'œuvre ? Qui parle ? De qui est-il question ?

EX. 5 Rapprocher des textes pour un travail sur un corpus

TEXTES 1 À 4

1. Étudiez la présence de la première personne dans les quatre extraits.

2. Identifiez et classez différentes valeurs du présent dans les quatre extraits.

3. Qu'attendent les quatre auteurs de la rédaction de leurs souvenirs ?

TEXTE 3

Lundi 25 octobre
(Premier jour de l'heure d'hiver)

Pourquoi la vie est-elle si tragique ? Si semblable à une bordure de trottoir au-dessus d'un gouffre ? Je regarde en bas, le vertige me gagne ; je me demande comment j'arriverai jamais au terme de ma route. Pourquoi cette impression ? Maintenant que je l'ai exprimée, je ne la ressens plus. Le feu brille. Dans un moment nous irons entendre *L'Opéra des gueux*[1]. Et cependant c'est toujours là. Je ne puis garder les yeux fermés. C'est un sentiment d'impuissance, d'inaptitude. Je suis là, assise à Richmond[2], et comme d'une lanterne posée au milieu d'un champ, ma lumière monte dans l'obscurité. Ma mélancolie diminue à mesure que j'écris. Alors pourquoi ne pas la noter plus souvent ? Je suppose que c'est ma vanité qui m'en empêche. Je veux donner l'illusion d'une réussite, même à moi. Pourtant je n'arrive pas à toucher le fond. Cela vient de ce que je n'ai pas d'enfants, que je suis loin de mes amis, que je n'arrive pas à bien écrire, que je dépense trop pour la nourriture, que je vieillis ? Je me pose trop de questions. Je m'observe trop. Je n'aime pas ce clapotement du temps autour de moi. Alors travaille. Oui, mais je me fatigue vite à travailler. Je ne peux pas lire beaucoup d'une traite. Une heure d'écriture, et je me sens lasse. Il n'y a personne ici qui vienne me faire perdre mon temps d'une manière agréable. Si on le fait, je suis furieuse.

V. WOOLF, *Journal d'un écrivain*, 25 octobre 1920 (publication posthume en 1953)
© Christian Bourgois, traduction de l'anglais par G. Beaumont, 1984.

1. Œuvre du poète et dramaturge anglais John Gay (1685-1732). **2.** Faubourg résidentiel de la banlieue ouest de Londres.

TEXTE 4

On ne put m'arracher l'aveu qu'on exigeait[1]. Repris à plusieurs fois et mis dans l'état le plus affreux, je fus inébranlable. J'aurais souffert la mort, et j'y étais résolu. Il fallut que la force même cédât au diabolique entêtement d'un enfant, car on n'appela pas autrement ma constance. Enfin je sortis de cette cruelle épreuve en pièces, mais triomphant.

Il y a maintenant près de cinquante ans de cette aventure, et je n'ai pas peur d'être aujourd'hui puni derechef pour le même fait ; eh bien, je déclare à la face du Ciel que j'en étais innocent, que je n'avais ni cassé, ni touché le peigne, que je n'avais pas approché de la plaque, et que je n'y avais pas même songé.

J.-J. ROUSSEAU, *Les Confessions*, livre I, 1782 (publication posthume).

1. Le jeune Rousseau a été accusé d'avoir cassé un peigne. Les apparences sont contre lui, mais il nie être l'auteur du « forfait ».

EX. 6 Déterminer des difficultés propres à la démarche autobiographique

TEXTES 5 ET 6

1. Quel problème propre à l'autobiographie se trouve abordé dans ces extraits ? En quoi son approche diffère-t-elle d'un texte à l'autre ?

2. D'où viennent les difficultés selon Gide ? Quelles raisons font qu'il ne lui est pas possible de « tout dire » ?

TEXTE 5

Mais combien ne faut-il pas de précautions pour ne pas mentir ! Par exemple au commencement du premier chapitre, il y a une chose qui peut sembler une hâblerie[1] : non, mon lecteur, je n'étais point soldat à Wagram en 1809. Il faut que vous sachiez que quarante-cinq ans avant vous[2] il était de mode d'avoir été soldat sous Napoléon. C'est donc aujourd'hui, 1835, un mensonge tout à fait digne d'être écrit que de faire entendre indirectement et sans mensonge absolu (*jesuitico more*[3]) qu'on a été soldat à Wagram.

STENDHAL, *Vie de Henri Brulard*[4], 1835.

1. Vantardises. **2.** Dans une variante du texte, Stendhal dit s'adresser au lecteur de 1880 ! **3.** Selon la coutume jésuite, de manière à demi mensongère. **4.** Titre de l'autobiographie de Stendhal.

TEXTE 6

Roger Martin du Gard[1], à qui je donne à lire ces Mémoires, leur reproche de ne jamais dire assez, et de laisser le lecteur sur sa soif. Mon intention pourtant a toujours été de tout dire. Mais il est un degré dans la confidence que l'on ne peut dépasser sans artifice, sans se forcer ; et je cherche surtout le naturel. Sans doute un besoin de mon esprit m'amène, pour tracer plus purement chaque trait, à simplifier tout à l'excès ; on ne dessine pas sans choisir ; mais le plus gênant c'est de devoir présenter comme successifs des états de simultanéité confuse. Je suis un être de dialogue ; tout en moi combat et se contredit. Les Mémoires ne sont jamais qu'à demi sincères, si grand que soit le souci de vérité : tout est toujours plus compliqué qu'on ne le dit. Peut-être même approche-t-on de plus près la vérité dans le roman.

A. GIDE, *Si le grain ne meurt* (fin de la 1re partie), © Gallimard, 1920.

1. Écrivain (1881-1958), auteur du roman *Les Thibault* et ami d'André Gide.

EX. 7 Trouver et expliciter les raisons d'écrire une autobiographie

TEXTE 7

1. Quels éléments du texte laissent penser au lecteur qu'il s'agit ici d'un texte autobiographique ?

2. Comment Chateaubriand justifie-t-il sa démarche autobiographique ? Que fait-il en même temps ?

3. Quelles formes de discours et quels registres observe-t-on dans cet extrait ?

TEXTE 7

Je considère ensuite que ma vie appartenant au public par un côté, je n'aurais pas échappé à tous ces faiseurs de mémoires, à tous ces biographes marchands qui couchent le soir sur le papier ce qu'ils ont entendu dire le matin dans les antichambres. J'ai eu des succès littéraires ; j'ai attaqué toutes les erreurs de mon temps ; j'ai démasqué les hommes, blessé une multitude d'intérêts, je dois donc bien avoir réuni contre moi la double phalange des ennemis littéraires et politiques ; ils ne manqueront de me peindre à leur manière. Et ne l'ont-ils pas déjà fait ? Dans un siècle où les plus grands crimes commis ont dû faire naître les haines les plus violentes, dans un siècle corrompu où les bourreaux ont un intérêt à noircir les victimes, où les plus grossières calomnies sont celles que l'on répand avec le plus de légèreté, tout homme qui a joué un rôle dans la société doit pour la défense de sa mémoire, laisser un monument par lequel on puisse le juger. Mais avec cette idée, je vais me montrer meilleur que je ne suis ? J'en serai peut-être tenté : à présent je ne le crois pas ; je suis résolu à dire toute la vérité.

F.-R. DE CHATEAUBRIAND, *Mémoires de ma vie*[1], « Prologue », 1809.

1. Il s'agit de la première version des *Mémoires d'outre-tombe*.

EX. 8 Analyser une difficulté de l'autobiographie

TEXTE 8

1. Qu'est-ce qui laisse penser que l'extrait relève de l'écriture autobiographique ?

2. Explicitez la difficulté signalée par Annie Ernaux.

TEXTE 8

J'ai acheté *Marie-Claire* à la gare de la Ville Nouvelle. L'horoscope du mois : « Vous allez rencontrer un homme merveilleux. » Plusieurs fois dans la journée je me suis demandé si l'homme à qui j'étais en train de parler était celui-là. (En écrivant cette chose à la première personne, je m'expose à toutes sortes de remarques, que ne provoqueraient pas « elle s'est demandé si l'homme à qui elle était en train de parler n'était pas celui-là ». La troisième personne, il/elle, c'est toujours l'autre, qui peut bien agir comme il veut. « Je », c'est moi, lecteur, et il est impossible – ou inadmissible – que je lise l'horoscope et me conduise comme une midinette. « Je » fais honte au lecteur.)

A. Ernaux, *Journal du dehors*[1], © éd. Gallimard, 1993.

1. Annie Ernaux présente ainsi cet ouvrage : « De 1985 à 1992, j'ai transcrit des scènes, des paroles, saisies dans le RER, les hypermarchés, le centre commercial de la Ville Nouvelle où je vis ».

EX. 9 Expliciter des raisons d'écrire des mémoires

TEXTE 9

1. À partir de la question initiale, définissez la nature de l'extrait, sa structure et son thème.

2. Quelle information donne l'extrait sur le temps de l'écriture des *Antimémoires* ?

3. Quelles sont, d'après ce que dit ici André Malraux, les raisons de se souvenir et d'écrire des mémoires ? À qui ce privilège semble-t-il réservé, d'après le texte ?

TEXTE 9

Pourquoi me souvenir ?

Parce que, ayant vécu dans le domaine incertain de l'esprit et de la fiction qui est celui des artistes, puis dans celui du combat et dans celui de l'histoire, ayant connu à vingt ans une Asie dont l'agonie mettait encore en lumière ce que signifiait l'Occident, j'ai rencontré maintes fois, tantôt humbles et tantôt éclatants, ces moments où l'énigme fondamentale de la vie apparaît à chacun de nous comme elle apparaît à presque toutes les femmes devant un visage d'enfant, à presque tous les hommes devant un visage de mort. Dans toutes les formes de ce qui nous entraîne, dans tout ce que j'ai vu lutter contre l'humiliation, et même en toi, douceur dont on se demande ce que tu fais sur la terre, la vie semblable aux dieux des religions disparues m'apparaît parfois comme le livret d'une musique inconnue.

A. Malraux, *Antimémoires*, Préface, © Gallimard, 1972.

EX. 10 Étudier un extrait de roman autobiographique

TEXTE 10

1. Retrouvez dans le texte les différents éléments grammaticaux et thématiques qui permettent de l'identifier comme une autobiographie. Qu'est-ce qui peut mettre le lecteur sur la piste du roman autobiographique ?

2. Étudiez l'emploi des temps verbaux et ce qu'il révèle.

3. Quels sont les différents intérêts des informations contenues dans le texte au début de l'œuvre ?

TEXTE 10

Nous venons de la campagne.

Mon père est fils d'un paysan qui a eu de l'orgueil et a voulu que son fils étudiât *pour être prêtre*[1]. On a mis ce fils chez un oncle curé pour apprendre le latin, puis on l'a envoyé au séminaire.

Mon père – celui qui devait être mon père – n'y est pas resté, a voulu être bachelier, arriver aux honneurs, et s'est installé dans une petite chambre au fond d'une rue noire, d'où il sort, le jour, pour donner quelques leçons à dix sous l'heure, et où il rentre, le soir, pour faire la cour à une paysanne qui sera ma mère, et qui accomplit pour le moment ses devoirs de nièce dévouée près d'une tante malade.

On se brouille pour cela avec l'oncle curé, on dit adieu à l'Église ; on s'aime, *on s'accorde*[1], on s'épouse ! On est aussi au plus mal avec les père et mère, à qui l'on a fait des sommations pour arriver à ce mariage de la débine et de la misère.

Je[2] suis le premier enfant de cette union bénie. Je viens au monde dans un lit de vieux bois qui a des punaises de village et des puces de séminaire.

J. Vallès, *L'Enfant*, chapitre I, « Ma mère », 1879.

1. En italique dans le texte original. **2.** Le personnage qui s'exprime à la première personne s'appelle Jacques Vingtras. La vie racontée ici est celle de Jules Vallès.

VERS LE BAC

Corpus de textes

- **Texte 1** : F. Mauriac, introduction aux *Commencements d'une vie*, 1932.
- **Texte 2** : G. Perec, *W ou le souvenir d'enfance*, 1975.
- **Texte 3** : D. Bellos, *G. Perec, une vie dans les mots*, 1994.

Questions portant sur le corpus

1. Identifiez le genre de chacun des textes.
2. Que fait apparaître la confrontation des textes 2 et 3 ?
3. Quel rôle peut jouer le texte 1 par rapport au problème que fait surgir le rapprochement des textes 2 et 3 ?

Écriture

1. Commentaire

Vous ferez le commentaire du texte de François Mauriac. Vous pouvez vous aider des pistes suivantes : *l'approche rigoureuse de trois reproches adressés aux autobiographes ; des réponses argumentées et illustrées ; une définition précise de la démarche autobiographique et de ses justifications profondes.*

2. Dissertation

L'écriture autobiographique et le « pacte » de sincérité qui l'accompagne, sous différentes formes, sont-ils les garants d'une image fidèle ? En prenant appui sur les textes du corpus et sur vos lectures, vous étudierez grâce à quels « instruments » l'autobiographie s'efforce d'exprimer la vérité. Vous vous demanderez ensuite quels sont les obstacles auxquels se heurtent les auteurs dans leur recherche et leur expression de la vérité.

3. Écriture d'invention

Ayant commencé à rédiger un journal au jour le jour, un internaute a décidé de le remplacer par un blog, qu'il a fini par abandonner pour revenir au journal. Dans une lettre à un ami, il explique les raisons de ces changements.

TEXTE 1

Est-ce à dire que les souvenirs d'un auteur nous égarent toujours sur son compte ? Bien loin de là : le tout est de savoir les lire. C'est ce qui y transparaît de lui-même malgré lui qui nous éclaire sur un écrivain. Les véritables visages de Rousseau, de Chateaubriand, de Gide se dessinent peu à peu dans le filigrane de leurs confessions et mémoires. Tout ce qu'ils escamotent (même si c'est le bien), tout ce sur quoi ils appuient (même si c'est le mal) nous aide à retrouver les traits qu'ils ont mis, parfois, beaucoup de soin à brouiller.

Surtout, gardons-nous de croire qu'un auteur retouche ses souvenirs avec l'intention délibérée de nous tromper. Au vrai, il obéit à une nécessité : il faut bien qu'il immobilise, qu'il fixe cette vie passée qui fut mouvante. Tel sentiment, telle passion qu'il éprouva, mais qui furent, dans la réalité, mêlés à beaucoup d'autres, imbriqués dans un ensemble, il faut bien qu'il les isole, qu'il les délimite, qu'il leur impose des contours, sans tenir compte de leur durée, de leur évolution insaisissable. C'est malgré lui qu'il découpe, dans son passé fourmillant, ces figures aussi arbitraires que les constellations dont nous avons peuplé la nuit.

Il ne faut pas non plus faire grief à un auteur de ce que ses mémoires sont, le plus souvent, une justification de sa vie. Même sans l'avoir voulu au départ, nous finissons toujours par nous justifier ; nous sommes toujours à la barre, dès que nous parlons de nous, – même si nous ne savons plus devant qui nous plaidons. Mémoires, confessions, souvenirs témoignent qu'à toute foi religieuse survit, dans la plupart des hommes, cette *angoisse du compte à rendre*. Tout auteur de mémoires, chacun à sa façon, et fût-ce en s'accusant, prépare sa défense... Devant la postérité ? peut-être ; mais inconsciemment ne cherche-t-il pas à fixer l'aspect qu'aura son âme aux yeux de Celui qui la lui donna et qui peut la lui redemander à chaque instant ?

F. Mauriac, *Commencements d'une vie*, Introduction,
© Grasset, 1932.

TEXTE 2

Le départ

Ma mère m'accompagna à la gare de Lyon. J'avais six ans. Elle me confia à un convoi de la Croix-Rouge qui partait pour Grenoble, en zone libre. Elle m'acheta un illustré, un Charlot, sur la couverture duquel on voyait Charlot, sa canne, son chapeau, ses chaussures, sa petite moustache, sauter en parachute. Le parachute est accroché à Charlot par les bretelles de son pantalon.

La Croix-Rouge évacue les blessés. Je n'étais pas blessé. Il fallait pourtant m'évacuer. Donc, il fallait faire comme si j'étais blessé. C'est pour cela que j'avais le bras en écharpe.

Mais ma tante est à peu près formelle : je n'avais pas le bras en écharpe, il n'y avait aucune raison pour que j'aie le bras en écharpe. C'est en tant que « fils de tué », « orphelin de guerre », que la Croix-Rouge, tout à fait réglementairement, me convoyait.

Peut-être, par contre, avais-je une hernie[1] et portais-je un bandage herniaire, un suspensoir. À mon arrivée à Grenoble, il me semble que j'ai été opéré – j'ai même longtemps cru, chipant ce détail à je ne sais plus quel autre membre de ma famille adoptive, que c'était le professeur Mondor qui avait pratiqué l'opération – à la fois d'une hernie et d'une appendicite (on aurait profité de la hernie pour m'enlever l'appendice). Il est sûr que ce ne fut pas dès mon arrivée à Grenoble. Selon Esther[2], ce fut plus tard, d'une appendicite. Selon Ela[2], ce fut d'une hernie mais bien avant, à Paris, alors que j'avais encore mes parents.

Un triple trait parcourt ce souvenir : parachute, bras en écharpe, bandage herniaire : cela tient de la suspension, du soutien, presque de la prothèse. Pour être, besoin d'étai[3]. Seize ans plus tard, en 1958, lorsque les hasards du service militaire ont fait de moi un éphémère parachutiste, je pus lire, dans la minute même du saut, un texte déchiffré de ce souvenir : je fus précipité dans le vide ; tous les fils furent rompus ; je tombai, seul et sans soutien. Le parachute s'ouvrit. La corolle se déploya, fragile et sûr suspens avant la chute maîtrisée[4].

G. PEREC, *W ou le souvenir d'enfance*, extrait du chapitre X, © Denoël, 1975.

1. Malformation d'un organe qui sort de sa cavité. **2.** Membres de la famille de Georges Perec : Esther est sa tante, Ela sa cousine. **3.** Un étai est une pièce de charpente servant à soutenir provisoirement un plancher ou un mur. **4.** Note de G. Perec : *Je portais effectivement un bandage herniaire. Je fus opéré à Grenoble, quelques mois plus tard, et l'on en profita pour m'enlever l'appendice. Cela ne change rien au fantasme, mais permet d'en tracer une des origines. Quant à cet imaginaire bras en écharpe, on le verra, plus loin, faire une curieuse réapparition.*

TEXTE 3

Bianca[1] se rappelle avoir accompagné Jojo[2] à la gare, avec une pancarte autour du cou indiquant sa destination : Grenoble. Il n'avait pas le bras en écharpe, comme il le prétend dans une des versions du souvenir. Peut-être Cécile acheta-t-elle un illustré à son fils, pour le train ; Bianca ne se souvient pas. Mais si elle le fit, il ne pouvait en aucun cas s'agir d'*un Charlot, sur la couverture duquel on voyait Charlot, sa canne, son chapeau, ses chaussures, sa petite moustache, sauter en parachute. Le parachute est accroché à Charlot par les bretelles de son pantalon* [Wse 76][3]. *Le Dictateur*, dans lequel Charlie Chaplin parodie Hitler, sortit en 1940, et raya le comique au chapeau melon de la carte de l'Europe sous occupation nazie. Tous ses films furent interdits. Aucun illustré où il aurait figuré en couverture ne pouvait donc être en vente libre à la gare de Lyon en 1941. L'allusion au *Dictateur*, à la p. 106 de *W ou le souvenir d'enfance*, est probablement une des balises de Perec pour indiquer le type de travail qu'il attend de ses lecteurs. Ce qui ne signifie pas que Perec inventa purement et simplement l'illustration de couverture. Philippe Lejeune [MO 82][4] a retrouvé un *Charlot détective* qui montre le comique comme le décrit Perec, sautant en parachute, mais le numéro en question, publié pour la première fois en 1935, ne fut pas réédité avant 1945. À l'époque où Jojo lut cet illustré, les parachutes avaient acquis un sens précis pour lui, tout comme son absence de souvenir de la gare de Lyon. Le départ de Paris, tel qu'il est raconté dans l'autobiographie d'enfance de Perec, donne en surimpression, sur un fond plus flou et plus ancien, des détails d'un souvenir plus récent. Toujours est-il que, lors d'un dîner qui eut lieu à la fin des années soixante-dix, Perec dit son chagrin de n'avoir aucun souvenir remontant avant ses cinq ans, et affirmer que la première chose dont il se souvenait vraiment, c'était un long voyage en train, vers le sud, pendant lequel il lut un illustré. Celui chez qui avait lieu ce dîner, Pascal Aubier, est formel sur l'exactitude de sa mémoire concernant la suite : Perec ajouta alors que l'illustré dont il se souvenait était un *Mickey*.

D. BELLOS, *G. Perec, une vie dans les mots*, traduction de l'anglais par D. Bellos et F. Cartano, © Le Seuil, 1994.

1. Bianca est la cousine de G. Perec. **2.** G. Perec. **3.** Référence à l'œuvre *W ou le souvenir d'enfance* : voir texte 2. **4.** Référence à l'ouvrage de Ph. Lejeune, *La Mémoire et l'Oblique*, © P.O.L., 1991.

17 La fable

GRANDVILLE (1803-1847), *La Grenouille et le Bœuf* (1838), gravure (bibliothèque des Arts Décoratifs, Paris).

LIRE L'IMAGE

1. Observez les personnages représentés sur l'image : quelle est leur particularité essentielle ?
2. Étudiez les liens perceptibles entre le visage de chaque personnage, le reste du corps et les vêtements : que remarquez-vous ?
3. En quoi la particularité observée renvoie-t-elle à l'univers des fables ?
4. Par rapport à d'autres illustrations de fables, quelle vous semble être l'originalité de cette image ? D'où vient sa force ?

OBSERVATION

Le Cheval et le Loup

Un certain Loup, dans la saison
Que les tièdes Zéphyrs ont l'herbe rajeunie,
Et que les animaux quittent tous la maison,
Pour s'en aller chercher leur vie ; (A)
Un Loup, dis-je, au sortir des rigueurs de l'Hiver,
Aperçut un Cheval qu'on avait mis au vert.
Je laisse à penser quelle joie !
Bonne chasse, dit-il, qui l'aurait à son croc.
Eh ! que n'es-tu Mouton ? car tu me serais hoc[1] : (B)
Au lieu qu'il faut ruser pour avoir cette proie.
Rusons-donc. Ainsi dit, il vient à pas comptés, (A)
Se dit Écolier d'Hippocrate[2] ;
Qu'il connaît les vertus et les propriétés
De tous les Simples[3] de ces prés, (C)
Qu'il sait guérir, sans qu'il se flatte,
Toutes sortes de maux. Si Dom Coursier voulait
Ne point celer[4] sa maladie,
Lui Loup gratis le guérirait. (D)
Car le voir en cette prairie
Paître ainsi sans être lié
Témoignait quelque mal, selon la Médecine.
J'ai, dit la Bête chevaline, (A)
Une aposthume[5] sous le pied.
– Mon fils, dit le docteur, il n'est point de partie
Susceptible de tant de maux. (B)
J'ai l'honneur de servir Nosseigneurs les Chevaux,
Et fais aussi la Chirurgie.
Mon galand ne songeait qu'à bien prendre son temps,
Afin de happer son malade.
L'autre qui s'en doutait lui lâche une ruade, (A)
Qui vous lui met en marmelade
Les mandibules[6] et les dents.
C'est bien fait, dit le Loup en soi-même fort triste ;
Chacun à son métier doit toujours s'attacher.
Tu veux faire ici l'Arboriste[7], (E)
Et ne fus jamais que Boucher.

J. de La Fontaine, *Fables*, livre V, 8, 1668.

1. Je serais certain de t'avoir.
2. Périphrase désignant un médecin.
3. Plante médicinale.
4. Cacher.
5. Tumeur.
6. Mâchoire.
7. Spécialiste des plantes médicinales.

Le récit, les personnages, le narrateur

1. Repérez les passages de récit (A) : qui en est le narrateur (mots soulignés) ?
2. Observez la manière dont sont désignés les deux personnages : que remarquez-vous ?

L'histoire et ses étapes

3. Grâce au lexique (mots surlignés), déterminez les thèmes de l'histoire et donnez ses différentes étapes.
4. Quels sont les temps dominants ?

Les paroles rapportées

5. Identifiez les différentes formes de paroles rapportées ((B), (C), (D), (E)) avec leurs locuteurs (mots encadrés) et rapprochez-les des étapes de l'histoire.

La moralité

6. Quel est le rôle des quatre derniers vers ? Comment se rattachent-ils à tout ce qui précède ? À qui sont-ils adressés ?
7. À quels effets la versification contribue-t-elle ?

REPÈRES

Pour analyser une fable

1 Définition et nature

On désigne par le mot **fable** un court **récit** en vers ou en prose, mettant souvent en scène des animaux et racontant une histoire qui comporte un **enseignement** ou une morale. La fable est en général construite sur une comparaison.

Un texte narratif

Récit, la fable relève du discours **narratif** (→ p. 160) : l'histoire est prise en charge par un narrateur parfois présent dans le texte, « je » dans « Le Cheval et le Loup » (v. 7 → p. 269), qui prend position, apprécie, juge. Il raconte le déroulement d'actions qui s'inscrivent dans le temps – souvent le passé – selon des **étapes** qui mettent en relief un point de départ et un point d'aboutissement avec des péripéties. Le loup cherche une proie, tente sa chance auprès du cheval, échoue ; la grenouille envie la taille du bœuf, cherche à l'égaler, éclate.

Un texte didactique

Traditionnellement, la fable a aussi une finalité **didactique**. Elle se met au service d'un **enseignement** moral ou social, qui se révèle le plus souvent dans une moralité. Cependant, cet enseignement reste parfois implicite. Le discours **narratif** se complète ou se double de discours **argumentatif** (→ p. 170) : la plupart du temps, ces deux formes de discours sont confondues.

2 De la narration à l'argumentation

La force didactique de la fable repose sur un certain nombre de caractéristiques.

Le choix des personnages

Il s'agit souvent d'**animaux**, mais les **humains** ne sont pas exclus. Dans les deux cas, les personnages sont représentatifs d'une catégorie – un seigneur, une jeune veuve, un roi, un riche, un pauvre – d'une profession – un charretier, un meunier, un paysan, un philosophe, un vigneron – d'une spécificité du comportement : le renard incarne la ruse, le lion la force et le pouvoir, l'agneau la faiblesse. Cette caractéristique permet une **généralisation** et une **assimilation** : chacun peut se retrouver ou retrouver des traits connus dans les personnages de la fable. Familiers, ces derniers sont toujours dans des situations qui rappellent la vie courante. Ils ont ainsi une double vocation : ils amusent – surtout lorsqu'il s'agit d'animaux – et préparent la réflexion qui, tout en les concernant, concerne tout le monde.

La mise en scène

Parlant de ses fables, La Fontaine évoquait une « comédie aux cent actes divers ». Le choix des situations et la manière de mettre en scène les personnages relèvent en effet du théâtre. Ainsi, les auteurs de fables n'hésitent pas à utiliser toutes les formes de **paroles rapportées** : le discours direct fait vivre la scène au présent devant le lecteur. Le présent d'énonciation (→ p. 94) actualise ce qui se passe et le rend plus vivant en le rattachant au présent de celui qui raconte ; le présent de narration (→ p. 94) a la même fonction dans un récit au passé. Les reprises de parole, même aux discours indirect et indirect libre (→ p. 126), soulignent l'importance de la communication dans la fable : rapides et incisifs, les dialogues participent à la dynamique de la situation qui sert de base à la morale.

Du récit à l'enseignement

Pour mettre en action sa vocation didactique, la fable défend une thèse (→ p. 170) et la soutient par des arguments (→ p. 170), mais cela se fait sous et par la forme narrative. Comment cette association se met-elle en place ? La thèse soutenue se confond parfois avec la formule qui constitue la moralité, lorsqu'elle figure dans le texte. « Chacun à son métier doit toujours s'attacher » constitue l'enseignement de la fable « Le Cheval et le Loup ». Où est la **démonstration** ? Elle est constituée par l'histoire (jouant le double rôle d'argument et d'exemple), qui fait comprendre ce qui arrive – toujours en mal et en désagrément – lorsque l'on ne suit pas les préceptes de la morale commune. Il s'agit donc d'une sorte de démonstration *a contrario* insistant de manière anecdotique sur ce qu'il faut éviter de faire. Ce que l'on appelle « stratégie argumentative » (→ p. 170) consiste ici à convaincre de l'intérêt qu'il y a à bien agir pour éviter un châtiment, qui ne vient pas d'une autorité supérieure, mais simplement de la vie, de la nature, des autres, parfois de soi-même. Il appartient au lecteur lui-même d'établir la **relation**

logique entre le récit et l'enseignement qu'il faut en tirer, ainsi que les **analogies** entre les faits et sa propre vie ; et cela avant même d'avoir lu la moralité, qui vient souvent à la fin, ou même qui n'est pas donnée du tout, comme dans certaines fables de La Fontaine, ou dans celles, plus modernes, de Stevenson (→ p. 272). Lorsque le lecteur dégage lui-même l'enseignement, l'efficacité de la fable est plus grande.

→ Synthèse **Le système de l'énonciation (→ p. 114)**
- L'énonciation
- Récit et discours
- Les paroles rapportées

→ Synthèse **Les instruments lexicaux (→ p. 62)**
- Les champs lexicaux

→ Synthèse **Les outils grammaticaux (→ p. 74)**
- Les temps verbaux

Histoire d'un genre / LA FABLE

L'Antiquité a connu deux fabulistes et deux formes de fables, celles en prose du grec Ésope (VIe s. av. J.-C.), celles en vers du latin Phèdre (Ier s. av. J.-C.). Phèdre s'est inspiré d'Ésope et tous deux ont inspiré les fabulistes suivants, qui ont conservé l'utilisation des animaux sans pour autant négliger les personnages humains.

Les fables à l'époque classique

Délaissée au profit du fabliau pendant le Moyen Âge, la fable connaît un grand succès à l'époque classique, qui est dominée par les moralistes :

Ibn Al-Muqaffa (vers 720-756), *Kalila et Dimna* : le Chat dévore le Lièvre et la Caille, les deux plaignants qui l'ont choisi pour juge, copie persane faite à Bagdad (v. 1279-1280), miniature (BnF, Paris).

Illustration de B. Rabier (1864-1939) pour *Les Fables de La Fontaine*, © Tallandier, nouvelle édition 2003.

La Fontaine puise à toutes les sources **antiques** et à des sources **orientales** (le fabuliste indien Pilpay) pour composer des textes dont la **vocation éducative** est clairement définie dans la préface de son œuvre. Au siècle des Lumières, Florian compose lui aussi des fables, mais ce genre semble avoir atteint son sommet avec La Fontaine.

À l'époque moderne

Après le XVIIIe siècle, seuls quelques écrivains s'en inspirent, et les détournent pour en faire des **pastiches** ou des **parodies**. Ainsi, V. Hugo se réfère à La Fontaine pour critiquer Napoléon III, dans « Fable ou Histoire », T. Corbière reprend « La cigale et la fourmi » pour évoquer ses relations avec sa muse. Au XXe siècle, J. Anouilh et R. Queneau reviennent aux fables pour les adapter à leur talent et à leur manière de voir le monde. Le premier transforme les moralités en constats cyniques et désabusés sur la nature humaine ; le second mêle la fantaisie aux incohérences absurdes. Ces deux formes de **réécriture** constituent un hommage à leurs prédécesseurs.

APPLICATION

EX. 1 Établir les liens entre une fable et sa moralité

TEXTE 1

1. Dans la fable ci-contre, expliquez comment le lecteur passe du récit à la moralité en mettant en relief les analogies entre les deux.

2. Expliquez ensuite le sens de cette moralité et précisez à quel domaine elle s'applique.

EX. 2 Étudier l'utilisation des animaux dans une fable

TEXTE 2

1. Quelle figure de rhétorique domine dans cette fable, concernant les animaux et leur comportement ? Que permet-elle ?

2. Qui donne la clé de l'histoire ? Cette clé est-elle assimilable à une morale ? Quelle(s) leçon(s) le renard invite-t-il à tirer ?

EX. 3 Chercher l'enseignement implicite d'une fable

TEXTE 3

Cette courte fable de R. L. Stevenson ne comporte pas de moralité. Après avoir justifié la dénomination de « fable », terme utilisé par l'auteur à propos de ce texte, vous donnerez son sens et vous expliciterez l'enseignement qu'il contient.

EX. 4 Étudier l'utilisation particulière d'une fable

TEXTE 4

1. Sachant que, dans le texte ci-contre, le singe est la représentation symbolique de Napoléon III, étudiez comment V. Hugo utilise les caractéristiques de la fable à des fins historiques et politiques. Utilisez pour cela les différentes analogies.

TEXTE 1

Le pêcheur en eau trouble

Un homme pêchait dans une rivière. Après avoir tendu ses filets de manière à barrer le courant de part en part, il attacha une pierre à une corde de lin et se mit à en battre l'eau, afin de rabattre les poissons pris de panique vers les mailles de son filet. L'un des habitants du voisinage, à le voir procéder ainsi, lui reprocha de troubler la rivière et les priver d'eau pure et potable. « Sans doute », rétorqua le pêcheur, « mais faute de troubler ainsi la rivière, c'est moi qui devrai mourir de faim ». De même dans les cités : les affaires des démagogues n'y sont jamais aussi florissantes que lorsqu'ils ont plongé leur patrie dans la guerre civile.

ÉSOPE, *Fables* (VIe s. av. J.-C.), traduction D. Loayza, © GF-Flammarion, 1995.

TEXTE 2

La chenille

Un jour, causant entre eux, différents animaux
Louaient beaucoup le ver à soie :
Quel talent, disaient-ils, cet insecte déploie
En composant ses fils si doux, si fins, si beaux,
Qui de l'homme font la richesse !
Tous vantaient son travail, exaltaient son adresse.
Une chenille seule y trouvait des défauts,
Aux animaux surpris en faisait la critique,
Disait des mais et puis des si.
Un renard s'écria : Messieurs, cela s'explique,
C'est que Madame file aussi.

FLORIAN, *Fables*, livre III, 13, 1792.

TEXTE 3

Le pénitent

Un homme rencontra un enfant qui pleurait.
– Pourquoi pleures-tu ? lui demanda-t-il.
– Je pleure pour mes péchés, répondit l'enfant.
– Tu ne dois pas avoir grand-chose à faire, dit l'homme.
Le lendemain, il le revit. L'enfant pleurait toujours.
– Et pourquoi pleures-tu, à présent ?
– Je pleure parce que je n'ai rien à manger, fit l'enfant.
– Je savais bien qu'on en arriverait là, dit l'homme.

R. L. STEVENSON, *Fables*, 1879, traduction P. A. Gendre, © José Corti, 1985.

TEXTE 4

Fable ou Histoire

Un jour, maigre et sentant un royal appétit,
Un singe d'une peau de tigre se vêtit.
Le tigre avait été méchant ; lui, fut atroce.

2. Quels sont les différents intérêts d'une écriture versifiée ?

3. À partir de la réponse à la première question, expliquez le titre.

1. Taillis épais, buissons très touffus.
2. Pillages.
3. Gladiateur qui combattait les bêtes féroces.

EX. 5 Étudier une fable moderne

TEXTE 5

1. Observez la composition de la fable puis donnez son thème et dites, après une première lecture, ce qui la rattache à une fable traditionnelle, et ce qui l'en différencie.

2. Identifiez la présence de celui qui parle. Qui sont ses destinataires ?

3. En prenant appui sur les deux premiers vers, sur les deux derniers, sur le lexique et sur les différentes oppositions contenues dans le texte, trouvez le fil conducteur de l'exposé du fabuliste. À l'intérieur du thème général, quelle question particulière se trouve abordée, concernant parents et enfants ?

4. Cette fable versifiée a une disposition particulière dans la page : citez quelques effets produits par cette disposition et par la versification.

5. À partir des réponses précédentes, dites quelles sont l'originalité de cette fable et sa complexité. Que révèle-t-elle chez son auteur, concernant sa conception de la vie ?

1. Recueil de contes d'Alphonse Daudet (1840-1897), parmi lesquels « La chèvre de Monsieur Seguin ».
2. Auteur français du XVIIIe siècle (1740-1814) célèbre par la cruauté de ses personnages. D'où le « sadisme ».
3. Démangeaison. **4.** Terme péjoratif pour désigner une femme ayant des prétentions littéraires.

Il avait endossé le droit d'être féroce.
Il se mit à grincer des dents, criant : je suis
Le vainqueur des halliers[1], le roi sombre des nuits !
Il s'embusqua, brigand des bois, dans les épines ;
Il entassa l'horreur, le meurtre, les rapines[2],
Égorgea les passants, dévasta la forêt,
Fit tout ce qu'avait fait la peau qui le couvrait.
Il vivait dans un antre, entouré de carnage.
Chacun voyant la peau, croyait au personnage.
Il s'écriait, poussant d'affreux rugissements :
Regardez, ma caverne est pleine d'ossements ;
Devant moi, tout recule et frémit, tout émigre,
Tout tremble ; admirez-moi, voyez, je suis un tigre !
Les bêtes l'admiraient, et fuyaient à grands pas.
Une belluaire[3] vint, le saisit dans ses bras,
Déchira cette peau comme on déchire un linge,
Mit à nu ce vainqueur, et dit : tu n'es qu'un singe.

Jersey, septembre 1852 [6 novembre 1852]
V. HUGO, *Les Châtiments*, livre III, poème III, 1853.

TEXTE 5

Le vieux loup

Le vieux loup qui avait lu les « Lettres de mon Moulin[1] »
Renonça à manger la chèvre de Monsieur Seguin.

Qui dira un jour d'aventure,
Les noirs méfaits de la littérature
Qui traite des bons sentiments ?
C'est elle qu'on devrait interdire aux enfants.
Je préfère qu'ils lisent Sade[2].
Par chance, s'ils ont le goût du bien,
Ils le trouveront maussade :
Cela ne leur fera rien.
À un monde faussé, prurit[3] de vieilles filles
Et de dames bas-bleu[4],
Vous les laissez rêver ; croire que les guenilles
Recouvrent des cœurs vertueux ;
Que le riche est méchant et le bienfait rentable ;
Alors que riche et gueux
Sont à la même table
Avec les mêmes dents,
Vous le savez pourtant, hypocrites parents.
Dieu, d'un doigt négligent, dessine sur le sable
Une histoire qui ment.
Il faut apprendre à vos petits
Que l'amour n'est qu'un vase
Qu'on vide et qu'on remplit ;
Et qu'il est consolant
Que les bienfaits perdus
Retournent à la vase
D'où ils étaient venus.

Quand les vieux loups se font sensibles aux palabres,
C'est seulement leur estomac qui se délabre.

J. ANOUILH, *Fables*, © La Table Ronde, 1962.

VERS LE BAC

Corpus de textes et d'image

- **Texte 1 :** J. de La Fontaine, « Le Corbeau et le Renard », *Fables*, Livre I, II, 1668.
- **Texte 2 :** J. de La Fontaine, extrait de l'introduction aux fables I et II, *Fables*, Livre VI, 1668.
- **Texte 3 :** J.-J. Rousseau, *Émile ou de l'Éducation*, Livre II, 1762.
- **Texte 4 :** J. De Romilly, *Lettre aux parents sur les choix scolaires*, 1994.
- **Document 5 :** F. Lorioux, illustration de la couverture des Fables de La Fontaine, 1949.

Questions portant sur le corpus

1. Après avoir identifié le genre littéraire des textes 1, 2, 3 et 4, expliquez le lien qui relie les cinq documents. En quoi les genres des textes 3 et 4 se prêtent-ils particulièrement bien au thème abordé ? Qu'a de particulier le texte 2 ?
2. Concernant la valeur morale des fables, quelles sont les positions respectives de Rousseau et de J. de Romilly ? Quelles qualités pédagogiques l'auteur de la *Lettre aux parents sur les choix scolaires* trouve-t-elle aux fables de La Fontaine ?
3. Quel(s) rôle(s) l'illustration de F. Lorioux vous semble-t-elle jouer par rapport aux textes du corpus ?

Écriture

1. Commentaire
Vous ferez le commentaire de la fable « Le Corbeau et le Renard ». Vous pouvez vous aider des pistes suivantes : un petit récit distrayant ; les éléments didactiques ; anecdote et précepte, un récit en vers mis au service d'un enseignement.

2. Dissertation
Pour Rousseau, les fables de La Fontaine ne jouent pas leur rôle éducatif parce, dit-il, elles donnent à voir ce qu'il ne faut pas faire. Vous discuterez le point de vue de Rousseau en prenant appui sur la fonction traditionnelle des fables et sur les moyens mis en œuvre pour faire passer un message didactique et moral.

3. Écriture d'invention
« Qui ne fut jamais dans le péril ne saurait répondre de son courage. » Considérez cette formule, inspirée des *Maximes* de La Rochefoucauld, comme la moralité d'une fable, et composez cette fable en trente à quarante lignes. La moralité peut figurer au début ou à la fin du texte, à votre choix.

TEXTE 1

Le Corbeau et le Renard

Maître Corbeau, sur un arbre perché,
Tenait en son bec un fromage.
Maître Renard, par l'odeur alléché,
Lui tint à peu près ce langage :
Hé bonjour, Monsieur du Corbeau.
Que vous êtes joli ! que vous me semblez beau !
Sans mentir, si votre ramage
Se rapporte à votre plumage,
Vous êtes le Phénix des hôtes de ces bois.
À ces mots, le Corbeau ne se sent pas de joie ;
Et pour montrer sa belle voix,
Il ouvre un large bec, laisse tomber sa proie.
Le Renard s'en saisit, et dit : Mon bon Monsieur,
Apprenez que tout flatteur
Vit aux dépens de celui qui l'écoute.
Cette leçon vaut bien un fromage, sans doute.
Le Corbeau honteux et confus
Jura, mais un peu tard, qu'on ne l'y prendrait plus.

J. de La Fontaine, *Fables*, livre I, 2, 1668.

TEXTE 2

Les Fables ne sont pas ce qu'elles semblent être.
Le plus simple animal nous y tient lieu de Maître.
Une morale nue apporte de l'ennui ;
Le conte fait passer le précepte avec lui.
En ces sortes de feinte il faut instruire et plaire,
Et conter pour conter me semble peu d'affaire.
C'est par cette raison qu'égayant leur esprit,
Nombre de gens fameux en ce genre ont écrit.
Tous ont fui l'ornement et le trop d'étendue
On ne voit point chez eux de parole perdue.
Phèdre était si succinct qu'aucuns l'en ont blâmé.
Ésope en moins de mots s'est encore exprimé.
Mais sur tous certain Grec[1] renchérit et se pique
D'une élégance laconique.
Il renferme toujours son conte en quatre vers ;
Bien ou mal, je le laisse à juger aux experts.

J. de La Fontaine, *Fables*, livre VI,
extrait de l'introduction aux fables I et II, 1668.

1. Gabrias (note de La Fontaine).

TEXTE 3

Dans les lignes qui précèdent, Rousseau a fait une critique systématique de tous les vers de la fable « Le Corbeau et le Renard ».

Je demande si c'est à des enfants de dix ans qu'il faut apprendre qu'il y a des hommes qui flattent et mentent pour leur profit ? On pourrait tout au plus leur apprendre qu'il y a des railleurs qui persiflent les petits garçons, et se moquent en secret de leur sotte vanité ; mais le fromage gâte tout ; on leur apprend moins à ne pas le laisser tomber de leur bec qu'à le faire tomber du bec d'un autre. C'est ici mon second paradoxe, et ce n'est pas le moins important.

Suivez les enfants apprenant leurs fables, et vous verrez que, quand ils sont en état d'en faire l'application, ils en font presque toujours une contraire à l'intention de l'auteur, et qu'au lieu de s'observer sur le défaut dont on les veut guérir ou préserver, ils penchent à aimer le vice avec lequel on tire parti des défauts des autres.

Dans la fable précédente, les enfants se moquent du corbeau, mais ils s'affectionnent tous au renard ; dans la fable qui suit, vous croyez leur donner la cigale pour exemple ; et point du tout, c'est la fourmi qu'ils choisiront. On n'aime point à s'humilier : ils prendront toujours le beau rôle ; c'est le choix de l'amour-propre, c'est un choix très naturel. Or, quelle horrible leçon pour l'enfance ! Le plus odieux de tous les monstres serait un enfant avare et dur, qui saurait ce qu'on lui demande et ce qu'il refuse. La fourmi fait plus encore, elle lui apprend à railler dans ses refus.

J.-J. Rousseau, *Émile ou de l'éducation*, Livre II, 1762.

TEXTE 4

Le débat sur les fables ne se clôt pas avec Rousseau. Jacqueline de Romilly, au XXe siècle, défend la connaissance du patrimoine littéraire et, en particulier, la mémorisation des Fables, source inépuisable, selon elle, d'enseignement esthétique et moral.

« Maître Corbeau, sur un arbre perché,
Tenait en son bec un fromage… »

Je vois d'ici le tollé[1] : des histoires pour enfants et allant à l'encontre de toute expérience raisonnable. Qui vit jamais un corbeau avec un fromage au bec ? Mais *Blanche-Neige et les sept nains*, ou même *Disneyland*, en prennent autant à leur aise. Et, ici, nous avons en plus – quoi ? le doux chantonnement des rimes, l'exquise courtoisie, très vieille France[2] : « Maître Corbeau », et, plus loin, « Monsieur du Corbeau », et puis les flatteries forcées, multipliées, attirant la connivence, et ponctuées par les vers, pour se terminer dans des fleurs de rhétorique un rien prétentieuses : « Que vous êtes joli ! Que vous me semblez beau ! Sans mentir, si votre ramage se rapporte à votre plumage, vous êtes le phénix des hôtes de ces bois ! » Certains peuvent ignorer le mot ramage et ce qu'est un phénix : ils l'apprendront ; mais ils percevront en même temps que ce style est volontairement fleuri et savant, onctueux, doucereux. Et, sans qu'ils comprennent tout à fait pourquoi, ils s'amuseront tout ensemble du flatteur et de sa victime. L'un est trop mielleux, l'autre est trop naïf ; l'image finale le rend si ridicule, quand, ravi, « il ouvre un large bec, laisse tomber sa proie » !

C'est là une belle petite histoire ; et elle comporte une leçon, parfaitement claire et simple : se défier des flatteurs. Peut-être cette leçon est-elle moins nécessaire de nos jours qu'à la cour du roi Louis XIV. Mais l'enfant aura vu mille scènes plus frustes[3], auxquelles la leçon s'applique.

J. de Romilly, *Lettre aux parents sur les choix scolaires*,
© De Fallois, 1994.

1. Cris de protestation. **2.** Raffinée. **3.** Simples.

DOCUMENT 5

F. Lorioux (1872-1964), « Le Corbeau et le Renard », illustration de la couverture des *Fables* de La Fontaine, 1949.

18 Le conte philosophique

École flamande, *Singes et chats à un bal masqué* (1632), huile sur panneau, 26,7 x 42,6 cm (Lawrence Steigrad Fine Arts, New York).

LIRE L'IMAGE

1. À partir de l'observation des costumes, dites quelle époque et quel type de société le tableau met en scène.
2. Expliquez le titre à partir de ce que vous voyez sur le tableau : quelle ambiguïté font naître la notion de « bal masqué », les masques et les costumes ? Quels détails permettent au spectateur de comprendre qui est masqué ? Quelles sont les deux interprétations possibles ?
3. Quelles significations le spectateur peut-il trouver à ce tableau concernant les analogies entre les hommes et les animaux ?
4. En quoi ce tableau peut-il illustrer avec pertinence le genre littéraire du conte ? Citez un personnage de conte qui pourrait faire partie de l'assistance représentée ici.

OBSERVATION

Petite digression

Dans les commencements de la fondation des Quinze-Vingts[1], on sait qu'ils étaient tous égaux, et que leurs petites affaires se décidaient à la pluralité des voix. Ils distinguaient parfaitement au toucher la monnaie de cuivre de celle d'argent ; aucun d'eux ne prit jamais du vin de Brie pour du vin de Bourgogne. Leur odorat était plus fin que celui de leurs voisins qui avaient deux yeux. Ils raisonnèrent parfaitement sur les quatre sens, c'est-à-dire qu'ils en connurent tout ce qu'il est permis d'en savoir ; et ils vécurent paisibles et fortunés autant que des Quinze-Vingts peuvent l'être. Malheureusement un de leurs professeurs prétendit avoir des notions claires sur le sens de la vue ; il se fit écouter, il intrigua, il forma des enthousiastes : enfin on le reconnut pour le chef de la communauté. Il se mit à juger souverainement des couleurs, et tout fut perdu.

Ce premier dictateur des Quinze-Vingts se forma d'abord un petit conseil, avec lequel il se rendit le maître de toutes les aumônes. Par ce moyen personne n'osa lui résister. Il décida que tous les habits des Quinze-Vingts étaient blancs : les aveugles le crurent ; ils ne parlaient que de leurs beaux habits blancs, quoiqu'il n'y en eût pas un seul de cette couleur. Tout le monde se moqua d'eux, ils allèrent se plaindre au dictateur, qui les reçut fort mal ; il les traita de novateurs, d'esprits forts, de rebelles, qui se laissaient séduire par les opinions erronées de ceux qui avaient des yeux, et qui osaient douter de l'infaillibilité de leur maître. Cette querelle forma deux partis.

Le dictateur, pour les apaiser, rendit un arrêt par lequel tous leurs habits étaient rouges. Il n'y avait pas un habit rouge aux Quinze-Vingts. On se moqua d'eux plus que jamais. Nouvelles plaintes de la part de la communauté. Le dictateur entra en fureur, les autres aveugles aussi : on se battit longtemps, et la concorde ne fut rétablie que lorsqu'il fut permis à tous les Quinze-Vingts de suspendre leur jugement sur la couleur de leurs habits.

Un sourd, en lisant cette petite histoire, avoua que les aveugles avaient eu tort de juger les couleurs ; mais il resta ferme dans l'opinion qu'il n'appartient qu'aux sourds de juger de la musique.

VOLTAIRE, *Petite digression* (conte intégral extrait du *Philosophe ignorant*), 1766.

1. Hospice réservé à des aveugles. Son nom vient du nombre de pensionnaires accueillis : trois cents (15 x 20).

Thèmes et personnages

1. À partir des termes surlignés, déterminez le thème de ce conte.

2. Qui en sont les personnages ? Étudiez la façon dont ils sont désignés (mots surlignés). Que pouvez-vous en conclure ?

Les étapes d'une histoire

3. Dégagez les différentes étapes de l'histoire : comment sont-elles marquées dans l'écriture (mots soulignés) ? Quelle est la fonction de chacune d'elles ?

4. Est-il possible de situer exactement l'histoire dans le temps ?

Présence et rôle du narrateur

5. Quel est le statut du narrateur ? Que sait-il ? Est-il présent ? Prend-il position ? Donnez la valeur des différents *on* du texte.

Enjeux et finalité du conte

6. Sur quoi ce conte fait-il réfléchir le lecteur ? Quelles en sont les différentes leçons ? À quels domaines celles-ci renvoient-elles ?

REPÈRES

Pour analyser le conte philosophique

On désigne par « contes » des **récits** courts, en vers ou en prose, racontant des **histoires** divertissantes dont la vocation est de susciter une **réflexion morale ou sociale**, à partir de situations et de personnages souvent conventionnels. Le **conte philosophique**, d'orientation plus nettement politique et plus représentatif des interrogations d'une époque, constitue une catégorie de ce genre traditionnel auquel il emprunte certaines caractéristiques.

1 Des textes narratifs utilisant différents registres

La plupart des contes philosophiques suivent un **schéma narratif** similaire, qui est celui du conte en général : une **situation initiale** est perturbée et sa transformation conduit, à travers diverses **péripéties**, à une **situation finale** modifiée.
La formule d'ouverture « Il y avait... » renvoie à un passé et à des lieux imprécis, en apparence, mais reconnaissables grâce à des analogies historiques. Le récit rapporte des faits et des **actions** qui s'inscrivent à la fois dans une époque donnée et dans une **durée**.

Les personnages

Traditionnellement, les **personnages** des contes sont définis, non par une identité précise, mais par leur **fonction**, ou leur appartenance à une **catégorie** familiale ou professionnelle : roi, prince, père, mère, aîné, cadet, sœur... Dans les **contes philosophiques**, les personnages sont davantage représentatifs de certaines questions sociales et politiques du moment : ils sont maîtres et esclaves, aristocrates et gens du peuple, généraux et soldats, religieux, marchands, financiers... toujours reconnaissables. Le lecteur se trouve dans un univers qu'il reconnaît parce qu'il est historique, ce qui facilite différentes formes d'identification.

Le narrateur

Le narrateur peut être un personnage du conte. Il se manifeste alors à la première personne (→ p. 85). Lorsqu'il se contente de raconter, il lui arrive cependant d'intervenir sur le mode **explicatif** (→ p. 163) ou **ironique** (→ p. 190), ce qui est une manière d'attirer l'attention du lecteur sur l'enseignement ou sur la réflexion que comporte le récit et de faire comprendre sa position personnelle. Il utilise différentes formes de discours et différents registres : présentation **descriptive élogieuse** ou très **critique** des personnages, même si elle est rapide, comme dans le chapitre I de *Candide*, **pathétique** (→ p. 179) ou **comique** (→ p. 187). Schématique et réduit par rapport au récit romanesque, le conte a pour particularité de répondre à une vocation didactique, qui exploite son caractère narratif.

2 La force didactique et argumentative du conte philosophique

Sous son aspect narratif et divertissant, et grâce à lui, le conte philosophique est porteur d'un enseignement qui prend la forme d'une **réflexion philosophique et/ou politique et sociale**, parfois reprise sous forme de conclusion, mais présente tout au long de l'histoire. Persuadé que « tout est bien », Candide découvre à ses dépens que tout est mal, mais son optimisme initial ne disparaît pas tout à fait. La conclusion modérée selon laquelle « il faut cultiver notre jardin » est une invitation à tirer parti des talents humains, et à ne pas attendre la réalisation de l'impossible. Porteur d'une **thèse**, le conte philosophique utilise les faits et les actions comme **arguments** et comme **exemples** pour faire comprendre le bien-fondé de l'enseignement donné. La succession des épisodes constitue l'**argumentation** de la thèse soutenue ou la **réfutation** de la thèse rejetée : les mésaventures de Candide réfutent la théorie optimiste de Pangloss, tout en dénonçant les injustices et les inégalités de l'époque.
Par le jeu des **analogies**, un récit plaisant ou effrayant, mais toujours divertissant, conduit le lecteur à réfléchir et à apprendre, sans qu'il ait l'impression d'être guidé.

→ Synthèse **Les formes de discours (→ p. 152)**
- Le discours narratif
- Le discours argumentatif

→ Synthèse **L'énonciation (→ p. 118)**
- Le système énonciatif

→ Synthèse **Les différents registres (→ p. 172)**

Histoire d'un genre / LE CONTE

Essentiellement oral à son origine, le conte est un genre littéraire qui est passé de la tradition populaire à la littérature. Il existait dans l'Antiquité gréco-latine et en Orient, avec une double vocation : divertir et instruire.

Origines et développement du conte

Attesté à Rome par *L'Âne d'or* d'Apulée (IIe siècle), le conte se développe pendant le Moyen Âge sous la forme de **fabliaux** et, à la Renaissance, de petites nouvelles, comme *L'Heptaméron* (1548), de Marguerite de Navarre, inspiré du *Décaméron* de Boccace (1348),

Avec Perrault, Madame d'Aulnoy, Madame de Murat, la fin du XVIIe siècle est par excellence l'époque du **conte de fées** à vocation morale. En apparence simples, ces récits renvoient à un univers complexe de **relations psychologiques** et **psychanalytiques** : conflits familiaux, situations à valeur de modèles, liens avec le monde. Destinés aux enfants, ces contes doivent les **aider** à trouver des repères et des limites dans ce qui les environne.

L'âge d'or du conte philosophique

Au XVIIIe siècle, Voltaire confère au conte une vocation critique et dénonciatrice. Parfois conçu en chapitres, à l'image du roman, dont il utilise les codes en les **détournant,** mettant en scène des personnages schématiques, le conte philosophique **séduit** tout en **déstabilisant** les certitudes du lecteur. Ce dernier est souvent conduit – grâce à l'ironie – **à remettre en cause** des idées admises, dans l'esprit des Lumières. La double vocation divertissante et didactique du conte se met ici au service de la cause philosophique. Parallèlement, les contes moraux de Marmontel, Louis-Sébastien Mercier, Madame de Genlis, qui célèbrent la vertu, sont très appréciés dans la seconde moitié du siècle. À la frontière entre le conte philosophique et le conte fantastique, *Le Diable amoureux*, de Jacques Cazotte prend le contre-pied de l'esprit des lumières.

Contes philosophiques modernes

Le XIXe siècle est surtout riche en contes **fantastiques** et en contes **réalistes**, illustrés par Maupassant, mais aussi par C. Nodier, T. Gautier et Villiers de l'Isle-Adam. Ces contes n'ont **aucune vocation didactique affichée**. Il est certain que la mise en scène du fantastique se présente comme une **réflexion** sur certaines questions angoissantes de la vie (Gautier, E. A. Poe, Nerval). Les contes réalistes, ceux de Maupassant notamment, invitent le lecteur à **s'interroger** sur le sens et la nature de la vie sociale. Mais le conte philosophique à enseignement politique ne disparaît pas avec Voltaire. Le XXe siècle le voit renaître, avec une **vocation politique** affichée et la volonté de faire réfléchir sur le pouvoir, et ses abus : totalitarismes, autoritarisme, négation des droits, atteintes aux libertés... Ces thèmes sont présents dans *La Ferme des animaux* de G. Orwell, qui parodie la mise en place d'un régime totalitaire, dans certaines nouvelles de D. Buzzati, et dans des œuvres d'I. Calvino, qui aborde différents thèmes sociaux et politiques sous une forme dont l'efficacité intellectuelle et émotionnelle vient de **l'ironie.** On peut ainsi penser que c'est le « climat » politique et social d'une époque qui détermine l'existence de ces contes, véritables armes politiques et système de défense de la pensée libre.

« Le vent de l'amour » (une jeune femme se hâte de rentrer chez elle sous l'orage menaçant), miniature indienne, École du Pahari (fin XVIIIe siècle), gouache sur papier, 15 x 10 cm (Bhârat Kala Bhawan Museum, Bénarès).

APPLICATION

EX. 1 Étudier le statut et le rôle du narrateur dans les contes philosophiques

TEXTES 1 À 3

1. Dans les trois extraits ci-contre, dites si le narrateur est présent et quel est son statut. Quel(s) rôle(s) joue-t-il ? Comment fait-il connaître des jugements et des prises de position ?

2. Quel est le registre particulier adopté par le narrateur dans le texte 3 ?

EX. 2 Rapprocher et comparer des textes pour établir une synthèse

TEXTES 1 À 3

1. Dégagez des trois extraits proposés certaines caractéristiques communes aux contes : temps et lieu de l'action, nature et identité des personnages, ébauche d'intrigue, rôle du narrateur.

2. Dans les différents extraits, repérez les mots ou expressions qui confèrent aux situations des connotations morales ou philosophiques : qu'est-ce qui laisse penser que le conte a une portée didactique ?

TEXTE 1

Dans une de ces planètes qui tournent autour de l'étoile nommée Sirius, il y avait un jeune homme de beaucoup d'esprit, que j'ai eu l'honneur de connaître dans le dernier voyage qu'il fit dans notre petite fourmilière ; il s'appelait Micromégas, nom qui convient fort bien à tous les grands. Il avait huit lieues[1] de haut : j'entends, par huit lieues, vingt-quatre mille pas géométriques de cinq pieds[2] chacun.

VOLTAIRE, *Micromégas* (incipit), 1752.

1. Une lieue mesure quatre kilomètres.
2. Un pied mesure environ 30,8 centimètres.

TEXTE 2

L'état de ce bon homme[1] me fit une vraie peine : personne n'était ni plus raisonnable ni de meilleure foi que lui. Je conçus que plus il avait de lumières dans son entendement, et de sensibilité dans son cœur, plus il était malheureux. Je vis le même jour la vieille femme qui demeurait dans son voisinage : je lui demandai si elle avait jamais été affligée de ne savoir pas comment son âme était faite. Elle ne comprit seulement pas ma question : elle n'avait jamais réfléchi un seul moment de sa vie sur un seul des points qui tourmentaient le bramin ; elle croyait aux métamorphoses de Vitsnou de tout son cœur, et pourvu qu'elle pût avoir quelque fois de l'eau du Gange pour se laver, elle se croyait la plus heureuse des femmes.

VOLTAIRE, *Histoire d'un bon bramin*, 1761.

1. Le narrateur a rencontré un philosophe d'une grande sagesse et d'un grand savoir, le bramin, qui se dit malheureux, et une femme totalement ignorante qui se dit heureuse.

TEXTE 3

Monsieur le baron[1] était un des plus puissants seigneurs de la Westphalie, car son château avait une porte et des fenêtres. Sa grande salle même était ornée d'une tapisserie. Tous les chiens de ses basses-cours composaient une meute dans le besoin ; ses palefreniers étaient ses piqueurs ; le vicaire du village était son grand aumônier. Ils l'appelaient tous Monseigneur, et ils riaient quand il faisait des contes. Madame la Baronne, qui pesait environ trois cent cinquante livres, s'attirait par là une très grande considération, et faisait les honneurs de la maison avec une dignité qui la rendait encore plus respectable.

VOLTAIRE, *Candide*, chapitre I, 1759.

1. Il s'agit du Baron de *Thunder-ten-tronckh*, présenté peu avant dans le texte, et chez qui vit le jeune Candide.

ÉCRITURE

EX. 3 Inventer un conte moral à partir d'une image

En prenant appui sur l'image d'ouverture, composez un conte moral et/ou politique mettant en scène des personnages masqués, animaux se comportant comme des hommes ou hommes transformés en animaux. Vous êtes le conteur. Vous utilisez la troisième personne mais vous pouvez marquer votre présence.

EX. 4 Étudier la présence de réflexions philosophiques

TEXTE 4

1. Étudiez le caractère narratif de cet extrait du conte philosophique *Zadig*.

2. Quels comportements et quels faits de la vie sociale se trouvent dénoncés dans ce passage narratif ?

3. Quel(s) thème(s) philosophique(s) sont abordés, directement ou indirectement, dans l'extrait ?

TEXTE 4

Tous les juges admirèrent le profond et subtil discernement[1] de Zadig ; la nouvelle en vient jusqu'au roi et à la reine. On ne parlait que de Zadig dans les antichambres, dans la chambre, et dans le cabinet ; et quoique plusieurs mages opinassent[2] qu'on devait le brûler comme sorcier, le roi ordonna qu'on lui rendît l'amende de quatre cents onces d'or à laquelle il avait été condamné. Le greffier, les huissiers, les procureurs, vinrent chez lui en grand appareil lui rapporter ses quatre cents onces ; ils en retinrent seulement trois cent quatre-vingt-dix-huit pour les frais de justice, et leurs valets demandèrent des honoraires.

Zadig vit combien il était dangereux quelquefois d'être trop savant, et se promit bien, à la première occasion, de ne point dire ce qu'il avait vu.

Cette occasion se trouva bientôt. Un prisonnier d'État s'échappa ; il passa sous les fenêtres de sa maison. On interrogea Zadig, il ne répondit rien ; mais on lui prouva qu'il avait regardé par la fenêtre. Il fut condamné pour ce crime à cinq cents onces d'or, et il remercia ses juges de leur indulgence, selon la coutume de Babylone. « Grand Dieu ! dit-il en lui-même, qu'on est à plaindre quand on se promène dans un bois où la chienne de la reine et le cheval du roi ont passé ! qu'il est dangereux de se mettre à la fenêtre ! et qu'il est difficile d'être heureux dans cette vie ! »

VOLTAIRE, *Zadig*, « Le chien et le cheval », 1747.

1. Dans l'épisode qui précède, Zadig, grâce à ses talents d'observation a décrit la chienne perdue de la reine et le cheval du roi des rois, lui aussi disparu. Il a donc été accusé, à tort, de les avoir volés. Il vient d'expliquer comment il avait su interpréter les traces de leur passage. **2.** Fussent d'avis.

EX. 5 Déterminer la portée philosophique d'un conte

TEXTE 5

Le passage suivant est la conclusion d'un conte (voir la note 1 du texte 2 → p. 280) : sur quelle question porte-t-elle ? Apporte-t-elle des réponses définitives ?

TEXTE 5

« Il y a pourtant, disais-je, une furieuse contradiction dans cette façon de penser[1] : car enfin de quoi s'agit-il ? D'être heureux. Qu'importe d'avoir de l'esprit ou d'être sot. Il y a bien plus : ceux qui sont contents de leur être sont bien sûrs d'être contents ; ceux qui raisonnent ne sont pas si sûrs de bien raisonner. Il est donc clair, disais-je, qu'il faudrait choisir de n'avoir pas le sens commun, pour peu que ce sens commun contribue à notre mal-être. » Tout le monde fut de mon avis, et cependant je ne trouvai personne qui voulût accepter le marché de devenir imbécile pour devenir content. De là je conclus que, si nous faisons cas du bonheur, nous faisons encore plus de cas de la raison.

Mais, après y avoir réfléchi, il paraît que de préférer la raison à la félicité, c'est être très insensé. Comment donc cette contradiction peut-elle s'expliquer ? Comme toutes les autres. Il y a là de quoi parler beaucoup.

VOLTAIRE, *Histoire d'un bon bramin*, 1761.

1. En considérant que pour être heureux, il vaut mieux être sot.

EX. 6 Étudier la portée parodique d'un conte philosophique

TEXTE 6

1. Concernant le personnage de Napoléon, expliquez le phénomène de langage rapporté dans l'extrait et ce qu'il peut signifier dans un régime politique supposé démocratique.

2. À travers les comportements et les paroles des animaux, dites ce qui est dénoncé et quel est le registre dominant. Différenciez le registre utilisé par les animaux de celui du narrateur, notamment dans l'expression « *accomplissement heureux et hasard propice* » (l. 13).

EX. 7 Déterminer le caractère argumentatif d'un conte

TEXTES 4, 5 ET 6

Expliquez en quoi la présence d'une moralité ou d'un enseignement nettement identifiable dans les contes confère au discours narratif un caractère argumentatif.

EX. 8 Déterminer les caractéristiques et les enjeux d'un conte

TEXTE 7

1. Étudiez la manière dont est construite cette présentation de personnage : qu'est-ce qui est mis en relief dans son comportement ? S'agit-il de récit ou de description ?

2. Quel effet la chute du texte produit-elle ? Repérez un phénomène d'ellipse : que manque-t-il au texte ?

3. Quel enseignement le lecteur doit-il tirer de cette histoire ? Reformulez ce qui pourrait être la moralité (ou la thèse).

TEXTE 6

Napoléon[1] n'était plus jamais désigné par un seul patronyme. Toujours on se référait à lui en langage de protocole : « Notre chef, le camarade Napoléon[2] ». De plus, les cochons se plaisaient à lui attribuer des titres tels que Père de tous les Animaux, Terreur du Genre Humain, Protecteur de la Bergerie, Ami des Canetons, et ainsi de suite. Dans ses discours, des larmes roulant le long de ses joues, Brille-Babil[2] exaltait la sagesse de Napoléon et sa bonté de cœur, son indicible amour des animaux de tous les pays, même et en particulier celui qu'il portait aux infortunés des autres fermes, encore dans l'ignorance et l'esclavage. C'était devenu l'habitude de rendre honneur à Napoléon de tout accomplissement heureux et hasard propice. Aussi entendait-on fréquemment une poule déclarer à une autre commère poule : « Sous la conduite éclairée du camarade Napoléon, notre chef, en six jours j'ai pondu cinq œufs. » Ou encore c'étaient deux vaches à l'abreuvoir, s'exclamant : « Grâces soient rendues aux lumières du camarade Napoléon, car cette eau a un goût excellent ! »

G. Orwell, *La Ferme des animaux*, chapitre VIII, 1945, traduction J. Queval, © Champ Libre/Ivréa, 1981 et 1995.

1. Les animaux d'une ferme ont décidé de couper tout contact avec les hommes et de gérer eux-mêmes leur ferme de manière démocratique, en fondant une république ; mais peu à peu les principes initiaux ne sont plus tout à fait respectés.
2. Napoléon et Brille-Babil sont des cochons très actifs dans la réalisation du projet.

TEXTE 7

Le chef

Il est directeur d'une grande industrie, il a passé la soixantaine, tous les matins il se lève à six heures, été comme hiver, à sept heures il est déjà à l'usine où il reste jusqu'à huit heures du soir et au-delà. Même le dimanche il va travailler, même si les ateliers et les bureaux sont déserts, mais une heure plus tard, ce qu'il considère comme un vice. Il est l'homme sérieux par excellence, il sourit rarement, il ne rit jamais. L'été, il se permet, mais pas toujours, une semaine de vacances dans sa villa sur le lac. Il n'a aucune faiblesse, il ne fume pas, ne boit ni café ni alcool, il ne lit pas de romans. Il ne tolère aucune faiblesse chez les autres. Il se croit important. Il est important. Il est très important. Il dit des choses importantes. Il a des amis importants. Il ne donne que des coups de téléphone importants. Même ses blagues en famille sont très importantes. Il se croit indispensable. Il est indispensable. Les obsèques auront lieu demain à quatorze heures trente, le cortège se réunira au domicile du défunt.

D. Buzzati, texte intégral, in *Les Nuits difficiles*, « Monstres modernes », traduction M. Sager, © Robert Laffont, 1972.

Corpus de textes

- **Texte 1** : VOLTAIRE, *Aventure indienne*, extrait, 1766.
- **Texte 2** : VOLTAIRE, *Le Taureau blanc*, chapitre 9, 1774.
- **Texte 3** : ITALO CALVINO, *Le Chevalier inexistant*, 1959.
- **Texte 4** : RENÉ POMEAU, Introduction aux *Romans et Contes* de Voltaire, 1966.

Questions portant sur le corpus

1. Identifiez le genre littéraire de chacun des quatre textes et dites quel(s) rôle(s) ils jouent dans le corpus les uns par rapport aux autres.
2. Qu'ont de particulier le texte 2 et le texte 4 ?

Écriture

1. Commentaire

Vous ferez le commentaire des lignes 41 à 77 du texte 1, *Aventure indienne*. Vous pouvez vous aider des pistes suivantes : le caractère narratif de l'extrait, le thème de la diversité des croyances, la dénonciation de l'intolérance.

2. Dissertation

Amaside, l'héroïne du conte de Voltaire *Le Taureau blanc*, s'écrie : « Je veux qu'un conte soit fondé sur la vraisemblance et qu'il ne ressemble pas toujours à un rêve. Je désire qu'il n'y ait rien de trivial ni d'extravagant. Je voudrais surtout que, sous le voile de la fable, il laissât entrevoir aux yeux exercés quelque fine vérité qui échappe au vulgaire. » Vous direz en quoi les contes philosophiques de Voltaire et d'autres conteurs répondent aux caractéristiques énoncées par Amaside, et dans quel but se trouvent associées la *fable* et la *vérité*.

3. Écriture d'invention

Vous devez composer une préface à un recueil d'extraits de contes philosophiques dont certains sont de Voltaire, et d'autres d'écrivains plus récents, comme I. Calvino, G. Orwell ou D. Buzzati. En une soixantaine de lignes écrites à la troisième personne et en construisant votre exposé comme vous l'entendez, faites comprendre la nature, les caractéristiques et les fonctions du conte philosophique. Insistez sur son écriture et sur ce qui fait son efficacité « philosophique ».

TEXTE 1

AVENTURE INDIENNE,
Traduite par l'ignorant

[...] Pythagore[1] avança quelques pas ; il trouva une huître qui bâillait sur un petit rocher ; il n'avait point encore embrassé cette admirable loi par laquelle il est défendu de manger les animaux nos semblables. Il allait avaler l'huître, lorsqu'elle prononça ces mots attendrissants : « Ô nature ! que l'herbe, qui est comme moi ton ouvrage, est heureuse ! Quand on l'a coupée, elle renaît, elle est immortelle ; et nous, pauvres huîtres, en vain sommes-nous défendues par une double cuirasse ; des scélérats nous mangent par douzaines à leur déjeuner, et c'en est fait pour jamais. Quelle épouvantable destinée que celle d'une huître, et que les hommes sont barbares ! »

Pythagore tressaillit ; il sentit l'énormité du crime qu'il allait commettre : il demanda pardon à l'huître en pleurant, et la remit bien proprement sur son rocher.

Comme il rêvait profondément à cette aventure en retournant à la ville, il vit des araignées qui mangeaient des mouches, des hirondelles qui mangeaient des araignées, des éperviers qui mangeaient des hirondelles. « Tous ces gens-là, dit-il, ne sont pas philosophes. »

Pythagore, en entrant, fut heurté, froissé, renversé par une multitude de gredins et de gredines qui couraient en criant : « C'est bien fait, c'est bien fait, ils l'ont bien mérité ! – Qui ? quoi ? » dit Pythagore en se relevant ; et les gens couraient toujours en disant : « Ah ! que nous aurons de plaisir de les voir cuire ! »

Pythagore crut qu'on parlait de lentilles ou de quelques autres légumes ; point du tout, c'était de deux pauvres Indiens. « Ah ! sans doute, dit Pythagore, ce sont deux grands philosophes qui sont las de la vie ; ils sont bien aises de renaître sous une autre forme ; il y a du plaisir à changer de maison, quoiqu'on soit toujours mal logé : il ne faut pas disputer des goûts. »

Il avança avec la foule jusqu'à la place publique, et ce fut là qu'il vit un grand bûcher allumé, et vis-à-vis de ce bûcher un banc qu'on appelait un *tribunal*, et sur ce banc des juges, et ces juges tenaient tous une queue de vache[2] à la main, et ils avaient sur la tête un bonnet ressemblant parfaitement aux deux oreilles de l'animal[3] qui porta Silène[4] quand il vint autrefois au pays avec Bacchus, après avoir traversé la mer Erythrée à pied sec, et avoir arrêté le soleil et la lune, comme on le raconte fidèlement dans *les Orphiques*[5].

Il y avait parmi ces juges un honnête homme fort connu de Pythagore. Le sage de l'Inde expliqua au sage de Samos[6] de quoi il était question dans la fête qu'on allait donner au peuple indou. « Les deux Indiens, dit-il, n'ont nulle envie d'être brûlés ; mes graves confrères les ont condamnés à ce supplice, l'un pour avoir dit que la substance de Xaca[7] n'est pas la substance de Brama[7], et l'autre, pour avoir soupçonné qu'on pouvait plaire à l'Être suprême par la vertu, sans tenir en mourant une vache par la queue[8], parce que, disait-il, on peut être vertueux en tout temps, et qu'on ne trouve pas toujours une vache à point nommé. Les bonnes femmes de la ville ont été si effrayées de ces deux propositions hérétiques qu'elles n'ont point donné de repos aux juges jusqu'à ce qu'ils aient ordonné le supplice de ces deux infortunés. » Pythagore jugea que depuis l'herbe jusqu'à l'homme il y avait bien des sujets de chagrin. Il fit pourtant entendre raison aux juges, et mêmes aux dévotes : et c'est ce qui n'est arrivé que cette seule fois.

Ensuite il alla prêcher la tolérance à Crotone[9] ; mais un intolérant mit le feu à sa maison : il fut brûlé, lui qui avait tiré deux Indous des flammes. *Sauve qui peut* !

VOLTAIRE, *Aventure indienne* (extrait), 1766.

1. Mathématicien et philosophe grec (570-480 av. J.-C.). On lui prête ici la capacité de comprendre le langage des animaux et des plantes. **2.** Emblème ridicule qui confère aux juges une image grotesque. **3.** Il s'agit d'un âne, animal qui portait sur son dos le satyre Silène et Bacchus à leur arrivée en Grèce. **4.** Silène est un satyre, demi-dieu rustique aux jambes de bouc et des cornes. **5.** Ensemble d'œuvres poétiques et philosophiques relatives à Orphée. **6.** Pythagore était originaire de l'île de Samos. **7.** Divinités des Indes. **8.** Seconde allusion à la queue de vache. Cette fois-ci le conteur l'utilise en référence à un rituel de la religion hindoue selon lequel il faudrait tenir la queue d'une vache en traversant un fleuve sacré pour entrer au paradis. En même temps qu'il reprend le thème de la diversité des croyances, il intègre le rituel à un raisonnement logique pour le ridiculiser. **9.** Ville du sud de l'Italie où s'installa Pythagore.

TEXTE 2

Les contes qu'on pouvait faire à la quadrisaïeule de la quadrisaïeule de ma grand-mère ne sont plus bons pour moi[1], qui ai été élevée par le sage Mambrès, et qui ai lu l'*Entendement humain* du philosophe égyptien nommé Locke[2], et la *Matrone d'Éphèse*[3]. Je veux qu'un conte soit fondé sur la vraisemblance, et qu'il ne ressemble pas toujours à un rêve. Je désire qu'il n'ait rien de trivial ni d'extravagant. Je voudrais surtout que, sous le voile de la fable, il laissât entrevoir aux yeux exercés quelque vérité fine qui échappe au vulgaire. Je suis lasse du soleil et de la lune dont une vieille dispose à son gré, des montagnes qui dansent, des fleuves qui remontent à leur source, et des morts qui ressuscitent ; mais surtout quand ces fadaises sont écrites d'un style ampoulé et inintelligible, cela me dégoûte horriblement. Vous sentez qu'une fille qui craint de voir avaler son amant par un gros poisson, et d'avoir elle-même le cou coupé par son propre père, a besoin d'être amusée ; mais tâchez de m'amuser selon mon goût.

VOLTAIRE, *Le Taureau blanc*, chapitre 9, 1774.

1. C'est l'héroïne du conte, Amaside, qui parle. **2.** Philosophe anglais (1632-1704). **3.** Histoire rapportée dans *Le Satiricon*, de l'auteur latin Pétrone (Ier s. apr. J.-C.).

TEXTE 3

Le Chevalier inexistant *se déroule au temps des croisades. Le passage suivant évoque une grande bataille menée par l'armée de Charlemagne.*

Au bout d'un moment, les champions ennemis se trouvaient face à face, et les écus s'entrechoquaient. C'était l'heure des combats singuliers. Mais le sol étant déjà tout encombré de carcasses et de cadavres, on avait du mal à se frayer un chemin : donc, quand on ne parvenait pas à s'affronter, on échangeait des gros mots. Ici, ce qui était capital, c'étaient la nature et le degré d'intensité de l'insulte, car, selon qu'il s'agissait d'une injure mortelle, sanglante, intolérable, ou moyenne, ou bien bénigne, diverses sortes de réparations étaient requises ; et parfois c'étaient des haines implacables qu'on léguait à ses descendants. L'important était donc de se bien comprendre, chose malaisée entre maures et chrétiens, avec, chez les uns comme chez les autres, tout ce mélange de parlers les plus divers ; si jamais vous receviez une insulte indéchiffrable, comment faire ? Vous n'aviez plus qu'à la garder, au risque d'en être déshonoré jusqu'à la fin de vos jours. Aussi, à cette phase du combat, participaient les interprètes, troupe rapide, légère, juchée sur de drôles de petits bidets[1], qui trottait de-ci, de-là, cueillant au vol chaque injure, et la traduisant sur-le-champ dans la langue du destinataire.

– *Khar as-Sus !*

– Chiure de mouche !

– *Mushrik ! Sozo ! Mozo ! Esclavao ! Marrane ! Hijo de puta ! Zabalkan ! Merde !*

Ces interprètes, d'un côté comme de l'autre, on était convenu, par un accord tacite, qu'il ne fallait pas les tuer. D'ailleurs, ils allaient comme le vent et si, dans toute cette pagaille, il n'était déjà pas facile d'abattre un lourd guerrier monté sur un cheval énorme qui pouvait à grand-peine bouger ses jambes, tant il les avait cerclées de fer, à plus forte raison ces diables d'acrobates ! Oh ! bien sûr, à la guerre comme à la guerre : de temps en temps, l'un d'eux y laissait sa peau. Mais après tout, ces lascars, sous prétexte qu'ils savaient dire « fils de pute » en deux ou trois langues, devaient bien trouver quelques avantages à prendre des risques. Sur les champs de bataille, pour peu qu'on ait la main leste, il y a toujours à glaner, surtout si l'on arrive au bon moment ; avant que ne s'abatte le grand essaim de la piétaille[2], qui rafle tout sur son passage. Pour ce qui est de butiner, les fantassins, bas sur pattes, n'ont pas leurs pareils ; seulement les cavaliers, dressés sur leurs arçons[3], surviennent juste au bon moment, vous les estourbissent d'un grand coup du bois de leur lance, et hissent la balle[4]. Le butin dont il s'agit ici, entendons-nous, n'est point celui qu'on arrache sur les morts, car détrousser un cadavre est une besogne qui requiert une exceptionnelle concentration, non, ce sont simplement les choses qui se perdent. Avec cette manie de partir au combat tout chargés de harnois[5] mis les uns sur les autres, au premier assaut le sol est jonché d'un fatras d'objets hétéroclites. Dès lors, qu'importe la bataille ? On se bat, oui, avec fureur, pour les ramasser ; et, le soir venu, de retour au cantonnement, on fait des trocs, on marchande ferme. Donne-moi ça, je te donne ça : tout compte fait, ce sont les mêmes choses qui, sans arrêt, circulent d'un camp à l'autre, d'un régiment à l'autre du même camp : mais la guerre, après tout, n'est-elle pas cet art de se passer de main en main des objets chaque fois un peu plus cabossés ?

I. CALVINO, *Le Chevalier inexistant*, chapitre IV, 1959, © Le Seuil, 2001 pour la traduction de l'italien de M. Javion, revue par M. Fusco.

1. Petits chevaux. **2.** L'infanterie (terme péjoratif). **3.** Armature de la selle. **4.** Gros paquet de marchandises. **5.** Forme ancienne de *harnais*, qui désigne l'ensemble des pièces servant à équiper un cheval.

TEXTE 4

Aux pages mêmes où ne s'affirme pas le « je » du conteur, sa présence se devine. C'est lui qui confère l'être aux marionnettes de ce Guignol philosophique, et d'abord par l'efficace des noms qu'il leur assigne : baron de Thunder-ten-tronckh, Cacambo, Giroflée, Mlle de Kerkabon, Barbabou, Formosante, dona Boca Vermeja[1]... Dénominations plus ou moins vraisemblables (quel jeune Allemand s'est jamais nommé Candide ?), mais très parlantes, résumant en leurs sonorités l'essence du personnage. Ébauchées ainsi en quelques traits saillants, les silhouettes prennent vie par le mouvement que leur imprime l'opérateur. Voltaire fait en sorte de les présenter toujours agissantes, selon l'esthétique[2] du Guignol. [...] Ces personnages ont tous, comme leur créateur, « le diable au corps ». C'est Voltaire, ordonnateur du spectacle, qui règle leurs évolutions, et ce n'est pas la manifestation la moins délectable de sa présence en son œuvre. Il ménage des rencontres peu croyables : de Candide et de Cunégonde à Lisbonne, à la faveur d'un autodafé[3], de Candide et du frère jésuite dans une colonie des pères au Paraguay, de Candide et de Pangloss, qu'on tenait pour trépassé, d'abord dans une rue de Hollande, puis en mer Égée sur la galère. Voltaire use de sa toute-puissance : il tue et ressuscite ses personnages selon le besoin. Quelle plus grande surprise que de faire reparaître quelqu'un qu'on a donné pour mort et enterré ? Ce qui dans le roman-feuilleton passe pour une condamnable facilité devient un jeu dans le conte.

« Tous les genres sont bons, sauf le genre ennuyeux », professait Voltaire. Ses fables sont les fables qu'invente l'homme qui aimait le moins s'ennuyer.

R. POMEAU, « Voltaire conteur », introduction aux *Romans et contes* de Voltaire, © GF-Flammarion, 1966.

1. Personnages des contes de Voltaire. **2.** Selon l'art du Guignol (théâtre de marionnettes). **3.** « Acte de foi » : dans le conte, « cérémonie » au cours de laquelle on doit brûler Candide, Pangloss et d'autres condamnés, dans l'espoir que ce sacrifice empêchera la terre de trembler.

19 L'essai

ERRÓ (né en 1932), *Foodscape* (1962-1963), 200 x 300 cm (Collection Moderna Museet, Stockholm, Suède).

LIRE L'IMAGE

1. Quelle première impression se dégage de la représentation ci-dessus ? Dites précisément d'où vient cette impression, par quelles caractéristiques de l'image elle est produite.
2. À quoi l'image fait-elle référence ? Que montre-t-elle ? Est-il possible d'établir une classification de ce qui est représenté ?
3. L'essai est un genre qui problématise des situations et construit une réflexion à partir de l'observation des faits, des événements et des comportements. En quoi peut-on dire que l'image joue ici le même rôle ? Sur quoi propose-t-elle de réfléchir ? Que dénonce-t-elle en attirant l'attention du spectateur ?

OBSERVATION

Quels que soient le talent, l'imagination et la science technique d'un metteur en scène, il n'est digne de sa fonction que s'il pratique la plus grande, la plus simple et la plus difficile des vertus. Je veux dire la sincérité. Une sincérité faite d'intelligence et de modestie. Il y aurait tout un long chapitre à écrire sur cette question de la sincérité dans la mise en scène. On devrait définir d'abord la notion même de sincérité, montrer que ce n'est pas, comme on le croit communément, une vertu de prime-saut[1], une vertu de jeunesse, facile et entreprenante, mais au contraire une vertu de maturité, dont la sagesse n'exclut pas la chaleur, une vertu de réflexion, de retenue et de choix. Rien n'est plus facile que de s'exciter sur un texte dramatique. Rien n'est plus commun que d'avoir des idées, toutes sortes d'idées à propos d'une pièce, par exemple d'habiller Hamlet en lieutenant de hussards, ou de faire jouer le *Tartuffe* en costume de bain. Rien n'est plus terrifiant qu'un metteur en scène qui a des idées. Son rôle n'est pas d'avoir des idées, mais de comprendre et de rendre celles de l'auteur, de ne les forcer ni de les atténuer en rien, de les traduire avec fidélité dans le langage du théâtre. Et que faut-il pour cela ? Il faut savoir lire un texte. Et quelles sont les méthodes qui conduisent à bien lire un texte ? Je serais bien embarrassé de le dire. Je crois que cela ne peut guère s'apprendre. C'est un don, c'est une grâce qui nous est donnée ; c'est une inspiration analogue à celle du poète, d'un ordre moins élevé, mais de même nature. L'homme de théâtre-né, par une mystérieuse connivence, entre presque sans effort en possession de l'ouvrage du dramaturge-né. Ce qui n'est pour autrui qu'une suite de mots, noirs sur blanc, et que les phrases coupées d'un dialogue, il y découvre, pour ainsi dire au premier coup d'œil, un monde de formes, de sons, de couleurs, de mouvements. Il ne les invente pas. Il les retrouve. Ce sont les mouvements, les couleurs, les sons et les formes qui accompagnaient plus ou moins consciemment la création du poète. C'est pourquoi je pense que pour une œuvre bien conçue pour la scène il existe une mise en scène nécessaire, et une seule, celle qui est inscrite dans le texte de l'auteur, comme les notes sur une portée musicale. Elles sont muettes aux yeux du profane. Le regard du musicien les fait chanter.

J. Copeau, *Registres 1 : Appels*, 1926, © Gallimard, 1974.

1. Une vertu spontanée.

Le thème abordé

1. De quel genre littéraire est-il question dans cet extrait (mots surlignés) ? Quels sont le thème abordé (mots surlignés) et l'idée défendue par celui qui parle ?

Les prises de position de l'auteur

2. Comment se manifeste la présence de celui qui parle (mots **soulignés**) ? Comment sait-on qu'il s'agit de l'auteur ?
3. Quels termes font apparaître qu'il exprime un point de vue personnel ? Quels termes montrent qu'il s'appuie sur l'opinion commune ?

Les caractéristiques d'un discours argumenté

4. Quels procédés rendent les propos persuasifs (mots et expressions surlignés) et le texte vivant (mots encadrés) ? Quels mots de liaison assurent le caractère démonstratif du passage (mots soulignés) ?

Un essai sur la mise en scène de théâtre

5. Récapitulez les qualités nécessaires à un bon metteur en scène de théâtre. À qui est-il comparé ?
6. Récapitulez les caractéristiques de l'écriture de l'essai telles qu'elles apparaissent dans cet extrait.

REPÈRES

Pour analyser un extrait d'essai

On désigne par le mot « **essai** » des textes de longueur diverse dans lesquels l'auteur, en général présent sous la forme de « **je** », propose à ses **contemporains** une **réflexion argumentée** fondée à la fois sur son savoir, son expérience et l'observation de ce qui l'entoure. L'essayiste ne se pose pas en spécialiste d'un domaine, il ne construit pas un système philosophique.

1 La présence de l'auteur et l'énonciation

Réflexion personnelle, l'essai est caractérisé par la présence directe ou indirecte de la **première personne** : celui qui exprime ses idées est le signataire, l'auteur, et c'est en son propre nom qu'il parle. Le pronom personnel « je » est généralement présent – « je crois, je pense » – mais pas toujours. Il est parfois remplacé par « nous » ou par « on ».

Le **caractère personnel** des prises de position se révèle à travers différentes **marques de subjectivité** : modalisateurs (→ p. 118), connotations, force des affirmations. Le système énonciatif est celui du discours : les propos sont ancrés dans le **présent de l'écriture** (→ p. 94), mais cela n'exclut pas le recours au **récit** (→ p. 122), notamment dans l'évocation de souvenirs.

2 Un contenu à la fois personnel et proche des idées communes

L'essai n'est ni un système philosophique ni une recherche de spécialiste : il se nourrit de l'**expérience** de son auteur, expérience qui englobe un savoir acquis et un vécu. Montaigne évoque ainsi de manière imagée l'**expérimentation** de son « jugement » (→ texte 1). Cette particularité confère à l'essai une triple caractéristique : d'une part, il repose sur des **idées communes** et les utilise, soit pour les approfondir, soit pour les contrer ; d'autre part, il s'appuie sur des références liées au savoir, en particulier des **références** historiques. Enfin, il prend souvent pour point de départ l'observation d'**événements** ou de **situations contemporains** de son auteur dans des domaines divers : sport, éducation, politique, littérature et arts, religion…

3 Le caractère argumentatif de l'essai

Celui qui compose un essai et expose des idées personnelles s'efforce d'en prouver le bien-fondé. L'essai présente toutes les caractéristiques de l'**argumentation** (→ p. 170) : présence d'une **thèse** (prise de position ou idée dominante), d'**arguments** et d'**exemples** venus de l'expérience, du savoir et de l'observation, mise en jeu de diverses « stratégies » de **raisonnement** (le raisonnement concessif est souvent utilisé), utilisation de **procédés rhétoriques** divers (→ p. 170) visant à exprimer la force de conviction de l'auteur et à faire adhérer le lecteur : anaphores, jeu de questions/réponses, questions oratoires, mise en cause du destinataire, appel à son imagination par les comparaisons et les métaphores. L'essai prend souvent la forme d'un **dialogue implicite** avec le lecteur, invité à saisir une pensée en formation à travers les interrogations et les réflexions.

→ Synthèse **Les formes de discours (→ p. 152)**
→ Synthèse **Les figures de rhétorique (→ p. 96)**
→ Synthèse **Les outils grammaticaux (→ p. 74)**
- Pronoms et indices personnels
- Les temps verbaux

Histoire d'un genre / L'ESSAI

Les premiers « essais » : ceux de Montaigne

La diversité des formes que peut prendre ce qu'on appelle un essai fait qu'il est difficile d'en établir un historique. L'utilisation de ce mot comme titre de son œuvre par Montaigne peut constituer un point de départ : il s'agit pour lui de faire l'**expérimentation** de ses facultés, notamment de confronter son **jugement** à diverses **expériences**, celles de la lecture, celles de la vie. Pris dans ce sens, l'essai montre une réflexion en train de se construire.

Des essais à toutes les époques et sous toutes les formes

On trouve des exemples d'essais à toutes les époques : au **siècle classique**, les *Pensées* de Pascal se donnent pour objectif de persuader de la nécessité de croire en Dieu pour trouver un sens à la condition humaine. Mais on peut classer parmi ce genre certaines prises de position de la querelle des Anciens et des Modernes, comme les *Parallèles des Anciens et des Modernes*, de Perrault, certaines préfaces de dramaturges (Racine, Molière), ou encore l'*Art poétique* de Boileau.

Le siècle des Lumières offre des **traités polémiques** (*Traité sur la tolérance*, de Voltaire), des **discours**, notamment ceux de Rousseau (*Discours sur les arts et les sciences*, *Discours sur l'origine de l'inégalité*), des **réflexions** diverses (Diderot, Condorcet).

Le XIXe siècle voit se développer ce genre dans le domaine de la **critique** et de **l'histoire**, avec Tocqueville, Sainte-Beuve (*Causeries du lundi*), Renan, Michelet, Taine (*Essais de critique et d'histoire*), Baudelaire (*Curiosités esthétiques*). Les romanciers expriment leurs théories dans des essais comme *Le roman* (préface de *Pierre et Jean*), de Maupassant, ou *Le roman expérimental*, de Zola.

Un genre en pleine expansion au XXe siècle

Siècle du brouillage des genres, le XXe voit se développer les essais dans tous les domaines. Ceux de Paul Valéry (*Variétés*) se placent dans la ligne de l'œuvre de Montaigne. De nombreux ouvrages (R. Barthes, Cl. Lévi-Stauss, M. Leiris, J.-P. Sartre, R. Caillois...) abordent des **questions littéraires** associées aux divers courants, surréalisme, Nouveau Roman, structuralisme, et à des champs de recherches récents comme la linguistique, la sémiotique...

De nombreux **travaux universitaires** sont aussi publiés sous la forme d'essais. Beaucoup d'autres essais se rattachent au domaine politique et économique : se trouvent abordées toutes les **questions d'actualité**, à travers des ouvrages souvent polémiques et qui risquent d'être rapidement dépassés. Concernant la vie politique, les questions sociales, l'éducation, les médias, la condition des femmes, les « affaires » politico-financières, l'intégration des immigrés... : ces ouvrages constituent des témoignages de la vie d'une époque.

Historique par son ancrage dans le monde environnant, l'essai révèle les **réflexions** et les **préoccupations** d'une époque en même temps qu'il peut la transcender par la permanence de son thème essentiel : l'être humain, ses comportements individuels ou en groupe, sa pensée, ses réactions.

Couverture du *Minotaure*, par JOAN MIRÓ (1893-1983), n° 7, 10 juin 1935.

APPLICATION

EX. 1 Identifier les caractéristiques de l'essai selon Montaigne

TEXTE 1

1. Expliquez en quoi les différents exemples donnés dans le texte permettent de comprendre le sens du mot « essai ».

2. Quelles sont les caractéristiques de la démarche mise en jeu ?

EX. 2 Expliciter la définition de l'essai et ses caractéristiques

TEXTE 2

1. Définissez, à partir de ce texte, ce qu'est un essai pour Paul Valéry en précisant : son destinataire, ses objectifs, les sources des idées mises en jeu.

2. Expliquez le mot amateur (l. 19). À quel mot pourrait-il être opposé ?

EX. 3 Rapprocher et comparer deux textes

1. TEXTE 1 ET 2
Quels éléments communs retrouve-t-on dans les deux textes ?

2. TEXTE 1
Quelle est la particularité de ce texte en ce qui concerne les pronoms personnels ? Quelle conclusion peut-on en tirer ?

EX. 4 Faire apparaître l'importance des références dans un essai

TEXTE 3

1. Déterminez le thème du texte : qu'est-ce qui permet de le trouver ?

2. Sur quoi s'appuie l'auteur ? Quelle est l'utilité de cette manière de procéder, pour l'auteur d'une part, pour le lecteur d'autre part ?

3. Par rapport au thème abordé, quelle est la première idée énoncée ? peut-on parler de thèse ?

TEXTE 1

Le jugement est un outil pour tous les sujets et l'on s'en sert partout. Pour cette raison, j'emploie toutes sortes d'occasions pour faire ici des essais du mien. Si c'est un sujet que je ne comprenne pas du tout, à ce sujet-là lui-même je l'essaie, en sondant le gué de bien loin, et puis, le trouvant trop profond pour ma taille, je reste sur la rive : et le fait de reconnaître que je ne peux pas passer de l'autre côté est un trait de son action, et même un des traits dont il se vante le plus. Tantôt dans un sujet vain, un sujet de rien, j'essaie de voir s'il pourra lui donner de la consistance et fournir de quoi l'appuyer et l'étayer. Tantôt je le mène en promenade vers un sujet noble et rebattu dans lequel il n'a rien de personnel à trouver, le chemin étant si frayé qu'il ne peut marcher que sur la piste d'autrui. Là il s'amuse à choisir la route qui lui semble la meilleure et entre mille sentiers, il dit que celui-ci ou celui-là a été le mieux choisi. Je prends le premier sujet que m'offre le hasard. Tous me sont également bons. Et je ne me propose jamais de les présenter entiers, car je ne vois le tout de rien : ceux qui nous promettent de nous faire voir ce tout ne le voient pas non plus.

MONTAIGNE, *Essais*, I, L : « Sur Démocrite et Héraclite », traduction en français modernisé A. Lanly, © Honoré Champion, 1989.

TEXTE 2

Ce petit recueil se dédie de préférence aux personnes qui n'ont point de système et sont absentes des partis ; qui par là sont libres encore de douter de ce qui est douteux et de ne point rejeter ce qui ne l'est pas.

D'ailleurs, ce ne sont ici que des études de circonstance. Il en est de 1895, il en est d'hier, il en est d'aujourd'hui. Elles ont ce caractère commun d'être des essais, au sens le plus véritable de ce terme. On n'y trouvera que le dessein de préciser quelques idées qu'il faudrait bien nommer *politiques*, si ce beau mot de politique, très séduisant et excitant pour l'esprit, n'éveillait de grands scrupules et de grandes répugnances dans l'esprit de l'auteur. Il n'a voulu que se rendre un peu plus nettes les notions qu'il avait reçues de tout le monde, ou qu'il s'était formées comme tout le monde, et qui servent à tout le monde à penser aux groupes humains, à leurs relations réciproques et à leurs gênes mutuelles.
Essayer de préciser en ces matières n'est assurément pas le fait des hommes qui s'y entendent ou qui s'en mêlent : il s'agit donc d'un amateur.

P. VALÉRY, *Regards sur le monde actuel*, © Gallimard, 1931.

TEXTE 3

Tous les dictionnaires, depuis Trévoux, insistent sur l'aspect « excessif », « déréglé », « immodéré » de cette passion. La qualifier, comme *Le Robert*, de « désir ardent » paraît encore

EX. 5 Analyser la présence de l'auteur dans un essai

TEXTES 1 À 3

Parmi ces textes, quels sont ceux dans lesquels la présence de l'auteur s'exprime directement ?
Dans lesquels cette présence est-elle perceptible indirectement ?
À quoi le lecteur peut-il le percevoir ?

EX. 6 Étudier certains procédés de persuasion dans un extrait d'essai

TEXTE 4

1. Quel est le thème du texte ?
Quelle est la relation entre la première phrase et le reste du texte ?
Quelle est la forme de discours utilisée ?

2. Comment peut se justifier l'emploi récurrent du présent dans le texte ?

3. Que désigne le pronom *nous* ? Quelle est la force du subjonctif de la ligne 14 ?

EX. 7 Étudier la structure argumentative d'un extrait d'essai

TEXTE 5

1. Quel est le thème abordé par Italo Calvino ? Comment ce thème apparaît-il dans chacun des paragraphes ?

2. Comment « fonctionnent » les paragraphes 2 et 3 sur le plan argumentatif ? Faites apparaître les similitudes de démarche.

3. Les points de vue énoncés sont-ils généraux ou personnels ? Qu'est-ce qui donne du poids à l'argumentation ?

la façon la plus neutre d'en parler. Et pourtant, avant même d'aborder le contenu d'un tel désir, le lecteur sait déjà que l'ambition ne révèle pas la meilleure part de l'être humain. Trois siècles avant l'ère chrétienne, les premiers stoïciens ont enseigné la méfiance à l'égard des passions, excessives et douloureuses par définition. La grandeur de l'homme ne réside pas dans cet état de soumission et d'aveuglement mais dans le détachement calme et lucide qui est le propre de la raison. Tous les stoïciens depuis Zénon ont dénoncé ce « pathos », cette tendance tyrannique, irrationnelle et anti-naturelle. La théologie chrétienne, à cet égard, ne les démentira pas. Le désir est du côté du péché et de l'animalité. En lui accolant l'idée de démesure, redondance volontaire, on accuse encore son caractère péjoratif.

É. Badinter, *Émilie, Émilie ou l'Ambition féminine au XVIIIe siècle*, © Flammarion, 1984.

TEXTE 4

Nous ne nous tenons jamais au temps présent. Nous anticipons l'avenir comme trop lent à venir, comme pour hâter son cours, ou nous rappelons le passé pour l'arrêter comme trop prompt, si imprudents que nous errons dans les temps qui ne sont point nôtres et ne pensons point au seul qui nous appartient, et si vains que nous songeons à ceux qui ne sont rien, et échappons sans réflexion le seul qui subsiste. C'est que le présent d'ordinaire nous blesse. Nous le cachons à notre vue parce qu'il nous afflige, et s'il nous est agréable nous regrettons de le voir échapper. Nous tâchons de le soutenir par l'avenir et pensons à disposer les choses qui ne sont pas en notre puissance pour un temps où nous n'avons aucune assurance d'arriver.

Que chacun examine ses pensées, il les trouvera toutes occupées au passé ou à l'avenir. Nous ne pensons presque point au présent, et si nous y pensons, ce n'est que pour en prendre la lumière pour disposer de l'avenir. Le présent n'est jamais notre fin. Le passé et le présent sont nos moyens, le seul avenir est notre fin. Ainsi nous ne vivons jamais, mais nous espérons de vivre, et nous disposant toujours à être heureux, il est inévitable que nous ne le soyons jamais.

B. Pascal, *Pensées*, Fragment 80, éd. Ph. Sellier, © Robert Laffont, 1976-1991.

TEXTE 5

En somme, je crois qu'il y a deux façons erronées de considérer une possible utilité politique de la littérature.

La première est de prétendre que la littérature doit illustrer une vérité déjà possédée par la politique, c'est-à-dire de croire que l'ensemble des valeurs de la politique vient avant, et que la littérature doit simplement s'y adapter. Cette opinion implique qu'on conçoit la littérature comme ornementale et superflue, mais aussi qu'on conçoit la politique comme fixée et sûre de soi, conception qui serait désastreuse. Semblable fonction de pédagogie politique ne peut se

concevoir qu'au niveau d'une mauvaise littérature et d'une mauvaise politique. La seconde erreur est de voir dans la littérature un assortiment de sentiments humains éternels, la vérité d'un langage que la politique tend à oublier et qu'il convient donc de lui rappeler de temps à autre. Pareille conception laisse apparemment plus de place à la littérature, mais en réalité pour la confiner dans un petit rôle : confirmer du déjà connu, tout au plus se livrer à des provocations naïves, élémentaires avec le plaisir juvénile de la fraîcheur et de la spontanéité. Derrière quoi on trouve l'idée qu'existe un ensemble de valeurs établies que la littérature a le devoir de conserver, l'idée classique et arrêtée que la littérature serait dépositaire d'une vérité une fois pour toutes donnée. Si elle accepte d'assumer ce rôle, la littérature se réduit à une fonction de consolation, de conservation, de régression : fonction certes plus nuisible qu'utile.
Cela veut-il dire que tout usage de la littérature soit erroné ? Non, je crois que, s'il y a deux mauvaises façons d'user politiquement de la littérature, il y en a aussi deux bonnes [...].

I. Calvino, « Des bons et des mauvais usages politiques de la littérature », 1976, in *La Machine littérature*, traduit de l'italien par M. Orcel et F. Wahl, 1984
© Le Seuil, 1993.

EX. 8 Étudier les relations de l'essai avec l'Histoire

1. Compte tenu de la nature de l'essai, expliquez en quoi il est associé à l'environnement historique, culturel et social dans lequel il est produit. De quoi porte-t-il le reflet ?

2. Existe-t-il cependant, dans les extraits de ce chapitre, des textes dont les thèmes et les problématiques peuvent échapper au temps ?

ÉCRITURE

EX. 9 Rédiger un paragraphe d'essai à partir d'une image

En prenant appui sur l'image, vous répondrez de manière personnelle, en utilisant ou non la première personne, à la question suivante : les tags peuvent-ils être considérés comme de l'art ? On ne vous demande pas une dissertation mais un texte d'une trentaine de lignes exposant votre point de vue, qui pourrait constituer la conclusion d'un essai.

J.-M. Basquiat (1960-1988), *Success* (1980), acrylique et huile, collage et dorure sur bois, 110,5 x 57 cm (Coll. privée).

Corpus de textes

- **Texte 1** : R. Desnos, « Ce cœur qui haïssait la guerre », 1943.
- **Texte 2** : J.-P. Sartre, *Situations II*, 1948.
- **Texte 3** : A. Camus, *Discours de Suède*, 1957.
- **Texte 4** : R. Caillois, *Babel*, 1978.

Questions portant sur le corpus

1. Trois des textes du corpus s'apparentent au même genre ; identifiez ce genre en rappelant cependant des différences dans les circonstances de composition.

2. Rapprochez ces trois textes et repérez plusieurs de leurs points communs en ce qui concerne les prises de position abordées et certaines caractéristiques de ce genre littéraire.

3. Quelle est la fonction du texte 1 dans le corpus ? Quelles relations entretient-il avec les trois autres textes ? En quoi diffère-t-il d'eux ?

Écriture

1. Commentaire

Commentez le texte de Robert Desnos en vous aidant des pistes suivantes : *le constat d'une situation paradoxale ; les explications données pour résoudre le paradoxe ; la force d'exemplarité d'un choix personnel assumé et justifié, celui du poète.*

2. Dissertation

Un artiste peut-il rester en dehors des événements qui marquent son temps et qui influent sur la société dans laquelle il vit ? Vous répondrez à cette question en prenant appui sur les textes du corpus, sur d'autres lectures ainsi que sur des connaissances en peinture et dans d'autres arts.

3. Écriture d'invention

Un citoyen qui a fait le même choix que Robert Desnos, dans les mêmes circonstances historiques (la Résistance), explique sa démarche et la justifie. Rédigez le texte dans lequel il explique, à la première personne, ce qui l'a poussé – alors qu'il « haïssait la guerre » à s'engager.

TEXTE 1

Ce cœur qui haïssait la guerre…

Ce cœur qui haïssait la guerre voilà qu'il bat pour le combat et la bataille !

Ce cœur qui ne battait qu'au rythme des marées, à celui des saisons, à celui des heures du jour et de la nuit,
Voilà qu'il se gonfle et qu'il envoie dans les veines un sang brûlant de salpêtre et de haine
Et qu'il mène un tel bruit dans la cervelle que les oreilles en sifflent
Et qu'il n'est pas possible que ce bruit ne se répande pas dans la ville et la campagne
Comme le son d'une cloche appelant à l'émeute et au combat.
Écoutez, je l'entends qui me revient renvoyé par les échos.
Mais non, c'est le bruit d'autres cœurs, de millions d'autres cœurs battant comme le mien à travers la France.
Ils battent au même rythme pour la même besogne tous ces cœurs,
Leur bruit est celui de la mer à l'assaut des falaises
Et tout ce sang porte dans des millions de cervelles un même mot d'ordre :
Révolte contre Hitler et mort à ses partisans !
Pourtant ce cœur haïssait la guerre et battait au rythme des saisons,
Mais un seul mot : Liberté a suffi à réveiller les vieilles colères
Et des millions de Français se préparent dans l'ombre à la besogne que l'aube proche leur imposera.
Car ces cœurs qui haïssaient la guerre battaient pour la liberté au rythme même des saisons et des marées, du jour et de la nuit.

R. Desnos, poème publié sous la signature de P. Andier, le 14 juillet 1943, dans la revue *L'Honneur des poètes*, repris dans *Destinée arbitraire*, © Gallimard, 1975.

TEXTE 2

Tout écrit possède un sens, même si ce sens est fort loin de celui que l'auteur avait rêvé d'y mettre. Pour nous, en effet, l'écrivain n'est ni Vestale[1], ni Ariel[2] : il est « dans le coup », quoi qu'il fasse, marqué, compromis, jusque dans sa plus lointaine retraite. Si, à de certaines époques, il emploie son art à forger des bibelots d'inanité sonore[3], cela même est un signe : c'est qu'il y a une crise des lettres et, sans doute, de la Société, ou bien c'est que les classes dirigeantes l'ont aiguillé sans qu'il s'en doute vers une activité de luxe, de crainte qu'il ne s'en aille grossir les troupes révolutionnaires. Flaubert, qui a tant pesté contre les bourgeois et qui croyait s'être retiré à l'écart de la machine sociale, qu'est-il pour nous sinon un rentier de talent ? Et son art minutieux ne suppose-t-il pas le confort de Croisset[4], la sollicitude d'une mère ou d'une nièce, un régime d'ordre, un commerce prospère, des coupons à toucher régulièrement ? Il faut peu d'années pour qu'un livre devienne un fait social qu'on interroge comme une institution ou qu'on fait entrer comme une chose dans les statistiques ; il faut peu de recul pour qu'il se confonde avec l'ameublement d'une époque, avec ses habits, ses chapeaux, ses moyens de transport et son alimentation. L'historien dira de nous : « Ils mangeaient ceci, ils lisaient cela, ils se vêtaient ainsi. » Les premiers chemins de fer, le choléra, la révolte des canuts[5], les romans de Balzac, l'essor de l'industrie concourent également à caractériser la Monarchie de Juillet. Tout cela, on l'a dit et répété, depuis Hegel[6] nous voulons en tirer les conclusions pratiques. Puisque l'écrivain n'a aucun moyen de s'évader, nous voulons qu'il embrasse étroitement son époque ; elle est sa chance unique ; elle est faite pour lui et il est fait pour elle. On regrette l'indifférence de Balzac devant les journées de 48, l'incompréhension apeurée de Flaubert en face de la Commune ; on les regrette pour eux : il y a là quelque chose qu'ils ont manqué pour toujours. Nous ne voulons rien manquer de notre temps : peut-être en est-il de plus beaux, mais c'est le nôtre ; nous n'avons que cette vie à vivre, au milieu de cette guerre, de cette révolution peut-être. Qu'on n'aille pas conclure de là que nous prêchions une sorte de populisme[7] : c'est tout le contraire. Le populisme est un enfant de vieux, le triste rejeton des derniers réalistes ; c'est encore un essai pour tirer son épingle du jeu. Nous sommes convaincus, au contraire, qu'on ne peut pas tirer son épingle du jeu. Serions-nous muets et cois comme des cailloux, notre passivité même serait une action. Celui qui consacrerait sa vie à faire des romans sur les Hittites[8], son abstention serait par elle-même une prise de position. L'écrivain est en situation dans son époque : chaque parole a des retentissements. Chaque silence aussi. Je tiens Flaubert et Goncourt pour responsables de la répression qui suivit la Commune parce qu'ils n'ont pas écrit une ligne pour l'empêcher. Ce n'était pas leur affaire, dira-t-on. Mais le procès de Calas, était-ce l'affaire de Voltaire ? La condamnation de Dreyfus, était-ce l'affaire de Zola ? L'administration du Congo[9], était-ce l'affaire de Gide ? Chacun de ces auteurs, en une circonstance particulière de sa vie, a mesuré sa responsabilité d'écrivain.

J.-P. Sartre, *Situations II*, © Gallimard, 1948.

1. Prêtresse romaine chargée d'entretenir le feu sacré. **2.** Génie de l'air, personnage de *La Tempête* de Shakespeare. **3.** Allusion à un vers du poète Mallarmé. **4.** Nom de la propriété normande de Flaubert. **5.** Ouvriers de la soie à Lyon. Ils se révoltèrent en 1831 et 1834. **6.** Philosophe allemand (1770-1831). **7.** Courant littéraire se donnant pour objectif de représenter la vie du peuple. **8.** Peuple indo-européen d'Asie Mineure. **9.** Gide a dénoncé le colonialisme dans *Voyage au Congo* (1927).

TEXTE 3

Je ne puis vivre personnellement sans mon art. Mais je n'ai jamais placé cet art au-dessus de tout. S'il m'est nécessaire au contraire, c'est qu'il ne se sépare de personne et me permet de vivre, tel que je suis, au niveau de tous. L'art n'est pas à mes yeux une réjouissance solitaire. Il est un moyen d'émouvoir le plus grand nombre d'hommes en leur offrant une image privilégiée des souffrances et des joies communes. Il oblige donc l'artiste à ne pas s'isoler ; il le soumet à la vérité la plus humble et la plus universelle. Et celui qui, souvent, a choisi son destin d'artiste parce qu'il se sentait différent, apprend bien vite qu'il ne nourrira son art, et sa différence, qu'en avouant sa ressemblance avec tous. L'artiste se forge dans cet aller-retour perpétuel de lui aux autres, à mi-chemin de la beauté dont il ne peut se passer et de la communauté à laquelle il ne peut s'arracher. C'est pourquoi les vrais artistes ne méprisent rien ; ils s'obligent à comprendre au lieu de juger. Et, s'ils ont un parti à prendre en ce monde, ce ne peut être que celui d'une société où selon le grand mot de Nietzsche, ne règnera plus le juge, mais le créateur, qu'il soit travailleur ou intellectuel.

Le rôle de l'écrivain, du même coup, ne se sépare pas de devoirs difficiles. Par définition, il ne peut se mettre aujourd'hui au service de ceux qui font l'histoire : il est au service de ceux qui la subissent. Ou sinon, le voici seul et privé de son art. Toutes les armées de la tyrannie avec leurs millions d'hommes ne l'enlèveront pas à la solitude, même et surtout s'il consent à prendre leur pas. Mais le silence d'un prisonnier inconnu, abandonné aux humiliations à l'autre bout du monde, suffit à retirer l'écrivain de l'exil, chaque fois, du moins, qu'il parvient, au milieu des privilèges de la liberté, à ne pas oublier ce silence et à le faire retentir par les moyens de l'art.

Aucun de nous n'est assez grand pour une pareille vocation. Mais, dans toutes les circonstances de sa vie, obscure ou provisoirement célèbre, jeté dans les fers de la tyrannie ou libre pour un temps de s'exprimer, l'écrivain peut retrouver le sentiment d'une communauté vivante qui le justifiera, à la seule condition qu'il accepte, autant qu'il peut, les deux charges qui font la grandeur de son métier : le service de la vérité et celui de la liberté. Puisque sa vocation est de réunir le plus grand nombre d'hommes possible, elle ne peut s'accommoder du mensonge et de la servitude qui, là où ils règnent, font proliférer les solitudes. Quelles que soient nos infirmités personnelles, la noblesse de notre métier s'enracinera toujours dans deux engagements difficiles à maintenir : le refus de mentir sur ce que l'on sait et la résistance à l'oppression.

Pendant plus de vingt ans d'une histoire démentielle, perdu sans secours, comme tous les hommes de mon âge, dans les convulsions du temps, j'ai été soutenu ainsi par le sentiment obscur qu'écrire était aujourd'hui un honneur, parce que cet acte obligeait, et obligeait à ne pas écrire seulement. Il m'obligeait particulièrement à porter, tel que j'étais et selon mes forces, avec tous ceux qui vivaient la même histoire, le malheur et l'espérance que nous partagions.

A. CAMUS, *Discours de Suède*, 10 décembre 1957, © Gallimard, coll. « Bibliothèque de la Pléiade / Essais », 1965.

TEXTE 4

Du fait que l'écrivain se sert de mots, que ces mots ont un sens, que ce sens peut ne pas rester sans influence sur la conduite des hommes, il est inévitable qu'il y ait des rapports entre la morale et la littérature. Il est également impossible qu'il n'en existe pas entre la littérature et la société. On en constate au contraire de nombreux, et dont il faut bien tenir compte, quelque soin que l'artiste apporte à les défendre. Il crie que la morale le gêne et qu'il ne veut rien avoir de commun avec la Cité. Mais il en est citoyen. D'ailleurs serait-il retiré en quelque Thébaïde[1], qu'il lui resterait encore l'obligation d'agir d'une manière ou d'une autre, qu'on n'hésitera pas et qu'il n'hésitera pas lui-même à qualifier. Il est une fatalité de la morale.

Il se peut que les notions de bien et de mal paraissent fort abstraites à l'artiste et qu'il se flatte de s'en passer. Il se laisse alors duper par une étrange illusion. Certes, les choses, les actions ne sont jamais bonnes ou mauvaises absolument, ou du moins on n'en décide pas sans difficulté ni contestation. Car quel principe supérieur invoquer, qu'on ne puisse récuser, si l'on y tient ? Cet embarras, pourtant, n'est que métaphysique[2]. En réalité, chacun sait d'expérience que les actions sont bonnes ou mauvaises dans une certaine perspective, c'est-à-dire qu'elles apparaissent, suivant les cas courageuses ou lâches, loyales ou perfides, utiles ou malfaisante, fécondes ou stériles, sordides ou généreuses, que sais-je encore ? La plupart du temps, cela est fort clair, personne ne s'y trompe et personne ne se prive de cette sorte de jugements, quelque sceptique qu'il s'affiche en matière de morale théorique.

Ces jugements, l'artiste n'évite pas de les essuyer et d'ailleurs n'évite pas non plus de les prononcer. Mais il prétend qu'ils ne sont pas de son ressort. Pour lui, il souhaite seulement d'accomplir œuvre belle ; la perfection l'intéresse et non point de corriger les mœurs, ni de bien se conduire lui-même, ni de rendre l'État plus juste ou plus fort. Il s'attache à décrire et se défend d'apprécier. Ce n'est pas son affaire, répète-t-il, non sans quelque mépris pour si vaine et présomptueuse ambition. Mais que sait-il des pouvoirs de son ouvrage ? Aussitôt achevées, ses pages rebelles ne lui appartiennent plus. Qu'elles existent n'est jamais indifférent, fussent-elles les plus exemptes du monde du désir d'intervenir dans les affaires publiques ou dans la moralité d'autrui, je ne dis même pas de celui de les régenter.

Cet écrivain se borne à peindre les passions. Il se garde bien d'en mesurer la vertu. Il reste que sa peinture peut donner la curiosité de les éprouver ou la crainte d'en devenir victime : dans les deux cas, une conduite fut infléchie ; et voici le principe de conséquences sans fin. Certes, il existe des ouvrages dont le contenu tout fictif est si éloigné des circonstances de la vie qu'ils ne risquent guère d'échauffer l'imagination ou de provoquer d'émotions trop vives. Ils ne présentent aucun tableau qui tente ou qui répugne, ils enchaînent des idées avec une rigueur qui plaît à l'intellect, ils charment par une fantaisie qui flatte le goût de rêver. Mais c'est là pur divertissement qui ne laisse aucune trace dont il soit raisonnable de s'inquiéter.

R. CAILLOIS, *Babel*, © Gallimard, 1978.

1. Lieu de retraite dans la solitude. **2.** De l'ordre de la pensée abstraite.

20 Démontrer, convaincre, persuader, délibérer

GREENPEACE manisfeste contre l'arrivée de déchets nucléaires autraliens dont le stockage sur le site de La Hague est illégal au regard de la loi française, 8 décembre 2003.

LIRE L'IMAGE

1. Quand vous regardez cette photo, qu'est-ce qui vous frappe en premier ? Décrivez ce qu'elle représente en mettant en relief toutes les connotations et les significations de chacun des éléments perçus.
2. Établissez tous les liens de sens entre les éléments donnés dans le titre et les composantes de la scène photographiée. En quoi peut-on dire que l'image pourrait se passer des mots qui en donnent le sens?
3. D'où vient la force de persuasion de la démonstration représentée ? Analysez la mise en scène, les acteurs, les lumières, le choix du lieu, l'utilisation du « o » central, la « signature », Demandez-vous ensuite quelle est l'utilité de la photo sur le plan argumentatif.

OBSERVATION

Eh bien[1], cet homme[2] va aux galères, c'est vrai, mais, que diable ! il a volé ! J'ai beau me dire qu'il n'a pas volé, il a volé ! Moi, je reste ici, je continue[3]. Dans dix ans j'aurai gagné dix millions, je les répands dans le pays, je n'ai rien à moi, qu'est-ce que cela me fait ? Ce n'est pas pour moi ce que je fais ! La prospérité de tous va croissant[4], les industries s'éveillent et s'excitent, les manufactures et les usines se multiplient, les familles, cent familles, mille familles ! sont heureuses ; la contrée se peuple ; il naît des villages où il n'y a que des fermes, il naît des fermes où il n'y a rien ; la misère disparaît, et avec la misère disparaissent la débauche, la prostitution, le vol, le meurtre, tous les vices, tous les crimes ! Et cette pauvre mère élève son enfant ! et voilà tout un pays riche et honnête ! Ah çà, j'étais fou, j'étais absurde, qu'est-ce que je parlais donc de me dénoncer ? Il faut faire attention, vraiment, et ne rien précipiter. Quoi ! parce qu'il m'aura plu de faire le grand et le généreux – c'est du mélodrame, après tout ! – parce que je n'aurai songé qu'à moi, qu'à moi seul, quoi ! pour sauver d'une punition peut-être un peu exagérée, mais juste au fond, on ne sait qui, un voleur, un drôle évidemment, il faudra que tout un pays périsse ! il faudra qu'une pauvre femme crève à l'hôpital ! qu'une pauvre petite fille crève sur le pavé ! comme des chiens ! Ah ! mais c'est abominable ! Sans même que la mère ait revu son enfant ! sans que l'enfant ait presque connu sa mère ! Et tout ça pour ce vieux gredin de voleur de pommes qui, à coup sûr, a mérité les galères pour autre chose, si ce n'est pour cela ! Beaux scrupules qui sauvent un coupable et qui sacrifient des innocents, qui sauvent un vieux vagabond, lequel n'a plus que quelques années à vivre au bout du compte et ne sera guère plus malheureux au bagne que dans sa masure, et qui sacrifient toute une population, mères, femmes, enfants ! Cette pauvre petite Cosette[5] qui n'a que moi au monde et qui est sans doute en ce moment toute bleue de froid dans le bouge de ces Thénardier[5] ! Voilà encore des canailles ceux-là ! Et je manquerais à mes devoirs envers tous ces pauvres êtres ! Et je m'en irais me dénoncer ! Et je ferais cette inepte sottise ! Mettons tout au pis. Supposons qu'il y ait une mauvaise action pour moi dans ceci et que ma conscience me la reproche un jour, accepter, pour le bien d'autrui, ces reproches qui ne chargent que moi, cette mauvaise action qui ne compromet que mon âme, c'est là qu'est le dévouement, c'est là qu'est la vertu.

Il se leva, il se remit à marcher. Cette fois il lui semblait qu'il était content.

V. Hugo, *Les Misérables*, Ire partie, Livre VII, chapitre 3, 1862.

1. Ancien bagnard, Jean Valjean est devenu un personnage connu, maire de sa commune, sous le nom de M. Madeleine. Il vient d'apprendre que le policier Javert qui le pourchasse a arrêté à sa place un vagabond, Champmathieu. Doit-il se dénoncer ?

2. Il s'agit de Champmathieu.

3. Jean Valjean n'a pas d'interlocuteur. Il se parle à lui-même.

4. Jean Valjean fait allusion à son œuvre en tant que maire de Montreuil, dans le Nord de la France.

5. Personnages du roman.

Indices du débat interne

1. Observez la ponctuation et la nature des phrases : que révèlent-elles de l'état psychologique de celui qui parle ?

2. En quoi peut-on parler d'un monologue intérieur (l. 1-35).

Thème et personnage

3. Quel est le thème du débat (mots surlignés) ?

4. Qui sont les deux personnages mis en cause (mots soulignés) ? En quoi s'opposent-ils ?

Thèse et arguments

5. Par quels arguments (mots surlignés) Jean Valjean défend-il la décision de ne pas se dénoncer ? Montrez leur diversité ainsi que leur reprise sous des formes différentes.

Enjeux de la délibération

6. Quels sont les enjeux moraux du débat (mots encadrés) ?

REPÈRES

Pour analyser différentes formes d'argumentation

On parle d'**argumentation** lorsqu'un locuteur défend un point de vue à l'aide de preuves ou de justifications et cherche ainsi à modifier, par ses paroles, le point de vue, exprimé ou non, d'un interlocuteur présent ou non. Le point de vue soutenu est la **thèse**, les justifications qui le soutiennent sont les **arguments**. Leur agencement correspond à différents **types de raisonnement**, eux-mêmes mis en valeur par des **procédés rhétoriques**.
On distingue plusieurs formes d'argumentation, selon leur orientation, leur contenu et leurs objectifs : **démontrer, convaincre, persuader et délibérer**.

1 Thème, thèse, arguments et exemples

Toute argumentation met en cause une ou plusieurs **thèses** (→ p. 170), qu'il faut distinguer du **thème** abordé. La thèse s'inscrit dans une problématique et correspond à l'expression d'un point de vue. Ainsi, dans le cadre général du théâtre (thème ou domaine), Molière défend (thèse) la possibilité de traiter des questions religieuses (**problématique**). Il s'oppose en cela à ceux qui considèrent que la religion et le théâtre sont incompatibles (thèse adverse). Il est parfois difficile de déterminer la ou les thèses, soit parce qu'elles ne sont pas exprimées à un endroit clé du texte (début par exemple), soit parce qu'elles sont implicites et doivent être retrouvées grâce aux arguments. Les **arguments** (→ p. 170) sont des idées qui **soutiennent** une thèse (ou en **réfutent** une autre). Ils appartiennent à différents domaines et peuvent être de différentes natures : argument **historique**, argument **d'autorité**, argument fondé sur la **tradition**, sur des idées reconnues et acceptées par tous – la « *doxa* » – sur des données statistiques. Ces arguments peuvent être illustrés et complétés, de manière concrète, par des **exemples**, faits, événements ou actions. Il est parfois difficile de différencier arguments et exemples, notamment dans le cas des arguments historiques.

2 Différentes formes de raisonnement

L'organisation des arguments par rapport à la thèse se fait selon plusieurs sortes de **raisonnement**, souvent identifiables aux articulations logiques.

Le raisonnement linéaire (à thème constant)

Il fait se succéder (« d'abord, ensuite, enfin ») des idées allant dans le même sens.

Le raisonnement dialectique

Il oppose point par point une thèse et la thèse opposée (thèse et antithèse) pour tenter de dépasser les antinomies (« mais, pourtant, cependant, au contraire »...).

Le raisonnement déductif

Il fait découler une conclusion d'une loi préalablement établie (« donc, ainsi, alors, par conséquent »). Ce mode de raisonnement se trouve dans le syllogisme.

Le raisonnement inductif

Il prend appui sur plusieurs constats pour généraliser une idée (« ainsi, donc »).

Le raisonnement concessif

Il commence par admettre partiellement ou totalement la thèse adverse pour ensuite y apporter des objections (« bien que... pourtant »).

Les autres raisonnements

On peut encore citer le raisonnement **par analogie** (« de même que... de même »), construit sur une comparaison, le raisonnement **par l'absurde** (« si » + hypothèse inacceptable) et le raisonnement ***a contrario***.

3 Différentes formes de démarches argumentées

Les différents types de raisonnement n'ont pas la même force et leur choix se trouve associé au mode d'argumentation, selon qu'il s'agit de **démontrer, convaincre, persuader ou délibérer**.

Démontrer

C'est par excellence la **démarche scientifique**, qui prouve grâce à des lois, à des théorèmes admis et non discutables. On peut parler d'objectivité du fait de la rigueur et de la logique du raisonnement. Dans la fable « Le Loup et l'Agneau », l'agneau démontre scientifiquement qu'il ne peut pas troubler l'eau du loup puisqu'il se trouve en aval.

Convaincre

Il s'agit de faire admettre à un interlocuteur le bien-fondé d'une idée, ou de lui faire accepter la réfutation de sa propre thèse. Cette démarche repose sur l'utilisation d'**arguments recevables** et acceptables par leur caractère honnête et sensé. La démarche de conviction se fonde en général sur la « **doxa** ».

Persuader

La persuasion repose sur des données différentes parce qu'il s'agit de **modifier le comportement** – ou la pensée – du destinataire (par exemple pousser à acheter, comme le fait la publicité), pas nécessairement dans un but avouable. Celui qui cherche à persuader joue sur la psychologie de l'interlocuteur, sur sa sensibilité, cherche ses points faibles pour les exploiter.

Délibérer

La délibération est la **recherche argumentée** d'une réponse à une question dont l'application se fera dans un avenir proche ou éloigné. La délibération est souvent associée à un **dilemme** qu'une personne doit trancher soit dans la solitude (ce qui donne des monologues intérieurs), soit au cours d'un débat avec d'autres : se dénoncer ou non pour Jean Valjean (→ p. 297), suivre ou non la mode (texte 1 → p. 300), se compromettre ou non pour réussir (texte 2 → p. 300), écrire ou non ses mémoires (texte 4 → p. 301).

4 Les procédés rhétoriques de l'argumentation

L'argumentation, quels que soient la forme et le mode de raisonnement utilisés, tire son efficacité de **procédés rhétoriques** : niveau de langue et connotations, violence des termes utilisés (dans la critique), figures d'insistance comme l'anaphore, d'agrandissement comme l'hyperbole, antiphrases de l'ironie, allégories, métaphores et comparaisons qui créent des images destinées à frapper la sensibilité…

Sur le plan de la relation avec l'interlocuteur, on peut citer l'**interpellation** et la mise en cause, le **faux dialogue** dans lequel le locuteur envisage les objections pour mieux y répondre, l'utilisation de certains pronoms personnels comme « nous » et « on », dans lesquels on peut inclure l'interlocuteur pour le mettre de son côté. Ces différents procédés sont souvent mis en relief par la **ponctuation** (→ p. 77) et par la **syntaxe** (→ p. 81) : l'argumentation relève d'un ensemble de données du discours dont il faut toujours identifier l'**énonciation** (→ p. 118) avec précision ; il est en effet primordial, dans ces échanges d'idées, de savoir à qui appartient chacun des points de vue, qu'ils soient exprimés ou implicites.

→ Synthèse **Les formes de discours (→ p. 152)**
■ Le discours argumentatif
→ Synthèse **Les outils grammaticaux (→ p. 74)**
→ Synthèse **Les instruments lexicaux (→ p. 62)**
→ Synthèse **Les figures de rhétorique (→ p. 96)**

APPLICATION

EX. 1 Identifier une forme particulière d'argumentation

TEXTE 1

1. Quel est le thème du débat qui oppose Sganarelle à son frère ? À quels éléments le lecteur peut-il, dès les premiers vers, déterminer la prise de position de celui qui parle ?

2. Comment Sganarelle fait-il comprendre son refus de certaines formes d'habillement ?

3. Comment justifie-t-il ce refus ? En quoi consiste son argumentation ?

TEXTE 1

SGANARELLE[1]. – Il est vrai qu'à la mode il faut m'assujettir[2],
Et ce n'est pas pour moi que je me dois vêtir !
Ne voudriez-vous point, par vos belles sornettes,
Monsieur mon frère aîné (car Dieu merci, vous l'êtes
D'une vingtaine d'ans, à ne vous rien celer,
Et cela ne vaut point la peine d'en parler),
Ne voudriez-vous point, dis-je, sur ces matières,
De vos jeunes muguets[3] m'inspirer les manières ?
M'obliger à porter de ces petits chapeaux
Qui laissent éventer leurs débiles cerveaux,
Et de ces blonds cheveux, de qui la vaste enflure
Des visages humains offusque la figure ?
De ces petits pourpoints[4] sous les bras se perdants,
Et de ces grands collets[5] jusqu'au nombril pendants ?
De ces manches qu'à table on voit tâter les sauces,
Et de ces cotillons appelés hauts-de-chausses[6] ?
De ces souliers mignons de rubans revêtus,
Qui vous font ressembler à des pigeons pattus[7] ?
Et de ces grands canons[8], où comme en des entraves,
On met tous les matins ses deux jambes esclaves,
Et par qui nous voyons ces Messieurs les galants
Marcher écarquillés ainsi que des volants ?
Je vous plairais, sans doute, équipé de la sorte
Et je vous vois porter les sottises qu'on porte.

MOLIÈRE, *L'École des maris*, Acte I, scène 1 (extrait), 1661.

1. Dans une conversation entre deux frères, l'un, Ariste, reproche à l'autre, Sganarelle, de fuir la société, et en particulier de ne pas suivre la mode. **2.** Me soumettre. **3.** Jeune homme à la mode. **4.** Veste. **5.** Cols. **6.** Pantalons. **7.** Ayant de la plume jusque sur les pattes. **8.** Ornement de toile et de dentelle attaché au-dessus du genou.

EX. 2 Identifier et analyser une stratégie particulière d'argumentation

TEXTE 2

1. À partir de la ponctuation et d'une anaphore très visible, déterminez la structure récurrente de l'argumentation développée par Cyrano.

2. Qu'a de particulier le contenu de chaque question ? Quelle relation logique se crée entre la question et la réponse ? Utilisez les images, les expressions toutes faites, le niveau de langue et les connotations pour répondre à cette question.

3. Regroupez l'ensemble des situations évoquées pour reformuler la thèse de Cyrano.

TEXTE 2

CYRANO[1]. – [...] Et que faudrait-il faire ?
Chercher un protecteur puissant, prendre un patron,
Et comme un lierre obscur qui circonvient un tronc
Et s'en fait un tuteur en lui léchant l'écorce,
Grimper par ruse au lieu de s'élever par force ?
Non, merci. Dédier, comme tous ils le font,
Des vers aux financiers ? se changer en bouffon
Dans l'espoir vil de voir, aux lèvres d'un ministre,
Naître un sourire, enfin, qui ne soit pas sinistre ?
Non, merci. Déjeuner, chaque jour, d'un crapaud[2] ?
Avoir un ventre usé par la marche ? une peau
Qui plus vite, à l'endroit des genoux, devient sale ?
Exécuter des tours de souplesse dorsale ?
Non, merci. D'une main flatter la chèvre au cou
Cependant que, de l'autre, on arrose le chou,
Et, donneur de séné par désir de rhubarbe[3],
Avoir son encensoir, toujours, dans quelque barbe ?
Non, merci. Se pousser de giron[4] en giron,
Devenir un petit grand homme dans un rond,

EX. 3 Rapprocher et comparer deux manières d'argumenter

TEXTES 1 ET 2

1. Qu'ont en commun les deux textes sur le plan de la ponctuation et de la manière d'argumenter ? Quelle est l'habileté de cette façon de procéder ?

2. En quoi peut-on parler dans les deux cas de délibération ?

EX. 4 Étudier une démarche argumentative et des procédés de persuasion

TEXTE 3

1. Trouvez et reformulez les arguments donnés par Rousseau pour expliquer l'abandon de ses enfants. Classez-les selon leur domaine d'appartenance. Quelle est leur validité ?

2. Explicitez le raisonnement utilisé par Rousseau dans le second paragraphe.

3. Comment celui qui parle intègre-t-il son interlocutrice à son discours ?

4. En quoi peut-on parler, dans l'ensemble de l'extrait, d'une habileté à se donner bonne conscience ? S'agit-il de convaincre ou de persuader ?

EX. 5 Étudier comment des effets de dialogue définissent le caractère argumentatif d'un texte

TEXTE 4

1. Que constituent dans le texte les phrases entre guillemets des lignes 1, 11, 17, 20 ? À qui appartiennent-elles ? À quelle prise de position correspondent-elles ?

2. Face à ces interventions, quelle est la position de celui qui parle ? Quels sont ses arguments ? Sont-ils uniquement personnels ?

3. En quoi cet extrait correspond-il à la définition de la délibération ? Derrière le dialogue rapporté, quel est l'enjeu du débat ? À quel genre littéraire renvoie-t-il ?

Et naviguer, avec des madrigaux[5] pour rames,
Et dans ses voiles des soupirs de vieilles dames ?
Non, merci.

E. Rostand, *Cyrano de Bergerac*, Acte II, scène 8 (extrait), 1897.

1. On a proposé à Cyrano de devenir le poète attitré d'un grand personnage. Il refuse et devant l'étonnement de ses amis, justifie sa décision. **2.** Allusion à l'expression « avaler des couleuvres ». **3.** Référence à l'expression « proposer la rhubarbe pour avoir le séné », ce qui signifie s'entendre à l'amiable, mais de façon malhonnête. **4.** Sens figuré de « protection, sécurité ». **5.** Petits poèmes galants.

TEXTE 3

À Paris, le 20 avril 1751.

Oui, madame, j'ai mis mes enfants aux Enfants-Trouvés ; j'ai chargé de leur entretien l'établissement fait pour cela. Si ma misère et mes maux m'ôtent le pouvoir de remplir un soin si cher, c'est un malheur dont il faut me plaindre, et non un crime à me reprocher. Je leur dois la subsistance ; je la leur ai procurée meilleure ou plus sûre au moins que je n'aurais pu la leur donner moi-même ; cet article est avant tout[1]. Ensuite, vient la déclaration de leur mère[2] qu'il ne faut pas déshonorer.

Vous connaissez ma situation ; je gagne au jour la journée mon pain avec assez de peine ; comment nourrirais-je encore une famille ? Et si j'étais contraint de recourir au métier d'auteur, comment les soucis domestiques et les tracas des enfants me laisseraient-ils, dans mon grenier, la tranquillité d'esprit nécessaire pour faire un travail lucratif ? Les écrits que dicte la faim ne rapportent guère et cette ressource est bientôt épuisée. Il faudrait donc recourir aux protections, à l'intrigue, au manège ; briguer quelque vil emploi ; le faire valoir par les moyens ordinaires, autrement il ne me nourrira pas, et me sera bientôt ôté ; enfin, me livrer moi-même à toutes les infamies pour lesquelles je suis pénétré d'une si juste horreur. Nourrir, moi, mes enfants et leur mère, du sang des misérables ! Non, madame, il vaut mieux qu'ils soient orphelins que d'avoir pour père un fripon.

J.-J. Rousseau, *Lettre à Madame de Francueil* (extrait), 1751.

1. C'est le point le plus important. **2.** Le fait de dévoiler le nom de leur mère.

TEXTE 4

« Des Mémoires. Pourquoi cette hâte ? Tu devrais attendre un peu... » Voilà ce que les gens me disent[1]. J'avoue ne pas comprendre. Attendre quoi ? Et jusqu'à quand ? Ils sont étranges, les gens. On n'a pas idée de lier l'âge à la mémoire. J'ai soixante-cinq ans. J'appartiens à une génération obsédée par le souci de tout retenir, de tout transmettre. Pour aucune autre le commandement « Zachor[2], souviens-toi » n'a eu autant d'importance ni autant de signification. Pourquoi donc ne me souviendrais-je pas à voix haute ? D'ailleurs, y a-t-il un âge pour attendre et un autre pour parler ?

EX. 6 Chercher et classer des procédés permettant d'agir sur le destinataire

1. Récapitulez ici, en les classant selon les critères de votre choix, différents procédés utilisés dans l'argumentation pour agir sur le destinataire, qu'il soit présent ou non.

2. Précisez dans quels textes figurent ces procédés. Lesquels vous semblent les plus efficaces ? Pourquoi ?

« Tu as le temps », me dit-on. Le temps – Combien de temps ? Et pour faire quoi d'ici là ? Laisser l'oubli effacer les dernières traces des victimes ? Explorer la planète en assistant à sa dégradation ? Me divertir en observant les jeux puérils de pantins gonflés de gloire ? Attendre peut-être que je tombe malade ? Ou que j'oublie ?
« Rédiger ses mémoires, c'est déclarer qu'on tire un trait sur un fragment de sa vie sinon sur sa vie tout entière. » Voilà ce qu'on me répète. Suis-je prêt à tirer ce trait ? À dresser un inventaire définitif ? « Ne te presse donc pas », me conseille-t-on. Cela ne sert à rien de courir trop vite, alors qu'on peut avancer pas à pas, lentement, selon un rythme sûr et régulier. La mémoire ne risque-t-elle pas de se montrer vorace et envahissante, et pire : réconfortante ? Se souvenir, c'est quoi ? C'est faire revivre un passé, éclairer visages et événements d'une lumière noire et blanche, c'est dire non au sable qui recouvre les mots, dire non à l'oubli, à la mort. N'est-ce pas trop ambitieux ?

É. WIESEL, *Tous les fleuves vont à la mer*, © Le Seuil, 1994.

1. Élie Wiesel a obtenu le prix Nobel de la paix en 1986. Il est rescapé du camp de concentration de Buchenwald. **2.** Mot signifiant « Souviens-toi » en hébreu.

EX. 7 Analyser la force de persuasion d'une publicité

1. Que représente cette publicité ? Décrivez l'image en cherchant ce que le publicitaire met en relief et par quels moyens il le fait : à quoi est assimilée la voiture, quel sens faut-il donner à son « remplissage », à la présence de l'enfant, aux couleurs… ?

2. Expliquez en quoi chaque choix constitue un argument implicite ou explicite : établissez la liste de ces arguments reformulés et définissez l'objectif final de cette publicité.

Publicité pour la R4, sortie par la firme Renault en 1961 : illustration de J.-L. TOUTAIN dans les années 1980.

ÉCRITURE

EX. 8 Composer deux textes délibératifs à partir de la situation de Jean Valjean

À la question « Jean Valjean doit-il se dénoncer ? » deux lecteurs de Victor Hugo répondent en imaginant qu'ils sont dans la même situation. Le premier pense qu'il doit se dénoncer ; le second, reprend, en les formulant différemment et en les complétant, les arguments du maire de Montreuil (→ p. 297). Ils ne dialoguent pas : l'un donne son avis, puis l'autre, en utilisant la première personne. Donnez leur point de vue en deux textes de vingt à trente lignes chacun.

Corpus de textes

- **Texte 1 :** G. DUHAMEL, *Scènes de la vie future*, 1930.
- **Texte 2 :** S. de BEAUVOIR, *Tout compte fait*, 1972.
- **Texte 3 :** J. GRACQ, *En lisant en écrivant*, 1980.

Questions portant sur le corpus

1. Déterminez successivement le thème commun aux trois textes, la problématique qu'ils abordent tous les trois, et le problème particulier que seuls deux auteurs envisagent.
2. Quelle est la prise de position de chacun des auteurs par rapport à l'art analysé ? Quels indices en soulignent le caractère personnel ?
3. Relevez et identifiez dans les trois textes quelques procédés d'écriture propres à rendre l'argumentation efficace.

Écriture

1. Commentaire

Vous ferez le commentaire des lignes 30 à 60 du texte de Georges Duhamel. Vous pourrez vous aider des pistes suivantes : *les reproches adressés au cinéma ; les moyens rhétoriques de la persuasion et la violence du ton ; des critères esthétiques et l'éloge sous-jacent d'autres formes d'expression*.

2. Dissertation

Georges Duhamel, Simone de Beauvoir et Julien Gracq évoquent le cinéma en ayant pour référence la littérature. Vous mettrez en parallèle la littérature romanesque et le cinéma, pour faire valoir, dans une étude comparée, les qualités et les insuffisances de l'un et de l'autre mode d'expression en matière de narration. Vous pouvez vous appuyer sur des exemples de transposition d'œuvres littéraires au cinéma.

3. Écriture d'invention

Est-il souhaitable d'adapter une œuvre littéraire au cinéma ? Pour le journal de votre lycée, on vous a demandé de rédiger un article répondant à cette question. Vous avez vous-même réfléchi à ce problème et vous avez fait une enquête pour recueillir différents points de vue. Vous faites la synthèse de ces points de vue, en n'omettant pas de donner des exemples. Votre article comportera un titre, des intertitres, et se terminera par une conclusion non définitive posant certaines conditions. Vous n'emploierez pas la première personne.

TEXTE 1

C'est[1] un divertissement d'ilotes[2], un passe-temps d'illettrés, de créatures misérables, ahuries par leur besogne et leurs soucis. C'est, savamment empoisonnée, la nourriture d'une multitude que les Puissances de Moloch[3] ont jugée, condamnée et qu'elles achèvent d'avilir.

Un spectacle qui ne demande aucun effort, qui ne suppose aucune suite dans les idées, ne soulève aucune question, n'aborde sérieusement aucun problème, n'allume aucune passion, n'éveille au fond des cœurs aucune lumière, n'excite aucune espérance, sinon celle, ridicule, d'être un jour « star » à Los Angeles.

Le dynamisme même du cinéma nous arrache les images sur lesquelles notre songerie aimerait s'arrêter. Les plaisirs sont offerts au public sans qu'il ait besoin d'y participer autrement que par une molle et vague adhésion. Ces plaisirs se succèdent avec une rapidité fébrile, si fébrile même que le public n'a presque jamais le temps de comprendre ce qu'on lui glisse sous le nez. Tout est disposé pour que l'homme n'ait pas lieu de s'ennuyer, surtout ! Pas lieu de faire acte d'intelligence, pas lieu de discuter, de réagir, de participer d'une manière quelconque. Et cette machine terrible, compliquée d'éblouissements, de luxe, de musique, de voix humaines, cette machine d'abêtissement et de dissolution compte aujourd'hui parmi les plus étonnantes forces du monde.

J'affirme qu'un peuple soumis pendant un demi-siècle au régime actuel des cinémas américains s'achemine vers la pire décadence. J'affirme qu'un peuple hébété par des plaisirs fugitifs, épidermiques, obtenus sans le moindre effort intellectuel, j'affirme qu'un tel peuple se trouvera, quelque jour, incapable de mener à bien une œuvre de longue haleine et de s'élever, si peu que ce soit, par l'énergie de la pensée. J'entends bien que l'on m'objectera les grandes entreprises de l'Amérique, les gros bateaux, les grands buildings. Non ! Un building s'élève de deux ou trois étages par semaine. Il a fallu vingt ans à Wagner pour construire la *Tétralogie*[4], une vie à Littré pour édifier son dictionnaire.

Jamais invention ne rencontra, dès son aurore, intérêt plus général et plus ardent. Le cinéma est encore dans son enfance, je le sais. Mais le monde entier lui a fait crédit. Le cinématographe a, dès son début, enflammé les imaginations, rassemblé des capitaux énormes, conquis la collaboration des savants et des foules, fait naître, employé, usé des talents innombrables, variés, surprenants. Il a déjà son martyrologe[5]. Il consomme une effarante quantité d'énergie, de courage et d'invention. Tout cela pour un résultat dérisoire. Je donne toute la bibliothèque cinématographique du monde, y compris ce que les gens de métier appellent pompeusement leurs « classiques », pour une pièce de Molière, pour un tableau de Rembrandt, pour une fugue de Bach...

G. DUHAMEL, *Scènes de la vie future*, 1930 © Mille et une Nuits, département de La Librairie Arthème Fayard, 2003.

1. Il s'agit de cinéma. **2.** Esclaves des habitants de Sparte ; ils étaient considérés comme des êtres sans intelligence. **3.** Dieu cruel ; les « puissances de Moloch » incarnent le mal. **4.** Quatre opéras de Wagner. **5.** Liste de martyrs.

TEXTE 2

Je[1] ne vais plus qu'assez rarement au cinéma. Je répugne à me déranger, à faire la queue, à subir les actualités et la publicité. Et puis, il est facile d'interrompre une lecture ou l'écoute d'un disque ; au cinéma, surtout si j'y vais avec une amie, une fois installée dans mon fauteuil, je me sens obligée d'y rester même si le film m'ennuie. Ces inconvénients ne pèseraient guère si le cinéma m'apportait plus qu'aucun autre mode d'expression : ce n'est pas le cas. C'est l'évidence de l'image qui donne aux films leur force ou leur séduction : mais aussi par sa plénitude inéluctable la photographie arrête ma rêverie. C'est une des raisons pour lesquelles – on l'a dit souvent – l'adaptation d'un roman à l'écran est presque toujours regrettable. Le visage d'Emma Bovary est indéfini et multiple, son malheur déborde son cas particulier ; sur l'écran je vois un visage déterminé, et cela diminue la portée du récit. Je n'ai pas ce genre de déception quand l'intrigue a été conçue directement pour l'écran ; il me plaît que Tristana[2] ait les traits de Catherine Deneuve : c'est que je suis d'avance résignée à ce que cette histoire n'ait que la dimension d'une anecdote. Souvent aussi l'importance que prend l'image visuelle appauvrit les lieux qu'elle me découvre. Sur le papier l'« absente de tout bouquet[3] » l'est par son parfum, par la texture de ses pétales autant que par sa couleur et sa forme : c'est à travers les mots la totalité d'une fleur qui est visée. Un paysage de cinéma, je le vois, j'en entends les rumeurs : mais je ne sens pas l'odeur salée de la mer, je ne suis pas éclaboussée par les embruns. Le cadrage des photographies les isole souvent du reste du monde. Si je lis le mot Tolède, toute l'Espagne m'est présente ; dans *Tristana*, les rues de Tolède, par la perfection même avec laquelle elles sont photographiées, ne me donnent rien d'autre qu'elles-mêmes. Parfois l'art du metteur en scène lui permet de dépasser ces limitations : cette campagne est si vivante que je crois en sentir sur ma peau la fraîcheur ; je ne me promène pas dans une rue, mais à Londres avec toute l'Angleterre autour de moi. Mais dans le meilleur des cas aucun film ne saurait atteindre à un certain degré de complexité. Moins expressive que l'image – et donc, quand on se borne à donner à voir, moins rapide –, l'écriture est hautement privilégiée quand il s'agit de transmettre un savoir. Quand une œuvre est riche, elle nous communique une expérience vécue qui s'enlève sur un fond de connaissances abstraites : sans ce contexte, l'expérience est mutilée ou même inintelligible. Or, des images visuelles ne suffisent pas à la fournir : si elles essaient de le suggérer, c'est grossièrement et en général avec maladresse. On s'en est aperçu quand Costa-Gavras a tourné *L'Aveu*[4]. Il a réussi *Z*[4] parce que l'intrigue était très simple, le contexte connu : une machination policière parmi d'autres. Mais *L'Aveu* n'a de sens que dans une situation qui renvoie à toute l'histoire de l'après-guerre en URSS et dans les pays de l'Est. Les personnages n'existent pas seulement dans le moment du procès : chacun a toute une vie politique derrière soi. Dans le livre, on savait exactement à qui on avait affaire et on connaissait les raisons de chaque agissement. Réduit à un spectacle, le drame de London perdait son poids et son sens.

S. de BEAUVOIR, *Tout compte fait*, © Gallimard, 1972.

1. C'est Simone de Beauvoir qui parle. **2.** Héroïne d'un film de Buñuel. **3.** Citation empruntée à Mallarmé : « Je dis : une fleur ! et... musicalement se lève, idée même et suave, l'absente de tout bouquet. » **4.** Titres de films du metteur en scène Costa Gavras.

TEXTE 3

La transcription cinématographique d'un roman impose brutalement au lecteur, et même à l'auteur, les incarnations pourtant très largement arbitraires qu'elle a choisies pour chacun des personnages ; ce n'est qu'avec un temps que le texte éliminera les visages trop précis que le film lui surimpose, et qui ne sont pas de sa substance. Comme elles sont fragiles, les défenses que la fiction écrite oppose à ces images substituées qui la violent et combien leur résistance, pour s'organiser, a besoin d'abord, très largement, de céder du terrain ! Les droits de l'image cinématographique, par rapport au texte littéraire, sont à peu près ceux de la présence « qui ne laisse jamais proscrire ses droits immenses » exerce dans la vie aux dépens des irréels à la fois flous et tenaces que sont l'anticipation, le regret et le souvenir. Puis, une fois que le film s'est absenté, le peuple des mots, peu à peu, comme le travail d'une fourmilière, revient ronger et digérer les images péremptoires et périssables qui l'offusquaient. Je me souviens d'avoir vu autrefois au cinéma *Le Rouge et le Noir* et *La Chartreuse de Parme*. Dans les deux adaptations jouait Gérard Philipe, et, pendant quelques semaines, bon gré mal gré, en dépit du génie stendhalien et de la médiocrité des films, son image vint se superposer au texte, inexpulsable. Puis une séparation peu à peu s'opéra ; il m'arrive encore à l'occasion, distraitement, d'évoquer Gérard Philipe « dans la *Chartreuse*[1] », mais je ne le vois plus que comme un jockey démonté[2] qui tient en mains devant les balances, emblématiquement et un peu dérisoirement, ses étriers et sa selle. Le livre s'est secoué de lui, et, libre, il galope bien loin.

Quand on compare un film tiré d'un roman au roman lui-même, la somme quasi infinie d'informations instantanées que nous livre l'image, opposée à la parcimonie, à la pauvreté même des notations de la phrase romanesque correspondante, nous fait toucher du doigt combien l'efficacité de la fiction relève parfois de près des méthodes de l'acupuncture. Il s'agit en effet pour le romancier non pas de saturer instantanément les moyens de perception, comme le fait l'image, et d'obtenir par là chez le spectateur un état de passivité fascinée, mais seulement d'alerter avec précision les quelques centres névralgiques capables d'irradier, de dynamiser toutes les zones inertes intermédiaires.

J. Gracq, *En lisant, en écrivant*, © José Corti, 1980.

1. *La Chartreuse de Parme*, roman de Stendhal adapté au cinéma avec Gérard Philipe dans le rôle de Fabrice del Dongo. **2.** Qui n'est plus sur son cheval, sur sa monture.

21 L'éloge et le blâme

J. Clouet (v. 1485-1540), *Portrait de François Ier, roi de France* (v. 1525), huile sur bois, 94 x 74 cm (musée du Louvre, Paris).

LIRE L'IMAGE

1. À la vue de ce portrait, diriez-vous que le peintre a valorisé ou a desservi le personnage qu'il représente ?
2. Sur quoi le portrait met-il l'accent ? Répondez en analysant les couleurs, la lumière, les caractéristiques du costume, la pose au personnage, sa physionomie, ce qu'il peut inspirer à ses sujets.
3. Quelles figures de rhétorique êtes-vous conduit(e) à utiliser pour décrire le personnage représenté ?
4. Quelle est la finalité d'un portrait officiel ? Donnez-en d'autres exemples, plus récents et justifiez leur nature et leur existence.

OBSERVATION

Chacun est récompensé selon ses œuvres : Washington[1] élève une nation à l'indépendance ; magistrat en repos, il s'endort sous son toit au milieu des regrets de ses compatriotes et de la vénération des peuples.

Bonaparte ravit à une nation son indépendance : empereur déchu, il est précipité dans l'exil, où la frayeur de la terre ne le croit pas encore assez emprisonné sous la garde de l'Océan. Il expire : cette nouvelle publiée à la porte du palais devant laquelle le conquérant fit proclamer tant de funérailles, n'arrête, ni n'étonne le passant : qu'avaient à pleurer les citoyens ?

La République de Washington subsiste ; l'Empire de Bonaparte est détruit. Washington et Bonaparte sortirent du sein de la démocratie : nés tous deux de la liberté, le premier lui fut fidèle, le second la trahit.

Washington a été le représentant des besoins, des idées, des lumières, des opinions de son époque ; il a secondé, au lieu de contrarier, le mouvement des esprits ; il a voulu ce qu'il devait vouloir, la chose même à laquelle il était appelé : de là la cohérence et la perpétuité de son ouvrage. Cet homme qui frappe peu, parce qu'il est dans des proportions justes, a confondu son existence avec celle de son pays : sa gloire est le patrimoine de la civilisation ; sa renommée s'élève comme un de ces sanctuaires publics où coule une source féconde et intarissable.

Bonaparte pouvait enrichir également le domaine commun ; il agissait sur la nation la plus intelligente, la plus brave, la plus brillante de la terre. Quel serait aujourd'hui le rang occupé par lui, s'il eût joint la magnanimité à ce qu'il avait d'héroïque, si, Washington et Bonaparte à la fois, il eût nommé la liberté légataire universelle de sa gloire !

Mais ce géant ne liait point ses destinées à celles de ses contemporains ; son génie appartenait à l'âge moderne : son ambition était des vieux jours ; il ne s'aperçut pas que les miracles de sa vie excédaient la valeur d'un diadème, et que cet ornement gothique lui siérait mal. Tantôt il se précipitait sur l'avenir, tantôt il reculait vers le passé ; et, soit qu'il remontât ou suivît le cours du temps, par sa force prodigieuse, il entraînait ou repoussait les flots. Les hommes ne furent à ses yeux qu'un moyen de puissance ; aucune sympathie ne s'établit entre leur bonheur et le sien : il avait promis de les délivrer, il les enchaîna ; il s'isola d'eux, ils s'éloignèrent de lui.

F.-R. de Chateaubriand, « Parallèle de G. Washington et de Bonaparte » (Londres, avril-septembre 1822), in *Mémoires d'outre-tombe*, 1848.

1. En voyage aux États-Unis, Chateaubriand dit avoir rencontré personnellement Georges Washington. Cette rencontre lui a inspiré un double portrait dont le texte donné ici est un extrait.

La construction du double portrait

1. En quoi peut-on parler de « parallèle » entre deux personnages historiques (mots soulignés) ? Que met-il en évidence ?

Valorisation et dévalorisation

2. Par quels procédés d'écriture (mots surlignés) Washington et ses actions sont-ils mis en valeur ?

3. Par quels procédés (mots surlignés) Bonaparte et ses actions sont-ils dévalorisés ? Sur quoi portent les critiques ?

4. Au nom de quelles valeurs l'un des personnages se trouve-t-il célébré et l'autre critiqué ?

REPÈRES

Pour analyser l'éloge et le blâme

Même s'il existe des formes codifiées de l'éloge, la célébration et le blâme ne constituent pas des genres littéraires particuliers : il s'agit de deux démarches destinées l'une à mettre en relief des **qualités**, l'autre à dénoncer des **défauts**. **Célébration** et **dénonciation** utilisent des **procédés d'écriture** parfois similaires, mais dont les effets sont opposés. La louange doit susciter **l'admiration**, voire l'imitation, la critique le **dégoût**, le **refus** et **l'indignation**. Dans les deux cas, la démarche engagée est associée à des valeurs justificatives, souvent implicites. L'éloge et le blâme sont à identifier comme des **argumentations** faisant appel à différents **registres**.

1 Les procédés de la valorisation et de la dévalorisation

L'éloge et la critique traduisent chez celui qui parle – même si « je » n'est pas employé – et doivent susciter chez le destinataire, l'admiration d'un côté, l'indignation, la colère, de l'autre. Ces sentiments se manifestent à travers **l'agitation du discours**. La ponctuation (→ p.77) est le premier indice : points d'exclamation, de suspension, d'interrogation, interjections soulignent la présence et la violence des émotions. Le lexique comporte des connotations **valorisantes** ou **dévalorisantes** (→ p. 72) qui permettent immédiatement de parler de critique ou de célébration. Le niveau de langue (termes vulgaires ou termes nobles, mots recherchés et excessifs), la présence de **superlatifs** et **d'hyperboles** (→ p. 109), l'utilisation de négations concourent à souligner ce qui est admirable et à dénoncer ce qui est condamnable. La violence du ton se manifeste aussi dans la structure des phrases (→ p. 81), succession de courtes affirmations ou négations, longues énumérations, ou au contraire phrases oratoires reprises à l'aide d'**anaphores persuasives**. Les figures d'analogie (→ p. 101), comparaisons, métaphores, métonymies, allégories sont très fréquentes : elles contribuent au caractère imagé et frappant du discours.

2 Les formes de discours

L'éloge et le blâme exploitent toutes les **formes de discours** : discours **descriptif** (→ p. 156) dans les portraits, qu'ils soient élogieux ou caricaturaux, discours **narratif** (→ p. 160) lorsqu'il s'agit de rappeler des actions (qu'elles soient d'éclat ou indignes), discours **injonctif** (→ p. 166) lorsque le blâme prend la forme d'une **diatribe** ou d'un **pamphlet** incitant à maudire ou à combattre, ou au contraire d'un **panégyrique** (ou dithyrambe) invitant à imiter.
Le discours **informatif** est souvent présent lorsqu'il s'agit de faire connaître. Le discours **argumentatif** est dominant parce qu'il y a toujours, dans l'éloge et dans le blâme, des intentions implicites de faire partager un point de vue (ce qui est célébré doit être pris en exemple) et de modifier le point de vue et les actes du destinataire.

Le caractère **argumentatif** de l'éloge et du blâme est indissociable de l'existence de **valeurs** implicites ou explicites : l'éloge met en lumière des qualités, des compétences, des éléments positifs selon des **critères** moraux et/ou **sociaux** ; le blâme souligne, au contraire, en quoi leur **transgression** ou leur refus constituent des erreurs. L'argumentation peut aussi reposer sur des critères esthétiques (ce qui est beau ou non, ce qui est ou non conforme à la bienséance et aux codes admis) ou politiques (par exemple la défense de la République par Victor Hugo et sa dénonciation violente du régime de Napoléon III, exercice 8 → p. 312).

3 Éloge, blâme et registres

L'efficacité de la célébration ou de la dénonciation passe par l'utilisation de registres divers. L'exagération dans le sens positif ou dans le sens négatif renvoie au registre **épique** (→ p. 180). La critique s'apparente au **satirique** (→ p. 196) qui ridiculise et au **polémique** (→ p. 193) dont la violence évoque le combat. Le registre **ironique** (→ p. 190) a un effet déstabilisateur et destructeur. Les registres **pathétique**, **lyrique** et **tragique** (→ p. 179, 176, 200) expriment et suscitent de fortes émotions touchant l'affectivité pour mieux faire réagir le lecteur/auditeur, par exemple devant les injustices et les destins malheureux dont on dénonce les responsables. L'émotion et l'affectivité jouent un rôle important dans deux démarches dont elles occultent souvent le poids moral.

→ Synthèse **Les différents registres (→ p. 172)**
→ Synthèse **Les formes de discours (→ p. 152)**
→ Synthèse **Les figures de rhétorique (→ p. 96)**
- Les figures d'analogie
- Les figures d'amplification

→ Synthèse **Les outils grammaticaux (→ p. 74)**
- La ponctuation

Histoire d'un genre / L'ÉLOGE ET LE BLÂME

L'éloge et le blâme relèvent de ce qu'on appelle, depuis l'Antiquité gréco-latine, le discours **épidictique**.

De l'ode à l'oraison funèbre

Dans la tradition de l'éloge s'inscrivent les **odes** célébrant les vainqueurs aux jeux olympiques – dont s'inspire Henry de Montherlant dans *Les Olympiques* – et les discours funèbres en l'honneur des guerriers morts pour la patrie, à Athènes. La célébration des grands hommes à travers le récit élogieux de leur vie était aussi une forme d'éloge. Les **oraisons funèbres** parcourent l'histoire littéraire : celles de Bossuet mettent l'éloquence lyrique au service de la morale. Celles de Malraux, au XXe siècle, émeuvent par l'évocation tragique de la Résistance (Jean Moulin) ou par l'admiration esthétique (Georges Braque → p. 315).

Relief romain provenant de l'arc de Portogallo sur la Via Lata : l'empereur Hadrien prononce au forum romain l'éloge funèbre de sa femme Sabine (musée du Capitole, Rome).

Les formes du blâme

Pour ce qui est du blâme, il trouve sa place dans les discours politiques antiques (ceux de Démosthène, ceux de Cicéron), dans les **satires** d'Horace ou de Juvénal, que reprend Boileau au XVIIe siècle. Non spécifique à un genre, il figure dans des **lettres** (Lettre à Louis XIV de Fénelon, *Lettres persanes*), dans des **textes poétiques** (*Les Châtiments*), et même dans des oraisons funèbres qui transforment l'éloge d'un proscrit en **diatribe** contre un régime (Hugo dans le texte 8 → p. 312).

Jusqu'à la parodie

Exercices d'éloquence et de virtuosité dans les écoles de rhétorique antiques, l'éloge et le blâme ont parfois dévié vers des **formes parodiques** dont on retrouve des traces dans *L'Éloge de la folie*, d'Érasme. L'éloge du tabac que fait Sganarelle (texte 7 → p. 312) relève de ces éloges burlesques vantant des mérites imaginaires.

L'éloge et le blâme persistent à notre époque à travers les célébrations souvent excessives de figures médiatiques ou dans la violence des débats politiques nationaux et internationaux.

APPLICATION

EX. 1 Observer et interpréter la ponctuation

TEXTES 1 ET 2

1. Observez la ponctuation dans les deux extraits. À quels indices est-il possible de comprendre qu'une ponctuation similaire ne traduit pas les mêmes émotions ?

2. À quoi percevez-vous le blâme dans le premier texte et l'éloge dans le second ?

3. Peut-on identifier le genre du second extrait ? Quel est le registre du premier ?

TEXTE 1

RUY BLAS[1], *survenant*. – Bon appétit, messieurs !
Tous se retournent. Silence de surprise et d'inquiétude. Ruy Blas se couvre, croise les bras, et poursuit en les regardant en face.
Ô ministres intègres !
Conseillers vertueux ! voilà votre façon
De servir, serviteurs qui pillez la maison !
Donc vous n'avez pas honte et vous choisissez l'heure,
L'heure sombre où l'Espagne agonisante pleure !
Donc vous n'avez ici pas d'autres intérêts
Que remplir votre poche et vous enfuir après !
Soyez flétris, devant votre pays qui tombe,
Fossoyeurs qui venez le voler dans sa tombe !
– Mais voyez, regardez, ayez quelque pudeur.
L'Espagne et sa vertu, l'Espagne et sa grandeur,
Tout s'en va.

V. HUGO, *Ruy Blas*, Acte III, scène 2 (v. 1058-1069), 1838.

1. Devenu premier ministre par la faveur de la reine d'Espagne, Ruy Blas s'en prend aux autres ministres qui pillent l'Espagne.

TEXTE 2

Honneur donc aux savants généreux ! Honneur à ces esprits infatigables qui consacrent leurs veilles à l'amélioration ou bien au soulagement de leur espèce ! Honneur ! trois fois honneur ! N'est-ce pas le cas de s'écrier que les aveugles verront, les sourds entendront et les boiteux marcheront ? Mais ce que le fanatisme autrefois promettait à ses élus, la science maintenant l'accomplit pour tous les hommes ! Nous tiendrons nos lecteurs au courant des phases successives de cette cure remarquable.

G. FLAUBERT, *Madame Bovary*, IIe partie, chapitre 11, 1857.

EX. 2 Repérer et interpréter des procédés d'écriture

TEXTES 3 ET 4

1. Quels sont les deux thèmes abordés dans les deux textes ? À quoi voit-on dès la première phrase leur caractère critique ?

2. Repérez les mots connotés négativement et identifiez différents procédés exprimant la critique. Qu'est-ce qui est blâmé ?

3. Quelle est l'importance de la première personne dans les deux extraits ?

TEXTE 3

Comme l'industrie photographique était le refuge de tous les peintres manqués, trop mal doués ou trop paresseux pour achever leurs études, cet universel engouement[1] portait non seulement le caractère de l'aveuglement et de l'imbécillité, mais avait aussi la couleur d'une vengeance. Qu'une si stupide conspiration, dans laquelle on trouve, comme dans toutes les autres, les méchants et les dupes, puisse réussir d'une manière absolue, je ne le crois pas, ou du moins je ne veux pas le croire ; mais je suis convaincu que les progrès mal appliqués de la photographie ont beaucoup contribué, comme d'ailleurs tous les progrès purement matériels, à l'appauvrissement du génie artistique français, déjà si rare.

CH. BAUDELAIRE, Salon de 1859.

1. Enthousiasme pour la photographie, invention qui datait de 1838.

EX. 3 Identifier des critères d'éloge et de blâme

TEXTES 1 À 4

1. Quelles valeurs sous-tendent l'éloge dans ces quatre textes ?

2. Au nom de quoi se fait la critique ?

EX. 4 Identifier des registres

TEXTES 3 ET 4

À quels registres appartiennent ces textes ? Donnez des justifications précises.

EX. 5 Étudier l'éloge d'un personnage historique

TEXTE 5

1. Identifiez et classez les procédés qui font apparaître le caractère élogieux du portrait.

2. Comment ce portrait est-il construit ?

3. Sur quoi l'éloge repose-t-il ? Quelles qualités du personnage peuvent susciter une telle admiration ? À quels domaines ces qualités renvoient-elles ?

TEXTE 4

Le football c'est la guerre en champ clos. D'énormes forces de police sont là pour encadrer des combattants bottés, casqués, vêtus d'uniformes, brandissant des matraques, voire des explosifs. Pour mieux se préparer à l'affrontement, ils ont absorbé, comme jadis les poilus montant à l'assaut, d'énormes quantités de vinasse et de bière qui font régner en permanence dans les tribunes de tous les stades du monde cette inimitable odeur de vomissure et de déjections. J'ai à peine besoin d'ajouter que la plupart des footballeurs professionnels sont devenus des mercenaires sans âme et sans honneur, qui le soir du Heysel[1] ne craignirent pas de slalomer entre les cadavres et les blessés pour remplir leur contrat, tandis que les télévisions, qui avaient payé pour cela, s'empressèrent de retransmettre ces macabres ébats.

J. JULLIARD, « *Tout est faux dans le foot* », *Le Nouvel Observateur*, 24-30/06/1988.

1. Stade de Bruxelles où des affrontements avaient fait plusieurs dizaines de mort en 1985.

TEXTE 5

Une des figures les plus originales, les plus singulières et à la fois les plus naturelles du XVIIe siècle, est certainement la grande Mademoiselle, fille de Gaston, nièce de Louis XIII et cousine-germaine de Louis XIV. Il y a, dans chaque époque, un certain type à la mode, un certain fantôme romanesque qui occupe les imaginations et qui court, en quelque sorte, sur les nuages. À la fin de Louis XIII et au commencement de Louis XIV, ce type et ce modèle s'étaient principalement formés d'après les héros et les héroïnes de Corneille et aussi d'après ceux de Mlle de Scudéry[1].

Mademoiselle, personne d'imagination, de fantaisie et d'humeur, mais de peu de jugement, réalisa beaucoup de ce type en elle : elle y ajouta tout ce qui était propre aux préjugés de sa race et aux superstitions de sa naissance. Cela fit un composé des plus bizarres, des plus glorieux, des moins raisonnables, et dont toute sa destinée se ressentit. Si elle tint quelque temps l'épée comme une guerrière, elle a beaucoup produit la plume à la main : non seulement elle a laissé des Mémoires intéressants et très véridiques, dont on a dit « qu'ils sont assez mal écrits pour que l'on puisse s'assurer qu'ils sont d'elle », mais on a encore de sa façon de petits Romans, des Portraits, des Lettres. Enfin, Mademoiselle ne fut pas seulement une princesse très extraordinaire, c'est un auteur. À ce titre, elle nous revient de droit, et il est juste de lui assigner la place et la date qu'elle doit occuper dans la série des modes et des variétés littéraires.

24 mars 1851

CH.-A. SAINTE-BEUVE, *Causeries du lundi*, 1851.

1. Auteur (1607-1701) de romans d'amour très célèbres au XVIIe siècle, *Artamène ou le Grand Cyrus* et *Clélie*.

EX. 6 Étudier les composantes d'un portrait critique en vers

TEXTE 6

1. Repérez les différents termes et les différents procédés qui expriment la critique. Par qui est-elle faite ? Quelle est la situation de celui qui parle ?

2. Sur quoi cette critique porte-t-elle ? Qu'est-il reproché aux personnages évoqués ?

3. Le genre et la forme du texte vous paraissent-ils participer à l'efficacité de la critique ?

TEXTE 6

Seigneur, je ne saurais regarder d'un bon œil
Ces vieux singes de cour[1], qui ne savent rien faire,
Sinon en leur marcher les princes contrefaire,
Et se vêtir, comme eux, d'un pompeux appareil[2].

Si leur maître se moque, ils feront le pareil,
S'il ment, ce ne sont eux, qui diront le contraire,
Plutôt auront-ils vu, afin de lui complaire,
La lune en plein midi, à minuit le soleil.

Si quelqu'un devant eux reçoit un bon visage,
Ils le vont caresser[3], bien qu'ils crèvent de rage,
S'il le reçoit mauvais[4], ils le montrent au doigt.

Mais ce qui plus contre eux quelquefois me dépite,
C'est quand devant le roi, d'un visage hypocrite,
Ils se prennent à rire, et ne savent pourquoi.

J. DU BELLAY, *Les Regrets*, sonnet CL (orthographe modernisée), © Droz, Genève, 1979.

1. Du Bellay s'en prend ici aux courtisans romains. **2.** D'un vêtement recherché et luxueux. **3.** Flatter. **4.** S'il est mal reçu.

EX. 7 Identifier le registre d'un éloge

TEXTE 7

1. À partir de quels termes et de quels procédés le caractère élogieux du discours est-il perceptible ?

2. Établissez la liste des qualités attribuées au tabac.

3. En prenant appui sur ces qualités, dites à quels registres s'apparente l'extrait et quelles sont ses visées.

TEXTE 7

SGANARELLE, GUSMAN

SGANARELLE, *tenant une tabatière*. – Quoi que puisse dire Aristote et toute la philosophie, il n'est rien d'égal au tabac : c'est la passion des honnêtes gens, et qui vit sans tabac n'est pas digne de vivre. Non seulement il réjouit et purge les cerveaux humains, mais encore il instruit les âmes à la vertu, et l'on apprend avec lui à devenir honnête homme. Ne voyez-vous pas bien, dès qu'on en prend, de quelle manière obligeante on en use avec tout le monde, et comme on est ravi d'en donner à droit et à gauche, partout où l'on se trouve ? On n'attend pas même qu'on en demande, et l'on court au-devant du souhait des gens : tant il est vrai que le tabac inspire des sentiments d'honneur et de vertu à tous ceux qui en prennent. Mais c'est assez de cette matière.

MOLIÈRE, *Dom Juan*, Acte I, scène 1 (première réplique de la pièce), 1665.

EX. 8 Identifier le registre d'un blâme

TEXTE 8

1. Quels sont les deux destinataires du discours ? Qui est visé par la malédiction ?

2. Étudiez la ponctuation, le lexique, les figures de rhétorique, le rythme des phrases : d'où vient la violence extrême de la malédiction ? Quel est son registre ?

3. Comment appelle-t-on un tel texte ?

TEXTE 8

Ô morts qui m'entourez et qui m'écoutez, malédiction à Louis Bonaparte[1] ! Ô morts, exécration à cet homme ! Pas d'échafauds quand viendra la victoire, mais longue et infamante expiation à ce misérable ! Malédiction sous tous les cieux, sous tous les climats, en France, en Autriche, en Lombardie, en Sicile, à Rome, en Pologne, en Hongrie, malédiction aux violateurs du droit humain et de la loi divine ! Malédiction aux pourvoyeurs des pontons, aux dresseurs de gibets, aux destructeurs des familles, aux tourmenteurs des peuples ! Malédiction aux proscripteurs des pères, des mères et des enfants ! Malédiction aux fouetteurs de femmes ! Proscrits ! soyons implacables dans ces solennelles et religieuses revendications du droit et de l'humanité. Le genre humain a besoin de ces cris terribles ; la conscience universelle a besoin de ces saintes indignations de la pitié. Exécrer les bourreaux, c'est consoler les victimes. Maudire les tyrans, c'est bénir les nations !

Vive la république universelle !

V. Hugo, extrait d'un discours prononcé lors de l'enterrement de Louise Julien, proscrite, le 26 juillet 1853, à Jersey.

1. Il s'agit de Napoléon III.

EX. 9 Faire la récapitulation de procédés d'écriture

Quels sont les procédés d'écriture qui reviennent le plus souvent dans les textes élogieux, dans les textes critiques ?

EX. 10 Définir une démarche

En quoi peut-on dire que l'éloge et le blâme constituent des démarches argumentatives ?
Sous quelles formes retrouve-t-on les composantes de l'argumentation : thèse, arguments, exemples, stratégies argumentatives diverses ?

EX. 11 Déterminer les procédés de la caricature en sculpture

1. Observez cette sculpture de Daumier : quels procédés utilise-t-il pour faire ressortir certains traits du personnage représenté ? Que suggèrent ces traits de physionomie sur le plan du caractère ?

2. La représentation vous paraît-elle élogieuse ?

H. Daumier (1808-1879), Sculpture de parlementaire : Antoine Odier, banquier et député (v. 1833), terre crue peinte, 15,1 x 11,8 x 10,7 cm (musée d'Orsay, Paris).

ÉCRITURE

EX. 12 Faire un portrait à la fois élogieux et critique à partir d'un tableau

Décrivez le personnage représenté par Ingres en faisant apparaître, à travers deux étapes, les traits contradictoires que le tableau révèle : force et autorité d'un côté, cupidité et méfiance de l'autre.

N'oubliez pas que votre description du personnage doit s'appuyer sur la manière de peindre d'Ingres.

J.-A.-D. Ingres (1780-1867), *Portrait de Louis-François Bertin, fondateur du Journal des Débats* (1832), huile sur toile, 116 x 96 cm (musée du Louvre, Paris).

VERS LE BAC

Corpus de textes et d'images

- **Texte 1 :** Ph. DESPORTES, « Icare », *Les Amours d'Hippolyte*, 1572-1573.
- **Texte 2 :** V. HUGO, extrait d'un discours prononcé à l'enterrement d'un proscrit, à Jersey, 1853.
- **Texte 3 :** A. MALRAUX, oraison funèbre de Georges Braque, 1963.
- **Document 4 :** C. SARACENI, *La Chute d'Icare* (XVIIe s.).

Questions portant sur le corpus

1. Définissez le genre auquel appartient chacun des textes et le thème commun qui les rapproche. Qu'ont de différent, cependant, les trois personnages célébrés ?

2. Dégagez des trois éloges les qualités reconnues aux trois personnes célébrées et les valeurs sur lesquelles reposent ces qualités. En quoi peut-on parler de ressemblances et de différences ?

3. Identifiez et classez quelques procédés d'écriture caractéristiques de l'éloge et dites quels sont leurs effets : qu'inspire chacun de ces trois éloges au lecteur ?

4. Retrouvez dans le document 4 des éléments du texte 1. La représentation vous semble-t-elle élogieuse ou critique ?

Écriture

1. Commentaire

Faites le commentaire du texte de Philippe Desportes. Vous pouvez vous aider des pistes suivantes : *l'évocation d'un exploit mythique connu du lecteur ; la mise en valeur du héros ; un éloge funèbre poétique.*

2. Dissertation

« Sans la liberté de blâmer, il n'est point d'éloge flatteur. » Vous expliquerez ce point de vue, exprimé par le personnage de Figaro (Beaumarchais), et vous vous demanderez dans quelle mesure on est tout à fait sincère lorsqu'on prononce un éloge. En quoi les circonstances sont-elles de nature à fausser ce que l'on dit de quelqu'un ?

3. Écriture d'invention

En vous inspirant du texte de Philippe Desportes, mais en écrivant en prose, sous la forme d'un article de presse, faites l'éloge d'un personnage de la mythologie, de la littérature, ou d'une personne de l'actualité. Mettez en relief un ou des exploits, les qualités dont ces exploits témoignent, et faites comprendre sur quelles valeurs se construit cet éloge. Donnez un titre à votre article.

TEXTE 1

Icare

Icare est chu ici, le jeune audacieux
Qui pour voler au ciel eut assez de courage :
Ici tomba son corps dégarni de plumage,
Laissant tous braves cœurs de sa chute envieux.

Ô bienheureux travail d'un esprit glorieux,
Qui tire un si grand gain d'un si petit dommage !
Ô bienheureux malheur plein de tant d'avantage,
Qu'il rende le vaincu des ans victorieux !

Un chemin si nouveau n'étonna sa jeunesse,
Le pouvoir lui faillit, mais non la hardiesse :
Il eut pour le brûler des astres le plus beau ;

Il mourut poursuivant une haute aventure ;
Le ciel fut son désir, la mer sa sépulture :
Est-il plus beau dessein, ou plus riche tombeau ?

Ph. DESPORTES, *Les Amours d'Hippolyte*, sonnet I (orthographe modernisée), 1572-1573.

TEXTE 2

(23 avril. – Au cimetière de Saint-Jean)

« Citoyens,
l'homme auquel nous sommes venus dire l'adieu suprême, JEAN BOUSQUET (de Tarn-et-Garonne) fut un énergique soldat de la démocratie. Nous l'avons vu, proscrit inflexible, dépérir douloureusement au milieu de nous. Le mal du pays le rongeait ; il se sentait lentement empoisonné par le souvenir de tout ce qu'on laisse derrière soi ; il pouvait revoir les êtres absents, les lieux aimés, sa ville, sa maison ; il pouvait revoir la France, il n'avait qu'un mot à dire, cette humiliation exécrable que M. Bonaparte appelle amnistie ou grâce, s'offrait à lui, il l'a chastement repoussée, et il est mort. Il avait trente-quatre ans. Maintenant le voilà ! *(L'orateur montre la fosse.)*

« Je n'ajouterai pas un éloge à cette simple vie, à cette grande mort. Qu'il repose en paix, dans cette fosse obscure où la terre va le couvrir, et où son âme est allée retrouver les éternelles espérances du tombeau !

« Qu'il dorme ici, ce républicain, et que le peuple sache qu'il y a encore des cœurs fiers et purs, dévoués à sa cause ! Que la République sache qu'on meurt plutôt que de l'abandonner ! Que la France sache qu'on meurt parce qu'on ne la voit plus !

« Qu'il dorme, ce patriote, au pays de l'étranger ! Et nous, ses compagnons de lutte et d'adversité, nous qui lui avons fermé les yeux, à sa ville natale, à sa famille, à ses amis, s'ils nous demandent : Où est-il ? nous répondrons : Mort dans l'exil ! comme les soldats répondaient au nom de Latour-d'Auvergne[1] : Mort au champ d'honneur !

V. HUGO, extrait d'un discours prononcé lors de l'enterrement d'un proscrit, le 23 avril 1853, au cimetière Saint-Jean, à Jersey.

1. Officier français mort en 1800 alors qu'il venait d'être nommé Premier grenadier le la République par Bonaparte.

TEXTE 3

[...] Vous avez reconnu, Madame[1], la musique que vous venez d'entendre, avant ces cloches qui sonnaient jadis pour les rois : c'est la *Marche funèbre pour la mort d'un héros*. Jamais un pays moderne n'a rendu à un de ses peintres morts un hommage de cette nature. L'histoire de la peinture qui trouve dans l'œuvre de Braque[2] un accomplissement magistral a été une longue histoire de dédains, de misère et de désespoir. Par sa mort, Braque semble assurer la revanche des pauvres obsèques de Modigliani[3], du sinistre enterrement de Van Gogh[4]... Et puisque tous les Français savent qu'il y a une part de l'honneur de la France qui s'appelle Victor Hugo, il est bon de leur dire qu'il y a une part de l'honneur de la France qui s'appelle Braque – parce que l'honneur d'un pays est fait aussi de ce qu'il donne au monde.

Ses tableaux se trouvaient dans tous les grands musées, et plus de cent mille Japonais, à Tokyo, s'étaient rendus à son exposition comme à un pèlerinage. Dans son atelier qui n'avait pas connu d'autre passion que la peinture, la gloire était entrée à l'écart, sans déranger une couleur, une ligne, ni même un meuble. Silencieuse et immobile comme les oiseaux blancs qui depuis sa vieillesse avaient apparu sur ses toiles. Il était devenu l'un des plus grands peintres du siècle.

Mais notre admiration ne tient pas seulement à ce génie pacifié que connaissent tant de maîtres à l'approche de la nuit. Elle tient aussi au lien de ce génie avec la révolution picturale la plus importante du siècle[5], au rôle décisif joué par Braque dans la destruction de l'imitation des objets et des spectacles. Et sans doute le caractère le plus pénétrant de son art est-il de joindre, à une liberté éclatante et proclamée, une domination des moyens de cette liberté, sans égale dans la peinture contemporaine.

De plus, en nous révélant, avec une puissance contagieuse, la liberté de la peinture, Braque et ses amis de 1910 nous révélaient aussi tout l'art du passé rebelle à l'illusion depuis notre peinture romane jusqu'au fond des siècles : patiemment ou rageusement penchés sur leurs tableaux insultés, ces peintres ressuscitaient pour nous tout le passé du monde... [...]

A. MALRAUX, oraison funèbre de G. Braque, 3 septembre 1963 (extrait), in *Oraisons funèbres*, © Gallimard, 1971.

1. André Malraux s'adresse à Madame Braque. **2.** Georges Braque (1882-1963), créateur du mouvement cubiste avec Picasso. **3.** Peintre italien (1884-1920). **4.** Peintre néerlandais (1853-1890), ayant passé une partie de sa vie en France. **5.** Il s'agit du passage de la peinture figurative à la peinture abstraite.

DOCUMENT 4

C. SARACENI (v. 1585-1620), *La Chute d'Icare* (XVIIe s.), huile sur toile (Museo e Gallerie Nazionale di Capodimonte, Naples).

22 Le travail de l'écriture

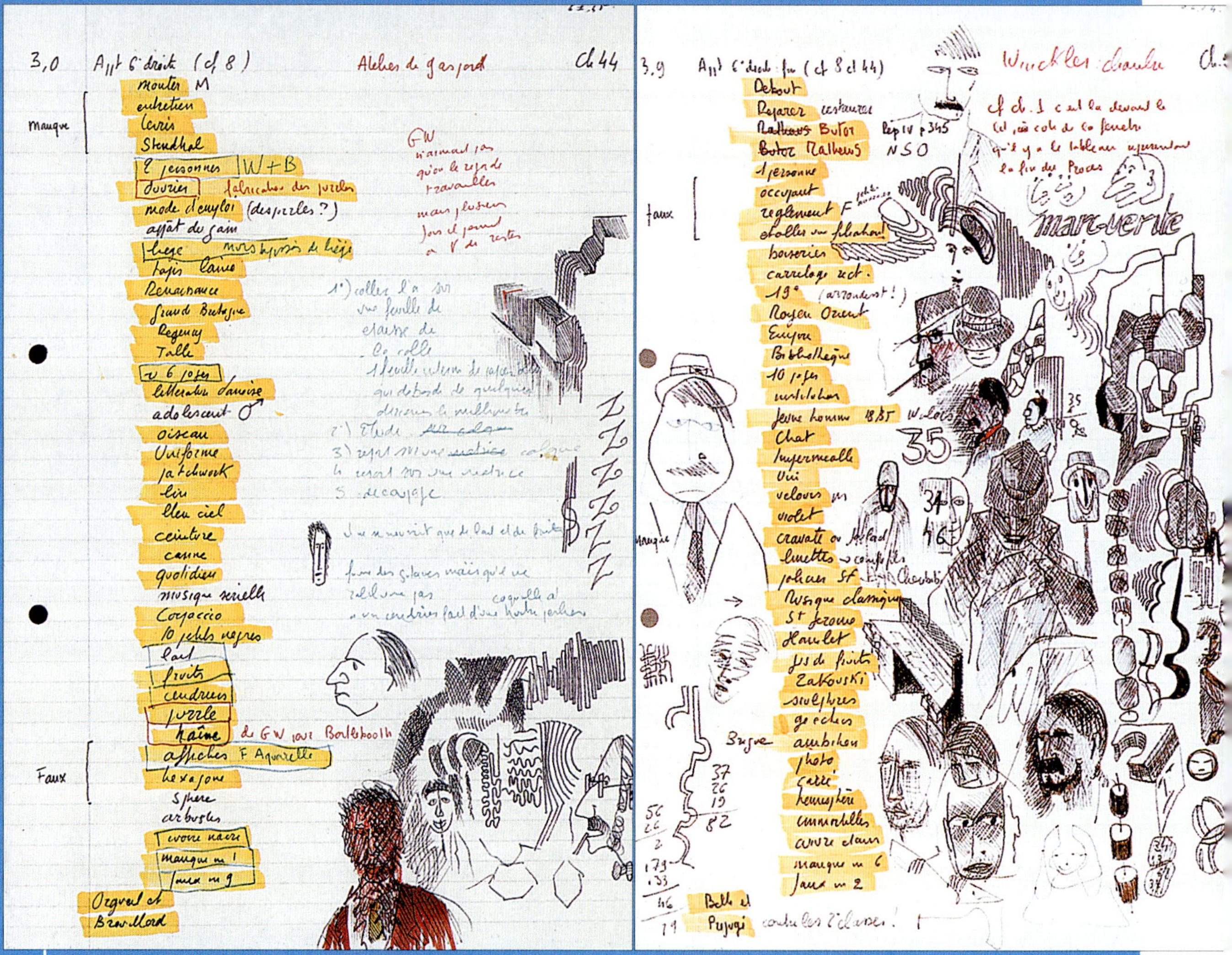

G. Perec (1936-1982), *La Vie mode d'emploi*, « Cahier des charges », 30 x 21 cm (BnF, Arsenal, fonds Perec).

LIRE L'IMAGE

1. Qu'appelle-t-on un « cahier des charges » ? Quelles relations peut-on établir entre un cahier des charges et un roman ?

2. Trouvez une classification pour « ranger » les éléments que vous voyez sur le document et cherchez à quoi ils peuvent correspondre. Quels sont ceux qui, visiblement, n'entreront pas – du moins sous la forme qu'ils ont ici – dans le roman en préparation ? À quelle activité correspondent-ils ?

3. Que révèlent ces pages sur la personnalité de Georges Perec, sur sa manière de travailler, sur ses conceptions romanesques ?

OBSERVATION

Pénétrez-vous de cette idée que la bonne exécution littéraire et le bon style s'obtiennent par le travail, et qu'on peut par l'opiniâtreté et la persévérance doubler la force de son propre talent. Il y a quatre vers qu'on devrait inscrire en tête de tout manuel littéraire :

Le temps respecte peu ce que l'on fait sans lui...
Vingt fois sur le métier remettez votre ouvrage ;
Polissez-le sans cesse et le repolissez ;
Ajoutez quelquefois et souvent effacez[1].

Le talent n'est qu'une aptitude qui se développe. On peut en acquérir deux ou trois fois plus qu'on en a. « J'apprends tous les jours à écrire », disait Buffon, qui ajoutait, d'ailleurs, ce mot si vrai : « Le génie n'est qu'une longue patience. »

Qui a plus travaillé sa forme que Boileau ? Et il n'était pas le seul à faire difficilement des vers faciles. La Fontaine n'a atteint le naturel qu'en refaisant près de dix fois la même fable. Taine, qui a feuilleté ses manuscrits à la Bibliothèque nationale, était épouvanté de les voir noircis de ratures. Voiture, Guez de Balzac et d'autres auteurs n'ont survécu que par leur profonde conscience de stylistes et leur continuelle soif de perfection. La Bruyère n'a publié qu'un livre qui est parfait. Pascal est le dernier mot de la netteté condensée, qu'on ne réalise que par le labeur. Montesquieu se raturait sans cesse. Chateaubriand nous apprend qu'il a refait jusqu'à dix fois la même page. Buffon recopia dix-huit fois ses *Époques de la nature*. Flaubert, on le sait, s'est tué à la peine. Pascal nous dit qu'il a refait jusqu'à quinze fois certaines *Provinciales*.

Si tous nos classiques avaient raconté leurs procédés de composition, on verrait que Flaubert n'a pas été le seul à lutter contre les tortures de la phrase. Le style de la plupart des grands prosateurs sent le travail. Le travail est visible dans Boileau, Montesquieu, Buffon. Non seulement, je crois qu'il ne faut pas leur en faire un reproche, mais j'oserais dire que cette constante application, qui se manifeste à toutes leurs pages, ajoute un charme de plus à leur lecture, de même que la science d'orchestration augmente, pour les connaisseurs, l'attrait d'une audition musicale. Il n'y a guère que La Fontaine qui échappe à cette loi et chez qui le travail ne se sente pas. Or, c'est précisément celui qui a le plus travaillé !

Le principe de l'effort, du travail, du continuel raturage est donc indiscutable. Il faut l'adopter *a priori*, aveuglément.

A. Albalat, *L'Art d'écrire*, 11e leçon : « L'élocution », 1899, (réédition © Armand Colin, 1992).

1. Nicolas Boileau, *Art poétique*, 1674.

Thème et thèse du texte

1. À partir des mots surlignés, déterminez le thème traité.

2. Quelle est la thèse d'A. Albalat concernant l'apprentissage de l'écriture ?

Nature et efficacité des exemples

3. a. Comment A. Albalat justifie-t-il et illustre-t-il sa thèse ?

b. Comment l'idée de la thèse se retrouve-t-elle dans les différents exemples ?

4. En quoi peut-on parler d'arguments-exemples ?

La leçon du texte pour mieux écrire

5. Comment se marque le caractère injonctif du texte (mots soulignés) ? Que doit retenir le lecteur ?

REPÈRES

Pour analyser le travail de l'écriture

On aurait tort de croire que le génie de l'écrivain lui permet de créer, dans une première et unique inspiration, une œuvre achevée. De nombreux documents très divers, auxquels la critique contemporaine s'intéresse de plus en plus, montrent que le **travail de l'écriture** est long, épuisant, parfois décourageant. Ces documents – objet de recherches universitaires dans le domaine de la « génétique littéraire » – révèlent de quelle manière s'élabore une œuvre : **sources d'inspiration, projet, recherches, composition, rédaction, corrections**, avant la version finale enfin publiée, mais susceptible d'être encore modifiée.

1 Les sources d'inspiration

Multiples et diverses, elles reflètent les **lectures** et les **expériences** des écrivains, leurs admirations, font apparaître des influences. Elles sont perceptibles à l'intérieur des œuvres elles-mêmes, à travers le phénomène d'**intertextualité**.
Elles sont parfois clairement affirmées : Racine, dans les **préfaces** de ses tragédies, explique comment il reprend des faits exposés dans des œuvres antiques qu'il admire et respecte, celles d'Homère et d'Euripide. La Fontaine reprend les thèmes et les personnages des fables d'Ésope ou de Phèdre. Molière s'inspire de Plaute pour écrire *L'Avare*. Stendhal reprend d'anciennes chroniques pour certaines nouvelles ou part de faits divers, par exemple pour *Le Rouge et le Noir*. L'expérience de la mobilisation inspire à Maupassant ses nouvelles relatives à la guerre de 1870.

2 Le projet

Certaines œuvres sont longuement mûries : leurs auteurs font part de leur projet dans des **lettres** adressées à des proches, à des amis, à des éditeurs, à des critiques, comme c'est le cas pour Flaubert, Zola et Hugo. Certains préfèrent confier leurs projets à des **carnets** ou à des **journaux**, dont la lecture permet de suivre les hésitations, les incertitudes, les phases de mûrissement des projets. Ces **documents personnels et intimes**, qui s'apparentent souvent à des **brouillons**, permettent de connaître les **ébauches** et les premières difficultés rencontrées. Si certains sont difficiles à trouver, puis à déchiffrer avec certitude, il arrive de plus en plus que les écrivains, non seulement les conservent, mais acceptent qu'ils soient publiés.
Ainsi, le « Cahier des charges » de *La Vie mode d'emploi*, de Georges Perec (→ p. 316), expose sous forme de schémas les différentes contraintes qui organisent le roman. Francis Ponge, sous le titre Dans l'atelier du… (→ p. 324) expose tout ce qui accompagne une création : remarques, recommandations personnelles, observations diverses.

3 Les recherches

Une fois le projet construit, parfois même avant, certains écrivains se mettent en quête d'**éléments documentaires**. Plus l'œuvre est proche du réel historique, plus cette documentation est nécessaire. Les romanciers du XIXe siècle, très soucieux de réalisme, ont attaché une grande importance à tout ce qui pouvait contribuer à des **effets de réel**. Les *Carnets d'Enquêtes* de Zola montrent la précision de sa documentation et sa grande diversité : sous forme de **notes** précises, accompagnées de **croquis** et de **photos** qu'il prenait lui-même, figurent différents lieux (mine, ferme de la Beauce, ouvriers parisiens, gares), l'observation de l'habillement, des manières de vivre, de travailler (texte 6 → p. 321)…
De la même façon, Flaubert a accumulé des notes prises au cours de **voyages** divers, en Égypte, en Tunisie, mais aussi en Normandie. Les notes et les documents sont ensuite exploités dans l'œuvre, et se transforment alors en **éléments littéraires**.

4 Composition et rédaction

La **structure de l'œuvre** est souvent le résultat d'un travail long et difficile, comme le montrent les « Ébauches » de Zola, la correspondance de Flaubert aussi bien que les *Carnets* de Camus. Les **plans**, souvent remaniés, sont exposés, puis repris, leur mise en place confrontée aux intentions et aux objectifs, eux-mêmes définis avec précision. Les documents révèlent des efforts épuisants, demandant de refaire ce qui a déjà été fait et de restructurer l'organisation de parties, de chapitres et de centaines de pages.

L'étape de la **rédaction**, manuscrite ou dactylographiée (à partir du XXe siècle), est elle aussi difficile, comme l'attestent les brouillons conservés à la **Bibliothèque nationale** : les écrivains raturent et corrigent beaucoup avant d'arriver à ce qui leur paraît la version définitive.

Flaubert a pu écrire de quatre à six versions successives d'un même passage, la description de Rouen, la scène des comices ou celle de la mort d'Emma dans *Madame Bovary*. Hugo recomposait trois ou quatre fois certains vers : les ratures des brouillons et les variantes des manuscrits montrent comment la pensée se met en place progressivement, par **esquisses** successives, **ajout** ou **substitution** de mots.

Ce travail de création à travers l'écriture joue sur les mots, leur sens, leurs sons, leur contextualisation : suivre la progression vers l'expression idéale (ou ce qui s'en rapproche) ne permet pas de percer les « secrets de la création », mais montre une manière de faire, une persévérance et une patience qui peuvent servir de modèle à chacun.

J. HUOT DE GONCOURT (1830-1870), *Album*, notes manuscrites, 20,4 x 13,5 cm (musée du Louvre – fonds Orsay, Paris).

5 Les corrections finales

La dernière étape est celle des corrections d'épreuves lorsqu'un auteur doit relire, avant l'impression, les « épreuves en page ». Il s'agit en général de corriger les dernières « coquilles » ou fautes de typographie, de changer quelques mots ou quelques tournures, de faire disparaître quelques répétitions. Mais il arrive que ces dernières relectures soient l'occasion de très nombreuses corrections. C'est le cas pour Balzac, qui surchargeait ses épreuves de corrections, comme s'il s'agissait de brouillons. Cette manière de procéder souligne que l'on peut toujours modifier un texte et qu'un écrivain peut être constamment insatisfait. Il faut cependant décider à un moment que l'œuvre est achevée.

→ Synthèse **Les formes de discours (→ p. 152)**
→ Synthèse **Les différents registres (→ p. 172)**
→ Synthèse **Les instruments lexicaux (→ p. 62)**
→ Synthèse **Les outils grammaticaux (→ p. 74)**

APPLICATION

EX. 1 Identifier des sources d'inspiration

TEXTES 1 ET 2

1. Quelles sont, d'après les textes, les sources de Racine et de Stendhal ? Donnez le nom des auteurs ou des genres « inspirateurs », leur époque et le domaine littéraire concerné.

2. Précisez, lorsque c'est possible, la nature des relations qui unissent les sources et les œuvres qu'elles ont inspirées.

TEXTE 1

À la vérité j'avais travaillé sur des modèles qui m'avaient extrêmement soutenu dans la peinture que je voulais faire de la Cour d'Agrippine et de Néron. J'avais copié mes personnages d'après le plus grand peintre de l'Antiquité, je veux dire d'après Tacite. Et j'étais alors si rempli de la lecture de cet excellent historien, qu'il n'y a presque pas un trait éclatant dans ma tragédie dont il ne m'ait donné l'idée. J'avais voulu mettre dans ce recueil un extrait des plus beaux endroits que j'ai tâché d'imiter. Mais j'ai trouvé que cet extrait tiendrait presque autant de place que la tragédie. Ainsi le lecteur trouvera bon que je le renvoie à cet auteur, qui aussi bien est entre les mains de tout le monde. Et je me contenterai de rapporter ici quelques-uns de ses passages sur chacun des personnages que j'introduis sur la scène.

J. RACINE, *Britannicus*, Préface de l'édition de 1675.

TEXTE 2

Je traduis cette histoire de deux manuscrits volumineux, l'un romain, et l'autre de Florence. À mon grand péril, j'ai osé reproduire leur style, qui est presque celui de nos vieilles légendes. Le style si fin et si mesuré de l'époque actuelle eût été, ce me semble, trop peu d'accord avec les actions racontées et surtout avec les réflexions des auteurs. Ils écrivaient vers l'an 1598. Je sollicite l'indulgence du lecteur et pour eux et pour moi.

STENDHAL, *Chroniques italiennes*, « L'abbesse de Castro », 1838.

EX. 2 Analyser des projets d'écriture

TEXTES 3 À 5

1. En quoi peut-on rapprocher les trois textes ?

2. À partir du paratexte, identifiez les circonstances de rédaction et définissez les trois situations d'énonciation.

3. Qu'y a-t-il de différent entre les trois textes ?

TEXTE 3

Un roman qui aura pour cadre le monde judiciaire, et pour héros Étienne Dulac, troisième enfant du ménage d'ouvriers. Michelet a dit : « Il faudrait que le juge fût médecin. » Étienne est un des cas étranges de criminel par hérédité qui, sans être fou, tue un jour dans une crise morbide, poussé par un instinct de bête. De même que ses parents, misérables et devenus vicieux, lèguent le génie à son frère Claude, ils lui lèguent le meurtre. Il y a des cas très saisissants de pareils faits. Je désire surtout écrire un roman de cour d'assises, comme je comprends ce genre abandonné aux fournisseurs brevetés de feuilletons, et dont on pourrait tirer une œuvre hautement littéraire et profondément émouvante.

É. ZOLA, lettre à l'éditeur Lacroix, 1869, texte cité dans *La Bête humaine*,
© Presses Pocket, 1991.

TEXTE 4

Prendre une vie connue, achevée, fixée (autant qu'elles peuvent jamais l'être) par l'Histoire, de façon à embrasser d'un seul coup la courbe tout entière ; bien plus, choisir le moment où l'homme qui vécut cette existence la soupèse, l'examine, soit pour un instant capable de la juger. Faire en sorte qu'il se trouve devant sa propre vie dans la même position que nous.

M. Yourcenar, *Carnets de notes des Mémoires d'Hadrien*, 1951, in *Œuvres complètes*, © Gallimard, coll. « Bibliothèque de la Pléiade », 1982.

TEXTE 5

1. Refaire dernier chapitre avec élargissement et narration.
2. Refaire deuxième chapitre avec narrateur.
3. Écrire deux chapitres sur « les séparés ».
4. Chapitre sur la misère et la terreur (insécurité).
5. Chapitre sur la maladie.
6. Chapitre sur les camps d'isolement.
7. Tout réunir dans le style « narrateur encore inconnu » – Éliminer la théorie.

A. Camus, *Carnets de La Peste*, décembre 1942, in *Théâtre, Récits, Nouvelles*, © Gallimard, coll. « Bibliothèque de la Pléiade », 1962.

EX. 3 Étudier le travail de préparation et de recherche

TEXTE 6

1. Identifiez et caractérisez le texte : présentation, forme de discours, nature du contenu…

2. Que révèle-t-il concernant le travail de préparation mené par Zola ? En quoi ce travail consiste-t-il ?

TEXTE 6

Le sac garni d'un ouvrier plombier-zingueur. Une boîte, avec un couvercle en long, munie d'une bandoulière.

Dedans, il y a : des cisailles de toutes formes, droites, cintrées, etc. ; marteaux ; mètre ; burin, ou ciseau à froid ; poinçon pour percer, etc. ; râpe ou lime, etc.

Les fers à souder pour le zinc sont en cuivre rouge ; on emploie un tiers d'étain et deux tiers de plomb, et on soude à l'acide muriatique.

Les fers à souder pour le plomb s'appellent fers croches et sont en fer ; on soude à la bougie ou à la résine.

Le fourneau s'appelle marmite (un étouffoir).

Le soufflet énorme.

Un établi pour découper le zinc, des planches. On apprête toutes les pièces dans les cours et on les monte.

É. Zola, *Carnets d'enquêtes*, 1875, textes établis par H. Mitterand, © Plon, 1993.

EX. 4 Identifier des difficultés d'écriture rencontrées par les écrivains

TEXTES 7 À 9

1. Quels points communs permettent de rapprocher les trois textes ?

2. Quelles sont précisément les difficultés rencontrées par chacun des trois auteurs ? Sur quoi portent-elles ?

TEXTE 7

Il faudrait pour ce que j'ai à dire inventer un langage aussi nouveau que mon projet : car quel ton, quel style prendre pour débrouiller ce chaos immense de sentiments si divers, si contradictoires, souvent si vils et quelquefois si sublimes dont je fus sans cesse agité ? Que de riens, que de misères ne faut-il point que j'expose, dans quels détails révoltants, indécents, puérils et souvent ridicules ne dois-je pas entrer pour suivre le fil de mes dispositions secrètes, pour montrer comment chaque impression qui a fait trace en mon âme y entra pour la première fois ?

J.-J. Rousseau, *Les Confessions*, « Manuscrit de Neufchâtel », 1764.

TEXTE 8

[Croisset,] mardi, 1 h[eure] de nuit.
[28 juin 1853.]

Je suis accablé. La cervelle me danse dans le crâne. Je viens, depuis hier dix heures du soir jusqu'à maintenant, de recopier 77 pages de suite qui n'en font plus que 53. C'est abrutissant. J'ai mon rameau de vertèbres au cou, comme remarquerait M. Énault, brisé d'avoir eu la tête penchée longtemps. Que de répétitions de mots je viens de surprendre ! Que de *tout*, de *mais*, de *car*, de *cependant* ! Voilà ce que la prose a de diabolique, c'est qu'elle n'est jamais finie. – J'ai pourtant de bonnes pages et je crois que l'ensemble roule, mais je doute que je sois prêt pour dimanche à lire tout cela à B[ouilhet]. Ainsi, depuis la fin de février, j'ai écrit 53 pages ! Quel charmant métier, quelle crème fouettée à battre, qui vaut des marbres à rouler.

G. FLAUBERT, *Correspondance*, lettre à Louise Colet, 1853.

TEXTE 9

Quant au titre, *La Bête humaine*, il m'a donné beaucoup de mal, je l'ai cherché longtemps. Je voulais exprimer cette idée : l'homme des cavernes resté dans l'homme de notre dix-neuvième siècle, ce qu'il y a en nous de l'ancêtre lointain. D'abord, j'avais choisi : *Retour atavique*. Mais cela était trop abstrait et ne m'allait guère. J'ai préféré *La Bête humaine*, un peu plus obscur, mais plus large ; et le titre s'imposera, lorsqu'on aura lu le livre.

É. ZOLA, lettre au critique Van Santen Kolff, 6 juin 1889.

TEXTE 10

Première rédaction
Si vous regardez la science en elle-même, vous entrez dans une mer sans fond, sans rêves, toute pleine d'écueils ; vous ne vous en tirerez jamais.

Deuxième rédaction
Celui qui vient pour la première fois au bord de la mer, enchanté du spectacle des coquillages, en ramasse un, puis un second, puis un autre ; il ne cesse d'être tenté de se baisser, de choisir de prendre ; il se charge, s'accable, et finit par tout jeter.

Troisième rédaction
Quand je vois un homme, épris de l'amour des connaissances, se laisser séduire à leur charme, et courir de l'une à l'autre sans savoir s'arrêter, je crois voir un enfant sur le rivage, cueillant des coquilles et commençant par s'en charger, puis, tenté par celles qu'il voit encore, en rejeter, en reprendre jusqu'à ce qu'accablé de leur multitude, et ne sachant plus que choisir, il finisse par tout jeter et retourne à vide.

J.-J. ROUSSEAU, *Émile ou de l'Éducation*, 1762,
corrections citées dans P. ALBALAT, *Le Travail du style*, 1899.

EX. 5 Étudier des rédactions successives de J.-J. Rousseau

TEXTE 10

1. Étudiez les modifications successives qui font passer de la première à la troisième rédaction : quels éléments sont conservés, lesquels sont supprimés, lesquels sont déplacés ?

2. Qu'a de particulier la seconde rédaction par rapport aux deux autres ?

EX. 6 Étudier des corrections de Flaubert dans *Madame Bovary*

TEXTES 11

1. Comparez la longueur des trois textes A et celle des trois textes B : que pouvez-vous en conclure en ce qui concerne la nature des corrections ?

2. Quelles modifications Flaubert a-t-il fait subir aux textes A pour obtenir les textes B ?

3. Quels textes préférez-vous ?

EX. 7 Étudier le passage de l'esquisse au tableau

1. En mettant en parallèle les deux images, dites ce que l'on retrouve de la première dans la seconde et ce que la seconde comporte de plus en ce qui concerne leur partie commune.

2. Expliquez ensuite ce qui sépare le tableau de l'esquisse, en quoi elle consiste et à quoi elle sert.

TEXTES 11

A – Quand l'ennui d'Emma quelque temps se fut arrêté sur cette déception, et que les souvenirs du passé comme une danse, eurent bien tourné tout autour de sa tête, la place de nouveau resta vide et alors la série des mêmes journées recommença.

B – Après l'ennui de cette déception, son cœur de nouveau resta vide, et alors la série des mêmes journées recommença.

A – Le bourg était endormi. La lune brillait. Les piliers des halles allongeaient sur la place obliquement de grandes ombres. La terre, plus légère sous les pas, douce sous les pas, était toute grise, comme par une nuit d'été.

B – Le bourg était endormi. Les piliers des halles allongeaient de grandes ombres. La terre était toute grise, comme par une nuit d'été.

A – Dès lors le souvenir de Léon fut le centre de ses ennuis, l'occupation de son désœuvrement, la compagnie même de sa solitude, et il y pétillait comme dans un steppe[1] de Russie un feu que des voyageurs disparus ont laissé sur la neige.

B – Dès lors ce souvenir de Léon fut comme le centre de son ennui ; il y pétillait plus fort que dans un steppe de Russie un feu de voyageurs abandonné sur la neige.

G. FLAUBERT, *Madame Bovary*, 1857, corrections citées dans P. ALBALAT, *Le Travail du style*, 1899.

1. Le mot *steppe* pouvait être masculin au XIXe siècle.

E. DELACROIX (1798-1863), *Deux femmes arabes assises* : étude pour les *Femmes d'Alger* (1832), aquarelle et mine de plomb, 10,7 x 13,8 cm (musée du Louvre, Paris).

E. DELACROIX (1798-1863), *Femmes d'Alger dans leur appartement* (1832), huile sur toile, 180 x 229 cm (musée du Louvre, Paris).

VERS LE BAC

Corpus de textes et d'image

- **Texte 1 :** F. Ponge, *Le Parti pris des choses*, « L'huître », 1942.
- **Texte 2 :** F. Ponge, *Dans l'atelier du Parti pris des choses*, « Histoire de l'huître », 1942.
- **Texte 3 :** F. Ponge, *Entretiens avec Philippe Sollers, Vie et travail à l'époque surréaliste*, 1970.
- **Document 4 :** photo d'huître.

Questions portant sur le corpus

1. Quel est l'élément commun aux quatre documents qui constituent le corpus ? Quelle problématique se dégage du rapprochement de ces documents ?
2. Trouvez et définissez toutes les relations qui existent entre les trois documents écrits ; placez-les dans l'ordre chronologique de réalisation. Qu'a de particulier le texte 3 ?
3. En quoi peut-on être certain de la fidélité de la représentation du document 4 ?
4. Comment ce corpus se rattache-t-il à l'objet d'étude traité : le travail de l'écriture ?

Écriture

1. Commentaire

Commentez le poème en prose intitulé « L'huître » en vous aidant des pistes suivantes : *un poème qui mime l'ouverture et la découverte de l'huître ; la présentation de caractéristiques particulières ; une démarche poétique originale qui mêle poésie et prose.*

2. Dissertation

Après avoir expliqué le sens de l'expression « prendre le parti de… », vous expliquerez, en un développement argumenté et illustré d'exemples, dans quelles conditions on peut dire que les peintres et les poètes « prennent le parti » des choses, et comment ils le font.

3. Écriture d'invention

À la manière de Francis Ponge, écrivez un court poème en prose décrivant un objet de votre choix puis expliquez, comme le fait Ponge dans ses entretiens avec Philippe Sollers, ce que vous avez voulu faire et pourquoi vous avez choisi tel ou tel mot, telle ou telle image, tel ou tel procédé.

TEXTE 1

L'huître

L'huître, de la grosseur d'un galet moyen, est d'une apparence plus rugueuse, d'une couleur moins unie, brillamment blanchâtre. C'est un monde opiniâtrement clos. Pourtant on peut l'ouvrir : il faut alors la tenir au creux d'un torchon, se servir d'un couteau ébréché et peu franc, s'y reprendre à plusieurs fois. Les doigts curieux s'y coupent, s'y cassent les ongles : c'est un travail grossier. Les coups qu'on lui porte marquent son enveloppe de ronds blancs, d'une sorte de halos.

À l'intérieur l'on trouve tout un monde, à boire et à manger : sous un *firmament* (à proprement parler) de nacre, les cieux d'en dessus s'affaissent sur les cieux d'en dessous, pour ne plus former qu'une mare, un sachet visqueux et verdâtre, qui flue et reflue à l'odeur et à la vue, frangé d'une dentelle noirâtre sur les bords.

Parfois très rare une formule[1] perle à leur gosier de nacre, d'où l'on trouve aussitôt à s'orner.

F. Ponge, *Le Parti pris des choses*, © Gallimard, 1942.

1. Petite forme.

TEXTE 2

Histoire de l'huître

I. Avant toute parole, le monde clos comme une coque bivalve.

Eaux et cieux non séparés remplirent entièrement cette huître.

II. Un jour pour parler elle voulut s'ouvrir, et dès lors les cieux d'en dessus s'affaissèrent sur les eaux d'en dessous, pour former une mare verdâtre qui vécut peu de temps, fluant et refluant à la vue et à l'odeur, puis bientôt sécha et pourrit.

III. Alors les cieux communs entrèrent par le haut sous ce superciel de nacre, et l'eau commune par le bas avec son fonds de gravier.

... ET PERSONNE NE SAIT COMMENT DIEU LA PRÉFÈRE...

F. Ponge, *Dans l'atelier du Parti pris des choses*, in *Œuvres complètes* I, © Gallimard, coll. « Bibliothèque de la Pléiade », 1999.

TEXTE 3

« Quand je parle de "tout un monde", et qu'ensuite je parle des "cieux d'en dessus, des cieux d'en dessous, du firmament", il s'agit vraiment du cosmos, et en même temps, c'est l'expression courante tout un monde : il y a plusieurs niveaux de signification »

« Il est évident que si dans mon texte se trouvent des mots comme "blanchâtre", "opiniâtre", "verdâtre", c'est aussi parce que je suis déterminé par le mot "huître", par le fait qu'il y a là accent circonflexe, sur voyelle »

« Là, c'est qu'il s'agit d'une portugaise, évidemment, parce que d'autres huîtres n'ont pas de dentelle noirâtre »

« Inscrivant le mot "gosier", j'insiste sur le fait que cette formule est une formule de parole ». Ainsi se précise, touche à touche, une méditation de la parole qui va s'orchestrer dans la suite du recueil.

« Qu'est-ce que c'est qu'une formule ? c'est une petite forme. C'est le diminutif de "forme". Et en même temps, bien sûr, il s'agit de la formule, au sens d'un bref énoncé, d'une chose dite de la façon la plus brève d'où l'on trouve aussitôt à s'orner. Il y a là une sorte d'autocritique à l'intérieur du texte, du fait que je m'orne, moi-même, de la qualité précieuse et rare de mon style »

F. Ponge, *Entretiens avec Philippe Sollers, Vie et travail à l'époque surréaliste*, © Le Seuil, 1970.

DOCUMENT 4

Huître de Bouzigue (Hérault).

23 Les réécritures

R. Dufy (1877-1953),
Le Moulin de la Galette (1939),
aquarelle, 50,3 x 65,8 cm
(musée d'Art moderne de Paris).

A. Renoir (1841-1919), *Bal du Moulin de la Galette*, Montmartre (1876), huile sur toile, 131 x 175 cm (musée d'Orsay, Paris).

LIRE L'IMAGE

1. Observez les deux tableaux : que remarquez-vous immédiatement ? Rattachez vos remarques à l'inscription qui figure en bas à gauche sur le tableau de R. Dufy. Quelle information le peintre donne-t-il ?
2. Mettez en évidence un nombre important de similitudes concernant le thème d'ensemble, les lieux, les personnages, leurs attitudes.
3. Quelles sont les différences les plus frappantes ? Quelles peuvent-être leurs explications ? Utiliseriez-vous le mot « plagiat » pour désigner le second tableau ?
4. Quelles peuvent être, selon vous, les raisons pour lesquelles un peintre reprend un thème déjà abordé par un autre ?

OBSERVATION

– Historiquement, le plagiat s'est toujours pratiqué et les auteurs qui, dans leurs œuvres, en flétrissent le principe avec le plus de vigueur, se trouvent rarement à l'abri eux-mêmes d'une telle accusation.

Même les plus grands écrivains se sont rendus coupables d'emprunts littéraires :

– Virgile a copié quelques vers sur l'œuvre du poète Quintus Ennius.

– Shakespeare a utilisé de vieux canevas de drames.

– Molière s'est inspiré des comédies de Plaute et de Térence et La Fontaine des Fables d'Ésope.

– Corneille et Racine ont porté sur la scène française les thèmes des tragédies grecques ou latines.

Mais il serait difficile, en pareil cas, de crier au plagiat : l'œuvre qui a servi de point de départ se trouve recomposée, magnifiée, transcendée par le génie d'un grand auteur qui l'a rendue méconnaissable.

Pour réaliser ce que La Fontaine, par exemple, a apporté à l'œuvre d'Ésope, il suffit de comparer n'importe laquelle des fables du Français à la traduction de celle qu'avait composée le Grec sur le même thème. L'austère leçon de morale aux intentions appuyées est devenue, par la magie des vers de La Fontaine, une comédie animale, toute de grâce et de légèreté et d'autant plus efficace sur le plan de la morale qu'elle chante plus longtemps dans nos mémoires.

Le terme de plagiat doit être réservé de préférence à la similitude de formulation. En effet, il est nécessaire que soit établie au départ une distinction fondamentale entre l'*imitation* de certains textes – le plus souvent revendiquée par leurs auteurs – et le plagiat... salement dit, qu'on peut assimiler au vol pur et simple.

Que Racine, Molière ou La Fontaine aient puisé leur inspiration à la source des grands auteurs de l'Antiquité est un fait établi ; mais, loin de nous indigner de ces pratiques, nous devons au contraire nous réjouir de ce que des auteurs de génie aient donné une forme nouvelle à des œuvres latines ou grecques dont il suffit de lire la traduction pour réaliser quel monument d'ennui elles représentent aujourd'hui. Vive donc cette filiation littéraire qui rend les couleurs de la jeunesse à des thèmes éternels !

– En revanche, que maudit soit le plagiaire, celui qui « donne son œuvre pour originale alors que la part de création y est insignifiante ou nulle. [*Celui qui*] s'efforce de dissimuler sa source au lieu de s'en faire un titre de gloire ou de jouer sur un effet de distorsion ou de transposition du modèle[1] ».

Cl. Gagnière, *Pour tout l'or des mots*, © Robert Laffont, 1996.

1. In « Le Siècle d'or du plagiat littéraire » de J.-Y. Mollier, article paru dans *L'Histoire*, février 1992.

Genre, thème et composition de l'extrait

1. À partir des mots surlignés identifiez le thème traité dans ce texte. À quel genre littéraire cet extrait se rattache-t-il ?

2. En utilisant les mots de liaison (mots surlignés), faites apparaître la structure du texte et la manière de procéder de celui qui parle.

3. Établissez une liste des différentes formes de « réécriture » dont il est question dans les exemples cités.

4. Selon l'auteur de l'extrait, qu'ont apporté les réécritures faites par les grands auteurs classiques de certains textes de leurs prédécesseurs ?

Information ou argumentation ?

5. Déterminez la ou les formes de discours auxquelles appartient le texte et la manière dont s'expriment les prises de position de son auteur. En quoi le texte illustre-t-il une forme d'emprunt ?

REPÈRES

Pour analyser les formes de réécritures

1 Citations et insertions

L'emprunt d'une phrase ou d'une expression peut pren-dre la forme d'une **citation**, signalée par des **indices typographiques**, guillemets ou italique (→ p. 58), parfois les deux, avec l'indication en note – mais pas toujours – de l'auteur et de l'œuvre. Parfois, la citation est intégrée au texte sans autre signalisation que le nom de son auteur accompagné du verbe « dire » : ce qui appartient à un autre est ainsi présenté comme des **paroles** et rapporté au **discours indirect** (→ p. 126). Mais il faut remarquer la diversité de statut et de fonctions de tels emprunts. Certains appuient la propre pensée de celui qui parle et servent alors à **confirmer** ses propos ; d'autres apportent des éléments de **débat** ; d'autres, enfin, servent à **caractériser** une attitude, un comportement ou un mode de pensée.

2 L'imitation et l'emprunt par admiration

L'admiration pour les œuvres gréco-latines a conduit les auteurs classiques, jusqu'au XVIIIe siècle, à prendre celles-ci pour **modèles**, en adoptant leurs thèmes et leurs personnages, et en les **adaptant** à l'esprit du temps : on retrouve ainsi des passages entiers « empruntés » par Molière à Plaute (dans *l'Avare*), par Racine à Euripide (*Phèdre* vient de la tragédie *Hippolyte* → textes 3 et 4). La soumission aux codes définis par Aristote, la reprise des situations tragiques, les emprunts aux poètes (Boileau imite Horace et Juvénal) constituent une garantie de valeur : les préfaces dans lesquelles les auteurs se justifient rappellent constamment le souci de **fidélité** aux modèles antiques. À l'époque des Lumières, c'est surtout vers les historiens que se tournent les philosophes comme Rousseau, Voltaire, Montesquieu, pour puiser à la source du droit romain et en nourrir leur réflexion politique.

La même admiration et le sentiment de pouvoir trouver des réponses à leurs interrogations ont poussé de nom-breux écrivains à exploiter les **grands mythes** : Orphée, Œdipe, Antigone, les Atrides, puis Faust ou Don Juan. Leur **caractère intemporel**, leur capacité d'adaptation s'expliquent par le fait qu'ils abordent des problèmes humains.

3 Parodies et pastiches

On parle de **réécriture parodique** lorsqu'un auteur imite la façon d'écrire d'un autre auteur avec l'intention d'en tirer des **effets comiques** (→ p. 187). Les caractéristiques de l'**écriture** et les **codes** du genre littéraire considéré sont poussés jusqu'à la **caricature**, à la satire (→ p. 196) ou soumis à des effets de **distorsion** et de **décalage** qui provoquent le **rire**. Ainsi, Scarron fait une **parodie burlesque** de l'*Énéide* en « travestissant » Virgile (→ textes 5 et 6) : modification du niveau de langue, passage du registre épique (→ p. 182) à la familiarité de la vie de tous les jours. Mais le comique n'intervient que si le lecteur est à même de saisir la transformation du texte : il doit donc bien le connaître. La parodie exige une complicité culturelle entre l'auteur et le lecteur.

Le **pastiche** repose lui aussi sur l'**imitation** : il demande un grand talent d'imitateur et une excellente connaissance de la manière d'écrire de celui que l'on pastiche. Là encore, le **plaisir intellectuel** que le lecteur tire d'un pastiche vient d'une complicité avec celui qui écrit : pour reconnaître celui qui est imité, il faut bien le connaître. En révélant l'analyse très fine d'une manière d'écrire et d'une œuvre, le pastiche révèle aussi l'admiration d'un auteur pour un autre.

→ Synthèse **Les outils grammaticaux (→ p. 74)**
■ La ponctuation
→ Synthèse **Les formes de discours (→ p. 152)**
→ Synthèse **Les différents registres (→ p. 172)**
→ Synthèse **La lecture d'image (→ p. 20)**

APPLICATION

EX. 1 Comparer une fable et son résumé

TEXTES 1 ET 2

1. Mettez en parallèle le récit d'Ésope (sans la moralité) et le résumé qu'en a fait Perrault : qu'est-ce qui est repris ? Qu'y a-t-il de différent ?

2. Le texte de Perrault est-il compréhensible sans le texte qui lui sert de modèle ?

3. Comment l'enseignement du texte de Perrault se dégage-t-il du résumé ? Comment pourrait-il être formulé ? Quel est l'enseignement à tirer des deux vers qui accompagnent ce résumé ? Précisez le domaine abordé et explicitez la moralité.

TEXTE 1

Le chat et les souris

Une maison était infestée de souris. Un chat, l'ayant appris, vint s'y installer pour les attraper l'une après l'autre et les croquer. À force d'être prises, les souris se réfugièrent dans leurs trous ; et les voyant hors d'atteinte, le chat songea qu'il fallait les faire sortir par quelque ruse. Il grimpa donc à un crochet et s'y pendit pour faire le mort. L'une des souris se risqua à jeter un coup d'œil et vit son manège : « Dis donc, toi ! » s'écria-t-elle, « même si tu n'es plus qu'un sac, je ne t'approcherai pas. »

La fable montre que les hommes sensés, lorsqu'ils ont eu affaire à des coquins, ne se laissent plus prendre à leurs feintes.

ÉSOPE, *Fables*, VIe s. av. J.-C., traduction D. Loayza, © GF-Flammarion, 1995.

TEXTE 2

Le Chat pendu et les Rats

Un Chat se pendit par la patte, et faisant le mort, attrapa plusieurs Rats. Une autre fois il se couvrit de farine. Un vieux Rat lui dit : « Quand tu serais même le sac de la farine, je ne m'approcherais pas. »

Le plus sûr bien souvent est de faire retraite
Le Chat est Chat, la Coquette est Coquette.

Ch. PERRAULT, *Le Labyrinthe de Versailles*, 1670.

EX. 2 Comparer deux extraits de tragédies

TEXTES 3 ET 4

1. Faites apparaître la situation commune aux deux extraits, leur thème et tout ce qui est très proche dans les différentes répliques.

2. Qu'y a-t-il de différent cependant entre les deux textes ? Comment ces différences peuvent-elles s'expliquer ?

3. S'agit-il ici d'emprunt, d'imitation, de plagiat ? Quel terme utiliseriez-vous ?

TEXTE 3

LA NOURRICE[1]. – Je me tairai donc. À toi de parler.
PHÈDRE. – Ô ma mère[2], ô malheureuse, de quel amour tu as brûlé !
LA NOURRICE. – Pour le taureau, ma fille, ou bien que veux-tu dire ?
PHÈDRE. – Et toi, ma pauvre sœur[3], qui épousas Dionysos !
LA NOURRICE. – Ma fille, que fais-tu ? tu outrages les tiens !
PHÈDRE. – La troisième, à mon tour, je meurs infortunée.
LA NOURRICE. – Quel frisson me saisit ! Où vas-tu en venir ?
PHÈDRE. – C'est de ce passé-là, et non d'hier, que date mon malheur.
LA NOURRICE. – Je ne comprends pas mieux ce que je veux savoir.
PHÈDRE. – Si tu pouvais dire à ma place les mots que je dois prononcer !
LA NOURRICE. – Je ne suis pas devin pour comprendre les énigmes.
PHÈDRE. – Que signifie-t-on lorsqu'on dit que les hommes aiment ?

1. Au début de la tragédie, la nourrice interroge Phèdre sur le mal dont elle semble atteinte. **2.** Il s'agit de Pasiphaé, mère de Phèdre. **3.** Ariane, sœur de Phèdre.

EX. 3
Replacer des emprunts dans un contexte littéraire

Comment s'expliquent les nombreux emprunts faits par des auteurs du XVIIe siècle à la littérature de l'Antiquité gréco-latine ?

LA NOURRICE. – Ce qu'il existe de plus doux, mon enfant, et aussi de plus douloureux.
PHÈDRE. – Je n'en aurai goûté que la douleur.
LA NOURRICE. – Quoi ? tu aimes, ma fille ? qui aimes-tu ?
PHÈDRE. – Cet homme, tu le connais ?... ce fils de l'Amazone...
LA NOURRICE. – Parles-tu d'Hippolyte ?
PHÈDRE. – C'est toi qui prononces son nom.
LA NOURRICE. – Grands dieux, ai-je entendu ? Coup mortel, mon enfant !
Amies, c'est plus que je ne saurais supporter
vivante. Jour exécré, odieuse lumière !
Je veux me précipiter, en finir avec la vie,
mourir. Adieu, j'ai fini d'exister.

EURIPIDE, *Hippolyte* (v. 338-354), 438 av. J.-C., traduction M. Delcourt-Curvers, © Gallimard, 1962.

TEXTE 4

ŒNONE[1]. – Parlez, je vous écoute.
PHÈDRE. – Ciel ! que lui vais-je dire, et, par où commencer ?
ŒNONE. – Par de vaines frayeurs cessez de m'offenser.
PHÈDRE. – Ô haine de Vénus ! Ô fatale colère !
Dans quels égarements l'amour jeta ma mère !
ŒNONE. – Oublions-les, Madame ; et qu'à tout l'avenir
Un silence éternel cache ce souvenir.
PHÈDRE. – Ariane[2], ma sœur, de quel amour blessée,
Vous mourûtes aux bords où vous fûtes laissée !
ŒNONE. – Que faites-vous, Madame ? et quel mortel ennui
Contre tout votre sang vous anime aujourd'hui ?
PHÈDRE. – Puisque Vénus le veut, de ce sang déplorable
Je péris la dernière et la plus misérable.
ŒNONE. – Aimez-vous ?
PHÈDRE. – De l'amour j'ai toutes les fureurs.
ŒNONE. – Pour qui ?
PHÈDRE. – Tu vas ouïr le comble des horreurs.
J'aime... À ce nom fatal, je tremble, je frissonne,
J'aime...
ŒNONE. – Qui ?
PHÈDRE. – Tu connais ce fils de l'Amazone[3],
Ce prince si longtemps par moi-même opprimé ?
ŒNONE. – Hippolyte ? Grands Dieux !
PHÈDRE. – C'est toi qui l'as nommé.
ŒNONE. – Juste ciel ! tout mon sang dans mes veines se glace.
Ô désespoir ! ô crime ! ô déplorable race !
Voyage infortuné ! Rivage malheureux,
Fallait-il approcher de tes bords dangereux ?

J. RACINE, *Phèdre*, Acte I, scène 3 (v. 246-265), 1677.

1. La nourrice de Phèdre est Œnone. **2.** Ariane fut abandonnée par Thésée, à qui elle avait donné le fil lui permettant de sortir du labyrinthe après avoir tué le minotaure. **3.** Personnage de la mythologie, mère d'Hippolyte.

EX. 4 Étudier une forme particulière de réécriture

TEXTES 5 ET 6

1. Regroupez les éléments communs aux deux extraits : situation d'énonciation, thème et contenu des paroles.
À quel moment du texte 6 observe-t-on un changement ?

2. En quoi le texte 6 diffère-t-il du texte 5 ? Sur quoi portent les différences ?

3. Étudiez tous les procédés qui modifient le registre du texte : quel est l'effet produit ?

EX. 5 Faire coïncider une définition et une démarche

TEXTES 6 ET 7

Le mot « parodie » est ainsi défini : « Imitation des procédés caractéristiques d'un style dans une intention burlesque ou satirique » (*Le Petit Larousse Illustré 2007*, © Larousse 2006.)

1. Expliquez en quoi on peut parler de parodie en ce qui concerne les deux textes.

2. Pourquoi le lecteur n'a-t-il pas besoin des modèles d'*Iphigénie* pour apprécier le sonnet de Georges Fourest ?

TEXTE 5

Non, va[1], poursuis l'Italie à la merci des vents, cherche des royaumes à travers les ondes. J'espère bien, quant à moi, si les justes divinités ont quelque pouvoir, que tu trouveras ton supplice au milieu des écueils et que tu invoqueras souvent le nom de Didon. Je te suivrai, absente, avec de sombres torches, et, lorsque la froide mort aura séparé mes membres de mon âme, mon ombre t'assiégera en tous lieux. Tu seras puni, misérable ! je l'apprendrai, et le bruit en viendra jusqu'à moi au séjour souterrain des Mânes[2].

VIRGILE, *Énéide*, IV (v. 381-387), Ier s. av. J. C., traduction M. Rat, © GF-Flammarion, 1965.

1. Au cours du périple qui le conduit en Italie, Énée, rescapé de la guerre de Troie, s'arrête à Carthage, où la reine Didon tombe amoureuse de lui. Il la quitte cependant, ce qui provoque ses imprécations. **2.** Le royaume des morts, les enfers.

TEXTE 6

Va chercher ton pays latin,
Fuis-moi, cruel, fuis ton destin,
Si le ciel a quelque justice,
Un écueil sera ton supplice ;
Là tu demanderas pardon,
Là tu réclameras Didon,
Didon par toi offensée,
Au lieu d'être récompensée.
Je te veux poursuivre, inhumain,
Une torche noire à la main,
Je t'en grillerai les moustaches,
Homme le plus lâche des lâches ;
Et quand j'aurai fini mon sort,
Tu me verras après ma mort,
Et jour et nuit, fantôme horrible,
Te lançant un regard terrible,
Je te ferai partout : « hou, hou ! »,
Je te ferai devenir fou.
En enfer j'aurai la nouvelle
Du désordre de ta cervelle ;
Dieu sait si son vin[1] il aura
Celui qui me l'apportera.
Ô chien, loup, lion, tigre, Suisse,
Que bientôt le ciel te punisse.

P. SCARRON, *Le Virgile travesti*, 1648.

1. Son pourboire.

EX. 6 Étudier une forme particulière de réécriture

TEXTE 7

1. Citez deux œuvres, l'une antique, l'autre classique, consacrées au destin d'Iphigénie. À quel genre littéraire et à quel registre ces œuvres appartiennent-elles ?

2. Étudiez le thème, le rythme et le registre des sept premiers vers du texte 7.

3. Que peut-on observer à partir du vers 8 ? Identifiez les procédés qui modifient le registre : quel est l'effet produit ?

TEXTE 7

Iphigénie

Les vents sont morts : partout le calme et la torpeur
et les vaisseaux des Grecs dorment sur leur carène
qui cinglaient vers l'Asie au pourchas[1] de la reine
Hélène que ravit Pâris, l'hôte trompeur.

Ivre d'une fureur qu'Ulysse en vain réfrène,
Agamemnon, le roi des rois, l'homme sans peur
déplore en maudissant la mer toujours sereine
qu'on n'ait pas inventé les bateaux à vapeur.

Mais sa fille, à ses pieds, la douce Iphigénie
fermant ses yeux dolents de douceur infinie
s'endort comme les flots dans le soir étouffant !

Lors, ayant dégainé son grand sable, le maître
des peuples et des rois jugule son enfant
et braille : « Ça fera baisser le baromètre ! »

G. Fourest, *La Négresse blonde*, 1909, © José Corti, 1945.

1. À la poursuite de.

EX. 7 Étudier une « réécriture à la manière de... »

TEXTE 8

1. À quel auteur renvoient à la fois la forme et le titre du poème ? Trouvez des thèmes et évocations, des termes, des figures de rhétorique grâce auxquels on peut identifier le poète, l'œuvre et même la partie d'œuvre qu'imite ici H. Bellaunay.

2. Si vous avez trouvé qui est l'auteur imité, cherchez quels textes sont à l'origine de ce sonnet « à la manière de... ». S'agit-il d'une parodie ?

TEXTE 8

Spleen

Mon âme bâille, en proie à l'éternel Ennui.
Un maléfique soir commence de descendre.
On dirait que le Ciel laisse pleuvoir des cendres
Sur l'impure cité et ses plaisirs maudits.

Le gaz épand sur tout sa tremblante lueur,
Aux affreux lupanars[1] comme aux maisons de jeu,
Et griffe sans pitié les visages hideux
Qu'ont longuement sculptés le Vice et le Malheur.

Je sais pourtant, je sais qu'en de lointains parages
Où la mer amoureuse épouse le rivage
Des êtres beaux et purs marchent dans la lumière.

Là-bas, les femmes vont comme vont les gazelles,
Leur parfum à celui des tamaris se mêle,
Et les fruits ont toujours des saveurs singulières.

H. Bellaunay, *Petite anthologie imaginaire de la poésie française*, © De Fallois, 2000.

1. Maisons de prostitution.

EX. 8 Comparer deux démarches de réécriture

1. Rapprochez la démarche de la parodie (exercice 5 → p. 331) de celle du pastiche, « Œuvre qui procède par imitation d'un écrivain, d'un artiste, d'un genre, d'une école [...] » (*Le Petit Larousse Illustré 2007*, © Larousse 2006). Puis cherchez quelles raisons des auteurs peuvent avoir de faire l'une (parodie) ou l'autre (pastiche).

2. Quels talents communs ces deux démarches nécessitent-elles chez l'auteur ? Que demandent-elles au lecteur pour être bien comprises ?

VERS LE BAC

Corpus de textes et d'image

- **Texte 1 :** Molière, *Dom Juan*, Acte V, scènes 5 et 6, 1665.
- **Texte 2 :** L. Da Ponte, livret de l'opéra de Mozart, *Don Giovanni*, 1787.
- **Texte 3 :** entretien avec J.-L. Boutté, *Dom Juan, Théâtre et mises en scène*, 1985.
- **Document 4 :** *Don Juan et le Commandeur*, mise en scène de J.-L. Boutté, 1979.

Questions portant sur le corpus

1. Identifiez les différents genres auxquels appartiennent les textes. En quoi peut-on parler de réécriture à propos de tous les documents ?
2. Sur quels aspects du personnage de Don Juan les textes et le document iconographique mettent-ils l'accent ?
3. Qu'apportent l'entretien et l'image à l'ensemble du corpus ? En quoi donnent-ils des réponses à la problématique de la reprise moderne d'un mythe ?

Écriture

1. Commentaire
Vous commenterez les deux scènes finales de Dom Juan en vous aidant des pistes suivantes : deux scènes de registre tragique ; des éléments relevant de la comédie ; le sens d'un châtiment divin.

2. Dissertation
Reprenez la dernière réplique de Jean-Luc Boutté concernant Don Juan et le mythe qu'il représente : en vous appuyant d'autre part sur la réécriture de certains mythes (Œdipe, Orphée, Faust, la descente aux enfers...), vous montrerez en quoi ils sont adaptables à l'histoire des hommes et quelle est leur utilité dans la formation des êtres et dans l'approche de certains problèmes de société.

3. Écriture d'invention
Réécrivez, en prose, la fin de Don Juan comme s'il s'agissait du dénouement d'une nouvelle. Utilisez tous les éléments donnés par les deux textes théâtraux, restituez le contexte, mais ne reprenez pas les répliques sous forme de discours indirect : employez la forme du discours narratif. Vous êtes un narrateur omniscient, mais vous pouvez varier ce mode de focalisation et utiliser le discours indirect libre.

TEXTE 1

SCÈNE 5 – DON JUAN, UN SPECTRE, EN FEMME VOILÉE, SGANARELLE

LE SPECTRE. – Don Juan n'a plus qu'un moment à pouvoir profiter de la miséricorde du Ciel ; et s'il ne se repent ici, sa perte est résolue.

SGANARELLE. – Entendez-vous, Monsieur ?

DON JUAN. – Qui ose tenir ces paroles ? Je crois connaître cette voix.

SGANARELLE. – Ah ! Monsieur, c'est un spectre : je le reconnais au marcher.

DON JUAN. – Spectre, fantôme, ou diable, je veux voir ce que c'est.

Le Spectre change de figure et représente le Temps avec sa faux à la main.

SGANARELLE. – Ô Ciel ! voyez-vous, Monsieur, ce changement de figure ?

DON JUAN. – Non, non, rien n'est capable de m'imprimer de la terreur, et je veux éprouver avec mon épée si c'est un corps ou un esprit.

Le Spectre s'envole dans le temps que Don Juan le veut frapper.

SGANARELLE. – Ah ! Monsieur, rendez-vous à tant de preuves, et jetez-vous vite dans le repentir.

DON JUAN. – Non, non, il ne sera pas dit, quoi qu'il arrive, que je sois capable de me repentir. Allons, suis-moi.

SCÈNE 6 – LA STATUE[1], DON JUAN, SGANARELLE

LA STATUE. – Arrêtez, Don Juan : vous m'avez hier donné parole de venir manger avec moi.

DON JUAN. – Oui. Où faut-il aller ?

LA STATUE. – Donnez-moi la main.

DON JUAN. – La voilà.

LA STATUE. – Don Juan, l'endurcissement au péché traîne une mort funeste, et les grâces du Ciel que l'on renvoie ouvrent un chemin à sa foudre.

DON JUAN. – Ô ciel ! que sens-je ? un feu invisible me brûle, je n'en puis plus, et tout mon corps devient un brasier ardent. Ah !

Le tonnerre tombe avec un grand bruit et de grands éclairs sur Don Juan ; la terre s'ouvre et l'abîme ; et il sort de grands feux de l'endroit où il est tombé.

SGANARELLE. – [Ah ? mes gages ! mes gages !] Voilà par sa mort un chacun satisfait. Ciel offensé, lois violées, filles séduites, familles déshonorées, parents outragés, femmes mises à mal, maris poussés à bout, tout le monde est content ; il n'y a que moi seul de malheureux, qui, après tant d'années de service, n'ai point d'autre récompense que de voir à mes yeux l'impiété de mon maître punie par le plus épouvantable châtiment du monde. [Mes gages ! mes gages ! mes gages !]

MOLIÈRE, *Dom Juan*, Acte V, scènes 5 et 6 (scènes intégrales ; dénouement), 1665.

1. À la fin de la pièce, Don Juan reçoit deux visites, celle d'un spectre incarnant le temps et celle du Commandeur qu'il a tué. La Statue l'a invité à dîner et vient le chercher.

TEXTE 2

LE COMMANDEUR. – Arrête !
Qui se repaît de la nourriture céleste,
Il ne se repaît point de celle des mortels
Ce sont d'autres soucis, plus graves que ceux-là,
C'est un autre désir qui me guide ici-bas !
LEPORELLO[1]. – Il me semble avoir la fièvre quarte,
Je ne puis maîtriser mes frissons.
DON JUAN. – Parle donc. Que cherches-tu ? Que veux-tu ?
LE COMMANDEUR. – Je parle ; écoute. Mon temps est compté.
DON JUAN. – Parle, parle ; je suis là, je t'écoute.
LE COMMANDEUR. – Tu me prias à dîner ;
Or tu connais ton devoir.
Réponds : viendras-tu toi-même
À ton tour souper chez moi ?
LEPORELLO[1] *(de loin, en tremblant, à l'adresse du Commandeur)*. – Holà !
Il est très pris... Excusez-le.
DON JUAN. – Jamais je ne serai
Taxé de lâcheté !
LE COMMANDEUR. – Décide-toi.
DON JUAN. – C'est décidé !
LE COMMANDEUR. – Viendras-tu donc ?
LEPORELLO[1] *(à Don Juan)*. – Répondez non.
DON JUAN. – Mon cœur est ferme dans mon sein,
Je ne crains rien : oui, je viendrai !
LE COMMANDEUR. – Donne-moi ta main en gage !
DON JUAN. – La voici !
(poussant un cri) Holà !
LE COMMANDEUR. – Qu'as-tu ?
DON JUAN. – Quel est ce froid soudain ?
LE COMMANDEUR. – Repens-toi, change de vie ;
C'est le dernier instant !
DON JUAN *(voulant se dégager, mais en vain)*. – Non, non, je ne me repens pas ;
Va-t'en, éloigne-toi !
LE COMMANDEUR. – Repens-toi, scélérat !
DON JUAN. – Non, prétentieux vieillard !
LE COMMANDEUR. – Repens-toi !
DON JUAN. – Non.
LE COMMANDEUR ET LEPORELLO. – Si.
DON JUAN. – Non.
LE COMMANDEUR. – Ah, il n'est plus temps !
(Des flammes jaillissent, la terre tremble, etc. Le Commandeur disparaît.)
DON JUAN. – Quelle fièvre insolite...
Assaille... mes esprits...
D'où montent ces vertiges,
Ce feu rempli d'horreur !...
LE CHŒUR INVISIBLE. – C'est peu de chose face à tes fautes.
Il est un mal bien pire ! Viens.
DON JUAN. – Qui me lacère l'âme !...
Qui m'étreint les entrailles !...
Quel mal ! Quelle torture !
Quel enfer !... Quel effroi !...
LEPORELLO. – Quel air de désespoir !...
Quels gestes de damné !...
Quelles plaintes ! Quels cris !...
Combien il me fait peur !...
LE CHŒUR INVISIBLE. – C'est peu de chose face à tes fautes.
Il est un mal bien pire ! Viens.
(Le feu grandit ; Don Juan est englouti.)
DON JUAN. – Ah !...
LEPORELLO. – Ah !

L. DA PONTE, livret de l'opéra de MOZART, *Don Giovanni*, Acte II, scène 17 (extrait), traduction M. Orcel, © GF-Flammarion, 1994.

1. Serviteur de Don Juan.

TEXTE 3

Votre statue du Commandeur est particulièrement originale. Pouvez-vous l'évoquer ?

La statue a la dimension des autres éléments proches du sol parce qu'ils ont été soit déterrés ou démolis par un certain chaos, soit renversés par un acte humain ou surnaturel, comme nous l'avons évoqué. Dans ce contexte, la statue du Commandeur, représentée par un buste posé sur le sol, est peut-être le vestige d'un monument gigantesque, comme les autres éléments du décor peuvent représenter les débris d'un somptueux tombeau. Ce buste est surmonté d'une tête de poupée sicilienne, sorte de visage de marionnette coiffée d'un casque d'empereur romain : cet aspect baroque peut correspondre au goût du XVIIe siècle.

Vous avez néanmoins représenté avec beaucoup d'audace et de liberté le signe de tête de la statue.

Sganarelle voit la tête bouger, puis Don Juan la voit tomber ; et elle tombe réellement, presque fortuitement. Dans ce contexte d'éventuel séisme, ça aurait pu être aussi bien une colonne. Cela n'enlève toutefois pas à cette chute la possibilité d'une manifestation surnaturelle.

Et la venue de la statue chez Don Juan ? sa voix ?

Dans la scène 7 de l'acte IV, Don Juan va voir qui est devant sa porte, après le signe de Sganarelle terrifié, et il revient avec la tête de la statue, cette tête de poupée qu'il tient dans ses mains, qu'il pose sur le barreau d'un prie-Dieu, devant laquelle il met une petite assiette. Ça peut être drôle, ça peut être fantastique ; la tête de la poupée représente éventuellement l'image du « crâne », symbole de la réflexion chez l'homme qui cherche à connaître le sens de son existence ; ça pourrait aussi bien être le dernier avertissement des Dévots ou des frères d'Elvire qui seraient venus déposer cette tête devant la porte de Don Juan et auraient frappé avant de repartir. La voix : « Don Juan, c'est assez. Je vous invite à venir demain souper avec moi... » est la voix de l'acteur qui interprète Don Juan. C'est la voix intérieure de Don Juan poussé dans ses derniers retranchements, car un être humain ne peut trouver sa réponse qu'en lui-même. Don Juan ressort en tenant la tête de la statue dans ses mains, lorsqu'il dit à Sganarelle : « Prends ce flambeau. » Et c'est encore la voix intérieure de Don Juan qui réplique : « On n'a pas besoin de lumière quand on est conduit par le Ciel. »

Que faites-vous alors de la réplique finale de la statue : « Donnez-moi la main » ?

Don Juan est dans le tombeau « démoli ». La tête de la statue est à sa place initiale. On peut supposer qu'à la fin de l'acte II, Don Juan est allé remettre « la tête » devant sa porte, et que « quelqu'un » est venu la reprendre pour la reposer dans le tombeau. On entend la voix intérieure : « Donnez-moi la main. » « La voilà », répond Don Juan. Il tend alors sa main à une présence invisible, et il meurt en tombant lentement sur le sol. Le visage du Commandeur (la tête de marionnette) s'est métamorphosé en squelette : c'est un « crâne », maintenant.

Finalement, votre conception de Dom Juan va au-delà de l'histoire d'un jeune noble de 1665.

Nous sommes tous en situation de confrontation avec notre conscience. Le Commandeur est le signe de notre vie intérieure, de ses mystères, de ses angoisses, de ses quêtes, de ses refus de certains codes sociaux. Le problème d'Hamlet, celui de Don Juan, peut être celui de chacun d'entre nous.

Entretien avec J.-L. BOUTTÉ, *Dom Juan, Théâtre et mises en scène*, © Hatier, 1985.

DOCUMENT 5

Don Juan et le Commandeur, mise en scène de J.-L. BOUTTÉ, à la Comédie-Française, en 1979, avec Francis Huster dans le rôle de Don Juan.

24 Écrire, publier, lire

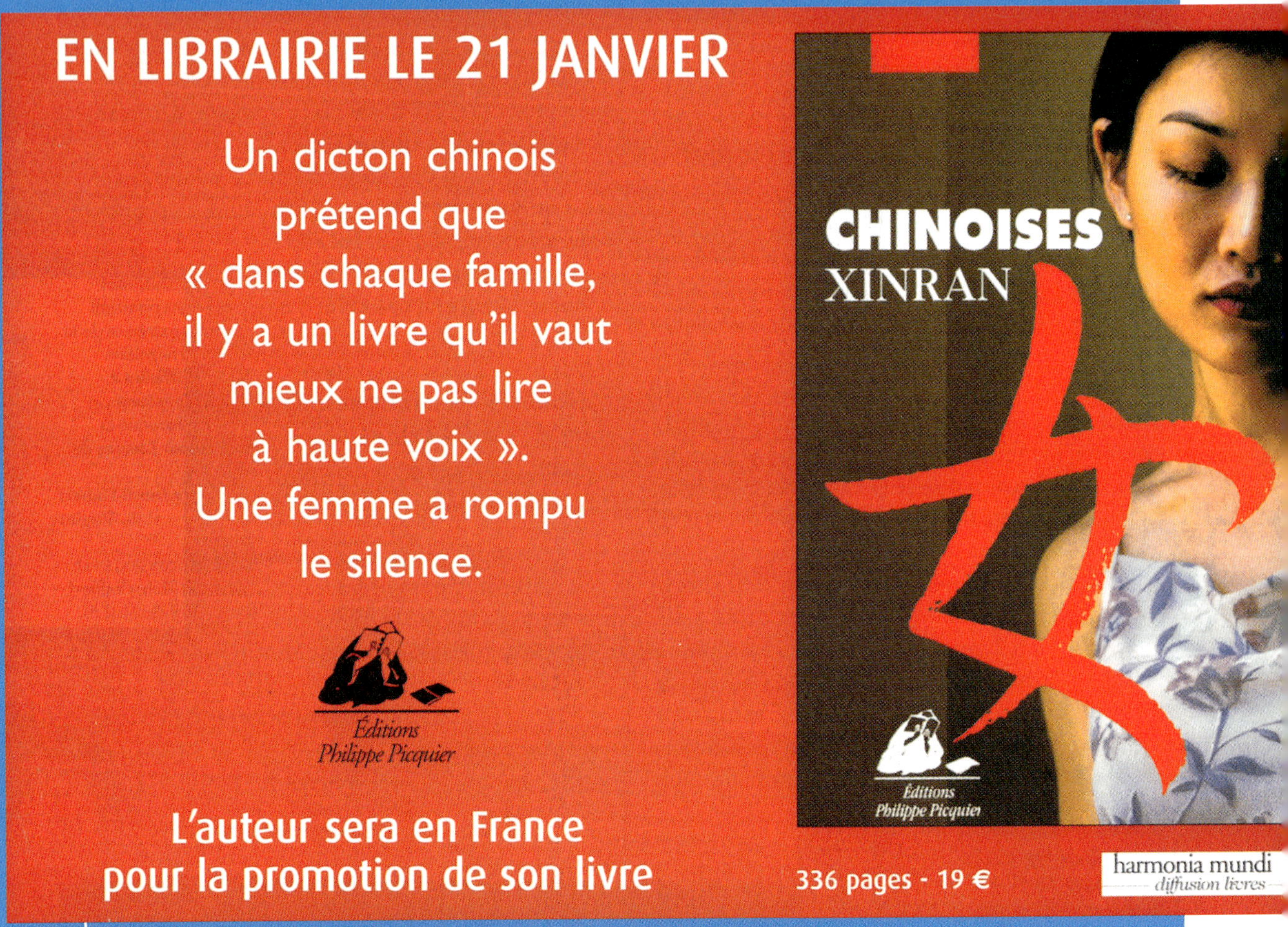

Publicité à l'occasion de la publication de l'ouvrage *Chinoises* de XINRAN, © Philippe Picquier, 2003.

LIRE L'IMAGE

1. Quelle est la composition de cette publicité ? Énumérez en les identifiant tous les éléments qui y figurent. Décrivez ensuite les composantes de la couverture du livre concerné.
2. Parmi ces éléments, quels sont ceux qui sont strictement informatifs ? Lesquels sont argumentatifs ?
3. Quelle est la portée symbolique de la couleur rouge qui figure en couverture et qui est reprise comme fond de la publicité ?
4. Donnez votre avis sur cette publicité : la trouvez-vous belle, efficace ? Quel que soit votre avis, justifiez-le.

OBSERVATION

À la duchesse d'Abrantès[1]
[Paris, entre le 23 et le 26 août 1833.]

Vous me rendez un triste service en parlant de mon œuvre à cet ignoble bourreau qui porte le nom de M[ame][2] qui a du sang et des faillites dans la figure, et qui peut ajouter aux larmes de ceux qu'il a ruinés les chagrins d'un homme pauvre et travailleur. Il ne pouvait pas me ruiner, je n'avais rien ; il a tenté de me salir, il m'a tourmenté. Si je ne vais pas chez vous, c'est pour ne pas rencontrer ce gibier de bagne. La marque est abolie pour les forçats, mais la plume marquera pour toujours d'un sceau d'infamie ce scorpion humain. Je rends grâce au ciel de pouvoir me faire lire, car à la 2e édition de mon livre, je raconterai mes douleurs et autant de lecteurs, autant de malédictions sur lui. On saura que, injures, calomnies, procès, tout ce qu'il y a de plus boue dans la boue m'a été prodigué à mesure que j'avançais dans cette œuvre. Si j'ai pris part à la direction de l'*E[urope] littéraire*[3], c'est pour avoir dans tous les journaux une influence pour frapper sur cet homme jusqu'à ce qu'il soit prouvé que ce n'est pas un homme. Le fouet, le fer chaud, tout est prêt, et j'ai trouvé plus d'amis que je ne croyais en avoir pour cette vengeance, qui sera aussi grande que mes tortures, c'est dire tout.

Pour réparer mes pertes, j'ai besoin de travailler nuit et jour, je ne puis disposer d'une seconde ; je périrai sous le poids de mes engagements, mais on saura quels furent mes bourreaux.

Vous voyez que je vous parle à cœur ouvert ; vous seule saurez que, si le jugement arbitral me condamne à faire une seule ligne pour cet homme, je quitte la littérature et je vais en Russie prendre du service ; mon parti est arrêté. Seulement je ne partirai pas sans avoir vu cet homme mis au pilori par le journalisme. Il aura tué bien des pensées, brisé une vie artiste ; il mérite le bagne et il le trouvera. Ma plume vaut celle de Beaumarchais, et lui qui a dépouillé des magistrats de leur qualité, avait plus à faire que moi qui n'ai qu'à mettre l'homme dans la gloire de sa boue. Le jour où mon livre paraîtra, l'immortalité de son infamie et de son nom sinistre commencera ; il l'a voulu.

H. de Balzac, lettre à la duchesse d'Abrantès (extrait), 1833,
citée dans *Balzac*, © Omnibus, 1998.

1. Amie de Balzac, dont l'éditeur Mame publiait les *Mémoires*.

2. L'éditeur Mame avait assigné Balzac devant les tribunaux parce qu'il n'avait pas livré en temps voulu le manuscrit du *Médecin de campagne*. La duchesse d'Abrantès, qui faisait publier ses *Mémoires* chez Mame, tenta de jouer les conciliatrices, ce que refusa Balzac.

3. Revue littéraire dirigée pendant un temps par Balzac.

Le genre littéraire

1. Repérez tous les indices qui définissent le genre littéraire auquel appartient le texte.

Le thème traité et la violence du ton

2. Déterminez le thème de la lettre (mots surlignés) : quel est le domaine abordé ? Quelle est la personne visée ?

3. Comment se trouve désigné celui dont il est question (mots soulignés) ? Étudiez les termes utilisés, leurs connotations, les figures de rhétorique pour déterminer d'où vient la violence du ton (mots surlignés).

4. Quelle image Balzac donne-t-il de sa situation personnelle ? par quels procédés ?

Les armes de l'écrivain

5. Dans le conflit qui l'oppose à son éditeur, de quelles armes l'écrivain dispose-t-il ?

L'importance d'un document littéraire

6. Pour quelles raisons peut-on, à notre époque, considérer ce texte comme un document important ? Qu'apprend-il ? Sur quoi fait-il réfléchir ?

REPÈRES

Pour analyser les conditions de publication des œuvres

La publication d'une œuvre littéraire met en jeu des éléments multiples qui se sont modifiés au cours du temps ; certains sont des **obstacles** face auxquels l'écrivain a besoin d'aide et de protection. À notre époque, le livre bénéficie de **stratégies promotionnelles** ; mais encore faut-il qu'un éditeur ait accepté le manuscrit, ce qui met en jeu des questions de droits, de contrats et de propriété littéraire.

1 Les obstacles et les aides

Jusqu'à ce que Beaumarchais invente la notion de **propriété littéraire** et de **droits d'auteur**, un homme de lettres devait avoir une **fortune personnelle** ou bénéficier de l'aide d'un **mécène** pour vivre de sa plume. Il vendait son œuvre à un libraire et n'en tirait plus aucun bénéfice. Et son statut d'écrivain ne lui valait guère de considération sur le plan social. On comprend alors que certaines œuvres soient accompagnées d'épîtres dédicatoires très flatteuses : il s'agit d'obtenir protection, pensions ou commandes. Le corollaire de cette situation est l'état de dépendance dans lequel peut se trouver un écrivain par rapport au pouvoir qui le protège.

Une aide lui est également nécessaire lorsqu'il se heurte à une **cabale**, à la puissance d'une association ou à la **censure** : sous les attaques du parti dévot, Molière a vu son *Tartuffe* deux fois interdit. Le Roi-Soleil ne donne son aval qu'une fois consolidé son pouvoir politique, après ses campagnes militaires en Flandre.

Au Siècle des Lumières, bien des œuvres ont connu des risques d'interdictions, contournés par une **publication en Hollande** (*Les Lettres persanes*) ou l'**anonymat de l'auteur** (Montesquieu, Voltaire pour *Candide*). L'*Encyclopédie* elle-même, condamnée au bûcher en 1752, dut sa survie à l'aide de M. de Malesherbes, Directeur de la Librairie Royale, qui aurait dû censurer l'œuvre.

La condition de l'écrivain s'améliore à partir de la reconnaissance de la **propriété littéraire**, résultat, en 1777, d'un combat mené par Beaumarchais et poursuivi par la Révolution. La disparition des aides et du mécénat au XIXe siècle témoigne de l'indépendance économique obtenue par les écrivains, ce qui les rend cependant tributaires non plus d'un mécène, mais de leur éditeur. D'autre part, on note qu'en l'absence de législation à ce sujet, la contrefaçon se développe : sous le Second Empire, se multiplient les faux *Châtiments* !

2 Le rôle de l'éditeur

La violence des invectives de Balzac contre l'éditeur Mame (→ p. 337) souligne l'âpreté des relations éditeur / auteur autour de la question d'argent et du respect des dates de livraison des manuscrits achevés. L'auteur de la *Comédie humaine* se plaît à régler ses comptes par roman interposé (*Illusions perdues, Le Médecin de campagne*), rappelant à travers ses héros ce que fut son errance littéraire avant de connaître le succès. Ce faisant, il témoigne des difficultés rencontrées par les jeunes auteurs qu'exploitent les libraires-éditeurs, pour qui le livre est une marchandise. Mais les auteurs confirmés ont, eux, des rapports plus simples et plus courtois avec ceux qui les éditent ; à preuve, les relations entre Victor Hugo exilé et J. Hetzel, éditeur de Jules Verne (texte 4 → p. 340).

Le rôle de l'éditeur est de **découvrir** des auteurs de talent, même lorsqu'il s'agit de promesse plus que de réalisation, de les aider à créer, de faire connaître leur œuvre. La tâche n'est pas facile et les critères de choix sont ambigus (texte 6 → p. 341). L'éditeur a une fonction active dans la création littéraire, qu'il peut **dynamiser**, parfois en prenant des risques financiers. Les noms de grandes maisons d'édition sont connus : Gallimard, Hachette, Flammarion, Armand Colin. D'autres, peut-être plus discrètes, ont joué des **rôles politiques** et littéraires importants : les éditions de Minuit, créées sous l'occupation par Vercors, ont édité des écrivains de la Résistance, et ont soutenu, plus tard, le courant du « Nouveau Roman ».

C'est encore à l'éditeur que revient la charge, une fois l'œuvre acceptée, de mettre en forme sa **présentation** et de **promouvoir** l'ensemble. Avant l'épreuve de la critique, et peut-être celle des prix littéraires, consécration littéraire – et financière – contestée par certains, tout un travail de « paratexte » a pour finalité de mettre le texte en valeur : image de couverture, disposition du titre, quatrième de couverture, bandeau mentionnant l'auteur. D'œuvre littéraire, le livre devient alors produit commercialisable.

→ Synthèse **Texte et paratexte (→ p. 54)**
→ Synthèse **La lecture d'image (→ p. 20)**

APPLICATION

EX. 1 Identifier une démarche et son destinataire

TEXTE 1

1. Observez le statut du signataire et celui du destinataire : que pouvez-vous en conclure concernant le contenu et la finalité du message ?

2. Faites apparaître le caractère élogieux de la dédicace.

3. Étudiez le caractère argumentatif du texte.

TEXTE 1

Dédicace à Monsieur de Montoron[1] (1643)

Monsieur,

[...] Je dirai seulement un mot de ce que vous avez particulièrement de commun avec Auguste[2], c'est que cette générosité qui compose la meilleure partie de votre âme et règne sur l'autre, et qu'à juste titre on peut nommer l'âme de votre âme, puisqu'elle en fait mouvoir toutes les puissances ; c'est, dis-je, que cette générosité, à l'exemple de ce grand empereur, prend plaisir à s'étendre sur les gens de lettres, en un temps où beaucoup pensent avoir trop récompensé leurs travaux quand ils les ont honorés d'une louange stérile. Et certes, vous avez traité quelques-unes de nos muses avec tant de magnanimité, qu'en elles vous avez obligé toutes les autres, et qu'il n'en est point qui ne vous en doive un remerciement. Trouvez donc bon, Monsieur, que je m'acquitte de celui que je reconnais vous en devoir, par le présent que je vous fais de ce poème, que j'ai choisi comme le plus durable des miens, pour apprendre plus longtemps à ceux qui le liront que le généreux Monsieur de Montoron, par une libéralité inouïe en ce siècle, s'est rendu toutes les muses redevables, et que je prends tant de part aux bienfaits dont vous avez surpris quelques-unes d'elles, que je m'en dirai toute ma vie,

Monsieur,

Votre très humble et très obligé serviteur,

CORNEILLE

P. CORNEILLE, « Épître dédicatoire de *Cinna* à M. de Montauron », 1643.

1. Pierre Puget de Montauron (orthographe différente de celle qu'utilise Corneille) était un financier mécène. **2.** Corneille vient de parler des vertus d'Auguste, empereur romain, héros de la tragédie *Cinna*.

EX. 2 Étudier une demande de protection royale pour la publication d'une œuvre

TEXTE 2

1. Quel est le destinataire et quelle est la finalité du texte ?

2. Quelles informations un tel texte donne-t-il aux lecteurs de notre époque sur les difficultés rencontrées par un auteur et sur les protections dont il peut bénéficier ?

TEXTE 2

Second placet présenté au roi, dans son camp devant la ville de Lille en Flandre

Sire,

C'est une chose bien téméraire à moi que de venir importuner un grand monarque au milieu de ses glorieuses conquêtes ; mais, dans l'état où je me vois, où trouver, Sire, une protection qu'[1] au lieu où je la viens chercher ? et qui puis-je solliciter contre l'autorité de la puissance[2], qui m'accable, que[1] la source de la puissance et de l'autorité, que[1] le juste dispensateur des ordres absolus, que[1] le souverain juge et le maître de toutes choses ?

Ma comédie[3], Sire, n'a pu jouir ici des bontés de Votre Majesté. En vain je l'ai produite sous le titre de *L'Imposteur*, et déguisé le personnage sous l'ajustement d'un homme du monde ; j'ai eu beau lui donner un petit chapeau, de grands

1. Si ce n'est. **2.** Le parti religieux qui a fait interdire *Tartuffe*. **3.** Il s'agit de la seconde version, modifiée, de *Tartuffe*, intitulée *L'Imposteur*.

cheveux, un grand collet[4], une épée, et des dentelles sur tout l'habit, mettre en plusieurs endroits des adoucissements, et retrancher avec soin tout ce que j'ai jugé capable de fournir l'ombre d'un prétexte aux célèbres originaux du portrait que je voulais faire : tout cela n'a de rien servi.

MOLIÈRE, *Second Placet au roi, Dans son camp devant la ville de Lille,* en Flandre (extrait), 1667.

4. Col.

EX. 3 Récapituler les obstacles rencontrés par un auteur au XVIIIe siècle

TEXTE 3

1. Quels obstacles successifs un écrivain du siècle de Lumières doit-il affronter au moment de la publication d'une œuvre et après ?

2. Quels procédés d'écriture donnent son efficacité à la mise en garde de Voltaire ? Étudiez en particulier le registre du texte.

TEXTE 3

Je suppose que vous[1] ayez fait un bon ouvrage : imaginez-vous qu'il vous faudra quitter le repos de votre cabinet[2] pour solliciter l'examinateur[3] ; si votre manière de penser n'est pas la sienne, s'il n'est pas l'ami de vos amis, s'il est celui de votre rival, s'il est votre rival lui-même, il vous est plus difficile d'obtenir un privilège, qu'à un homme qui n'a point la protection des femmes d'avoir un emploi dans les finances. Enfin, après un an de refus et de négociations, votre ouvrage s'imprime ; c'est alors qu'il faut ou assoupir les Cerbères[4] de la littérature, ou les faire aboyer en votre faveur. Il y a toujours trois ou quatre gazettes littéraires en France, et autant en Hollande ; ce sont des factions[5] différentes. Les libraires[6] de ces journaux ont intérêt qu'ils soient satiriques ; ceux qui y travaillent servent aisément l'avarice du libraire et la malignité du public. Vous cherchez à faire sonner ces trompettes de la Renommée ; vous courtisez les écrivains, les protecteurs, les abbés, les docteurs, les colporteurs[7] : tous vos soins n'empêchent pas que quelque journaliste ne vous déchire. Vous lui répondez, il réplique : vous avez un procès par écrit devant le public, qui condamne les deux parties au ridicule. [...]

VOLTAIRE, *Correspondance,* « Lettre à Monsieur Lefebvre », 1732.

1. Le destinataire de la lettre est un jeune écrivain que Voltaire a accueilli chez lui et qu'il met ici en garde contre les difficultés du métier d'écrivain. **2.** Bureau ou cabinet de travail. **3.** Personne chargée d'accorder ou de refuser le « privilège » permettant à un imprimeur de publier un ouvrage. **4.** Allusion au chien à trois têtes, féroce gardien des enfers dans la mythologie gréco-latine. **5.** Groupes opposés. **6.** Éditeurs. **7.** Marchands ambulants de livres.

EX. 4 Étudier « l'avertissement » d'un éditeur du XIXe siècle

TEXTE 4

1. Sur quels problèmes de l'édition J. Hetzel met-il l'accent ? Quelles relations peut-on trouver entre l'auteur, la nature de son œuvre, sa situation politique et les problèmes évoqués par Hetzel ?

2. Dégagez de ce bref extrait certaines caractéristiques et certains risques du métier d'éditeur.

TEXTE 4

Chacun sait que l'immortel livre[1] que nous réimprimons ici est né dans l'exil. Une seule édition y fut imprimée en 1853 sous les yeux de l'auteur et par nos soins. Depuis, d'innombrables contrefaçons en ont été faites dont le moindre défaut était souvent l'incorrection la plus grossière. La législation imposée par l'empire avait ses contre-coups même sur les pays circonvoisins. Elle était telle, que, pour être assuré du secret, il fallut créer une imprimerie et un imprimeur, et que l'auteur, se trouvant n'avoir nulle part aucun droit sur son livre, n'a jamais, non plus que son éditeur, tiré un sou de son énorme débit depuis la première édition publiée à ses frais pour la plus grande partie, puis aux frais du colonel Charras[2], de Victor Schœlcher[3], et aux miens pour le reste. C'est à nos dépens que nous avons tous, par une cotisation de nos ressources d'exilés, pu faire entendre à l'empire les premières paroles de vérité.

J. HETZEL, « Avertissement des éditeurs », édition 1870 des *Châtiments* de V. Hugo.

1. Les Châtiments. 2. Ami de Victor Hugo ; arrêté le 2 décembre 1851, puis exilé. 3. Artisan de l'abolition de l'esclavage en 1848, opposé au coup d'état de décembre 1851, ami de Victor Hugo.

EX. 5 Analyser les réactions d'un éditeur du XXe siècle

TEXTE 5

1. Que rapporte Bernard Grasset dans ce texte ? Sur quel aspect du métier d'éditeur met-il l'accent ?

2. Quelles qualités ses propos révèlent-ils ?

EX. 6 Étudier les critères de choix d'un éditeur du XXe siècle

TEXTE 6

1. Comment la réponse de l'éditeur M. Nadeau est-elle construite ? Quel paradoxe sa structure met-elle en évidence ? En quoi le texte correspond-il à l'affirmation initiale : *C'est difficile* (l. 2) ?

2. Quels sont les critères donnés dans la première partie du texte ? Sont-ils réellement démentis à la fin du texte ?

EX. 7 Récapituler les moyens de faire connaître une œuvre

En prenant appui sur l'ensemble des textes et des documents qui composent ce chapitre (→ p. 337 à 341), établissez une liste des obstacles que peuvent rencontrer des auteurs dans la publication de leurs œuvres et une liste des aides (matérielles et humaines) qui contribuent à cette publication et à la promotion des ouvrages.

TEXTE 5

Quand un manuscrit parvient à ma maison, on me l'apporte sur mon bureau. Je coupe moi-même les ficelles, j'ouvre à la première page, et, en général, toute affaire cessante, je lis cette première page. Il faut ici que je vous fasse un aveu. Je suis un idéaliste impénitent : j'attends toujours le chef-d'œuvre ; bien plus, j'en attends, dès cette première page, la révélation. Ne souriez pas : je vais m'en expliquer.

J'attends le chef-d'œuvre, mais je suis toujours prêt à la pire des déceptions. Je sais trop, en effet, combien les œuvres médiocres, et même absurdes, sont plus nombreuses que les œuvres de talent, pour ne pas redouter de me trouver une fois de plus en présence d'un néant prétentieux. Et c'est ainsi à la fois avec une grande espérance et une grande crainte que j'aborde cette chose mystérieuse qu'est l'œuvre d'un auteur inconnu.

B. GRASSET, *La Chose littéraire*, © Grasset, 1929.

TEXTE 6

Vous lisez le manuscrit d'un premier roman. Selon quels critères décidez-vous de le publier ?

C'est difficile à dire. Il y a l'écriture tout d'abord, mais ce n'est pas pour moi le critère essentiel. Il faut que je sois touché ou par le sujet ou par la manière de le traiter. Je suis à l'écoute, quelqu'un me parle, que j'entends ou que je n'entends pas. C'est à partir de là que mon intérêt s'éveille ou non. Le contexte de l'époque oriente aussi notre jugement. Il fut un temps par exemple où il y avait de grandes tendances : d'un côté celle de l'« engagement » avec Sartre et le roman existentialiste ; de l'autre, celle qu'on pourrait qualifier d'esthétique avec le goût stendhalien de la belle écriture dont Jacques Laurent est un représentant. Moi, je me trouvais entre les deux : je ne voulais ni de l'esthétisme ni d'une certaine langue de bois. L'« engagement », je ne le voyais qu'à la façon de Kafka : dans une expérience d'écriture et de vie. En réalité, ce sont là des réflexions *a posteriori*. Au moment de la lecture, on ne se dit rien de tout cela. On reçoit un manuscrit ; on le lit, on trouve que c'est publiable ou non, que l'auteur est à encourager ou qu'il aurait pu faire autre chose. Ma lecture est en grande partie empirique ; je n'ai pas de critères nettement définissables.

B. CONORT et J.-R. PAVET, entretien avec M. Nadeau, *Le français dans le monde*, février/mars 1988, © Hachette.

VERS LE BAC

Corpus de textes et d'image

- **Texte 1 :** H. Nyssen, « Le point de vue de l'éditeur », quatrième de couverture de *Baleine*, de P. Gadenne.
- **Texte 2 :** P. Gadenne, *Baleine* (incipit), 1982.
- **Texte 3 :** H. Nyssen, « L'auteur et l'éditeur, un vieux couple », *TDC*, mars 2003.
- **Document 4 :** première de couverture de *Baleine*, de P. Gadenne, © Actes Sud, 1982.

Questions portant sur le corpus

1. Identifiez le genre littéraire des textes 1, 2 et 3, en précisant ce qui appartient ou non à la fiction. Sur quel(s) plan(s) ces textes peuvent-ils être rapprochés ? Quel est le rôle du document iconographique ?
2. Quel est le thème de l'extrait d'article d'Hubert Nyssen (texte 3) ? Reformulez les idées essentielles en soulignant les procédés d'écriture utilisés par celui qui parle pour « imager » ses propos.
3. Dans le cas de *Baleine*, quels sont les procédés de la « théâtralisation » dont parle l'éditeur Hubert Nyssen ? Retrouvez dans la composition de la couverture et sur la quatrième de couverture certains des éléments qu'il cite ; sur quoi les concepteurs du volume ont-ils joué ? Quel est le rôle de l'éditeur ?

Écriture

1. Commentaire

Vous ferez le commentaire de l'incipit de *Baleine* en vous aidant des orientations suivantes : *une façon de présenter des lieux et des personnages ; les interrogations et la curiosité du lecteur ; le rôle et l'action du narrateur, et sa manière d'établir une rupture.*

2. Dissertation

Dans le roman *Illusions perdues* (1843), Balzac fait dire à son héros, le jeune romancier et poète Lucien de Rubempré, que pour certains libraires, « les livres [sont] comme des bonnets de coton pour les bonnetiers, une marchandise à vendre cher, à acheter bon marché ».

Le livre est-il un produit commercialisable comme n'importe quelle marchandise ? Vous répondrez à cette question de manière argumentée en vous interrogeant aussi bien sur la notion « d'objet livre » vendu et acheté que sur les fonctions du livre et sur ce que représente une œuvre pour son auteur.

3. Écriture d'invention

En tant que lycéen, vous êtes interrogé sur les critères d'une collection d'œuvres littéraires classiques et contemporaines destinée à des lycéens. Vous donnez une dizaine de titres que vous souhaiteriez trouver dans cette collection, puis vous établissez une sorte de « cahier des charges » précisant les caractéristiques de la collection : format, présentation, couverture, notes, éléments divers de paratexte susceptibles de rendre ces ouvrages attrayants et d'en guider la lecture… Ce cahier des charges soit être structuré (titres et intertitres) et rédigé.

TEXTE 1

Le point de vue de l'éditeur

D'une certaine façon, j'envie ceux qui n'ont pas encore lu *Baleine*. Ils y trouveront une manière de perfection et en quelque sorte la preuve qu'une écriture toute frémissante de mémoire peut, d'une baleine échouée sur une plage, faire le symbole d'un monde déchiré entre l'apothéose et la destruction. Le signe du chef-d'œuvre, c'est le sens que lui confère le temps. Plus de trente années ont fait de ce récit un miroir ardent, un témoignage éperdu et l'un de ces textes où l'essentiel, en quelques pages, se trouve cristallisé pour jamais.

Hubert Nyssen

Du même auteur aux éditions Actes Sud : *À propos du roman*, 1983, *Poèmes*, 1983, *Bal à Espelette*, 1986 et *Scènes dans le château*, 1986.

H. Nyssen, quatrième de couverture de *Baleine*, de P. Gadenne, © Actes Sud, 1982.

TEXTE 2

Nous étions plusieurs à nous être réfugiés là, dans ce petit coin où nous pensions pouvoir être oubliés, et nous restions écroulés sur le velours, dans un luxe bizarre de cristaux et d'appliques, nous protégeant, derrière une tenture à emblèmes, – elle-même détachée de ses embrasses et à peu près effondrée, – d'un excès de fumée et de mauvais disques, espérant l'incident qui nous donnerait la force de nous éloigner, ou attendant, peut-être, qu'on nous annonçât une lueur sur la mer. Car les plus courageux avaient gagné la terrasse, où ils demeuraient étendus, la joue presque couchée contre la pierre, tandis que nous continuions à nous épier mutuellement, entre ces parois feutrées, dans cet état de soumission animale et un peu sournoise d'où l'on descend si volontiers vers le sommeil.

Soudain, comme nous disparaissions de plus en plus dans nos coussins, une personne que nous avions à peine remarquée jusque-là se rapprocha de notre petit cercle d'endormis, et, imaginant de nous étonner, nous demanda si nous avions entendu parler de la baleine.

P. Gadenne, *Baleine* (incipit), © Actes Sud, 1982.

TEXTE 3

Présenter l'objet-livre : une affaire de stratégie. Le livre est un objet que l'on regarde et touche avant de le lire, et que l'on caresse en le lisant. Cet objet est donc promesse du contenu connoté par son apparence et sa forme, par ses proportions et son style, par son ornementation et ses couleurs. Une fois le livre en mains, la jouissance qui vient ou se dérobe révèle que l'on est aux prises avec un guide complice ou un gardien glacial. Les formes, là encore, produisent du sens et le texte y perd du sien s'il est malencontreusement casé !

De ce point de vue, le publieur se fait aussi metteur en scène et l'on peut parler de son travail comme d'une véritable « théâtralisation » du texte. Or deux mises en scène d'un même texte peuvent créer de grands écarts dans le sens et la compréhension d'une pièce. Le paratexte cher à Genette[1] reprend ici ses droits, avec la déclinaison d'éléments qui jouent par leurs variations et leurs combinaisons sur l'accueil que le futur lecteur fera au texte du livre : la manière d'imposer le nom de l'auteur et d'affirmer le genre (parce que c'est un genre réputé plus « vendeur » que les autres, on étiquette *roman* des livres qui ne le sont pas, ou si peu) ; l'usage de l'illustration, devenue un artifice qui a pour ambition de solliciter l'émotion et l'intérêt par une représentation alléchante ; le libellé de la quatrième de couverture qui a remplacé ce qu'on appelait autrefois le – « prière d'insérer » par un petit dityrambe[2]. Avec le livre sortant de presse, costumé comme un acteur ou équipé comme un champion, nous voilà donc de plus en plus loin de l'innocence du texte nu ! Mais le plus voyant reste à désigner : les annonces, les affiches et les messages publicitaires déployés telles des voiles pour que le livre prenne le vent de la renommée. Ces initiatives ne sont pas, elles non plus, sans effet sur l'idée première que l'on se fait des livres et sur l'accueil qu'on leur réserve. De même que l'usage des capitales, des grasses, des italiques, des parenthèses et des guillemets est capable de modifier l'équilibre et le sens d'une proposition, de même la promotion dont les éditeurs déploient la voilure pour lancer un livre donne à celui-ci une allure, un visage, donc un sens auquel on ne se fût peut-être pas attaché sans cela. Combien de livres, gréés par un paratexte débridé et une publicité tapageuse, ont perdu des lecteurs avec leurs trop bruyants déploiements, combien en ont gagné que la lecture devait ensuite décevoir !

L'arsenal de la séduction commerciale. Pour accompagner le livre, il y a mille ruses encore, car, sous la pression de la concurrence, la stratégie éditoriale s'est transformée en tactique effrénée. Il arrive même un moment où la nécessité n'est plus de dire mais de *faire* dire, comme si l'accastilleur[3], non content de gréer le navire et de régler le déploiement des voiles, entendait aussi exercer un pouvoir sur les vents, les courants et les marées. C'est alors que commence le multiple jeu de la séduction, du clientélisme et du bras de fer avec le monde médiatique et les décideurs de bonnes et mauvaises fortunes que sont les jurés des prix littéraires. En ces régates éditoriales, il y a peu de gagnants, d'innombrables perdants et quantité de naufragés. Et c'est là que, souvent, des auteurs jugent leur éditeur, non plus sur sa capacité d'être un bon editor[4], mais sur ses talents de lobbyiste[5].

H. Nyssen, « L'auteur et l'éditeur, un vieux couple », article publié par *TDC* n° 851, « Le métier d'écrivain », © CNDP, 2003.

1. Critique français né en 1930, auteur de *Figures*, recherches sur la notion de « texte ». **2.** Texte très élogieux. **3.** Celui qui s'occupe de l'accastillage d'un bateau, c'est-à-dire de l'ensemble des accessoires de manœuvres. **4.** *Editor* : dans le milieu éditorial anglo-saxon, on distingue la personne qui s'occupe de l'édition du texte même du *publisher*, qui essaie de vendre le livre. **5.** Personne qui agit dans un groupe de pression ou à la tête de ce groupe.

DOCUMENT 4

Première de couverture de *Baleine*, de P. Gadenne, © Actes Sud, 1982. Illustration reprise : G. de La Tour (1593-1652), *La Madeleine Terff* (1640), (Musée de Louvre, Paris).

25 La notion de courant culturel

G. Jaquerio (vers 1403-1453), *La Fontaine de la Vie*, détail d'un couple enlacé (v. 1418-1430), fresque (Castello della Manta, Saluzzo, Italie).

G. Klimt (1862-1918), *Le Baiser* (1907-1908), peinture (Österreichische Galerie, Vienne, Autriche).

LIRE L'IMAGE

1. Quel est le thème traité par les deux tableaux ? Qu'ont-ils en commun ?
2. Montrez que la technique de représentation est différente d'un tableau à l'autre : donnez des exemples précis.
3. En quoi le rapprochement de ces deux représentations peut-il illustrer la notion de « courant culturel et esthétique » ?

OBSERVATION

Nous arrivons donc à poser cette règle que, pour comprendre une œuvre d'art, un artiste, un groupe d'artistes, il faut se représenter avec exactitude l'état général de l'esprit et des mœurs du temps auquel ils appartenaient. Là se trouve l'explication dernière ; là réside la cause primitive qui détermine le reste. Cette vérité, messieurs, est confirmée par l'expérience ; en effet, si l'on parcourt les principales époques de l'histoire de l'art, on trouve que les arts apparaissent, puis disparaissent, en même temps que certains états de l'esprit et des mœurs auxquels ils sont attachés. Par exemple, la tragédie grecque, celle d'Eschyle[1], de Sophocle[2] et d'Euripide[3], apparaît au temps de la victoire des Grecs sur les Perses, à l'époque héroïque des petites cités républicaines, au moment du grand effort par lequel elles conquièrent leur indépendance et établissent leur ascendant dans l'univers civilisé ; et nous la voyons disparaître avec cette indépendance et cette énergie quand l'abaissement des caractères et la conquête macédonienne livrent la Grèce aux étrangers. De même l'architecture gothique se développe avec l'établissement définitif du régime féodal, dans la demi-renaissance du XIe siècle, au moment où la société, délivrée des Normands et des brigands, commence à s'asseoir ; et on la voit disparaître au moment où ce régime militaire de petits barons indépendants avec l'ensemble des mœurs qui en dérivait se dissout vers la fin du XVe siècle par l'avènement des monarchies modernes. Pareillement la peinture hollandaise s'épanouit au moment glorieux où, à force d'opiniâtreté et de courage, la Hollande achève de s'affranchir de la domination espagnole, combat l'Angleterre à armes égales, devient le plus riche, le plus libre, le plus industrieux, le plus prospère des États européens ; nous la voyons déchoir au commencement du XVIIIe siècle quand la Hollande, tombée au second rôle, laisse le premier à l'Angleterre, se réduit à n'être qu'une maison de banque et de commerce bien réglée, bien administrée, paisible, où l'homme peut vivre à son aise, en bourgeois sage, exempt des grandes ambitions et des grandes émotions. Pareillement enfin la la tragédie française apparaît au moment où la monarchie régulière et noble établit, sous Louis XIV, l'empire des bienséances, la vie de cour, la belle représentation, l'élégante domesticité aristocratique, et disparaît au moment où la société nobiliaire et les mœurs d'antichambre sont abolies par la Révolution.

H. Taine, *Essais de critique et d'histoire*, 1858.

1, 2, 3. Auteurs tragiques grecs du Ve s. avant J.-C.

Le thème abordé et la thèse soutenue

1. De quoi est-il question dans l'extrait ? À l'aide des mots surlignés, faites apparaître les deux domaines entre lesquels celui qui parle crée des relations.

2. Quelle est la thèse de Taine, en ce qui concerne la nature des relations étudiées dans le texte ?

L'argumentation

3. Identifiez l'argument donné par Taine (phrase soulignée). À quel domaine appartient-il ?

4. Étudiez les différents exemples en faisant apparaître, dans chacun d'eux, les références aux deux domaines signalés dans la question 1.

Nature et spécificités des courants culturels

5. Concernant les courants culturels, Taine s'intéresse aux circonstances de leur émergence et à celles de leur disparition. Cherchez ce qu'il donne, ou laisse deviner, de leurs caractéristiques, éventuellement de leurs thèmes. Que pourrait attendre le lecteur ?

REPÈRES

Pour analyser la notion de courant culturel

Lorsque l'on découvre dans des œuvres d'une même époque des similitudes de thème, d'écriture, de préoccupations, de démarches créatives, on parle souvent de « **courant** », d'idées, de sentiments, de théories esthétiques. Ces courants sont indissociables du **contexte historique**, social, économique, culturel, mais la nature de leurs rapports est souvent complexe.

1 Le contexte comme thème d'inspiration

Il semble logique que des œuvres produites dans un **même contexte** portent la marque des événements historiques, politiques et sociaux de leur temps. Ce contexte se révèle d'abord comme **thème d'inspiration** : chevalerie au Moyen Âge, perceptible dans les romans du cycle arthurien, guerres de religion au XVIe siècle, dénoncées par Ronsard du côté catholique et par d'Aubigné du côté protestant, absolutisme centralisateur au XVIIe et vie de cour analysée par La Bruyère, inégalités sociales au XVIIIe critiquées par les philosophes, industrialisation et développement du prolétariat au XIXe, thème de l'œuvre romanesque de Zola, accélération du progrès technique, conflits mondiaux au XXe.

2 Un contexte présent dans l'esprit des œuvres

En même temps, il est visible que ce contexte – par des faits, des situations, des conjonctions d'événements – imprègne les œuvres et les façonne. Elles reflètent alors ces influences non plus seulement dans leurs thèmes, mais dans leur **esprit**, dans leurs **structures**, dans leur **sensibilité**, dans leurs **enjeux**. Ainsi, c'est tout un enchaînement historique du XVe siècle au XVIe – chute de Constantinople, guerres d'Italie, qui a conduit au retour vers les textes antiques en Italie, puis en France, posant les bases de la Renaissance. De là sont nés successivement la poésie lyrique de la Pléiade, la Réforme, puis le classicisme, la Querelle des Anciens et des Modernes, et l'esprit moderne des Lumières, nouvel humanisme. Ainsi, la rigueur de l'architecture versaillaise – palais et jardins – est inséparable des codifications très strictes des œuvres littéraires : règles de la tragédie, refus de l'exubérance et de l'imagination, structure de la pensée, cartésianisme.

3 Les caractéristiques d'un courant culturel

On voit se dessiner ainsi les traits essentiels d'un mouvement : à une **époque** et dans un contexte donnés, le courant met en jeu des **convergences thématiques** – l'exotisme et le fantastique romantiques –, des **similitudes d'écriture** – la rigueur syntaxique du classicisme ou l'exubérance lyrique du XIXe siècle – des **registres récurrents**, un esprit et une sensibilité, enfin, l'ensemble répondant à des théories esthétiques qu'illustrent certaines œuvres et que d'autres formulent directement.

Mais il faut être attentif au fait qu'un courant ne se décide pas de manière consciente et concertée par un groupe d'auteurs ou d'artistes, qu'il ne se construit pas à partir de **théories posées *a priori*** : c'est en général *a posteriori*, grâce au rapprochement d'œuvres présentant des éléments communs, que l'on peut déterminer la présence d'une **communauté d'inspiration**, d'**écriture** et de **création.** Le classicisme n'existait pas en tant que mouvement sous le règne de Louis XIV, et l'on n'a défini et caractérisé le romantisme que bien après les années qui ont vu naître et se développer une sensibilité nouvelle, déjà pressentie à l'époque des Lumières. La continuité de l'histoire littéraire ne se découpe pas en courants successifs nettement délimités : les mouvements s'entremêlent, naissent et se développent, puis **se figent** avec le temps. Il est alors facile de faire apparaître les grandes lignes qui leur sont communes. En rappelant que les grands courants naissent et disparaissent avec des « fractures » de l'histoire, Taine n'explique pas d'où vient leur nature exacte ni quel phénomènes déterminants ont provoqué la naissance de telles ou telles œuvres. La critique peut analyser les résultats des déterminismes sur les œuvres ; leur genèse est plus difficile à cerner.

→ Synthèse **Les différents registres (→ p. 172)**

APPLICATION

EX. 1 Observer des titres d'œuvres de même époque

LISTES D'ŒUVRES 1 À 3

1. Dans chacune des listes, regroupez les titres qui présentent des similitudes thématiques ou génériques et observez les dates. Que remarquez-vous ?

2. Quelles conclusions pouvez-vous tirer de ces observations ?

LISTE 1

Utopia, Thomas MORE (1517) – *Éloge de la folie*, ÉRASME (1509) – *Les Amours*, RONSARD (1552) – *Les Regrets*, DU BELLAY (1558) – *Discours des misères de ce temps*, RONSARD (1562) – *Les Tragiques*, D'AUBIGNÉ (rédigé à partir de 1577) – *Débat de folie et d'amour*, Louise LABÉ (1555).

LISTE 2

Traité sur la tolérance, VOLTAIRE (1763) – *Discours sur l'origine de l'inégalité parmi les hommes*, J.-J. ROUSSEAU (1755) – *De l'esprit des lois*, MONTESQUIEU (1748) – *L'Île des esclaves*, MARIVAUX (1725) – *Dictionnaire philosophique*, VOLTAIRE (1764) – *L'Encyclopédie, ou dictionnaire raisonné des arts, des sciences et des métiers*, DIDEROT et D'ALEMBERT (1748-1762) – *Cinq mémoires sur l'instruction publique*, CONDORCET (1792) – *Émile ou de l'Éducation*, J.-J. ROUSSEAU (1762).

LISTE 3

Méditations poétiques, LAMARTINE (1820) – *Voyage en Orient*, LAMARTINE (1835) – *Itinéraire de Paris à Jérusalem*, CHATEAUBRIAND (1811) – *Contes d'Espagne et d'Italie*, MUSSET (1829) – *Les Chimères*, G. DE NERVAL (1854) – *Voyage en Orient*, G. DE NERVAL (1851) – *Chroniques italiennes*, STENDHAL (1837-1839) – *Souvenirs d'égotisme*, STENDHAL (1832) – *Mémoires d'outre-tombe*, CHATEAUBRIAND (1848) – *Les Orientales*, V. HUGO (1829) – *Les Contemplations*, V. HUGO (1856).

EX. 2 Retrouver et analyser des indices du contexte historique

TEXTES 1 À 3

1. À quels éléments historiques les trois extraits renvoient-ils ?

2. Quelles sont les relations entre les textes et les faits ou les situations évoqués ?

TEXTE 1

Je[1] veux de siècle en siècle au monde publier
D'une plume de fer sur un papier d'acier
Que ses propres enfants l'[2]ont prise et dévêtue,
Et jusques à la mort vilainement battue.
Elle semble[3] au marchand, accueilli de malheur,
Lequel au coin d'un bois rencontre le voleur,
Qui contre l'estomac lui tend la main armée,
Tant il a l'âme au corps d'avarice affamée.
Il n'est pas seulement content de lui piller
La bourse et le cheval : il le fait dépouiller,
Le bat et le tourmente[4], et d'une dague essaie
De lui chasser du corps l'âme par une plaie ;
Puis en le voyant mort se sourit de ses coups,
Et le laisse manger aux mâtins[5] et aux loups.

P. de RONSARD, *Continuation du Discours des misères de ce temps*, 1562.

1. C'est Ronsard qui parle. **2.** Il s'agit de la France, déchirée par les guerres de Religion. **3.** Elle ressemble. **4.** Torture. **5.** Chiens féroces.

TEXTE 2

Le roi de France[1] est le plus puissant prince de l'Europe. Il n'a point de mines d'or comme le roi d'Espagne, son voisin ; mais il a plus de richesses que lui, parce qu'il les tire de la vanité de ses sujets, plus inépuisable que les mines. On lui a vu entreprendre ou soutenir de grandes guerres, n'ayant d'autres fonds que des titres d'honneur à vendre[2], et, par un prodige de l'orgueil humain, ses troupes se trouvaient payées, ses places, munies, et ses flottes, équipées.
D'ailleurs ce roi est un grand magicien : il exerce son empire sur l'esprit même de ses sujets ; il les fait penser comme il veut. S'il n'a qu'un million d'écus dans son trésor, et qu'il en ait besoin de deux, il n'a qu'à leur persuader qu'un écu en vaut deux, et ils le croient[3].

MONTESQUIEU, *Lettres persanes*, lettre 24, 1721.

1. Les *Lettres persanes* font référence aux années 1712-1715. Le roi est donc Louis XIV. **2.** Allusion à la vénalité des charges, qui permettait d'acheter un titre de noblesse en même temps qu'une charge. **3.** Allusion à la possibilité qu'a le roi de modifier le cours de la monnaie.

TEXTE 3

Vers la fin de l'Empire, je fus un lycéen distrait. La guerre était debout dans le lycée, le tambour étouffait à mes oreilles la voix des maîtres, et la voix mystérieuse des livres ne nous parlait qu'un langage froid et pédantesque[1]. Les logarithmes[2] et les tropes[2] n'étaient à nos yeux que des degrés pour monter à l'étoile de la Légion d'honneur, la plus belle étoile des cieux pour des enfants.
Nulle méditation ne pouvait enchaîner longtemps des têtes étourdies sans cesse par les canons et les cloches des *Te Deum*[3] ! Lorsqu'un de nos frères, sorti depuis quelques mois du collège, reparaissait en uniforme de housard et le bras en écharpe, nous rougissions de nos livres et nous les jetions à la tête des maîtres. Les maîtres mêmes ne cessaient de nous lire les bulletins de la Grande Armée, et nos cris de *Vive l'Empereur !* interrompaient Tacite et Platon. Nos précepteurs ressemblaient à des hérauts d'armes[4] nos salles d'études à des casernes, nos récréations à des manœuvres, et nos examens à des revues.

A. de VIGNY, *Servitude et grandeur militaires*, 1835.

1. Prétentieux. **2.** Éléments de mathématiques. **3.** Chant religieux de remerciement. **4.** Ceux qui annoncent les victoires.

EX. 3 Identifier des références au contexte social, industriel, économique ou scientifique

TEXTES 4 ET 5

1. Précisez quel est le genre littéraire des extraits ci-contre, puis dites à quoi chacun d'entre eux fait référence : quels sont les domaines concernés ? En quoi sont-ils liés à l'Histoire ?

2. Quelles conclusions peut-on tirer de la présence de ces domaines dans des œuvres littéraires ?

TEXTE 4

Quand toute la France serait persuadée de l'importance et de l'utilité de cette pratique[1], elle ne peut s'introduire parmi nous sans la faveur du gouvernement ; et le gouvernement se déterminera-t-il jamais à la favoriser sans consulter les témoignages les plus décisifs en pareille matière ?
C'est donc aux facultés de théologie et de médecine ; c'est aux académies ; c'est aux chefs de la magistrature, aux savants, aux gens de lettres, qu'il appartient de bannir des scrupules fomentés par l'ignorance, et de faire sentir au

EX. 4 Définir des relations

TEXTES 4 ET 5

Quelles relations le lecteur peut-il percevoir entre les extraits et les domaines non littéraires auxquels ils font référence ?

EX. 5 Observer et analyser des convergences thématiques et génériques entre des extraits

TEXTES 6 ET 7

1. Identifiez le genre de chacun des deux extraits et notez leurs dates : en quoi peut-on les rapprocher ?

2. Quelles sont leurs convergences thématiques ? Sur quoi portent-elles ?

3. Quelles remarques le rapprochement de ces deux extraits entraîne-t-il en ce qui concerne l'existence de réglementations littéraires du XVIIe siècle ?

peuple que son utilité propre, que la charité chrétienne, que le bien de l'État, que la conservation des hommes sont intéressés à l'établissement de l'*inoculation*.
Quand il s'agit du bien public, il est du devoir de la partie pensante de la nation, d'éclairer ceux qui sont susceptibles de lumière, et d'entraîner par le poids de l'autorité cette foule sur qui l'évidence n'a point de prise.

J. TRONCHIN, *Encyclopédie*, article « Inoculation », 1748-1762.

1. L'inoculation est à l'origine de la technique du vaccin. Signe de progrès pour les philosophes, elle ne fut pourtant pas adoptée facilement.

TEXTE 5

Une autre machine[1], puissante celle-là, une machine d'express, aux deux grandes roues dévorantes, stationnait seule, lâchait par sa cheminée une grosse fumée noire, montant droit, très lente dans l'air calme. Mais toute son attention fut prise par le train de trois heures vingt-cinq, à destination de Caen, empli déjà de ses voyageurs, et qui attendait sa machine. Il n'apercevait pas celle-ci, arrêtée au-delà du pont de l'Europe ; il l'entendait seulement demander la voie, à légers coups de sifflet pressés, en personne que l'impatience gagne. Un ordre fut crié, elle répondit par un coup bref qu'elle avait compris. Puis, avant la mise en marche, il y eut un silence, les purgeurs furent ouverts, la vapeur siffla au ras du sol, en un jet assourdissant. Et il vit alors déborder du pont cette blancheur qui foisonnait, tourbillonnante comme un duvet de neige, envolée à travers les charpentes de fer.

É. ZOLA, *La Bête humaine*, chapitre I, 1890.

1. Il s'agit d'une locomotive.

TEXTE 6

« Le poème dramatique[1] est une imitation, ou pour en mieux parler, un portrait des actions des hommes ; et il est hors de doute que les portraits sont d'autant plus excellents qu'ils ressemblent mieux à l'original. La représentation dure deux heures, et ressemblerait parfaitement, si l'action qu'elle représente n'en demandait pas davantage pour sa réalité. Ainsi ne nous arrêtons point ni aux douze, ni aux vingt-quatre heures ; mais resserrons l'action du poème dans la moindre durée qu'il nous sera possible, afin que sa représentation ressemble mieux et soit plus parfaite. Ne donnons, s'il se peut, à l'une que les deux heures que l'autre remplit. Je ne crois pas que *Rodogune*[2] en demande guère davantage, et peut-être qu'elles suffiraient pour *Cinna*[2]. Si nous ne pouvons la renfermer dans ces deux heures, prenons-en quatre, six, dix, mais ne passons pas de beaucoup les vingt-quatre, de peur de tomber dans le dérèglement, et de réduire tellement le portrait en petit, qu'il n'ait plus ses dimensions proportionnées, et ne soit qu'imperfection. »

P. CORNEILLE, *Troisième Discours*, 1660.

1. Cette expression désigne la tragédie classique. **2.** *Rodogune* et *Cinna* sont deux tragédies de Corneille.

TEXTE 7

Quelques lecteurs pourront s'étonner qu'on ait osé mettre sur la scène une histoire si récente[1], mais je n'ai rien vu dans les règles du poème dramatique[2] qui dût me détourner de mon entreprise. À la vérité, je ne conseillerais pas à un auteur de prendre pour sujet d'une tragédie une action aussi moderne que celle-ci, si elle s'était passée dans le pays où il veut faire représenter sa tragédie, ni de mettre des héros sur le théâtre qui auraient été connus de la plupart des spectateurs. Les personnages tragiques doivent être regardés d'un autre œil que nous ne regardons d'ordinaire les personnages que nous avons vus de si près. On peut dire que le respect que l'on a pour les héros augmente à mesure qu'ils s'éloignent de nous : *major e longinquo reverentia*[3]. L'éloignement des pays répare en quelque sorte la trop grande proximité des temps, car le peuple ne met guère de différence entre ce qui est, si j'ose ainsi parler, à mille ans de lui, et ce qui en est à mille lieues.

J. Racine, seconde préface de *Bajazet*, 1672.

1. Dans *Bajazet*, les personnages appartiennent à l'histoire de la Turquie du XVIIe s. **2.** Racine fait ici référence à la *Poétique* d'Aristote donnant les règles de la tragédie. **3.** La citation, empruntée à Tacite (*Annales*, I, 47), est traduite juste avant.

EX. 6 Rapprocher des textes et une définition

TEXTE 8

Voici la définition que le dictionnaire donne du courant appelé « classicisme ». Quelles relations pouvez-vous établir entre les textes 6, 7 (→ p. 341) leurs auteurs et la définition ?

TEXTE 8

Dans l'histoire littéraire de la France, le classicisme est incarné par la génération de 1660-1680 (La Fontaine, Molière, Madame de Lafayette, Racine, Boileau, Bossuet, La Bruyère), qui rassemble des écrivains liés, non par une doctrine, mais par une communauté de goûts : la codification par Boileau des principes de l'esthétique classique (imitation des Anciens, recherche du naturel et du vraisemblable, goût de la mesure, finesse dans l'analyse morale et psychologique, clarté du style) n'interviendra qu'après les grandes œuvres qui l'illustrent.

Dictionnaire *Le Petit Larousse Illustré* 2007, © Larousse, 2006.

EX. 7 Observer et analyser des convergences thématiques

TEXTES 9 À 12

1. Pourquoi les quatre extraits ont-ils été rapprochés ? Que comportent-ils de commun sur le plan thématique et sur celui de la forme, pour trois d'entre eux ?

2. Sur le plan des sentiments et des aspirations, que traduisent ces extraits ? Quel est leur registre commun ?

TEXTE 9

Un secret instinct me tourmentait[1] : je sentais que je n'étais moi-même qu'un voyageur, mais une voix du ciel semblait me dire : « Homme, la saison de ta migration n'est pas encore venue ; attends que le vent de la mort se lève, alors tu déploieras ton vol vers ces régions inconnues que ton cœur demande. »

« Levez-vous vite, orages désirés qui devez emporter René dans les espaces d'une autre vie ! » Ainsi disant, je marchais à grands pas, le visage enflammé, le vent sifflant dans ma chevelure, ne sentant ni pluie, ni frimas, enchanté, tourmenté, et comme possédé par le démon de mon cœur.

F.-R. de Chateaubriand, *René*, 1802.

1. C'est René qui parle ; héros du roman, ce jeune homme a le même prénom que Chateaubriand.

TEXTE 10

Que ne puis-je[1], porté sur le char de l'Aurore,
Vague objet de mes vœux, m'élancer jusqu'à toi !
Sur la terre d'exil[2] pourquoi resté-je encore ?
Il n'est rien de commun entre la terre et moi.

Quand la feuille des bois tombe dans la prairie,
Le vent du soir se lève et l'arrache aux vallons :
Et moi, je suis semblable à la feuille flétrie :
Emportez-moi comme elle, orageux aquilons[3] !

A. LAMARTINE, *Méditations poétiques*, « L'isolement » (extrait), 1820.

1. Le poète exprime ici des aspirations vers un destin mal défini. **2.** La notion d'exil renvoie au sentiment que le poète a d'être étranger sur la terre. **3.** L'aquilon est un vent.

TEXTE 11

Je suis le ténébreux, – le veuf, l'inconsolé
Le prince d'Aquitaine à la tour abolie :
Ma seule *étoile*[1] est morte ; – et mon luth constellé
Porte le soleil noir de la *Mélancolie*.

Dans la nuit du tombeau, toi[2] qui m'as consolé,
Rends-moi le Pausilippe et la mer d'Italie,
La *fleur* qui plaisait tant à mon cœur désolé,
Et la treille où le pampre à la rose s'allie.

G. de NERVAL, *Les Chimères*, « El desdichado » (extrait), 1854.

1. Inspiratrice ou femme aimée. **2.** Jeune fille rencontrée en Italie.

TEXTE 12

Quand nous[1] enfuirons-nous dans la joie infinie
Où les hymnes vivants sont des anges voilés,
Où l'on voit, à travers l'azur de l'harmonie,
La strophe bleue errer sur les luths étoilés ?

Quand viendrez-vous[2] chercher notre humble cœur qui
sombre ?
Quand nous reprendrez-vous à ce monde charnel,
Pour nous bercer ensemble aux profondeurs de l'ombre,
Sous l'éblouissement du regard éternel ?

Décembre 1846.

V. HUGO, *Les Contemplations*, VI, VIII, « Claire », 1856.

1. Le poème a été écrit au moment de la mort de Claire Pradier, fille de Juliette Drouet. **2.** « Nous » désigne Hugo et Juliette, « vous » les âmes des enfants morts (Claire Pradier et Léopoldine, fille de Victor Hugo, morte noyée).

TEXTE 13

Cherchant l'évasion dans le rêve, dans l'exotisme ou le passé, le romantisme exalte le goût du mystère et du fantastique. Il réclame la libre expression de la sensibilité et, prônant le culte du moi, affirme son opposition à l'idéal classique.

Dictionnaire *Le Petit Larousse Illustré* 2007, © Larousse, 2006.

EX. 8 Rapprocher des textes et une définition

TEXTE 13

Quelles relations pouvez-vous établir entre la définition (texte 13), les textes 9 à 12 et la liste 3 de l'exercice 1 (→ p. 347) ?

EX. 9 Récapituler des relations textes/contextes

1. À partir des exemples qui figurent dans les textes de ce chapitre (→ p. 337 à 343), expliquez en quoi on peut dire que les contextes historiques, politiques, culturels, industriels, ont une influence sur les productions littéraires.

2. Proposez une définition de la notion de « courant ».

VERS LE BAC

Corpus de textes

- **Texte 1 :** É. Zola, *Mes haines*, 1866.
- **Texte 2 :** É. Zola, Préface de *La Fortune des Rougon*, 1871.
- **Texte 3 :** É. Zola, *La Curée*, chapitre III, 1872.
- **Texte 4 :** É. Zola, *Le Roman expérimental*, 1880.

Questions portant sur le corpus

1. Identifiez le genre auquel appartient chacun des textes : déduisez de cette appartenance le rôle du texte 3 par rapport aux autres, et la nature de son écriture.
2. Les quatre textes abordent la question des relations entre une œuvre et son contexte historique, social, culturel, économique : comment ces relations apparaissent-elles dans les textes ? Quelles sont-elles ?
3. Dans ces textes, Zola donne ou met en œuvre certaines caractéristiques de son entreprise littéraire, connue sous le nom de « naturalisme ». Trouvez et classez ces caractéristiques à partir des rubriques suivantes : thèmes, personnages, méthode, objectifs.

Écriture

1. Commentaire

Commentez l'extrait de *La Curée* en vous aidant des orientations suivantes : *le double thème de la ville et du vice ; une représentation métaphorique et hyperbolique ; le roman naturaliste, fiction romanesque ou témoignage historique ?*

2. Dissertation

Le roman naturaliste se donne pour vocation d'expliquer scientifiquement la nature humaine et d'agir sur elle : après avoir montré en quoi on peut parler de démarche scientifique à propos de la création et de la rédaction des *Rougon-Macquart*, vous vous demanderez quelles sont les limites d'une telle entreprise dans l'observation, l'analyse et l'éventuelle modification des êtres humains.

3. Écriture d'invention

Dans un article de critique littéraire objectif, vous exposez, en vous fondant sur les textes du corpus, le projet naturaliste de Zola et vous expliquez en quoi l'extrait de *La Curée* en constitue une illustration. Vous vous exprimez à la troisième personne. N'oubliez pas de donner un titre à votre article.

TEXTE 1

Il y a, sans doute, une relation intime entre l'homme moderne, tel que l'a fait une civilisation avancée, et ce roman du ruisseau, aux senteurs âcres et fortes. Cette littérature est un des produits de notre société, qu'un éréthisme[1] nerveux secoue sans cesse. Nous sommes malades de progrès, d'industrie, de science ; nous vivons dans la fièvre, et nous nous plaisons à fouiller les plaies, à descendre toujours plus bas, avides de connaître le cadavre du cœur humain. Tout souffre, tout se plaint dans les ouvrages du temps ; la nature est associée à nos douleurs, l'être se déchire lui-même et se montre dans sa nudité. MM. de Goncourt ont écrit pour les hommes de nos jours ; leur Germinie n'aurait pu vivre à aucune autre époque que la nôtre ; elle est fille du siècle.

É. Zola, *Mes Haines*, « *Germinie Lacerteux*, par MM. E. et J. de Goncourt », 1866.

1. Excès d'activité de certains organes, notamment du cœur.

TEXTE 2

Je veux expliquer comment une famille, un petit groupe d'êtres, se comporte dans une société, en s'épanouissant pour donner naissance à dix, à vingt individus, qui paraissent, au premier coup d'œil, profondément dissemblables, mais que l'analyse montre intimement liés les uns aux autres. L'hérédité a ses lois, comme la pesanteur. Je tâcherai de trouver et de suivre, en résolvant la double question des tempéraments et des milieux, le fil qui conduit mathématiquement d'un homme à un autre homme. Et quand je tiendrai tous les fils, quand j'aurai entre les mains tout un groupe social, je ferai voir ce groupe à l'œuvre, comme acteur d'une époque historique, je le créerai agissant dans la complexité de ses efforts, j'analyserai à la fois la somme de volonté de chacun de ses membres et la poussée générale de l'ensemble.

Les Rougon-Macquart, le groupe, la famille que je me propose d'étudier, a pour caractéristique le débordement des appétits, le large soulèvement de notre âge, qui se rue aux jouissances. Physiologiquement, ils sont la lente succession des accidents nerveux et sanguins qui se déclarent dans une race, à la suite d'une première lésion organique, et qui déterminent, selon les milieux, chez chacun des individus de cette race, les sentiments, les désirs, les passions, toutes les manifestations humaines, naturelles et instinctives, dont les produits prennent les noms convenus de vertus et de vices. Historiquement, ils partent du peuple, ils s'irradient dans toute la société contemporaine, ils montent à toutes les situations, par cette impulsion essentiellement moderne que reçoivent les basses classes en marche à travers le corps social, et ils racontent ainsi le Second Empire, à l'aide de leurs drames individuels, du guet-apens du coup d'État[1] à la trahison de Sedan[2].

É. Zola, Préface de *La Fortune des Rougon*, 1871.

1. Le 2 décembre 1851. **2.** Défaite française de septembre 1870 mettant fin à la guerre de 1870 et au règne de Napoléon III.

TEXTE 3

Cependant la fortune des Saccard[1] semblait à son apogée. Elle brûlait en plein Paris comme un feu de joie colossal. C'était l'heure où la curée ardente emplit un coin de forêt de l'aboiement des chiens, du claquement des fouets, du flamboiement des torches. Les appétits lâchés se contentaient enfin, dans l'impudence du triomphe, au bruit des quartiers écroulés et des fortunes bâties en six mois. La ville n'était plus qu'une grande débauche de millions et de femmes. Le vice, venu de haut, coulait dans les ruisseaux, s'étalait dans les bassins, remontait dans les jets d'eau des jardins, pour retomber sur les toits, en pluie fine et pénétrante. Et il semblait, la nuit, lorsqu'on passait les ponts, que la Seine charriât, au milieu de la ville endormie, les ordures de la cité, miettes tombées de la table, nœuds de dentelle laissés sur les divans, chevelures oubliées dans les fiacres, billets de banque glissés des corsages, tout ce que la brutalité du désir et le contentement immédiat de l'instinct jettent à la rue, après l'avoir brisé et souillé. Alors, dans le sommeil fiévreux de Paris, et mieux encore que dans sa quête haletante du grand jour, on sentait le détraquement cérébral, le cauchemar doré et voluptueux d'une ville folle de son or et de sa chair. Jusqu'à minuit, les violons chantaient ; puis les fenêtres s'éteignaient, et les ombres descendaient sur la ville.

É. Zola, *La Curée*, chapitre III, 1872.

1. Aristide Saccard est un agent immobilier qui construit une fortune colossale sur des achats et ventes d'immeubles et de terrains au moment des grands travaux d'Haussmann à Paris.

TEXTE 4

Je dirai simplement un mot des milieux. Nous venons de voir l'importance décisive donnée par Claude Bernard à l'étude du milieu intra-organique, dont on doit tenir compte, si l'on veut trouver le déterminisme des phénomènes chez les êtres vivants. Eh bien ! dans l'étude d'une famille, d'un groupe d'êtres vivants, je crois que le milieu social a également une importance capitale. Un jour, la physiologie nous expliquera sans doute le mécanisme de la pensée et des passions ; nous saurons comment fonctionne la machine individuelle de l'homme comment il pense, comment il aime, comment il va de la raison à la passion et à la folie ; mais ces phénomènes, ces faits du mécanisme des organes agissant sous l'influence du milieu intérieur, ne se produisent pas au-dehors isolément et dans le vide. L'homme n'est pas seul, il vit dans une société, dans un milieu social, et dès lors pour nous, romanciers, ce milieu social modifie sans cesse les phénomènes. Même notre grande étude est là, dans le travail réciproque de la société sur l'individu et de l'individu sur la société. Pour le physiologiste, le milieu extérieur et le milieu intérieur sont purement chimiques et physiques, ce qui lui permet d'en trouver les lois aisément. Nous n'en sommes pas à pouvoir prouver que le milieu social n'est, lui aussi, que chimique et physique. Il l'est à coup sûr, ou plutôt il est le produit variable d'un groupe d'êtres vivants, qui, eux, sont absolument soumis aux lois physiques et chimiques qui régissent aussi bien les corps vivants que les corps bruts. Dès lors, nous verrons qu'on peut agir sur le milieu social, en agissant sur les phénomènes dont on se sera rendu maître chez l'homme. Et c'est là ce qui constitue le roman expérimental : posséder le mécanisme des phénomènes chez l'homme, montrer les rouages des manifestations intellectuelles et sensuelles telles que la physiologie nous les expliquera, sous les influences de l'hérédité et des circonstances ambiantes, puis montrer l'homme vivant dans le milieu social qu'il a produit lui-même, qu'il modifie tous les jours, et au sein duquel il éprouve à son tour une transformation continue. Ainsi donc, nous nous appuyons sur la physiologie, nous prenons l'homme isolé des mains du physiologiste, pour continuer la solution du problème et résoudre scientifiquement la question de savoir comment se comportent les hommes, dès qu'ils sont en société.

É. Zola, *Le Roman expérimental*, 1880.

L. Feininger (1871-1956), *Les Lecteurs de la presse II* (XXe siècle), huile sur toile, 104 x 91,5 cm (collection privée).

Les épreuves du bac

PARTIE 3

Les épreuves du bac

A	**L'écrit**	
26.	Le travail sur un corpus de textes	356
27.	Le commentaire	366
28.	La dissertation	390
29.	L'écriture d'invention	406
B	**L'oral**	
30.	L'oral à l'Épreuve Anticipée de Français	422

26 Le travail sur un corpus de textes

Le texte officiel

Les sujets prennent appui sur un ensemble de textes (corpus) comprenant éventuellement un document iconographique contribuant à la compréhension ou enrichissant la signification de l'ensemble. Ce corpus peut également consister en une œuvre intégrale brève ou un extrait long (n'excédant pas trois pages). Il doit s'inscrire dans le cadre d'un ou de plusieurs objets d'étude du programme de Première imposés dans la série du candidat, et ne doit pas réclamer un temps de lecture trop long.

Une ou deux questions portant sur le corpus et appelant des réponses rédigées peuvent être proposées aux candidats. Elles font appel à leurs compétences de lecture et les invitent à établir des relations entre les différents documents et à en proposer des interprétations.

Ces questions peuvent être conçues de façon à aider les candidats à élaborer l'autre partie de l'épreuve écrite, la partie principale consacrée à un travail d'écriture.

Extrait du *B.O.* n° 46 du 14 décembre 2006.

Lire le texte officiel

1. Que désigne-t-on par le mot ***corpus*** ?
2. Quelles formes différentes ce corpus peut-il prendre ?
3. Comment le corpus se rattache-t-il au **programme** de français ?
4. En quoi consiste le « **travail sur un corpus** » dans le cadre de l'examen ?
5. Comment et par quoi le candidat est-il **guidé** dans ce travail ?
6. Quelles **relations** les textes du corpus entretiennent-ils avec les trois autres exercices de l'épreuve anticipée ?
7. Au vu des précisions données par le texte officiel, pouvez-vous identifier les différentes **difficultés** du travail sur un corpus ?

OBSERVATION

EX. 1 Observer la composition de corpus pour déterminer des genres et des objets d'étude

CORPUS 1 À 3

1. Identifiez le genre littéraire des extraits de chacun de ces corpus. Quel est, chaque fois, l'objet d'étude concerné ?

2. Quelle est l'utilité des dates ?

3. Est-il possible, dans les trois cas, de suggérer une ou plusieurs problématiques ?

4. Quelles précisions se trouvent indirectement données dans les corpus 1 et 2 ?

CORPUS 1

A – Alain Bosquet, « Défense du poète », *Sonnets pour une fin de siècle*, 1980.
B – Jules Laforgue, « Méditation grisâtre », *Derniers vers*, 1890.
C – Francis Ponge, « L'œillet », *La Rage de l'expression*, 1952.
Annexe – Paul Eluard, *Les Sentiers et les Routes de la poésie*, 1952.

CORPUS 2

A – Molière, *Monsieur de Pourceaugnac*, Acte I, scène 1, 1669.
B – Marivaux, *Le Jeu de l'amour et du hasard*, Acte I, scène 1, 1730.
C – Alfred de Musset, *On ne badine pas avec l'amour*, Acte I, scène 1, 1834.
D – Jean Anouilh, *Antigone*, Acte I, scène 1, 1944.

CORPUS 3

A – Ésope, « Le Loup et le Chien », *Fables* (VIIe-VIe s. av. J.-C.).
B – Phèdre, « Le Chien et le Loup » (10 av. J.-C. - 54 ap. J.-C.).
C – Jean de la Fontaine, « Le Loup et le Chien », *Fables*, 1668.
D – Maxime Lery, « Le Chat, le Loup et le Chien », *Fables*, 1937.

EXEMPLE DE RÉPONSE RÉDIGÉE

1. Les genres littéraires des extraits composant les corpus 1, 2 et 3. Dans le corpus 1, trois textes font référence à la poésie, soit par leur titre, soit par le titre de l'œuvre d'où ils sont tirés. Les termes « derniers vers », « sonnets », « poète », « poésie » laissent penser que deux textes au moins sont des poèmes en vers. L'objet d'étude concerné est la poésie. Le corpus 2 est composé de textes de théâtre. On peut le déduire de plusieurs informations. L'indication des actes et des scènes est un indice irréfutable. On reconnaît d'autre part le nom de quatre auteurs de théâtre qui ont écrit des comédies : Molière, Marivaux, Musset et Anouilh. L'objet d'étude concerné est le théâtre. Dans le corpus 3, le genre considéré est la fable , ce qui ressort de la récurrence de ce mot dans les titres et du nom des auteurs, Ésope, Phèdre, La Fontaine, qui s'est inspiré des deux premiers. Le fait que les différents textes aient le même titre et mettent en scène les mêmes animaux laisse penser qu'il s'agit de la reprise de la même fable et que l'objet d'étude concerné est les réécritures.

3. Quelles problématiques suggérées ? La lecture des informations données dans le paratexte permet de déterminer des pistes de problématiques. Dans le corpus 1, des expressions comme « Défense du poète » et *La Rage de l'expression* orientent vers l'idée d'une certaine violence et d'une affirmation d'un rôle important, vital. On peut penser que les quatre textes sont orientés vers une définition de la fonction du poète et du « cheminement » de la poésie. L'indication des actes et scènes (Actes I, scènes 1) du corpus 2 montre qu'il s'agit de scènes d'exposition : une problématique peut être celle du rôle de cette scène capitale qui « ouvre » une pièce de théâtre, dans des pièces de quatre époques différentes. Il y a ainsi l'idée d'une évolution historique. Le dernier corpus donne quatre versions de la même fable : il s'agit sans doute d'analyser le traitement de la même anecdote animalière par quatre fabulistes différents.

EX. 2 Observer des corpus pour déterminer des thèmes et des objets d'étude

CORPUS 4 ET 5

1. Observez chacun des corpus qui suivent et déterminez le thème abordé. Ces thèmes permettent-ils de définir le genre littéraire des extraits ?

2. Précisez quel est l'objet d'étude concerné ; est-il possible, au vu des titres et des auteurs, de dégager certaines problématiques ?

CORPUS 4

A – Charles Cros, « Plainte », *Le Coffret de santal*, 1873.
B – Emile Verhaeren, « La Ville », *Les Campagnes hallucinées*, 1893.
C – Félix Leclerc, « La Ville? C'est... », *Pieds nus dans l'aube*, 1964.
D – Claude Nougaro, *Bidonville*, 1965.

CORPUS 5

A – Victor Hugo, *Le Dernier Jour d'un condamné*, 1829.
B – Victor Hugo, *Les Châtiments*, 1853.
C – Albert Camus, *Réflexions sur la guillotine*, 1958.

EX. 3 Observer des corpus pour identifier des difficultés

CORPUS 6 À 8

Expliquez pourquoi il est difficile de dégager des différents corpus suivants une problématique précise.

CORPUS 6

A – Molière, *Le Misanthrope*, 1666.
B – Victor Hugo, « Réponse à un acte d'accusation », *Les Contemplations*, 1856.
C – Raymond Queneau, « L'instant fatal », *Pour un art poétique*, 1948.

CORPUS 7

A – Jean Tardieu, « Finissez vos phrases », dans *La Comédie du langage*, 1951.
B – Samuel Beckett, *En attendant Godot*, 1952.
C – Eugène Ionesco, *Rhinocéros*, 1959.

CORPUS 8

A – Jean de La Fontaine, « Les obsèques de la Lionne », *Fables*, 1678.
B – Émile Zola, *Germinal*, 1885.
C – Alfred Jarry, *Ubu Roi*, 1896.

EX. 4 Observer des sujets pour déterminer des démarches

SUJETS A À F

1. Les six textes suivants sont des sujets accompagnant des corpus de textes.

Classez-les en fonction des démarches mises en jeu.

2. Quand c'est possible, indiquez quels sont l'objet d'étude et le genre littéraire concernés.

3. Quelles connaissances ces sujets demandent-ils ?

SUJET A

Comparez les moyens grâce auxquels la mort est donnée à voir dans ces trois textes (procédés scéniques, procédures d'écriture...).

SUJET B

À partir de ces trois textes, vous caractériserez le personnage d'Antigone.

SUJET C

Étudiez les marques de la progression lyrique dans ces poèmes.

SUJET D

Comment l'écriture théâtrale de ces trois extraits fait-elle ressortir la présence d'un affrontement ?

SUJET E

Identifiez et analysez dans ces textes les marques caractéristiques du récit autobiographique.

SUJET F

En comparant ces quatre textes, vous dégagerez les éléments caractéristiques d'une scène d'exposition.

APPLICATION

EX. 5 Étudier les relations entre les textes d'un corpus

CORPUS 1

1. Quel est le thème général du corpus ? Comment se révèle ce thème à travers les différents textes ?

2. Identifiez précisément le genre littéraire des textes et précisez à quel objet d'étude ils se rattachent.

3. Précisez quelles connaissances et quels instruments d'analyse nécessite l'objet d'étude concerné.

EX. 6 Analyser des procédés pour déterminer les enjeux des textes d'un corpus

CORPUS 1

1. Quels éléments des textes (lexique, écriture) justifient qu'ils puissent être rapprochés non seulement par leur genre mais aussi par leur thème ?

2. Identifiez les personnages mis en scène dans les trois extraits. Sur quelles relations ceux qui parlent mettent- ils l'accent ?

EX. 7 Réfléchir à la structure des réponses

1. Les questions sur des corpus de textes mettent en jeu plusieurs textes : la seule façon de répondre est-elle de considérer chaque texte successivement ?

2. Peut-on répondre en suivant un autre plan ?

EX. 8 Suggérer des plans pour différents sujets

Déterminez quel plan on pourrait adopter pour les sujets A, C, D et E de l'exercice 4 (→ p. 358).

CORPUS 1

TEXTE A

Car j'aimais tant l'aube, déjà, que ma mère me l'accordait en récompense. J'obtenais qu'elle m'éveillât à trois heures et demie, et je m'en allais, un panier vide à chaque bras, vers des terres maraîchères qui se réfugiaient dans le pli étroit de la rivière, vers les fraises, les cassis et les groseilles barbues.

À trois heures et demie, tout dormait dans un bleu originel, humide et confus, et quand je descendais le chemin de sable, le brouillard retenu par son poids baignait d'abord mes jambes, puis mon petit torse bien fait, atteignait mes lèvres, mes oreilles et mes narines plus sensibles que tout le reste de mon corps... J'allais seule, ce pays mal pensant était sans dangers. C'est sur le chemin, c'est à cette heure que je prenais conscience de mon prix, d'un état de grâce indicible et de ma connivence avec le premier souffle accouru, le premier oiseau, le soleil encore ovale, déformé par son éclosion...

Ma mère me laissait partir, après m'avoir nommée « Beauté, Joyau-tout-en-or » ; elle regardait courir et décroître sur la pente son œuvre, – « chef-d'œuvre » disait-elle. J'étais peut-être jolie ; ma mère et mes portraits de ce temps-là ne sont pas toujours d'accord... Je l'étais à cause de mon âge et du lever du jour, à cause des yeux bleus assombris par la verdure, des cheveux blonds qui ne seraient lissés qu'à mon retour, et de ma supériorité d'enfant éveillée sur les autres enfants endormis.

Je revenais à la cloche de la première messe. Mais pas avant d'avoir mangé mon saoul[1], pas avant d'avoir, dans les bois, décrit un grand circuit de chien qui chasse seul, et goûté l'eau de deux sources perdues, que je révérais[2]. L'une se haussait hors de la terre par une convulsion cristalline, une sorte de sanglot, et traçait elle-même son lit sableux. Elle se décourageait aussitôt née et replongeait sous la terre. L'autre source, presque invisible, froissait l'herbe comme un serpent, s'étalait secrète au centre d'un pré où des narcisses, fleuris en ronde, attestaient seuls sa présence. La première avait goût de feuille de chêne, la seconde de fer et de tige de jacinthe... Rien qu'à parler d'elles, je souhaite que la saveur m'emplisse la bouche au moment de tout finir, et que j'emporte, avec moi, cette gorgée imaginaire...

COLETTE, *Sido*, 1929, © Librairie Arthème Fayard et Hachette littérature, 2004.

1. Manger jusqu'à être rassasié. **2.** Respecter de façon presque religieuse.

EX. 9 Déterminer la problématique d'un corpus

CORPUS 1

Parmi les problématiques suivantes, dites quelle est celle qui concerne le corpus 1, qui regroupe trois textes appartenant au même genre.

Problématiques proposées :

– une autobiographie dit-elle la vérité ?
– est-il facile d'écrire une autobiographie ?
– pourquoi les souvenirs d'enfance sont-ils émouvants ?
– les raisons que l'on peut avoir d'écrire une autobiographie.
– les faits importants de l'enfance déterminent les comportements de l'adulte.

TEXTE B

Ô mon passé, ma petite enfance, ô chambrette, coussins brodés de petits chats rassurants, vertueuses chromos[1], conforts et confitures, tisanes, pâtes pectorales[2], arnica, papillon du gaz[3] dans la cuisine, sirop d'orgeat[4], antiques dentelles, odeurs, naphtalines[5], veilleuses de porcelaine, petits baisers du soir, baisers de Maman qui me disait, après avoir bordé mon lit, que maintenant j'allais faire mon petit voyage dans la lune avec mon ami un écureuil. Ô mon enfance, gelées de coings, bougies roses, journaux illustrés du jeudi, ours en peluche, convalescences chéries, anniversaires, lettres du Nouvel An sur du papier à dentelures, dindes de Noël, fables de La Fontaine idiotement récitées debout sur la table, bonbons à fleurettes, attentes des vacances, cerceaux, diabolos, petites mains sales, genoux écorchés et j'arrachais la croûte toujours trop tôt, balançoires des foires, cirque Alexandre où elle me menait une fois par an et auquel je pensais des mois à l'avance, cahiers neufs de la rentrée, sac d'école en faux léopard, plumiers japonais, plumier à plusieurs étages, plumes Sergent-Major[6], plumes baïonnette de Blanzy-Poure, goûters de pain et de chocolat, noyaux d'abricots thésaurisés[7], boîte à herboriser, billes d'agate[8], chansons de Maman, leçon qu'elle me faisait repasser le matin, heures passées à la regarder cuisiner avec importance, enfance, petites paix, petits bonheurs, gâteaux de Maman, sourires de Maman, ô tout ce que je n'aurai plus, ô charmes, ô sons morts du passé, fumées enfouies et dissoutes saisons. Les rives s'éloignent. Ma mort approche.

A. COHEN, *Le Livre de ma mère*, © Gallimard, 1954.

1. Pour *chromolithographies*, dessins de qualité médiocre et souvent de mauvais goût . 2. Pâtes pour soigner la toux. 3. Robinet d'arrêt du gaz. 4. Sirop fait à base d'orge, de lait d'amande et d'eau de fleurs d'oranger. 5. Produit antimite. 6. Marque de plumes pour porte-plume. 7. Amassés, accumulés. 8. Pierre translucide dont on fait des billes, des colliers, des bracelets.

TEXTE C

La principale fonction de Louise[1] et de maman, c'était de me nourrir ; leur tâche n'était pas toujours facile. Par ma bouche, le monde entrait en moi plus intimement que par mes yeux et mes mains. Je ne l'acceptais pas tout entier. La fadeur des crèmes de blé vert, des bouillies d'avoine, des panades[2], m'arrachait des larmes ; l'onctuosité des graisses, le mystère gluant des coquillages me révoltaient ; sanglots, cris, vomissements, mes répugnances étaient si obstinées qu'on renonça à les combattre. En revanche, je profitai passionnément du privilège de l'enfance pour qui la beauté, le luxe, le bonheur sont des choses qui se mangent ; devant les confiseries de la rue Vavin, je me pétrifiais, fascinée par l'éclat lumineux des fruits confits, le sourd chatoiement des pâtes de fruits, la floraison bigarrée des bonbons acidulés ; vert, rouge, orange, violet : je convoitais les couleurs elles-mêmes autant que le plaisir qu'elles me promettaient. J'avais souvent la chance que mon admiration s'achevât en jouissance. Maman concassait des pralines dans un mortier, elle mélangeait à une crème jaune la poudre grenue ; le rose des bonbons se dégradait en nuances exquises : je plongeais ma cuiller dans un coucher de soleil. Les soirs où mes parents recevaient, les glaces du salon multipliaient les feux

1. Louise est la domestique de la famille. 2. Bouillie composée de pain, de beurre, de lait et de jaune d'œuf.

d'un lustre de cristal. Maman s'asseyait devant le piano à queue, une dame vêtue de tulle jouait du violon et un cousin du violoncelle. Je faisais craquer entre mes dents la carapace d'un fruit déguisé, une bulle de lumière éclatait contre mon palais avec un goût de cassis ou d'ananas : je possédais toutes les couleurs et toutes les flammes, les écharpes de gaze, les diamants, les dentelles ; je possédais toute la fête. Les paradis où coulent le lait et le miel ne m'ont jamais alléchée, mais j'enviais à Dame Tartine[3] sa chambre à coucher en échaudé[4] : cet univers que nous habitons, s'il était tout entier comestible, quelle prise nous aurions sur lui ! Adulte, j'aurais voulu brouter les amandiers en fleurs, mordre dans les pralines du couchant. Contre le ciel de New York, les enseignes au néon semblaient des friandises géantes et je me suis sentie frustrée.

S. DE BEAUVOIR, *Mémoires d'une jeune fille rangée*, © Gallimard, 1958.

3. Personnage de contes pour enfants. 4. Pâtisserie légère passée au four.

EX. 10 Mettre en évidence un genre commun et un même thème dans un corpus

CORPUS 2

1. Définissez le genre littéraire commun à l'ensemble des textes du corpus suivant. Qu'est-ce qui rapproche les textes A, B et C sur le plan de la forme, et les textes B, C et D sur le plan du thème et du contexte historique ? Quelle est la particularité formelle du texte C ?

2. Pour quelles raisons pourrait-on regrouper, à l'intérieur du corpus, les textes B et D d'une part, les textes A et C d'autre part ?

3. Quel est le statut particulier du texte A par rapport aux trois autres ?

4. Quelle est la nature et quel est le rôle du document E ?

CORPUS 2

TEXTE A

Fonction du poète

Le poète en des jours impies
Vient préparer des jours meilleurs.
Il est l'homme des utopies ;
Les pieds ici, les yeux ailleurs.
C'est lui qui sur toutes les têtes,
En tout temps, pareil aux prophètes,
Dans sa main, où tout peut tenir,
Doit, qu'on l'insulte ou qu'on le loue,
Comme une torche qu'il secoue,
Faire flamboyer l'avenir !

Il voit quand les peuples végètent[1] !
Ses rêves, toujours pleins d'amour,
Sont faits des ombres que lui jettent
Les choses qui seront un jour.
On le raille. Qu'importe ! il pense.
Plus d'une âme inscrit en silence
Ce que la foule n'entend pas.
Il plaint ses contempteurs[2] frivoles ;
Et maint faux sage à ses paroles
Rit tout haut et songe tout bas ! [...]

Peuples ! écoutez le poète !
Écoutez le rêveur sacré !
Dans votre nuit, sans lui complète,
Lui seul a le front éclairé !
Des temps futurs perçant les ombres
Lui seul distingue en leurs flancs sombres
Le germe qui n'est pas éclos.
Homme, il est doux comme une femme.
Dieu parle à voix basse à son âme
Comme aux forêts et comme aux flots.

V. HUGO, *Les Rayons et les Ombres*, 1840.

1. Végéter : vivre dans l'inaction, être dans une situation médiocre. 2. Gens qui le méprisent.

EX. 11 Analyser des procédés d'écriture et des registres

CORPUS 2

1. Dans quels textes du corpus l'implication de celui qui parle s'exprime-t-elle directement ? Donnez des indices précis.

2. Quelles figures de rhétorique récurrentes mettent en relief, dans les textes B, C et D, le thème dominant ? Étudiez la forme visuelle que prend cette figure dans le document E.

3. Identifiez les différents registres qui caractérisent les textes et le document iconographique.

EX. 12 Déterminer une problématique

CORPUS 2

1. Quelle est la visée commune aux textes et à l'image du corpus ?
Montrez que le corpus envisage une problématique large appliquée à un thème particulier.

2. Définissez clairement la problématique et son application.

TEXTE B

Madame, je serais ou du plomb ou du bois,
Si moi que la nature a fait naître François[1],
Aux races à venir je ne contais la peine
Et l'extrême malheur dont notre France est pleine.
Je veux de siècle en siècle au monde publier
D'une plume de fer sur un papier d'acier
Que ses propres enfants l'ont prise et dévêtue,
Et jusques à la mort vivement battue.
Elle semble[2] au marchand, accueilli de malheur,
Lequel au coin d'un bois rencontre le voleur,
Qui contre l'estomac[3] lui tend la main armée,
Tant il a l'âme au corps d'avarice affamée.
Il n'est pas seulement content de lui piller
La bourse et le cheval : il le fait dépouiller,
Le bat et le tourmente[4], et d'une dague essaie
De lui chasser du corps l'âme par une plaie ;
Puis en le voyant mort se sourit de ses coups,
Et le laisse manger aux mâtins[5] et aux loups.

P. DE RONSARD, *Continuation du Discours sur les misères de ce temps*, 1562.

1. Français. **2.** Ressemble. **3.** La poitrine. **4.** Torture. **5.** Gros chiens.

TEXTE C

Le mal

Tandis que les crachats rouges de la mitraille
Sifflent tout le jour par l'infini du ciel bleu ;
Qu'écarlates ou verts[1], près du Roi qui les raille,
Croulent les bataillons en masse dans le feu ;

Tandis qu'une folie épouvantable, broie
Et fait de cent milliers d'hommes un tas fumant ;
– Pauvres morts ! dans l'été, dans l'herbe, dans ta joie,
Nature ! Ô toi qui fis ces hommes saintement !... –

– Il est un Dieu, qui rit aux nappes damassées
Des autels, à l'encens, aux grands calices d'or ;
Qui dans le bercement des hosannah[2] s'endort,

Et se réveille, quand des mères, ramassées
Dans l'angoisse, et pleurant sous leur vieux bonnet noir,
Lui donnent un gros sou lié dans leur mouchoir !

A. RIMBAUD, *Poésies*, 1870.

1. Les uniformes prussiens étaient verts, et ceux des Français rouges.
2. Hosannah : hymne religieux catholique.

TEXTE D

Les dents serrées

Je hais. Ne me demandez pas ce que je hais
Il y a des mondes de mutisme entre les hommes
et le ciel veule sur l'abîme, et le mépris
des morts. Il y a des mots entrechoqués, des lèvres
sans visage, se parjurant dans les ténèbres
il y a l'air prostitué au mensonge, et la voix
souillant jusqu'au secret de l'âme
                                        mais il y a
le feu sanglant, la soif rageuse d'être libre
il y a des millions de sourds les dents serrées
il y a le sang qui commence à peine à couler
il y a la haine et c'est assez pour espérer.

P. EMMANUEL, *L'Honneur des poètes*, 1943, © L'Âge d'homme.

DOCUMENT E

H. ROUSSEAU dit le Douanier ROUSSEAU (1844-1910), *La Guerre ou la Chevauchée de la Discorde* (1894), huile sur toile, 114 x 195 cm (musée d'Orsay, Paris).

SYNTHÈSE

Le travail sur un corpus de textes

1 Nature, composition et « fonctionnement » des corpus

La première partie du travail écrit de l'Épreuve anticipée de français (E.A.F) a pour support un groupe de textes, ou **corpus**, pouvant comporter un document iconographique. Le corpus peut être constitué par un seul texte long (trois pages environ) ou par plusieurs extraits d'une même œuvre. Ce corpus est en relation avec un ou plusieurs **objets d'étude** du programme. Le candidat doit traiter une ou deux questions le conduisant à confronter les textes et documents.
Chaque réponse doit être **rédigée et construite**. Elle prend appui sur l'observation et l'analyse des documents : citations et exemples constituent les **justifications** de la réponse.
Selon les séries, le barème de notation est différent : 4 points pour les séries générales, 6 points pour les séries technologiques.

La diversité des genres

Les corpus regroupent des textes et des documents qui n'appartiennent pas nécessairement aux mêmes genres littéraires, même lorsque l'objet d'étude concerné est lui-même un genre.

EXEMPLE : un corpus sur la poésie comportera des textes poétiques, mais peut-être aussi un extrait de préface. Dans un corpus sur la fable, on pourra trouver des fables d'auteurs différents, mais aussi un texte d'idées sur l'éducation. Un corpus sur le théâtre pourra comporter – outre des passages de pièces – un extrait d'essai, ou d'art poétique.

Il est donc essentiel de savoir identifier les genres parce qu'ils soulignent des approches différentes d'une même problématique littéraire.

La diversité des époques

Les textes et documents iconographiques des corpus viennent d'œuvres d'époques différentes, associées à des courants littéraires et culturels particuliers. La situation des textes dans le **temps** et dans l'**histoire littéraire** implique une connaissance de ces courants. Il faut être très attentif aux dates, qui peuvent souligner l'évolution d'un genre, d'une situation, d'un personnage.

EXEMPLE : étudier Antigone chez Sophocle et chez Anouilh pose la question de l'adaptation à l'époque moderne d'un personnage de la tragédie grecque : le sens de son action est-il le même avec vingt-cinq siècles d'écart ?

La question des thèmes

La composition des corpus relevant des **objets d'étude**, le critère de regroupement n'est pas thématique. On peut cependant trouver des corpus qui « fonctionnent » de cette façon.

EXEMPLE : différentes images de Robinson Crusoé, d'Antigone ou de Dom Juan (→ p. 333), thème de la peine de mort (corpus 5 → p. 358).

Mais dans ces exemples, l'important est l'objet d'étude concerné, et c'est sur ce point que portent les questions : réécriture dans le premier cas, argumentation pour le deuxième exemple. Ici encore, il est essentiel de bien connaître les caractéristiques et les problématiques des objets d'étude, ce qui renvoie au travail de toute l'année et aux textes et œuvres étudiés.

Les relations entre les textes

L'intérêt littéraire du corpus est de regrouper des textes dont les **relations réciproques** sont révélatrices. Ils se complètent, s'opposent, jouent le rôle d'illustration, d'explicitation les uns par rapport aux autres. Leur lecture fait apparaître des points de vue et des jugements qui entrent en résonance et révèlent des liens parfois très complexes et très subtils entre les genres, les courants, le époques, les thèmes.

EXEMPLE : une réflexion sur théâtre et réalité surgit d'une confrontation entre une scène de Marivaux et une autre de Claudel qui montrent que le théâtre est, malgré l'illusion, le lieu de la vérité.

Le rapprochement et la confrontation des textes fait apparaître ce que chacun pris séparément ne montre peut-être pas.

La place et les fonctions de l'image

Les textes peuvent être accompagnés d'images lorsque celles-ci « contribuent à la compréhension ou enrichissent la signification de l'ensemble ». La première vocation des documents iconographiques est d'**illustrer**, comme peut le faire la photo d'une représentation théâtrale montrant un décor ou le jeu des acteurs. Une seconde utilisation peut mettre l'image sur le même plan que le texte : un portrait pictural pose la question de la **fidélité à la réalité**, comme un portrait textuel. Une image peut enfin révéler des **intentions** et une **visée** qui explicitent la mission de l'artiste.

EXEMPLE : la représentation de la guerre par le Douanier Rousseau (→ p. 363) constitue une dénonciation comme peuvent l'être certains textes poétiques du corpus.

2 Les différents types de question et la manière de les aborder

Inséparables des objets d'étude, les corpus renvoient, dans leur composition et leur nature, à des **problématiques littéraires** que les candidats ont étudiées dans l'année et dont ils retrouvent des éléments dans les questions, sous des formes diverses.

Les questions portant sur les caractéristiques des genres

Les questions qui demandent de préciser ce qui fait la spécificité de l'autobiographie, de la fable, de la lettre, de la scène d'exposition..., renvoient à des connaissances littéraires acquises lors de l'étude des différents **objets d'étude** (partie 2 → p. 206). Il s'agit presque de « questions de cours ». Ces caractéristiques sont à retrouver dans les textes, soit en situation, soit sous une forme indirecte.

Les questions portant sur des procédés d'écriture, des modes d'expression, des registres

À l'intérieur d'objets d'étude précis ou larges – poésie, théâtre, différentes formes d'argumentation – les questions portant sur des procédés d'écriture mettent en jeu des connaissances techniques et des compétences d'analyse. Le travail sur les procédés d'écriture, les formes de discours, les registres... implique en effet de bien connaître le fonctionnement des « instruments » lexicaux, rhétoriques, grammaticaux habituellement utilisés dans la lecture analytique et dans le commentaire (partie 1 → p. 62). Ce travail implique aussi de comprendre et de savoir exposer **à quelles fins** et **avec quels effets** ces instruments sont utilisés dans les textes.

EXEMPLE : dans une réplique de théâtre, le registre lyrique signale l'expression des sentiments – ce qui apparaît dans la ponctuation, le lexique, les connotations – et, peut-être, la volonté d'émouvoir l'interlocuteur(trice) et, au-delà, le public.

Questions portant sur des problématiques littéraires

Ce sont les questions les plus difficiles à traiter et on ne peut guère en établir une typologie. Elles sont liées aux objets d'étude, mais portent en général sur des idées, des théories, des conceptions : définition de la langue poétique, mise en relief de conceptions opposées de la poésie, relations entre le théâtre et la réalité, difficultés de l'autobiographie, nature et justification du projet autobiographique, caractère insolite du dialogue théâtral... Elles impliquent la connaissance des **objets d'étude**, mais conduisent à des recherches qui dépassent les caractéristiques des genres et les procédés d'écriture pour atteindre des **théories** et des mises en relation complexes dont elles fournissent les pistes, mais pas les « outils » ni le plan.

3 La rédaction

Répondre aux questions qui portent sur un corpus impose certains **principes de rédaction** et de **composition**.
Il est impératif :
- de signaler dès le début de la réponse de quels textes, auteurs, époques et genres il s'agit ;
- de faire référence à la question et d'annoncer brièvement l'orientation (le plan) et le contenu de la réponse ;
- de construire la réponse selon un plan qui ne consiste pas à reprendre systématiquement chaque texte l'un après l'autre[1] ;
- de justifier les éléments de la réponse par de constantes références aux différents textes ;
- de conclure par une remarque en relation avec le sujet ou avec l'objet d'étude.

1. Dans bien des sujets, il est plus judicieux, pour éviter les redites, de construire un plan à partir des éléments communs en prenant appui sur des références précises aux textes.

27 Le commentaire

Le texte officiel

Qu'il soit ou non accompagné de questions, le sujet offre aux candidats le choix entre trois types de travaux d'écriture, liés à la totalité ou à une partie des textes étudiés : un commentaire ou une dissertation ou une écriture d'invention. Cette production écrite est notée au minimum sur 16 points pour les sujets des séries générales et sur 14 points pour les sujets des séries technologiques quand elle est précédée de questions, sur 20 dans toutes les séries quand il n'y a pas de questions.
Le commentaire porte sur un texte littéraire. Il peut être également proposé au candidat de comparer deux textes. En séries générales, le candidat compose un devoir qui présente de manière organisée ce qu'il a retenu de sa lecture, et justifie son interprétation et ses jugements personnels. En séries technologiques, le sujet est formulé de manière à guider le candidat dans son travail.

Extrait du *B.O.* n° 46, 14 décembre 2006.

Lire le texte officiel

1. Sur quels types d'exercices porte le choix du candidat dans l'épreuve écrite de français du baccalauréat ? Quelle est la partie obligatoire ?
2. Quel est le **support** du commentaire ?
3. Qu'ont de différent les commentaires donnés dans les séries technologiques et ceux donnés dans les séries générales ?
4. Le texte à commenter est-il un **texte isolé** ?
5. Qu'est-ce qui peut **aider** le candidat dans la réalisation du commentaire ?

1 Le commentaire à l'E.A.F. dans les séries technologiques

OBSERVATION

EX. 1 Observer la composition de sujets d'examen

SUJETS 1 À 4

1. Quelles sont les trois composantes qui figurent dans chaque sujet d'examen ? Qu'a de particulier le sujet 4 (→ p. 368) ?

2. Quelles différences remarquez-vous entre la première série de questions et la seconde, celles du commentaire ?

3. Quelles relations unissent les trois composantes des sujets ?

4. Définissez la démarche suivie par les candidats, des textes aux questions de commentaire.

EX. 2 Identifier les objets d'étude concernés

SUJETS 1 À 4

À quels objets d'étude correspondent les corpus de textes qui figurent dans les sujets ? Dites quels indices ont permis cette identification.

EX. 3 Retrouver des éléments de problématique littéraire

SUJETS 1 À 4

Quels mots, dans les questions des différents sujets, renvoient précisément aux problématiques littéraires des différents objets d'étude ? Certains mots soulignés vous mettent sur la piste. Trouvez les autres.

EX. 4 Trouver des « points d'appui » dans les questions portant sur le corpus

SUJETS 1 À 4

Montrez que les questions portant sur le corpus apportent des éléments informatifs et méthodologiques utiles pour la réalisation du commentaire.

SUJET 1

Documents

A – Jean de La Fontaine, « Le Loup et l'Agneau », *Fables*, livre I, 10, 1668.
B – Florian, « Le crocodile et l'esturgeon », *Fables*, livre V, 12, 1792.
C – Victor Hugo, « L'ogre et la fée », *Toute la lyre*, poème écrit en 1861.

Vous répondrez d'abord aux questions suivantes. (6 points)
1. Quels sont les points communs entre ces trois récits ?
2. Comparez les différentes leçons de ces trois textes.

Vous traiterez ensuite l'un de ces sujets. (14 points)
→ **Sujet I : Commentaire**
Vous commenterez « Le Loup et l'Agneau » de La Fontaine à partir du parcours de lecture suivant :
1. Analysez le développement de l'argumentation des deux, personnages.
2. Montrez comment la caractérisation des personnages les rend vivants et donne à la fable toute sa portée.

France métropolitaine, septembre 2002.

SUJET 2

Documents

A – Molière, *Le Bourgeois gentilhomme*, acte II, scène 4, 1670.
B – Georges Feydeau, *On purge bébé*, 1910.
C – Eugène Ionesco, *La Leçon*, 1951.

Vous répondrez d'abord aux questions suivantes. (6 points)
1. Comparez les relations entre les personnages mis en scène dans ces extraits. (2 points)
2. Qu'est-ce qui rend ces trois textes comiques ?
Vous justifierez votre réponse en vous appuyant sur des éléments précis. (4 points)

Vous traiterez ensuite un de ces sujets au choix. (14 points)
→ **Sujet I : Commentaire**
Vous commenterez l'extrait de *La Leçon* d'Eugène Ionesco à partir du parcours de lecture suivant :
1. Expliquez en quoi le professeur est un personnage ridicule.
2. Montrez que cette scène n'est pas seulement comique mais qu'elle comporte aussi un aspect inquiétant.

France métropolitaine, juin 2002.

EX. 5 Identifier des savoirs nécessaires

SUJETS 1 À 4

Dans les questions de commentaire, identifiez les éléments de connaissance indispensables, et classez-les selon qu'ils concernent les catégories suivantes : lexique, figures de rhétorique, registres, formes de discours.

SUJET 3

Documents

A – Paul Eluard, « Notre vie », *Le temps déborde*, 1947.
B – Victor Hugo, « Demain, dès l'aube… », *Pauca Meae*, dans *Les Contemplations*, 1856.
C – Pierre de Ronsard, *Sur la mort de Marie*, sonnet CVIII, *Le Second Livre des Amours*, 1578.

Vous répondrez d'abord aux questions suivantes. (6 points)
1. À qui le poète s'adresse-t-il dans ces textes ? Quel lien instaure-t-il avec ce destinataire ? (3 points)
La réponse à cette question doit être rédigée mais brève, de l'ordre d'une demi-page, une page maximum.
2. Distinguez les registres de ces différents poèmes. (3 points)
La réponse à cette question doit être rédigée mais brève, de l'ordre d'une demi-page, une page maximum.

Vous traiterez ensuite un de ces sujets au choix. (14 points)
→ **Sujet I : Commentaire**
Vous commenterez le poème d'Eluard « Notre vie » à partir du parcours de lecture suivant :
1. Expliquez ce qui donne au poème un caractère intime et familier.
2. Comment le poète exprime-t-il sa souffrance ?

France métropolitaine, juin 2003.

SUJET 4

Document

– Colette, « Rêverie de Nouvel An », *Les Vrilles de la vigne*, 1908, texte intégral[1].

Vous répondrez d'abord aux questions suivantes. (6 points)
1. Justifiez le titre de la nouvelle autobiographique de Colette, « Rêverie de Nouvel An ». (3 points)
2. Expliquez la métaphore du « ruban » qui apparaît aux lignes 46 à 54. Puis montrez comment elle évolue au cours du texte (lignes 126 à 132). (3 points)

Vous traiterez ensuite un de ces sujets au choix. (14 points)
→ **Sujet I : Commentaire**
Vous ferez le commentaire du début du texte de Colette, « Rêverie de Nouvel An » : de la ligne 1 à la ligne 23 (« … qui récompense les marches longues… »).
Vous vous appuierez sur les pistes suivantes :
1. Vous montrerez la complicité de la narratrice et de ses deux compagnes.
2. Vous analyserez le bonheur né de cet instant privilégié de communion avec le monde et d'harmonie entre les êtres.

Pondichéry, juin 2003.

1. Un extrait de ce texte figure au chapitre 29 → p. 418.

APPLICATION

EX. 6 Élucider des questions et identifier des éléments de réponse dans un texte

TEXTE 1 (→ SUJET 3, P. 368)

1. Que signifie l'expression « caractère intime et familier » ? Identifiez et regroupez les mots soulignés dans le texte et expliquez en quoi ils expriment cette double caractéristique.

2. Le sujet interroge sur l'expression de la « souffrance » : les mots surlignés répondent à cette question. Classez-les et identifiez les procédés d'écriture.

EX. 7 Approfondir les recherches

TEXTE 1

1. Le texte d'Eluard appartient au genre de la poésie. En quoi la versification met-elle en valeur les sentiments et les émotions ? Cherchez des effets particulièrement visibles dans le texte.

2. Quels sont les effets de l'absence de ponctuation ?

3. En quoi la poésie favorise-t-elle l'expression des sentiments, dans un registre dont vous préciserez la nature ?

EX. 8 Chercher des éléments de réponse à partir des questions posées

TEXTE 2 (→ SUJET 1, P. 367)

1. La première question porte sur l'argumentation : dégagez les deux thèses soutenues, les liens logiques, les arguments, les raisonnements mis en jeu, leur nature et leur force. Les mots soulignés vous mettent sur la piste.

2. Que signifie l'expression « caractérisation des animaux » ? Utilisez les premiers mots surlignés pour chercher d'autres procédés que vous identifierez.

3. Qu'appelle-t-on « portée de la fable » ? À quelles fonctions de la fable cette expression fait-elle référence ? Que vous demande-t-on de montrer ?

TEXTE 1

Notre vie

Notre vie tu l'as faite elle est ensevelie
Aurore d'une ville un beau matin de mai
Sur laquelle la terre a refermé son poing
Aurore en moi dix-sept années toujours plus claires
Et la mort entre en moi comme dans un moulin

Notre vie disais-tu si contente de vivre
Et de donner la vie à ceux que nous aimions
Mais la mort a rompu l'équilibre du temps
La mort qui vient la mort qui va la mort vécue
La mort visible boit et mange à mes dépens

Morte visible Nush[1] invisible et plus dure
Que la soif et la faim à mon corps épuisé
Masque de neige sur la terre et sous la terre
Source des larmes dans la nuit masque d'aveugle
Mon passé se dissout je fais place au silence.

P. ELUARD, *Le temps déborde*, © Seghers, 1947.

1. Paul Eluard épousa Nush en 1934 ; sa mort, en 1946, le bouleversa.

TEXTE 2

Le Loup et l'Agneau

La raison du plus fort est toujours la meilleure
Nous l'allons montrer tout à l'heure[1].
Un Agneau se désaltérait
Dans le courant d'une onde pure
Un loup survient à jeun, qui cherchait aventure[2]
Et que la faim en ces lieux attirait.
« Qui te rend si hardi de[3] troubler mon breuvage ?
Dit cet animal plein de rage :
Tu seras châtié de ta témérité.
– Sire, répond l'Agneau, que Votre Majesté
Ne se mette pas en colère ;
Mais plutôt qu'Elle considère
Que je me vas[4] désaltérant
Dans le courant,
Plus de vingt pas[5] au-dessous d'Elle ;
Et que par conséquent, en aucune façon,
Je ne puis troubler sa boisson.
– Tu la troubles, reprit cette bête cruelle ;
Et je sais que de moi tu médis l'an passé.
– Comment l'aurais-je fait si[6] je n'étais pas né ?
Reprit l'Agneau ; je tète encor ma mère.
– Si ce n'est toi, c'est donc ton frère.
– Je n'en ai point. – C'est donc quelqu'un des tiens ;
Car vous ne m'épargnez guère,
Vous, vos bergers, et vos chiens.
On me l'a dit : il faut que je me venge. »

Là-dessus, au fond des forêts
Le Loup l'emporte, et puis le mange,
Sans autre forme de procès.

J. DE LA FONTAINE, *Fables*, Livre I, fable 10, 1668.

1. À l'instant. **2.** Une bonne occasion. **3.** Assez hardi pour. **4.** *Vas* : forme possible à l'époque pour « vais ». **5.** *Pas* : mesure de distance (approximativement une enjambée). **6.** Puisque.

EX. 9 Compléter une réponse rédigée

TEXTE 3 (→ SUJET 3, P. 368)

Le texte suivant est accompagné d'une question de commentaire et d'une réponse rédigée mais incomplète. Complétez-la en suivant les consignes mises entre parenthèses et en italique.

Question de commentaire

Étudiez la comparaison qui domine le texte.

TEXTE 3

Comme on voit sur la branche, au mois de mai, la rose
En sa belle jeunesse, en sa première fleur,
Rendre le ciel jaloux de sa vive couleur,
Quand l'Aube de ses pleurs au point du jour l'arrose ;

La grâce dans sa feuille et l'amour se repose,
Embaumant les jardins et les arbres d'odeur ;
Mais, battue ou de pluie ou d'excessive ardeur[1],
Languissante elle meurt feuille à feuille déclose[2].

Ainsi en ta première et jeune nouveauté,
Quand la terre et le ciel honoraient ta beauté,
La Parque[3] t'a tuée, et cendre tu reposes.

Pour obsèques[4] reçois mes larmes et mes pleurs,
Ce vase plein de lait, ce panier plein de fleurs.
Afin que vif[5] et mort ton corps ne soit que roses.

P. DE RONSARD, *Sur la mort de Marie*, sonnet CVIII,
Le Second Livre des Amours, 1578.

1. Chaleur. **2.** Ouverte. **3.** Divinité qui, dans la mythologie grecque, coupait le fil de la vie. **4.** Offrandes mortuaires. **5.** Vivant.

RÉPONSE RÉDIGÉE À COMPLÉTER

Le sonnet de Ronsard est entièrement construit sur une comparaison entre Marie et une rose. On le perçoit dans la structure même du texte, articulé autour de deux mots de comparaison, aux vers 1 et 9 (*indiquer ces mots*). Ces mots font apparaître que le texte comporte deux grandes parties, comme c'est souvent le cas dans un sonnet, l'une consacrée ici à la rose, l'autre à la jeune fille, avec un système d'analogies. On peut mettre en parallèle les différents éléments de la comparaison, qui est également soulignée par la présence du mot « rose » à la rime (*indiquer les vers où figure le son « ose » ou « rose »*), en particulier à plusieurs points « stratégiques » du poème (*indiquer ces points*).

La comparaison rapproche d'abord Marie et la rose à un moment similaire de leur vie, la jeunesse. Cette idée est rendue par l'utilisation d'un lexique évoquant le temps (*donner ici les mots exprimant la jeunesse de la rose et celle de Marie*) et par la personnification de la fleur (*expliquer en quoi consiste cette personnification aux vers 2 et 3*). Dans les six premiers vers, se met en place une présentation très élogieuse de la fleur, qui intègre les notions suivantes : (*donner ici les éléments sur lesquels porte l'éloge*) et qui insiste sur l'idée d'éblouissement. Cet éloge est souligné par le rythme des vers (*analyser ce rythme*) du premier quatrain et par la mise en valeur du mot « rose » (*expliquer cette mise en valeur par la rime*). Mais l'articulation d'opposition qui commence le vers 7 (*la citer*) apporte un élément négatif au tableau élogieux des six premiers vers : la mort intervient alors dans le contexte de la nature, comme le soulignent les termes (*donner ici le lexique de la nature*). Le lecteur peut deviner que la comparaison engagée sur l'idée de jeunesse éblouissante conduit à l'évocation de la mort de la jeune fille, qui correspond à celle de la rose. En effet, aux vers 7 et 8 correspondent les quatre derniers vers du sonnet, entièrement consacrés à la mort, ce que l'on perçoit à la présence d'un champ lexical de la mort et du chagrin comportant les mots suivants : (*les citer*).

La comparaison, construite sur la double expression de la jeunesse et de la mort (celle de la rose, celle de Marie), constitue un éloge adressé à la jeune fille. C'est aussi une manière d'insister sur la fragilité de la vie, celle de la fleur, celle de Marie. Habilement, Ronsard fait de la fleur le référent de la comparaison et la place en premier, laissant le lecteur deviner la fin du poème. La mort, rendue par (*désigner la figure d'analogie utilisée ici*) du vers 11, se trouve quelque peu atténuée. L'offrande finale, exprimée par la métaphore du vase et du panier, attire l'attention sur la capacité du poète de faire accéder à l'immortalité celle qu'il célèbre à travers sa poésie.

EX. 10 Construire deux réponses de commentaire à partir de pistes données

TEXTE 4

Après avoir déterminé à quel objet d'étude se rattache le texte, construisez les réponses aux questions de commentaire qui l'accompagnent. Prenez appui sur les pistes qui vous sont données et sur le modèle de l'exercice 9.

Questions de commentaire

1. Étudiez la manière dont les oppositions structurent le récit.

2. En quoi le lecteur peut-il sentir la présence de l'adulte qui raconte un épisode de son enfance ?

TEXTE 4

J'étais le premier, l'incomparable dans mon île aérienne : je tombai au dernier rang quand on me soumit aux règles communes.

Mon grand-père avait décidé de m'inscrire au lycée Montaigne. Un matin, il m'emmena chez le proviseur et lui vanta mes mérites : je n'avais que le défaut d'être *trop* avancé pour mon âge. Le proviseur donna les mains à tout[1] : on me fit entrer en huitième et je pus croire que j'allais fréquenter les enfants de mon âge. Mais non : après la première dictée, mon grand-père fut convoqué en hâte par l'administration ; il en revint enragé, tira de sa serviette un méchant papier couvert de gribouillis, de taches et le jeta sur la table : c'était une copie que j'avais remise. On avait attiré son attention sur l'orthographe – « le lapen çovache ême le ten[2] » – et tenté de lui faire comprendre que ma place était en dixième préparatoire. Devant « lapen çovache », ma mère prit le fou rire ; mon grand-père l'arrêta d'un regard terrible. Il commença par m'accuser de mauvaise volonté et par me gronder pour la première fois de ma vie, puis il déclara qu'on m'avait méconnu ; dès le lendemain, il me retira du lycée et se brouillait avec le proviseur.

Je n'avais rien compris à cette affaire et mon échec ne m'avait pas affecté : j'étais un enfant prodige qui ne savait pas l'orthographe, voilà tout.

J.-P. SARTRE, *Les Mots*, © Gallimard, 1964.

1. Favorisa le projet. **2.** Transcription erronée de la phrase : « le lapin sauvage aime le thym ».

PISTES DE RÉPONSE

1. Présence de termes opposés (antithèses) à l'intérieur de la première phrase, puis dans la suite du récit, qui en constitue le développement illustratif – articulation centrale reposant sur une forte négation – termes hyperboliques s'opposant aux connotations défavorables (le jugement du grand-père, le jugement du proviseur) – expression des réactions opposées des membres de la famille (la mère, le grand-père) – opposition entre le projet du grand-père et la décision finale : espoirs et déception.

2. Présence de la première personne (« je ») désignant le narrateur et l'auteur (nécessité de savoir que *Les Mots* sont une œuvre autobiographique) – insistance sur le fait que « je » est aussi le héros, le personnage essentiel – récit fait au passé, à distance, avec ironie – jugements portés par l'adulte, que l'enfant n'aurait pas pu formuler – utilisation du discours indirect libre – présentation comique du comportement du grand-père et insistance sur son obstination, formule finale qui ne peut avoir été prononcée par l'enfant.

EX. 11 Construire deux réponses de commentaire à partir de pistes données

TEXTE 5

Après avoir déterminé à quel objet d'étude renvoie le texte, construisez les deux réponses aux questions qui l'accompagnent.
Prenez appui sur les pistes données et sur le modèle de l'exercice 9 (→ p. 370).

Questions de commentaire

1. Étudiez par quels procédés sont données les informations essentielles permettant au spectateur de situer l'action et d'en connaître quelques éléments.

2. Quels éléments de la scène peuvent inspirer au spectateur une certaine inquiétude ?

TEXTE 5

SCÈNE PREMIÈRE – *À la Cour.* LE ROI, *entouré de ses courtisans* ; RUTTEN[1].

LE ROI. – Mes amis, je vous ai annoncé, il y a déjà longtemps, les fiançailles de ma chère Elsbeth avec le prince de Mantoue. Je vous annonce aujourd'hui l'arrivée de ce prince ; ce soir peut-être, demain au plus tard, il sera dans ce palais. Que ce soit un jour de fête pour tout le monde ; que les prisons s'ouvrent, et que le peuple passe la nuit dans les divertissements. Rutten, où est ma fille ? *(Les courtisans se retirent.)*

RUTTEN. – Sire, elle est dans le parc avec sa gouvernante.

LE ROI. – Pourquoi ne l'ai-je pas encore vue aujourd'hui ? Est-elle triste ou gaie de ce mariage qui s'apprête ?

RUTTEN. – Il m'a paru que le visage de la princesse était voilé de quelque mélancolie. Quelle est la jeune fille qui ne rêve pas la veille de ses noces ? La mort de Saint-Jean[2] l'a contrariée.

LE ROI. – Y penses-tu ? la mort de mon bouffon ! d'un plaisant[3] de Cour bossu et presque aveugle !

RUTTEN. – La princesse l'aimait.

LE ROI. – Dis-moi, Rutten, tu as vu le prince ; quel homme est-ce ? Hélas ! je lui donne ce que j'ai de plus précieux au monde, et je ne le connais point.

RUTTEN. – Je suis demeuré fort peu de temps à Mantoue.

LE ROI. – Parle franchement. Par quels yeux puis-je voir la vérité, si ce n'est par les tiens ?

RUTTEN. – En vérité, Sire, je ne saurais rien dire sur le caractère et l'esprit du noble prince.

LE ROI. – En est-il ainsi ? Tu hésites, toi, courtisan ! De combien d'éloges l'air de cette chambre serait déjà rempli, de combien d'hyperboles et de métaphores flatteuses, si le prince qui sera demain mon gendre t'avait paru digne de ce titre ! Me serais-je trompé, mon ami ? aurais-je fait en lui un mauvais choix ?

RUTTEN. – Sire, le prince passe pour le meilleur des rois.

LE ROI. – La politique est une fine toile d'araignée, dans laquelle se débattent bien des pauvres mouches mutilées ; je ne sacrifierai le bonheur de ma fille à aucun intérêt. *(Ils sortent.)*

A. DE MUSSET, *Fantasio*, Acte I, scène 1 (scène intégrale), 1843.

1. Rutten est le secrétaire du roi de Bavière. **2.** Saint-Jean est le bouffon du roi. **3.** Qui cherche à faire rire.

PISTES DE RÉPONSE

1. Un dialogue fait de répliques courtes entre deux personnages, le roi et son secrétaire – une annonce (l. 1 et 3) passant par le phénomène de double énonciation : en annonçant une nouvelle à ses amis, le roi informe le spectateur – un jeu de questions/réponses permettant au spectateur d'avoir des réponses à des questions qu'il ne pourrait pas poser (l'absence de la jeune fille, ses sentiments) – des explications justifiant les questions (l'amour du roi pour sa fille, justifiant ses inquiétudes en ce qui concerne celui qui va l'épouser – des demandes d'information du roi lui-même, permettant au lecteur de savoir ce qui l'inquiète – des formules d'insistance (anaphores, exclamations) du roi devant les réticences de Rutten – la formulation d'hypothèses soulignant des incertitudes.
Le dialogue donne des informations sur un événement proche, sur des circonstances, sur plusieurs personnages (identité, rôle) et sur ce qui les met en relation.

2. Par rapport à la fête qui s'annonce, on note la présence d'éléments inquiétants marqués par le lexique de la contrariété – exclamations et interrogations sur une possible erreur – présence de la mort à deux reprises dans le texte, manière dont le roi présente son bouffon – situation d'ignorance du roi en ce qui concerne le fiancé de sa fille – différents procédés utilisés par Rutten pour ne pas répondre précisément au roi, une attitude d'esquive exprimée à l'aide de modalisateurs, d'atténuations, référence à une attitude possible (au conditionnel) de Rutten, attitude non perceptible donc inquiétante – présentation désabusée de la politique sous une forme de métaphore à la fin du texte – le roi apparaît sous deux aspects : roi et père, et ce double rôle semble annoncer un risque de dilemme. Le dialogue comporte de nombreux implicites et ce qui n'est pas dit – et qui peut relever de la raison d'État – semble avoir plus de poids que les informations qui sont données.

EX. 12 Rechercher des éléments de réponse à des questions de commentaire

TEXTE 6 **(→ SUJET 2, P. 367)**

Après avoir déterminé à quel objet d'étude renvoie le texte, vous répondrez aux questions de commentaire suivantes :

1. Étudiez les effets comiques qui viennent du langage et notamment d'erreurs sur le sens de certains mots.

2. Comment se met en place l'illustration comique du proverbe : « Tel est pris qui croyait prendre » ? Déduisez de cette question la fonction du comique mise en jeu dans cette scène.

TEXTE 6

FOLLAVOINE[1]. – Au fait, dites donc, vous... !
ROSE[1]. – Monsieur ?
FOLLAVOINE. – Par hasard, les... les Hébrides[2]... ?
ROSE, *qui ne comprend pas*. – Comment ?
FOLLAVOINE. – Les Hébrides ? Vous ne savez pas où c'est ?
ROSE, *ahurie*. – Les Hébrides ?
FOLLAVOINE. – Oui.
ROSE. – Ah ! non !... non ! *(Comme pour se justifier.)* C'est pas moi qui range ici !... C'est Madame.
FOLLAVOINE, *se redressant en fermant son dictionnaire sur son index de façon à ne pas perdre sa page*. – Quoi ! quoi, « qui range » Les Hébrides !... des îles ! bougre d'ignare[3] !... de la terre entourée d'eau... vous ne savez pas ce que c'est ?
ROSE, *ouvrant de grands yeux*. – De la terre entourée d'eau ?
FOLLAVOINE. – Oui ! de la terre entourée d'eau, comment ça s'appelle ?
ROSE. – De la boue ?
FOLLAVOINE, *haussant les épaules*. – Mais non, pas de la boue ! C'est de la boue quand il n'y a pas beaucoup de terre et pas beaucoup d'eau ; mais quand il y a beaucoup de terre et beaucoup d'eau, ça s'appelle des îles !

1. Follavoine est un industriel, fabricant de porcelaine. Rose est la bonne de la maison. **2.** Îles situées à l'ouest de l'Écosse. **3.** Ignorante !

ROSE, *abrutie.* – Ah ?

FOLLAVOINE. – Eh ! bien les Hébrides, c'est ça ! c'est des îles ! par conséquent, c'est pas dans l'appartement.

ROSE, *voulant avoir compris.* – Ah ! oui !... c'est dehors !

FOLLAVOINE, *haussant les épaules.* – Naturellement !... c'est dehors !

ROSE. – Ah ! ben, non ! non, je les pas vues.

FOLLAVOINE, *quittant son bureau et poussant familièrement Rose vers la porte.* – Oui, bon, merci, ça va bien !

ROSE, *comme pour se justifier.* – Y a pas longtemps que je suis à Paris, n'est-ce pas ?

FOLLAVOINE. – Oui !... oui, oui !

ROSE. – Et je sors si peu !

FOLLAVOINE. – Oui ! ça va bien ! Allez !... Allez retrouver Madame.

ROSE. – Oui, Monsieur ! *(Elle sort.)*

FOLLAVOINE. – Elle ne sait rien, cette fille ! rien ! qu'est-ce qu'on lui a appris à l'école ? « C'est pas elle qui a rangé les Hébrides » ! Je te crois, parbleu ! *(Se replongeant dans son dictionnaire.)* « Z'Hébrides... Z'Hébrides... » C'est extraordinaire ! je trouve zèbre, zébré, zébrure, zébu !... Mais les Z'Hébrides, pas plus que dans mon œil ! Si ça y était, ce serait entre zébré et zébrure. On ne trouve rien dans ce dictionnaire !

G. FEYDEAU, *On purge bébé*, Acte I, scène 1 (extrait), 1910.

2 Le commentaire à l'E.A.F. dans les séries générales

OBSERVATION

EX. 13 Observer des sujets pour déterminer des relations

SUJETS 5 À 7

1. Quelles sont les trois composantes des sujets ci-contre ?

2. Quelles sont les relations entre les composantes ?

EX. 14 Définir des objets d'étude pour trouver des orientations

SUJETS 5 À 7

1. À quel objet d'étude chacun des trois sujets renvoie-t-il ? Quels indices permettent cette identification ?

2. Citez au moins deux problématiques littéraires rattachées à chacun des objets d'étude.

3. Quelles problématiques se trouvent mises en relief par les questions portant sur le corpus de textes ?

SUJET 5

Documents
A – Stendhal, *La Vie d'Henri Brulard*, 1835-1836.
B – Michel Leiris, *L'Âge d'homme*, 1939.
C – Chateaubriand, *Mémoires d'outre-tombe*, 1848.
D – Annie Ernaux, *La Place*, 1984.

Vous répondrez d'abord à la question suivante. (4 points)
Quel est le point commun entre les épisodes autobiographiques évoqués ici ? Quelles raisons les auteurs ont-ils de s'y attarder ?

Vous traiterez ensuite un de ces trois sujets. (16 points)
→ **Sujet I : Commentaire**
Vous commenterez le texte de Chateaubriand.

Nouvelle-Calédonie, novembre 2002, séries ES, S.

SUJET 6

Documents
A – Jean Tardieu, *Finissez vos phrases*, *La Comédie du langage*, 1951.
B – Samuel Beckett, *En attendant Godot*, 1952.
C – Eugène Ionesco, *Rhinocéros*, 1959.

Annexe
Eugène Ionesco, « Discours sur l'avant-garde » dans *Notes et Contre-Notes*, 1966.

Vous répondrez d'abord à la question suivante. (4 points)
Quels éléments des textes A, B, C sont susceptibles de surprendre un spectateur ou un lecteur habitué à une conception plus classique du théâtre ?

Vous traiterez ensuite au choix l'un de ces trois sujets. (16 points)
→ **Sujet I : Commentaire**
Vous commenterez la scène finale de *Rhinocéros* de Ionesco (document C).

Amérique du Nord, juin 2003, séries ES, S.

SUJET 7

Documents
A – Charles Baudelaire, « L'Étranger », *Spleen de Paris I*, *Petits Poèmes en prose*, 1869.
B – Alfred de Vigny, « Dernière nuit de travail , du 29 au 30 juin 1834 », Préface de *Chatterton*, 1835.

C – Victor Hugo, « Fonction du poète », *Les Rayons et les Ombres*, 1840.
D – Louis Aragon, « Ce que dit Elsa », *Cantique à Elsa*, 1942.

Vous répondrez d'abord à la question suivante. (4 points)
Vous lirez attentivement les textes. Chacun d'eux propose une image du poète. Vous en dégagerez les traits communs et les principales divergences.

Vous traiterez ensuite au choix un de ces trois sujets. (16 points)
→ **Sujet I : Commentaire**
Vous commenterez le poème d'Aragon « Ce que dit Elsa » (document D).

France métropolitaine, septembre 2006, séries ES, S.

TEXTE 7

Ce que dit Elsa

Dans ce poème, écrit à l'époque de l'Occupation allemande, Aragon donne la parole à Elsa Triolet, son épouse. C'est donc elle qui s'exprime dans les vingt premiers vers pour l'encourager à mettre la poésie au service de la Résistance.

[...]
Si tu veux que je t'aime apporte-moi l'eau pure
À laquelle s'en vont leurs désirs[1] s'étancher[2]
Que ton poème soit le sang de ta coupure[3]
Comme un couvreur sur la toiture
Chante pour les oiseaux qui n'ont où se nicher

Que ton poème soit l'espoir qui dit À suivre
Au bas du feuilleton sinistre de nos pas
Que triomphe la voix humaine sur les cuivres[4]
Et donne une raison de vivre
À ceux que tout semblait inviter au trépas

Que ton poème soit dans les lieux sans amour
Où l'on trime où l'on saigne où l'on crève de froid
Comme un air murmuré qui rend les pieds moins lourds
Un café noir au point du jour
Un ami rencontré sur le chemin de croix[5]

Pour qui chanter vraiment en vaudrait-il la peine
Si ce n'est pas pour ceux dont tu rêves souvent
Et dont le souvenir est comme un bruit de chaînes
La nuit s'éveillant dans tes veines
Et qui parle à ton cœur comme au voilier le vent

Tu me dis Si tu veux que je t'aime et je t'aime
Il faut que ce portrait que de moi tu peindras
Ait comme un ver vivant au fond du chrysanthème[6]
Un thème caché dans son thème
Et marie à l'amour le soleil qui viendra[7]

L. Aragon, *Cantique à Elsa*, © Seghers, 1942.

1. Les désirs des opprimés. **2.** S'apaiser en buvant. **3.** Métaphore assimilant le poème au sang d'une blessure, celle-ci étant associée à la souffrance des opprimés. **4.** Allusion à la musique militaire. **5.** Chemin qui conduit le Christ au supplice. **6.** Fleur traditionnellement associée à la mort. **7.** L'espoir de la Libération.

EX. 15

Aborder un texte à partir des informations données par le sujet

TEXTE 7 (→ SUJET 7, P. 376)

Le sujet 7 signale qu'il est question, dans les quatre textes, d'une « image du poète ». Partez des éléments surlignés pour identifier, dans le texte ci-contre, tout ce qui évoque le poète ainsi que la ou les fonction(s) qui lui est (sont) attribuée(s). Attention, tous les indices ne sont pas surlignés.

EX. 16

Approfondir l'analyse

TEXTE 7

1. En prenant appui sur les premiers mots soulignés et en poursuivant le repérage, déterminez une particularité d'écriture du texte.

2. Le texte comporte des figures de rhétorique récurrentes : partez des mots surlignés pour les trouver et déterminer les effets produits.

APPLICATION

EX. 17 Inscrire et classer dans un tableau les éléments trouvés

Ce tableau donne des repérages, des procédés d'écriture et des pistes d'interprétation, mais de manière incomplète. En utilisant les recherches de l'exercice 16 (→ p. 376), complétez ce tableau.

Repérages	Procédés d'écriture	Pistes d'interprétation
	Forme du poème : strophes de cinq vers disposés de manière récurrente : 3 alexandrins, un octosyllabe, un alexandrin / disposition régulière des rimes : *abaab* Aucune ponctuation.	Grande régularité dans la forme, accentuée par des effets d'anaphores.
« Tu veux », « apporte-moi », « que ton poème », « tu rêves », « ton cœur », « tu me dis », « si tu veux que je t'aime ».		
« poème » (trois occurrences), « chante », « voix », « air murmuré », « chanter », « parle ».		Insistance sur la nature, le contenu , la forme et le pouvoir du poème et de ce qu'il représente.
	Champ lexical important de l'espoir, de l'allègement, de l'avenir et de l'attente.	Mise en relief de ce qu'est un poème et de ses effets, de ce qu'on attend de lui et de ce qu'il peut réaliser.
« sang », « coupure », « feuilleton sinistre », « cuivres », « trépas », « lieux sans amour », « saigne », « crève de froid », « lourds », « chemin de croix », « bruits de chaînes ».		– Ensemble lexical exprimant la douleur, les souffrances, les conditions inhumaines de la guerre, de la Résistance et de l'Occupation. – Expression souvent métaphorique et imagée qui met en action l'imagination du lecteur.
	Verbes à des temps et à des modes divers : différents emplois du présent (actualité, généralité futur, emploi récurrent du mode qui exprime le souhait.	
	Lexique des sentiments et en particulier de l'amour qui unit le poète et Elsa et qui est associé à l'engagement politique.	Caractère indissociable de l'engagement politique et de l'engagement poétique, la création poétique se mettant au service d'une lutte, par le pouvoir de la poésie.
	Nombreuses figures de rhétorique : anaphores, métaphores, comparaisons génératrices d'images et représentatives d'un langage poétique à la fois très simple et énigmatiques dans certaines formulations.	

EX. 18 Compléter un tableau de préparation du commentaire

TEXTE 8

Après avoir déterminé à quel objet d'étude se rattache le texte, complétez le tableau (→ p. 378-379) de préparation du commentaire.

TEXTE 8

Hélène

Je t'atteindrai, Hélène
À travers les prairies
À travers les matins de gel et de lumière
Sous la peau des vergers
Dans la cage de pierre
Où ton épaule fait son nid
Tu es de tous les jours
L'inquiète la dormante
Sur mes yeux
Tes mains sont des barques errantes
À ce front transparent
On reconnaît l'été
Et lorsqu'il me suffit de savoir ton passé
Les herbes les gibiers les fleuves me répondent
Sans t'avoir jamais vue
Je t'appelais déjà
Chaque feuille en tombant
Me rappelait ton pas
La vague qui s'ouvrait
Recréait ton visage
Et tu étais l'auberge aux portes des villages

R.-G. CADOU, *Hélène ou le Règne végétal*,
© Seghers, 1952-1953 (publication posthume).

Repérages	Procédés d'écriture	Pistes d'interprétation
	Pronoms personnels de la première et de la seconde personne du singulier.	– Double présence dans le texte du locuteur et du destinataire ; identité de chacun. – Importance de « tu » par rapport à « je ». – Liens affectifs, proximité et familiarité.
	Adjectifs possessifs de la première et de la seconde personne du singulier.	– Insistance sur les éléments appartenant au locuteur ou à la destinataire. – Rôle de la destinataire.
« Hélène ».		– Indication de la destinataire du message. – Rapprochement avec le titre du recueil et le titre du poème.
« prairies », « matin », « gel », « vergers », « nid », « barques », « été », « herbes », « gibier », « fleuves », « feuille », « vague ».		Omniprésence du thème de la nature (règne végétal et animal).
	Champ lexical.	Évocation du corps, de la présence physique de la destinataire et du locuteur.

Repérages	Procédés d'écriture	Pistes d'interprétation
« peau / vergers », « épaule / nid », « mains / barques », « front / été », « herbes / gibiers », « fleuves / passé », « feuille / pas », « vague / visage ».		Rapprochements et analogies entre la destinataire et la nature.
	Emploi du futur, du présent, de l'imparfait.	– Expression d'un espoir, d'une volonté. – Expression de situations habituelles, répétées, permanentes. – Évocation du passé qui renvoie aux souvenirs.
« À travers les prairies », « À travers les matins ».		Pas de ruptures autres que celles soulignées par les vers et leur succession (continuité, harmonie).
	Métrique et versification.	– Mélange de vers courts et de vers longs : régularité et irrégularité. – Musicalité douce (rimes, assonances).

EX. 19

Associer des éléments d'analyse pour préparer un commentaire

TEXTE 9

1. Identifiez l'objet d'étude auquel se rattache ce texte, puis retrouvez, à l'intérieur, les repérages correspondant aux procédés d'écriture indiqués ci-après (→ p. 380).

2. Associez-les ensuite aux pistes d'interprétation proposées (→ p. 380). Vous pouvez présenter votre travail sous forme de tableau comme dans les exercices 17 et 18 (→ p. 377-378).

TEXTE 9

Un jour, à Genève, lui[1] ayant donné rendez-vous à cinq heures dans le square de l'Université, je n'arrivai, retenu par une blondeur, qu'à huit heures du soir. Elle ne me vit pas venir. Je la considérai, la honte au cœur, qui m'attendait patiemment, assise sur un banc, toute seule, dans le jour tombé et l'air refroidi, avec son pauvre manteau trop étroit et son chapeau affaissé sur le côté. Elle attendait là, depuis des heures, docilement, paisiblement, un peu somnolente, plus vieille d'être seule, résignée, habituée à mes retards, sans révolte en son humble attente, servante, pauvre sainte poire. Attendre son fils pendant trois heures, quoi de plus naturel et n'avait-il pas tous les droits ? Je le hais ce fils. Elle m'aperçut enfin et elle se remit à vivre, toute de moi dépendante. Je revois son sursaut de vitalité revenue, je la revois passant brusquement de l'hébétude[2] à la vie, rajeunie, brusquement passant de sa somnolence d'esclave ou de chien fidèle à un extrême intérêt à vivre. Elle ajusta son chapeau et ses traits, car elle tenait à me faire honneur.

Et ensuite, Maman vieillissante, elle eut ses deux gestes[3] à elle, d'où lui étaient-ils venus et en quelle enfance avaient-ils été puisés ? Je les revois si bien, ses deux gestes gauches et poétiques quand, de loin, elle me voyait arriver. Le terrible des morts, c'est leurs gestes de vie dans notre mémoire. Car alors, ils vivent atrocement et nous n'y comprenons plus rien.

A. Cohen, *Le Livre de ma mère*, © Gallimard, 1954.

1. Le narrateur/auteur, Albert Cohen, a écrit ce livre pour rendre hommage à sa mère. **2.** État d'une personne qui ne réagit pas. **3.** Il s'agit de deux gestes familiers, que fait la mère du narrateur à chaque fois qu'elle le voit arriver.

EX. 20 Regrouper des pistes d'interprétation pour construire un « bilan de lecture »

TEXTE 7 (P. 376)

Reprenez les pistes d'interprétation proposées pour le poème d'Aragon et regroupez-les à l'aide des trois axes suivants :

1. L'évocation d'une situation douloureuse.
2. Les pouvoirs de la poésie.
3. Une prière qui mêle l'engagement poétique à l'engagement politique.

PROCÉDÉS D'ÉCRITURE

Les pronoms personnels de la première et de la troisième personne du singulier – des verbes d'action au passé – des indications de temps et de lieu – l'emploi du présent d'énonciation – des expressions caractérisant l'attitude de la mère – l'expression de la métamorphose – des interrogations – des remarques incises à l'intérieur du récit – la variation des points de vue – l'ironie – l'expression des relations « je »/« elle » et « elle »/« moi » – des connotations inattendues – la caractérisation des deux « gestes familiers – l'expression de la mémoire.

PISTES D'INTERPRÉTATION

Le récit à la première personne d'un épisode passé et vécu, puis revécu dans le présent, représentatif du caractère et du comportement de la mère et du fils – l'accent mis sur l'attitude d'attente résignée de la mère, puis sur sa transformation lorsqu'arrive son fils – les jugements portés par le fils sur lui-même avec ironie et sévérité, au moment où il écrit – l'émotion d'une scène revécue qui inspire des remords, une certaine forme de pitié, et fait souffrir – une « confession » du fils pour se racheter.

EX. 21 Regrouper des pistes d'interprétation pour construire un « bilan de lecture »

TEXTE 8 (P. 378)

Reprenez les pistes d'interprétation proposées pour le poème de René-Guy Cadou et regroupez-les à l'aide des trois axes suivants :

1. La présence constante d'une interlocutrice privilégiée, à la fois célébrée et attendue.
2. La présentation de nombreuses relations d'analogie entre cette femme et la nature.
3. Le rôle joué par « Hélène » dans la vie du poète : une inspiratrice à travers laquelle il fait la découverte d'un univers rassurant.

EX. 22 Déterminer des axes de bilan de lecture

TEXTE 9 (P. 379)

Reprenez le travail fait sur le texte d'Albert Cohen : repérages + procédés d'écriture + pistes d'interprétation, pour déterminer trois axes de bilan de lecture.

EX. 23 Passer des repérages aux pistes d'interprétation, puis aux axes d'un bilan de lecture

TEXTE 10

Après avoir déterminé l'objet d'étude auquel correspond ce texte, complétez le tableau (→ p. 381-382) en faisant les repérages et en déterminant les axes du bilan de lecture (commentaire). Plusieurs axes vous sont proposés ; seuls trois d'entre eux sont pertinents.

TEXTE 10

Quand vous voyez quelquefois un nombreux troupeau, qui répandu sur une colline vers le déclin d'un beau jour, paît tranquillement le thym et le serpolet, ou qui broute dans une prairie une herbe menue et tendre qui a échappé à la faux du moissonneur, le berger, soigneux et attentif, est debout auprès de ses brebis ; il ne les perd pas de vue, il les suit, il les conduit, il les change de pâturage ; si elles se dispersent, il les rassemble ; si un loup avide paraît, il lâche son chien, qui le met en fuite ; il les nourrit, il les défend ; l'aurore le trouve déjà en pleine campagne, d'où il ne se retire qu'avec le soleil : quels soins ! quelle vigilance ! quelle

Axes proposés :
– L'évocation d'une paisible scène pastorale.
– Une mise en scène d'animaux typés, comme dans les fables de La Fontaine.
– Un texte construit sur un système d'analogies.
– Le récit d'un épisode de lutte contre les loups.
– La signification politique de ce texte construit comme une fable.
– Une lettre écrite par La Bruyère à un ami pour l'inciter à devenir berger.

servitude ! Quelle condition vous paraît la plus délicieuse et la plus libre, ou du berger ou des brebis ? le troupeau est-il fait pour le berger, ou le berger pour le troupeau ? Image naïve des peuples et du Prince qui les gouverne, s'il est bon prince.
Le faste et le luxe dans un souverain, c'est le berger habillé d'or et de pierreries, la houlette[1] d'or en ses mains ; son chien a un collier d'or, il est attaché avec une laisse d'or et de soie, que sert tant d'or à son troupeau ou contre les loups ?

J. de La Bruyère, *Les Caractères*, Livre X, texte 29 (texte intégral), 1688.

1. Bâton du berger.

Repérages	Procédés d'écriture	Pistes d'interprétation	Axes de commentaire
	Indications de lieu et de temps, avec des caractérisations précises.	Évocation d'une scène paisible à la campagne, au coucher du soleil, et qui fait penser à un véritable tableau.	
	Utilisation de la seconde personne du pluriel à plusieurs reprises dans le texte.	Interlocuteur intégré au texte, invité à se représenter la scène, puis à donner son avis sur la condition du berger, et à répondre à la dernière question.	
	Représentation allégorique.	Présence implicite de la mort, qui se révèle comme une menace.	
	Succession de verbes au présent exprimant le rôle du berger.	Mise en relief de la charge qui incombe de manière traditionnelle au berger : rôle de protection, de surveillance, d'alimentation.	
	Ponctuation soulignant l'énumération des actions.	Insistance sur la diversité des actions et sur leur nombre.	
	Anaphore du pronom personnel.	« Il » sujet et « les » objet.	
	Exclamations.	Expression de l'admiration du locuteur pour le travail du berger et pour ses qualités.	
	Interrogations adressées au lecteur et portant sur une comparaison.	Invitation adressée au lecteur de réfléchir sur deux conditions comparées : celle du berger (responsabilité) et celle du troupeau (protection).	

Repérages	Procédés d'écriture	Pistes d'interprétation	Axes de commentaire
		La comparaison permet les analogies : le berger est le prince, le troupeau est le peuple.	
	– Structure du texte en deux étapes marquées par un alinéa. – Analogies établies entre le roi et le berger, le troupeau et le peuple.	La seconde étape prolonge et développe l'analogie entre le berger et le roi, le troupeau et le peuple, et permet au lecteur de cerner le rôle de chacun, dans une condition particulière, celle de la richesse et du luxe.	
	Reprise anaphorique d'un mot soulignant l'inutilité des ornements.	Insistance très forte sur la notion d'or (inutile richesse) pour lutter contre les loups.	

EX. 24 Présenter un bilan de lecture justifié (plan de commentaire)

TEXTE 10

Présentez, sans le rédiger, un bilan de lecture du texte 10 (→ p. 380) en partant des axes trouvés et en donnant, dans l'ordre, pour chacun d'eux, des pistes d'interprétations justifiées par les procédés d'écriture (eux-mêmes illustrés par les repérages).

EX. 25 Présenter un bilan de lecture justifié (plan de commentaire)

Présentez, sans le rédiger, un bilan de lecture (plan de commentaire) du texte d'Aragon (**TEXTE 7, P. 376**) ou de celui de René-Guy Cadou (**TEXTE 8, P. 378**) : partez des axes de lecture donnés, rattachez les pistes d'interprétation justifiées par les procédés d'écriture (eux-mêmes illustrés par les repérages).

3 La rédaction du commentaire : séries technologiques et séries générales

OBSERVATION

EX. 26 Observer la rédaction d'une partie de commentaire

TEXTE 10 (P. 380)

Voici la première partie rédigée du commentaire du texte de La Bruyère : l'évocation d'une paisible scène pastorale.

1. Repérez la présentation du thème de la première partie, la phrase d'annonce de chaque étape.

2. Observez le contenu de chaque paragraphe par rapport aux deux autres ; identifiez la manière dont sont insérées les citations.

PARTIE DE COMMENTAIRE RÉDIGÉE

Le texte de La Bruyère s'ouvre sur l'évocation, à laquelle est conviée le lecteur, d'une scène paisible de la vie à la campagne. On trouve en effet le contexte et les personnages.

La scène évoquée est immédiatement située dans le temps et dans l'espace : c'est une scène de crépuscule, comme le montre l'expression « déclin d'un beau jour ». Les lieux sont indiqués par le mot « colline », auquel se rattachent d'autres termes, comme « campagne » (l. 10), et le nom de plantes, « thym », « serpolet » (l. 3), « herbe menue et tendre ». Cette présentation, qui ne décrit pas un lieu précis, mais qui pourrait s'appliquer à toute campagne agréable, fait naître un ensemble d'images naïves, proches de celles des contes, ou qui font penser à La Fontaine et à l'univers des fables. Les termes ont tous des connotations positives, soulignées par les caractérisations, « beau jour » (l. 2), « tranquillement » (l. 3), « tendre » (l. 4). Ces termes font apparaître le caractère paisible d'une scène qui pourrait faire penser à un tableau du peintre Poussin et qui s'inscrit dans la tradition des pastorales.

La scène est en effet complétée par la présence du berger et de son troupeau. Celui-ci « arrive » dans le décor à la ligne 4 avec un effet de retardement, comme s'il était essentiel de présenter d'abord le troupeau dans le contexte idyllique. Il est présenté tout d'abord à travers trois éléments, sa position exprimée par un verbe, « est debout » (l. 5-6), et ses qualités données par deux adjectifs valorisants, « soigneux » et « attentif » (l. 5). Se trouve précisé ensuite le rôle du berger, à travers l'énumération de ses actions. La reprise anaphorique du pronom « il », utilisé à neuf reprises, met particulièrement en relief ce qui accomplit les actions dont le troupeau est le bénéficiaire. Les verbes, à la forme affirmative ou négative, « ne les perd pas », « les suit », « les conduit », « lâche », « les nourrit », « les défend » suggèrent par leur accumulation une grande activité, dans des circonstances diverses, marquées par « si ». Mais ils convergent tous vers l'idée de protection, sécurité, défense et survie. La ponctuation, fréquente dans cette partie du texte, traduit le dynamisme du personnage. L'utilisation du présent laisse penser qu'il s'agit là de n'importe quel berger et non pas d'une scène isolée et anecdotique : c'est ainsi que doit être tout pasteur par rapport à son troupeau. L'omniprésence active du berger est de nature à susciter l'admiration, ce qui apparaît à travers une triple exclamation : « quels soins ! quelle vigilance ! quelle servitude ! » (l. 11-12). Cette représentation vigilante et généreuse du berger évoque le bon pasteur, image biblique qui conduit naturellement – par un jeu d'analogies relatives aux qualités mises en jeu, au sens des responsabilité – à celle du roi.

EX. 27

Observer une introduction de commentaire rédigée (séries technologiques)

TEXTE 3 (P. 370)

Voici l'introduction rédigée du travail de commentaire portant sur le texte de Ronsard. Observez la structure de cette introduction et donnez, en les énumérant, les éléments qui la composent.

INTRODUCTION RÉDIGÉE

L'œuvre lyrique de Ronsard comporte de nombreux sonnets dédiés à trois femmes qui sont ainsi restées célèbres : Hélène de Surgères, Cassandre Salviati et Marie, que l'on identifie comme une jeune paysanne. Dans le *Second Livre des Amours*, le sonnet CVIII est consacré à la mort de la jeune fille, ce qui est l'occasion pour le poète de célébrer sa beauté et de mener une réflexion sur le temps et sur la fragilité de la vie. Le sonnet présente une particularité dans sa structure : il est entièrement construit sur une comparaison que structurent les deux quatrains et les deux tercets. Les analogies mises en place par le poète reposent sur un rapprochement entre la jeune fille et une rose, thème très fréquent dans la poésie de Ronsard, et plus généralement dans celle de la Pléiade. Le sonnet est aussi l'occasion d'un rappel mythologique à travers l'allégorie des Parques. Le commentaire de ce poème s'attachera à mettre en évidence l'importance de la comparaison qui domine le texte ainsi que la réflexion sur le temps et la mort, qui permettent de dégager quelques caractéristiques de la poésie de la Pléiade.

EX. 28

Observer une introduction de commentaire rédigée (séries générales)

TEXTE 5 (P. 372)

Voici l'introduction du commentaire de la scène d'exposition de *Fantasio* de Musset. Observez la structure de cette introduction et donnez, en les énumérant, les éléments qui la composent.

INTRODUCTION RÉDIGÉE

La fonction de toute scène d'exposition est de permettre au spectateur de savoir de quoi il s'agit lorsque le rideau se lève, qui est en scène et pourquoi. La scène 1 de *Fantasio*, de Musset, comédie composée en 1843, est un dialogue entre le Roi de Bohème et son secrétaire à propos du mariage de la fille du roi. La manière de procéder, par un jeu de questions et de réponses, joue particulièrement sur ce qu'on appelle la double énonciation : le roi demande en effet à être informé, ce qui permet d'informer le public. Le lecteur observe cependant la présence d'éléments un peu intrigants, voire inquiétants : une jeune fille qui semble peu heureuse de se marier, la mort récente du bouffon, le silence du secrétaire à propos du fiancé… Le commentaire de la scène montrera comment se fait l'information et ce que le spectateur peut craindre, compte tenu d'un début rempli d'incertitudes.

EX. 29

Observer une conclusion de commentaire rédigée

TEXTE 5 (P. 372)

Voici la conclusion du commentaire du texte de Musset.
Observez sa structure et définissez les éléments qui la composent pour en établir une liste.

CONCLUSION RÉDIGÉE

Le commentaire de cette scène d'exposition a permis d'en faire ressortir les qualités : en un dialogue rapide et précis, ce qui paraît essentiel est dit et le spectateur (comme le lecteur) apprend ce qui lui permet immédiatement de répondre à quelques questions : où ? qui ? quoi ? pourquoi ? Il satisfait ainsi une partie de sa curiosité. Une autre qualité vient de la manière dont le dialogue, souvent à double sens, semble cacher plus de choses qu'il n'en révèle. Incertain, le spectateur hésite entre comédie et drame, et ressent comme une fêlure dans la supposée belle harmonie des fêtes qui se préparent. En attente et inquiet, il se demande quelle va être la suite et se sent, en quelque sorte, pris au piège, à la fois curieux de la suite et hésitant à y entrer. On peut voir là une caractéristique du théâtre de Musset, et son originalité dans la production romantique : ne pas suivre une mode, mais composer des textes marqués par une sensibilité qui hésite sans cesse entre bonheur et blessure. La scène d'exposition de *Fantasio* se révèle ainsi comme originale sur le plan dramaturgique et très personnelle, preuve que la composition littéraire est avant tout l'art de s'approprier des codes et non de les suivre aveuglément.

APPLICATION

EX. 30 Rédiger un paragraphe de commentaire

TEXTE 9 (P. 379)

À partir des repérages, des procédés d'écriture et d'éléments d'interprétation, rédigez un paragraphe de commentaire du texte 9 (→ p. 379) en reprenant les éléments dans l'ordre suivant : annonce de la piste d'interprétation → procédés d'écriture → repérages.

Le texte est l'extrait du *Livre de ma mère*, d'Albert Cohen.

• **Piste d'interprétation :** l'insertion du présent dans un récit au passé, caractéristique de l'autobiographie.

• **Procédés d'écriture :** l'emploi du présent correspondant au moment de l'énonciation.
– la présence d'une explication donnée après coup par celui qui parle – l'expression des sentiments de celui qui parle au moment même où il raconte – la référence à la mémoire.
– les connotations soulignant une prise de conscience actuelle et de l'ironie.
– l'expression d'une capacité présente d'analyser une situation passée.

• **Repérages :** « retenu par une blondeur ».
– « son pauvre manteau trop étroit ».
– « je le hais ce fils » – « je revois », « je la revois », « je les revois », « elle tenait à me faire honneur », « c'est leurs gestes de vie dans notre mémoire » – « ils vivent » – « nous n'y comprenons rien ».

EX. 31 Rédiger un axe entier de commentaire

TEXTE 8 (P. 378)

Voici l'orientation d'un axe de commentaire, ainsi que deux pistes d'interprétation et les procédés d'écriture correspondants. Le texte étudié est le poème de René-Guy Cadou, « Hélène ».

Utilisez tous ces éléments pour rédiger une partie entière de commentaire. Les repérages ne sont pas donnés : à vous de les trouver ; certains figurent dans le tableau de l'exercice 18 (→ p. 378-379).

Prenez modèle sur le texte de l'exercice 26 (→ p. 383).

• **Axe de commentaire :** la présence constante d'une interlocutrice privilégiée.

• **Piste d'interprétation 1 :** l'insistance, tout au long du poème, sur la présence d'une destinataire.

• **Procédés d'écriture :** l'expression et la reprise d'un prénom ; les pronoms personnels de la seconde personne du singulier et leur fonction grammaticale (sujet, objet) ; les adjectifs possessifs de la seconde personne du singulier, les indications de temps soulignant la permanence de sa présence dans la vie de celui qui parle.

• **Piste d'interprétation 2 :** une présence familière évoquée également à travers des éléments physiques.

• **Procédés d'écriture :** le vocabulaire du corps soulignant une présence réelle ; certains verbes évoquant le rapprochement souhaité ou réalisé ; l'utilisation de certain temps verbaux orientant vers l'avenir ou vers le passé.

EX. 32 Rédiger une introduction de commentaire

TEXTE 8 (P. 378)

Construisez et rédigez à partir des éléments suivants, l'introduction du commentaire du poème de René-Guy Cadou. Prenez modèle sur les exemples des exercices 27 et 28 (→ p. 384).

L'existence de nombreux poèmes lyriques inspirés par une femme – l'inspiration née d'une relation affective – l'association femme/nature – un poème composé de vers inégaux – l'importance du prénom – une célébration associée aux éléments du monde – une relation étroite entre le contenu du poème et le titre du recueil.

EX. 33 Rédiger une conclusion de commentaire

TEXTE 10 (P. 380)

Construisez et rédigez, à partir des éléments suivants, la conclusion du commentaire du texte de La Bruyère.

Prenez modèle sur l'exemple de l'exercice 29 (→ p. 384).

Un texte qui a une valeur et une fonction de fable – un texte qui fonctionne sur des analogies – un texte qui utilise les animaux mais pas exactement comme La Fontaine – sous une forme brève et accessible se cache une réflexion de morale politique – texte qui fait apparaître derrière le côté visuel du tableau une image du monarque idéal – association monarque/bon pasteur biblique, assimilation roi/Dieu.

EX. 34 Construire et rédiger un commentaire entier

TEXTE 11

En vous aidant du paratexte, déterminez à quel objet d'étude se rattache le texte, puis préparez, construisez et rédigez son commentaire en utilisant toutes les pistes données. Trouvez vous-même les composantes de l'introduction et de la conclusion.

TEXTE 11

Qui veut venir avec moi[1] voir apparaître, dans sa triste oasis, au milieu de ses champs de pavots blancs et de ses jardins de roses roses, la vieille ville de ruines et de mystère, avec tous ses dômes bleus, tous ses minarets bleus d'un inaltérable émail ; qui veut venir avec moi voir Ispahan sous le beau soleil de mai, se prépare à de longues marches, au brûlant soleil, dans le vent âpre et froid des altitudes extrêmes, à travers ces plateaux d'Asie, les plus élevés et les plus vastes du monde, qui furent les berceaux des humanités, mais qui sont devenus aujourd'hui des déserts. Nous passerons devant des fantômes de palais, tout en un silex couleur de souris, dont le grain est plus durable et plus fin que celui des marbres. Là, jadis, habitaient les maîtres de la Terre, et, aux abords, veillent depuis plus de deux mille ans des colosses à grandes ailes, qui ont la forme d'un taureau, le visage d'un homme et la tiare[2] d'un roi. Nous passerons, mais aux alentours, il n'y aura rien, que le silence infini des foins en fleur et des orges vertes.

Qui veut venir avec moi voir la saison des roses à Ispahan, s'attende à d'interminables plaines, aussi haut montées que les sommets des Alpes, tapissées d'herbes rases et d'étranges fleurettes pâles, où à peine de loin en loin surgira quelque village en terre d'un gris tourterelle, avec sa petite mosquée croulante, au dôme plus adorablement bleu qu'une turquoise ; qui veut me suivre, se résigne à beaucoup de jours passés dans les solitudes, dans la monotonie et les mirages…

P. Loti, *Vers Ispahan*, 1904.

1. Sous forme de prélude au récit d'un voyage en Perse (ancien Iran), l'auteur, Pierre Loti, invite son lecteur à partir avec lui. **2.** Coiffure soulignant une appartenance royale dans l'ancien Orient.

PISTES POUR LE COMMENTAIRE

Axe 1 : *Un voyage exotique.*
1. Les lieux géographiques et leurs caractéristiques dépaysantes pour un Occidental.
2. L'architecture persane et les différentes constructions.
3. Les restes d'un passé mythologique et historique.

Axe 2 : *Un voyage marqué par les difficultés.*
1. Des conditions de déplacement et de vie difficile.
2. Les signes d'une détérioration, la présence implicite de la mort.

Axe 3 : *Une invitation adressée au lecteur par un guide expérimenté.*
1. L'expression de l'invitation.
2. Une manière d'annoncer les découvertes et de signaler les difficultés.
3. Une confusion entre la démarche du voyageur et celle du lecteur.

SYNTHÈSE

Le commentaire des séries technologiques

1 Nature de l'exercice

Le commentaire proposé comme **travail d'écriture** dans les séries technologiques porte sur un texte faisant partie d'un corpus. Le travail est guidé par deux ou trois **questions** à partir desquelles le candidat construit son devoir.

2 Les informations données par le corpus et par l'objet d'étude

Inscrit au nombre des textes du corpus, l'extrait à commenter renvoie à un **objet d'étude**. Cette première identification apporte au candidat diverses informations. Tout objet d'étude est en effet inséparable de **problématiques littéraires** diverses, étudiées dans le cadre du programme. On peut citer à titre d'exemples : fonctions, caractéristiques et portée argumentative de la fable (→ p. 367), relations entre le théâtre et la réalité, fonctions du comique théâtral (→ p. 367), thèmes et spécificités de l'écriture poétique (→ p. 368), justifications et difficultés de l'autobiographie… Les questions portant sur le corpus (→ p. 367) mettent en relief la **problématique particulière** abordée à travers les textes. Celui qui est à commenter n'est pas un texte isolé : l'environnement du corpus révèle les raisons pour lesquelles il a été choisi. Précédée par le **travail sur le corpus**, la démarche du commentaire prend appui sur des **savoirs**.

3 Savoir répondre aux questions

Le commentaire des séries technologiques est guidé par deux ou trois **questions**, qui font apparaître ce qui est important dans le texte. Ces questions ont des formulations qui guident le candidat en lui donnant divers **éléments de réponse** et en lui rappelant à l'aide de quels **procédés d'écriture** ou **instruments d'analyse** il peut aller plus loin dans l'analyse.

> **EXEMPLES :** la question « Expliquez en quoi le professeur est un personnage ridicule » (→ p. 367) comporte une partie de réponse (le ridicule) mais invite à trouver comment s'exprime et d'où vient ce ridicule sans donner de piste. Dans le même ordre d'idée, la question « Expliquez ce qui donne au poème un caractère intime et familier » (→ p. 368) donne un élément essentiel – le caractère familier – mais il revient au candidat de trouver ce qui provoque un tel caractère.

On remarque ainsi que, bien souvent, le travail du candidat revient à trouver et à analyser des **procédés d'écriture** dont l'effet est précisé dans la réponse : il s'agit là d'un véritable travail d'**analyse**, mettant en jeu la connaissance de procédés d'écriture représentatifs de genres littéraires, de formes de discours et de registres, entrant dans des **objets d'étude**.

> **EXEMPLES :** une question portant sur l'expression poétique de la souffrance oriente vers le **champ lexical** de la douleur, vers les exclamations et les interjections, vers les images et les métaphores qui traduisent le fait de souffrir, mentalement ou physiquement et qui renvoient au registre lyrique.
> Une question portant sur la caractérisation des personnages d'une fable conduit à chercher comment ils sont **désignés**, **représentés**, dans quel contexte ils sont **placés** et comment ils sont **mis en scène**.
> Une question sur la **portée** d'une fable oblige à chercher dans le texte sur quoi repose la **force de l'argumentation**, comment est mise en scène l'anecdote racontée et – ce qui est difficile – comment le récit sert à **convaincre** le lecteur avant même que la moralité ne soit exprimée.

Le commentaire des séries générales

1 Nature de l'exercice

Dans les séries générales, le commentaire est en relation avec **le corpus** et avec un **objet d'étude**, mais il ne comporte pas de questions portant sur le texte. L'identification de l'objet d'étude concerné et le travail sur le corpus constituent les premières **informations** et donc les premières pistes utiles.

EXEMPLE : si la question sur le corpus porte sur un registre – le lyrisme en poésie (→ p. 248), le comique au théâtre (→ p. 237) – le candidat peut penser que cette notion sera importante pour le commentaire.

D'autre part, l'appartenance à un objet d'étude renvoie à des **problématiques littéraires** particulières, vues lors de l'étude du programme : forme, nature et justification des réécritures (→ p. 328), fonctions de la poésie et rôle du poète (→ p. 248). Malgré l'absence de questions, un candidat peut aborder le texte à commenter avec en tête certaines orientations utiles.

2 La démarche de préparation du commentaire

Le travail se trouve facilité si l'on connaît la démarche de la **lecture analytique** (→ p. 19) et si l'on part de l'observation du texte.

Des repérages à l'interprétation

La première étape consiste à observer le texte et à faire apparaître ce qu'il a de spécifique sur le plan de la composition et de l'écriture, en relation avec ce que l'on sait de l'objet d'étude et avec les questions sur le corpus. On peut s'intéresser aux indices d'**énonciation**, aux **champs lexicaux** dominants, aux **temps et modes verbaux**, à la **ponctuation**, aux **mots de liaison**. Ces repérages sont ensuite identifiés comme appartenant à certains procédés d'écriture dont ils constituent des exemples dans le texte : lexique, grammaire, syntaxe, versification, tonalité, formes de discours, registres.

EXEMPLE : si le texte appartient au genre autobiographique, il est utile de s'intéresser aux pronoms personnels, aux temps verbaux, aux indices d'énonciation, au récit…

Le regroupement des pistes d'interprétation

Après avoir observé attentivement les repérages et leur identification, il faut trouver des **éléments communs** qui conduisent à les rapprocher. Ces éléments communs sont souvent liés à l'objet d'étude.

EXEMPLE : l'écriture à la première personne, la présence du présent et du passé, de l'analyse et du récit dans un texte autobiographique.

Chaque texte à commenter possède une ou plusieurs particularités littéraires que l'on demande au candidat de découvrir : ce sont ces particularités qui constituent les grandes lignes du commentaire, dont l'ensemble, organisé, s'appelle « **bilan de lecture** ».

L'élaboration du plan

Le regroupement des pistes d'interprétation doit aboutir à la mise en évidence de deux ou trois grandes **orientations**, ou **axes**, qui constituent le plan. La difficulté est alors d'organiser ces axes de manière cohérente. Il n'y a pas de règle impérative, mais il est important que les trois orientations ne soient pas de **simples juxtapositions**.

EXEMPLE : l'étude des **moyens comiques** entraîne à chercher les **raisons du comique**, cela peut constituer deux orientations intéressantes.

Les grandes orientations (ou axes) du commentaire doivent pouvoir se résumer en une phrase/titre, qui n'apparaît pas dans le devoir rédigé, mais qui constitue l'**idée directrice** de chaque grande partie. Chaque grande orientation (ou partie de devoirs) est elle-même subdivisée en **paragraphes** correspondant à des pistes d'interprétation.

Tout le travail d'observation du texte, de mise en relief des procédés d'écriture et des pistes d'interprétation pour arriver aux axes peut être fait sous forme de **tableau**.

Rédiger le commentaire composé (toutes séries)

La rédaction proprement dite est la dernière phase de la réalisation du commentaire. Cette rédaction implique un certain type d'écriture analytique qui expose un sens, le justifie et intègre des citations.

1 L'ordre des éléments : de l'exposé du bilan à la justification

L'exercice appelé « commentaire » est défini comme l'exposé d'un **bilan de lecture**. Il convient d'exposer un ensemble de remarques faites sur le texte et de les justifier.

L'exposé est donc **analytique**, et non narratif ou descriptif : il ne s'agit pas de raconter. Il faut donc respecter la structure suivante : remarques (idées, déductions, interprétations) justifiées par une analyse des procédés d'écriture, avec comme illustration les repérages faits dans le texte.

EXEMPLE : le poème d'Eluard (texte 1 → p. 369) comporte des formulations qui mettent en évidence une certaine familiarité : on remarque l'utilisation de « tu » et de « je », ou encore des formules empruntées à la langue courante, parmi elles, l'expression « comme dans un moulin ».

2 L'insertion des citations

Il y a plusieurs erreurs à éviter.

- La citation ne doit pas arriver dans la phrase sans être annoncée.

EXEMPLE : on n'écrira pas : *Le texte insiste sur l'idée de mouvement (« étaient apparus »)*, mais : *Le texte insiste sur l'idée de mouvement, par l'emploi du verbe « étaient apparus ».*

- La citation ne doit pas servir à construire la phrase, à la « meubler ».

EXEMPLE : on n'écrira pas : *Les nomades « étaient apparus » en haut d'une dune et « fuyaient » à la fin du texte.*

- La citation ne doit pas être interminable. Si les termes à citer sont très nombreux, on les regroupe et l'on n'en cite que quelques-uns.

EXEMPLE : on écrira : *L'évocation de la bataille se révèle dans le texte à la présence d'un très important champ lexical du combat et de l'armée. Il comporte plus de dix termes, parmi lesquels des verbes comme « commandais », « fendîmes », « retraverser », des noms, des adjectifs.*

- L'intégration peut se faire grâce à la **ponctuation** (deux-points, guillemets), à un **mot d'introduction** (« comme, tel »), à une **mise en apposition**.

3 La rédaction de l'introduction et de la conclusion

L'introduction

Sa fonction impose une structure conventionnelle. Elle sert à **annoncer** de quoi il est question, à donner certaines **caractéristiques** et à préciser le **plan** de l'étude ou de l'exposé qui suit. Dans le commentaire, on peut « ouvrir » l'introduction par une accroche en relation avec le **thème** du texte ou avec son **auteur**, avec **l'objet d'étude**. Mais l'introduction n'est pas l'occasion de dire tout ce que l'on sait sur un auteur.

La conclusion

Toute conclusion a une double vocation. Elle doit, d'une part, **faire le point** sur ce qui a été dit, en faisant apparaître ce qui fait les principaux **intérêts** du texte. Elle peut aussi faire émerger des éléments importants restés implicites et tenant au fait que le texte à étudier n'est qu'un bref extrait d'une œuvre plus importante, plus longue, développée. La conclusion ne doit pas se contenter de répéter ce qui a été dit, mais elle est en relation étroite avec l'introduction.

28 La dissertation

Le texte officiel

La dissertation consiste à conduire une réflexion personnelle et argumentée à partir d'une problématique littéraire issue du programme de français. Pour développer son argumentation, le candidat s'appuie sur les textes dont il dispose, sur les « objets d'étude » de la classe de Première, ainsi que sur ses lectures et sa culture personnelle.

Extrait du *B.O.* n°46, 14 décembre 2006.

Lire le texte officiel

1. Définissez la notion d'***objet d'étude*** du programme. Citez quatre objets d'étude de la classe de Première.

2. Que désigne-t-on par l'expression ***problématique littéraire*** ?
Citez des **problématiques** associées à l'argumentation, à l'autobiographie, au théâtre, à l'écriture épistolaire.

3. Que signifie l'expression ***réflexion personnelle*** ? La démarche de la dissertation implique-t-elle que vous donniez votre opinion **individuelle** et subjective sur une question littéraire ?

4. Qu'attend-on d'un **devoir argumenté** ?

5. Où devez-vous chercher et trouver les **connaissances** nécessaires à l'élaboration d'une dissertation ?

1 De l'analyse des sujets à l'élaboration du plan

OBSERVATION

EX. 1 Observer des sujets d'examen

SUJETS 1 À 4

1. Quelles sont les trois composantes des sujets suivants ?

2. Quelles relations pouvez-vous déterminer entre les trois éléments ?

EX. 2 Identifier et comparer deux démarches

SUJETS 1 À 4

1. Comparez la ou les questions sur le corpus et le sujet de dissertation : en quoi ont-ils des éléments communs ? Quelles sont les différences ?

2. En quoi les questions sur le corpus préparent-elles la dissertation ?

EX. 3 Mettre en évidence les informations données par les sujets

SUJETS 1 À 4

Repérez et classez les informations données par les sujets concernant l'objet d'étude et la problématique d'ensemble.

EX. 4 Observer un élément commun aux différentes consignes

SUJETS 1 À 4

1. Observez les démarches mises en jeu par chaque sujet de dissertation : qu'ont en commun toutes les consignes ?

2. Qu'a de particulier le sujet 2 ?

SUJET 1

Documents

A – Victor Hugo, « Melancholia », *Les Contemplations*, 1856.
B – Victor Hugo, *Les Misérables*, 1862.
C – Victor Hugo, *Les Misérables*, 1862.

Vous répondrez d'abord à la question suivante. (4 points)
Quelle est la visée commune à ces trois textes ? Vous indiquerez en outre pour chaque texte le registre dominant.

Vous traiterez ensuite un de ces trois sujets. (16 points)
→ Sujet II : Dissertation
Un écrivain peut-il, par ses œuvres, contribuer à l'amélioration de la société ? Vous appuierez votre réflexion sur les textes du corpus, ainsi que sur vos connaissances littéraires et vos lectures personnelles.

Polynésie, juin 2002, séries ES et S.

SUJET 2

Documents

A – Jean-Jacques Rousseau, *Les Confessions*, 1764-1770.
B – François-René de Chateaubriand, *Mémoires d'outre-tombe*, 1848-1850.
C – Colette, *Sido*, 1930.

Vous répondrez d'abord à la question suivante. (4 points)
Identifiez et analysez dans ces textes les marques caractéristiques du récit autobiographique.

Vous traiterez ensuite un de ces trois sujets. (16 points)
→ Sujet II : Dissertation
Dans Les *Mémoires d'outre-tombe*, Chateaubriand justifie ainsi son projet autobiographique : « Mettons à profit le peu d'instants qui me restent. [...] Le navigateur, abandonnant pour jamais un rivage enchanté, écrit son journal à la vue de la terre qui s'éloigne et va bientôt disparaître. » En quoi, selon vous, l'écriture autobiographique permet-elle de recréer le passé ?
Vous développerez votre réflexion en vous appuyant sur les textes du corpus et les textes que vous avez lus.

Amérique du Nord, juin 2002, séries ES et S.

EX. 5

Réfléchir sur une démarche

SUJETS 1 À 4

1. Repérez les deux sujets de dissertation dans lesquels une formulation récurrente insiste sur le point de vue personnel du candidat. L'expression de ce point de vue oblige-t-il à parler à la première personne et à ne donner que des idées strictement personnelles ?

2. Quelle est la précision commune donnée par chaque sujet en ce qui concerne la source des idées ?

SUJET 3

Documents

A – Jean-Marie G. le Clézio, « Écrire : un art exigeant », *le Magazine littéraire*, février 1998.
B – Jorge Semprun, Elie Wiesel, *Se taire est impossible*, 2001.
C – Victor Hugo, *Les Rayons et les ombres*, 1840.

Vous répondrez d'abord à la question suivante. (4 points)
Quatre écrivains s'expriment sur le rôle de l'écriture. Vous reformulerez en quelques lignes la réponse de chacun d'eux à la question : « Pourquoi écrire ? »

Vous traiterez ensuite un de ces trois sujets. (16 points)
→ **Sujet II : Dissertation**
En vous appuyant sur les textes du corpus et sur des exemples variés de lectures, vous direz dans quelle mesure, selon vous, le travail de l'écrivain est utile, et même indispensable pour lui-même comme pour la société.

Polynésie, septembre 2003, séries ES et S.

SUJET 4

Documents

A – Molière, *Le Dépit amoureux*, acte IV, scène 3, 1656.
B – Marivaux, *La Double Inconstance*, acte I, scène 4, 1723.
C – August Strindberg, *Père*, acte II, scène 5, 1887.
D – Jean-Paul Sartre, *Les Mains sales*, sixième tableau, scène 2, 1948.

Vous répondrez d'abord à la question suivante. (4 points)
De quelle façon ces quatre extraits marquent-ils l'opposition entre les personnages ?
Vous prendrez en compte les situations dans lesquelles ces oppositions s'inscrivent, ainsi que les éléments stylistiques qui les soulignent.

Vous traiterez ensuite un de ces trois sujets. (16 points)
→ **Sujet II : Dissertation**
Au-delà même de la dispute, peut-on considérer que le conflit est l'essence du théâtre ? Vous appuierez votre réponse sur les documents du corpus et sur les pièces que vous avez étudiées et lues ou vues personnellement.

Polynésie, mars 2004, série L.

APPLICATION

EX. 6 Déterminer les démarches mises en jeu par un sujet

SUJETS 5 À 8

Après avoir identifié les objets d'étude concernés par les quatre sujets, dites ce qu'ils ont en commun dans leur structure et répondez aux questions suivantes concernant les démarches mises en jeu. (Attention, elles ne sont pas exclusives.)

La consigne demande-t-elle que le candidat :
– se limite à donner son avis personnel sur la citation ?
– mette en relation les caractéristiques du genre littéraire considéré et le jugement ou la définition contenus dans la citation pour vérifier s'il y a coïncidence ?
– se limite à discuter le contenu de la citation ?
– réfute le point de vue émis dans la citation ?
– confronte ses connaissances et ses lectures à un point de vue proposé ?
– construise une partie de devoir sur un exposé de connaissances littéraires ?
– explicite la citation sans aller plus loin ?

SUJET 5

Dans une de ses préfaces, Racine évoque cette « tristesse majestueuse qui fait tout le plaisir de la tragédie ». Vous commenterez et, selon votre opinion, discuterez cette affirmation sur le plaisir tragique en vous appuyant sur les textes du corpus et sur votre connaissance de la tragédie classique.

SUJET 6

Le critique Jean Starobinski écrit, à propos de l'entreprise autobiographique de Rousseau : « Le cœur a beau être transparent, il faut encore le rendre transparent aux autres, le dévoiler à tous les regards. » À partir de cette affirmation, des textes du corpus et de vos connaissances de l'autobiographie, vous en exposerez les finalités et vous direz si son seul objectif est de donner aux autres une connaissance de celui qui parle.

SUJET 7

Dans sa première préface des *Méditations*, Lamartine rappelle son impression d'enfant à propos des fables de La Fontaine : « Ces histoires d'animaux qui parlent, qui se font des leçons, qui se moquent les uns des autres, qui sont égoïstes, railleurs, avares, sans pitié, sans amitié, plus méchants que nous, me soulevaient le cœur. » En vous appuyant sur les textes du corpus et sur votre connaissance des fables qui mettent en scène des animaux, vous expliciterez l'image que Lamartine donne des fables, puis vous montrerez comment l'utilisation des animaux a été au contraire perçue comme un instrument didactique efficace.

SUJET 8

On a dit de Molière qu'il « côtoie parfois le tragique ». En prenant appui sur les textes du corpus et sur votre connaissance du théâtre, vous montrerez que les genres comique et tragique ne sont pas toujours nettement séparés et qu'ils se rejoignent dans une double finalité commune, plaire et instruire.

EX. 7 Déterminer une problématique et les démarches qui y sont associées

SUJETS 1 À 3 (P. 391-392)

1. Voici, pour chacun des sujets 1 à 3, trois propositions de problématiques. Une seule parmi les trois est pertinente. Trouvez laquelle et justifiez votre réponse.

2. Expliquez ensuite quelles sont les démarches associées à la problématique définie.

PROBLÉMATIQUES POUR LE SUJET 1

– Le sujet demande de s'interroger sur la fonction du poète.
– Le sujet demande de s'interroger sur la capacité de l'écrivain d'aider, par ce qu'il écrit, une société à devenir meilleure, par exemple à atténuer ses injustices et ses inégalités.
– Le sujet demande de répondre à la question suivante : Victor Hugo a-t-il contribué à faire disparaître la misère à son époque ?

EX. 8 Récapituler des démarches

SUJETS 1 À 8

1. À partir des sujets 1 à 8, établissez une première liste des démarches différentes mises en jeu.

2. Dans une seconde liste, regroupez des démarches qui vont souvent ensemble et montrez en quoi elles peuvent orienter le plan du devoir.

PROBLÉMATIQUES POUR LE SUJET 2

– Le sujet demande d'expliquer pourquoi Chateaubriand a décidé de voyager et d'écrire ses mémoires.
– Le sujet demande de s'interroger, documents à l'appui, sur la possibilité, grâce à la rédaction d'une autobiographie, de reconstituer ce que l'on a vécu : est-ce réalisable ? Quelles sont les limites ?
– Le sujet demande de montrer que ceux qui écrivent des autobiographies le font parce qu'ils se sentent proches de la mort.

PROBLÉMATIQUES POUR LE SUJET 3

– Le sujet demande de montrer, exemples à l'appui, que le travail de l'écrivain n'est pas efficace.
– Le sujet demande de dire en quoi consiste le travail de l'écrivain.
– Le sujet demande de montrer que le travail de l'écrivain est non seulement utile mais indispensable, mais il demande aussi d'envisager, par la formule « dans quelle mesure », des limites possibles.

EX. 9 Identifier un domaine d'application, une problématique et une ou plusieurs démarches

SUJETS 9 À 11

Après avoir défini l'objet d'étude commun aux trois sujets, déterminez, à partir des différentes propositions (→ p. 395), à quel domaine chacun d'eux s'applique, quelle est sa problématique et quelle(s) démarche(s) se trouve(nt) engagée(s). Attention, les propositions ne sont pas toutes pertinentes.

SUJET 9

Jean Cocteau définit ainsi le rôle de la poésie : « Elle dévoile dans toute la force du terme. Elle montre nues, sous une lumière qui secoue la torpeur, les choses surprenantes qui nous environnent et que nos sens enregistraient machinalement. » (*Le Rappel à l'ordre*, © Stock, 1926).

En vous appuyant sur les textes du corpus et sur des exemples précis tirés de vos lectures, vous expliquerez et discuterez cette définition.

SUJET 10

« Une société qui se mécanise a plus que jamais besoin, pour sauver les personnes, de la poésie libératrice », écrit Jean Onimus. Pensez-vous que la poésie, dans ses expressions les plus variées, puisse jouer un tel rôle dans la vie moderne ? Répondez à cette question en prenant appui sur les textes du corpus et sur vos connaissances en matière de poésie.

SUJET 11

Dans son discours de réception du prix Nobel, le poète Saint-John Perse remarquait : « La poésie n'est pas souvent à l'honneur. C'est que la dissociation semble s'accroître entre l'œuvre poétique et l'activité d'une société soumise aux servitudes matérielles. »
En vous appuyant sur les textes du corpus et sur les œuvres de poètes que vous connaissez, vous exposerez les raisons de ce divorce entre la poésie et le monde contemporain.

EX. 10 Déterminer vers quel type de plan conduit un sujet

Voici plusieurs types de plans. Choisissez quatre sujets parmi ceux qui figurent dans les exercices précédents et montrez en quoi la consigne de ces sujets peut orienter vers l'un ou l'autre de ces plans.

- **Exposé à thème constant :** la même idée se trouve développée et argumentée par étapes progressives sans que se trouve introduit d'élément de discussion ou de réfutation.
- **Débat ou réflexion critique :** deux thèses sont en présence et s'opposent ; ou bien une thèse se trouve complétée ou corrigée par des objections apportées par une autre « voix ». Il s'agit en général de discuter un point de vue ou d'en mesurer la portée.
- **Plan exposant des faits, leurs causes et leurs conséquences :** on montre comment s'explique un phénomène observé.
- **Plan construit sur une comparaison :** on met en parallèle deux genres ou deux éléments appartenant à des genres différents (roman/poésie, personnages de théâtre/personnages de roman) pour faire apparaître similitudes et différences.

EX. 11 Déterminer le domaine d'application, la problématique, la démarche et le plan correspondant à un sujet

SUJET 12

Après avoir défini l'objet d'étude concerné, déterminez le domaine d'application, la problématique, la démarche mise en jeu et le plan qui conviennent.

Parmi toutes les réponses proposées (→ p. 395-396), une seule est pertinente dans chaque catégorie.

DOMAINES D'APPLICATION

– La poésie lyrique.
– La poésie engagée.
– La poésie en général.
– Toutes les formes de poésie.
– La poésie contemporaine.

PROBLÉMATIQUES

– La fonction révélatrice de la poésie.
– La capacité de la poésie d'avoir une influence salvatrice dans un univers dominé par la mécanisation.
– Les raisons d'une incompatibilité profonde entre le monde moderne et la poésie.
– La force de la poésie pour exprimer des sentiments personnels.

DÉMARCHES

– On demande d'expliciter un rôle de la poésie et de chercher si c'est le seul.
– On demande de donner un avis justifié sur le rôle libérateur de la poésie, dans le monde contemporain.
– On demande d'établir une typologie de toutes les fonctions de la poésie.
– On demande de trouver les causes d'un phénomène de dissociation qui touche la poésie.
– On demande au lecteur de poésie de dire s'il est conscient d'un certain statut de la poésie.

SUJET 12

Dans *Le Barbier de Séville* (1775), Beaumarchais fait dire au personnage de Figaro : « Je me presse de rire de tout, de peur d'être obligé d'en pleurer. » En 1988, le comique Pierre Desproges meurt d'un cancer, mal qu'il a longtemps caricaturé dans ses sketches doux-amers.
Pourquoi rit-on de situations graves, voire tragiques ? N'y a-t-il pas là une contradiction ? Comment l'expliquez-vous ?
Vous répondrez dans un développement composé, en prenant appui sur les textes du corpus et sur votre connaissance du genre et du registre comiques à travers des lectures mais aussi d'autres domaines (cinéma, spectacles, arts graphiques, etc.).

DOMAINE D'APPLICATION

– Le théâtre de Beaumarchais.
– Le théâtre du XVIIIe siècle.
– Les sketches de Pierre Desproges.
– Les films comiques.
– Les spectacles du cirque.
– Le dessin humoristique.
– Tout ce qui touche au rire et au tragique : personnages et situations de la comédie, clowns, humoristes, dessinateurs de presse, à condition que figure un élément tragique dans l'expression du comique.

PROBLÉMATIQUES

– Comparaison entre le personnage de Figaro et Pierre Desproges pour montrer ce qu'ils ont en commun.
– Existence d'un paradoxe, celui de rire de ce qui est grave, sérieux, parfois même tragique ; interrogation sur les fonctions du rire.
– Le rire et le comique au XVIIIe siècle.

DÉMARCHES

– On demande d'expliquer une citation de Beaumarchais.
– On demande de réfléchir sur le sort de Pierre Desproges et de dire si l'on est ou non d'accord avec sa façon de voir la maladie.
– On demande de rapprocher Pierre Desproges de Beaumarchais.
– On demande de réfléchir sur l'existence d'un paradoxe et de l'expliquer de manière organisée.

PLAN

– Débat critique.
– Exposé à thème constant.
– Plan fondé sur une comparaison.
– Plan de type faits/causes/conséquences.

EX. 12 Identifier des thèses pertinentes

SUJET 13

Voici un sujet pour lequel vous sont donnés le domaine d'application, la problématique, la démarche, le type de plan et trois thèses : expliquez en quoi ces thèses sont adaptées à la problématique du sujet.

SUJET 13

En vous appuyant sur les textes du corpus et sur des exemples précis du théâtre comique, vous expliquerez ce propos et le discuterez s'il y a lieu : « Le comique naît du sérieux du personnage. Il n'y a pas de comique sans gravité. Pour être comique, celui qui fait rire doit ignorer qu'il est risible. »

DOMAINE D'APPLICATION

Les comédies (Molière, Marivaux, Beaumarchais, Labiche) et, dans le théâtre contemporain, Eugène Ionesco.

PROBLÉMATIQUE

Il s'agit d'expliquer le paradoxe qui rapproche, par trois fois, le mot « comique » du mot « sérieux ». Il y a en effet une opposition entre ces notions.

DÉMARCHE

On demande de donner le sens de la citation, de l'illustrer et, éventuellement, d'y apporter des objections.

PLAN

Réflexion critique (possibilité de discuter).

THÈSES PROPOSÉES

– Lorsque l'on pense à un personnage comique, ce ne sont ni le mot « sérieux » ni le mot « gravité » qui viennent à l'esprit.
– On imagine mal un personnage comique rire de lui-même.
– Quels rapports les mots « rire » et « sérieux » entretiennent-ils entre eux : qu'est-ce qui déclenche le rire ?

EX. 13 Identifier des thèses pertinentes

SUJET 14

Déterminez l'objet d'étude concerné par le sujet 14, le domaine d'application, la problématique, la démarche et la nature du plan. Puis, identifiez parmi les thèses proposées celles qui sont pertinentes.

SUJET 14

En vous appuyant sur les textes du corpus, vos lectures et votre expérience personnelle, vous vous demanderez si raconter ses expériences permet de mieux se connaître.

THÈSES PROPOSÉES

– Raconter des choses vécues met en face d'un être une sorte de miroir de lui-même.
– Parler de soi n'est pas une garantie de fidélité : cela fausse souvent l'image de ce que l'on est.
– Raconter ses expériences permet surtout de ne pas commettre les mêmes erreurs : la connaissance de soi n'est pas importante, c'est l'action qui compte.
– Vouloir se connaître mieux est une preuve de narcissisme et d'égocentrisme.
– Mieux se connaître aide à mieux connaître et à mieux comprendre les autres.

EX. 14 Déterminer la pertinence de thèses proposées

SUJET 15

1. Le sujet est accompagné de plusieurs thèses dont certaines ne sont pas pertinentes. Déterminez l'objet d'étude concerné, le domaine d'application, la problématique, la démarche et l'orientation du plan.

2. Déterminez parmi les thèses proposées celles qui sont pertinentes.

SUJET 15

À quelles conditions une réécriture peut-elle être une création ? Vous répondrez à cette question en vous appuyant sur les textes du corpus et sur les œuvres que vous avez étudiées, sans vous limiter au genre de la fable.

THÈSES PROPOSÉES

– Le fait même d'employer le mot « réécriture » implique l'existence d'un texte ou d'une œuvre ayant servi de modèle : parler de création pour une réécriture est un paradoxe.
– Une réécriture n'est jamais exactement l'œuvre qui sert de source ou de modèle.
– Celui qui réécrit doit mettre des éléments nouveaux et originaux pour faire un œuvre nouvelle, et ce sur de nombreux plans.
– Une réécriture est la preuve qu'un écrivain n'a pas d'inspiration et qu'il se comporte en plagiaire.
– Il ne peut pas y avoir de création : toutes les œuvres qui existent disent la même chose.

EX. 15 Identifier des arguments pertinents

SUJET 14

La thèse suivante, appartenant au sujet 14 (exercice 13), est accompagnée de plusieurs arguments. Expliquez les relations qui apparaissent entre les arguments et la thèse qu'ils soutiennent.

THÈSE

Raconter des choses vécues met en face d'un être une sorte de miroir de lui-même et lui permet ainsi de se mieux connaître.

ARGUMENTS PROPOSÉS

Arg. 1. Le récit de choses déjà vécues fait revenir des souvenirs dans lesquels celui qui écrit se revoit avec un décalage dans le temps. Ce décalage lui permet d'avoir une autre interprétation des faits. Il peut alors comprendre ce qui s'est passé en lui, les motivations de ses actions.

Arg. 2. Il arrive que le fait de faire revenir certains souvenirs pour les raconter en fasse « émerger » d'autres, oubliés, passés sous silence parfois volontairement. Ces associations de souvenirs constituent des révélateurs d'éléments qui sont également source de connaissance. Celui qui écrit peut s'interroger sur les raisons d'une « occultation » et les élucider.

Arg. 3. Le récit de faits et d'actions passés suscite nécessairement chez celui qui écrit des réactions diverses au moment où il écrit. Ces réactions sont révélatrices de toutes sortes de significations : force d'imprégnation du souvenir, violence des émotions… qui conduisent celui qui écrit à mieux se connaître.

EX. 16 Trouver des arguments et des exemples à partir des textes

SUJET 16

1. Voici un sujet sur la poésie et les textes d'un corpus (TEXTES 1 À 5).
Définissez le domaine d'application et la problématique.

2. Cherchez ensuite dans les textes du corpus les arguments et les exemples correspondant aux trois thèses proposées.

SUJET 16

Un mérite de la poésie, dont bien des gens ne se doutent pas, c'est qu'elle dit plus que la prose, en moins de mots que la prose. Vous expliciterez ce jugement en vous appuyant sur les textes du corpus et sur les œuvres poétiques que vous avez étudiées, et vous vous demanderez si c'est là la seule raison que l'on peut avoir d'aimer la poésie.

THÈSES PROPOSÉES

– La poésie est le domaine de la parole brève.
– La poésie en dit plus que la prose parce qu'elle suggère plus qu'elle ne dit.
– La poésie ne se limite pas à « dire », elle est aussi créatrice.

TEXTE 1

J'inventai la couleur des voyelles ! – *A* noir, *E* blanc, *I* rouge, *O* bleu, *U* vert. – Je réglai la forme et le mouvement de chaque consonne, et, avec des rythmes instinctifs, je me flattai d'inventer un verbe poétique accessible, un jour ou l'autre, à tous les sens. Je réservais la traduction. Ce fut d'abord une étude. J'écrivais des silences, des nuits, je notais l'inexprimable. Je fixais des vertiges. […]

A. RIMBAUD, *Une saison en enfer*, « Alchimie du verbe », 1873.

TEXTE 2

Nommer un objet, c'est supprimer les trois quarts de la jouissance du poème qui est faite du bonheur de deviner peu à peu : le *suggérer*, voilà le rêve. C'est le parfait usage de ce mystère qui constitue le symbole : évoquer petit à petit un objet pour montrer un état d'âme, ou, inversement, choisir un objet et en dégager un état d'âme, pour une série de déchiffrements. […] Il doit y avoir toujours énigme en poésie, et c'est le but de la littérature – il n'y en a pas d'autres – *d'évoquer* les objets.

S. MALLARMÉ, *Œuvres complètes*, 1891.

TEXTE 3

Un poète regarde Paris fourmillant de lumières nocturnes, émietté en une infinité de feux et colossal d'ombre et d'étendue. S'il en donne la vue directe, comme pourrait le faire Zola, c'est-à-dire en le décrivant dans ses rues, ses places, ses monuments, ses rampes de gaz, ses mers nocturnes d'encre, ses agitations fiévreuses sous ses astres immobiles, il en présentera certes, une sensation très artistique, mais rien ne sera moins symboliste. Si, par contre, il en dresse pour l'esprit la vision indirecte, évocatoire, s'il prononce « une immense algèbre dont la clé est perdue », cette phrase nue réalisera, loin de toute description et de toute notation des faits, le Paris lumineux, ténébreux et formidable.

É. VERHAEREN, *Impressions*, III, 1887.

TEXTE 4

La grande ivresse

Par les nuits d'été bleues où chantent les cigales, Dieu verse sur la France une coupe d'étoiles. Le vent porte à ma lèvre un goût du ciel d'été ! Je veux boire à l'espace fraîchement argenté.

L'air du soir est pour moi le bord de la coupe froide où, les yeux mi-fermés et la bouche goulue, je bois, comme le jus pressé d'une grenade, la fraîcheur étoilée qui se répand des nues.

Couché sur un gazon dont l'herbe est encor chaude de s'être prélassée sous l'haleine du jour, oh ! que je viderais, ce soir, avec amour, la coupe immense et bleue où le firmament rôde !

Suis-je Bacchus ou Pan ? je m'enivre d'espace, et j'apaise ma fièvre à la fraîcheur des nuits. La bouche ouverte au ciel où grelottent les astres, que le ciel coule en moi ! que je me fonde en lui !

Enivrés par l'espace et les cieux étoilés, Byron[1] et Lamartine, Hugo, Shelley[1] sont morts. L'espace est toujours là ; il coule illimité ; à peine ivre il m'emporte, et j'avais soif encore !

P. FORT, *Ballades françaises*, © Flammarion, 1922-1958.

1. Lord Byron (1788-1824) et Shelley (1792-1822) sont deux poètes romantiques anglais.

TEXTE 5

Les mots de tous les jours

Il faut se méfier des mots. Ils sont toujours trop beaux, trop rutilants et leur rythme vous entraîne, prêt à vous faire prendre un murmure pour une pensée. Il faut tirer sur le mors sans cesse, de peur que ces trop bouillants coursiers ne s'emballent. J'ai longtemps cherché les mots les plus simples, les plus usés, même les plus plats. Mais ce n'est pas encore cela : c'est leur juste assemblage qui compte. Quiconque saurait le secret usage des mots de tous les jours aurait un pouvoir illimité, – et il ferait peur.

J. TARDIEU, *La Part de l'ombre*, © Gallimard, 1972.

2 Le travail de rédaction

OBSERVATION

EX. 17 Observer un paragraphe de dissertation rédigé

SUJET 14 (P. 397)

Le paragraphe suivant développe l'argument 1 de la thèse 1 du sujet 14. Comment est-il construit ? Observez sa structure et la manière dont se trouvent insérés les exemples, ainsi que leur fonction.

ARGUMENT

Le récit de choses déjà vécues fait revenir des souvenirs dans lesquels celui qui écrit se revoit avec un décalage dans le temps. Ce décalage lui permet d'avoir une autre interprétation des faits. Il peut alors comprendre ce qui s'est passé en lui, les motivations de ses actions.

PARAGRAPHE DÉVELOPPANT L'ARGUMENT

Celui qui raconte ses expériences dans un écrit autobiographique est conduit à retourner dans son propre passé pour y trouver les épisodes qu'il veut raconter. Il le fait en général avec un certain décalage de temps : lorsque Rousseau commence à écrire *Les Confessions*, vers 1764, il a déjà plus de cinquante ans. C'est alors l'adulte qui revit ce qu'il a vécu étant enfant ou adolescent. Cette « rencontre » de l'écrivain avec lui-même à une époque où il ne pouvait guère prendre de distance et analyser son comportement facilite la compréhension de certains faits ou de certaines situations. Ainsi, après avoir raconté l'épisode du ruban volé, Rousseau trouve des explications à son attitude d'alors, ce qui lui donne soudain une autre image de lui-même. Et comme il considère cet épisode comme fondamental dans son évolution, cette réminiscence apparaît comme un moyen d'auto-connaissance. On pourrait confirmer cette idée avec ce que dit Chateaubriand lorsque dans la préface des *Mémoires de ma vie*, qui deviendront les *Mémoires d'outre-tombe*, il affirme avoir choisi l'autobiographie pour comprendre son « inexplicable » cœur.

EX. 18 Observer une introduction de dissertation

SUJET 1 (P. 391)

Voici l'introduction correspondant au sujet 1 : « Un écrivain peut-il, par ses œuvres, contribuer à l'amélioration de la société ? ». À partir d'une observation précise du texte rédigé, établissez la liste de ses composantes.

EX. 19 Préciser le rôle et la composition d'une introduction

SUJET 1 (P. 391)

Expliquez, à partir de l'introduction rédigée, quelles sont les fonctions d'une introduction par rapport à un sujet de dissertation et quels éléments doivent nécessairement y figurer.

INTRODUCTION RÉDIGÉE

De nombreux écrivains, à différentes époques, ont considéré que leur rôle n'était pas seulement de créer de belles œuvres, mais d'être utiles, par ces mêmes œuvres, à leur temps et à leur société. Cet engagement correspond à une haute idée que l'artiste peut avoir de lui-même et de sa mission, conducteur de peuple, mage ou prophète, selon Hugo, homme responsable de toutes ses décisions, même de ses silences, comme le dit Sartre. L'écrivain possède en effet le pouvoir de la parole, et les philosophes du XVIIIe siècle ont montré comment une action littéraire pouvait venir à bout de certaines injustices. Il semble bien, dans ces conditions, que la question posée conduise à une réponse affirmative. Il reste alors à définir la notion d'amélioration sociale, en précisant les domaines dans et sur lesquels un écrivain peut agir, et avec quels moyens, sans oublier toutefois que dans sa fonction d'artiste et dans sa recherche du beau, il peut aussi participer à une autre forme d'amélioration, sur le plan de la sensibilité et de l'esthétique.

EX. 20 Observer une conclusion rédigée de dissertation

SUJET 1 (P. 391)

Voici la conclusion qui correspond à l'introduction de l'exercice 19 (→ p. 400). Comme pour l'introduction, identifiez ses composantes.

EX. 21 Mettre en parallèle une introduction et une conclusion

SUJET 1 (P. 391)

Rapprochez l'introduction (→ p. 400) et la conclusion (ci-contre) proposées pour le même sujet : quelles relations les unissent ? Quel rôle jouent-elles l'une par rapport à l'autre ?

EX. 22 Observer deux paragraphes de dissertation rédigés

SUJET 15 (P. 397)

Les deux paragraphes ci-contre développent deux arguments correspondant à la thèse : « une réécriture n'est jamais exactement l'œuvre qui sert de source ou de modèle ».

Retrouvez les deux arguments, identifiez les exemples et dites comment sont construits les paragraphes.

CONCLUSION RÉDIGÉE

L'étude de différentes formes d'engagement social ou politique a ainsi montré qu'un écrivain peut participer à une amélioration générale de la vie autour de lui : en dénonçant, il fait prendre conscience de ce qui est à modifier, en prenant parti, il donne l'exemple, en ne se taisant pas, il redonne espoir. Par son art, il éveille les sensibilités. Il a de ce fait un rôle fondamental à jouer. Initiateur de certaines actions, il joue les médiateurs et les intercesseurs : il est un témoin vigilant de son temps. On peut cependant remarquer que ce rôle, aussi important soit-il, semble diminuer de nos jours, comme si l'écriture se trouvait concurrencée par d'autres modes d'expression, qui font connaître et qui dénoncent. L'information et l'image, qui ont une grande force, semblent avoir pris le relais des grandes œuvres dénonciatrices et engagées : où est le Victor Hugo du XXIe siècle ?

PARAGRAPHES RÉDIGÉS

Lorsqu'un auteur s'inspire de l'œuvre d'un autre de manière identifiable, il y a souvent entre eux un laps de temps assez long, et cela suffit pour que de nombreux éléments soient différents, sur le plan de la pensée, des comportements, de l'expression, de la parole même. Par exemple, lorsque Racine reprend des thèmes antiques qu'il trouve chez Euripide, il ne peut les transposer exactement sous la même forme : d'abord, il faut passer du grec au français, ce qui est une première modification. Les deux langues ne « fonctionnent » pas de la même manière. Il ne faut pas traduire, il faut adapter. D'autre part, les contextes historiques sont différents, comme les mentalités : les représentations théâtrales n'ont pas la même fonction dans la France du XVIIe siècle que celle qu'elles avaient à Athènes au Ve siècle. Il s'agit toujours d'instruire, mais il faut aussi plaire à un public dont la sensibilité est différente. Il est donc nécessaire que les auteurs adaptent à leur époque et à leur propre inspiration les emprunts qu'ils font à d'autres. De la même façon, La Fontaine s'inspirant d'Ésope compose, sur des thèmes semblables, des textes nettement plus longs, plus développés, plus axés sur l'idée de petites comédies mises en scène avec un talent d'auteur de théâtre et de poète à la fois : Ésope n'était ni l'un ni l'autre.

On observe, d'autre part, que certains auteurs décident, de manière délibérée, de modifier de manière très visible, parfois provocatrice, les œuvres dont ils s'inspirent, sans aller pourtant jusqu'à la parodie. Il s'agit alors plus de choix personnels que d'adaptation nécessaire aux mentalités d'une époque. Il peut ainsi paraître curieux de voir une œuvre théâtrale prendre pour titre *La guerre de Troie n'aura pas lieu* lorsque toute la mythologie gréco-latine parle de l'existence de cette guerre. De même, reprendre le mythe d'Œdipe sous la forme inattendue de *La Machine infernale* peut déconcerter un public de culture classique : n'y a-t-il pas là, non pas une création originale, mais une sorte de trahison ? Et que dire de la reprise d'Orphée avec un personnage qui passe à travers les miroirs, et des motards qui accompagnent la mort incarnée ? Giraudoux et Cocteau ont des œuvres antiques une perception personnelle et en font de réelles nouveautés, originales autant par le traitement du thème que par la modification de certains personnages.

APPLICATION

EX. 23 Rédiger un paragraphe développant un argument

SUJET 17

Voici un sujet, son plan, les différentes thèses et les arguments. En prenant modèle sur les arguments donnés dans l'exercice 18 (→ p. 400), vous construirez plusieurs paragraphes argumentés pour développer certaines des idées qui vous sont proposées.

EX. 24 Rédiger une introduction et une conclusion

SUJET 17

Rédigez l'introduction et la conclusion du sujet 17. Tenez compte des exercices 18 et 20 (→ p. 400-401).

SUJET 17

Un critique contemporain déclare dans son introduction aux *Fables* de La Fontaine : « Les *Fables* paraissent rassurantes quand elles devraient nous inquiéter, quand elles devraient nous déranger. »
Vous commenterez et discuterez cette opinion en vous appuyant sur les textes du corpus ainsi que sur les fables et sur les différents apologues que vous connaissez.

PROBLÉMATIQUE

Il s'agit de se demander en quoi les fables et les autres formes d'apologues, paradoxalement, ne provoquent pas d'interrogations ou de réflexion alors qu'elles devraient le faire. Ce qui est en cause ici est la forme de la fable par rapport à sa fonction : doit-elle charmer et séduire, ou éduquer ?

THÈSE 1

Le caractère rassurant et « inoffensif » des fables.
Arg. 1. Les fables sont de courts récits imagés destinés aux enfants.
Arg. 2. Elles mettent en scène des animaux ; ce qui arrive ne concerne pas directement les hommes.

THÈSE 2

Pourquoi les fables devraient-elles inquiéter, déranger, susciter la réflexion ?
Arg. 1. Les animaux mis en scène ont, étrangement, des comportements qui rappellent ceux des humains ; le miroir ainsi offert aux hommes peut être inquiétant.
Arg. 2. Le caractère récurrent et intemporel des situations évoquées devrait conduire les lecteurs à s'interroger sur la nature humaine ; les défauts humains sont toujours les mêmes.
Arg. 3. La vocation traditionnelle des fables, depuis celles des inspirateurs antiques de La Fontaine, est de délivrer un message moral. Il s'agit donc de faire réfléchir, parfois même de faire peur.

THÈSE 3

Il n'y a pas de fables rassurantes et de fables inquiétantes ; en effet, elles présentent toutes ce double caractère, la première caractéristique étant paradoxalement au service de la seconde.
Arg. 1. L'enseignement moral n'est pas toujours indiqué, mais il découle logiquement du récit et le lecteur est conduit à le trouver seul.
Arg. 2. C'est le caractère fantaisiste, narratif et parfois naïf de la fable qui permet au message moral de mieux passer et d'être plus efficace.

SYNTHÈSE

La dissertation

La **dissertation**, travail de composition d'un exposé **argumenté** à partir d'un sujet, fait partie, comme le commentaire, du **travail d'écriture** de l'épreuve écrite de français.

Le sujet renvoie à un **objet d'étude** et prend appui sur un **corpus de textes**. Il fait donc appel à des savoirs acquis et demande de savoir construire un exposé.

1 Les sujets et leur relation avec le corpus

Le sujet d'une dissertation porte sur un **objet d'étude** du programme, identifiable aux différents textes qui composent le corpus. Le travail demandé fait donc référence à des **problématiques littéraires** vues pendant l'année et à des **connaissances** acquises. Les textes du corpus constituent un premier point d'appui important : en général, ils donnent des informations en faisant apparaître des éléments de la problématique. On peut également remarquer que les questions portant sur ces textes constituent souvent une première approche de ce qui est demandé dans le sujet de dissertation.

EXEMPLE : le sujet 2 (→ p. 391), qui fait réfléchir sur le pouvoir de l'écriture autobiographique, prend appui sur trois extraits de mémoires ou de confessions.

Le sujet 3 (→ p. 392), qui interroge sur le rôle que peut jouer un écrivain dans la société, est associé à un extrait poétique dénonçant l'exploitation des enfants et à deux extraits d'un roman engagé dans la défense des malheureux.

L'observation de nombreux sujets montre qu'ils ont une composition souvent proche, qui comporte un **jugement**, un **point de vue**, une **opinion**, donnés parfois sous la forme de citation signée, et une **consigne** précisant ce qui est demandé au candidat : commenter, expliciter, discuter le point de vue donné. Il arrive que la consigne prenne la forme d'une question directe. La manière dont la consigne est formulée permet de définir la démarche mise en jeu.

2 La consigne et les démarches mises en jeu

Exprimée sous forme injonctive, au futur de l'indicatif ou à l'impératif, ou sous forme de question, la consigne donne une orientation concernant la démarche à mettre en œuvre. Ainsi, l'emploi de la formule « Dans quelle mesure tel ou tel genre littéraire correspond-il à... ? » conduit à confronter un genre et certaines de ses caractéristiques (précisées ou non par le sujet) à un jugement ou à une définition. Ce type de sujet suggère d'établir des limites (idée donnée par le mot « mesure ») et de vérifier en quoi le genre étudié (fable, tragédie, autobiographie, roman...) reste à l'intérieur de ces limites ou en sort, pourquoi, et comment. **Expliciter** demande que l'on donne un sens plus clair, **discuter** que l'on oppose des idées différentes, la formule « **vous vous demanderez** » conduit à répondre à une question posée indirectement par la consigne. « **Pensez-vous que... ?** » n'oriente pas, malgré les apparences, vers un point de vue qui resterait uniquement **personnel**, et entièrement **subjectif** : toute thèse doit en effet être appuyée par des arguments puisés dans la **connaissance** que l'on a du genre ou de l'objet d'étude considéré.
Indiquée par la consigne, la démarche permet de trouver dans quelle direction mener les recherches et de faire apparaître ce que l'on appelle la **problématique**.

3 La problématique

La dissertation est une **démarche argumentée**. À l'intérieur d'un objet d'étude, qui permet de définir le **domaine d'application**, plus limité, la **problématique** est une mise en relations de différentes notions dont le rapprochement pose un **problème littéraire** : l'efficacité argumentative des fables, qui sont des textes narratifs, les fonctions de la comédie, faire rire ou instruire, les raisons pour lesquelles les mythes antiques surgissent dans le théâtre du XXe siècle, les relations entre le théâtre, la liberté et l'imagination, le pouvoir de la littérature engagée.
La problématique fait de la dissertation une étude **structurée** et **démonstrative** : étant donné un problème posé initialement, l'exposé construit, étayé par des arguments et illustré par des exemples, doit apporter des éléments de résolution.

SYNTHÈSE

EXEMPLE : dans le sujet 4 (→ p. 392), qui interroge sur les relations entre le conflit et le théâtre, la problématique vient du rapprochement parole/fiction théâtrale/conflit et conduit à s'interroger sur ce qui fait la nature même du théâtre : on pense à l'intrigue (« nœud » et, de ce fait, conflit) et à l'action. Or, au théâtre tout passe par les mots : sans intrigue, pas d'action ni de théâtre, donc sans parole conflictuelle, pas de pièce, qu'elle soit comique ou tragique.

Déterminer la problématique consiste, à partir du contenu du sujet et de l'orientation de la consigne, à identifier quelle **question**, quel **problème** il faut résoudre à travers les différentes étapes de la réflexion et du devoir.

4 Le plan

La consigne et la problématique permettent d'élaborer le **plan**, dont le domaine d'application fixe les limites.
On distingue plusieurs sortes de plans :
- le plan qui expose un thème et le développe selon différents aspects (**exposé à thème constant**) ; c'est le plan à adopter si l'on doit exposer une succession de savoirs sans élément de débat, de discussion.
- le plan qui oppose deux thèses et tente ensuite de les concilier ou de les dépasser (**plan dialectique ou critique**) ; ce plan est celui qui conduit à proposer un point de vue et des objections. Il convient lorsqu'il s'agit de discuter un point de vue, un jugement.
- le plan qui donne, à la suite, des faits, leurs causes et leurs conséquences (**plan causes/conséquences**) ;
- le plan qui se construit sur une comparaison pour faire apparaître les similitudes et les différences (**plan comparatif**).

Mais l'élaboration du plan ne peut se faire sans contenu : la recherche de la structure du devoir est indissociable de la recherche d'idées. En même temps que l'on analyse le sujet, il faut faire revenir à sa mémoire les **connaissances**, progressivement sélectionnées, qui entrent dans la problématique et peuvent la « nourrir ».

Ce travail est facilité par le fait que le sujet porte sur un **objet d'étude** du programme, qui a été travaillé et dont les problématiques ont été identifiées. Les textes du corpus constituent déjà une base de connaissances et des exemples. Mais il faut constamment vérifier, au cours de l'élaboration des thèses, qu'elles restent bien en relation avec la problématique et avec le sujet. Les thèses constituent les **idées dominantes** de chaque grande partie du plan. Elles doivent pouvoir être résumées en une phrase ou deux, annoncées dès l'introduction et placées en tête de chaque grande étape.

EXEMPLE : dans le sujet « *Faut-il associer poésie et versification ? Vous répondrez à cette question en prenant appui sur les recueils poétiques que vous avez étudiés et vous proposerez une définition de la poésie* », la problématique est la suivante : la versification suffit-elle à justifier le nom de poésie ? La première thèse consiste, logiquement, à montrer l'association historique de la poésie et de la versification. La seconde thèse montrera que la poésie existe, également de manière historique, en dehors de la versification et des règles de métrique. Cette coexistence de deux sortes de poésie peut conduire à une définition intégrant des modalités très différentes (versification, poème en prose, vers libres, poésie en apparence totalement libre...).

Il faut, enfin, être attentif au fait que la **validité des thèses** ne vient pas d'une opinion personnelle, sauf lorsqu'il est demandé au candidat d'exprimer ses goûts, ce qui est rare, mais d'une connaissance des œuvres et des genres : il s'agit de savoirs **d'histoire littéraire** et de **maîtrise des objets d'étude**.

5 Le rôle des arguments et des exemples

Les thèses doivent être soutenues par les **arguments**, dont la succession constitue la démonstration faite par la dissertation. Ces arguments sont des idées puisées dans la connaissance des **objets d'étude** et dans les **lectures personnelles.** Ils doivent être pertinents par rapport à la thèse. Leur validité vient à la fois de cette pertinence et de leur exactitude par rapport aux œuvres et à l'histoire littéraire. Le fait que les arguments proviennent des œuvres révèle qu'il existe des relations étroites entre les arguments et les **exemples**, qui viennent eux aussi des œuvres : l'argument est une **idée**, l'exemple joue le rôle **d'illustration**.

EXEMPLE : pour développer la thèse selon laquelle la comédie « vieillit », on pourra tirer de la pièce *Le Mariage de Figaro*, et du célèbre monologue de ce héros, l'idée que cette pièce retrace la vie d'une société donnée, même sous forme de fiction, celle de l'Espagne du XVIIIe siècle, et que cette pièce peut ainsi être rapidement dépassée et démodée. Le monologue peut alors fournir des exemples précis, à travers l'emprisonnement du personnage et les problèmes de censure. La juxtaposition de plusieurs extraits de comédies fait surgir des éléments communs qui, regroupés, forment une ou plusieurs idées. Les extraits, présentés sous forme racontée, constituent les exemples.

S'il est important de ne pas construire un devoir sur une simple énumération d'exemples, il est également essentiel de ne pas considérer que le **récit des œuvres** peut servir à construire une dissertation. Il y a un danger constant à confondre arguments et exemples, et à considérer que si l'on peut raconter l'œuvre, c'est qu'on la connaît et que cela suffit.

6 La rédaction : paragraphes, introduction et conclusion

À l'argument se trouve étroitement associé le **paragraphe argumentatif**. Le paragraphe, relié à la thèse par une thématique commune, exprime une idée (en général au début) développée et illustrée par un exemple. La difficulté vient souvent de la nécessité de développer. Il convient pour cela **d'approfondir** les notions qui sont regroupées et mises en relation dans l'argument. Le **modèle rédigé** donné dans l'exercice 17 (→ p. 400) montre aussi que les exemples peuvent tenir une place assez importante dans le paragraphe.

Les différents paragraphes peuvent être reliés entre eux par des **mots de liaison**. Il est important qu'ils ne répètent pas la même idée, mais qu'ils fassent évoluer la démonstration, et ce, en deux ou trois étapes par thèse.

L'introduction, qui ouvre le devoir, et la **conclusion**, qui le ferme, ont une importance particulière et répondent à certaines **conventions**. **L'introduction** a un rôle de présentation : après une brève entrée en matière ou « accroche », qui donne le **thème** d'ensemble, elle rappelle le **sujet** et en dégage la **problématique** avant d'annoncer le **plan**. Si le sujet comporte une citation, celle-ci peut être reprise intégralement (dans ce cas, entre guillemets et sans aucune modification, avec sa source) ou indirectement, s'il est possible d'en dégager **l'idée** essentielle. Il est important que le lecteur (en l'occurrence l'examinateur) sache de quoi il est question dans le devoir en lisant l'introduction. Les conventions de l'exercice veulent que l'auteur de la dissertation donne toutes les informations, et termine l'introduction par la façon dont il va traiter le sujet (**plan**). L'introduction apporte ainsi les réponses aux questions : *« Quoi ? »* (« Quel est l'objet d'étude concerné ? »), *« Quoi de particulier ? »* (« Quelle est la problématique ? »), *« Comment ? »* (« Selon quelle orientation allons-nous résoudre le problème ? »).

On peut rappeler que, comme l'introduction annonce le plan, elle ne peut être faite que lorsque celui-ci est au point. Présentée en premier dans un devoir, l'introduction n'est jamais rédigée **avant** la recherche des idées et l'élaboration du plan.

La **conclusion** est toujours difficile à construire parce qu'elle ne doit pas être une simple répétition de l'introduction. Faisant le point sur ce qui a été dit, elle peut signaler des éléments qui ont surgi au cours de la réflexion. Elle peut aussi montrer qu'une **problématique** littéraire ne peut être définitivement résolue et que chaque interrogation renvoie en général à un **problème plus vaste** et plus complexe.

29 L'écriture d'invention

Le texte officiel

L'écriture d'invention contribue, elle aussi, à tester l'aptitude du candidat à lire et comprendre un texte, à en saisir les enjeux, à percevoir les caractères singuliers de son écriture. Elle permet au candidat de mettre en œuvre d'autres formes d'écriture que celle de la dissertation ou du commentaire. Il doit écrire un texte, en liaison avec celui ou ceux du corpus, et en fonction d'un certain nombre de consignes rendues explicites par le libellé du sujet.
L'exercice se fonde, comme les deux autres, sur une lecture intelligente et sensible du corpus, et exige du candidat qu'il se soit approprié la spécificité des textes dont il dispose (langue, style, pensée), afin d'être capable de les reproduire, de les prolonger, de s'en démarquer ou de les critiquer.
En aucun cas on ne demande, le jour de l'examen, l'écriture de textes de pure imagination, libre et sans contrainte. Le document iconographique, s'il est joint au corpus, ne peut pas servir de support. En aucun cas il ne sera demandé d'en faire une étude pour lui-même.
Comme elle doit se prêter à une évaluation objective des correcteurs, l'écriture d'invention doit se fonder sur des consignes claires et explicites. Elle s'inscrit dans le programme défini par les objets d'étude de la classe de Première.
Elle peut prendre des formes variées. Elle peut s'exercer dans un cadre argumentatif :
– article (éditorial, article polémique, article critique, droit de réponse...) ;
– lettre (correspondance avec un destinataire défini dans le libellé du sujet, lettre destinée au courrier des lecteurs, lettre ouverte, lettre fictive d'un des personnages présents dans un des textes du corpus, etc.) ;
– monologue délibératif, dialogue (y compris théâtral) ; discours devant une assemblée ;
– récit à visée argumentative (fable, apologue...).
Mais, lorsqu'elle concerne le genre narratif, elle peut s'appuyer sur des consignes impliquant les transformations suivantes :
– des transpositions : changement de genre, de registre ou de point de vue ;
– ou des amplifications : insertion d'une description ou d'un dialogue dans un récit, poursuite d'un texte, développement d'une ellipse narrative...

B.O. n°46, 14 décembre 2006.

Lire le texte officiel

1. Citez les quatre **grandes démarches** qui sont mises en jeu par l'écriture d'invention.
2. Quel est le **point d'appui immédiat** dont dispose le candidat pour traiter un sujet d'écriture d'invention ?
3. Quelles **aptitudes** du candidat l'écriture d'invention vise-t-elle à évaluer ?
4. Quelles sont les **différences** entre un exercice d'écriture d'invention et une **dissertation**, un exercice d'écriture d'invention et un **commentaire** ?
5. Quelles **relations** pouvez-vous établir entre les objets d'étude du programme et les **formes variées** dont le *B. O.* donne une liste ? Qu'ont de particulier les exercices dits « de transformation » ?
6. Donnez votre **avis personnel** sur l'écriture d'invention : vous semble-t-elle plus facile ou plus difficile que les autres travaux d'écriture ?

1 De l'observation des sujets à l'élaboration du texte

OBSERVATION

EX. 1 Observer et identifier les relations entre le sujet et les textes du corpus

SUJETS 1 À 4

1. Dans les quatre sujets, faites apparaître la relation qui existe entre le travail d'écriture d'invention et l'un ou les textes du corpus. Expliquez en quoi ces relations sont essentielles et en quoi elles diffèrent selon les sujets.

2. Le travail sur le corpus prépare-t-il l'écriture d'invention ? Justifiez votre réponse.

EX. 2 Identifier les objets d'étude concernés

SUJETS 1 À 4

1. À partir des textes du corpus de chaque sujet, déterminez l'objet d'étude concerné.

2. Parmi les sujets d'écriture d'invention 1 à 4, lesquels mettent en jeu un second objet d'étude ? Que pouvez-vous déduire de ces observations concernant les compétences dont doit faire preuve le candidat en matière d'écriture ?

EX. 3 Observer et identifier la situation d'énonciation mise en jeu

SUJETS 1 À 4

1. Qu'ont en commun les sujets 1 et 3 d'une part, 2 et 4 d'autre part en ce qui concerne celui qui écrit ?

2. Le candidat qui compose le texte demandé parle-t-il en son propre nom ou « est-il » quelqu'un d'autre ?

SUJET 1

Documents

A – Marivaux, *La Vie de Marianne*, IIe partie (1731-1742).
B – François Mauriac, *Thérèse Desqueyroux*, chapitre II.
C – Roger Martin du Gard, *Les Thibault, L'Été 14*, chap. XV.

Vous répondrez d'abord à la question suivante. (4 points)
Par quels moyens les romanciers parviennent-ils, dans ces extraits, à montrer la réflexion intérieure des personnages ?

Vous traiterez ensuite un de ces trois sujets. (16 points)
→ Sujet III : Écriture d'invention
Récrivez la scène décrite par Marivaux sous la forme d'un récit évoquant l'accident arrivé à Marianne. Ce récit sera fait par un narrateur qui a été témoin de la scène qui s'est déroulée. Il devra comprendre au moins une description et un dialogue.

Sujet extrait des *Annales Zéro*, janvier 2007, toutes séries.

SUJET 2

Documents

A – Marivaux, *Les Acteurs de bonne foi*, 1757.
B – Antonin Artaud, *Le Théâtre et son double*, 1938.
C – William Shakespeare, *Le Songe d'une nuit d'été*, 1595.
D – Paul Claudel, *L'Échange*, 1901.

Vous répondrez d'abord à la question suivante. (4 points)
En vous appuyant sur les textes du corpus, vous essaierez de dire comment le théâtre parvient à poser la question du réel.

Vous traiterez ensuite un de ces trois sujets. (16 points)
→ Sujet III : Écriture d'invention
Un metteur en scène de cinéma dialogue avec Antonin Artaud. Chacun défend la capacité de son art à exprimer le réel. Vous présenterez ce débat sous la forme d'un dialogue entre l'homme de théâtre et l'homme de cinéma et donnerez le dernier mot à l'interlocuteur de votre choix.

Asie, juin 2002, séries L, ES et S.

EX. 4 Identifier les relations entre l'écriture d'invention, le corpus et les objets d'étude

SUJETS 5 ET 6

1. Définissez la relation qui existe entre l'écriture d'invention et l'un ou les textes du corpus, ainsi que l'aide apportée par le travail sur ces textes.

2. Quel est l'objet d'étude concerné par chaque corpus ? Dans quel sujet le travail d'écriture d'invention fait-il appel à un autre objet d'étude du programme ?

3. Les choix et les goûts personnels du candidat sont-ils demandés par les sujets 5 et 6 ?

SUJET 3

Documents

A – Jean de La Fontaine, « Le Loup et l'Agneau », *Fables*, Livre I, 10, 1668.

B – Florian, « Le Crocodile et l'Esturgeon », *Fables*, Livre V, 12, 1792.

C – Victor Hugo, « L'Ogre et la fée », *Toute la lyre*, poème écrit en 1861.

Vous répondrez d'abord aux questions suivantes. (6 points)
1. Quels sont les points communs entre ces trois récits ?
2. Comparez les différentes leçons de ces trois textes.

Vous traiterez ensuite un de ces sujets. (14 points)

→ Sujet III : Écriture d'invention

Écrivez en prose et dans un registre comique la suite du dialogue entre l'ogre et la fée : après son aveu, l'ogre tente de se justifier.

France, septembre 2002, séries technologiques.

SUJET 4

Documents

A – Jean-Jacques Rousseau, *Les Confessions*, 1764-1770.

B – François-René de Chateaubriand, *Mémoires d'outre-tombe*, 1848-1850.

C – Colette, *Sido*, 1930.

Vous répondrez d'abord à la question suivante. (4 points)
Identifiez et analysez dans ces textes les marques caractéristiques du récit autobiographique.

Vous traiterez ensuite un de ces trois sujets. (16 points)

→ Sujet III : Écriture d'invention

Madame Basile écrit à son amie intime : elle rapporte et commente la scène telle qu'elle l'a vécue (document A).

Amérique du Nord, juin 2002, séries ES et S.

SUJET 5

Documents

A – Honoré de Balzac, *Le Père Goriot*, 1835.

B – Émile Zola, *Au bonheur des dames*, chapitre XIV, 1883.

C – Guy de Maupassant, *Bel-Ami*, IIe partie, chapitre X, 1885.

Vous répondrez d'abord à la question suivante. (6 points)
Comment, dans ces extraits, le narrateur met-il en scène le goût de la réussite qui anime ses personnages ?

Vous traiterez ensuite un de ces trois sujets. (14 points)

→ Sujet III : Écriture d'invention

Un ancien ami journaliste, que Georges Du Roy néglige désormais, a assisté au mariage. Refusant de céder à l'enthousiasme que manifeste la foule, il porte sur Georges Duroy et sur la cérémonie dont il a été témoin, un regard peu complaisant. Il rédige un article qu'il compte faire publier. Écrivez ce texte.

Sujet extrait des *Annales zéro*, janvier 2007, séries technologiques.

SUJET 6

Documents
A – Paul Eluard, « Notre vie », *Le temps déborde*, 1947.
B – Victor Hugo, « Demain, dès l'aube… » *Pauca Meae*, dans *Les Contemplations*, 1856.
C – Pierre de Ronsard, *Sur la mort de Marie*, sonnet CVIII, *Le Second Livre des Amours*, 1578.

Vous répondrez d'abord aux questions suivantes. (6 points)
1. À qui le poète s'adresse-t-il dans ces textes ? Quel lien instaure-t-il avec ce destinataire ? (3 points)
La réponse à cette question doit être rédigée mais brève, de l'ordre d'une demi-page, une page maximum.
2. Distinguez les registres de ces différents poèmes. (3 points)
La réponse à cette question doit être rédigée mais brève, de l'ordre d'une demi-page, une page maximum.

Vous traiterez ensuite un de ces sujets au choix. (14 points)
→ **Sujet III : Écriture d'invention**
Vous êtes chargé (e) par votre professeur de français de constituer une anthologie qui rassemblera les poèmes que vous préférez. En préface à ce recueil, dans lequel figureront entre autres les poèmes du corpus, vous écrivez un texte qui présente vos choix et ce qui les a guidés. Vous aurez en particulier pour objectif de faire partager à vos camarades de classe votre conviction que lire, ou éventuellement écrire des poèmes peut apporter des remèdes aux maux de la vie.

France métropolitaine, juin 2003, séries technologiques.

EX. 5 Classer des sujets dans un tableau pour les analyser

SUJETS 7 À 9

1. Remplissez le tableau en utilisant les éléments trouvés dans les sujets 7, 8 et 9 (→ p. 409-410).

2. Expliquez ensuite en quoi ce tableau prépare le travail d'élaboration du texte demandé en écriture d'invention.

1er objet d'étude (concerné par le corpus)	2e objet d'étude (concerné par l'écriture d'invention)	Situation d'énonciation du candidat	Forme de discours à utiliser	Thème

EX. 6 Observer des points communs

SUJETS 7 À 9

1. Qu'y a-t-il de commun aux trois sujets d'écriture d'invention, concernant l'énonciation ?

2. Qui le candidat doit-il faire parler dans chacun des textes demandés ?

SUJET 7

Documents
A – Victor Hugo, « Melancholia », *Les Contemplations*, 1856.
B – Victor Hugo, *Les Misérables*, 1862.
C – Victor Hugo, *Les Misérables*, 1862.

Vous répondrez d'abord à la question suivante. (4 points)
Quelle est la visée commune à ces trois textes ? Vous indiquerez en outre pour chaque texte le registre dominant.

EX. 7 Identifier des genres littéraires et des formes de discours

SUJETS 1 À 9

À quels genres littéraires les textes demandés par les sujets 1 à 9 d'écriture d'invention appartiennent-ils ? Établissez une classification des genres littéraires, des objets d'étude concernés et des formes de discours.

EX. 8 Répondre à des questions de définition

Répondez par VRAI ou FAUX aux propositions suivantes, qui concernent l'écriture d'invention.

- L'écriture d'invention peut consister à imaginer une histoire en relation avec les textes du corpus.
- L'écriture d'invention ressemble à une dissertation avec beaucoup plus de liberté : elle n'est soumise à aucune contrainte.
- L'écriture d'invention demande que l'on connaisse et que l'on respecte les codes d'un genre précisé par le sujet.
- L'écriture d'invention implique un plan dialectique thèse, antithèse, synthèse.
- L'écriture d'invention n'exige pas de connaissances particulières : il suffit d'inventer.
- L'écriture d'invention demande que l'on ait des connaissances précises concernant les objets d'étude du programme.
- L'écriture d'invention fait référence à un objet d'étude et à un seul.
- L'écriture d'invention n'oblige à aucune forme d'écriture particulière : puisqu'on invente, on est libre. En particulier, il n'est nul besoin de faire un plan.

Vous traiterez ensuite un de ces trois sujets. (16 points)
→ **Sujet III : Écriture d'invention**
En réponse à des critiques qui lui reprocheraient d'avoir engagé la littérature dans le combat politique, Victor Hugo écrit un article où il défend le choix de tout écrivain de mettre la littérature au service de grandes causes.
Vous rédigerez cet article.

Polynésie, juin 2002, séries ES et S.

SUJET 8

Documents
A – Stendhal, *La Vie d'Henri Brulard*, 1835-1836.
B – Michel Leiris, *L'Âge d'homme*, 1939.
C – François-René de Chateaubriand, *Mémoires d'outre-tombe*, 1848.
D – Annie Ernaux, *La Place*, 1984.

Vous répondrez d'abord à la question suivante. (4 points)
Quel est le point commun entre les épisodes autobiographiques évoqués ici ? Quelles raisons les auteurs ont-ils de s'y attarder ?

Vous traiterez ensuite un de ces trois sujets. (16 points)
→ **Sujet III : Écriture d'invention**
Un directeur d'édition écrit à un auteur qui entreprend son autobiographie. Vous rédigerez la lettre dans laquelle il lui donne ses conseils.

Nouvelle-Calédonie, novembre 2002, série ES et S.

SUJET 9

Documents
A – Marguerite Yourcenar, *Souvenirs pieux*, 1974.
B – Georges Perec, *W ou le Souvenir d'enfance*, 1975.
C – Serge Doubrovsky, *La Vie l'instant*, 1985.
D – Jorge Semprun, *L'Écriture ou la Vie*, 1994.

Vous répondrez d'abord à la question suivante. (4 points)
Quelles sont les difficultés qu'une écriture autobiographique pose aux quatre auteurs et quels sont les moyens qu'ils mettent en œuvre pour parvenir à leurs fins ?

Vous traiterez ensuite un de ces trois sujets. (16 points)
→ **Sujet III : Écriture d'invention**
Imaginez un dialogue entre un lycéen qui tient régulièrement son journal intime et Serge Doubrovsky qui affirme de son côté : « Je ne veux pas tenir de journal. »

Nouvelle-Calédonie, mars 2003, série L.

APPLICATION

EX. 9 Traiter un sujet qui demande d'écrire une lettre

Plusieurs sujets d'écriture d'invention demandent d'écrire une lettre. Indiquez ici sous forme de fiche rapide quelques caractéristiques de ce genre littéraire et ce que doit obligatoirement comporter une lettre.

EX. 11 Traiter un sujet qui demande de construire un dialogue

Les sujets d'écriture d'invention demandent souvent de construire un dialogue. Rappelez ici quelques caractéristiques de cette modalité de parole : utilisation des personnes du discours, énonciation, ponctuation, temps verbaux, indication du temps et du lieu, échanges de propos… Précisez dans quels genres littéraires il est possible d'en trouver des exemples.

EX. 12 Rassembler des éléments pour construire un dialogue

SUJET 9 (P. 410)

Voici ci-contre la liste des composantes nécessaires à la réalisation du travail d'écriture d'invention du sujet 9 ainsi que le texte d'appui.

1. Mettez en face de chaque composante des éléments de réponse adaptés au sujet.

2. Interrogez-vous ensuite sur la manière dont vous allez organiser le dialogue de manière à le rendre vivant et dynamique compte tenu de l'inégalité d'expérience entre les deux interlocuteurs.

EX. 10 Rassembler des éléments pour élaborer une lettre

SUJET 8 (P. 410)

Voici ci-dessous la liste des composantes nécessaires pour réaliser le travail d'écriture d'invention du sujet 8.

1. Mettez en face de chaque composante des éléments de réponse adaptés au sujet. Quelle est la phase la plus difficile ?

2. Interrogez-vous ensuite sur la manière dont vous allez organiser le contenu de la lettre. Jugez-vous utile que cette lettre comporte des exemples ?

COMPOSANTES DU SUJET 8

Les caractéristiques de la lettre et leurs fonctions – ce qui permet de comprendre qui sont l'émetteur et le destinataire – les circonstances de composition de la lettre, qui justifient le ton utilisé et son contenu – le domaine d'application, c'est-à-dire le genre littéraire sur lequel portent les conseils – les différents conseils et leurs justifications, qui définissent la forme de discours et qui constituent son contenu – les difficultés rencontrées dans la rédaction d'une œuvre autobiographique.

COMPOSANTES DU SUJET 9

Les circonstances du dialogue – les différences entre les deux interlocuteurs (un adolescent, un écrivain expérimenté) et ce qu'elles induisent – la situation particulière d'énonciation du candidat – le domaine d'application, thème du débat – la nature et le contenu des deux points de vue en présence, celui du lycéen, celui de Serge Doubrovsky, présent dans le texte donné par le corpus – des exemples littéraires pouvant être utilisés pour illustrer le dialogue et lui donner un poids littéraire.

TEXTE D'APPUI DU SUJET 9

New-York, le 14 février 1984

Hier, j'ai été voir L., mon expert-comptable, pour notre annuel rendez-vous fiscal. Cette fois, vous direz que je dépasse la limite. De livre en livre, je me livre. Je vous inflige mes tourments amoureux, je vous assène mes nostalgies filiales, je vogue dans mes vagues à l'âme quadra et quinquagénaires. Je me peins, me plains en long et en large, un autoportrait en pied. Maintenant, pour vous offrir une nouvelle page de ma vie, je vais vous tendre ma feuille d'impôts. Qu'on se rassure. Question portefeuille, motus, je suis d'une discrétion absolue. […]

Parler d'hier me gêne. D'habitude, quand je me raconte, c'est à distance. Avec mon style. Le style est la distance des mots. Mais hier me colle au corps, sa substance m'empoisse. La réalité m'empèse, m'empêche. Hier ne peut pas s'inventer.

Hier est trop proche, presque aujourd'hui, vivre et écrire en même temps est impossible. Je ne veux pas tenir de journal : trop fier pour me tenir du hasard. Quand on en fait le récit, la vie ne doit pas aller à l'aventure. Pourtant, il faut apprendre à être humble, se prendre en note. Parfois, il faut renoncer à s'orchestrer. Le coup de baguette, c'est l'existence qui le donne. Moi qui ai composé là-dessus tout un ouvrage, je devrais le savoir. Me souvenir de Proust. De la madeleine[1]. Le passé. « C'est peine perdue que nous cherchions à l'évoquer, tous les efforts de notre intelligence sont inutiles. Il est caché hors de son domaine, en quelque objet matériel (en la sensation que nous donnerait cet objet matériel) que nous ne soupçonnons pas. » Moi, je ne soupçonnais pas[2]. La visite à mon expert-comptable, partage annuel avec le fisc du gâteau. Qu'elle se transformerait en madeleine.

S. DOUBROVSKY, *La Vie l'instant*, 1985, © Serge Doubrovsky.

1. Doubrovsky a écrit un ouvrage parlant de Proust et de sa célèbre ouverture de *À la recherche du temps perdu* sur la mémoire involontaire, où le fait de manger une madeleine fait resurgir son passé **2.** La ponctuation des lignes 28 à 30 est irrégulière. On attendrait une virgule après « pas » et après « gâteau » et non un point. (*Note des auteurs.*)

SUJET 10

Documents

A – Jean Racine, *Phèdre*, acte V, scène 7, 1677.
B – Sonnet attribué au duc de Nevers, 1677.
C – Émile Zola, *La Curée,* chapitre 5, 1872.
Annexe – Jean-Louis Barrault, mise en scène de *Phèdre,* 1972.

Vous répondrez d'abord à la question suivante. (4 points)
En quoi les textes B et C sont-ils des formes de réécriture de la tragédie de Racine ?

Vous traiterez ensuite un de ces trois sujets. (16 points)
→ Sujet III : Écriture d'invention
Imaginez un extrait de roman dans lequel deux personnages, après avoir assisté à une représentation de *Phèdre*, réagissent à la mise en scène des derniers moments de l'héroïne. Cette mise en scène évoquée au cours du dialogue devra concerner le choix des acteurs, des costumes, du décor… Vous pourrez vous inspirer du document fourni en annexe.

Amérique du nord, juin 2006, série L.

EX. 13 Rassembler des éléments pour réécrire un texte

SUJET 10

Voici un sujet d'écriture d'invention et deux documents sur lesquels il peut s'appuyer. Il est suivi de la liste des composantes nécessaires à l'élaboration du texte demandé (→ p. 414).

1. Faites correspondre à chaque composante des éléments de réponse adaptés au sujet.

2. Interrogez-vous ensuite sur la manière de construire l'extrait de roman dialogué que demande le sujet en tenant compte de tous les éléments trouvés à la question précédente.

EX. 14 Identifier des difficultés

En prenant pour point d'appui la recherche des composantes qui doivent figurer dans les textes d'écriture d'invention, dites quelles sont les difficultés de l'exercice.

TEXTES D'APPUI DU SUJET 10

A – *Phèdre, issue d'une famille royale maudite par Vénus, est mariée au roi Thésée. Elle éprouve pour Hippolyte, le fils de Thésée, un amour qualifié d'incestueux. Elle souffre de cet amour et en a fait l'aveu à sa confidente, Œnone. Hippolyte, accusé à tort par Œnone et maudit par son père, est mort traîné par ses chevaux. À la fin de la pièce, Phèdre, mourante, avoue la vérité à Thésée.*

PHÈDRE. – Non, Thésée, il faut rompre un injuste silence :
Il faut à votre fils rendre son innocence.
Il n'était pas coupable.

THÉSÉE. – Ah ! Père infortuné !
Et c'est sur votre foi que je l'ai condamné !
Cruelle, pensez-vous être assez excusée...

PHÈDRE. – Les moments me sont chers, écoutez-moi, Thésée.
C'est moi qui sur ce fils chaste et respectueux
Osai jeter un œil profane, incestueux.
Le ciel mit dans mon sein[1] une flamme funeste ;
La détestable Œnone a conduit tout le reste.
Elle a craint qu'Hippolyte, instruit de ma fureur,
Ne découvrît un feu qui lui faisait horreur.
La perfide, abusant de ma faiblesse extrême,
S'est hâtée à vos yeux de l'accuser lui-même.
Elle s'en est punie, et fuyant mon courroux,
A cherché dans les flots un supplice trop doux.
Le fer aurait déjà tranché ma destinée[2] ;
Mais je laissais gémir la vertu soupçonnée.
J'ai voulu, devant vous exposant mes remords,
Par un chemin plus lent descendre chez les morts.
J'ai pris, j'ai fait couler dans mes brûlantes veines
Un poison que Médée apporta dans Athènes.
Déjà jusqu'à mon cœur le venin parvenu
Dans ce cœur expirant jette un froid inconnu ;
Déjà je ne vois plus qu'à travers un nuage
Et le ciel, et l'époux que ma présence outrage ;
Et la mort, à mes yeux dérobant la clarté,
Rend au jour, qu'ils souillaient, toute sa pureté.

PANOPE[3]. – Elle expire, seigneur !

THÉSÉE. – D'une action si noire
Que ne peut avec elle expirer la mémoire !
Allons, de mon erreur, hélas ! trop éclaircis,
Mêler nos pleurs au sang de mon malheureux fils.
Allons de ce cher fils embrasser ce qui reste,
Expier la fureur d'un vœu que je déteste.
Rendons-lui les honneurs qu'il a trop mérités ;
Et pour mieux apaiser ses mânes[4] irrités,
Que, malgré les complots d'une injuste famille,
Son amante aujourd'hui me tienne lieu de fille.

Jean RACINE, *Phèdre*, acte V, scène 7, 1677.

1. Cœur. **2.** Phèdre envisageait de se suicider, mais a pensé à l'honneur posthume d'Hippolyte. **3.** Suivante (domestique). **4.** L'âme d'Hippolyte.

Annexe

Les lumières. On doit sentir constamment la présence du soleil. L'action commence à l'aube et se termine après le coucher du soleil. Le soleil manifestera d'autant plus intensément sa présence que la scène sera traversée de rayons. Jamais ce qu'on appelle un « plein feu » de théâtre ne donnera autant l'impression brûlante du soleil que si celui-ci perce l'atmosphère par des faisceaux lumineux serrés. La présence du soleil se manifeste avec plus de force à travers les fentes d'une persienne qu'en plein milieu d'une plaine où tout, baigné par lui, est aplati.

Que les projecteurs soient « saignants ». Il suffit de fissures justement disposées dans les murs, et à travers lesquelles le soleil s'infiltrera, pour donner une impression d'une grande luminosité.

Les ombres. Les ombres, elles, doivent avoir des tonalités chaudes. Ce sont elles qui envelopperont la déclaration de Phèdre, ses invocations à Vénus, l'affolement des deux femmes à la scène 3 de l'acte III, le délire de Phèdre au IVe acte, etc.

Si les coins d'ombre et les points de lumière sont bien répartis, le décor est sauvé. Un bout de ciel, néanmoins, doit être réservé. Les personnages sont « enfermés », psychologiquement enveloppés, *envoûtés* par leurs passions : il nous faut donc devant les yeux un point lointain mais lumineux d'une sortie possible. Un coin de ciel comme un désir permanent.

Pour ce qui concerne l'encadrement de cette atmosphère de noirs et de blancs, on ne peut faire que des recommandations générales. [...]

Phèdre est une œuvre classique, il faut être économe. Il ne faut aucun ornement ou accessoire extérieur à l'action.

J.-L. BARRAULT, mise en scène de *Phèdre*, 1972 © Le Seuil.

COMPOSANTES DU SUJET 10

Les circonstances (fictives) du dialogue et l'époque (importante pour la perception du théâtre tragique) – les deux personnages en présence : qui sont-ils ? (élément essentiel qui peut influer sur leur perception du spectacle) – l'insertion du dialogue (avec ses caractéristiques : personnes du discours, temps verbaux, énonciation…) dans le texte narratif – la notion de mort dans la tragédie (où et comment la mort peut intervenir) et les conventions qui s'y rattachent – le sens de la mort de Phèdre et la manière dont ce sens peut être rendu par la mise en scène (décor, lumières, gestes, valeur symbolique de ces différents éléments) – choix des costumes (antiques/modernes/intemporels).

EX. 15

Identifier les éléments nécessaires à l'élaboration d'un travail d'invention

SUJET 4 (P. 408)

En prenant pour exemple le travail de recherche de l'exercices 10 ou de l'exercice 12 (→ p. 411), établissez la liste des composantes, puis des éléments correspondants nécessaires à l'élaboration du travail d'écriture d'invention du sujet 4.

TEXTE D'APPUI DU SUJET 4 (P. 408)

Jean-Jacques, tout jeune apprenti, a proposé ses services à un orfèvre, Monsieur Basile. Or, chaque fois que celui-ci part en voyage, il laisse sa jeune épouse sous la garde d'un commis...

Un jour qu'ennuyée des sots colloques du commis elle[1] avait monté dans sa chambre, je me hâtai dans l'arrière-boutique où j'étais, d'achever ma petite tâche et je la suivis. Sa chambre était entr'ouverte ; j'y entrai sans être aperçu. Elle brodait près d'une fenêtre, ayant, en face, le côté de la chambre opposé à la porte. Elle ne pouvait me voir entrer, ni m'entendre, à cause du bruit que des chariots faisaient dans la rue. Elle se mettait toujours bien : ce jour-là sa parure approchait de la coquetterie. Son attitude était gracieuse, sa tête un peu baissée laissait voir la blancheur de son cou ; ses cheveux relevés avec élégance étaient ornés de fleurs. Il régnait dans toute sa figure un charme que j'eus le temps de considérer, et qui me mit hors de moi. Je me jetai à genoux à l'entrée de la chambre, en tendant les bras vers elle d'un mouvement passionné, bien sûr qu'elle ne pouvait m'entendre, et ne pensant pas qu'elle pût me voir : mais il y avait à la cheminée une glace qui me trahit. Je ne sais quel effet ce transport fit sur elle ; elle ne me regarda point, ne me parla point ; mais tournant à demi la tête, d'un simple mouvement de doigt, elle me montra la natte à ses pieds. Tressaillir, pousser un cri, m'élancer à la place qu'elle m'avait marquée, ne fut pour moi qu'une même chose : mais ce qu'on aurait peine à croire est que dans cet état je n'osai rien entreprendre au-delà, ni dire un seul mot, ni lever les yeux sur elle, ni la toucher même, dans une attitude aussi contrainte, pour m'appuyer un instant sur ses genoux. J'étais muet, immobile : mais non pas tranquille assurément : tout marquait en moi l'agitation, la joie, la reconnaissance, les ardents désirs incertains dans leur objet, et contenus par la frayeur de déplaire sur laquelle mon jeune cœur ne pouvait se rassurer.

Je ne sais comment eût fini cette scène vive et muette, ni combien de temps j'aurais demeuré immobile dans cet état ridicule et délicieux, si nous eussions été interrompus. Au plus fort de mes agitations, j'entendis ouvrir la porte de la cuisine, qui touchait la chambre où nous étions, et Mme Basile alarmée me dit vivement de la voix et du geste :

« Levez-vous, voici Rosina. » En me levant en hâte, je saisis une main qu'elle me tendait, et j'y appliquai deux baisers brûlants, au second desquels je sentis cette charmante main se presser un peu contre mes lèvres. De mes jours, je n'eus un si doux moment : mais l'occasion que j'avais perdue ne revint plus, et nos jeunes amours en restèrent là.

[...] Un petit signe du doigt, une main légèrement pressée contre ma bouche sont les seules faveurs que je reçus jamais de Mme Basile, et le souvenir de ces faveurs si légères me transporte encore en y pensant.

J.-J. ROUSSEAU, *Les Confessions*, 1764-1770.

1. *Elle* : Mme Basile.

2 La rédaction des textes d'écriture d'invention

OBSERVATION

EX. 16 Observer et analyser une réponse rédigée (début de préface)

SUJET 6 (P. 409)

Observez un début de préface correspondant à un travail d'écriture d'invention.

1. Vérifiez que ce début de texte permet de comprendre certains des points suivants : il s'agit d'une préface d'anthologie poétique qui intègre trois textes précis, en annonce d'autres et vise à convaincre du caractère consolateur de la poésie.

2. Lesquels de ces points restent à développer ?

RÉPONSE RÉDIGÉE

Ronsard, Hugo, Eluard : voilà que ces trois poètes séparés par le temps se trouvent réunis et donnent le ton de cette anthologie. Elle regroupe des textes connus, qui parlent tous de la douleur et du chagrin et qui rappellent le rôle consolateur de la poésie.
Pourquoi ces trois-là en premier, sinon pour l'émotion que traduisent et qu'inspirent trois courts textes poignants consacrés à trois disparitions de femmes aimées ? Ronsard pleure la mort de Marie, une jeune paysanne comparée à une rose. Hugo évoque le voyage qui le conduit sur la tombe de sa fille adorée, Léopoldine. Eluard trouve dans les mots de tous les jours un exutoire à sa douleur : Nush est morte et le temps, la vie et l'amour perdent brusquement de leur sens. Poèmes d'amour, poèmes de disparition, poèmes de mort, ils sont nombreux à traduire dans la musique des mots, dans les images et dans les sonorités de la poésie, le désarroi de leurs auteurs et la manière dont se trouve sublimée leur douleur. Quels poèmes, et quels poètes pour une anthologie, direz-vous ? Ils sont nombreux, les œuvres multiples et rien n'est plus inspirateur que la tristesse et le désespoir. Comment justifier le choix de ceux qui peuplent ces pages et y font entendre leurs pleurs et leurs malheurs ?

EX. 17 Observer et analyser une réponse rédigée (début de lettre)

SUJET 8 (P. 410)

1. Observez ce début de lettre correspondant à un travail d'écriture d'invention (composantes données dans l'exercice 10 → p. 411). Vérifiez si ce début permet de comprendre les points suivants : il s'agit d'une lettre d'un éditeur à un auteur qui commence une autobiographie. La finalité de la lettre est de donner des conseils à l'auteur.

2. La lettre est incomplète : que lui manque-t-il ?

RÉPONSE RÉDIGÉE

Arles, le 6 avril 2004

Bernard Deslivres
Éditeur

à Monsieur Claude Roussot, écrivain

Monsieur,
Nous avons bien reçu votre lettre définissant un nouveau projet, celui d'une autobiographie, et nous pensons qu'il s'agit là d'un ouvrage que ne manquera pas d'intéresser nos lecteurs : votre vie a en effet été si mouvementée, et marquée par tant d'événements historiques que vous appartenez en quelque sorte au public, qui souhaite en savoir plus sur vous. Notre maison compte parmi ses auteurs de nombreux romanciers qui se sont attelés à une telle tâche. Certains ont abandonné en cours de route, déroutés par l'ampleur et par les difficultés de l'entreprise. Ce sont ces abandons qui me poussent à vous prodiguer quelques conseils d'expérience, avec la certitude, toutefois, que vous avez déjà envisagé tous les écueils de ce genre d'ouvrage. Nous pourrons d'ailleurs en reparler ensemble.
Il me semble que le premier point à envisager est la nature exacte de votre projet : certes, l'idée d'autobiographie est claire, mais il existe des finalités différentes. Ainsi je ne pense pas qu'il s'agisse

EX. 18 Observer et analyser une réponse rédigée (début de dialogue)

SUJET 9 (P. 410)

Observez ce début de dialogue correspondant à un travail d'écriture d'invention (composantes données dans l'exercice 12 → p. 411). Vérifiez qu'il permet de comprendre les points suivants : le dialogue entre un lycéen et Serge Doubrovsky porte sur les raisons d'écrire un journal, les deux interlocuteurs ont des positions opposées.

EX. 19 Tirer des conclusions des exemples observés

Après avoir étudié l'un ou l'autre ou les trois exemples donnés (exercices 16, 17, 18, 19) répondez aux questions suivantes :

1. Qu'est-ce qui détermine la structure d'un texte d'écriture d'invention ? Est-elle imposée ?

2. En quoi consistent les entrées en matière : s'agit-il d'introductions ?

3. Ce genre de texte suit-il les règles de la dissertation ?

4. Quelle est la part de liberté laissée au candidat/auteur ?

pour vous de « confesser » quelques méfaits comme votre illustre homonyme, ou de rectifier une image publique, qui, dans votre cas, n'est pas détériorée. [...]

Dans l'attente de vous rencontrer et de lire les premières pages de votre manuscrit, je vous prie de croire, Monsieur, à l'expression de mes sentiments les meilleurs.

B. Deslivres

RÉPONSE RÉDIGÉE

Invité à rencontrer les élèves du Lycée Apollinaire de N. sur le thème de l'écriture autobiographique, Serge Doubrosky a eu avec l'un d'entre eux, plus particulièrement, un dialogue animé que nous reprenons ici.

– Je ne vous comprends pas, Monsieur Doubrovsky. Vous jouez avec les mots, là, quand vous dites « de livre en livre, je me livre... », mais ce que vous affirmez est contradictoire. D'un côté vous nous racontez que vos ouvrages servent à dire ce que vous vivez et ce qui vous arrive, votre âge, vos problèmes de cœur, et même vos impôts... et de l'autre, vous refusez de tenir un journal qui dirait la même chose. Ce n'est pas logique, à moins que la seule chose qui vous intéresse soit l'image que vous donnez aux autres. C'est ça ?

– Je vous félicite pour votre perspicacité, et pour votre esprit d'analyse, jeune homme, mais je ne suis pas si incohérent. Voyez-vous, la différence essentielle entre le journal et les œuvres publiées, pour moi, ce n'est pas la publication, c'est la question du temps. Écrire un journal chaque jour, c'est être dans le présent, et moi, je ne peux pas vivre et écrire en même temps. Si j'écris, il me semble que j'emprisonne ma vie : elle ne peut plus aller à l'aventure, il n'y a plus de hasard.

– Justement, ce qui est intéressant, dans le journal, c'est que l'on fixe ce que l'on vit. Moi, ce qui m'intéresse, quand je rentre du lycée, ou le soir, dans la solitude, c'est de rendre compte de ma journée. Bien sûr, je ne raconte pas tout, mais ce journal est un confident et je crois que je serai content, plus tard, de retrouver cette période de ma vie. On nous dit tout le temps que tout va vite, y compris la vie ; alors, moi, j'aime l'arrêter un peu. Je ne suis pas comme vous. [...]

Extrait de *Zone*, journal du lycée Apollinaire.

APPLICATION

EX. 20 Rédiger un texte à partir d'éléments donnés

SUJET 11

Le sujet ci-contre est accompagné d'un extrait d'œuvre autobiographique et d'un ensemble d'éléments permettant de construire le texte demandé : un article de revue littéraire.

SUJET 11

Document

– Colette « Rêverie de Nouvel An », *Les Vrilles de la vigne*, 1908.

Vous répondrez d'abord aux questions suivantes. (6 points)
1. Justifiez le titre de la nouvelle autobiographique de Colette, « Rêverie de Nouvel An ». (3 points)
2. Expliquez la métaphore du « ruban » (l. 31 à 37). Puis, montrez comment elle évolue au cours du texte. (3 points)

Vous traiterez ensuite un de ces sujets au choix. (14 points)
→ **Sujet III : Écriture d'invention**
Une revue littéraire prépare un numéro sur le récit autobiographique. Vous êtes chargé(e) d'y écrire un article dans lequel vous montrerez en quoi l'écriture autobiographique peut être une aide pour les autres et pour soi. Vous développerez votre argumentation en utilisant le texte du corpus et les lectures que vous avez faites par ailleurs.

Pondichéry, juin 2003, séries technologiques.

TEXTE D'APPUI POUR LE SUJET 11 (EXTRAIT)

Ô, tous les hivers de mon enfance, une journée d'hiver vient de vous rendre à moi ! C'est mon visage d'autrefois que je cherche, dans ce miroir ovale saisi d'une main distraite, et non mon visage de femme, de femme jeune que sa jeunesse va bientôt quitter...
Enchantée encore de mon rêve, je m'étonne d'avoir changé, d'avoir vieilli pendant que je rêvais... D'un pinceau ému je pourrais repeindre, sur ce visage-ci, celui d'une fraîche enfant roussie de soleil, rosie de froid, des joues élastiques achevées en un menton mince, des sourcils mobiles prompts à se plisser, une bouche dont les coins rusés démentent la courte lèvre ingénue... Hélas, ce n'est qu'un instant. Le velours adorable du pastel ressuscité s'effrite et s'envole...
L'eau sombre du petit miroir retient seulement mon image qui est bien pareille, toute pareille à moi, marquée de légers coups d'ongle, finement gravée aux paupières, aux coins des lèvres, entre les sourcils têtus... Une image qui ne sourit ni ne s'attriste, et qui murmure, pour moi seule : « Il faut vieillir. » Ne pleure pas, ne joins pas des doigts suppliants, ne te révolte pas : « il faut vieillir ». Répète-toi cette parole, non comme un cri de désespoir, mais comme le rappel d'un départ nécessaire. Regarde-toi, regarde tes paupières, tes lèvres, soulève sur tes tempes les boucles de tes cheveux : déjà tu commences à t'éloigner de ta vie, ne l'oublie pas, il faut vieillir !
Éloigne-toi lentement, lentement, sans larmes ; n'oublie rien ! Emporte ta santé, ta gaîté, ta coquetterie, le peu de

bonté et de justice qui t'a rendu la vie moins amère ; n'oublie pas ! Va-t'en parée, va-t'en douce, et ne t'arrête pas le long de la route irrésistible, tu l'essaierais en vain, – puisqu'il faut vieillir ! Suis le chemin, et ne t'y couche que pour mourir. Et quand tu t'étendras en travers du vertigineux ruban ondulé, si tu n'as pas laissé derrière toi un à un tes cheveux en boucles, ni tes dents une à une, ni tes membres un à un usés, si la poudre éternelle n'a pas, avant ta dernière heure, sevré tes yeux de la lumière merveilleuse – si tu as, jusqu'au bout gardé dans ta main la main amie qui te guide, couche-toi en souriant, dors heureuse, dors privilégiée.

COLETTE, *Les Vrilles de la vigne*,
« Rêverie de Nouvel An » (extrait), 1908, © Fayard, 2004.

ÉLÉMENTS POUR CONSTRUIRE LE TEXTE

– **Genre :** article de revue littéraire, texte d'idée construit autour d'une problématique.
– **Forme de discours :** informatif et argumentatif ; l'objectif est de donner des éléments de réflexion au lecteur, à partir d'idées développées et justifiées.
– **Structure :** « accroche » donnant l'annonce de la problématique + développement en paragraphes et grandes parties comportant éventuellement des intertitres. L'ensemble comporte un titre explicite, qui doit attirer l'attention du lecteur.
– **Contenu :** il s'agit d'étudier en quoi l'écriture autobiographique permet à l'autobiographe de mieux se connaître (donc de mieux comprendre ses réactions et ses comportements) et en quoi cette écriture lui permet d'être mieux connu des autres.
– **Idées à reprendre et développer** (*à compléter avec les idées du texte de Colette*) **:**
→ Celui qui écrit son autobiographie se fait connaître auprès des autres : il révèle des choses que personne ne sait ni ne soupçonne et en même temps fait connaître son caractère à partir de ses réactions.
Ex. : Rousseau raconte des méfaits dont il a honte et qui le font passer pour un « méchant homme » ; il s'analyse à l'occasion des faits qu'il évoque et cette analyse est encore une manière de se faire connaître et d'expliquer sa vie. Rousseau explique sa vie d'adulte et aide les lecteurs à comprendre certaines de ses œuvres grâce à son enfance entre les mains de maîtres qui lui ont appris l'injustice. Michel Leiris expose, en racontant son opération des amygdales, les raisons de son pessimisme et de son manque de confiance dans ses semblables…
→ Celui qui écrit son autobiographie trouve dans cette entreprise des moyens de se connaître lui-même. L'autobiographe remonte dans son passé et le redécouvre : c'est une part de lui-même un peu oubliée qui revient à la surface. Le récit du passé par l'adulte permet une distance explicative et analytique : avec le temps, celui qui parle peut analyser et comprendre ce qu'il vivait (chose qu'il ne pouvait pas faire lorsqu'il était pris par l'action).
Ex. : Montaigne cherche à faire « l'essai » de ses facultés, considérant que la connaissance de soi est fondamentale. Chateaubriand affirme vouloir « expliquer [son] inexplicable cœur ». Marguerite Yourcenar cherche à savoir qui elle est à travers l'étude de ses origines…

SYNTHÈSE

L'écriture d'invention

Ce que l'on appelle « **écriture d'invention** » est un exercice qui se fait à partir d'un **sujet**, lui-même rattaché à un **corpus de textes** renvoyant à un **objet d'étude**. Ce type d'exercice ne correspond pas à une codification spécifique, comme c'est le cas pour la dissertation ou pour le commentaire : il implique en revanche de connaître les **codes** de **genres littéraires** dont on demande de maîtriser l'écriture : lettre, article, préface, dialogue, discours. L'écriture d'invention a la particularité de mettre l'élève en situation d'écrivain, mais à certaines conditions, qui sont là pour l'aider.

1 Les relations avec le corpus et avec les objets d'étude

L'écriture d'invention vient en troisième position dans les exercices d'écriture. Elle est associée au **corpus** de textes et correspond ainsi à un **objet d'étude**. Les candidats disposent de ce fait de textes d'appui, qui peuvent dans certains cas servir de **modèles** ou de point de départ. Ils savent d'autre part où chercher des connaissances, puisque les objets d'étude ont été étudiés pendant l'année.

EXEMPLE : on pourra ainsi demander aux candidats d'écrire la **préface** d'une anthologie poétique (sujet 6 → p. 409), un article de **critique littéraire** ou encore un prologue présentant des personnages. Ce sont là des genres littéraires rencontrés dans certains objets d'étude. On pourra également leur demander de réécrire un **extrait de roman**, ou de développer une situation sur un mode narratif. Il se peut aussi que le sujet d'écriture d'invention soit une **lettre**, parce que l'on considère que tout candidat en connaît les conventions. Mais si les textes du corpus appartiennent au théâtre ou à la poésie, on ne demandera pas au candidat d'écrire un poème, ni une scène de théâtre.

Ces exemples, qui découlent de la définition officielle (→ p. 406) et qui figurent dans les sujets donnés à l'examen, font apparaître un point important. Bien souvent, le travail d'écriture d'invention fait référence à **deux objets d'études** mis simultanément en jeu : le premier se révèle dans le **corpus** (par exemple des **fables**), le second apparaît dans le **sujet** (par exemple une **préface argumentée**).

EXEMPLE : avec plusieurs extraits de textes de théâtre, un sujet d'écriture d'invention demande de réunir, dans un contexte romanesque (sujet 10 → p. 412) deux personnages discutant la mise en scène de la mort de Phèdre. Les deux objets d'étude concernés sont d'une part le théâtre et d'autre part le roman : il faut connaître ce qui concerne la mort dans la tragédie, sa mise en scène et sa signification ainsi que la notion de dénouement. Du point de vue romanesque, il faut savoir créer une scène et la raconter, mais aussi faire parler des personnages.

Les problématiques de l'autobiographie peuvent se trouver associées à la rédaction d'une lettre, d'une préface ou d'un article. Deux objets d'étude se trouvent ici mis en jeu conjointement.

De manière générale, ces sujets demandent rarement au candidat de donner une opinion strictement personnelle : les consignes et les contraintes fixent toujours des limites à la subjectivité. Mais il est demandé au candidat de montrer qu'il sait passer de l'**écriture scolaire** à une **écriture littéraire**.

2 Comment procéder pour répondre avec pertinence au sujet

Hors normes et relevant de l'écriture des genres littéraires, les sujets d'écriture d'invention n'entrent pas dans un « **moule** » qui permettrait d'avoir différents types de plans comme pour la dissertation. Ils sont cependant soumis à deux sortes de **codifications** qui créent des contraintes : celles du **sujet** et celles du **genre littéraire** demandé. Ces deux types de contraintes permettent de poser les composantes indispensables du texte à composer :

- le **genre** demandé : lettre, discours, préface, essai, dialogue, extrait narratif ou descriptif figurant dans un roman… ;
- ses **caractéristiques**, en relation avec les savoirs des objets d'étude ;

- la **situation d'énonciation** dans laquelle est mis le candidat : il parle en son nom, il est le signataire de l'article ou de la lettre ou au contraire il fait parler quelqu'un d'autre, à qui il prête des paroles qui ne reflètent pas nécessairement ce qu'il pense ;
- le **domaine d'application** concerné : une lettre parle du **théâtre**, une préface parle de **poésie**, un article parle **d'autobiographie**... et les connaissances demandées, en relation avec les objets d'étude, et qui sont des problématiques littéraires ;
- la **forme de discours** demandée : argumentation, information, récit à visée argumentative... ;
- le **registre** demandé par le sujet ou imposé par le genre, par le thème, par la situation... ;
- la **nature de l'écriture** (le style) lorsqu'il s'agit de transposer un texte, de le continuer, de le réécrire.

EXEMPLE : un personnage écrit une **lettre** pour raconter de son point de vue une scène vécue, mais dont on a une autre version (sujet 4 → p. 408), ce qui met en jeu la **focalisation** ; un autre compose un **article** pour donner son opinion ; un autre doit raconter un **épisode de roman** ou dire ce qu'il pense d'une mise en scène... Les différents sujets mettent en cause des **données historiques**, des **savoirs littéraires** et des **spécificités d'écriture** relatives aux personnages qui s'expriment.

On voit ici qu'une lecture attentive des textes du corpus est indispensable puisqu'ils sont parfois des **modèles** et constituent toujours un élément fondamental par rapport à l'objet d'étude.

3 La rédaction

L'écriture du texte est indissociable de toutes les composantes précédentes, que l'on doit avoir en tête : il ne s'agit pas de construire une dissertation et d'utiliser une écriture analytique scolaire, mais de se mettre **à la place d'un auteur** et d'écrire comme lui. Les œuvres étudiées et les textes du corpus jouent le rôle de **modèles** : il y a là un entraînement qui ne relève ni de l'imagination ni de la liberté totale, mais d'un véritable apprentissage de l'écriture, qui ne peut se faire sans exemple : c'est là que toutes les lectures et les études de textes trouvent leur justification.

30 L'oral à l'Épreuve Anticipée de Français

Le texte officiel

Le déroulement de l'épreuve

L'examen oral se déroule en deux parties de chacune 10 minutes qui s'enchaînent et sont précédées d'un temps de préparation de 30 minutes. Le temps consacré à accueillir le candidat et à remplir la fiche d'évaluation est d'environ 10 minutes. Ainsi il n'est amputé ni sur le temps de préparation ni sur celui consacré à l'épreuve. Chacune de ces deux parties est évaluée sur 10 points.

La première partie de l'épreuve

Dans la première partie de l'épreuve, le candidat rend compte de la lecture qu'il fait d'un texte choisi par l'examinateur dans le descriptif des lectures et activités. Cette lecture est orientée par une question initiale à laquelle il doit répondre en partant de l'observation précise du texte, en menant une analyse simple et en opérant des choix afin de construire une démonstration. On n'attend donc de lui ni une étude exhaustive du texte, ni la simple récitation d'une étude faite en classe.

Le choix de l'extrait

En aucun cas le candidat n'est interrogé, pendant cette partie de l'épreuve, sur les lectures cursives. [...]

La question

Une question écrite amène le candidat à étudier, en lien avec l'objet d'étude ou les objets d'étude retenu(s), un aspect essentiel du texte. Elle est formulée avec clarté et évite toute utilisation abusive de termes techniques susceptibles de mettre le candidat en difficulté. Elle appelle une interprétation, fondée sur l'observation précise du texte.

L'exposé du candidat

Le candidat fait une lecture à haute voix de la totalité ou d'une partie du texte à étudier, avant son exposé ou au cours de son exposé, au choix de l'examinateur. L'exposé est ordonné. Il prend constamment appui sur le texte proposé mais ne peut consister en un simple relevé. Il présente, de façon libre mais adaptée, les éléments d'une réponse organisée à la question posée. [...]

La deuxième partie de l'épreuve

La seconde partie de l'épreuve est un entretien, pendant lequel l'examinateur s'attache à conduire un dialogue permanent avec le candidat. L'examinateur ne se livre pas à un « corrigé » de la première partie de l'épreuve. Il veille à ne pas exiger du candidat la récitation pure et simple d'une question de cours. Il cherche au contraire :

– à ouvrir des perspectives ;
– à approfondir et à élargir la réflexion, en partant du texte qui vient d'être étudié pour aller vers :
  • l'œuvre intégrale ou le groupement d'où ce texte a été extrait ;
  • une des lectures cursives proposées en relation avec le texte qui vient d'être étudié ;
  • l'objet d'étude ou les objets d'étude en relation avec le texte qui vient d'être étudié ;
– à évaluer les connaissances du candidat sur l'œuvre ou l'objet d'étude ;
– à apprécier l'intérêt du candidat pour les textes qu'il a étudiés ou abordés en lecture cursive ;
– à tirer parti des lectures et activités personnelles du candidat. [...]

Direction générale de l'Enseignement scolaire,
document du 9 octobre 2007.

Lire le texte officiel

1. Quelles sont les deux parties de l'oral de l'Épreuve Anticipée de Français ?

2. À quoi le texte proposé est-il rattaché ? Peut-il être extrait d'une œuvre que le candidat ne connaîtrait pas du tout ?

3. Que doit faire le candidat à partir du texte qui lui est proposé ? Quel **élément** lui est fourni pour guider son travail et l'aider ?

4. En quoi consiste la **seconde partie de l'épreuve** ? Quels sont ses liens avec la première ? S'il y a ***élargissement*** par rapport à l'étude du texte, sur quoi peut porter cette démarche ?

OBSERVATION

EX. 1 Observer des manières de procéder

Dans la suite des démarches proposées, concernant la préparation de l'étude du texte pour l'oral, différenciez celles qui sont pertinentes et celles qui ne le sont pas.
– Lire le texte rapidement et commencer tout de suite à écrire au brouillon ce qu'il « raconte ».
– Chercher quel est son « plan » en donnant un titre aux différentes parties.
– Analyser la question posée par l'examinateur et chercher quelles sont les relations entre la question et le texte.
– Se remémorer, parce qu'on l'a apprise par cœur, l'étude du texte faite en classe, de manière à redire exactement ce qui a été trouvé pendant le cours.
– Lire attentivement le texte ainsi que tous les éléments du paratexte et chercher à quel objet d'étude il renvoie.
– Faire revenir des connaissances précises concernant l'objet d'étude auquel appartient le texte et y rattacher le texte.
– Si le texte est un extrait d'œuvre, se remémorer les connaissances que l'on a de cette œuvre.
– Préparer le résumé de l'œuvre à laquelle appartient le texte à étudier.
– Chercher dans sa mémoire et noter tous les éléments biographiques concernant l'auteur pour pouvoir les donner en introduction.
– En ayant bien présents à l'esprit la question de l'examinateur et l'objet d'étude concerné, observer attentivement le texte et faire des repérages portant sur certains éléments tels que les champs lexicaux dominants, l'énonciation, la forme de discours, le registre, les figures de rhétorique…
– Approfondir les repérages et regrouper les remarques pour construire un plan de réponse à la question posée par l'examinateur.
– Prendre la peine de rédiger, pour l'avoir bien en tête, une présentation du texte et l'annonce du plan adopté pour répondre à la question de l'examinateur.
– Penser à une conclusion de l'exposé.

EX. 2 Classer des démarches par ordre chronologique

1. Une fois déterminées les bonnes démarches de préparation du texte (exercice 1), indiquez dans quel ordre il vaut mieux qu'elles soient menées.

2. D'où vient essentiellement la difficulté de l'exercice par rapport au travail fait pendant l'année ?

EX. 3 Déterminer des démarches d'oral pertinentes

Devant l'examinateur, quelles sont les démarches pertinentes pour la première partie de l'oral ? Trouvez-les dans la liste suivante et classez-les par ordre chronologique :
– Commencer l'exposé par la biographie de l'auteur du texte.
– Exposer tout ce que l'on sait sur l'objet d'étude.
– Réciter l'étude de texte que l'on a faite en classe et que l'on a apprise par cœur.
– Replacer l'auteur dans un courant littéraire et dire tout ce que l'on sait sur ce courant, en oubliant le texte.
– Faire une présentation qui replace le texte dans un objet d'étude, une époque, éventuellement un mouvement, et annoncer le plan d'étude choisi en fonction de la question posée par l'examinateur.
– Lire le texte en respectant la ponctuation, les paragraphes, la versification si c'est un texte en vers, avec le souci de faire ressortir de cette lecture certaines caractéristiques.
– Redire sous une autre forme ce que dit le texte en commençant toutes les phrases par « l'auteur nous dit que… », « alors là, on voit très bien que… », et faire cela jusqu'à la fin du texte.
– Faire un simple relevé de procédés d'écriture sans jamais aborder le sens du texte.
– Présenter un exposé construit, intégrant à la fois, et de manière mêlée, l'étude du texte et la réponse à la question posée par l'examinateur.
– Présenter cet exposé avec de nombreuses références au texte, à ses spécificités d'écriture.

APPLICATION

EX. 4 Élaborer des réponses à partir d'éléments donnés

TEXTES 1 À 3

Voici trois textes, six questions qui pourraient être posées par un examinateur et des pistes de réponse pour un oral. Mais les questions (deux par texte) sont séparées de leur texte et les pistes de réponses sont toutes mélangées.

Après avoir précisé l'objet d'étude auquel appartient chaque texte, construisez des plans de réponses pertinentes en associant à chaque question trois pistes de réponses.

TEXTE 1

L'amour[1], pour l'ordinaire, est peu fait à ces lois,
Et l'on voit les amants vanter toujours leurs choix ;
Jamais leur passion n'y voit rien de blâmable,
Et dans l'objet aimé tout leur devient aimable :
Ils comptent les défauts pour des perfections,
Et savent y donner de favorables noms.
La pâle est aux jasmins en blancheur comparable ;
La noire à faire peur, une brune adorable ;
La maigre a de la taille et de la liberté ;
La grasse est dans son port pleine de majesté ;
La malpropre sur soi, de peu d'attraits chargée,
Est mise sous le nom de beauté négligée ;
La géante paraît une déesse aux yeux ;
La naine, un abrégé des merveilles des cieux ;
L'orgueilleuse a le cœur digne d'une couronne ;
La fourbe a de l'esprit ; la sotte est toute bonne ;
La trop grande parleuse est d'agréable humeur ;
Et la muette garde une honnête pudeur.
C'est ainsi qu'un amant, dont l'ardeur est extrême
Aime jusqu'aux défauts des personnes qu'il aime.

MOLIÈRE, *Le Misanthrope*, Acte II, scène 4 (v. 711-730), 1667.

1. C'est Éliante qui parle. Elle s'adresse à Célimène.

TEXTE 2

Ô soleil, ô face divine,
Fleurs sauvages de la ravine,
Grottes où l'on entend des voix,
Parfums que sous l'herbe on devine,
Ô ronces farouches des bois,

Monts sacrés, hauts comme l'exemple,
Blancs comme le fronton d'un temple,
Vieux rocs, chêne des ans vainqueur,
Dont je sens, quand je vous contemple,
L'âme éparse entrer dans mon cœur,

Ô vierge forêt, source pure,
Lac limpide que l'ombre azure,
Eau chaste où le ciel resplendit,
Conscience de la nature,
Que pensez-vous de ce bandit ?

Jersey, 2 décembre 1852 [22 novembre 1852]

V. HUGO, *Les Châtiments*, II, 4, 1853.

TEXTE 3

Utilité du poète

À Salah Stétié

Elle a besoin de moi pour devenir la rose,
la rose. Et la jument, pour se faire jument,
me demande une forme endormie dans mon verbe.
Et l'arbre sait que l'arbre est d'abord manuscrit,

comme l'azur, qui par décret de ma légende,
est un azur heureux et légitime. Et l'eau
s'abreuve d'eau plus fraîche, au bord de l'écriture.
Et la chose, fenêtre ou gramophone, apprend

son métier dans la fable où je lui donne vie.
Et le feu, révolté parfois contre mes mots,
y reconquiert sa flamme. Et la douce musique

est plus musique et plus douceur dans mes chansons.
Et l'oiseau inconnu trouve une identité
là où je veux car je lui suis indispensable.

A. Bosquet, *Sonnets pour une fin de siècle*, © Gallimard, 1980.

QUESTIONS POSÉES PAR L'EXAMINATEUR

1. Vous étudierez le texte en montrant comment il illustre une des fonctions du genre littéraire auquel il appartient.

2. Vous ferez l'étude du texte en analysant le rôle que le poète fait jouer à la nature dans une démarche dont vous préciserez le registre.

3. Étudiez ce texte en faisant apparaître que son contenu et son organisation – que vous préciserez – sont annoncés dès les quatre premiers vers.

4. Faites l'étude du texte en montrant l'importance de trois éléments fondamentaux, qui permettent de comprendre le dernier mot.

5. Faites la lecture analytique du texte en montrant d'où vient sa force polémique.

6. Faites une étude analytique du texte à partir du sens et de l'importance des huit dernières syllabes.

PISTES DE RÉPONSE

A. La manière dont le poète s'adresse aux éléments de la nature, les personnifications et les allégories. – **B.** La manière lyrique dont est préparée, implicitement, par l'appel à la nature, la question finale, qui crée une très forte opposition satirique. – **C.** Une utilisation récurrente du présent et de différentes formes de généralisation, par l'emploi de catégories. – **D.** L'utilisation d'un lexique moral qui semble bien renvoyer à une fonction didactique : il s'agit de faire réfléchir sur les comportements humains. – **E.** Les éléments de la nature qui sont cités et leurs caractéristiques. – **F.** Les jeux de correspondance entre le lexique des quatre premiers vers et le lexique de la suite du texte. – **G.** Les relations entre les trois composantes : qui fait quoi ? – **H.** Une sorte de proverbe illustré par de nombreux exemples. – **I.** Le lexique de l'écriture poétique et celui de la métamorphose. –

EX. 5 Analyser des questions et des démarches

Reprenez le travail que vous avez effectué à l'exercice 4 (→ p. 425) et expliquez :

1. Pourquoi les pistes de réponses concernant les deux questions posées sur un même texte sont proches.

2. Pourquoi, concernant les trois textes, les pistes de certaines réponses sont souvent proches elles aussi.

EX. 6 Chercher des réponses à des questions d'entretien

Voici plusieurs séries de questions qui pourraient être posées lors de l'entretien. Identifiez le texte concerné par chaque question. Vérifiez que vous avez des éléments de réponse.

EX. 7 Retrouver des liens avec les objets d'étude

Montrez en quoi les questions d'entretien renvoient toutes à des connaissances relevant des objets d'étude et impliquent que le candidat maîtrise un certain nombre de savoirs.

EX. 8 Récapituler les compétences et les connaissances nécessaires à l'oral

En vous fondant sur le texte officiel et sur le contenu des exercices de ce chapitre, identifiez et classez les compétences (maîtrise des démarches et des savoir-faire) ainsi que les connaissances mises en jeu par les deux parties de l'oral.

J. L'écho entre deux vers/proverbes exposant le thème du texte. – **K.** La réponse au titre et son écho à travers le dernier mot. – **L.** Une interpellation adressée aux éléments de la nature et qui peut paraître simplement lyrique. – **M.** Des antithèses perceptibles dans les quatre premiers vers et reprises ensuite. – **N.** Certaines connotations laissant penser que les éléments interpellés sont porteurs de valeurs essentielles. – **O.** L'importance de « je » pour expliquer et mettre en scène une fonction fondamentale de la poésie. – **P.** La chute surprenante du texte, l'importance du « vous » et les connotations du dernier mot, qui ne nécessite pas qu'un nom soit précisé. – **Q.** Le rapprochement entre les huit dernières syllabes et le titre : un poème réponse. – **R.** La présence, tout au long du texte, à travers un lexique récurrent, de trois composantes inséparables, et la nature de ces trois composantes.

QUESTIONS

1. Précisez dans quelles circonstances historiques le poème a été écrit : en quoi cette précision éclaire son sens ? La poésie vous semble-t-elle constituer une arme politique ? Donnez des exemples pris à d'autres époques.

2. Quelles sont les différentes fonctions de la poésie ? Citez différentes conceptions du rôle du poète en précisant à quelles époques et à quels poètes elles renvoient.

3. De quelles manières la poésie peut-elle transformer les réalités qu'elle évoque ? Donnez des exemples précis pris dans des textes que vous avez étudiés.

4. Quelles sont les fonctions du théâtre en général et du théâtre comique en particulier ? Donnez des exemples pris dans les textes et œuvres que vous avez étudiés.

5. Quelles sont les sources antiques du théâtre ? Quelles sont les conséquences de cette origine, dans la vocation du théâtre et dans certaines conventions des représentations théâtrales ?

6. Quel genre littéraire inscrit au programme partage avec le théâtre une certaine vocation que vous préciserez.

SYNTHÈSE

L'oral à l'Épreuve Anticipée de Français

L'oral de l'E.A.F comporte **deux parties** : l'étude d'un texte et un entretien.
Chacune est notée sur 10 et dure dix minutes. La préparation est de trente minutes.

1 L'étude d'un texte

La première partie de l'épreuve consiste à rendre compte de la **lecture** d'un texte en répondant à une **question** posée par l'examinateur. Le texte fait partie des textes et œuvres qui figurent sur le « **descriptif des activités** ». Il s'inscrit donc dans un travail de l'année, et correspond à un objet d'étude du programme. Pendant la préparation, le candidat doit organiser une réponse construite tenant compte de la question. Il doit faire la preuve qu'il sait **analyser** un texte, c'est-à-dire en justifier le sens par l'observation des procédés d'écriture, tout en prenant en compte les **orientations de la question posée** : l'étude du texte n'est pas la récitation d'un cours. La démarche implique une adaptation à la question. Les réponses se trouvent donc dans le texte, mais aussi dans la connaissance de l'objet d'étude concerné.

EXEMPLE : si le texte proposé est le sonnet de Ronsard dédié à Marie (→ chapitre 27, p. 370), avec la question suivante : « *vous montrerez comment la structure du poème contribue à en faire un éloge lyrique* », il est important d'intégrer les données de la question. Cela peut conduire au plan suivant, qui ressemble à celui d'un commentaire :

1. Un sonnet construit sur une comparaison.
2. Le sens du rapprochement de la jeune fille et de la rose : un éloge funèbre.
3. Le registre lyrique et la conception de la poésie à l'époque de la Pléiade.

2 L'entretien

L'étude du texte est prolongée par un **entretien** de dix minutes qui vise à évaluer les **connaissances littéraires** du candidat et sa capacité de les réinvestir au cours d'un **dialogue**, en établissant des interférences avec d'autres domaines littéraires et culturels liés au programme. Il convient ici de savoir construire des **réponses** en les appuyant sur des **exemples** précis et de faire état de **connaissances** exigées par le programme.

EXEMPLE : l'étude du sonnet de Ronsard peut entraîner des questions sur le registre lyrique perceptible dans la poésie à d'autres époques que celle de la Pléiade (à l'époque romantique notamment), sur les fonctions et les pouvoirs du poète, par référence à des conceptions autres, celles du romantisme et celles du symbolisme, ou encore sur l'évolution historique des formes fixes aux formes libres.

3 Le niveau de langue à l'oral

Aussi bien lors de l'étude de texte que dans l'entretien, il convient que le niveau de langue soit adapté à la situation. La langue utilisée doit être **correcte** et **claire**, ce qui implique de faire disparaître tout ce qui est familier, argotique, relâché… Un **oral de français** est une **situation de communication** particulière, qui met face à face un examinateur et un candidat : ce dernier doit faire la preuve de ses capacités de maîtriser la langue, dialoguer et argumenter. L'épreuve d'oral permet la vérification et l'évaluation d'un certain nombre de **savoirs** et de **savoir-faire** : lecture analytique d'un texte, exposé de connaissances organisées, dialogue et argumentation… Elle met donc en jeu tout ce qui a été appris et assimilé pendant les deux premières années du lycée, et même avant.

Index des auteurs et des œuvres

A

ALAIN-FOURNIER, *Le Grand Meaulnes*, 47, 70
ALABALAT (A.), *L'Art d'écrire*, 317,
AMENGUAL (B.), *Le Cuirassé Potemkine*, 40
ANOUILH (Jean), *Antigone*, 245 ; *Fables*, 273
APOLLINAIRE (Guillaume), *Alcools*, 50, 74, 76, 251 ; *Le Guetteur mélancolique, Poèmes retrouvés*, 75
ARAGON (Louis), *Cantique à Elsa*, 376 ; *Elsa*, 110 ; *Les Yeux d'Elsa*, 111
L'Avant-scène du Cinéma, 38
AYMÉ (Marcel), *La Belle Image*, 83 ; *Le Passe-Muraille*, 93, 201

B

BADINTER (Élisabeth), *Émilie, Émilie ou l'ambition féminine au XVIIIe siècle*, 290
BALZAC (Honoré de), *Adieu !*, 180 ; *Le Colonel Chabert*, 59 (4e de couv.), 63, 154, 214 (4e de couv.) ; *Eugénie Grandet*, 231 ; *Le Faiseur*, 241 ; *La Femme de trente ans*, 209, 214 ; *Illusions perdues*, 162 ; Lettre à la duchesse d'Abrantès, 337 ; *Le Père Goriot*, 50, 213, 225 ; *La Peau de chagrin*, 121
BAPTISTE-MARREY, *Le Maître de Stammholz*, 119
BARBEY D'AUREVILLY (Jules), *L'Ensorcelée*, 224
BARRAULT (Jean-Louis), mise en scène de *Phèdre*, 414
BAUDELAIRE (Charles), *Les Fleurs du mal*, 98, 136, 140, 254 ; *Petits Poèmes en prose*, 253, *Salon de 1859*, 310
BEAUMARCHAIS (Pierre de), *Le Barbier de Séville*, 240
BEAUVOIR (Simone de), *Mémoires d'une jeune fille rangée*, 360 ; *Tout compte fait*, 304
BECKETT (Samuel), *En attendant Godot*, 239
BELLAUNAY (H.), *Petite anthologie imaginaire de la poésie française*, 332
BELLOS (D.), *G. Perec, une vie dans les mots*, 267
BERTRAND (Aloysius), *Gaspard de la Nuit*, 79, 86, 149
Bible, 165
BOILEAU (Nicolas), *Art poétique*, 82 ; *Satires*, 194
BOSQUET (Alain), *Sonnets pour une fin de siècle*, 425 ; *Un jour après la vie*, 113
BOUTTÉ (J.-L.), *Dom Juan, Théâtre et mises en scène*, 334
BRADBURY (Ray), *Fahrenheit 451*, 230
BROGLIE (Louis de), *Sur les sentiers de la science*, 171
BUZZATI (Dino), *Les Nuits difficiles*, 282

C

CADOU (René- Guy), *Hélène ou le Règne végétal*, 378
CAILLOIS (Roger), *Babel*, 295
CALVINO (Italo), *Le chevalier inexistant*, 284 ; *La Machine littérature*, 291
CAMUS (Albert), *Carnets* de *La Peste*, 321 ; *La Chute*, 227 ; *Discours de Suède*, 294 ; *L'Étranger*, 47, 50, 67, 123
CAZOTTE (Jacques), *Le Diable amoureux*, 201
CENDRARS (Blaise), *Du monde entier au cœur du monde*, 252 ; *Rhum*, 153
La Chanson de Roland, 180
CHAR (René), *Fureur et mystère*, 253
CHASSIGNET (J.-B.), *Le Mépris de la vie et consolation contre la mort*, 102
CHATEAUBRIAND (François-René de), *Mémoires d'outre-tombe*, 91, 115, 307 ; *Mémoires de ma vie*, 264 ; *René*, 350
CHÂTELET (Noëlle), *Histoires de bouches*, 216
COHEN (Albert), *Le Livre de ma mère*, 360, 379
COLETTE, *Sido*, 359 ; *Les Vrilles de la vigne*, 418
CONSTANT (Benjamin), *Adolphe*, 79, 115
COPEAU (Jacques), *Registres 1 : Appels*, 287
CORBIÈRE (Tristan), *Les Amours jaunes*, 142
CORNEILLE (Pierre), « Épître dédicatoire de *Cinna* à M. de Montauron », 339 ; *L'Illusion comique*, 181 ; *Troisième discours*, 349
CROS (Charles), *Le Coffret de santal*, 141

D

D'ALEMBERT, *Discours préliminaire de l'Encyclopédie*, 161
DESBORDES (Michèle), *La Demande*, 217
DESNOS (Robert), *Corps et biens*, 44, 103, 112 ; *Destinée arbitraire*, 147, 205, 293
DESPORTES (Philippe), *Les Amours d'Hippolyte*, 314
DEVOS (Raymond), *Ça n'a pas de sens*, 44 ; *Sens dessus dessous*, 65 ;
Dictionnaire des littératures, 200
Dictionnaire Grand Robert, 52
Dictionnaire Larousse, 52, 63, 64, 65, 69, 174, 177, 180, 188, 194, 251, 331, 332, 350, 351
DIDEROT (Denis), *Jacques le Fataliste et son maître*, 120, 157
DOMENACH (J.-M.), *Le Retour du tragique*, 197
DOUBROVSKY (Serge), *La Vie l'instant*, 411
DU BELLAY (Joachim), *Les Regrets*, 87, 98, 106, 133, 174, 175, 312
DUHAMEL (Georges), *Le Notaire du Havre*, 168 ; *Scènes de la vie future*, 303
DULOUT (S.), *Le Roman policier*, 161
DUMAS (Alexandre), *La Femme au collier de velours*, 91
DURAS (Marguerite), *La Douleur*, 173 ; *Un barrage contre le Pacifique*, 18, 127

E

ELUARD (Paul), *Au rendez-vous allemand*, 86, 151 ; *Capitale de la douleur*, 174 ; *Poésie et vérité*, 107 ; *Le temps déborde*, 369
EMMANUEL (Pierre), *L'Honneur des poètes*, 363
EMPEREUR (J.-Y.), *Le Phare d'Alexandrie*, 162
ERNAUX (Annie), *Journal du dehors*, 265 ; *La Place*, 228
ÉSOPE, *Fables*, 158, 272, 329
EURIPIDE, *Hippolyte*, 329

F

FEYDEAU (Georges), *On purge bébé*, 373
FLAUBERT (Gustave), *Correspondance*, 249, 321 ; *L'Éducation sentimentale*, 90, 214 ; *Madame Bovary*, 87, 128, 310, 322 ; *Salammbô*, 127, *Voyage en Bretagne*, 153
FLORIAN, *Fables*, 272
FORT, Paul, *Ballades françaises*, 399
FOURASTIÉ (Jean), *Pourquoi nous travaillons*, 117
FOUREST (G.), *La Négresse blonde*, 331

G

GADENNE (Paul), *Baleine*, 342
GAGNIÈRE (Claude), *Pour tout l'or des mots*, 327
GARY (Romain), *La promesse de l'aube*, 259
GAUTIER (Théophile), *Récits fantastiques*, 16, 107 ; *Le Pied de momie*, 202
GIDE (André), *La Symphonie pastorale*, 47 ; *Si le grain ne meurt*, 264
GIONO (Jean), *Colline*, 99, *Le Hussard sur le toit*, 216, 226 ; *Un roi sans divertissement*, 95
GONCOURT (Edmond et Jules de), *Germinie Lacerteux*, 66 ; *Journal*, 262
GRACQ (Julien), *En lisant, en écrivant*, 304 ; *Lettrines*, 80
GRASSET (Bernard), *La Chose littéraire*, 341
GREEN (Julien), *Léviathan*, 154
Guide du patrimoine, Ile-de-France, 69
GUIMARD (Paul), *Rue du Havre*, 73

H

HEREDIA (José Maria de), *Les Trophées*, 181
HETZEL (Jules), « Avertissement des éditeurs », édition de 1870 des *Châtiments*, 340
HUGO (Victor), *L'Année terrible*, 131 ; *Les Châtiments*, 102, 191, 272, 424 ; *Les Contemplations*, 56, 177, 254, 351 ; *Le Dernier jour d'un condamné*, 92, 153, 168 ; *La Dernière Gerbe*, 98 ; « Discours prononcé lors de l'enterrement de Louise Julien, proscrite », 312 ; « Discours prononcé lors de l'enterrement d'un proscrit », 314 ; *Hernani*, 133, 134 ; *L'Homme qui rit*, 103 ; *La Légende des siècles*, 107 ; *Les Misérables*, 67, 95, 123, 173, 177, 215, 232, 297 ; *Les Orientales*, 134 ; *Quatre vingt-Treize*, 55 ; *Les Rayons et les Ombres*, 361 ; *Ruy Blas*, 78, 97, 175, 239, 310
HUGUENIN (J.-R.), *La Côte sauvage*, 91

I

IONESCO (Eugène), *Rhinocéros*, 185

J

JABÈS (Edmond), *L'Écorce du monde*, 144
JACCOTET (Philippe), *L'Effraie et autres poèmes*, 142 ; *L'Ignorant*, 252
JACOB (Max), *Les Œuvres burlesques et mystiques de frère Matorel*, 111
JAPRISOT (Sébastien), *Un long dimanche de fiançailles*, 217
JULLIARD (J.), « Tout est faux dans le foot », in *Le Nouvel Observateur*, 311

L

LA BRUYÈRE (Jean de), *Les Caractères*, 15, 195, 380
LA FAYETTE (Mme de), *La Princesse de Clèves*, 158
LA FONTAINE (Jean de), *Fables*, 76, 117, 121, 133, 269, 274, 369
LA ROCHEFOUCAULD (François de), *Recueil des portraits et éloges*, 83
LABÉ (Louise), *Sonnets*, 103
LACLOS (Pierre Choderlos de), *Les Liaisons dangereuses*, 48, 247
LAFORGUE (Jules), *Premiers poèmes*, 100
LAMARTINE (Alphonse de), *Graziella*, 120, *Méditations poétiques*; 351 ; *La Vigne et la Maison*, 97
LARBAUD (Valery), *Les Poésies de A. O. Barnabooth*, 144
LEIRIS (Michel), *Langage Tangage ou ce que les mots me disent*, 44
Le Monde, 159
LÉVI-STRAUSS (Claude), *Tristes Tropiques*, 169
LIPOVETSKY (G.), *L'Ère du vide*, 106
LOTI (Pierre), *Vers Ispahan*, 386

M

MAKINE (Andreï), *Le Testament français*, 131
MALET (Léo), *Brouillard au pont de Tolbiac*, 125
MALLARMÉ (Stéphane), *Œuvres complètes*, 398
MALRAUX (André), *Antimémoires* (préface), 265 ; *Oraisons funèbres*, 315

MARBEUF (Pierre de), *Le Miracle d'Amour*, 110, 112
MARIVAUX, *La Double Inconstance*, 86 ; *Le Jeu de l'amour et du hasard*, 75 ; *Le Spectateur français*, 167 ; *La Vie de Marianne*, 228
MAROT (Clément), *Œuvres poétiques*, 102, 139 ; *Petite Épître au Roi*, 110, 137, 188
MARTIN DU GARD (Roger), *Les Thibault*, 178, 232
MATHIOT (G.), *Je sais cuisiner*, 164
MAUPASSANT (Guy de), « La parure », 213 ; *Pierre et Jean*, 91, 124, 214, 227 ; *Sur l'eau*, 189 ; *Une vie*, 66, 70 ; *La Vie d'un Paysagiste*, 78
MAURIAC (François), *Commencements d'une vie*, 266
MAURIAC (André), *Lettre ouverte à un jeune homme*, 192
MERCIER (Louis-Sébastien), *Le Tableau de Paris*, 67
MÉRIMÉE (Prosper), *Carmen*, 90 ; *La Double Méprise*, 127
MICHAUX (Henri), *L'Espace du dedans*, 90
MICHELET (Jules), *La Mer*, 202
MOLIÈRE (Jean-Baptiste Poquelin), *L'Avare*, 51, 164 ; *Dom Juan*, 82, 116, 183, 241, 312, 333 ; *L'École des femmes*, 46, 239 ; *L'École des maris*, 300 ; *Les Femmes savantes*, 240 ; *George Dandin*, 78 ; *Le Misanthrope*, 124 ; *Second Placet au roi, Dans son camp devant la ville de Lille, en Flandre*, 339 ; *Tartuffe*, 82, 191, 239, 243
MONTAIGNE (Michel de), *Essais*, 290
MONTESQUIEU, *De l'esprit de lois*, 116, 188 ; *Lettres persanes*, 52, 57, 188, 194, 348
MORE (Thomas), *Utopia*, 73
MUSSET (Alfred de), *Les Caprices de Marianne*, 78, 235 ; *La Confession d'un enfant du siècle*, 123 ; *Fantasio*, 372 ; *Les Nuits*, 174 ; *On ne badine pas avec l'amour*, 241 ; *Poésies nouvelles*, 69

N

NADEAU (Maurice), entretien in *Le français dans le Monde*, 341
NAVARRE (Marguerite de), *Heptaméron*, 273
NERVAL (Gérard de), *L'Almanach des Muses*, 97, *Les Chimères*, 351 ; *Odelettes rythmiques et lyriques*, 134, 136 ; *Petits châteaux de Bohème*, 251
NIMIER (Roger), *Le Hussard bleu*, 47
NYSSEN (Hubert), quatrième de couverture de *Baleine*, de P. Gadenne, 342, « Le métier d'écrivain », in *TDC* n°851, 343

O

OBALDIA (René de), *Innocentines*, 110
ORLÉANS (Charles d'), ballade, 247, *Rondeaux*, 139, 176
ORWELL (George), *La ferme des animaux*, 282
OUAKNIN (M.-A.), *La Bible de l'humour juif*, 183

P

PAGNOL (Marcel), *César*, 184
PASCAL (Blaise), *Pensées*, 82, 291
PEREC (Georges), *Les Choses*, 86, 229 ; *La Vie mode d'emploi*, 316 ; *W ou le souvenir d'enfance*, 266
PERRAULT (Charles), *Contes du temps passé*, 157 ; *Le Labyrinthe de Versailles*, 329
POMEAU (René), introduction aux *Romans et contes* de Voltaire, 285
PONGE (Francis), *Dans l'atelier du Parti pris des choses*, 324 ; *Le Parti pris des choses*, 46, 98, 253, 324 ; *Vie et travail à l'époque surréaliste*, 325
PROUST (Marcel), *Du côté de chez Swann*, 79 ; *Le côté de Guermantes*, 219

Q

QUENEAU (Raymond), *Le Chien à la mandoline*, 165 ; *Exercices de style*, 14, 80, 108 ; *Oulipo, la littérature potentielle*, 46

R

RACINE (Jean), *Andromaque*, 51, 136 ; *Bajazet* (Seconde préface), 350 ; *Bérénice*, 137, 174 ; *Britannicus*, 250, 320 ; *Iphigénie*, 244 ; *Phèdre*, 180, 197, 198, 242, 330, 413
RADIGUET (Raymond), *Carnets*, 197
RENARD (Jules), *Journal*, 98
REVERDY (Pierre), *La Balle au bond*, 148 ; *En vrac*, 257 ; *Plupart du temps*, 252
REY (Alain), *Le Réveille-mots*, 51, 69
RIMBAUD (Arthur), *Illuminations*, 144, 149, 255 ; *Poésies*, 133, 134, 362 ; *Une saison en enfer*, 256, 398
ROMILLY (Jacqueline de), *Écrits sur l'enseignement*, 104 ; *Lettre aux parents sur les choix scolaires*, 275
RONSARD (Pierre de), *Continuation des Amours*, 106 ; *Continuation du Discours des misères de ce temps*, 347, 362 ; *Le Second Livre des Amours*, 99, 370 ; *Le Second Livre des sonnets pour Hélène*, 140
ROSTAND (Edmond), *Cyrano de Bergerac*, 75, 300
ROTNEMER (D.), *La Bible de l'humour juif*, 183
ROUSSEAU (Jean-Jacques), *Les Confessions*, 46, 120, 157, 263, 321, 415 ; *Émile ou De l'éducation*, 86, 87, 115, 275, 322 ; *La Nouvelle Héloïse*, 82 ; Lettre à Madame de Francueil, 301
ROY (Claude), *Les Animaux du dedans*, 251 ; *Enfantasques*, 146

S

SAINTE-BEUVE (Charles Augustin), *Causeries du lundi*, 311
SAND (George), *Histoire de ma vie*, 262 ; *La Petite Fadette*, 215
SARRAUTE (Nathalie), *Enfance*, 75
SARTRE (Jean-Paul), *Les Mots*, 71, 129, 371 ; *Situations II*, 293
SCARRON (Paul), *Le Virgile travesti*, 331
SEGALEN (Victor), *Stèles*, 165
SERVAN-SCHREIBER (Jean-Louis), *Le Pouvoir d'informer*, 167
SÉVIGNÉ (Mme de), *Lettres*, 106,
SOPHOCLE, *Œdipe Roi*, 198
SPIRE (André), *Poèmes d'hier et d'aujourd'hui*, 145
STENDHAL (Henri Beyle, dit), *Chroniques italiennes*, 320 ; *Le Rouge et le Noir*, 46, 119, 161, 224 ; *Vie de Henri Brulard*, 264
STEVENSON (Robert Louis), *Fables*, 272
SUPERVIELLE (Jules), *Débarcadères*, 257 ; *Poèmes*, 151

T

TAINE (Hippolyte), *Essais de critique et d'histoire*, 345
TARDIEU (Jean), *Le Fleuve caché*, 98, *La Part de l'ombre*, 399 ; *Le Professeur Frœppel*, 88
TRONCHIN (J.), *Encyclopédie*, 348

V

VALÉRY (Paul), *Charmes*, 134 ; *Regards sur le monde actuel*, 290
VALLÈS (Jules), *L'Enfant*, 265
VEILLETET (Pierre), *Mots et merveilles*, 52
VERCORS, (Jean Bruller), *Le silence de la mer*, 178
VERHAEREN (Émile), *Les Bords de la route*, 205 ; *Impressions*, 256, 399
VERLAINE (Paul), *Poèmes saturniens*, 136, 137
VIAU (Théophile de), *Ode*, 201
VIGNY (Alfred de), *Servitude et grandeur militaires*, 348
VILLIERS DE L'ISLE-ADAM, *Contes cruels*, 213
VIRGILE, *Énéide*, 331
VOLTAIRE, *Aventure indienne*, 283 ; *Candide*, 79, 173, 188, 189, 280 ; *Correspondance*, 192, 340 ; *Dictionnaire philosophique*, 102, 194 ; *Histoire d'un bon bramin*, 280, 281 ; *Micromégas*, 280 ; *Petite digression*, 277 ; *Le Taureau blanc*, 284 ; *Traité sur la tolérance*, 88 ; *Zadig*, 281

W

WIESEL (Élie), *Tous les fleuves vont à la mer*, 301
WOOLF (Virginia), *Journal d'un écrivain*, 263

Y

YOURCENAR (Marguerite), *Carnets de notes* des *Mémoires d'Hadrien*, 320

Z

ZOLA (Émile), *L'Assommoir*, 123 ; *Au Bonheur des dames*, 215, 226 ; *La Bête humaine*, 128, 320, 349 ; *Carnets d'enquêtes*, 321, *La Curée*, 353 ; *La Fortune des Rougon* (préface) ; 352 ; *Germinal*, 124 ; Lettre au critique Van Santen Kolff, 322 ; *Mes haines*, 352 ; *L'Œuvre*, 119 ; *Le Roman expérimental*, 353 ; *La Terre*, 113

Index des notions

Les chiffres en **gras** renvoient aux pages où les notions sont définies.

A
Accent (tonique, de groupe), **135**
Alexandrin, **135**
Allégorie, **101**
Allitération, **112**, 138, 248
Analogie (figures d'), **101**, 271, 278
Anaphore, **109**
Anticipation, 211
Antiphrase, **105**, 190
Antithèse, **105**, 190
Arbitraire du signe, **45**
Argument, **170**, 278, 403
Argumentation (discours argumentatif), **170**, 211, 270, 278, 288, 298, 308, 403
Articulations (ou connecteurs) logiques, **170**, 308, 405
Assonance, **112**, 138, 248
Autobiographie, **260**, **261**

B
Ballade, **143**
Biographique (genre), 261
Blâme, **308**

C
Cadrage, **29**
Canal, 45, **49**
Césure, **135**
Champ, hors-champ, contre-champ, **41**
Champ lexical, **68**
Champ sémantique, **65**, 72
Chiasme, **105**
Cinéma, **41**
Code, 45, **49**
Comique (différentes formes), **187**
Comique (registre), **187**
Commentaire (séries technologiques), **387**, (séries générales), **388**
Communication (schéma), **49**
Comparaison, **101**
Composition de l'image, **29**
Concession (raisonnement concessif), **170**, 298
Confession, 260, 261
Connotation, **72**
Conte philosophique, **278**
Contre-plongée, **29**
Contre-rejet, **135**
Corpus de textes, **364**
Couleur, **34**
Coupe (rythme du vers), **135**
Courant culturel, **346**

D
Défense, **89**
Délibération, **298**
Dénotation, **72**
Description (discours descriptif), **157**, 211, 220
Destinataire, **49**, 118
Descriptif des activités, **427**
Didactique (texte), 270, 278
Dialogue, 236
Diérèse, **135**
Discours (par opposition au récit), **122**, 220
Discours rapporté, **126**, 220
Dissertation, **390**, **403**
Domaine (d'une idée, d'un argument), **170**
Double énonciation, **236**

E
Écriture d'invention, **406**
Élision, **135**
Ellipse, **211**
Éloge, **308**
Émetteur, **49**, 118
Enjambement, **135**
Énoncé
(ancré dans la situation d'énonciation), **122**,
(coupé de la situation d'énonciation), **122**
Énonciation, **118**, 260, 288
Épopée (registre épique), **182**
Essai, 261, **288**
Euphémisme, **109**
Exemple, **170**, 298
Explicatif (discours), **163**, 211, 221

F
Fable, **270**
Fantastique (registre), **204**
Fiction (autobiographie de), **260**
Figures d'amplification et d'atténuation, **109**
Figures d'analogie et de substitution, **101**
Figures d'opposition, **105**
Figures du signifiant, **112**
Focalisation (point de vue), **130**, 156, 160, 210
Fonctions du langage, **53**
Formes de discours (types de textes), 211, 237, 248, 260, 278, 308, 328
Formes fixes, **143**
Formes libres, **147**

G
Généralisation, 270
Guillemets, 58

H
Hémistiche, **135**
Hiatus, **135**
Holorimes, **138**
Hyperbole, **109**, 182

I
Image, 24, 29
Indices personnels (pronoms personnels), **85**, 118
Information (discours informatif), **163**, 220
Injonction (discours injonctif), **166**
Intertextualité, 318
Invention (écriture), **406**, **420**
Ironie (registre ironique), **190**, 278
Italique, 58

J
Journal, **260**

L
Lecture analytique, **19**
Lignes (de l'image), **29**
Litote, **109**
Locuteur, **126**
Lyrisme (registre lyrique), **176**, 211

M
Mémoires, **260**
Message, 45, **49**
Métaphore, **101**
Métonymie, **101**
Modalisateur, modalisation, 118, 260
Modes verbaux, **89**, 166
Monologue intérieur, p. 220

N
Narrateur, **130**, 156, 160, 210
Narrateur omniscient, **130**
Narration (discours narratif), **160**, 220, 270
Nouvelle, 210, **212**

O
Oral, **422**, **427**
Oxymore, **105**, 190

P
Page de titre, **61**
Paratexte, **58**, 61
Parodie, 328
Paroles rapportées, **126**, 210, 270
Paronomase, **112**
Pastiche, **328**
Pathétique (registre), **179**, 211
Périphrase, **101**
Personnification, **101**, 204
Personnage, **220**
Phrase (nature et structure), **81**
Plan (au cinéma), 41
Plongée, **29**.
Poème en prose, **150**, 248
Poésie, **248**, **249**
Point de vue (focalisation), **130**, 156, 160, 210
Polémique (registre), **193**
Polysémie, **65**
Ponctuation, **77**
Portrait, **220**
Présent d'énonciation, 118
Pronoms (indices) personnels, **85**, 118

Q
Quatrième de couverture, **61**

R

Raisonnement (type ou mode de), **170**, 270, 298
Récepteur (destinateur), **49**, 118
Récit (par opposition au discours), **122**, 220
Réécriture, **328**
Référent, 45, **49**
Réfutation, **170**, 278
Registre, **173**, 211, 220, 237, 248, 260, 278, 308
Rejet, **135**, 248
Rétrospection, 211
Rimes, **138**, 248
Roman, 210, **222**
Roman autobiographique, **260**
Rondeau, **143**
Rythme, **135**, 147, 248

S

Satire (registre satirique), **196**
Schéma narratif, **278**
Signe, **45**
Signifiant, **45**
Signifié, **45**
Situation d'énonciation, **122**
Sonnet, **143**
Stichomythie, **193**, 236
Stratégie argumentative, **170**
Structure (d'une pièce de théâtre), **236**
Style (discours) direct, **126**
Style (discours) indirect, **126**
Style (discours) indirect libre, **126**
Subjectivité (marques, voir *Modalisation*)
Synecdoque, **101**
Synérèse, **135**

T

Temps verbaux, **94**, 210
Théâtre, **236**, **237**
Thème, **170**, 298
Thèse, **170**, 278, 298
Tragique (registre), **200**
Tétramètre, **135**
Trimètre, **135**
Types de textes (voir *Formes de discours*)

V

Vers, **135**
Vers libres, **147**
Versification, **135**
Vitesse du récit, **211**

Table des illustrations

12 ph © DACS © Museumslandschaft Hessen Kassel/Ute Brunzel/Giraudon/The Bridgeman Art Library © Adagp, Paris 2008
20 h ph © Eugene Smith/Magnum
20 b ph © Didier Crasnault/La Voix du Nord
21 ph © Hulton Getty/Getty Images
22 hg ph © Wolfgang Kaehler/Corbis
22 hd ph © 1990, Scala, Florence © L&M Services B.V. The Hague 20080201
22 bg ph © Maya Picasso Collection/D.R.
22 bd ph © D.R. © Succession Picasso, 2008
23 ph © Collection David King
25 ph © Henri Cartier-Bresson/Magnum
26 h ph © Giraudon/The Bridgeman Art Library
26 b ph © CNAC/MNAM Dist. RMN © Adagp, Paris 2008
27 h © 2008, The M.C. Escher Company – Holland – All rights reserved. www.mcescher.com
27 b ph © Henri Cartier-Bresson/Magnum
28 h ph © Akg-images
28 b ph © 1990, Scala, Florence
30 h ph © Akg-images
30 b ph © 2008, Kunsthaus Zürich. Tous droits réservés © Adagp, Paris 2008
31 h ph © Akg-images
31 b ph © Photos12.com - Oasis
32 h ph © Erich Lessing/Akg-images
32 b ph © Fondation Félix Vallotton, Lausanne
33 h © Christian Dior Parfums © DR
33 b ph © Bibliothèque Forney, Paris © Adagp, Paris 2008
35 h © G. Simenon Limited/Edition Jean Arthur, 1994 – Maigret chez les Flamands, par O. Reynaud et F. Brichau, d'après Georges Simenon.
35 b ph © Franck Goldbronn/Euro RSCG © Boursorama
36 h © Plantu
36 b ph © Archives Hatier © DR
39 ph © Au revoir les enfants, film de Louis Malle, photogramme A. Camacho pour l'Avant-Scène Cinéma (n° 373)
40 ph © Akg-images
42 ph © Photothèque R. Magritte – Adagp, Paris 2008
54 g © Editions Gallimard, Collection Folio © DR
54 d © Editions Gallimard, Collection Folio. Photo Walter Klein © Adagp, Paris 2008
59 hg,b © Le Livre de Poche
59 hd © Editions Pocket, 1991 – « Collection créée par Claude Aziza »
62 ph © Photo André Kertesz © Ministère de la Culture – France.
68 ph © Giraudon/The Bridgeman Art Library
71 g ph © Giraudon/The Bridgeman Art Library
71 d ph © H. Champollion/Agence TOP
74 ph © BNF, Paris/Archives Hatier
80 © Editions Gallimard
84 ph © Giraudon/The Bridgeman Art Library
96 ph © H. Lewandowski/RMN
100 ph © Collection Dagli Orti/Musée de Tessé Le Mans/Gianni Dagli Orti
104 ph © RMN
108 ph © J.G. Berizzi/RMN © Succession Picasso, 2008
114 ph © Giraudon/The Bridgeman Art Library
125 © Casterman
129 ph © Collection Dagli Orti/Musée des Beaux-Arts Lyon/Gianni Dagli Orti
132 ph © Collection Dagli Orti/Moderna Museet Stockholm/Gianni Dagli Orti © Adagp, Paris, 2008
146 ph © DACS/Peter Willi/Giraudon/The Bridgeman Art Library © Succession Picasso, 2008
150 ph © H. Lewandowski/RMN
152 ph © Akg-images © DR
155 ph © H. Lewandowski/RMN
159 ph © Erich Lessing/Akg-images
163 ph © Collection Dagli Orti/Bibliothèque des Arts Décoratifs Paris/Gianni Dagli Orti
172 ph © Daniel Arnaudet/RMN
176 ph © Interfoto/Giraudon/The Bridgeman Art Library
179 ph © Robert Capa R./Magnum Photos
182 ph © Collection Dagli Orti/Malmaison Musée du Château/Gianni Dagli Orti
186 © Siné
193 ph © Musée de la Publicité, Paris
195 © Gérard Mathieu
196 ph © Collection Dagli Orti/Musée Carnavalet Paris/Gianni Dagli Orti
199 © Adagp, Paris, 2008
203 ph © Photothèque R. Magritte – Adagp, Paris 2008
206 ph © Lauros/Giraudon/The Bridgeman Art Library
208 ph © Collection Dagli Orti/Musée Condé Chantilly/Gianni Dagli Orti
212 Collection Kharbine-Tapabor
217 © Editions Gallimard, Collection Folio. Ph © The Bridgeman Art Library
223 ph © Archives Charmet/The Bridgeman Art Library
218 ph © Lauros/Giraudon/The Bridgeman Art Library
220 ph © The Bridgman Art Library
230 ph © D.R./Paris, Musée de l'Armée, Dist. RMN
233 Collection Christophel
234 ph © Agence Enguerand-Bernand
238 ph © Collection Dagli Orti/Musée Bonnat Bayonne France/Alfredo Dagli Orti
246 ph © DACS/Lauros/Giraudon/The Bridgeman Art Library © Adagp, Paris 2008
249 ph © Giraudon/The Bridgeman Art Library
255 ph © H. Lewandowski/RMN
257 ph © J. Hyde/Photo CNAC/MNAM Dist. RMN © Adagp, Paris 2008
258 ph © Erich Lessing/Akg-images
261 ph © Christie's Images/Giraudon/The Bridgeman Art Library/Printed by permission of the Norman Rockwell Family Agency © 1925 Norman Rockwell Family Entities
268 ph © Archives Charmet/Giraudon/The Bridgeman Art Library
271 h © Fables de La Fontaine illustrées par Benjamin Rabier, Editions Tallandier 1906, nouvelle édition 2003 © Adagp, Paris 2008
271 b ph © BNF, Paris/Archives Hatier
275 ph © Adagp, Paris 2008
276 ph © The Bridgeman Art Library
279 ph © Jean-Louis Nou/Akg-images
286 ph © André Morain © Adagp, Paris 2008
289 © Bibliothèque Littéraire J. Doucet © Successio Miro – Adagp, Paris 2008
292 ph © The Bridgeman Art Library © The estate of Jean-Michel Basquiat – Adagp, Paris 2008
296 ph © Greenpeace/Isabelle Rouvillois
302 Collection Kharbine-Tapabor © Adagp, Paris 2008
306 ph © H. Lewandowski/RMN
309 ph © Collection Dagli Orti/Museo Capitolino Rome/Gianni Dagli Orti
313 h ph © H. Lewandowski/RMN
313 b ph © G. Blot/RMN
315 ph © Alinari/Giraudon/The Bridgeman Art Library
316 © Association Georges Perec
319 ph © G. Blot/RMN
323 g ph © G. Blot/RMN
323 d ph © RMN
325 ph © Gunther Michel/BIOS
326 h ph © Bulloz/RMN © Adagp, Paris, 2008
326 b ph © J. G. Berizzi/RMN
335 ph © Agence Enguerand-Bernand
336 © Editions Philippe Picquier
343 © Actes Sud, 1982
344 g ph © Alinari/Giraudon/The Bridgeman Art Library
344 d ph © Giraudon/The Bridgeman Art Library
354 ph © Christie's Images/The Bridgeman Art Library © Adagp, Paris 2008
363 ph © RMN

Recherche iconographique
Edith Garraud/Hatier Illustration

D.R. : Malgré nos efforts, il nous a été impossible de joindre certains photographes ou leurs ayants droit, ainsi que les éditeurs ou leurs ayants droit pour certains documents, afin de solliciter l'autorisation de reproduction, mais nous avons naturellement réservé en notre comptabilité des droits usuels.

Achevé d'imprimer par Grafica Editoriale Printing - Italie
Dépôt légal n° 102456 - avril 2008

XIXe

1800 — 1850

Périodes politiques

- Ire République, Directoire et Consulat (1792-1804)
- Premier Empire (1804-1814)
- Restauration (1815-1830)
- Monarchie de juillet (1830-1848)
- IIe République (1848-1852)
- Second Empire (1852-1870)
- IIIe République (1870-1940)

POLITIQUE ET SOCIÉTÉ

- **1804** Code civil
- **1805** Austerlitz
- **1812** Campagne de Russie
- **1815** Les Cent-jours, Waterloo
- **1822** Lois contre la presse
- **1823** Guerre d'Espagne
- **1828** Abolition de la censure
- **1830** Conquête de l'Algérie
- **1831** Révolte des canuts de Lyon
- **1841** Loi limitant le travail des enfants
- **1848** Révolution Suffrage universel
- **1848** Abolition de l'escla-vage
- **1851** Coup d'État de Louis-Napoléon Bonaparte
- **1854** Guerre de Crimée
- **1859** Campagne d'Italie
- **1859-1869** Construction du canal de Suez
- **1864** Droit de grève
- **1864** Ire Internationale
- **1871** Commune de Paris
- **1870-1871** Guerre franco-prussienne
- **1881-1882** Lois Ferry sur l'école
- **1895** Créati de la
- **1889** IIe Internatio
- **1894-19** Affaire Dreyfus
- **1898** Zola, *J'acc*

SCIENCES

- **1814** Stephenson Première locomotive
- **1816-1829** Niépce Première photographie
- **1828** Première ligne de chemin de fer
- **1853-1869** Haussmann Rénovation de Paris
- **1859** Darwin *Origine des espèces*
- **1862** Moteur à explosion
- **1865** Claude Bernard *Introduction à l'étude de la médecine expérimentale*
- **1876** Bell Invention du téléphone
- **1877** Edison Invention du phonographe
- **1883** 1re automobile à essence
- **1885** Pasteur Vaccination contre la rage
- **1889** Exposition universelle à Paris (tour Eiffel)
- **1896** Becquer Découve de la ra activité
- **1895** Premier f des frères Lumière

ARTS

- **1801** Haydn, *Les Saisons*
- **1808** Beethoven, *Symphonie pastorale*
- **1814** Goya, *Tres de Mayo*
- **1824** Delacroix, *Les Massacres de Scio*
- **1832-1835** Chopin, *Nocturnes*
- **1836** É. de Girardin, journal *La Presse*
- **1843** Wagner, *Le Vaisseau fantôme*
- **1853** Verdi, *La Traviata*
- **1862** Ingres, *Le Bain turc*
- **1874** Première exposition des impressionnistes
- **1880-1906** Rodin, *Le Penseur*

Mouvements littéraires

- Romantisme
- Le Parnasse
- Réalisme
- Symbolisme
- Naturalisme

Auteurs

- **F.-R. de Chateaubriand** 1768-1848
- **Stendhal** 1783-1842
- **J. & W. Grimm** 1785-1863 / 1786-1859
- **J. Keats** 1795-1821
- **H. de Balzac** 1799-1850
- **V. Hugo** 1802-1885
- **A. Dumas** 1802-1870
- **P. Mérimée** 1803-1889
- **G. Sand** 1804-1876
- **A. Bertrand** 1807-1841
- **G. deNerval** 1808-1855
- **Barbey d'Aurévilly** 1808-1889
- **A. de Musset** 1810-1857
- **G. Flaubert** 1821-1880
- **C. Baudelaire** 1821-1867
- **E. & J. de Goncourt** 1822-1886 / 1830-1870
- **J. Vallès** 1832-1885
- **É. Zola** 1840-1902
- **S. Mallarmé** 1842-1898
- **P. Verlaine** 1844-1896
- **T. Corbière** 1845-1875
- **G. de Maupassant** 1850-1893
- **P. Loti** 1850-1923
- **A. Rimbaud** 1854-1891
- **J. Laforgue** 1860-1887
- **M. Proust** 1871-1922